Industrialisation et sociétés
en Europe occidentale
(1880-1970)

W0304239

Eric Bussière
Pascal Griset
Christophe Bouneau
Jean-Pierre Williot

Industrialisation et sociétés en Europe occidentale (1880-1970)

ARMAND COLIN

DANGER

LE PHOTOCOPILLAGE TUE LE LIVRE

Ce logo a pour objet d'alerter le lecteur sur la menace que représente pour l'avenir de l'écrit, tout particulièrement dans le domaine universitaire, le développement massif du «photocopillage». Cette pratique qui s'est généralisée, notamment dans les établissements d'enseignement, provoque une baisse brutale des achats de livres, au point que la possibilité même pour les auteurs de créer des œuvres nouvelles et de les faire éditer correctement est aujourd'hui menacée.

Nous rappelons donc que la reproduction et la vente sans autorisation, ainsi que le recel, sont passibles de poursuites. Les demandes d'autorisation de photocopier doivent être adressées à l'éditeur ou au Centre français d'exploitation du droit de copie : 20, rue des Grands-Augustins, 75006 Paris. Tél. : 01 44 07 47 70.

Tous droits de traduction, d'adaptation et de reproduction par tous procédés réservés, pour tous pays.

Toute reproduction ou représentation intégrale ou partielle, par quelque procédé que ce soit, des pages publiées dans le présent ouvrage, faite sans l'autorisation de l'éditeur, est illicite et constitue une contrefaçon. Seules sont autorisées, d'une part, les reproductions strictement réservées à l'usage privé du copiste et non destinées à une utilisation collective et, d'autre part, les courtes citations justifiées par le caractère scientifique ou d'information de l'œuvre dans laquelle elles sont incorporées (art. L. 122-4, L. 122-5 et L. 335-2 du Code de la propriété intellectuelle).

© Armand Colin/Masson, Paris, 1998
ISBN : 2-200-01574-7

Masson & Armand Colin Éditeurs - 34 bis, rue de l'Université - 75007 Paris

INTRODUCTION GÉNÉRALE

L'industrialisation trouve son rythme au carrefour de plusieurs tendances longues des économies et des sociétés. Phénomène complexe, elle dépend tout à la fois des cadres macro-économiques et technologiques, évolue en fonction des réactions sociales et culturelles, se développe ou se contracte au gré des décisions ou des tragédies du politique. L'industrie n'est pas simplement un « produit passif » résultant de ces différents axes. Elle s'épanouit dans un espace physique qui se situe donc au cœur du développement socio-économique de l'Europe contemporaine.

L'histoire de l'industrialisation en Europe occidentale ne peut être abordée sans considérer son rapport à l'espace, que l'on s'intéresse à la première ou à la seconde révolution industrielle. Le développement des sociétés industrielles du Vieux continent, à commencer par celui de l'Angleterre, s'est accompli dans un espace économique très dense, encombré d'héritages, à l'inverse des fronts industriels pionniers des nouveaux mondes, qu'il s'agisse de la Russie ou des États-Unis. Aux traces de la proto-industrialisation des nébuleuses rurales et aux traditions de savoir-faire artisanal de la civilisation urbaine vinrent progressivement s'ajouter les marques profondes de la première industrialisation, avec la formation de paysages spécifiques, celui des pays noirs. Une étude des territoires de l'industrialisation, prenant en compte les effets socio-économiques du développement des réseaux matériels et immatériels, doit donc combiner et croiser les échelles d'analyse du champ local à l'horizon européen.

Dès le début des années 1880, l'espace considéré intègre les bassins les plus anciens marqués par la première révolution industrielle, dominés par le textile, le charbon et la métallurgie, et organisés autour d'un arc s'étirant de Glasgow à la Silésie en passant par le Borinage, le Valenciennois et la Ruhr. Il s'apprête aussi à intégrer les vastes concentrations urbaines que représentent le bassin de Londres, le Bassin parisien ou la région de Milan. C'est dire si le phénomène, malgré d'évidentes spécificités nationales, transcende les frontières. Mais la dimension géographique de l'industrialisation ne se limite pas au cadre régional. Avant d'être régional, l'espace industriel est un espace usinier et un espace urbain, quels que soient les héritages, parfois encore bien vivants, de l'activité industrielle en milieu rural jusqu'en 1914 et bien souvent fort au-delà.

L'histoire des espaces de la seconde industrialisation peut en réalité être ordonnée sous la forme d'un triptyque.

Le cercle le plus large correspond à la dimension territoriale proprement dite, celle des espaces et des réseaux régionaux, qui, en transcendant les frontières politiques, pouvaient s'avérer d'emblée comme transnationaux. La région resta bien le cadre privilégié de l'industrialisation de l'Europe occidentale de la fin du XIXᵉ siècle au second après-guerre et sa prégnance atteignit même son apogée durant l'entre-deux guerres par l'intermédiaire de véritables réseaux territoriaux. Le rôle des disparités régionales comme facteur de parcours contrastés dans la croissance des sociétés

© ARMAND COLIN. La photocopie non autorisée est un délit.

industrielles européennes et dans l'élaboration de modèles divergents mérite donc une analyse historique spécifique.

Un second cercle nous amène à considérer l'espace urbain comme lieu de concentration à la fois des activités industrielles, des services qui se développèrent de manière croissante en synergie avec le secteur secondaire, et, globalement, des différents pouvoirs de décision. Cet espace est à la fois singulier en tant que fondement de la civilisation européenne et pluriel en termes de typologie fonctionnelle. La seconde industrialisation perpétua une symbiose avec le monde urbain, qui atteignit sa maturité durant la haute croissance des années 1950 et 1960. L'étude de cette symbiose ne constitue absolument pas une régression du regard de l'historien vers un champ strictement local, car elle a été le vecteur de la modernisation et de l'unification des sociétés d'Europe de l'Ouest.

Un troisième cercle s'affirme avec le développement du grand établissement industriel. L'insertion des grandes usines au sein de l'espace urbain fut d'abord conditionnée par la nature des technologies employées et la configuration des bâtiments requis par les nouvelles formes de production. Le besoin croissant d'espace fut en effet un élément connexe de la croissance industrielle, en particulier lorsque la rationalisation entraîna de nouvelles formes d'aménagements. Aux contraintes relatives à l'insalubrité, connues dès la première révolution industrielle, se substituèrent peu à peu des pollutions à plus vaste échelle. La substitution progressive du grand établissement industriel au petit atelier urbain, à des vitesses inégales selon les branches, entraîna également une recomposition de la classe ouvrière tout en modifiant la nature et l'échelle des conflits du travail. Les conflits sociaux qui naquirent dans les usines furent d'autant plus difficiles à résoudre qu'ils mirent progressivement en jeu des intérêts moins localisés qu'auparavant, relayés par l'action syndicale. La dimension conflictuelle de la société industrielle est donc fortement liée à sa dimension dans l'espace. L'espace culturel se superpose ainsi de manière croissante à l'espace physique. Il nous conduit aux espaces de la consommation, à la fois matériels et mentaux, publics et privés, sous le signe de l'avènement de la société de consommation de masse. Celle-ci est indissociable de la mise en place de réseaux matériels, en particulier de transport et d'énergie, bientôt relayés par les nouvelles technologies de la communication. Tous visèrent à assurer la desserte des usagers, du consommateur final, dont la conquête passa de plus en plus par l'élaboration de politiques commerciales cohérentes, placées progressivement sous le signe de la publicité et du marketing.

Ce foisonnement d'inter-relations doit cependant être organisé pour en permettre l'analyse. Si, par nature, ces tentatives d'organisation sont simplificatrices et insatisfaisantes, elles n'en sont pas moins indispensables. Il revient sans doute aux économistes et aux sociologues de définir des modèles de fonctionnement pour le temps présent. Non absente des débats théoriques sur les systèmes économiques et sociaux, l'approche historique doit cependant de manière prioritaire proposer un cadre chronologique permettant de saisir les articulations principales et de faire apparaître les logiques des mutations à long terme. Cette structuration du temps s'avère complexe lorsqu'il s'agit d'aborder un phénomène comme l'industrialisation. Elle implique de prendre en compte les rythmes propres à des domaines dont les convergences influent de manière majeure sur l'industrialisation : la macro-économie, la technologie, la finance, le politique.

Le temps de l'économiste peut constituer une première grille de repérage. La notion de « cycle économique » s'appuie principalement sur les travaux de Kondratiev. Bien que contestée, elle suggère des cadres d'analyse qui trouvent un certain écho dans l'observation de l'activité économique sur le long terme. Ainsi plusieurs phases de croissance accélérée, puis de ralentissement de celle-ci, rythmeraient un temps long de l'économie au carrefour des secteurs agricole, industriel et tertiaire. Après une période de faible dynamisme, l'économie occidentale connaîtrait à partir du milieu des années 1890 une période de croissance soutenue. Celle-ci s'achèverait en 1929 pour reprendre, à un rythme inconnu jusqu'alors, à partir du début des années 1950. Mais ce temps long de la macro-économie recoupe lui-même un ensemble de logiques spécifiques dont l'industrialisation pourrait être la résultante.

Le temps de l'ingénieur apparaît également comme déterminant dans l'évolution des sociétés industrielles. Longtemps négligée par les économistes qui la considéraient comme un phénomène résiduel irréductible à la logique des modèles macro-économique, la technologie apparaît de manière croissante comme le facteur clef déterminant les rythmes de l'industrialisation. Quantifier la créativité, évaluer par des chiffres l'importance d'une invention relève tout autant du subjectif que de l'approche statistique. Les travaux des historiens Bertrand Gille, Thomas Hughes et François Caron, sur la notion de «système technique», associés aux approches de Schumpeter, Mensch ou Landes replacent la technique comme un élément central pour une analyse historique de la croissance économique et, plus spécifiquement, pour une histoire de l'industrialisation. Trois systèmes techniques s'enchaînent ainsi entre les années 1880 et les années 1960. Issu de la première industrialisation, le système fondé sur le charbon, le fer, la chimie minérale et la machine à vapeur constitue le socle des dispositifs exprimant les nouvelles potentialités d'un système technique propre à la seconde industrialisation des années 1880-1920. Électricité, chimie organique, moteur à explosion et pétrole, en sont les principaux éléments. À partir des années 1950 s'affirme progressivement, autour de l'électronique, du nucléaire et des nouveaux matériaux, un nouveau système technique étroitement associé à la croissance des années 1960. Ce temps de l'innovation ne se superpose pas à celui de son expression dans la production de masse. G. Mensch affirme ainsi que les périodes de dépression sont plus favorables à l'innovation que les périodes de croissance. Il n'en constitue pas moins un facteur clef pour modeler les rythmes de l'industrialisation.

Le temps du financier fut surtout rythmé par le contexte monétaire. Si les décennies qui précédèrent le premier conflit mondial furent marquées par la stabilité des grandes monnaies et la libre circulation des capitaux, l'inflation issue de la Grande Guerre, à peine maîtrisée au milieu des années 1920, relayée par celle des relances des années 1930, puis par les dépenses du second conflit mondial et des reconstructions, impliqua un environnement très différent. Elle ne devait se stabiliser, d'une manière toute relative, qu'au début des années 1960. Un tel contexte transforma largement les modes de financement de l'investissement, ainsi que l'attitude des industriels vis-à-vis de ce dernier. Les rapports entre autofinancement et financement externe, appel aux marchés financiers ou aux banques, évoluèrent en fonction des contraintes de l'environnement mais aussi d'un encadrement et d'incitations multiples mis au point par l'État. Par delà les choix propres aux entrepreneurs, les modalités et les orientations de l'investissement devinrent donc partie prenante des grands choix de politique générale des gouvernements.

Le temps du politique s'associe à ces tendances plus ou moins proches d'une certaine rationalité de l'activité humaine. Entre les années 1880 et les années 1960, l'Europe a connu des périodes tragiquement contrastées. À l'Europe ouverte et cosmopolite du XIXe siècle succédèrent des ambitions nationales et des conflits armés. Si cette rupture dépasse largement l'histoire de l'industrialisation, elle n'en influence pas moins violemment son cours. S'il faut définitivement rompre avec l'idée de conflit «accélérant» le rythme du «progrès», il reste que la mobilisation des économies nationales pour l'accomplissement de buts de guerre pesa très lourdement sur l'industrialisation de l'Europe au XXe siècle. De même, les orientations plus librement ancrées dans des choix idéologiques, entre libéralisme et dirigisme, entre ouverture et protectionnisme influencèrent notablement les choix stratégiques en matière d'industrialisation.

Cet ouvrage intégre ces différentes composantes pour présenter l'industrialisation dans ses multiples dimensions, tout en s'efforçant de faire apparaître les lignes de force d'un phénomène crucial pour les sociétés européennes.

La première partie analyse les rythmes de l'industrialisation en s'appuyant principalement sur ses logiques technologiques et politiques. Dans un second temps sont exposés les mécanismes de financement et les modes d'organisation entrepreneuriale de celle-ci. Les dimensions spatiales et humaines de ce phénomènes sont ensuite étudiées, afin de proposer une analyse globale des rapports entre industrialisation et sociétés.

© ARMAND COLIN. La photocopie non autorisée est un délit.

Première partie

Entre systèmes techniques et ruptures politiques : les rythmes de l'industrialisation

Introduction

Le cours de l'industrialisation est influencé par de multiples facteurs. Parmi ceux-ci, la technologie tient une place particulièrement importante.

Entre 1880 et les années 1960, deux générations de technologies ont assuré à l'industrialisation une dynamique de développement. L'une fondée sur le charbon, la vapeur, le fer, la mécanisation et la chimie minérale, reprenait dans une large mesure les bases de la première révolution industrielle. L'autre fondée sur l'acier, l'électricité, le pétrole et la chimie organique s'affirma progressivement comme l'axe majeur d'une nouvelle croissance, tout particulièrement à partir de 1896, lorsque la conjoncture économique favorisa la reprise des investissements et l'éclosion de nouvelles consommations. Ces deux systèmes techniques ne se retrouvent pas dans des ensembles industriels cloisonnés. Un secteur industriel assure sa croissance à long terme sur des systèmes techniques différents qu'il adopte et quitte, non pas par effets de rupture, mais par glissements successifs. Ce phénomène, qui n'exclut pas des périodes d'accélération et des « moments critiques » dans les mutations, permet de regrouper l'industrie européenne en deux grands ensembles entre les années 1880 et 1914.

Le premier fonde son action de manière fondamentale sur les technologies de la première industrialisation et détermine son évolution compétitive sur les technologies apparues dans le troisième tiers du XIXe siècle. Il est constitué, dans sa grande majorité d'entreprises relativement anciennes attachées à une localisation en « bassins industriels » (chapitre 1).

Le second, constitué d'activités plus jeunes, est totalement lié aux technologies nouvelles apparues dans ce dernier tiers du XIXe siècle. Il se compose principalement d'entreprises jeunes qui ne sont plus liées à une contrainte forte de localisation, si ce n'est pour leurs débouchés commerciaux. Les niveaux de développements industriels atteints à la fin des années 1870 ont pesé dans la manière dont les différentes économies ont répondu à ce double défi : faire évoluer les anciens systèmes tout en développant les nouveaux. Alors que l'Angleterre, et, dans une moindre mesure, la Belgique, étaient engagées depuis plusieurs décennies dans un processus profond d'industrialisation et se trouvaient très largement dotées d'entreprises industrielles liées au premier ensemble, l'Allemagne et l'Italie, étaient moins soumises aux contraintes du passé. La France, avec une grande disparité de situations interrégionales et intersectorielles, se trouvait à mi-chemin entre ces deux situations (chapitre 2).

© ARMAND COLIN. La photocopie non autorisée est un délit.

Pour ces domaines, deux ensembles de décisions furent discriminants pour orienter les industries vers la réussite ou vers la stagnation. Les choix d'investissement, en terme de filière technologique, s'avérèrent particulièrement déterminants sur le long terme. Au delà de ces choix, la manière dont les entreprises furent capables d'intégrer à leur stratégie une recherche performante, bien articulée à la production et au marketing, fut également essentielle.

L'Europe fut, entre les années 1880 et le début du XXe siècle, un espace extrêmement créatif dans le domaine technologique. De manière inégale selon les pays, un foisonnement d'innovations s'intégra rapidement à l'activité industrielle. Les pays d'Europe occidentale constituaient en effet un espace ouvert aux hommes et aux idées.

À partir des années 1910, et singulièrement après 1914, cet ensemble intellectuel, culturel et économique se fractionna. Dans la logique de conflit armé qui s'imposa entre 1914 et 1945, l'Europe perdit une large partie de son potentiel innovateur. La place des entreprises dans un ensemble concurrentiel tourné vers un marché en forte croissance fut remise en cause par les déséquilibres et ruptures liés à la Première Guerre mondiale. Les espaces nationaux se refermèrent, les destructions liées au conflit affaiblirent les structures de recherche. Si l'industrialisation se poursuivit, elle se déroula dans un contexte très différent, et dans le cadre de logiques nationales accentuées encore par la Grande Dépression et la montée du totalitarisme. Les innovations du système technique, issues des percées des années 1880-1910, ne purent se développer au rythme nécessaire pour créer les dynamiques de renouvellement (chapitre 3). Dans le contexte de la Seconde Guerre mondiale, l'État devint un acteur majeur de l'activité industrielle. Ses interventions se multiplièrent pour peser de manière dominante sur l'industrie au lendemain de 1945. Il agit tout particulièrement dans le domaine de la reconstruction, mais tenta également, de manière nuancée selon les pays, d'organiser une recherche publique susceptible d'appuyer les efforts d'entreprises trop affaiblies. Cet effort, relayé par les entreprises renaissantes dès les années 1960, permit aux produits de la seconde industrialisation de s'épanouir enfin à un rythme soutenu, et d'engager une véritable reconquête technologique destinée à combler le fossé qui s'était creusé entre l'Europe et les États-Unis au cours de ces années noires (chapitre 4).

CHAPITRE I

RUPTURES TECHNOLOGIQUES ET NOUVELLES HIÉRARCHIES INTERNATIONALES : LES INDUSTRIES DE BASE ENTRE 1880 ET 1914

Les technologies de la première révolution industrielle évoluèrent considérablement au cours du XIXe siècle. Ces évolutions furent plus ou moins brutales et modifièrent de manière très variable les hiérarchies entre les différentes industries nationales. Ainsi, en se complexifiant, le tissu industriel se composait dorénavant de strates successives qui exerçaient des influences très diverses sur les dynamiques de l'industrialisation.

Les industries les plus anciennes – mines, textile et matériel ferroviaire – constituaient les bases indispensables à la poursuite de l'industrialisation. Elles ne connurent pas de ruptures technologiques décisives, mais elles doivent être pris en compte pour analyser de manière correcte les dynamiques mises en œuvre.

Les industries nouvelles de la première phase d'industrialisation – en particulier la sidérurgie et la chimie – bien qu'établies depuis plusieurs décennies, furent soumises à de très fortes évolutions technologiques qui remirent en cause les équilibres existant vers 1870. Les choix technologiques effectués dans ces domaines par les entrepreneurs, leur propension contrastée à innover, déterminèrent les nouvelles hiérarchies du début du XXe siècle dans des domaines qui s'avérèrent stratégiques dans la montée des tensions internationales menant au premier conflit mondial.

1. Des secteurs anciens, socles de la puissance industrielle

Ces domaines, mines et textile principalement, avaient assuré les bases de la suprématie britannique depuis la fin du siècle précédent et continuèrent à le faire jusqu'à la veille de la Première Guerre mondiale. La position britannique n'était cependant plus hégémonique, la France et surtout l'Allemagne comblaient, progressivement, leur retard.

© ARMAND COLIN. La photocopie non autorisée est un délit.

1.1. Les mines au cœur du dispositif

Les mines de fer et de charbon constituaient le socle de l'industrie européenne. Atout majeur pour la Grande-Bretagne et la Belgique, elles le devinrent progressivement pour l'Allemagne, alors que la France, et surtout l'Italie, souffrirent encore de la difficulté d'exploitation et de la rareté de leurs ressources nationales.

• **En Grande-Bretagne**, le charbon confirma sa place, au cœur de l'industrie nationale, avec une production de 287 millions de tonnes en 1913, contre 133 millions en 1875. Exportée pour près d'un tiers, celle-ci représentait encore 10 % des exportations totales du pays à la veille de la Première Guerre mondiale. En 1914, plus de 3 100 mines irriguaient l'ensemble de l'industrie, lui fournissant une énergie disponible et relativement peu coûteuse ; elles généraient un revenu annuel de 136 millions de livres. Socialement, une large partie de la population dépendait de cette activité. Plus d'un million d'hommes y gagnaient leur vie en percevant des salaires nettement supérieurs à ceux pratiqués dans les autres secteurs. Pilier de la première industrialisation, ciment social et culturel pour de nombreuses régions, les houillères jouaient donc un rôle majeur pour la Grande-Bretagne avant 1914.

Cette prospérité ne pouvait cependant cacher une réelle incapacité des dirigeants à faire évoluer ce secteur et à lui donner des perspectives de long terme. Alors que le secteur était prospère, les propriétaires investissaient en effet peu dans la mécanisation, car les difficultés de réorganisation de la production, plus que le coût des équipements, les faisaient reculer. Ainsi, après des investissements significatifs réalisés entre 1871 et 1875, l'effort diminua avec pour conséquence une baisse sensible de la productivité entre 1880 et 1914 – le maximum avait été enregistré à la fin des années 1880. S'il est vrai que les technologies disponibles dans les années 1890-1914 n'étaient guère en mesure de peser de manière efficace sur un recul lié à l'épuisement des gisements les plus accessibles, il n'en reste pas moins que cet immobilisme signalait un manque de dynamisme et de vision stratégique. « Cette incapacité à innover n'eut pas de conséquences immédiates pour l'efficacité de l'industrie ; elle révélait cependant un état d'esprit qui affectait l'évolution du secteur à un niveau plus général » (A.J. Taylor). Salaires peu attractifs pour les cadres, perspectives financières à court terme des propriétaires, et trop faible concentration des entreprises constituaient les symptômes les plus visibles de cette sorte de langueur qui s'était emparée d'une activité qui faisait pourtant encore la fierté des Britanniques.

• **En Allemagne**, les années 1860-1880 marquèrent des changements considérables dans les rapports entre ressources naturelles et industrie. Jusqu'en 1860, la houille n'avait pas surpassé le bois comme ressource énergétique – la production de charbon de bois était alors à son apogée – et les ressources de minerai de fer étaient encore exploitées de manière très dispersée, de nombreuses mines locales approvisionnant une clientèle de proximité. Ces deux caractéristiques, qui distinguaient très fortement l'Allemagne de la Grande-Bretagne, s'estompèrent rapidement pour disparaître dans le dernier tiers du siècle : le développement du réseau ferré favorisait la montée en puissance de centres de production à vocation nationale.

En ce qui concerne le minerai de fer, la Sarre et la haute Silésie, et surtout la Ruhr et la Lorraine, après 1871 devinrent des centres dominants. La mise en œuvre du procédé Gilchrist-Thomas permit au minerai phosphoreux de Lorraine de dominer le marché et de couvrir 75 % des besoins du Reich au tournant du siècle. Cette redistribution confirmait la montée en puissance de la Ruhr, aux dépens de la haute Silésie. Cette région devint progressivement le cœur du processus d'industrialisation allemand grâce, en particulier, à un effort considérable dans l'extraction houillère. Entre 1896 et 1913, le nombre de mineurs quadrupla pour atteindre 400 000 hommes. Cette force d'attraction des gisements houillers s'exprima dans l'espace, mais également dans les structures de groupe, puisque le processus de concentration vigoureux qui s'affirma à partir des années 1880-1890, s'organisa principalement sur un mode vertical à partir des approvisionnements en charbon. Au-delà donc des conséquences sur les équilibres territoriaux, c'était bien de la mise en œuvre d'un nouveau modèle d'industrialisation qu'il s'agissait.

• **Un véritable handicap** frappait en revanche l'Italie et, dans une moindre mesure, la France en matière de ressources minières. L'industrie italienne ne put jamais compter sur des gisements charbonniers susceptibles de soutenir le développement d'une industrie lourde. Ses ressources en minerai de fer étaient également insuffisantes. La France, bien que mieux dotée, ne disposait pas des facilités rencontrées en Grande-Bretagne ou en Allemagne. Les gisements charbonniers étaient coûteux à exploiter. Malgré les nouvelles houillères du Nord-Pas-de-Calais, la croissance de la production se ralentit au cours de la période 1879-1913. De 2,6 % par an en moyenne avant le milieu des années 1890, elle passa à 1,8 % entre la fin du siècle et 1914. Dans le même temps, malgré les performances de nombreux secteurs industriels dans le domaine des économies d'énergie, la consommation doublait et aggravait la dépendance de la France vis-à-vis de ses approvisionnements extérieurs. Le coût élevé du transport lorsque l'on s'éloignait des ports protégea néanmoins les houillères françaises d'une trop forte concurrence. Elles étaient donc des entreprises rentables qui distribuèrent 17 millions de francs de dividendes en 1896 et 56 millions en 1913. Mais le charbon était cher en France et pesait sur les coûts de production de tous les secteurs. En 1913, la part du combustible représentait en France 36 %du coût de fabrication d'une tonne de fonte, contre 20 % en Grande-Bretagne. La mise en œuvre du procédé Gilchrist-Thomas permit d'exploiter les gisements de fer de Lorraine. Malheureusement, la défaite de 1870 limita l'apport de la minette, devenue une richesse naturelle, à l'industrie nationale. Avec 15 millions de tonnes de minerai extrait en 1911, la région concentrait 90 % de la production nationale et couvrait les besoins de la moitié de la production d'acier.

1.2. Le textile

Ce secteur fut le premier à connaître un développement significatif au cours de la révolution industrielle. On peut même considérer qu'il fut à l'origine de celle-ci en donnant naissance à la mécanisation de la production et à son organisation spatiale dans le cadre de l'usine. Bien que son importance relative ait diminué, il demeurait, au tournant des XIXe et XXe siècles, un secteur de base pour les pays les plus anciennement industrialisés, et un secteur à fort potentiel de croissance pour les pays plus récemment engagés dans ce processus.

• **Le rayonnement international de l'industrie textile britannique** perdura entre 1880 et 1914. Contrairement aux entrepreneurs des houillères, les hommes du textile firent preuve d'une capacité d'adaptation remarquable. Dans l'activité lainière, alors que plus de 3 000 sociétés avaient été recensées en 1870, elles n'étaient plus que 1 600 en 1912. Cette concentration s'était accompagnée d'un renouvellement puisque 85 % des entreprises répertoriées en 1912 n'existaient pas en 1870. L'industrie cotonnière anglaise, fille des premières décennies de la révolution industrielle, avait également considérablement évolué au cours du XIXe siècle. En 1913, elle employait 620 000 personnes et exportait les trois quarts de sa production ; elle restait un atout majeur pour le pays. Ambitieux, les industriels britanniques envisagèrent la conquête de nouveaux marchés. Sa croissance sur les marchés étrangers ne fut cependant pas aussi forte qu'elle l'espérait au début des années 1880. Vers la Chine, alors que les projections les plus folles étaient envisagées au début des années 1880, le recul fut même spectaculaire, puisque les ventes de filés chutèrent de 9 000 à 900 tonnes entre 1885 et 1913, vers cette destination.

• **L'industrie textile française** connut un certain essoufflement entre 1880 et 1914 avec une croissance annuelle moyenne de 1,1 %. Cette évolution globale reflétait cependant mal une réalité bien différente selon les fibres travaillées. Le coton, après une croissance moyenne de 1,9 % entre

© ARMAND COLIN. La photocopie non autorisée est un délit.

1871-1875 et 1886-1890, retrouva un réel dynamisme pour croître en moyenne de 3 % par an entre les années 1890 et la Première Guerre mondiale. D'importants investissements en firent une branche très mécanisée; les métiers mécaniques, qui avait dépassé numériquement les métiers à bras en 1877 avec 60 000 unités, atteignaient 140 000 machines en 1914. Cet effort précipita le recul du lin où la mécanisation s'avérait beaucoup plus coûteuse. Devenu trop cher, sa consommation baissa en moyenne de 1,7 % par an entre 1870 et 1900. La laine, moins touchée, subit également un certain recul pendant la période. Si les difficultés n'épargnèrent pas les soyeux, ils surent les surmonter par un vigoureux effort de mécanisation, en multipliant le nombre de métiers mécaniques par six entre 1875 et 1914.

• **En Italie**, la forte croissance de la demande dans le dernier tiers du siècle et la faible exigence du textile en matière d'énergie constituaient deux points favorables pour le développement de ce secteur. L'industrie cotonnière fut ainsi très dynamique tout au long des vingt dernières années du siècle. Alors qu'à la fin des années 1870 la production y était encore liée pour une large part au travail à domicile, tout particulièrement dans le tissage, l'usine s'imposa de manière significative à partir des années 1890. De 52 000 ouvriers, travaillant dans 627 établissements en 1878, on passa ainsi à plus de 135 000 ouvriers répartis dans 727 établissements à la fin du siècle. Un effort de mécanisation et de rationalisation permit de doubler la productivité. Entre 1875 et 1900, la production était ainsi multipliée par six en valeur, passant de 51 à 304 millions de lires.

Au cours de la période 1896-1914, le textile constitua toujours l'axe fort de l'industrialisation italienne. La soie, malgré un léger déclin, et le coton représentaient 60 % des exportations non alimentaires de l'Italie, 20 % de la production industrielle et un tiers de la main-d'œuvre industrielle. Les cotonniers italiens furent les plus dynamiques d'Europe en matière de mécanisation du filage : le nombre de broches passa de 1,9 à 4,6 millions entre 1898 et 1914. D'autant plus significatif qu'il concernait à 80 % des systèmes modernes plus performants (Ring spindles), ce mouvement fut stimulé par l'opportunité que représentait l'énergie hydro-électrique. La mécanisation fut plus modeste pour le tissage. Si le nombre de métiers mécaniques avait augmenté de 65 000 à 115 000 entre 1896 et 1912, on comptait encore 30 000 métiers manuels à la veille de la Première Guerre mondiale. Les usines étaient dans leur grande majorité équipées d'un matériel peu performant. En ce qui concerne la soie, le rapport entre travail à la main et métier mécanique évolua plus lentement. En 1876, on comptait 12 000 métiers manuels pour 250 mécaniques, 12 000 pour 2 500 en 1898 et 5 000 pour 15 000 en 1913. Cette tendance se retrouvait pour la laine où les investissements nécessaires pour atteindre un haut niveau de qualité étaient encore plus lourds. Malgré le doublement des métiers mécaniques qui passèrent de 6 500 à 12 000 entre 1895 et 1915, la qualité de la production resta à un niveau très moyen. Si l'industrie italienne réussissait à couvrir en volume 90 % de la consommation nationale, ce pourcentage était bien plus faible en valeur (autour de 60 %), car les importations étaient composées de produits de bonne qualité, plus coûteux.

Bien que significatif, le développement du textile italien resta donc insuffisant pour hisser ce pays au niveau de pays comme l'Allemagne ou la France. Cette ambition mesurée est mise en évidence par la nature des exportations qui ne concernaient en fait que des produits semi-finis. La plupart des soies ou cotons exportés étaient teints par le pays importateur, tandis qu'une large partie de la production était, temporairement, exportée pour être teinte, puis réimportée en Italie.

• **L'industrie textile allemande** était encore peu moderne au début des années 1880. Pour le coton, la mécanisation du filage était acquise depuis le début des années 1870, mais celle du tissage fut plus tardive. Les industries lainière et soyeuse étaient encore moins avancées dans ce processus : l'activité restait très liée à des formes d'organisation ancienne. En 1882, plus d'un tiers de la main-d'œuvre du textile exerçait encore dans le cadre du putting out system. Entre 1880 et 1913, l'industrie lainière confirma un recul déjà entamé au cours des années 1860-1870 et l'industrie lainière commença à décliner. Le textile, bien qu'important, n'apparaît donc pas comme un axe majeur pour l'industrialisation allemande. Son activité fut essentiellement tournée vers le marché intérieur, sans véritable ambition internationale.

1.3. Les industries mécaniques issues de la première industrialisation

Dès la fin du XVIIIe siècle une profusion d'initiatives les plus variées permit, dans les domaines de l'outillage et de la mécanisation, de nourrir l'industrialisation. Dans un second temps, le développement des réseaux ferroviaires entraîna la création d'entreprises de fabrication de locomotives qui se plaçaient, au milieu du XIXe siècle, à la pointe de la technologie contemporaine. Dans ces deux domaines, l'industrie britannique sut conserver une place prédominante jusqu'à la veille de la Première Guerre mondiale. Il ne s'agissait pourtant plus d'hégémonie : Allemands, Français et, dans une moindre mesure, Italiens occupaient des positions de plus en plus solides sur ces domaines.

• **La fabrication des machines destinées au textile** constituaient pour la Grande-Bretagne la plus importante des industries mécaniques (hors ferroviaire). Elle employait approximativement 40 000 personnes et sa production se concentrait principalement au sein de six entreprises, toutes situées dans le Lancashire. À elle seule, la compagnie Platt, qui employait 12 000 personnes, avait une production égale à celle de l'ensemble de la production américaine du domaine. La force des Anglais était autant commerciale que technologique. Ainsi, bien que les filateurs du Lancashire aient été assez lents dans l'adoption du procédé Rabbeth spindle, les manufacturiers l'intégrèrent très vite à leurs machines pour dominer le marché de cette nouvelle génération d'équipements, et exportèrent leur production partout dans le monde, y compris aux États-Unis d'où venait pourtant cette innovation. En 1907, la moitié de la production du secteur était exportée. Elle dominait très largement en France. Présente de manière significative sur le marché américain jusqu'aux années 1880, la production britannique fut ensuite marginalisée par l'industrie locale. Les machines destinées à la fabrication de laine peignée dominèrent plus longtemps encore le marché international, y compris aux États-Unis. Un grand savoir-faire permettait de maintenir une supériorité technique sur les concurrents. « Si les méthodes de production de certaines entreprises restaient assez peu sophistiquées – Hall & Stells n'utilisait par exemple pas de plans avant 1910 – le travail superbe des ajusteurs anglais constituait encore un obstacle insurmontable pour les manufacturiers américains » (S.B. Saul).

• **Le matériel ferroviaire**, bien que proportionnellement moins important qu'au milieu du XIXe siècle, restait un domaine essentiel pour l'industrie européenne.

Cette activité constituait l'un des points forts traditionnels de la Grande-Bretagne. Elle se divisait en deux branches principales : les industriels indépendants et les ateliers des exploitants. Ces derniers avaient pris une importance exceptionnelle et devinrent parmi les plus importants du pays en matière de construction mécanique. Swindon, avec 14 000 employés, était sans conteste le plus important de la branche. Cinq autres établissements du même type employaient entre 7 000 et 4 000 personnes. Leur rôle dans la formation des techniciens fut particulièrement déterminant. « Elles devinrent en quelque sorte des universités pour les ingénieurs mécaniciens. Beaucoup qui devinrent par la suite célèbres y commencèrent leur apprentissage » (S.B. Saul). L'influence de l'ingénieur en chef y était considérable, au point de transformer certains de ces ateliers en un milieu fermé, incapable de faire évoluer ses technologies et perpétuant des systèmes dépassés. Les manufacturiers indépendants se développèrent de manière plus favorable à partir des années 1880, car une réglementation de 1876 limita le droit de fabriquer des compagnies exploitantes de réseau. Quatre entreprises contrôlaient une large partie du marché, trois d'entre elles étant installées à Glasgow. Leur fusion en 1903 donna naissance à la North British Company. Ces fabricants

© ARMAND COLIN. La photocopie non autorisée est un délit.

intervenaient très peu dans la conception des machines. Celles-ci étaient, en règle générale, établies par la compagnie qui passait commande. Les fabricants de wagons suivirent une évolution assez comparable avec la fusion des principaux fabricants en 1902. Ce regroupement n'était pas uniquement financier et commercial. Il entraîna une réorganisation profonde et une rationalisation de la fabrication. Si elle n'avait plus l'écrasante suprématie qui était la sienne au cœur du XIXe siècle, l'industrie britannique de matériel ferroviaire était bien, à la veille de la Première Guerre mondiale, la plus puissante d'Europe. Dans le domaine des boilers, une entreprise comme Greens of Wakefield employait, en 1913, 1 000 personnes et occupait une place prédominante sur le marché mondial, possédant des établissements de fabrication en Allemagne et aux États-Unis.

L'industrie allemande, par des voies différentes, avait réussit à combler son retard sur les Britanniques et à les concurrencer très sérieusement sur les marchés d'exportation. Comme les chemins de fer de l'État passaient commande aux compagnies du cartel des manufacturiers, selon un quota calculé sur leurs exportations de l'année précédente, les entreprises allemandes étaient sérieusement encouragées à exporter. En 1913, leurs exportations étaient presque égales aux exportations britanniques.

En France, l'industrie des locomotives s'était développée à partir du milieu des années 1840 pour atteindre son apogée sous le Second Empire. La qualité de la production avait rejoint les niveaux internationaux avec de larges succès, tant sur le marché national qu'à l'exportation. Après une période difficile, le marché se redressa en 1880 pour chuter à nouveau en 1884, et rester déprimé jusqu'en 1900. Entre 1887 et 1890, au cœur de la Dépression, le nombre de commandes annuelles moyen chuta à quarante. Un oligopole large, où figuraient Schneider et Cail, contrôlait le marché. En 1878, la Société alsacienne de construction mécanique installait une nouvelle usine à Belfort. Face à la mauvaise conjoncture, les entreprises diversifièrent leur production, notamment dans le domaine de la construction métallique.

Le niveau de la production italienne était très inférieur aux critères internationaux. Après la nationalisation des réseaux qui permit d'offrir, à partir de 1905, un débouché assuré à la production nationale de matériel ferroviaire, près de 40 % des achats durent encore être effectués à l'étranger au cours des trois années suivantes.

2. Industrie de base et symbole de puissance : l'industrie sidérurgique

Alors que le textile avait été le moteur de la croissance jusqu'au milieu du XIXe siècle, la sidérurgie s'affirma comme le secteur moteur des années 1870-1914. Chemin de fer, chantiers navals, armement, machines-outils puis automobile, tous les secteurs dépendaient de ce matériau, véritable clef de voûte du système industriel de la fin du XIXe siècle.

2.1. La suprématie britannique de la fin des années 1870

• **Grâce à des ressources en minerais et en charbon** importantes et à une forte demande, la sidérurgie représentait en Grande-Bretagne, au début des années 1870, plus de 10 % du revenu national. Plus significativement encore en terme d'industrialisation, elle consommait à cette date plus de 25 % de l'énergie générée par le parc de machines à vapeur fixes et mobilisait 40 % de la main-d'œuvre industrielle masculine. La fonte et le fer marchand constituaient la plus grande partie de la production. Depuis la fin du XVIIIe siècle, la décarburation de la fonte était réalisée par une opération de brassage dénommée *puddlage*. Cette méthode pénible et vorace en énergie requérait des ouvriers dotés d'une grande expérience. Elle assura la suprématie britannique en ce domaine jusqu'aux années 1860. En raison de son coût, l'acier restait cependant limité à des usages très spécifiques. Lames de qualité, rasoirs, outils, et surtout armement, constituaient son principal débouché.

• **L'apparition de nouveaux procédés de fabrication de l'acier** changea radicalement les données du problème. Après trois ans de recherches, l'anglais Henry Bessemer réalisa en 1856 un convertisseur contenant de la fonte liquide dans lequel il insufflait un violent courant d'air qui réduisait le carbone. La conversion ne nécessitait que 25 à 30 minutes contre vingt-quatre heures au moins pour les méthodes traditionnelles. Elle permettait également de produire de 5 à 10 tonnes d'acier en une seule opération au lieu des petits lingots, ne dépassant guère 20 kg, permis par le puddlage. Au gain de temps et à l'avantage de la quantité, le convertisseur associait d'importantes économies. Ne nécessitant pratiquement aucune énergie et pouvant utiliser une fonte de qualité moyenne, il divisait le prix de la tonne d'acier par dix. L'invention qu'il dénomma « la fabrication du fer sans combustible » stimula les recherches en ouvrant des perspectives radicalement nouvelles. Un nouveau procédé vit ainsi le jour en deux étapes successives. Un nouveau type de four fut tout d'abord réalisé par Frederik et William Siemens. En mettant en œuvre un procédé de récupération des gaz provenant de l'oxydation, il permettait de sensibles économies d'énergie. On n'aboutit cependant à un procédé utilisable pour la sidérurgie qu'en 1864, lorsque Pierre Martin introduisit des débris de fer pour faciliter la décarburation. Ce procédé, dénommé Siemens-Martin, était plus lent, mais plus facile à contrôler que le système Bessemer. Convertisseur Bessemer et four Siemens-Martin nécessitaient tous deux des minerais non phosphoreux pour fonctionner.

• **Une réorganisation complète de cette industrie** résulta de l'adoption de ces procédés. Les installations devinrent beaucoup plus importantes et les investissements, tout particulièrement pour les convertisseurs Bessemer, furent considérables.

En aval, la baisse des prix entraîna une utilisation accrue de l'acier et une modification sensible des marchés. Alors que l'acier était un produit rare et coûteux, il entra dans une logique de banalisation et de baisse continue de son prix.

En amont, l'impossibilité d'utiliser des minerais phosphoreux limita les sources d'approvisionnement aux gisements de minerai de haute qualité dit *hématite*. L'Allemagne, la Belgique et la France, qui n'en possédaient qu'une quantité très faible, firent appel de manière principale aux importations en provenance d'Espagne, de la Galicie autrichienne, de l'île d'Elbe et de l'Algérie. Les pays continentaux n'adoptèrent donc qu'assez lentement le Bessemer. S'ils furent plus prompts à utiliser le Siemens-Martin, que l'on pouvait approvisionner en ferraille, ils hésitèrent à s'engager de manière massive dans une filière de production qui les liaient de manière coûteuse aux importations de minerais non phosphoreux.

En 1840, il existait en France 390 fourneaux au bois et 18 au coke, alors qu'il ne restait plus que deux fourneaux au bois en Grande-Bretagne. La production d'acier était alors de 8 200 tonnes. La sidérurgie française n'amorça un développement très significatif qu'à partir du Second Empire. La production de fonte progressa alors très rapidement : inférieure à 1 million de tonnes au début des années 1860, elle avait presque doublé vers 1880, pour atteindre plus de 5 millions de tonnes à la veille de la guerre. Mais ce fut l'acier qui connut l'évolution la plus dynamique. Le brevet de four Siemens fut testé dès 1856, le premier convertisseur Bessemer mis en route en 1862, le four Martin fonctionna à partir de 1864. La France, qui ne produisait que 30 000 tonnes en 1860, avait plus que décuplé ce chiffre en 1880, grâce à 24 convertisseurs Bessemer et 44 fours Martin.

La Grande-Bretagne ne dépendait pas, en revanche, d'approvisionnements en minerai à haute teneur en phosphore comme l'Allemagne et la France. Elle comptait sur ses propres ressources en

© ARMAND COLIN. La photocopie non autorisée est un délit.

minerai de qualité et disposait de circuits d'approvisionnements moins coûteux pour importer les minerais espagnols et suédois, car sa flotte et ses exportations de charbons créaient des liaisons à moindre coût. Une nouvelle fois, sa façade maritime échancrée et peu éloignée des centres industriels, ainsi que sa flotte, s'avéraient des atouts importants. Elle s'engagea de manière prioritaire dans la filière Siemens-Martin. Son four ouvert permettait une meilleure surveillance, et la ferraille était plus abondante dans ce pays plus avancé que ses concurrents dans l'industrialisation. Cette première génération de procédés dits *acides* conforta donc la position de la Grande-Bretagne sur un marché en pleine expansion. Elle l'engageait également dans une sous-filière bien adaptée à ses particularités, tout en empêchant ses concurrents d'exploiter massivement les qualités de la sous-filière la plus économique. En 1879 elle produisait plus d'un million de tonnes d'acier grâce aux deux nouveaux procédés. La production allemande, déprimée au cours des années 1870, restait inférieure à 500 000 tonnes tandis que la France, avec 330 000 tonnes, était en retrait. La Belgique avait, quant à elle, réagi de manière vigoureuse à partir de 1870 : sa production passa de 3 000 à 111 000 tonnes en dix ans.

La supériorité anglaise était donc incontestée au début des années 1880. Dominante sur l'acier, elle était écrasante sur l'ensemble des productions liées au fer. Les productions de fonte allemande et américaine réunies (2,2 millions de tonnes pour chaque pays) ne pouvaient égaler en 1880 celle du Royaume-Uni, qui atteignait 5,5 millions de tonnes.

2.2. Une nouvelle donne

L'avance prise par la Grande-Bretagne au cours des deux premiers tiers du XIXe siècle se transforma, d'une certaine manière, en handicap lorsque l'apparition de nouvelles technologies offrit des opportunités d'optimisation significative de l'outil de production.

• **La production de fonte** fut concernée par ces évolutions. Aucune révolution brutale certes, mais des matériels nouveaux, ainsi que des principes d'organisation de l'espace mieux adaptés, permirent de fabriquer la fonte avec une productivité bien meilleure dès la fin des années 1870. L'Allemagne s'équipa ainsi au cours des années 1880 de fours à coke de nouvelle génération, économiquement plus rentables, alors que la Grande-Bretagne, déjà totalement équipée en ce domaine, ne put radicalement modifier son dispositif en détruisant des installations qui représentaient des investissements coûteux. De même, il ne lui fut pas possible d'adapter ses établissements sidérurgiques pour tenir compte des nouveaux dispositifs de fabrication, fondés sur une meilleure intégration spatiale des différentes étapes du processus. En Allemagne en revanche, les nouvelles aciéries furent construites en installant de manière très proche les fours à coke, les hauts fourneaux et les laminoirs. Ainsi, le métal ne refroidissait pas entre les différentes étapes et les gaz du four à coke pouvaient être utilisés pour produire de l'électricité qui actionnait les laminoirs.

• **En permettant l'utilisation des minerais phosphoreux**, S. Gilchrist Thomas bouleversa les données fondamentales qui régissaient l'activité du secteur. Il proposait l'emploi d'un réfractaire basique comme le magnésium dans les dispositifs Bessemer et Siemens-Martin et rendait donc possible l'utilisation des minerais phosphoreux. La nouvelle filière d'aciers *basiques*, qui permettait l'utilisation des minerais lorrains, libérait les industriels de la contrainte d'approvisionnement en minerai et leur donnait la possibilité de choisir librement entre la filière Bessemer et la filière Siemens-Martin.

L'Allemagne et la France orientèrent la majeure partie de leur développement sidérurgique sur le procédé Gilchrist-Thomas et sur l'acier *basique*. Soudainement, opportunité extraordinaire, les gisements lorrains devenaient utilisables. Les aciéries britanniques préférèrent poursuivre dans la filière Siemens-Martin et conserver le procédé *acide* où leurs investissements étaient déjà très importants. L'Italie, dont les seules ressources en minerai étaient de qualité *hématite,* et qui souhaitait utiliser, dans toute la mesure du possible, la ferraille, se rallia également au procédé Siemens-Martin, acide. Ses ressources limitées en capital favorisèrent également ce procédé moins coûteux à installer. Cette logique imposée par les approvisionnements en minerai n'explique pas à elle seule les choix divergents des industries nationales. Ceux-ci s'expliquent également dans une large mesure par des raisons commerciales.

Dispositif fermé de fabrication de l'acier, le convertisseur Bessemer rompait de manière très forte avec l'ancienne méthode du *puddlage.* Les ouvriers ne pouvaient surveiller l'évolution de la transformation, il leur était impossible d'intervenir pour modifier tel ou tel paramètre en cours de processus. Le Siemens-Martin, en revanche, était un procédé « ouvert ». Les ouvriers pouvaient tout à loisir observer la couleur du métal fondu, sa viscosité, et intervenir s'ils le jugeaient nécessaire. C'est pourquoi le convertisseur eut, dès l'origine, la réputation de produire des aciers de médiocre qualité. Ainsi, si le War Office accepta l'acier Bessemer dès 1863, l'Amirauté mit près de vingt ans pour l'adopter. Dans un tel contexte, les sidérurgistes britanniques préférèrent se concentrer sur l'acier Martin. Pour les emplois moins nobles, ils continuèrent à fournir à leurs clients du fer marchand, qui restait moins cher que l'acier Thomas. L'acier Martin répondait aux exigences de qualité et pouvait être vendu à un prix élevé ; pour les utilisations moins exigeantes, le fer forgé restait moins cher que les différentes qualités d'acier disponibles.

• **L'abandon de cet acier « moyen »** révéla toutes ses conséquences à partir de la fin des années 1890, lorsque la demande croissante nécessita de nouveaux investissements et des productions bien plus importantes. À mesure que le prix de l'acier Bessemer-Thomas baissait, il concurrençait le fer marchand. Parallèlement, plus sa qualité et sa réputation s'amélioraient, plus il limitait les débouchés de l'acier Martin, plus coûteux. Comme la part la plus importante de la demande nouvelle concernait des aciers de bonne qualité ou de qualité moyenne à prix raisonnable, l'offre britannique (fer forgé et acier de haute qualité) ne fut progressivement plus en mesure de satisfaire cette nouvelle clientèle. Cette évolution commença à se répercuter dans les flux commerciaux. Alors que la Grande-Bretagne n'importait de l'acier que de manière sporadique avant 1870, principalement de Belgique, ce flux s'établit de manière régulière à partir des années 1880, pour atteindre une moyenne annuelle de 500 000 tonnes entre 1895 et 1899. Ces importations concernaient des produits semi-finis, qui servaient de base à la fabrication de produits finis, vendus sur le marché intérieur ou réexportés. Simultanément, les entrepreneurs britanniques étaient dépassés par les méthodes allemandes de commercialisation sur les marchés européens. Ainsi une enquête signalait-elle en 1900 que le catalogue de produits sidérurgiques des firmes britanniques comportait en moyenne quatre fois plus de références que celui de leurs concurrentes allemandes. Ce fait, révélateur d'une recherche de précision dans la satisfaction de la demande, reflétait également un manque de standardisation qui générait des surcoûts et des prix de vente moins compétitifs.

Le recul britannique fut spectaculaire. À la fin du siècle, sa consommation (7,9 millions de tonnes) dépassait à peine celle de l'Allemagne (7,6) et était déjà largement surclassée par les États-Unis (10,5). À la veille de la Première Guerre mondiale, la Grande-Bretagne avait totalement lâché prise. Avec un peu plus de 8 millions de tonnes de fonte, elle était dorénavant bien loin de l'Allemagne (15,6) et des États-Unis (26,6). En l'espace d'une trentaine d'année, la consommation par habitant de ce produit central de l'industrialisation avait augmenté de 12 % en Grande-Bretagne contre 370 % en Allemagne et 533 % aux États-Unis. Ces deux derniers marchés, les plus dynamiques du monde, étaient faiblement pénétrés par les produits anglais, le protectionnisme étant, il est vrai, particulièrement fort pour ce type de marchandise. En revanche, les importations d'acier en Grande-Bretagne dépassèrent 1,8 million de tonnes en moyenne annuelle sur la période 1910-1913. Dans un marché en forte expansion, la nouvelle hiérarchisation et les nouvelles spécialisations se firent de manière relativement indolore pour les entreprises. Bien qu'en recul de manière relative, la sidérurgie britannique connut une période de croissance dans ses

© ARMAND COLIN. La photocopie non autorisée est un délit.

volumes de production. Elle s'adapta également, et l'acier Thomas représentait 37 % de sa production en 1913 contre 17 % en 1901. Parallèlement, les qualités d'acier se multiplièrent et les alliages spéciaux firent leur apparition offrant de réelles opportunités aux sidérurgistes britanniques et à leur main-d'œuvre très qualifiée. Le processus de concentration y resta très en dessous des prévisions réalisées à la fin du siècle. L'individualisme des chefs d'entreprise et leur manque de formation doivent être mis en exergue pour expliquer cette incapacité à adopter les solutions qui accrurent notablement les performances allemandes. Trop dispersé, le capital semble également avoir été utilisé de manière peu efficace dans le secteur sidérurgique, qui surcapitalisaitses sociétés, au regard du nombre d'employés et de la production effectuée. Les ratios de la compagnie Gütehoffnungshütte à Oberhausen (800 000 £ de capital pour une production de 300 000 tonnes de fonte pour 10 000 ouvriers ou bien ceux de la société Cockerill en Belgique, assez comparable, n'étaient atteints que par deux ou trois entreprises britanniques de ce temps.

En 1879, de Wendel et Schneider rachetèrent les droits des brevets Gilchrist-Thomas et ouvrirent ainsi une nouvelle étape technologique qui déplaçait l'industrie vers les gisements lorrains. À la suite de la réussite des premiers essais en 1881, ce procédé donna un nouvel élan à la production qui atteignit 1,6 million de tonnes en 1900. Le début du XXe siècle vit les premiers essais de fours électriques à Montluçon. La production nationale d'acier atteignit 4,6 millions de tonnes en 1913.

• **La sidérurgie italienne** fut stimulée par la baisse du charbon importé, liée à la baisse du coût du fret, dont elle dépendait totalement. Celui-ci passa de 370 lires la tonne pour la période 1871-1880 à 260 lires la tonne pour la décennie suivante. Les importations de charbon quadruplèrent alors pour atteindre quatre millions de tonnes en 1889. Cette tendance permit à une activité sidérurgique moderne de voir le jour, en particulier à Gênes, et la production atteignit un pic en 1889, qui ne sera égalé qu'en 1904. En 1895, l'Italie produisait très majoritairement de la fonte (200 000 tonnes), sa production d'acier était alors pratiquement inexistante. À la veille de la Première Guerre mondiale, sa production d'acier s'était quelque peu développée grâce au protectionnisme et au soutien de l'État. Comme en Grande-Bretagne, c'est le procédé Martin qui fut adopté, la part importante des chantiers navals dans les achats expliquant dans une certaine mesure ce choix. L'exigence, moins forte en matière de formation de main-d'œuvre et l'investissement de départ bien plus faible, étant également à pris en compte par une industrie naissante. Les implantations furent d'emblée très dispersées sur l'ensemble du territoire et interdirent les investissements groupés et les économies d'échelle. La Ligurie se développa en liaison avec la construction navale, la Lombardie avec les industries mécaniques ; l'Ombrie connut un essor grâce à des subventions publiques ; la Toscane fut mise en valeur pour utiliser les ressources en minerai de l'île d'Elbe ; Naples, enfin, en 1904, fut promue pour favoriser, sur crédits publics, le développement du Sud. Cette montée en puissance s'appuyait sur des importations de charbon qui crurent de plus de 60 % entre 1901-1905 et 1906-1913. Les 930 000 tonnes d'acier produites en 1913 constituaient cependant un résultat modeste. Ce bilan était d'autant plus négatif que cet acier était coûteux et que l'effort financier revenait, en dernière analyse, aux autres secteurs industriels. L'industrie mécanique fut ainsi très pénalisée par les surcoûts entraînés par les achats d'acier national.

Ainsi, l'évolution technologique n'avait pas favorisé une industrie nationale de manière exclusive. Les savoir-faire étaient assez largement disponibles. En revanche, la capacité, ou la possibilité de mettre en œuvre ces nouvelles technologies au moment opportun, et de manière acceptable pour les investisseurs, avait entraîné une sensible discrimination entre les dispositifs nationaux de production. Au-delà de ces divergences, l'Europe avait connu une révolution qui bouleversait les bases même de son industrialisation. En 1861, les productions cumulées de l'Allemagne, de l'Angleterre, de la Belgique et de la France représentaient 125 000 tonnes d'acier. En 1913, elles dépassaient 32 millions de tonnes. L'acier, devenu un matériau courant, constitua dès lors la base du développement de nombreux secteurs, à commencer par les chemins de fer. À la fin des années 1870, le prix du rail d'acier était presque égal à celui du rail de fer tout en étant beaucoup plus résistant. La construction navale se convertit plus tardivement. En 1880, 38 000 tonnes de navires en acier étaient lancées contre 487 000 tonnes en fer. En 1890, pourtant, la révolution était accomplie, avec 913 000 tonnes en acier contre 46 000 en fer.

3. Chimie

La chimie a connu deux évolutions technologiques fondamentales à partir des années 1860 : l'invention en 1861, par le belge Solvay, d'un nouveau procédé de fabrication de la soude qui bouleversa les bases économiques de la chimie minérale, le développement de produits radicalement nouveaux, les colorants artificiels, qui ouvrait de multiples perspectives à la chimie organique. Les comportements contrastés des entrepreneurs face à ces deux mouvements de fonds modifièrent profondément les équilibres de l'industrie chimique européenne. Les parcours particuliers des industries allemande, britannique et française, dus à leurs options stratégiques, révèlent ainsi l'attitude des industriels face à l'innovation, à sa recherche et à sa gestion.

3.1. Les opportunités manquées

• **La chimie britannique était prospère et dominante au milieu du siècle**. Cette situation fut mise en péril dès les années 1870. En restant fidèles au procédé Leblanc de fabrication de la soude, les industriels britanniques se trouvèrent en effet progressivement débordés par leurs concurrents plus compétitifs. La création de l'United Alkali, en 1890, destinée à protéger, en les réunissant dans un même syndicat, les producteurs de soude Leblanc, était caractéristique d'un secteur qui s'était en quelque sorte sclérosé sur ses positions. Les entreprises ne tentèrent que trop rarement de renouveler leurs productions en investissant dans la recherche. « À part quelques hommes d'exception, qui étaient souvent d'origine étrangère tels Brunner, Mond, Levinstein ou Castner, les dirigeants de l'industrie chimique anglaise avaient perdu le dynamisme de leur prédécesseurs et menaient un combat d'arrière-garde dans des activités condamnées » (F. Aftalion). Le recul était spectaculaire à la veille de la guerre. En ce qui concernait la soude, la production avait chuté de 240 000 à 50 000 tonnes entre 1891 et 1913. Hégémonique dans les superphosphates (engrais artificiels), l'industrie britannique avait été rattrapée par ses concurrents et n'exportait plus en 1913.

Incapable de conserver ses positions sur ce qui avait fait ses points forts, l'industrie britannique passa dans une large mesure à côté des nouveaux produits générés par la chimie organique. En 1914, l'industrie des colorants, qui s'était développée trop tardivement et sur des options peu performantes, ne travaillait qu'à moitié de capacité, faute de technologie appropriée et de dynamisme commercial. Sa faible production ne couvrait qu'un cinquième des besoins nationaux. Certes, quelques exceptions comme British Oxygen pour les gaz industriels, ou bien Albright et Wilson dans le phosphore, pouvaient être relevées. Le bilan global était cependant très négatif pour une industrie qui dominait le monde, cinquante ans plus tôt.

• **La chimie française connut un destin plus contrasté.** Seconde industrie chimique du monde après la Grande-Bretagne en 1850, elle manqua, comme son homologue britannique, le tournant

© ARMAND COLIN. La photocopie non autorisée est un délit.

des colorants synthétiques. Elle sut cependant réagir dans certains domaines à partir de la fin des années 1890.

Bien qu'à l'origine des premiers résultats significatifs dans le domaine de la chimie organique, la France ne fut pas capable de saisir le développement des teintures artificielles comme le fit l'Allemagne. Ce rendez-vous manqué, aux conséquences considérables, fut lié dans une large mesure à l'échec de La Fuchsine dans les années 1860. Fondée en 1863, cette entreprise devait commercialiser la première teinture synthétique découverte en France (fuchsine de Verguin). Soucieuse de préserver ses droits exclusifs sur le brevet, la compagnie se lança dans une longue suite de procès destinés à interdire toute concurrence dans les teintures dérivées de la fuchsine. Une active contrebande tourna cette stratégie et, faute d'avoir occupé rapidement le marché, l'entreprise fit faillite à la fin des années 1860. Les conséquences de cette affaire furent drastiques, un grand nombre de chimistes français qui avaient commencé à travailler sur les nouvelles teintures quittèrent le pays pour la Suisse. Il ne resta finalement qu'une compagnie, celle qui racheta les actifs de La Fuchsine (Poirrier et Dalsace) et qui devint la Compagnie des matières colorantes de Saint-Denis. À l'origine de ce secteur, la France fut donc paradoxalement incapable d'y prendre position et fut rapidement débordée par les concurrences suisse et allemande. Ce retard ne fut jamais comblé jusqu'à la Première Guerre mondiale.

La chimie lourde resta importante tout au long de la seconde moitié du siècle. Il s'agissait d'un secteur « [...] stable, raisonnablement prospère avec une évolution technologique lente et pratiquement aucune recherche » (P. Hohenberg). Les entreprises de pointe de la chimie lourde adaptèrent certes leur système de production lorsque certaines technologies s'avérèrent industriellement fiables, mais sans effectuer par elles-mêmes un effort significatif dans le domaine de la recherche et du développement. Ainsi, pour réagir au procédé Solvay, Saint-Gobain et Péchiney achetèrent-elles des équipements en Angleterre et adaptèrent ces systèmes pour les améliorer (procédé Weldon-Péchiney). Les seules avancées, réellement nouvelles, faites en France dans le domaine de la soude furent l'œuvre de Schloessing et Rolland, et non l'aboutissement de recherches menées par les firmes les plus dynamiques. La croissance fut donc essentiellement quantitative, portée par les besoins de l'agriculture en fertilisants.

La chimie dite de « spécialités », constitua autour de Lyon un centre plus dynamique avec la création de nouveaux produits au sein d'entreprises de petite taille. À partir des années 1890, l'innovation y fut permanente. Fondée sur des recherches essentiellement empiriques, elle aboutit à des produits destinés à des marchés relativement étroits, mais rémunérateurs. Si les colorants furent abandonnés, les produits destinés à la photographie, à l'industrie pharmaceutique et à la parfumerie étaient donc en plein développement malgré l'âpre concurrence des Allemands. Les compagnies établies comme Kuhlmann, Saint-Gobain et Péchiney y amorcèrent une diversification devenue indispensable, à mesure que leurs marges sur la soude caustique s'amoindrissaient.

Avec neuf usines employant plus de 500 personnes et 37 000 salariés, la chimie française présentait un visage contrasté, associant talent et faible développement. Après une *technical ecclipse* entre 1860 et 1890, elle avait retrouvé autour d'un noyau stable constitué par l'industrie lourde, un indéniable dynamisme créé par les industries de spécialités à partir de la fin du siècle. Bien que l'attitude des entrepreneurs français face à l'innovation ait donc été plus positive que celle des Britanniques, le secteur n'en restait pas moins peu organisé en matière de recherche au regard des critères qui s'établissaient outre-Rhin. Les entreprises les plus dynamiques ne représentaient en effet qu'une part trop réduite de l'activité. La chimie française était régie, depuis les années 1890, par le principe du partage des tâches et de la régulation par les ententes de produits. À la veille du conflit, trois grandes entreprises, Saint-Gobain, Alais Froges et Camargue, et Kuhlmann regroupaient 85 % des actifs.

• **L'industrie chimique italienne** resta peu développée. Les productions concernèrent les engrais et tout particulièrement les superphosphates (de 139 000 à 645 000 tonnes entre 1898 et

1913). Les engrais plus modernes, les teintures et les nouveaux procédés de production de soude étaient très peu développés en Italie.

3.2. La nouvelle référence allemande

Le parcours de l'industrie allemande fut diamétralement opposé à ce que fut celui de l'industrie britannique. De 1872 à 1913, sa croissance annuelle moyenne fut de 6,2 %. Elle représentait, en 1875, 1,3 % des emplois industriels et 2,2 % en 1907. L'Allemagne, qui n'avait pratiquement pas d'industrie chimique d'envergure en 1860, dominait presque totalement le secteur en 1913.

• **L'investissement, constant et organisé, dans la recherche** fut à la base de ce succès. Certes, la découverte de ressources minières très importantes, ainsi que des mesures protectionnistes destinées à limiter les importations de soude, permirent aux entreprises allemandes de mieux résister dans les domaines les plus performants de l'industrie britannique à partir des années 1870. Mais ce fut avant tout en développant des produits nouveaux, tout particulièrement les teintures artificielles, que l'industrie allemande renversa totalement le rapport de force. « Au moment de l'Exposition de 1867, rien ne pouvait laisser prévoir que vingt ans plus tard la prééminence allemande serait indiscutable. [Celle-ci] résultait de la convergence entre l'essor d'une recherche universitaire de très haut niveau et un esprit d'entreprise particulièrement vigoureux » (F. Caron). L'essor de l'industrie chimique allemande s'enracina dans la recherche universitaire et se concrétisa au sein d'entreprises jeunes. La première d'entre elles, la Badische Anilin und Soda Fabrik (BASF), fut fondée en 1865. En 1868, Heinrich Caro y prit la responsabilité de la recherche. Allemand, il n'en avait pas moins travaillé longtemps en Angleterre. Ses liens avec l'université de Berlin lui permirent de suivre les travaux de Graebe et Liebermann qui découvrirent en 1869, dans le laboratoire d'Adolf von Baeyer, la synthèse de l'alirazine. C'est à partir de ces recherches que Caro commercialisa les premières teintures synthétiques de BASF.

Deux sociétés, plus anciennes, surent tirer parti rapidement de ce nouveau domaine. Les sociétés Bayer, fondée en 1861, et Höchst, fondée en 1862 par un chimiste et deux négociants, s'engagèrent dans la fabrication de l'alirazine dès le début des années 1870. Ces compagnies ne restèrent pas dans le domaine de la teinture. Les profits réalisés sur les premières générations de teinture synthétique furent ainsi réinvestis dans une perspective de long terme. La synthèse de l'indigo par BASF, à partir des recherches réalisées à l'université de Munich, nécessita dix-sept ans de recherche pour son industrialisation, devenue possible en 1897. Devenue société anonyme à la mort de son fondateur Friedrich Bayer, l'entreprise de Leverkusen se dota d'un laboratoire de recherche dès 1891. Cet engagement dans la recherche fut prolongé par une réflexion radicale sur les procédés de fabrication. La mise en œuvre de procédés de fabrication en continu constitua une rupture décisive avec les méthodes habituelles, qui n'étaient bien souvent que l'application à grande échelle de procédures artisanales. Le troisième volet de cette nouvelle culture entrepreneuriale résidait dans l'effort réalisé en matière de commercialisation. Les entreprises se mirent à l'écoute des besoins de leurs clients, et surent adapter les produits dès que cela était nécessaire. La bonne coordination entre ces efforts de recherche, de productivité et de commercialisation explique la réussite de la chimie allemande sur la longue durée.

• **De nouveaux marchés furent en effet ouverts**, sans que, pour autant, les colorants ne soient négligés. Le tournant stratégique fut pris dès les années 1880 avec d'importants efforts dirigés vers les produits pharmaceutiques. L'aspirine, commercialisée par Bayer à partir de 1899, fut tout à la fois un succès technique et une réussite de marketing. Une vaste campagne d'information fut en effet réalisée auprès des médecins allemands pour leur présenter les qualités du nouveau produit. Cette seconde phase de croissance souligne la constance dans l'effort et distingue radicalement les entrepreneurs allemands de leurs homologues britanniques. La bataille technique et commerciale

© ARMAND COLIN. La photocopie non autorisée est un délit.

contre la concurrence n'était plus conçue comme une guerre de position, mais comme une guerre de mouvement. Il ne s'agissait plus de se protéger, mais de prendre la concurrence de vitesse en proposant, à des coûts maîtrisés, des produits innovants.

La montée en puissance de l'industrie ne lui donna pas seulement des moyens financiers supérieurs. L'industrie chimique est fondée de manière générale sur une culture du sous-produit. En multipliant les fabrications, les chimistes allemands disposèrent d'une palette de nouveaux sous-produits dont ils étudièrent systématiquement le potentiel. En lien étroit avec les autres secteurs industriels, l'effet des synergies fut de plus en plus puissant. Ainsi, la production d'ammonium pour les fertilisants dépendait-elle, jusque dans les années 1880, des importations de goudrons britanniques, issus de l'industrie gazière. En raison de la croissance de la production sidérurgique, les sous-produits du coke permirent aux Allemands de remplacer ces achats au cours des années 1890. Ils surent également intégrer les innovations provenant d'autres domaines et, tout particulièrement, de l'électricité. Les nouveautés se multiplièrent à partir des années 1890. La mise au point de la synthèse de l'ammoniac révéla le niveau d'investissement et de rationalisation de la recherche auquel étaient parvenus les chimistes allemands. La pénurie d'azote avait atteint au début du XXe siècle les limites de ce que l'agriculture pouvait supporter. Fritz Haber, qui enseignait la chimie à Karlsruhe, réussit en 1909 à synthétiser l'ammoniac dans des conditions qui rendaient son industrialisation très problématique. BASF engagea alors ses équipes à transformer cette découverte en une innovation rentable. Après 6 500 expériences et l'essai de 2 500 catalyseurs, ils touchèrent au but en 1912 : BASF déposait un ensemble de brevets qui protégeaient de manière très précise l'ensemble du dispositif inventé. Cette recherche pionnière réunissait toutes les caractéristiques de la recherche telle qu'elle se généralisait au XXe siècle. « [...] Fondée sur une base scientifique, elle mobilise des moyens financiers, techniques et humains considérables, se déroule suivant une logique rigoureuse qui tente d'éliminer le hasard, associe des recherches proprement chimiques à des recherches de génie industriel » (F. Caron).

Ces avancées scientifiques, réalisées en partenariat avec les laboratoires universitaires, furent récompensées par six prix Nobel de chimie entre 1902 et 1918 :

Emil Fischer 1902
Adolf von Baeyer 1905
Eduard Büchner 1907
Otto Wallach 1909
Richard Willstäter 1915
Fritz Haber 1918

La puissance allemande à la veille de la Première Guerre mondiale était sans partage dans la chimie des colorants. Sur une production mondiale de 160 000 tonnes, 140 000 provenaient des usines du Reich. Les profits ainsi réalisés avaient permis d'investir massivement dans la diversification. Ce développement dynamisa, par ses propres besoins, les autres secteurs de la chimie. La chimie lourde tira en quelque sorte parti de son retard en adoptant d'emblée le procédé Solvay. Ce mouvement fut réalisé à grande échelle, bousculant totalement les anciens producteurs français et anglais.

La chimie lourde trouva ainsi des débouchés pour ses produits, tandis que les recherches, en se diversifiant, posèrent les bases d'une industrie pharmaceutique très innovante. Stimulées par ce mouvement, les entreprises les plus anciennes du secteur chimique adoptèrent une philosophie de l'innovation comparable et surent profiter des marchés nouveaux suscités par les nouvelles productions. Degussa à Francfort ou Rütgers à Erkner devinrent ainsi fournisseurs des fabricants de colorants en produits spécifiques de qualité. Cette fertilisation globale du secteur, que l'on retrouvait notamment dans l'utilisation systématique des sous-produits, dynamisa donc, bien au-delà des quelques firmes à la pointe de l'innovation, l'ensemble du tissu industriel.

Dans les années qui précédèrent la Première Guerre mondiale, l'industrie chimique allemande poursuivit sa mutation et intégra de manière croissante une approche scientifique des procès de fabrication. Les problèmes liés à la corrosion, aux hautes températures et aux hautes pressions, furent abordés de manière systématique. La rationalisation des fabrications fut menée non seulement en réorganisant les procès, mais en établissant des bilans énergétiques et des bilans de matière destinés à valider les choix sur les plans économiques et techniques. Les principaux industriels remplacèrent leurs procédés discontinus par des procédés en continu : cokeries, fabrication de l'ammoniac, de l'acide phosphorique, du phosphore etc. La normalisation devint également une priorité, tant au niveau de l'entreprise qu'à l'échelon international. Les efforts menés dans la réutilisation des sous-produits furent, dans une mesure non négligeable réalisés, pour limiter la dépendance de l'Allemagne dans ses approvisionnements de base. Haber, qui découvrit la synthèse de l'ammoniac, fut aussi le principal responsable de la guerre chimique quelques années plus tard. Par leur réussite, les entrepreneurs allemands avaient ainsi démontré que l'avenir de la chimie passait dorénavant par la complémentarité d'un grand nombre de disciplines dont la maîtrise ne devait pas être uniquement économique et technique. Ils créaient de fait les bases d'une nouvelle modernité pour l'industrie européenne.

© ARMAND COLIN. La photocopie non autorisée est un délit.

DOCUMENTS

Production de charbon en millions de tonnes

	États-Unis	Grande-Bretagne	Allemagne (lignites incluses)	France	Belgique	Total
1864	22,8	94,3	26,1	11,2	11,1	173,7
1880	66,8	149,3	59,1	19,3	16,8	339,3
1885	102,1	161,9	73,6	19,5	17,4	412,8
1890	141,6	184,5	89,2	26,0	20,3	513,1
1895	171,7	194,3	103,8	28,2	20,4	562,3
1900	243,4	228,7	149,5	33,4	23,4	765,1
1905	351,1	239,8	173,6	36,0	21,8	928,0
1910	445,8	264,5	221,9	38,5	23,1	1143,7
1915	531,6	283,5	259,1	19,9	15,6	1270,0
1920	598,0	233,2	252,3	25,3	22,3	1317,0
1925	527,7	247,0	272,3	48,0	23,0	1372,0
1930	487,0	247,7	301,7	54,9	27,4	1413,0
1933	342,3	210,3	247,1	47,9	25,2	1154,0
1935	381,2	226,5	292,0	47,1	26,4	1327,0

Source : W. Bowden, M. Karpovich, A. P. Usher, *An economic history of Europe since 1750.*

Quotas dans le cartel de l'acier en Allemagne en 1907

	millions de tonnes	%
Thyssen	974	8,2
Gutehoffnungshütte	585	4,9
Hörde	—	—
Rheinstahl	489	4,1
Krupp	977	8,2
Bochumer Verein	336	2,8
Phoenix	1130	9,5
Hoesch	455	3,8
Total	4946	44,3

Source : G.D. Feldman, *Iron and Steel and the German inflation.*

Production de fer et d'acier (millions de tonnes)

Année	Royaume-Uni		Allemagne		États-Unis		Monde	
	fonte	acier	fonte	acier	fonte	acier	fonte	acier
1870	5,96	0,22	1,24	0,13	1,67	0,04	11,84	0,51
1880	7,75	1,29	2,43	0,69	3,84	1,25	18,16	4,18
1890	7,90	3,58	4,03	2,10	9,20	4,28	26,75	12,28
1900	8,96	4,90	7,43	6,36	13,79	10,19	39,81	27,83
1973	10,26	7,66	16,49	17,32	30,97	31,30	77,90	75,15

Source : A.E. Musson, *The growth of British Industry.*

© ARMAND COLIN. La photocopie non autorisée est un délit.

Répartition de la production manufacturière dans le monde (%)

Période	États-Unis	Allemagne	Royaume-Uni	France	Italie	Belgique
1870	23,3	13,2	31,8	10,3	2,4	2,9
1881-85	28,9	13,9	26,6	8,6	2,4	2,5
1896-1900	30,1	16,6	19,5	7,1	2,7	2,2
1906-10	35,3	15,9	14,7	6,4	3,1	2,0
1913	35,8	15,7	14,0	6,4	2,7	2,1
1926-29	42,2	11,6	9,4	6,6	3,3	1,9
1936-38	32,2	10,7	9,2	4,5	2,7	1,3

Source : League of Nations, *Industrialization and world trade.*

Production d'acier du Royaume-Uni selon les procédés (en millions de tonnes)

Année	Bessemer		Foyer ouvert		Total
	Acide	Basique	Acide	Basique	
1875	620		88		708
1890	1,613	402	1,463	101	3,579
1900	1,254	491	2,863	293	4,901
1913	1,049	552	3,811	2,252	7,664

Source : A.E. Musson, *The growth of British Industry.*

Innovations fondamentales dans le domaine de la technologie moderne au cours de la première moitié du XXe siècle

Nouveau concept	Invention	Innovation	Décalage en années	Rythme de changement
Commande automatique	1904	1939	35	2,86
Embrayage hydraulique	1904	1937	33	3,03
Crayon à bille	1888	1938	50	2,00
Craquage catalytique du pétrole	1915	1935	20	5,00
Cellophane étanche	1900	1926	26	3,85
Cinérama	1937	1953	16	6,25
Coulée continue	1927	1948	21	4,76
Laminage continu à chaud	1892	1923	31	3,23
Batteur de coton (Campbell)	1920	1942	22	2,38
Batteur de coton (Rust)	1924	1941	17	2,63
Tissus infroissables	1906	1932	26	3,85
Locomotive Diesel	1895	1934	39	2,56
Éclairage fluorescent	1852	1934	82	1,22
Hélicoptère	1904	1936	32	3,13
Insuline	1889	1922	33	3,03
Moteur à réaction	1928	1941	13	7,69
Kodachrome	1910	1935	25	4,00
Enregistrement sur bande magnétique	1898	1937	39	2,56
Plexiglas	1877	1935	58	1,72
Néoprène	1906	1932	26	3,86
Nylon, perlon	1927	1938	11	9,09
Pénicilline	1922	1941	19	5,26
Polyéthylène	1933	1953	20	5,00
Servodirection	1900	1930	30	3,33
Radar	1887	1934	47	2,13
Radio	1887	1922	35	2,86
Fusées	1903	1935	32	3,13
Silicones	1904	1946	42	2,38
Streptomycine	1921	1944	23	4,35
Métier à tisser Sulzer	1928	1945	17	5,88
Détergents de synthèse	1886	1928	42	2,38
Gyrocompas	1827	1909	82	1,22
Polariseur de lumière synthétique	1857	1932	75	1,33
Télévision	1907	1936	29	3,45
Fibre de polyester « Térylène »	1941	1955	14	7,14
Essence antidétonante	1912	1935	23	4,35
Titane	1885	1937	52	1,92
Transistor	1940	1950	10	10,00
Carbure de tungstène	1900	1926	26	3,85
Xérographie	1934	1950	16	6,25
Fermeture à glissière	1891	1923	32	3,13

Source : G. Mensch, « La technique en crise », in *Culture technique.*

NB. Pour G. Mensch, l'innovation fondamentale apparaît en période de dépression. Il retient comme «vagues d'innovations fondamentales» les années 1871-1885, 1926-1938.Cette approche, stimulante, reste très contestée. La localisation chronologique de l'innovation fondamentale est imprécise et fatalement intuitive.

© ARMAND COLIN. La photocopie non autorisée est un délit.

CHAPITRE II

DES SECTEURS NOUVEAUX, MOTEURS DE L'INDUSTRIALISATION

Les vingt dernières années du XIXe siècle se caractérisèrent par une concentration exceptionnelle d'innovations dont l'impact modifia radicalement les circuits économiques, le confort, ainsi que la culture des populations d'Europe occidentale. La plupart de ces innovations étaient l'aboutissement d'un long cheminement, mais leur application fut rapide, dès lors que leur faisabilité industrielle fut démontrée. Au centre de ce bouquet figure sans conteste l'électricité. Déjà présente, et avec quelles conséquences, à travers le télégraphe, elle devint déterminante, dans la globalité des activités, lorsque la force et l'éclairage furent maîtrisées.

Autour de l'électricité, c'est l'ensemble du système technique qui se renouvelle. C'est tout d'abord la vieille industrie de la machine à vapeur qui innove radicalement pour fournir la puissance nécessaire aux nouvelles centrales. C'est ensuite tout un ensemble de secteurs émergeants, au tout premier rang desquels figure l'automobile, qui prend forme grâce à l'électricité. L'information elle-même devient vecteur de croissance avec de nouveaux systèmes de communication et l'avènement de la technologie-art, symbole du XXe siècle : le cinéma.

© ARMAND COLIN. La photocopie non autorisée est un délit.

1. Électricité et automatisation

De la rencontre entre un domaine dont l'évolution avait été lente mais constante, la mécanique, et d'un système technique fondamentalement nouveau comme l'électricité, devaient naître les bases d'une nouvelle phase de l'industrialisation.

1.1. L'électricité : une technologie radicalement nouvelle

Par ses multiples applications, par les bouleversements qu'elle impliquait dans les modes de pensée, l'électricité apparaît comme l'élément central d'une nouvelle logique technologique.

• **Commencée en 1800 avec la pile chimique de Volta,** l'histoire contemporaine de l'électricité attendit plusieurs décennies pour rencontrer celle de l'industrie. Les principales lois de l'électromagnétisme mises en évidence dans les années 1820 par Ampère et Faraday, la découverte de l'induction électromagnétique par Faraday en 1831, la première magnéto (système électrique qui utilise un aimant permanent) présentée par Pixii en 1832 ; ces étapes jalonnèrent le XIXe siècle jusqu'en 1870, date à laquelle le Belge Zénobe Gramme réalisa avec sa dynamo le premier système de production de courant continu utilisable commercialement. « En un mot, expliquait Gramme en 1871, on peut obtenir, au moyen de cette machine, tout ce qu'on obtient avec la pile ; il y a donc lieu de penser qu'elle pourra lui être substituée avec avantage dans beaucoup de cas, soit dans les applications industrielles, soit dans les recherches scientifiques. » Ce fut plus que cela... Deux ans plus tard, Hippolyte Fontaine démontra la réversibilité de la dynamo. Alimentée en énergie, elle pouvait, par son mouvement, produire de l'électricité ; alimentée en électricité, elle produisait un mouvement et, de générateur, devenait moteur.

Pour l'industriel, l'électricité disposait d'un avantage fondamental : sa transmissibilité. Sous cette forme, l'énergie pouvait dès lors être transportée et alimenter un espace distinct du lieu de sa production. Son utilisation restait cependant très hypothétique au début des années 1880. Un dictionnaire français de l'industrie et des arts industriels ne décrivait-il pas l'électricité comme « [...] une force extraordinaire, à peine connue, [...] excessive et démesurée ».

• **L'Exposition internationale d'électricité de Paris en 1881** marqua les véritables débuts de l'électricité dans l'espace industriel, car, écrivait *Le Temps*, le 21 août 1881 : « En entrant dans le Palais des Champs-Élysées devenu le Palais de l'Électricité, la plupart des gens – Parisiens, mondains, curieuses – éprouvent une impression toute particulière. Ils se trouvent tout à coup en face d'un monde nouveau. » Si 53 % des 1 764 exposants étaient français et 12 % belges, ce furent cependant les 7 % d'Américains qui, grâce à Edison, firent les démonstrations les plus remarquées. Thomas Edison marqua son temps par un grand nombre d'innovations et par sa capacité à les projeter dans l'activité économique. Il se consacra au problème de l'éclairage électrique à partir de 1878 et orienta ses recherches vers l'incandescence. En octobre 1879, il réalisait la première lampe électrique fondée sur ce principe, en utilisant une fibre de bambou. Avec l'aide de financiers, à qui il apporta ses brevets, il créa plusieurs sociétés destinées à exploiter les différentes possibilités offertes par l'électricité. Sa vision fut, d'emblée, globale et commerciale, et ce fut donc un ensemble complet, de la centrale électrique à la lampe en passant par le réseau de distribution, qu'Edison présenta à Paris en 1881. Son succès dans l'opinion, favorisé il est vrai par quelques sommes discrètement versées aux journalistes, fut considérable. Bien que significatives sur le plan scientifique, les réalisations françaises n'étaient pas en mesure d'offrir une solution rapidement opérationnelle, susceptible d'être rentabilisée dans le cadre d'une activité commerciale.

Le développement de l'industrie européenne fut donc fondé, dans une large mesure, sur les solutions apportées par Edison. Seuls les Allemands – 7 % des exposants à l'Exposition de 1881 – grâce à Siemens, apportaient des systèmes originaux, dans des domaines complémentaires d'Edison. Symboliquement d'ailleurs ce fut un tramway électrique, mis en place par Siemens, qui relia la place de la Concorde au Palais de l'Industrie lors de l'Exposition électrique de 1881. Ce nouveau véhicule, présenté deux ans plus tôt à Berlin comme le premier chemin de fer électrique du monde sans batterie, couronnait les activités de recherche d'une entreprise qui s'était fortement investie depuis le milieu du siècle dans la télégraphie électrique. Sous l'impulsion de Werner Siemens, elle était particulièrement innovante et avait réagi très rapidement face aux nouvelles perspectives ouvertes par l'invention de Gramme. Dès 1872, elle fabriquait la première dynamo dotée d'un enroulement à tambour, dispositif adopté par l'ensemble de l'industrie pendant près de vingt ans. Son action avait été si décisive aux yeux de ses contemporains que son nom fut retenu comme unité de mesure électrique, jusqu'en 1884 où l'ohm remplaça le siemens.

1.2. La montée en puissance d'une nouvelle industrie

Pour se développer, le système électrique avait besoin de machines puissantes pour animer ses alternateurs, ainsi que d'entreprises de grande envergure pour mobiliser talents et financements.

• **Un grand nombre de sociétés électriques se créèrent en Europe à partir de 1881** ; la plupart dépendaient dans une large mesure des brevets américains.

La Grande-Bretagne ne s'engagea que timidement dans l'électricité au cours des années 1880. En fait cette prudence suivait une période de grand intérêt qui avait vu, entre 1878 et 1881, se multiplier les investissements dans des entreprises électriques peu sérieuses. Bien des souscripteurs avaient été abusés par des brevets plus ou moins farfelus. L'opinion britannique considérait dans les années 1880 que l'investissement dans l'électricité était un pari bien trop risqué. L'image du produit était floue dans le public et le marché tarda à apparaître faute de consommateurs. Edison lui-même échoua au London Viaduc : sa station de production d'électricité, ouverte en 1882, devait fermer en 1884. La London Electric Supply Cop, créée en 1887 pour exploiter les brevets de Ferranti en matière de courant alternatif, connut le même destin. Les intérêts américains persévérèrent cependant. Malgré la faible dynamique du marché, la British Thomson Houston réussit progressivement à augmenter ses activités dès la fin des années 1880. Au début du XXe siècle, elle était dominante.

En France, les initiatives restèrent trop dispersées et ne furent que trop peu relayées par les investisseurs. Les mésaventures de Gramme, qui avait créé en mars 1880 une Compagnie générale d'électricité sans parvenir à réunir les huit millions de francs de son capital initial, reflétaient cette atonie. Les sociétés déjà en place, et susceptibles d'étendre leur champ d'activité à l'électricité, restèrent très prudentes. La société Lombard-Gérin fondée à Lyon en 1892 reçut ainsi, dans un premier temps, le soutien de Schneider pour exploiter les brevets Ganz sur les turbines et transformateurs. Mais cet appui ne prit jamais l'ampleur nécessaire à une véritable valorisation de ses produits. Cette réserve se retrouvait chez Fives-Lille qui, peu soutenue il est vrai par les banques, préféra limiter son engagement dans l'électricité. La création de la Compagnie générale d'électricité par Pierre Azaria, entrepreneur normand, en 1898, changea quelque peu les équilibres nationaux, mais cette fondation était alors plus riche de promesses que d'atouts concrets pour le présent. Comme en Grande-Bretagne, ce fut donc la Thomson-Houston qui s'imposa rapidement comme la seule entreprise de taille significative sur ce nouveau marché.

Malgré la présence de Siemens, les intérêts américains s'implantèrent également en Allemagne. Ainsi, ce fut pour exploiter les brevets d'Edison qu'Emile Rathenau créa à Berlin, en 1883, la Deutsche Edison-Gesellschaft (DEG).

Très précocement, les intérêts américains avaient donc su occuper une place dominante sur le marché d'Europe occidentale. Alors que les industries britanniques et françaises restèrent, dans une très large mesure, dépendantes des intérêts américains, les intérêts allemands parvinrent à gagner leur indépendance. « À partir du milieu des années 1880, les deux pays leaders dans le domaine de l'innovation électrique furent l'Allemagne et les États-Unis, les prééminences britannique et française disparaissant brusquement » (F. Caron). Après une courte période d'entente avec Siemens et Halske, la DEG lui fit concurrence tout en s'efforçant de s'émanciper du contrôle d'Edison. En 1887, cette indépendance se concrétisa par la création de l'Allgemeine Elektrizitäts-Gesellschaft (AEG) qui reprit actif et passif de la DEG. Les deux entreprises multipliaient les initiatives et investissaient dans un pays à l'urbanisation galopante.

• **Des choix technologiques décisifs** furent réalisés au tournant des années 1880-1890. Alors que Westinghouse et General Electric se livraient aux États-Unis une bataille sans merci pour imposer leur propre norme, AEG, associée à Oerlikon, démontrait la fiabilité de sa technologie tant en ce qui concernait la production que le transport d'électricité en triphasé.

© ARMAND COLIN. La photocopie non autorisée est un délit.

L'industrie allemande entrait de manière décidée dans l'ère du courant alternatif qui, à partir des années 1890, permit à l'électricité de sortir du seul domaine de l'éclairage. Simultanément, elle développait le transport d'électricité en mettant en œuvre des solutions techniques originales. Puissance et disponibilité de la force sur un réseau étendu devaient assurer le succès de la nouvelle énergie. Le triphasé ouvrait des perspectives radicalement nouvelles et permettait à l'électricité de ne plus être simplement une alternative au gaz pour l'éclairage public, voire privé, mais une solution globale pour l'industrie et les transports. Siemens joua un rôle décisif dans cette mutation. Moteur triphasé (1889), transport de courant triphasé (1891), centrale hydroélectrique à courant triphasé de Erding (1892), ces réalisations inauguraient une ère nouvelle pour l'électricité qui dorénavant s'affirmait «[…] comme la principale animatrice de la croissance» (F. Caron). Au moment de sa transformation en société anonyme (1897), Siemens employait 11 000 personnes. Implantée à Londres, Saint-Pétersbourg et Vienne, elle disposait de bureaux techniques à La Haye, Bruxelles et bientôt Zurich (1900), et s'affirmait comme la première entreprise européenne de haute technologie.

L'Exposition internationale électrique de Francfort proclamait en 1891 la prééminence allemande en Europe.

• **La fin des années 1890 vit un foisonnement d'initiatives** étendre plus encore le champ des applications de l'électricité et son poids dans l'économie européenne. En 1901, Siemens et AEG dominaient l'industrie électrique allemande. L'entreprise présidée par Rathenau avec un capital équivalant à 75 millions de francs se plaçait de peu devant Siemens. Cinq autres sociétés importantes se développaient dans leur sillage : Schuckert, Hélios, Kummer, Lahmeyer et Bergman. Cette exubérance n'était pas sans risque, et la concurrence qui s'intensifia sur un marché encore mal structuré provoqua au début du XXe siècle une gigantesque réorganisation. Cette période fut une véritable épreuve de vérité pour l'industrie allemande. Grâce à ses bases techniques et capitalistiques, elle fut suffisamment forte pour négocier avec les groupes américains et définir avec eux une réorganisation globale du marché mondial. L'Union Elektrizitäts-Gesellschaft, filiale de la Thomson-Houston, fut rattachée à l'AEG, mais l'entrée du capital américain, qui en constituait la contrepartie, laissait cependant la totalité du pouvoir aux intérêts allemands. Siemens constitua l'autre pôle de cette réorganisation. Sa fusion avec Schuckert permit d'équilibrer la puissance de la nouvelle AEG avec un capital de 90 millions de marks. En 1913, l'industrie électrotechnique allemande fournissait 23 % de la production mondiale et 48 % des exportations. Ses filiales situées dans de nombreux pays accroissaient encore son emprise.

• **L'entreprise néerlandaise Philips** fut la seule à tirer son épingle du jeu dans cet environnement contrôlé par les filiales de la General Electric et par le duopole allemand, AEG-Siemens. Créée en 1890 pour exploiter un brevet de lampe à incandescence, l'entreprise ne survécut que par miracle durant ses dix premières années. Une bonne gestion et une politique d'innovation réelle, mais bien contrôlée, lui permirent de s'affirmer sur de nouveaux marchés et tout particulièrement en Russie. En 1899, elle produisait 1,8 million de lampes malgré les pressions du cartel allemand.

L'effort italien concerna essentiellement un domaine développé également en France : l'énergie hydro-électrique. Cet important flux d'investissements, largement soutenu par des intérêts allemands, fut la plus importante affaire des années 1896-1914. Elle prenait un caractère tout à fait essentiel dans un pays pénalisé depuis longtemps par son manque de ressources énergétiques. Cette nouvelle disponibilité profita à l'industrie textile, mais également à l'industrie mécanique. En 1911, la moitié de la puissance disponible dans les usines de construction mécanique était fournie par des moteurs électriques.

1.3. Machines-outils et turbines

La révolution électrique ne pouvait s'épanouir totalement sans qu'en amont les machines à vapeur ne lui fournissent la puissance nécessaire, et sans qu'en aval la mécanisation n'évolue résolument vers l'automatisation.

• «**La machine à vapeur à piston**, dont l'origine remonte à la machine de Newcomen, a atteint à la fin du XIXe siècle une sorte de classicisme» (F. Caron). Son évolution était en effet arrivée à son terme, chaque amélioration en matière de rendement impliquant des dispositifs de plus en plus complexes, pour un gain en performance de plus en plus faible. La quantité de charbon nécessaire par cheval-vapeur avait été divisée par quatre entre le début du siècle et les années 1870 (1 kg de charbon par cheval-heure à cette date). Entre 1870 et 1913, le progrès fut beaucoup plus modeste : -25 % pour atteindre sur des machines de grande importance une consommation de 750 grammes par cheval-heure. La fabrication posait également des problèmes de plus en plus difficiles aux machines à piston. Ce «détail» dans la conception d'une machine dut être pris en compte de manière de plus en plus précise à mesure que les puissances et les vitesses de fonctionnement augmentaient. Pompes, rainures, bains permanents, toutes les solutions furent testées jusqu'à l'apparition, à partir de 1890, de la lubrification sous pression. Mis au point à Birmingham par A. Pain, ce dispositif permettait dès lors d'accroître considérablement les vitesses de fonctionnement (moteurs et machines outils) sans risque de surchauffe ou de grippage. Stimulés par les machines à haute pression utilisant la valve de Corliss (1840) venue d'outre-Atlantique, les industriels du Vieux continent réagirent en explorant des voies nouvelles et en s'appuyant de manière de plus en plus systématique sur une démarche scientifique. Leurs efforts portèrent tout particulièrement sur la turbine à vapeur, axe de recherche pouvant permettre de surmonter les limites inhérentes à la machine à pistons.

Deux types de turbines furent ainsi mis au point au cours des années 1880. L'anglais Charles Parsons conçut la turbine à réaction. Sur la base des travaux du suédois De Laval, les turbines à action connurent un important développement en France, où Auguste Rateau mit au point en 1901 la turbine multicellulaire. Le système à haute vitesse de Parsons fut utilisé pour la production d'électricité mais également pour la propulsion des navires : la Royal Navy adopta la turbine de Parsons pour le Turbinia dès 1894. De manière plus décisive pour le processus d'industrialisation, la turbine fut testée avec succès en 1900 pour la centrale électrique d'Elberfeld. Westinghouse et Brown Boveri prirent la licence de ce type d'équipement.

• **Vers l'automatisation.** La mécanisation dans l'industrie textile était un phénomène ancien. Elle avait donné naissance à une forte concentration de la fabrication, à la naissance de l'usine et à la fin du domestic system. Son extension aux autres industries manufacturières s'avérait cependant délicate. Les opérations à effectuer y étaient beaucoup plus complexes, et la main-d'œuvre très qualifiée assurait une fabrication de qualité permettant à des modes d'organisation anciens de perdurer. À partir des années 1880, une forte synergie entre les besoins d'industries manufacturières nouvelles et les possibilités offertes par l'innovation dans le domaine des machines-outils amorça une évolution notable des méthodes de production. Au geste de l'ouvrier, intuitif et variable, se substitua progressivement l'utilisation de machines dont le mouvement répété permettait la fabrication de pièces strictement identiques les unes aux autres.

Dans un mouvement qui toucha de manière première les États-Unis, toutes les tâches d'usinages furent progressivement concernées. L'entreprise américaine Brown et Sharpe, en réalisant, dès les années 1860, le tour revolver avec rotation automatique de la tourelle, avait amorcé l'automatisation des tâches les plus complexes. Vingt ans plus tard, dans la même entreprise, l'ingénieur Wollseley mettait au point un système homogène, base de l'automatisation complète de l'usinage. Grâce à la meuleuse universelle, apparue au cours des années 1870, tourner, fraiser,

© ARMAND COLIN. La photocopie non autorisée est un délit.

meuler, devinrent des opérations plus aisées à effectuer et infiniment plus régulières dans leur résultat.

Les systèmes de manutention, ou plus précisément de circulation des pièces et marchandises à l'intérieur de l'espace productif, furent également transformés. En lien avec une force plus abondante et disponible partout dans l'usine, la mise au point de roulements sphériques par William Bown à Birmingham, en 1877, ouvrait de nouvelles perspectives. Cette innovation peu spectaculaire caractérisait assez bien le processus de ce temps. Loin des regards, par de multiples touches, un système de mécanisation des tâches les plus diverses se mettait en place. Ces roulements à billes, hormis leur utilisation pour les véhicules, permirent de concevoir des transports de charge en continu dans les fabriques – sous forme de tapis roulants soutenus par des billes puis, très vite, par des rouleaux – qui autorisaient le déplacement aisé de charges importantes en continu. Le rendement des machines-outils et des moteurs fut également considérablement amélioré, car les roulements limitaient les déperditions d'énergie par frottement.

• **Une industrie de la machine-outil** émergea progressivement, à mesure que les besoins, qualitatifs et quantitatifs, s'accrurent.

La capacité innovante de l'industrie britannique y fut manifeste dans le second tiers du XIXe siècle. Ses contacts avec les États-Unis lui permirent de s'intégrer assez précocement à ce mouvement innovatif. Ce que les entreprises britanniques ne pouvaient mettre au point, elles l'importaient. Cette relation n'alla pas sans créer une certaine forme de dépendance. Singer installa ainsi une filiale à Clydebank en Écosse en 1870. Son activité principale concernait les machines à coudre, mais elle produisit plus de 2 200 fraiseuses entre 1870 et 1914. La Grande-Bretagne n'en resta pas moins jusqu'en 1914 un acteur significatif sur le marché mondial de la machine-outil.

Ce fut cependant l'Allemagne qui, en Europe, tira le mieux avantage des technologies mises au point outre-Atlantique. Le Reich, qui importait la majeure partie de ses équipements, notamment d'Angleterre, au cours des années 1870, parvint à s'émanciper de ce fournisseur. En synergie avec le dynamisme de l'industrie sidérurgique et métallurgique, ses entreprises s'affirmaient comme dominantes sur le marché européen. Cette montée en puissance fut particulièrement sensible à partir du milieu des années 1890. Elle s'appuya sur un protectionnisme important obtenu par le Syndicat des industriels de la machine-outil, W.D.W., créé en 1898, et sur la copie des principaux dispositifs conçus aux États-Unis.

Si la France s'intéressa précocement à ce nouveau domaine, ce fut essentiellement pour des raisons de défense nationale. F.G. Kreutberger fut nommé par le gouvernement à la tête de l'atelier de construction de Puteaux qui venait d'être créé en 1865, pour « [...] fabriquer les machines-outils nécessaires aux arsenaux français et étrangers et précédemment livrées par l'industrie privée ». Son action fut efficace pour l'armement, mais ne concerna pas les activités civiles.

La France réussit à conserver une balance commerciale équilibrée en ce domaine jusqu'au milieu des années 1890. Avec la reprise de l'activité, et la très forte demande issue des industries nouvelles, la production nationale fut pourtant débordée par les fournisseurs américains et allemands. Il est vrai qu'au début du XXe siècle les droits d'importation sur les machines-outils ne s'élevaient qu'à 3 ou 6 % contre 45 % aux États-Unis ! Les importations de machines-outils s'élevaient à 4,9 millions de francs en 1895 pour 4,2 millions d'exportations. Ce ratio se dégrada sans cesse par la suite : en 1900, 15,1 million d'importations contre 5,9 d'exportations ; en 1910, 28,6 contre 10,3 et en 1913, 48,7, contre 9,4. Chez Panhard et Levassor en 1908, 75 % des 1 743 machines-outils étaient américaines. En 1907, à l'initiative du marquis de Dion, ulcéré par cette dépendance vis-à-vis de l'étranger, était créée la Société française des machines-outils. Bien qu'ambitieuse – elle employait, dès sa première année d'existence, plus de trois cents ouvriers et réalisait un chiffre d'affaire de plus de deux millions – elle ne trouva jamais l'équilibre financier. Elle fut reprise par une entreprise du même secteur, Bouhey, en 1913 ; cette dernière fut rachetée par SOMUA (Société d'outillage mécanique et usinage d'artillerie) quelques mois plus tard.

En 1913, la structure des importations françaises reflétait assez bien la hiérarchie mondiale dans ce secteur clef. Sur les 48,7 millions de francs de machines importées, 8,5 provenaient des États-Unis, 10,2 de Grande-Bretagne et 24,6 millions d'Allemagne.

En Italie, les industries mécaniques connurent un certain dynamisme dans les domaines les plus divers à une échelle, il est vrai, très souvent modeste. Le créneau des machines-outils, de faible technicité, fut progressivement occupé à partir des années 1880. Pour le textile par exemple, les machines italiennes remplacèrent dans les équipements de base les machines traditionnellement importées de Grande-Bretagne.

• **Associée aux nouvelles machines-outils**, l'électricité, « [...] qui a pour objet de substituer l'action mécanique à la *libre* action de l'individu », ouvrait des perspectives radicalement nouvelles pour l'organisation de la production industrielle.

D'amélioration en innovation, en employant des métaux aux performances accrues, la productivité des machines-outils fut multipliée par cinq entre 1860 et 1900. L'acier rapide (acier tungstène à 7 %) mis au point au États-Unis par F.W. Taylor en 1906, donna un nouvel élan à cette évolution. Les machines, beaucoup plus résistantes, pouvaient travailler des pièces de manière plus efficace et à des cadences beaucoup plus rapides.

L'accroissement du rythme et de la régularité de la production rendait possible la réalisation de grandes séries de pièces parfaitement identiques et ouvrait la voie à l'interchangeabilité. Ce principe, importé des États-Unis au milieu du XIXe siècle par la fabrique d'armes d'Enfield en Grande-Bretagne, se diffusa assez peu et ne concerna principalement en Europe, que le seul secteur de l'armement. L'évolution fut donc très lente et les entrepreneurs britanniques ne se rallièrent à ces principes que très progressivement, arguant que leur atout principal était la souplesse d'adaptation à la demande et que la standardisation ne pouvait correspondre aux besoins de leur clientèle. Avant la Première Guerre mondiale, en dehors des rares industries qui fabriquaient des articles pour un marché de masse, comme la machine à coudre, seules les entreprises les plus avancées d'Angleterre travaillaient avec des pièces interchangeables.

Cette difficulté à tirer toutes les conséquences de l'automatisation se retrouve dans l'organisation de l'usine. Ce potentiel nouveau, décisif pour les performances individuelles des machines, n'influença en effet que modérément l'organisation du travail. Les entrepreneurs ne furent pas en mesure d'exploiter rapidement les avantages du couple machine-outil/électricité pour rationaliser leur production. Alors que les solutions commençaient à se dessiner, « [...] l'arriération de certaines entreprises est surprenante. Souvent, il aurait suffit d'un simple treuil, de quelques petits wagons, de l'installation de plateaux élévateurs ou d'un système de bande transporteuse pour changer les choses du tout au tout » (Landes). Si les nouvelles machines et l'électricité s'implantèrent dans les usines avant 1914, ce fut, la plupart du temps, dans le cadre ancien de l'organisation. Certes, les gains de productivité étaient importants, mais lorsque l'innovation était susceptible de dépasser l'impact ponctuel sur une étape du processus manufacturier, pour mettre en cause l'organisation globale de l'espace usinier, son adoption restait difficile.

L'organisation du travail dans l'usine, quelle que fut sa taille, ressemblait fort à celle de l'atelier. Les machines étaient regroupées par modèles et fonction – espace pour les tours, pour les foreuses etc. –, sans prendre en compte la continuité d'un processus de fabrication. « [...] Il régnait là un agencement du trafic par nœuds et articulations ; le matériel allait et venait en zigzag entre les postes de travail, les pièces différentes suivant des cheminements différents » (Landes).

Cette réticence britannique se retrouvait en Allemagne. Entre 1882 et 1907, les effectifs des entreprises de plus de mille personnes passèrent de 205 000 à 879 000 employés, mais cette concentration, supérieure à celle de la Grande-Bretagne, ne s'accompagna cependant que très rarement d'une évolution des flux de production. Une installation aussi moderne que celle de l'usine de machines-outils Loewe à Berlin, rebâtie en 1898-1899 selon les meilleurs exemples américains, n'entraîna pas d'*arbeitskreise* (mouvement circulaire du travail). Ce constat peut dans une large mesure être étendu à la France et à l'Italie.

© ARMAND COLIN. La photocopie non autorisée est un délit.

2. De nouveaux véhicules pour d'autres mobilités

Véhicules routiers et avions changèrent radicalement les rapports entre l'espace et la société. En terme d'industrialisation, secteur automobile et aviation offraient également de nouveaux outils pour diffuser les marchandises et créaient un marché totalement nouveau, tant du point de vue de la consommation privée que des investissements publics et militaires. Objets manufacturés de haute complexité, ils imposèrent des contraintes extrêmement fortes au système productif.

2.1. Quel moteur ?

Au cœur du système automobile du XXe siècle, le moteur à explosion ne s'imposa pourtant pas de manière évidente face aux autres types de propulsion.

• **Vapeur et électricité, de mieux en mieux maîtrisées**, offraient des options très séduisantes pour concevoir des véhicules routiers autonomes et performants. Aux États-Unis, jusqu'en 1902, la majorité des véhicules routiers construits étaient équipés de machines à vapeur ou de moteurs électriques.

La vapeur constituait, depuis Cugnot, une solution adoptée par quelques entrepreneurs pour équiper des véhicules routiers. En 1873, A. Bollée construisit ainsi une voiture à vapeur, *L'Obéissante*, qui couvrit 230 km en 18 heures. L. Serpollet installa même une usine de construction de voitures à vapeur à Paris dans les années 1890. Quatre-vingt autobus à vapeur de sa fabrication circulaient dans la capitale en 1897. Vers 1900, sa production atteignait 200 véhicules par an et rivalisait par ses performances avec les voitures à essence. Une entreprise de York, la British Power Traction and Lighting Co fut même créée en 1900 pour exploiter une licence de ses brevets. Malgré la réputation acquise grâce à de nombreux records de vitesse – son dernier prototype atteignit en 1903 la vitesse de 133 km / h –, l'activité déclina rapidement et son entreprise disparut à sa mort en 1907. Sans conséquence à moyen terme, les recherches menées sur les véhicules routiers à vapeur entraînèrent cependant des innovations utilisées par la suite sur les véhicules équipés d'un moteur à explosion.

Cette utilisation de la vapeur ne concerna pas uniquement le domaine terrestre. Ce fut sur cette technologie qu'Ader fit reposer son projet de « plus lourd que l'air ». Clément Ader avait fondé la conception de son appareil sur l'observation de la morphologie des oiseaux. La structure des plumes lui avait inspiré la forme des hélices, alors que les ailes étaient copiées sur celles d'une chauve-souris. Aidé financièrement dans ses travaux par les militaires très intéressés, Ader construisit d'abord l'*Eole I*, puis fit décoller en 1897 son *Avion III*, à Satory, équipé d'une machine à vapeur très légère. La validité des 300 mètres de ce premier vol reste encore controversée et il fallut admettre que le rapport poids-puissance était trop défavorable pour que la machine à vapeur s'avérât performante dans l'aéronautique.

L'électricité apparut également longtemps comme la meilleure solution à la motorisation des véhicules. En 1899, à l'Exposition automobile de Paris, trois entreprises américaines et 19 françaises exposèrent 63 voitures électriques. Comble de l'hésitation technologique, une société belge, Pieper de Liège, présenta même un modèle électrique équipé d'un moteur à explosion qui rechargeait la batterie en permanence.

Si aucun de ces entrepreneurs ne rencontra un succès durable, certains comme Louis Antoine Kriéger furent particulièrement brillants. Associé à Severiano de Hérédia, il créa en 1895 la Société civile des voitures électriques. Après une augmentation de capital en 1898, elle fit faillite en 1900. Kriéger trouva de nouveaux investisseurs quelques mois plus tard. Ils renflouèrent sa société qui reprit ses activités sous le nom de Compagnie parisienne des voitures électriques. Avec une centaine d'employés et une production dépassant à peine quarante véhicules pour 1900-1901, l'entreprise se développa difficilement. Pour résoudre les problèmes de poids liés aux batteries, elle conçut un modèle à moteur électrique dont l'alimentation était assurée par un moteur à explosion. En 1906, une filiale était créée pour constituer une flotte de 150 taxis. Affaiblie par des montages financiers peu judicieux et ne disposant pas de véritable marché, l'entreprise faisait définitivement faillite en 1907.

• **Le moteur à combustion interne**, malgré ces pistes largement explorées, s'imposa comme la solution la plus performante. En 1860, le belge Étienne Lenoir réalisait un moteur à deux temps qui utilisait un mélange gaz d'éclairage-air avec allumage électrique. Malgré un rendement très décevant, ce fut le premier moteur à explosion exploité commercialement. Deux ans plus tard, alerté par la réussite de Lenoir, un ingénieur des Chemins de fer du Midi, A. Beau de Rochas, construisait un moteur à quatre temps à compression variable. Cette réalisation était cependant peu performante et il revint à l'allemand N.A. Otto de réaliser le premier véritable moteur à quatre temps opérationnel. Après de multiples prototypes peu satisfaisants, il conçut en 1867, avec l'aide de Langen, un moteur fiable et plus économique. Plusieurs années de travail furent encore nécessaires pour faire évoluer ce prototype vers un modèle susceptible d'être produit en plusieurs exemplaires sur une configuration rentable. Ce fut fait en 1878 lorsque Otto présenta à l'Exposition universelle de Paris un moteur à quatre temps remarquable par ses qualités de puissance et de discrétion. Il s'agissait d'un moteur horizontal mono cylindre à un piston dont l'utilisation essentielle résida dans des machines d'atelier et dans l'alimentation des dynamos. La réalisation de l'allumage électrique à basse tension (K. Benz, 1886) puis du premier carburateur à gicleur (W. Maybach, 1893), complétèrent l'ensemble technique nécessaire pour que ces moteurs fonctionnent avec de l'essence, et que la forme moderne de l'automobile puisse trouver ses bases.

Loin de la démarche tâtonnante des motoristes de ce temps, Diesel, qui publia le résultat de ses travaux dès 1893 dans un ouvrage intitulé *Théorie et projet d'un moteur thermique rationnel*, avait calculé les caractéristiques de son nouveau moteur selon les lois de la thermodynamique. Son premier prototype ne fut construit qu'en 1897 ; cinq années supplémentaires furent nécessaires pour que l'ingénieur allemand estimât son moteur suffisamment au point pour le lancer commercialement. En 1908, un millier de moteurs Diesel étaient en service. Le plus souvent supérieurs à 100 chevaux, ils commencèrent à équiper les camions.

2.2. L'automobile

Un long chemin, à la fois technique et conceptuel, restait à accomplir avant que la rencontre entre le moteur et le véhicule ne fût fructueuse. Cette étape décisive fut accomplie par Otto Gottlieb Daimler, directeur de l'usine de fabrication des moteurs, qui, en 1885, réalisa la première intégration d'un moteur à explosion à un véhicule automobile.

• **Paris-Bordeaux-Paris**, tel fut l'axe sur lequel se déroula le premier grand raid automobile français en 1895. Si cette manifestation ouvrait symboliquement le territoire national au règne de l'automobile, son développement commercial ne s'amorça réellement qu'à partir de 1898 avec la première manifestation indépendante de l'Automobile Club de France. La bourgeoisie fortunée et l'aristocratie découvrirent un nouveau moyen, valorisant, de se déplacer. L'effet de mode fut indéniable. La duchesse d'Uzès, qui apprit à conduire dès 1897, faisait partie de ces figures qui propagèrent un nouveau loisir. Un observateur américain de la vie parisienne, amusé par cet engouement écrivait ainsi en 1896 : « [...] l'automobile est la voiture de Vénus et de Cupidon ». La demande crut si fortement que les manufacturiers ne purent suivre. En août 1899, Peugeot et De Dion-Bouton demandaient six mois de délais pour livrer leurs modèles. Chez Panhard et Levassor, il fallait savoir patienter vingt mois ! Cette formidable opportunité attira de nombreux artisans d'une région parisienne riche en mécaniciens et horlogers, habitués au travail de précision. En

© ARMAND COLIN. La photocopie non autorisée est un délit.

1898, 400 voitures étaient produites en France, près de la moitié par Panhard & Levassor. L'année suivante, la production atteignait 1 500 véhicules pour s'élever à 7 600 en 1901. Panhard & Levassor n'en représentaient plus qu'un dixième.

La trajectoire de ces nouveaux arrivants consistait, en règle générale, à produire un véhicule léger et peu coûteux. « Si l'entreprise rencontrait un certain succès elle commençait alors à produire de nouveaux modèles, plus lourds et plus puissants, au lieu de se concentrer sur le premier modèle pour le perfectionner et en diminuer le coût. Les ingénieurs français, formés à l'école de la théorie, préféraient se consacrer à la conception de nouveaux véhicules plutôt qu'à la résolution des problèmes de production. Les chefs d'entreprises, soucieux de disposer sans cesse de nouveautés pour leur clientèle, les encourageaient d'ailleurs en cette voie, sans percevoir tous les profits qu'une meilleure gestion de l'atelier pouvait leur apporter » (J. Laux).

Initialement fabriqués sur commande et vendus directement à l'usine, les véhicules furent par la suite commercialisés par des agents qui s'installèrent de manière prioritaire dans l'Ouest parisien. Ces commerçants étaient déjà liés, pour nombre d'entre eux, au commerce des bicyclettes. La manière de se faire connaître apparaissait d'ores et déjà essentielle. Émile Lamberjack, dont la famille était originaire du Luxembourg, remporta ainsi le défi lancé par *le Figaro* lors de l'élection présidentielle de 1899 : un prix serait remis au premier messager apportant depuis Versailles au siège du journal le nom du nouveau chef de l'État ! La jeune industrie assura la continuité de son développement grâce aux exportations. Les ventes sur le territoire national atteignaient ainsi 5 000 unités en 1900 alors que 2 600 étaient exportées. En 1903, le rapport s'inversa avec 6 990 ventes en France contre 7 200 à l'étranger. Près d'un tiers de ces exportations rejoignait l'Angleterre en 1898. L'industrie automobile révélait la forte capacité innovatrice de l'industrie française en matière de biens de consommation. Tout un tissu se développa autour du nouveau produit, à commencer par les pneumatiques où s'imposa rapidement la firme Michelin.

Ce dynamisme se retrouvait en Belgique. Fondées sur l'industrie mécanique et métallurgique, les initiatives se multiplièrent dès la fin du XIXe siècle : plus d'une dizaine d'entreprises existaient en 1901. Vivinius, créée en 1898, était l'une des plus importantes et exportait jusqu'à La Nouvelle-Orléans. En 1902, plus de 2 000 véhicules étaient enregistrés en Belgique, la plupart étant d'origine locale.

• **L'intérêt pour l'automobile se manifesta en Grande-Bretagne** à partir de 1895 sans entraîner un développement significatif du marché. Il est vrai que la législation était particulièrement restrictive. La vitesse maximale autorisée était de 6 kilomètres-heure, et tombait à trois dans les secteurs habités. Un homme portant un drapeau rouge devait par ailleurs précéder les véhicules pour avertir les populations. Cette législation, initialement adoptée pour les locomotives à vapeur routières, ne fut supprimée qu'en 1896, la vitesse autorisée étant alors portée à 22 kilomètres-heure. Cela ne modifia guère l'attitude des anglais, pourtant très en avance en ce qui concernait l'utilisation de la bicyclette. La Daimler Motor C° fondée en 1896 ne produisait encore que 150 véhicules dans sa cinquième année d'activité. L'Automobile Club de Grande-Bretagne fondé en 1897 ne comptait que 540 membres en 1899. La démonstration de fiabilité organisée sur le parcours Londres-Edimbourgh-Londres au printemps 1900, fit office de déclencheur. Assez soudainement, la demande explosa, la mauvaise qualité de la production incitant cependant les acheteurs à se tourner vers les industriels français déjà expérimentés. Entre 1899 et 1902, les importations de voitures françaises passèrent de 36 000 à 768 000 livres. À partir de 1904, le flux commercial concerna cependant, de manière croissante, des pièces détachées, car les fabricants anglais préféraient s'approvisionner en France pour les éléments les plus délicats du véhicule.

• **Ce démarrage tardif se retrouvait en Allemagne** où les entrepreneurs ne s'engagèrent pas sur ce nouveau marché, peu stimulés il est vrai par un réseau routier de mauvaise qualité et les limites réglementaires relatives aux courses automobiles. Alors que les fabricants français s'étaient associés pour promouvoir ce qui était un nouveau sport, Benz et Daimler préférèrent mener des stratégies individuelles orientées vers le marché français. Entre 1880 et 1890, le seul fabricant d'importance, Karl Benz, vendit au total 1 132 véhicules, dont 509 en France, 334 en Allemagne et 120 en Angleterre. Après un record de vente en 1900, ses véhicules simples et peu coûteux furent supplantés par les productions françaises de bien meilleure qualité. Les associés de Benz se virent contraints de lui imposer un concepteur français pour moderniser une gamme qu'il se refusait à faire évoluer. Le parcours de l'entreprise Daimler fut diamétralement opposé. Après des débuts très modestes, la production s'affirma avec plus de vigueur à partir de 1898. Sous l'impulsion d'Emil Jellinek, d'origine autrichienne mais distributeur de la marque sur la Côte d'Azur, les voitures furent tirées vers le haut de gamme sous un nouveau nom, Mercedes. Dès 1901, Jellinek engageait une voiture sous cette marque dans une course dans le sud de la France.

Bien que bien placée dans les véhicules de haut de gamme, l'industrie allemande restait globalement modeste. En 1901, plus d'une centaine d'entreprises, produisant 884 voitures et employant 1 773 personnes, étaient recensées. Le marché allemand restait peu dynamique avec un peu plus de 11 000 véhicules en circulation en 1907, contre 34 000 pour la France, et 64 000 pour la Grande-Bretagne. Globalement surpassés par l'industrie automobile française, si l'on excepte les véhicules de très haut de gamme, les Allemands révélaient cependant quelques points forts dans le domaine des magnétos (Bosch à Stuttgart), ainsi que dans les pneumatiques avec Continental à Hanovre.

• **En Italie**, le démarrage de cette industrie nouvelle fut également assez lent, les initiatives étant rares et modestes. Créée en 1899 par Giovanni Agnelli, la Fabbrica Italiana d'Automobili Torino (FIAT), ne commença son activité qu'en embauchant massivement des ingénieurs et ouvriers français. En 1903, la production restait très modeste, 200 véhicules, dont 150 sortaient des ateliers de la FIAt. Jusqu'en 1906, les importations venues de France couvraient une large partie de la demande. Le marché italien entra dans une croissance significative à partir de 1905-1906. La FIAT paya son premier dividende en 1904, réalisant même, en 1905, un profit de 2 millions de lires pour un capital nominal de 800 000 lires. De tels résultats stimulèrent les investisseurs et le secteur connut une véritable explosion de créations d'entreprises. Beaucoup d'entre elles avaient pour projet de fabriquer des véhicules sous licence française. Cette véritable folie spéculative trouva un terme brutal en 1907 lorsque la FIAT, après un profit de 5 millions en 1906, annonça une perte de 7 millions de lires. L'action, qui cotait 700 lires en novembre 1906, s'échangeait à 17 lires en mai 1908. Malgré cette tourmente, qui valut même une inculpation à Agnelli, l'entreprise était saine et retrouva le chemin du profit en 1909.

• **À partir de 1907, l'industrie européenne rééquilibra son développement**, la suprématie française devenant beaucoup plus relative. En effet, « les exportations de la France avaient été beaucoup plus stimulées par la demande des pays importateurs et l'activité d'agents commerciaux autochtones que par l'agressivité de sa politique commerciale » (J. Laux). En conséquence, lorsque les industries britannique et allemande commencèrent à produire un plus grand nombre de véhicules, elles prirent sans trop de difficultés les parts de marché jusqu'alors détenues par les Français.

La production britannique tripla ainsi entre 1909 et 1913, passant de 11 000 à 34 000 véhicules. L'Allemagne suivit une progression comparable en proportion, mais plus faible en valeur absolue, en produisant 7 300 véhicules en 1909 et 23 000 en 1913. La production française restait donc la première d'Europe, avec 45 000 unités contre 34 000 en 1909. Son importance relative était cependant en recul.

Fiat, avec une production annuelle de 4 600 véhicules en 1914, faisait partie des grandes entreprises européennes du secteur. Les autres entreprises italiennes avaient, en revanche, rarement survécu à la crise de 1907-1908. À la veille de la guerre, seule, Itala et Lancia pouvaient prétendre concurrencer, très modestement, la puissante FIAT au sein d'une industrie nationale bien moins développée que celle de ses voisins.

© ARMAND COLIN. La photocopie non autorisée est un délit.

2.3. L'aéronautique

Depuis les frères Montgolfier, l'ambition de se déplacer dans les airs avait animé un grand nombre d'intrépides innovateurs.

• **Les «plus légers que l'air»** offrirent une première solution. Les hésitations quant à la motorisation reflètent assez fidèlement ce que fut le parcours de l'automobile. Ce fut un Français, Henri Giffard, qui réalisa en 1852 avec Dupuy de Lome le premier vol dirigé d'un ballon sous l'action d'un propulseur mécanique. Son dirigeable de 44 mètres de long était mu par une hélice à trois pales actionnée par une machine à vapeur de 3 chevaux. Après la vapeur, l'électricité fut mobilisée par Renard et Krebs. À bord d'un ballon propulsé par un moteur électrique de 8 chevaux, ils bouclèrent le premier circuit aérien fermé en 1884, exploit salué par les vers de Victor Hugo.

Ce fut cependant le moteur à explosion, utilisé pour la première fois sur un dirigeable en 1897, qui permit à cette technique de se développer. Les travaux de F. von Zeppelin en Allemagne, de H. Julliot puis de Santos Dumont en France, et de A. da Schio en Italie firent progresser cette technique, l'orientant vers des appareils de grande taille. Mais l'Allemagne, à travers l'entreprise créée par von Zeppelin en 1896, devint la terre d'élection de cette nouvelle industrie. Sa démarche, fondée sur la conception d'un appareil de grande taille, doté d'une structure rigide, susceptible de transporter des charges importantes, déboucha sur une série de brevets déposés en 1895. Le 2 juillet 1900, le *Led Zeppelin I*, éponyme quelques décennies plus tard d'une formation musicale britannique, décollait pour la première fois. Il était le premier d'une série d'appareils qui aboutit en 1913 à la construction du *Sachsen*, long de 140 mètres, propulsé par trois moteurs de 170 chevaux et d'une capacité de vingt passagers. L'avenir à long terme du transport aérien ne passait cependant pas par cette option.

• **Le premier «plus lourd que l'air»,** dont le vol fut attesté à l'échelon international, fut celui des frères Wright. Contrairement au développement de l'électricité, celui de l'aéronautique s'appuya principalement sur des savoir-faire européens, et tout particulièrement français.

Avec le biplan Voisin, l'aviation entra réellement, en 1908, dans l'histoire des transports. Piloté par Farman, l'appareil réussit le premier vol en circuit fermé. L'année suivante, le *Blériot IX* monoplan, équipé d'un moteur avant et de gouvernes élaborées, permettait à son constructeur de traverser la Manche pour la première fois et posait les bases d'une architecture moderne de l'aéronef. Les premiers moteurs étaient directement dérivés de l'automobile, mais les contraintes de poids inhérentes à l'aviation orientèrent très rapidement les ingénieurs vers la conception de moteurs refroidis directement par air. L'entreprise française Gnome, construisit à partir de 1907 des moteurs très performants en terme de rapport poids-puissance.

Jusqu'à la Première Guerre mondiale, l'avion resta cependant une sorte de jouet de luxe. Fabriqué dans de petits ateliers, sa cellule était composée de bois et de toile. «On ne soulignera jamais assez, dans ces débuts de l'aviation, le caractère sportif, l'allure de bricolage, qui furent, en dehors de toute question économique, les principaux ressorts de cette technique étonnamment spéculative» (Bertrand Gille). De véritables perspectives industrielles germaient cependant. Ainsi, Blériot, loin d'être un aventurier, était conscient des enjeux économiques et voyait dans l'exportation une activité normale et essentielle pour l'avenir de son activité. Laissant aux Farman la prépondérance en Russie, il se consacra au marché britannique. En 1914, il possédait des bureaux et un aérodrome en Angleterre, ouvrait un atelier de montage et de réglage des avions achetés par l'armée britannique, et assurait la formation des pilotes militaires.

3. Information et communication

Le 17 mai 1865 était créée l'Union télégraphique internationale. Première institution internationale, elle soulignait l'importance d'une technologie qui avait radicalement bouleversé les données de l'industrialisation en Europe à partir des années 1850. À la même époque, grâce au daguerréotype, des milliers d'Européens exploraient les possibilités de la photographie.

À partir des années 1880, les convergences de la chimie, de la mécanique et de l'électricité permirent à ces domaines de s'étendre pour créer un champ d'activité de grande ampleur lié aux technologies de la communication.

3.1. De nouveaux réseaux

Électricité et mécanique s'allièrent pour donner aux premiers réseaux télégraphiques une dimension radicalement nouvelle.

• **Le télégraphe électrique** s'était développé en Europe depuis les années 1830-1840, la Grande-Bretagne, sous l'impulsion des compagnies de chemin de fer, étant le premier pays à disposer d'un réseau significatif. Après une première période de développement privé, celui-ci fut nationalisé en 1870 sous la pression des élus locaux, et les baisses de tarif décidées par l'administration stimulèrent son développement : 6,5 millions de messages en 1869, 10 millions l'année suivante. En 1896, grâce au réseau des bureaux du Post Office, la Grande-Bretagne disposait de 9 926 bureaux télégraphiques.

La France, sous le Second Empire, et l'Allemagne, dès les années 1860, s'équipèrent également de manière à couvrir l'ensemble de leur territoire. Ces réseaux qui étaient interconnectés donnèrent à l'Europe occidentale un système cohérent de télécommunications.

• **La première démonstration européenne de téléphone** eut lieu à Plymouth en 1877. Deux entreprises concurrentes, l'une utilisant les brevets Bell, l'autre les brevets Edison furent créées en 1878 et 1879. En fusionnant dès 1880 sous le nom de United Telephone Company, les deux entreprises s'épargnèrent les inconvénients de la concurrence. Une licence, accordée par le Post Office, moyennant le versement de 10 % des revenus de l'entreprise, leur permit de développer un premier réseau dans des secteurs précisément délimités, les liaisons interurbaines n'étant pas couvertes par cette licence. Ces restrictions étant levées en 1884, la compagnie put adopter un rythme de développement plus soutenu. Devenue National Telephone Company en 1889, elle s'était taillé une situation de quasi monopole et gérait en 1896 un réseau desservant 88 000 abonnés et acheminant 350 millions de communications par an. En 1911, le Post Office reprit l'exploitation directe de son monopole ; l'expérience d'une téléphonie privée s'achevait en Grande-Bretagne. À la veille du premier conflit mondial, l'ensemble des réseaux télégraphiques et téléphoniques intérieurs du Royaume-Uni était exploité par le Post Office.

En France, l'exploitation du téléphone fut concédée à deux compagnies en 1879. Soumises à des contraintes réglementaires extrêmement fortes, les deux sociétés connurent des débuts très difficiles. La Compagnie des téléphones, détentrice des brevets Bell, comptait 103 abonnés en mai 1880. Sa rivale Berthon & Cie, détentrice des brevets Edison, totalisait 203 clients. L'effort ne devint réel qu'après la fusion des deux entreprises en décembre 1880 sous le nom de Société générale des téléphones (SGT). Bordeaux, Nantes, Lyon, Marseille comptèrent leurs premiers abonnés. Le développement des réseaux resta cependant extrêmement modeste et la loi du 16 juillet 1889 replaça le téléphone dans le cadre du monopole de l'État sans qu'il n'en résulte un sensible accroissement de l'effort d'équipement. La première « crise du téléphone » éclatait en 1900 : A. Millerand stigmatisait le sous-équipement du pays et la qualité déplorable du service.

© ARMAND COLIN. La photocopie non autorisée est un délit.

Des crédits votés en 1904 et 1906, sous la pression des chambres de commerce mécontentes, furent insuffisants pour redresser la situation.

En Allemagne, le contrôle du pouvoir impérial sur le téléphone fut immédiat et total, aucune expérience de téléphonie privée ne fut tolérée. Dans un pays fortement marqué par les ambitions militaires, la maîtrise totale des moyens de télécommunications semblait être un préalable indispensable à leur développement.

En Italie, le téléphone fut, dans une première période, confié à des compagnies privées, mais en 1907, à l'expiration des concessions, le gouvernement décida de replacer sous son autorité l'exploitation du réseau en rachetant les deux plus importantes compagnies, la General Italiana et la Alta Italia (75 % des abonnés).

• **Le retard global des pays européens** se creusa rapidement au regard de l'expérience américaine. Alors que les États-Unis possédaient déjà 31 000 postes au début des années 1880, l'Europe dans son ensemble n'atteignait pas les 2 000 unités, la France n'en possédant aucun. Une enquête statistique de 1911 évalua la densité téléphonique des États-Unis à 11,5 fois celle de l'Europe. Sur un territoire bien plus peuplé, l'Europe ne disposait en effet que de 14,5 millions de kilomètres de lignes contre 26,7 millions pour les États-Unis. Alors qu'il était de 10,30 dollars pour chaque Américain, 3 $ pour un Britannique, 2,60 $ pour un Allemand, 30 cents pour un Italien, la France ne consacrait que 1,30 $ d'investissement téléphonique par habitant.

Alors que les Américains échangeaient 14,5 milliards de communications en 1911, les Européens, bien plus nombreux, n'en réalisaient que 5,8 milliards.

3.2. Des industries manufacturières pour équiper les réseaux

Comme pour l'électricité, l'industrie européenne se trouva au début des années 1880 sous la dépendance d'une technologie née aux États-Unis, protégée par les brevets de Bell et d'Edison.

• **L'industrie du matériel téléphonique** se créa en France sur des bases fragiles. La Société générale des téléphones, bien que ne pouvant plus, à partir de 1889, exploiter de réseaux, continua à fabriquer du matériel afin de le vendre à l'administration. En 1898, elle prit le nom de Société industrielle des téléphones. Le tissu industriel français était composé d'un grand nombre de petites entreprises, désireuses de profiter des marchés publics mais totalement incapables de mener une politique de recherche. Parmi elles, la maison Postel-Vinay se détachait par quelques réalisations originales. Son rachat en 1904 par la Thomson lui donna une assise financière qui lui permit de vendre à l'administration un nombre important d'équipements.

Cette faiblesse structurelle explique la dépendance technologique de la France vis-à-vis de l'étranger. Celle-ci se manifesta tout particulièrement lorsque l'automatisation des réseaux fut envisagée. La position privilégiée de la Thomson dans le domaine puisa ses racines dans l'acquisition en 1910 d'une licence exclusive d'exploitation des brevets Strowger. La création en 1911 de la Société des téléphones Ericsson, filiale du groupe suédois, démontra que le marché français était à conquérir. La société Le Matériel Téléphonique participa à l'équipement du réseau en s'appuyant sur la technologie de Western Electric.

• **La radio** ouvrit dès la fin du siècle un nouveau champ de développement. Après avoir réalisé en Italie la première liaison télégraphique sans fil, Gugliemo Marconi jugea préférable d'immigrer en Angleterre en 1896 pour développer son invention dans une perspective commerciale. Soutenu par le Post Office, mais également par l'Amirauté et le War Office, il put faire la démonstration des potentialités de sa découverte et créer en 1897 la British Marconi Company. Le gouvernement fut partagé entre l'envie de soutenir une entreprise pouvant placer le Royaume-Uni en position de leader international dans un domaine stratégique, et le désir de préserver les positions des compagnies de câbles transocéaniques, bases traditionnelles de sa suprématie mondiale. L'entreprise, dénommée à partir de 1900 Marconi's Wireless Telegraph Company, n'en acquit pas moins très rapidement une taille mondiale. À la filiale américaine créée en 1899, s'ajoutèrent des implantations en Argentine, en Australie, en Belgique, en France et en Russie. Leurs activités couvraient la fabrication de matériel radio et l'exploitation de liaisons télégraphiques entre navires.

En Allemagne, les recherches menées par von Arco, Braun et Slaby, trouvèrent un contexte très favorable pour se développer. La Société Slaby-Arco fut soutenue, dès 1899, par les crédits militaires. Elle équipa les marines allemande et suédoise en postes de TSF dès 1900. La volonté des grandes entreprises de construction électrique de s'engager dans ce nouveau domaine, ainsi que les pressions du gouvernement du Reich qui saisissait toutes les implications militaires de la TSF, provoquèrent en 1903 la création de la Gesellschaft für drathlose Telegraphie (Telefunken). La nouvelle entreprise résulta de la mise en commun des divisions radioélectriques d'AEG (détentrice des brevets Braun) et de Siemens (détentrice des brevets Slaby-Arco). Rathenau, Bredow et le Kaiser lui-même furent les actionnaires les plus remarquables d'une société qui devait soutenir les ambitions internationales du Reich. Une filiale américaine fut créée dès 1905. La station extrêmement puissante construite à Nauen en 1906 devint le centre d'un réseau radiotélégraphique qui avait pour première mission de relier l'Allemagne à ses possessions africaines.

En France, un nombre très important d'entreprises, plus proches pour la plupart de l'atelier que de l'établissement industriel se créèrent; une large partie d'entre elles ne produisaient que des éléments avec lesquels les clients devaient constituer leur matériel. Parmi elles, les Établissements Ducretet, la Compagnie générale de radiotélégraphie (CGR) et la Société française radioélectrique (SFR) étaient les plus importantes.

E. Ducretet, fondateur en 1864 d'un atelier de construction d'instruments de précision, s'intéressa dès les années 1890 aux expériences de Hertz, Lodge, Tesla et Branly. En 1899 il construisit, en collaboration avec Popov, des appareils de TSF destinés à la marine russe. Présidée par A. d'Arsonval, la CGR fut créée en 1909. Son activité s'orienta essentiellement vers le matériel destiné aux marines civiles et militaires. Fondée en 1910 par Émile Girardeau, jeune polytechnicien, associé à l'ingénieur Joseph Bethenod, la SFR fut l'entreprise la plus dynamique sur le plan technologique.

3.3. De nouveaux usages, de nouvelles entreprises

• **Les agences d'information**. Charles Havas fut à l'origine d'un nouveau type d'entreprise, l'agence d'information, dès 1835. Société de service, son activité, comme celle des chemins de fer, fut liée de manière extrêmement étroite à l'évolution technologique. Havas, après avoir racheté en 1835 un bureau de traduction d'articles étrangers, la Correspondance Garnier, créa un système de diffusion de l'information, destiné aux milieux d'affaires. Il utilisa très précocement le télégraphe électrique et donna au rayon d'action de son réseau une dimension européenne. Ce succès incita deux de ses employés, P.J. Reuter et B. Wolff à créer leur propre agence en Angleterre et en Allemagne. Ces agences développèrent un réseau de correspondants à travers toute l'Europe, constituant même des réseaux personnels de pigeons voyageurs et de coursiers lorsque le télégraphe faisait défaut. Au milieu du siècle, le premier câble sous-marin trans-Manche offrit à Reuter des ambitions nouvelles. Basée à Londres, l'agence sut profiter de cette situation, au cœur du marché international, pour développer précocement une stratégie de développement international. La concurrence fut vive entre les différentes agences. Elle prit fin avec l'accord signé en 1869 qui établit un partage du marché, correspondant approximativement aux sphères d'influence politico-économique des gouvernements des pays concernés. A Reuter furent dévolus l'Empire britannique et l'Extrême-Orient, à Havas l'Italie, l'Espagne, les Empires français et

© ARMAND COLIN. La photocopie non autorisée est un délit.

portugais; Wolff reçut l'Empire austro-hongrois, la Russie et la Scandinavie. Les conséquences de cet accord furent considérables : la majorité des pays européens se trouvaient totalement dépendants d'une source unique d'information. L'influence allemande en Scandinavie fut ainsi grandement facilitée, car Wolff était le fournisseur unique des trois principales agences scandinaves. L'influence de l'agence allemande en Russie fut également très importante.

Reuter fut des trois *majors* celle qui profita le plus complètement de ses zones d'expansion. Sa croissance, fondée à l'origine sur les informations concernant le marché du coton, se diversifia en mêlant intelligemment marché financier et informations politiques. Reuter n'hésita pas à accroître dans le dernier quart du siècle son effort dans le domaine des informations sensationnelles : catastrophes, violences politiques. Cette puissance lui permit d'occuper une position dominante et de gagner une certaine indépendance vis-à-vis du gouvernement britannique. Havas et Wolff furent en revanche beaucoup plus soumises à l'influence de leurs gouvernements respectifs, l'approche du premier conflit mondial ne faisant qu'accroître ce phénomène.

• **Le cinéma**. Industriels dans la chimie, les frères Lumière créèrent en quelque mois tous les composants de l'industrie cinématographique : fabrication de l'équipement et de la pellicule, production de films, circuits de distribution. Le matériel fourni par les usines Lumière était d'excellente qualité. La pellicule, fabriquée avec un soin extrême, permettait une excellente définition; l'état de conservation des films, plusieurs dizaines d'années plus tard, atteste de leur fiabilité. L'appareil de prise de vue alliait précision mécanique, robustesse et commodité – caissette rectangulaire, qui se portait aussi facilement qu'une petite valise. D'emblée, le produit des usines Lumière fut donc accessible, facilement utilisable. Pesant cinq kilos, l'appareil ne pouvait être comparé au kinétographe d'Edison, moins performant et pesant une demi-tonne. Au carrefour de la chimie organique et de la machine-outil, le cinématographe symbolisait l'incroyable richesse des synergies technologiques offertes aux entrepreneurs de ce temps.

Louis Lumière fut également l'auteur de films, qu'il commercialisait par un véritable circuit de distribution, confié à Auguste Lumière, qui avait gardé de nombreuses relations dans les milieux du spectacle. Un système de concessions fut mis en place dans de nombreux pays. Les résultats furent très favorables, puisque l'exploitation du cinématographe laissa aux Lumière un bénéfice de trois millions entre 1895 et 1900. Par la suite, les activités des établissements Lumière ne prirent pas en ce domaine un véritable essor. Le monopole, difficilement conservé pendant quelques années, permit à une centaine d'opérateurs de diffuser à travers le monde le procédé. La vogue pourtant passa. Projeter de courtes scènes de la vie quotidienne ne pouvait longtemps attirer le public, il fallait passer à la mise en scène et cela n'entrait pas dans les compétences des usines Lumière.

G. Méliès, fondateur de la Star Film fut, parmi les nombreux cinéastes de ces temps pionniers, celui qui apporta le plus à l'art naissant. Ses créations firent progresser à la fois la grammaire du cinéma et sa technique, tout particulièrement dans le domaine des effets spéciaux. Ce fut à partir de 1897 que la véritable aventure commença pour lui avec la construction d'un atelier destiné aux prises de vues et l'achat de matériel Lumière, enfin disponible. Son premier postulat fut de prendre le cinéma comme un instrument susceptible de rivaliser avec le théâtre. Sa société produisit six longs métrages entre 1898 et 1900. «Le Voyage dans la lune», «long métrage» de 16 minutes réalisé en 1902, ouvrit réellement l'ère du cinéma commercial. La Star devint pendant quelques années une entreprise prospère, disposant de succursales à New York, d'une agence à Londres et de représentants à Berlin et Barcelone.

• **La créativité européenne** se développait à mesure que le matériel devenait plus facilement disponible. L'École de Brighton, en Angleterre utilisa à merveille, dès 1901-1902, les possibilités offertes par le montage mettant en place certains éléments fondamentaux d'une véritable syntaxe cinématographique. De petites entreprises naissaient en Russie, au Danemark, en Italie. La crise de 1907 toucha l'ensemble de la jeune industrie : les entreprises qui, comme celle de

Méliès, n'avaient pu se doter des structures financières adéquates, souffrirent particulièrement. Face à cette conjoncture, l'impératif de structures adaptées à un marché de grande consommation apparut très clairement à Charles Pathé. Succédant au temps des piratages et des procès de brevets, l'entente qu'il organisa avec Edison permit l'organisation du marché sous forme d'un monopole régit par la Motion Picture Patents Company. Au sein de ce pool de huit membres, les Français avec Gaumont, Pathé et Méliès, étaient les seuls Européens. La tenue à Paris, en 1909, du Congrès international des éditeurs de films symbolisait l'hégémonie française sur le vieux continent.

Tandis qu'en Allemagne, en Grande-Bretagne et en Italie d'autres foyers se créaient, la Première Guerre mondiale brisa l'élan ainsi créé. Alors que tous les éléments existaient sur le vieux continent, les conséquences économiques et culturelles du conflit alliées au potentiel offert par le marché américain, donnèrent aux États-Unis l'opportunité de développer à grande échelle ce que Pathé et Gaumont n'avaient pu qu'esquisser.

4. Conclusion

L'efficacité de la technologie se heurtait donc à des structures d'organisation anciennes et révélait, simultanément, les rigidités de celle-ci. De ce dialogue tendu entre nouvelles technologies, organisation de l'espace et gestion du personnel devait naître l'organisation scientifique du travail. Cette mutation ne se fit pas sur les bases d'une réflexion théorique, mais sous la pression d'une demande nouvelle. Objet technique complexe, destiné à devenir objet de grande consommation, l'automobile apparut comme le carrefour où contrainte du marché et potentialité technique furent confrontées, pour provoquer une réflexion radicalement nouvelle sur l'organisation du travail.

À la veille de la Première Guerre mondiale, technologies européenne et américaine rivalisaient. Les flux transatlantiques de savoir-faire, bien plus intenses qu'au XIXe siècle révélaient deux pôles d'innovation de force comparable. Au sein du pôle européen, de nouvelles hiérarchies se dessinaient. La technologie apparaissait comme un élément décisif dans cette redistribution. Comme le souligne F. Crouzet : « Le "déclassement" de la Grande-Bretagne comme puissance industrielle était, à certains égards, inévitable, par suite de changements dans l'économie mondiale sur lesquels les Britanniques n'avaient pas le contrôle et en particulier des progrès rapides des industries américaines et allemandes. [...] Nombre d'auteurs, ont soutenu que le véritable symptôme inquiétant était que la Grande-Bretagne avait perdu son leadership technologique [...]. Le cœur du problème serait la déficience de l'innovation ». « Les industries traditionnelles n'ont pas su maintenir un niveau avancé de technologie, et donc une compétitivité satisfaisante [...] on peut donc dresser un tableau très sombre de l'arriération de l'industrie britannique à la fin du XIXe siècle, qui n'innove plus elle-même et refuse l'innovation [...] Selon une thèse séduisante, la Grande-Bretagne aurait subi le "handicap" ou "payé la rançon" de son early start. De cet early start, résultaient en effet, à la fin du XIXe siècle, certaines structures qui faisaient obstacle à la poursuite rapide de l'innovation ».

© ARMAND COLIN. La photocopie non autorisée est un délit.

DOCUMENTS

Production d'automobiles en Grande-Bretagne en 1913

Répartition par firme

Albion	554	Lanchester	200
Argyll	622	Maudslay	50
Armstrong Whitworth	80	Morris	300
Arroll Johnston	1150	Napier	743
Austin	1500	Riley	15
Belsize	1000	Rolls	650
Clément-Talbot	500	Rover	1600
Crossley	650	Singer	1350
Daimler	1000	Standard	750
Dennis	500	Star	1000
Ford	6139	Sunbeam	1700
Hillman	63	Swift	850
Humber	2500	Vauxhall	388
Iris	50	Wolseley	3000
Jowett	12		

Source : Saul, *The motor industry in Britain to 1914,* Business history V.

L'amélioration de la productivité chez Philips

Années	Effectifs ouvriers	Productions de lampe (millions)	Production par ouvrier	Accroissement / 1902
1902	600	3,7	6 200	100
1903	450	4,2	9 300	150
1904	350	2,8	8 000	129
1905	300	3,7	12 300	198
1906	320	4,5	14 000	225

Source : A. Heedering, *The history of N.V. Philips' gloeilampenfabrieken*, vol. 2.

Surcoût de l'éclairage électrique par rapport à l'éclairage au gaz

à intensité lumineuse égale
en 1888 (%)

Berlin	56
Bremen	40
Hamburg	25
Darmstadt	14
Paris	56
Rome	29
Vienne	98
La Haye	123
Amsterdam	91

Source : A. Heedering, *The history of N.V. Philips' gloeilampenfabrieken*, vol. 2.

Réservé au bavardage des dames

Il m' est difficile de dire en quelle année on installa le téléphone à la maison. Je crois que c'était vers 1896 ou 98. Mes parents firent ce sacrifice à l'esprit moderne, en grande partie, je crois, pour remédier à l'éloignement et à la solitude de ma sœur aînée qui habitait, depuis son mariage avec le marquis de Luppé, un bel hôtel entre cour et jardin, solennel et triste, au bout de la rue Barbet-de-Jouy.

On la plaignait. Cela paraissait très loin, presque à la campagne. On prétendait que l'herbe y poussait entre les pavés, et ma grand-mère, qui détestait le faubourg Saint-Germain, demandait avec ironie à quelle date on y faisait les foins. L'idée de pouvoir bavarder tous les matins, sans se déranger, entre la rue Barbet-de-Jouy et la rue La Boétie, parut si séduisante qu'on n'hésita plus.

L'appareil fut posé chez nous dans un salon de passage. Il était en bois de palissandre et fut cloué au mur. Il ressemblait assez par sa forme aux petites boîtes distributrices de papier hygiénique dans les WC. Il y avait deux écouteurs pendus à des crochets de chaque côté et, au centre, un bouton sur lequel on appuyait pour obtenir la communication avec le poste central. Et cela de plus en plus rageusement, car la réponse était lente à venir. On parlait devant une petite planchette que ma mère essuyait soigneusement « pour enlever les miasmes », disait-elle, après chaque conversation. La sonnerie était déchirante et s'entendait dans toute la maison. Mais on ne courrait pas au téléphone! Un domestique était préposé à ce soin, décrochait l'écouteur, s'informait de ce qu'on désirait et allait chercher la personne demandée. J'entendais de ma chambre la sonnerie et l'étrange appel, de sonorité si exotique : Allô! Allô! que ma mère s'efforçait de prononcer à l'anglaise : Heuloh! Heuloh! Si le téléphone avait été inventé en France, je pense que le monde entier aurait adopté : Oh ! là ! au lieu de Allô !

Comtesse Jean de Pange,
Comment j'ai vu 1900, 1961.

Source : P. Griset, *Les révolutions de la communication XIXe- XXe.*

© ARMAND COLIN. La photocopie non autorisée est un délit.

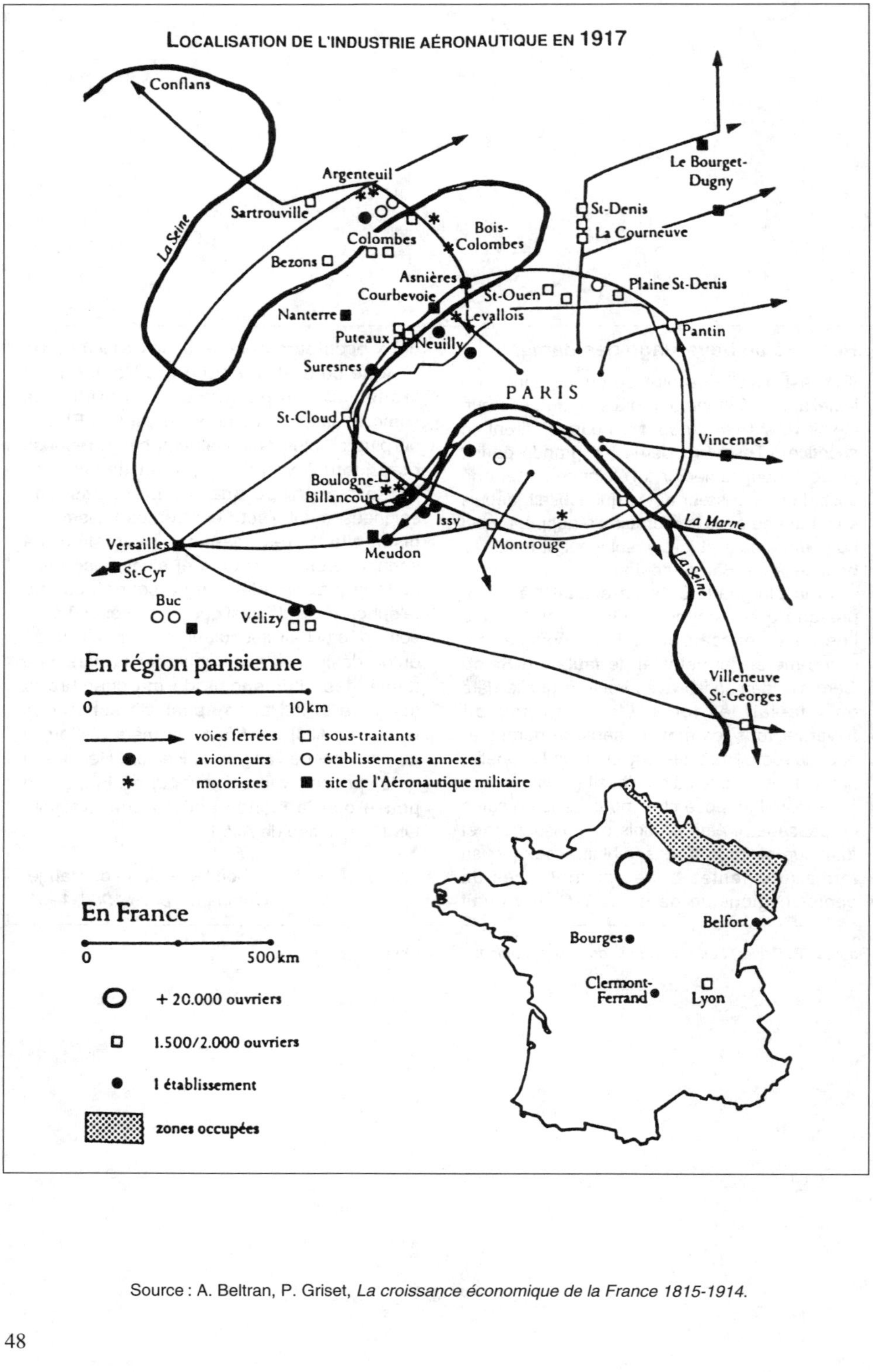

Source : A. Beltran, P. Griset, *La croissance économique de la France 1815-1914*.

Extrait de règlement d'un concours d'aviation

SOCIÉTÉ ITALIENNE D'AVIATION

(AE. C. I.) SIÈGE SOCIAL: MILAN (F.A.I.)

GRAND PRIX DES LACS ITALIENS

CONCOURS INTERNATIONAL D'HYDROAÉROPLANES

sous le Patronnage des Ministères de la Marine et de la Guerre et sous les Règlements de la Fédération Aéronautique Internationale

sur le Circuit: COMO - CREMONA - PAVIA - PALLANZA - VARESE - COMO

5-6-7-8 OCTOBRE 1913 — 50 000 FRS DE PRIX

RÈGLEMENT

ART. 1. — La société Italienne d'Aviation organise en 1913 sous le patronnage et avec l'appui des Ministères de la Guerre et de la Marine Italiens, un concoursd'Hydroaéroplanes doté de 50 000 Francs de prix en espèce.

Ce concours nommé le «Grand Prix des Lacs» comprendra:

1. Une course en deux étapes sur le parcours déterminé à l'art. 3 et dotée de prix pour chaque étape ainsi qu'il est stipulé à l'art. 12.

2. Des épreuves qualificatives nécessaires pour le classement général et l'attribution des prix généraux de la course et des prix spéciaux de classification stipulé à l'art. 12.

3. Des épreuves spéciales pour l'achat des appareils les mieux classés, par les Ministères italiens de la Marine et de la Guerre.

ART. 2. — Le concours est international et ouvert.Y seront admis les appareils d'aviation à moteur de classe *C*, muni de flotteurs mais pouvant comporter éventuellement un système permettant d'atterir sur terre ferme et d'en repartir.

L'existence de ce système n'est pas indispensable pour l'admission au concours.

Toutes les épreuves du Concours devront être effectuées avec le même appareil sans changer de moteur. L'un et l'autre pourront être réparés mais non changés. L'appareil avant le départ sera poinçonné au fuselage, aux ailes et aux flotteurs, on prendra le numéro du moteur, lequel ne pourra pas être changé dans son entier.

ART. 3. — Le parcours de la Course est ainsi fixé: COMO, BELLAGIO, LECCO, CREMONA, PIACENZA, PAVIA, PALLANZA, VARESE, COMO. Environ 370 kilomètres.

Il est expliqué que ce parcours est au-dessus de lacs ou de rivières, sauf un passage d'environ 20 km. situé entre le Lac de Varese et le Lac de Como au sujet duquel des dispositions spéciales seront prises, comme il sera indiqué plus loin.

La Course comportera deux étapes qui se disputeront quotidiennement et sans interruption dans l'ordre ci-après:

1er jour (6 octobre) — COMO - BELLAGIO - LECCO - LODI - CREONA - PIACENZA - PAVIA (230 km. environ)

2me jour (7 octobre) — PAVIA - PALLANZA - VAREZE - COMO (140 km. environ).

Les escales et le ravitaillement sont permis.

ART. 4. — Les appareils auront l'obligation de partir sur l'eau exception faite pour les épreuves du prix spécial prévu à l'art. 12 pour les appareils à flotteurs et à train d'atterrissage.

Les départs seront donnés à des heures et à des intervalles fixés par les Commissaires Sportifs.

Un appareil ayant reçu le départ aura dix minutes pour franchir la ligne de départ. L'heure de départ sera celle à laquelle l'appareil aura complètement franchi la ligne de départ dans le sens indiqué. Passé le délai de dix minutes, les appareils seront considérés comme partis à l'expiration de ce délai.

La Course aura lieu quel que soit le temps, étant réservé aux Commissaires Sportifs de retarder ou de renvoyer l'épreuve, dans le cas d'impossibilité ou de danger grave, selon leur jugement exclusif.

Le tirage au sort pour l'ordre des départs se fera à Como le jour avant celui du déppart à 18 heures dans le bureau des Commissaires Sportifs.

ART. 5 — Des dispositions spéciales sont prises en ce qui concerne le trajet de Pavis à Como. Cette étape sera accomplie avec une escale obligatoire à Pallanxa.

Le départ sera donné à Pavis dans les conditions ordinaires, l'arrivée à Pallanxa sera chronométrée. Il y aura un arrêt neutralisé, déduit du temps total.`

L'arrêt sera pour chaque appareil d'une demi-heure. Après ce laps de temps les concurrents se veront donner un nouveau départ. Ceux qui n'auraient pas pris le départ 15 minutes après qu'il leur aura été donné, seront considérés comme partis à l'heure comptant à partir de ces quinze minutes expirées.

Il est indiqué aux concurrents qu'ils devront obligatoirement avant le départ de Pavia munir leur appareil d'un barographe enregistreur fourni par eux et fonctionnant sous leur responsabilité. Cet appareil sera contrôlé et scellé par les Commissaires, à Pavia et vérifié à Pallanza.

Au cours de la partie d'étape de Pallanza à Como les concurrents devront atteindre une hauteur d'au moins 800 mètres sous peine de mise hors de concours.

ART. 6. — Il sera établi des contrôles fixes à Como, Cremona, Pavia, Pallanza, Varese (Schiranna) et des contrôles volants à Bellagio, Lodi, Piacenza. Aux contrôles fixes les concurrents sont obligés de faire escale dans l'endroit indiqué par les Commissaires avant le départ. Toutefois les escales de Cremona et Varese ne comportent pas d'arrêt.

Les contrôles volants seront repérés par des poteaux que les appareils devront doubler d'un côté déterminé à l'avance à une hauteur telle que le contôle reste possible. Le fait pour un appareil de ne pas être visible du contrôleur, sera considéré comme une absence de passage.

ART. 7 — En cas d'atterrissage sur terre les appareils qui ne pourront repartir de terre par leurs propres moyens, pourront être remorqués jusqu'à un lac ou une rivière d'où ils pourront repartir: les concurrents ainsi repartis auront à passer en vol sur le point où ils avaient atterri afin de parcourir en vol la totalité du circuit imposé.

ART. 8. — Les appareils des concurrents auront l'obligation d'arriver sur l'eau à l'étape finale, c'est-à-dire à Como. Ils devront passer la ligne d'arrivée en naviguant.

Pour les arrivées à Pavis et à Pallanza, les Commissairres Sportifs feront connaître en temps utile aux concurrents la position des lignes d'arrivée et si on devra les franchir en plein vol pour aller ensuite se poser sur l'eau, ou bien s'il faudra les franchir en naviguant.

ART. 9. — Le temps maximum accordé à chaque concurrent est fixé à 12 heures pour la première étape et à 10 heures pour la deuxième étape y compris le temps neutralisé à Pallanza. Les concurrents non arrivés dans les délais du temps maximum ne seront pas classés.

ART.10. — Le classement de la Course pour l'attribution des prix généraux sera établi par le temps employé à accomplir le parcours entier par les concurrents qui seront régulièrement contrôlés et qui se seront ensuite qualifiés dans les 4 épreuves stipulées à l'art. 11 ci-dessous.

La victoire reviendra au concurrent qui aura employé le temps minimum.

ART. 11. — Les concurrents devront participer le jour 5 octobre à des épreuves qualificatives indiquées ci-après. L'attribution des prix généraux de la Course et des prix spéciaux pour chacune des dites épreuves qualificatives, tel qu'ils sont établis à l'art. 12 ne pourra être faite que s'il a été satisfait à ces épreuves qui sont les suivantes:

1. ÉPREUVE DE VITESSE ASCENSIONNELLE — Pour avoir droit aux prix généraux les concurrents devront atteindre la hauteur minimum de 500 mètres dans un maximum de temps de vingt minutes.

Le temps sera pris au moment où le départ sera donné. L'arrivée sera chronométrée au moment où l'appareil reviendra se poser sur l'eau dans un périmètre qui sera fixé à l'avance par les Commissaires Sportifs.

Chaque concurrent aura droit à deux essais, qui s'effectueront dans un ordre donné par un tirage au sort effectué par les Commissaires Sportifs et aux heures et avec des intervalles fixés par ceux-ci.

Des prix indiqués à l'article 12 sont attribués à cette épreuve, suivant un classement par points établis comme il est dit ci-après. Dans le cas où deux concurrents auraient le même nombre de points, l'avantage serait donné à celui qui aurait atteint la plus grande hauteur.

L'attribution des points sera ainsi faite: on divisera la hauteur atteinte en mètres (au minimum 500 mètres sous peine d'élimination) par le temps de l'épreuve (au maximum 30 minutes sous pein d'élimination). Ce quotient sera multiplié par le coefficient 3, pour l'appareil monté par un pilote seul, et par le coefficient 4 si l'appareil est monté par un pilote accompagné d'un passager âgé de 18 ans au moins, pesant au moins 65 kilos.

2. ÉPREUVE DE HAUTEUR — Pour avoir droit aux prix généraux les concurrents devront atteindre au moins la hauteur de 1000 mètres.

Chaque concurrent aura droit à deux essais qui s'effectueront dans un ordre donné par un tirage aau sort effectué par les Commissaires Sportifs et aux heures et avec des intervalles fixés par ceux-ci.

Des prix indiqués à l'art. 12 sont attribués à cette épreuve, suivant un classement par points établi comme il est dit ci-après. Dans les cas où des concurrents l'un avec passager l'autre sans passager auraient le même nombre de points, l'avantage sera donné à celui qui aura atteint la plus grande hauteur.

En cas d'égalité des points entre concurrents ayant concouru dans les mêmes conditions les prix seront partagés.

L'attribution deskpoints sera ainsi faite: il sera attribué à chaque concurrent un nombre de points égal à la hauteur en mètres atteinte par ce concurrent. Ce nombre ne pourra être inférieur à 1000 sous peine d'élimination. Ce chiffre sera multiplié par le coefficient 3 pour les appareils avec pilote seul et par le coefficient 4 pour les appareils emportant un passager âgé de 18 ans au moins et pesant au minimum 65 kilos.

3. ÉPREUVE DE DÉCOLLAGE — Pour avoir droit aux prix généraux les concurrents, après que le départ leur aura été donné devront avoir quitté l'eau en naviguant en ligne droite, après un parcours nautique de 300 mètres au maximum et dans un délai maximum de 5 minutes. Le départ sera donné arrêté.

Source : S. Taragni, *Il volvo in Italia alla «Belle Époque»*.

CHAPITRE III

LOGIQUES DE GUERRE ET DÉPRESSION

Entre 1914 et le début des années 1930, le destin de l'Europe bascula. Le désastre collectif que fut la Première Guerre mondiale, la difficile remise en marche d'une économie disloquée au début des années 1920, puis la crise de 1929, déstabilisèrent économies et sociétés. Le cours de l'industrialisation n'en fut pas fondamentalement changé, mais son rythme et sa qualité furent en revanche profondément affectés par cette crise globale de l'Europe qui ouvrit la voie au fascisme, au nazisme, et entraîna l'ensemble du continent vers la Seconde Guerre mondiale.

Ces temps tragiques virent l'intervention de l'État devenir forte et insistante dans de nombreux domaines liés directement ou indirectement à l'industrialisation. Ce phénomène, s'il n'était pas nouveau, prit cependant à partir de 1914 des formes plus abouties et s'accrut considérablement tant en volume qu'en champ de compétence. La Première Guerre mondiale constitua en cela une étape importante. Les contraintes d'une guerre nécessitant un énorme effort de production industrielle impliquèrent la mise en œuvre de formes d'organisation nouvelles et l'instauration d'une véritable coopération entre entrepreneurs et administration.

Le conflit, en entraînant les industries nationales dans une logique de guerre, rompit les liens forts, faits d'échanges et de compétition, qui existaient depuis le XIXe siècle. Pour les États démocratiques, qui seront les seuls à être abordés dans ce chapitre pour la période 1919-1939, retrouver des bases durables pour l'industrialisation s'avéra une gageure.

1. La Première Guerre mondiale

Ce conflit, en opposant deux systèmes d'alliance disposant d'atouts géostratégiques très différents et en donnant pour la première fois une place prépondérante aux équipements lourds, plaça les industries des pays belligérants dans des conditions extrêmes de fonctionnement.

1.1. L'intervention des États

Les impératifs du conflit entraînèrent assez rapidement les États à intervenir dans le domaine industriel. Ce mouvement n'avait guère été préparé par des États convaincus que la guerre serait courte. Après une période d'improvisation, des structures se mirent cependant en place progressivement.

© ARMAND COLIN. La photocopie non autorisée est un délit.

• **Le problème de la main-d'œuvre** se posa très rapidement. La mobilisation générale avait frappé sans distinction l'ensemble des hommes en âge de servir sous les armes. Très vite, l'absence de nombre d'entre eux s'avéra très pénalisante pour faire fonctionner des industries indispensables à la poursuite de la guerre.

En France, à partir de mai 1915, les spécialistes envoyés sous les drapeaux furent rappelés dans les usines où ils s'avéraient indispensables. Puis la loi Dalbiez autorisa certains mobilisables (de l'ordre de 500 000 personnes) à effectuer leur service dans des usines de guerre. Ces décisions ne furent pas suffisantes. En 1917, il fallut recourir plus largement aux « affectations spéciales », aux populations des colonies, à l'immigration étrangère, aux femmes (moins qu'on ne le dit généralement, mais massivement dans l'industrie mécanique où les salaires étaient attractifs) ou aux prisonniers. Plus de 200 000 travailleurs arrivèrent ainsi en France, la moitié venant d'Afrique du nord, un quart d'Indochine et une part non négligeable de Chine. La plupart étaient peu (ou pas) qualifiés, d'où la nécessité de rationaliser les tâches. Alors qu'en août 1915 les usines fonctionnaient tant bien que mal avec un tiers de leur personnel de 1914, les effectifs au travail dépassaient en 1917 ceux de la veille du conflit. Les effectifs féminins augmentèrent de 30 % dans l'industrie.

En Grande-Bretagne, la mobilisation de la main-d'œuvre fut réalisée de manière satisfaisante, les effectifs industriels de 1918 (8,5 millions) étaient supérieurs de 100 000 travailleurs à ceux de 1913. Les femmes y comptaient pour 35 % en 1918 contre 25 % en 1914.

L'Allemagne réorganisa plus difficilement la mobilisation de sa main-d'œuvre et sollicita très fortement la main-d'œuvre féminine, qui passa de 22 à 35 % de la main-d'œuvre industrielle entre 1913 et 1918. Contrairement à l'Angleterre et à la France, elle ne retrouva pas ses niveaux d'emploi de 1913 au cours du conflit. Avec 6,6 millions de travailleurs en poste, les effectifs étaient inférieurs de 800 000 ouvriers à ceux de l'avant-guerre. Les territoires occupés furent mis à contribution mais de manière peu significative, 12 000 Belges et 75 000 Polonais étant contraints à travailler dans les usines allemandes.

• **Organisation des approvisionnements et orientation de la production**. En France, la direction de l'Armement couvrit progressivement un champ extrêmement vaste. Le député socialiste Albert Thomas fut nommé à la tête de cette structure vitale, transformée en ministère de l'Armement en décembre 1916, Louis Loucheur lui succèdant l'année suivante. Pour simplifier la communication entre industriels et administration, des associations d'industriels d'une même branche dénommées « consortiums » furent créées en 1916. L'État, unique acheteur des produits importés et des produits intérieurs frappés de la clause d'exclusivité, attribuait les matières premières aux différents consortiums qui procédaient ensuite à une répartition vers les entreprises. L'appareil de contrôle de l'État resta cependant marqué par l'empirisme et un certain foisonnement néfaste à son efficacité. Il y avait près de trois cents comités liés à l'effort de production à la fin du conflit. Des initiatives plus novatrices furent également prises. Ainsi, l'unification des méthodes fut-elle encouragée par un décret, du 10 juin 1918, créant une Commission permanente de standardisation.

Le gouvernement britannique était, par philosophie politique, beaucoup plus réticent à l'idée d'intervenir dans les affaires économiques. Il s'efforça donc, tout d'abord, de ne pas influencer l'organisation de la production. Il y fut pourtant lui aussi contraint. En juillet 1915, les pleins pouvoirs lui étaient donnés pour organiser la mobilisation de l'économie nationale. L'année suivante, la totalité des importations étaient placées sous sa seule autorité. Parallèlement, des cadres très précis étaient imposés aux industriels, la production, de plus en plus étroitement contrôlée, était organisée en fonction de priorités décidées par la puissance publique.

L'Allemagne s'était préparé de plus longue date à la mobilisation industrielle. Enclavée au centre du continent, elle avait notamment axé de nombreux programmes industriels sur l'autosuffisance. Ce fut tout particulièrement vrai pour la chimie. À la veille du conflit, le Reich n'en importait pas moins 41 % des matières premières consommées par son industrie. Dès l'ouverture du conflit, un Office des matières premières fut créé. Cette mesure fut prise à l'initiative de Rathenau qui, après avoir convaincu Falkenhayn du caractère vital du dispositif, dirigea le Kriegsrohstoffabteilung. En effectuant des inventaires précis des stocks, cet organisme, placé sous le contrôle des militaires mais confié à des industriels, établit un plan de ravitaillement fondé sur les besoins des armées. Les cartels constituèrent l'interlocuteur privilégié de cet organisme, le Rheinisch-Westfälische Kohlensyndikat (charbon) et le Stahlwerksverband (acier) étant les plus importants. À partir de 1915, l'adhésion au cartel devint obligatoire pour les entreprises allemandes. La réaction de l'industrie allemande aux contraintes du conflit fut plus rapide que celle de ses ennemis. En 1915, sa production industrielle était légèrement supérieure à celle de 1913, alors que celle de l'Entente avait chuté de 20 %. Cet avantage s'effrita progressivement alors que le blocus faisait sentir ses effets. La recherche de produits de substitution (*Ersatz*) fut intensifiée. À partir de 1916, l'ensemble du ravitaillement fut placé sous l'autorité du général Groener. L'industrie allemande s'épuisa et ne put soutenir le rythme imposé par les Alliés à partir de 1917.

• **Morale et économie politique d'un conflit**. La logique libérale, utilisant le profit comme motivation des entrepreneurs, fut, chez tous les belligérants, affirmée très clairement aux dépens d'une organisation se fondant sur le devoir national. Malgré les pressions, les gouvernements refusèrent toujours, sauf à titre exceptionnel, les réquisitions d'entreprises.

En France, les hésitations furent nombreuses. Pour Albert Thomas, il ne s'agissait pas d'assimiler mobilisation générale et mobilisation industrielle. Sa doctrine s'attachait à « demander à l'initiative privée un effort plus grand, mais de même nature que celui qu'elle donne dans la vie industrielle courante [...]. Si nous ne voulons pas restreindre la production industrielle, nous sommes obligés de payer les prix qu'ils exigent ; malgré nos négociations, malgré nos retards, malgré nos sommations, nous ne pouvons rien obtenir. Il faut céder, céder le plus rapidement possible pour ne pas amener des retards et pour créer une espèce d'enthousiasme de l'industrie indispensable ». Cette approche pragmatique était-elle moralement acceptable ? Les industriels pouvaient-ils s'enrichir pour armer ceux qui combattaient sur le front ? La question des bénéfices de guerre des sociétés, jugés excessifs en particulier pour les grandes entreprises, fut donc souvent évoquée dans la presse. Mise en œuvre pour résoudre ce dilemme, la politique contractuelle des prix fut un échec. Comptabilités opaques et déséquilibre entre offre et demande rendaient toutes pressions de l'administration illusoires. Le réalisme du temps de paix s'était mué en cynisme, un de Wendel déclarant à la Chambre en juin 1916 : « D'une manière générale, l'État est à l'heure actuelle dans l'impossibilité absolue de se substituer à l'industrie privée, et dans ces conditions, force lui est bien de se servir des moyens qu'il a à sa disposition et d'exploiter le sentiment de l'intérêt ». La République paya donc, et les efforts destinés à instituer des rapports nouveaux entre l'État et l'industrie, sous forme de participations aux bénéfices ou de régie intéressée, n'aboutirent pas.

En Allemagne, le problème des bénéfices de guerre fut également au cœur des débats concernant l'industrie en temps de guerre. Des moyens de contrôle furent institués, sans que leur efficacité n'apparaisse bien réelle. Malgré tout, après avoir refusé d'ouvrir ses livres de comptes, Daimler fut placée en mars 1918 sous administration militaire.

1.2. L'industrie lourde

Certaines fabrications furent décisives dès les premiers jours du conflit. Sidérurgie, chimie, industrie mécanique furent d'emblée considérées comme cruciales.

• **L'industrie chimique** fut mise à contribution de manière très précoce, la priorité fut donnée, en toute première urgence, aux explosifs, pour s'étendre aux domaines les plus variés. L'effort des

© ARMAND COLIN. La photocopie non autorisée est un délit.

belligérants fut considérable, la France faisant par exemple passer sa production d'acide nitrique de 15 000 à 600 000 tonnes entre 1914 et 1918. Pour d'autres produits, les évolutions furent encore plus spectaculaires. La production journalière de phénol passa de une tonne à 450, celle d'oléum fut multipliée par cinquante. En 1915, l'État demanda aux chimistes français de mettre en place pour l'année suivante une production de 35 tonnes de chlore électrolytique par jour. Pour atteindre rapidement cet objectif, il offrit d'assumer 40 % des frais d'installation. En 1918, onze usines de ce type, produisant 25 000 tonnes par an, étaient en activité. C'est donc bien un véritable changement d'échelle qui est enregistré pour certaines fabrications. Les entreprises profitèrent de ce contexte selon des parcours différents. Saint-Gobain, en s'appuyant sur ses points forts, accrut ainsi sa production de 70 % pendant le conflit. Kuhlmann, privée de ses établissements situés en territoire occupé, fut contrainte de se développer vers le sud de l'hexagone.

La mobilisation britannique fut plus hésitante. Elle se structura autour de pôles entrepreneuriaux comme la Nobel's Explosive C°, de Glasgow. Les médicaments posèrent également problème. Le prix de la novocaïne y fut multiplié par quinze en quelques semaines. La Manchester Coal Tar Products C°, la Clayton Aniline C° se spécialisèrent dans ce domaine et produisirent de l'aspirine, des alcaloïdes et les nombreux réactifs chimiques nécessaires.

Les Alliés furent symétriquement handicapés par l'arrêt des exportations allemandes. Les colorants manquèrent tout particulièrement, soulignant la dépendance de la Grande-Bretagne et de la France en ce domaine. Le prix des colorants fut en quelques mois multiplié par quarante. La Grande-Bretagne réagit pour combler ces lacunes. En mars 1915, était ainsi constituée la British Dyes Ltd, qui racheta la plus grande usine de colorants, la Reard Holliday and Sons, pour la moderniser et l'agrandir. L'année suivante, la production avait doublée. Les intérêts allemands en Grande-Bretagne furent utilisés pour combler le retard. Les droits sur les brevets, tout comme en France, furent levés. La Levinstein and C° de Manchester prit possession des usines de colorants Höchst, construites en Angleterre en 1908. En 1918, les deux entreprises fusionnaient pour créer la British Dyestuff Corporation.

En France, l'Office des produits chimiques et pharmaceutiques, créé en octobre 1914 par le gouvernement, avait très rapidement proposé de construire une grande usine de produits intermédiaires destinée aux colorants, afin de mettre un terme au quasi-monopole de l'Allemagne. En effet, sur les sept usines de colorants présentes sur le territoire français, six étaient des succursales de maisons allemandes ou suisses. Usines de finissage, elles importaient les produits intermédiaires afin de tourner les tarifs douaniers qui pénalisaient surtout les produits finis. Les usines de Hoechst et de BASF, réquisitionnées, pouvait fournir la base d'un tel projet. En février 1917, était créée la Compagnie des matières colorantes (CNCM). Cette structure constitua la base d'une industrie française des colorants, qui multiplia par trois et demi sa production entre 1919 et 1924. En 1924, la Compagnie était absorbée par Kuhlmann.

En raison du blocus, l'industrie allemande se trouva rapidement confrontée à de graves problèmes d'approvisionnement. Les stocks, notamment en salpêtre du Chili, constitués avant la guerre s'épuisant rapidement, des procédés nouveaux furent mis en place pour produire localement ce qui était auparavant importé. Liinde, au prix d'investissements considérables, fit ainsi passer sa production journalière d'ammoniac de 30 à 1 000 tonnes. Bayer réussit à fabriquer du caoutchouc artificiel à partir de méthyle isoprène, dérivé de productions courantes de Hoechst.

L'Allemagne changea dramatiquement la nature du conflit et le rôle de l'industrie en commençant la guerre chimique à partir de 1915. L'utilisation des gaz de combat devint courante, des produits de plus en plus toxiques furent fabriqués. F. Haber, prix Nobel de chimie en 1918, fut l'un des artisans de cette recherche qui multiplia les différents types de produits, suffocants, toxiques, vésicants etc. Le chlore en constitua, la plupart du temps, le composé de base. À la fin du conflit un obus sur quatre utilisés contenait un agent chimique. Mal préparées, les forces françaises furent surprises par l'initiative allemande, contraire à la Convention de Genève. Un Service du matériel chimique fut créé par le gouvernement. En Angleterre, la Castner-Kellner C° augmenta sa capacité de liquéfaction de chlore de 5 à 150 tonnes par semaine dès 1915.

L'Italie, avec la création en mai 1915 de l'Associazione industriale prodotti chimici e chimico-farmaceutici, s'efforça de combler les nombreuses lacunes d'une industrie très dépendante de l'étranger. L'effort porta sur les explosifs, la production d'acide nitrique passant de 23 000 à 85 000 tonnes entre 1915 et 1918. Une usine de nitroglycérine fut construite à Segni, près de Rome. Des investissements importants furent réalisés pour mieux couvrir l'ensemble des besoins du pays. Ce fut notamment le cas pour l'industrie pharmaceutique à Turin. L'appui d'entreprises alliées s'avéra précieux dans cet effort. Solvay fit ainsi construire deux nouvelles usines de soude, tandis que Levinstein, avec le soutien des banques italiennes, créa l'Industria colori di anilina.

• **La sidérurgie** constituait l'autre point crucial de l'effort de guerre. La sidérurgie française, fortement sollicitée pour accroître la production d'armes et de munitions, n'en fut pas moins très affaiblie, dès les premiers jours du conflit. Proches de 400 000 personnes au 1er août 1914, les effectifs de la métallurgie tombèrent, en raison de la mobilisation, à moins de 130 000 personnes. La crise du matériel éclata dès l'automne 1914 et conserva un caractère aigu jusqu'en janvier 1915. Progressivement, le secteur se redressa pour compter 500 000 ouvriers à l'été 1916. Après les premiers mois de combat, la zone d'inutilisation industrielle (territoire occupé par l'ennemi et zone de combat) amputait à 63 % la production d'acier, et à 55 % celle des pièces de forge.

La partie sud du territoire fut particulièrement sollicitée dans un redéploiement favorable à certaines entreprises. Les retombées furent en effet financièrement importantes. Les dividendes distribués par la Société des forges de Chatillon Commentry et Neuves Maisons passant, par exemple, de 85 francs en 1914 à 120 francs en 1917, tandis que la Société des Forges et Aciéries de la Marine et Homécourt voyait ses bénéfices nets passer de 6,8 millions (1914-1915) à 17 millions (1915-1916). Ces bénéfices distribués ne rendent pourtant compte que de manière très partielle des profits réalisés. Pour échapper aux critiques, et à la fiscalité, ce fut principalement sous forme d'investissements immobiliers, d'amortissements accélérés, de création de filiales ou de constitution de réserves financières que la manne fut utilisée. Ce phénomène fut partiellement compensé par les destructions considérables et le pillage organisé par le Service allemand de destruction économique. À Denain ou Aulnoye, par exemple, ce qui ne fut pas expédié en Allemagne fut presque systématiquement détruit.

Le pouvoir du Comité des forges s'accrut considérablement pendant le conflit. En instituant, en août 1917, le régime de l'acheteur unique, l'État en faisait l'interlocuteur obligatoire pour toutes les entreprises travaillant pour la Défense nationale. L'évolution des productions souligne les immenses difficultés rencontrées dans la première partie du conflit, le redressement réalisé et ses limites. En 1913, on produisait 5,2 millions de tonnes de fer brut sans aucune importation. En 1915, la production avait chuté à 0,6 million de tonnes pour se redresser jusqu'à 1,3 million de tonnes en 1918. Pour l'acier, aux mêmes dates, la production passa de 4,7 à 1,1 million de tonnes, pour atteindre 1,8 million à la fin du conflit.

1.3. Les industries nouvelles

Au fil des combats, et singulièrement à partir de 1917, d'autres matériels gagnèrent en importance. Véhicules terrestres de transport, blindés, avions, systèmes de télécommunications, autant de domaines qui, de secondaires ou d'inexistants, passèrent au rang d'industries stratégiques.

• **L'automobile vit son importance croître au cours du conflit**. L'impact de la guerre sur le secteur fut tout d'abord négatif. Usines détruites, retard dans l'apparition de nouveaux modèles,

© ARMAND COLIN. La photocopie non autorisée est un délit.

comme la Morris Cowley qui, réplique anglaise à la Ford T, devait être la première voiture européenne de grande série.

En France, le secteur quadrupla ses bâtiments, son outillage, son personnel. La Chambre syndicale des constructeurs d'automobiles, présidée depuis 1913 par Louis Renault, organisa le secteur sous forme de groupes d'entreprises spécialisés dans la production de matériels militaires spécifiques. Cela dépassa très largement l'automobile, puisque les munitions et l'aéronautique furent notamment concernées, les deux leaders de l'avant-guerre, Renault et Peugeot, confortant leurs positions. En concentrant toute son activité sur les obus, André Citroën, qui s'était mis à son compte depuis peu, adopta une stratégie de spécialisation destinée à obtenir les marges les plus importantes. Globalement, les contraintes de production firent évoluer l'organisation de la production. Berliet, Delage, Renault, introduisirent des éléments du travail à la chaîne pour suivre les cadences imposées. Dans son ensemble, l'effort de production dans les domaines mécaniques fut impressionnant, malgré les circonstances difficiles. La fabrication de fusils fut multipliée par 300 au cours de la guerre; entre août 1914 et décembre 1916, on façonna 40 fois plus d'obus et de canons, 170 fois plus de mitrailleuses; entre juillet 1914 et mai 1917, les munitions pour les canons de 75 passèrent de 10 000 à 300 000 obus par jour. En 1918, Renault démontra son adaptabilité en construisant les blindés les plus performants du moment.

L'industrie britannique profita également, mais dans une moindre mesure, de cette période. Ford Angleterre, en adoptant la politique de fabrication la plus cohérente, accrut sa prépondérance. Elle livra aux armées 50 000 véhicules, contre 6 000 pour Leyland. L'Associated Equipment Company, en s'engageant dès 1915 dans le travail à la chaîne, réalisa une percée remarquable dans le domaine des poids lourds, atteignant une production annuelle de 4 000 unités. Austin, quant à elle, joua, comme Citroën, la carte des munitions et vit ses effectifs atteindre 20 000 employés. Alors que l'industrie aéronautique était presque inexistante en 1914, les industriels de l'automobile furent mobilisés pour assurer les besoins du pays tout particulièrement pour les moteurs. Rolls Royce réussit spécialement dans ce domaine. « À la fin du conflit, les moteurs d'avions étaient devenus une branche à part entière et avait préparé les bases technologiques du boom automobile anglais d'après-guerre » (P. Fridenson).

En Allemagne en revanche, la guerre modifia peu l'organisation du travail. Là aussi, le changement majeur concerna la fabrication de moteurs d'avions (plus de 40 000 au total), qui fut principalement confiée à Benz et Daimler-Mercedes.

Partisan de l'entrée de l'Italie dans le conflit, Giovanni Agnelli engagea son entreprise dans les fabrications de guerre avec détermination, et pour le plus grand profit de la FIAT, à partir de 1915. En 1916, Agnelli investit dans une nouvelle usine à Lingotto, et introduisit le travail à la chaîne. Il diversifia ses fabrications dans le domaine aéronautique fabriquant 14 000 moteurs d'avion. En 1918, la Fiat, qui fabriqua cette année là plus d'automobiles que la Ford anglaise, occupait le troisième rang des sociétés anonymes italiennes. Engagée dans des domaines très divers, l'entreprise turinoise avait creusé un écart décisif avec ses rivales Itala et Lancia.

• **L'aviation** fut fortement stimulée par la guerre. Les militaires français s'étaient intéressés très tôt, dès Ader, à l'aéronautique. Au cours du conflit, le rythme de production des appareils fut multiplié dans d'énormes proportions, ce qui provoqua un afflux financier considérable. Le chiffre d'affaires du secteur passa ainsi de 40 millions en 1914 à près de deux milliards de francs en 1918. Les voies les plus diverses furent explorées sous la pression incessante des progrès réalisés par l'aviation allemande. Incapable de répondre aux besoins d'équipement formulés par l'armée avant le conflit, l'industrie aéronautique fut confrontée à un défi avec le premier plan aéronautique de guerre. Cette première phase d'équipement, qui devait s'achever en mars 1915, fut en fait étalée jusqu'à l'été. Progressivement, une meilleure organisation (création du Service technique de l'aéronautique et spécialisation du Service des fabrications, notamment), des procédures budgétaires plus souples, un effort sans précédent des entrepreneurs, permirent de redresser en grande partie la situation. Les chasseurs français, en particulier les Spad, furent ainsi en mesure de donner la réplique à l'excellente aviation allemande. Dans le même temps, un grand nombre de pilotes et de mécaniciens était formé. L'importance de la production – 52 000 avions et 93 000 moteurs furent livrés au cours du conflit – soulignait également l'intensité de l'effort réalisé.

L'Allemagne, en construisant deux fois moins d'appareils, réussit, seule, à rivaliser sur l'ensemble des fronts avec l'aviation alliée. La qualité des avions allemands fut, tout au long du conflit, au moins égale à celle des avions français. Dans le domaine de la motorisation, ils surpassèrent même bien souvent leur rivaux. Dotés d'une vitesse de pointe supérieure et d'un plafond plus élevé, les chasseurs allemands furent, en plusieurs périodes du conflit, dans des conditions de supériorité technique sur les appareils français. Ce fut tout particulièrement vrai au printemps 1915, lorsque Fokker, ingénieur hollandais travaillant pour l'Allemagne, en s'inspirant d'un dispositif ingénieux mais insuffisamment efficace mis au point par Roland Garros, réalisa un dispositif de tir à travers l'hélice. Ce fut l'époque du « fléau Fokker », la maîtrise du ciel appartenant pour quelques semaines aux Allemands. Lorsque les Alliés, après s'être emparés d'un avion allemand, purent imiter ce système, l'escalade technique se poursuivit. Surclassés par les Spad en 1916, les Allemands fabriquèrent l'Albatros, armé de deux mitrailleuses. En janvier 1917, ils alignaient 48 escadrilles de reconnaissance, et 30 escadrilles de chasse.

Le British Royal Flying Corps, créé en 1912, disposait d'un nombre limité d'appareils de mauvaise qualité à l'ouverture du conflit. Les Britanniques s'équipèrent pendant toute la première partie du conflit de matériel français. Puis, des appareils conçus par Avro, de Havilland ou Bristol, ou bien fabriqués par la Royal Aircraft Factory, prirent le relais.

La Première Guerre mondiale démontra toutes les « qualités guerrières » de l'avion et stimula l'industrialisation de sa production. Les performances, la fiabilité, s'accrurent très rapidement. Il y eut peu d'innovations majeures durant le conflit. Simplement le nombre d'avions construits et les difficiles conditions d'utilisation apportèrent plus de rigueur dans la conception et la réalisation des appareils. Le nombre d'appareils évoluant dans le monde en 1914 ne dépassait pas les 5000, alors que 200 000 avions furent construits entre 1914 et 1918.

• **Les télécommunications** jouèrent un rôle important au cours du conflit. Réseaux comme industries de matériel furent très fortement sollicités. Cela fut tout particulièrement vrai pour la radio. La Première Guerre mondiale donna au développement des entreprises une accélération certaine. Marconi en Grande-Bretagne, Telefunken en Allemagne et la Société française radioélectrique (SFR) en France, changèrent drastiquement leur rythme de fonctionnement pour équiper les armées, dès les premiers mois du conflit. Elles furent également chargées d'assurer des liaisons à longue distance avec les États-Unis ou la Russie, puisque les lignes télégraphiques habituelles avaient été coupées au début du conflit. Ducretet et la SFR équipèrent les armées françaises et une grande partie des armées alliées. Leurs fabrications, jusqu'alors quasi artisanales, surent s'adapter à l'explosion de la demande et adopter des critères de production en série. La SFR fournit, par exemple, 18 000 postes à l'aviation française au cours du conflit. La mutation la plus importante fut l'adoption des lampes électroniques, totalement inconnues en Europe avant 1914. Venue des États-Unis, la triode fut le premier composant permettant de détecter et d'amplifier les ondes radio. La France produisit la lampe T.M. en grande série à partir de 1916.

© ARMAND COLIN. La photocopie non autorisée est un délit.

2. Le nouvel élan des années 1920

Après la difficile reconversion et la crise de 1921, les années 1920 se caractérisèrent par un nouveau dynamisme et par la montée en puissance des jeunes industries de l'avant-guerre. Certaines tendances montrent cependant que le système restait fragile et que les logiques conflictuelles demeuraient présentes dans l'organisation industrielle de l'Europe. L'industrie britannique ne retrouva pas un niveau d'activité satisfaisant au cours des années 1920, au regard de ce qu'était sa situation avant la Première Guerre mondiale. Après la dépression de 1921, la Grande-Bretagne entra dans une période dénommée *Doldrums*, caractérisée par une langueur chronique de la plupart des industries de base, par une faiblesse persistante des exportations et par un chômage important au sein de la main-d'œuvre industrielle. L'industrie allemande sortait très affaiblie du conflit. Son activité fut perturbée tout au long de la République de Weimar par un contexte macro-économique très difficile, si l'on excepte la période 1923-1929. Les lendemains de la guerre furent difficiles pour l'industrie italienne. Les secteurs qui avaient profité du conflit pour croître de manière rapide furent confrontés à la fragilité de leurs acquis. Plus globalement, l'industrie avait souffert du conflit, la production manufacturière n'avait cessé de décroître entre 1916 et 1921.

2.1. *Les industries de base*

• **En Grande-Bretagne**, les capacités de réaction face aux difficultés, mobilisées pendant la guerre, ne se retrouvèrent pas dans les années suivant le conflit. La modernisation de secteurs essentiels pour l'économie nationale fut repoussée, ou menée de manière très insuffisante. L'évolution de la productivité des mines de charbon illustrait cette trop faible adaptation. Alors que celle-ci avait augmenté de 118 % en Hollande et de 81 % dans la Ruhr entre 1925 et 1936, elle ne s'était accrue que de 14 % entre 1927 et 1936 en Grande-Bretagne. Le retard en matière de mécanisation, déjà significatif à la veille de la guerre n'avait pas été comblé (8 % du tonnage extrait en 1913, 19 % en 1924). Les structures de production restaient encore très liées au modèle ancien, leur diversité étant extraordinaire, entre la compagnie Powell-Dyffryn, regroupant 93 puits et 38 000 employés, et les mines de taille très modeste dont l'activité reposait sur une douzaine de mineurs.

Pour la sidérurgie, les tendances des années 1890-1910 se confirmèrent. La production britannique se trouva directement menacée par l'amélioration de la qualité de l'acier basique et par la baisse de son prix. Sa meilleure qualité entama le marché des aciers de haute qualité, dans lequel s'était spécialisée l'Angleterre, et la baisse de son prix, en faisant reculer l'usage de la fonte et du fer forgé, réduisit sensiblement les débouchés des productions les plus anciennes. La production de *puddled bar iron* chuta ainsi de 1,2 million à 158 000 tonnes entre 1913 et 1929. L'acier avait définitivement gagné la partie. Mal adaptée, la sidérurgie britannique manqua la reprise des années 1925-1929 et ne participa pas au redressement des sidérurgies européennes. En 1929, la production d'acier de l'Europe continentale était supérieure de 36 % à celle de 1913, pour la Grande-Bretagne la progression n'était que de 26 % (dont 23 % entre 1919 et 1923). Les séquelles du conflit favorisèrent l'utilisation de la ferraille et encouragèrent donc les productions locales, qui, équipées de fours électriques, pouvaient sur certains créneaux concurrencer les grandes entreprises. Les importations augmentèrent et les exportations faiblirent. Alors que le problème fondamental résidait dans une incapacité des sidérurgistes britanniques à aligner leurs coûts sur leurs concurrents, les chefs d'entreprises invoquèrent les problèmes monétaires et l'inflation qui régnait sur le continent pour expliquer leur modeste comportement. Le Committee on Civil Research souligna pourtant en 1930 que des réformes drastiques devaient être adoptées pour espérer un redressement. Son rapport soulignait la vétusté des installations dans plusieurs points-clefs de la production et préconisait des regroupements et des relocalisations.

De manière générale, les secteurs qui avaient assuré la domination britannique au siècle précédant souffrirent d'une véritable léthargie marquée par une incapacité à retrouver leur puissance exportatrice. Jusqu'en 1924, cette anémie s'expliqua par une faiblesse généralisée du commerce international. Par la suite, ce fut bien l'incapacité des entreprises britanniques à soutenir la concurrence, venue des États-Unis ou du Japon (pour le textile), qui était en cause. Au cours de la seconde moitié des années 1920, les entreprise britanniques « se montrèrent incapables de capter une part suffisante de l'accroissement des échanges pour sortir leurs industries de base de leur déclin » (G.C. Allen). Après une baisse enregistrée en 1925, les exportations de biens manufacturés n'enregistrèrent qu'un gain de 8 % en 1929 par rapport à 1924.

• **La sidérurgie française** fut profondément réorganisée dans l'immédiat après-guerre. Les destructions liées au conflit, le retour au sein du territoire national de l'Alsace-Lorraine, l'occupation de la Sarre, autant d'éléments politiques qui remirent en cause les équilibres anciens, les disponibilités financières permettant également d'envisager d'importants redéploiements. Schneider répartit, pour les trois exercices de 1918 à 1920, des dividendes représentant le tiers du capital nominal. De réelles opportunités se présentaient pour les entreprises les plus ambitieuses. Marine Homécourt porta ses capacités de production de 500 000 tonnes à 2,5 millions en prenant des participations dans des entreprises situées loin de la frontière nord, en reconstruisant les usines dévastées, et en achetant des établissements en Lorraine, au Luxembourg et en Sarre. La pénurie de coke et l'instabilité de son prix gênèrent cependant l'industrie dans son activité, le Bureau national des charbons continuant à répartir les ressources longtemps après la signature de l'armistice. L'intégration des sociétés allemandes de Lorraine fut réalisée par la création de cinq groupements de sociétés. L'accord signé en 1926 entre les producteurs d'Allemagne, de Belgique, du Territoire de la Sarre, du Luxembourg et de France réservait à ces derniers une part de 31,89 % de la production sur une base de 25 millions de tonnes. Le doublement de la production sidérurgique, qui passa de 4,7 à 9,7 millions de tonnes entre 1913 et 1929, soulignait le dynamisme du secteur. L'effort d'innovation des entreprises se porta essentiellement sur la réduction du coût de la main-d'œuvre. Chez Pont-à-Mousson, le nombre d'heures travaillées par tonne produite en haut fourneau passa d'un indice 100 en 1914 à un indice 38 en 1929, grâce à une succession d'améliorations ponctuelles apportées au processus de production.

L'immédiat après-guerre fut difficile pour la chimie française. À la fin des commandes militaires s'ajouta la crise de 1920 qui fit chuter brutalement les commandes [– 75 % pour la Société chimique des usines du Rhône (SCUR)]. La reprise amorcée dès 1922-1923 s'appuya dans un premier temps sur les domaines de production les plus classiques, comme les superphosphates. Un processus de concentration accompagna ce mouvement et des firmes moyennes, comme la Société des produits chimiques de Saint-Denis ou la Bordelaise des produits chimiques, y perdirent leur indépendance. En 1928, la fusion entre la SCUR et les Établissements Poulenc donnait naissance à la Société des usines chimiques Rhône-Poulenc. Cette fusion confortait les bases d'une industrie pharmaceutique qui avait confirmé son dynamisme au cours des années 1920.

En association avec le Comptoir des textiles artificiels, qui connaissait parfaitement le marché, la SCUR créa la Société pour la fabrication de la soie artificielle Rhodiaseta. La SCUR valorisa son savoir-faire en matière de fibres artificielles grâce à la cession à l'étranger de licences sur les brevets de fabrication et par la création de filiales en Allemagne et en Italie. La filiale allemande construisait dès juillet 1928 une usine dont le personnel fut formé par des ouvriers venant du site français de Roussillon. Quelques années plus tard, un accord avec IG Farben lui accordait pour dix ans 60 % du marché allemand des fibres artificielles à base d'acétate.

• **L'Allemagne** sortait affaiblie du conflit. Son industrie lourde fut tout particulièrement marquée par les conséquences du traité de Versailles. Les pertes territoriales avaient diminué sa

© ARMAND COLIN. La photocopie non autorisée est un délit.

capacité de production d'acier de 30 % et celle de fonte de 40 %. Les ressources minières étaient également affectées. 80 % des réserves en minerai de fer étaient perdues et les houillères situées dans les territoires annexés ou rendus représentaient 26 % de sa production de 1913. Dans le domaine énergétique, la perte des positions pétrolières en Roumanie et en Irak eut des conséquences très négatives à long terme pour l'Allemagne. Dans la plupart de ces domaines, le rétablissement fut cependant assez rapide. En 1929, sans la haute Silésie et sans la Sarre, l'Allemagne produisait plus de charbon qu'en 1913. En 1928, 70 sociétés contrôlant 175 houillères produisaient 152 millions de tonnes de charbon.

La sidérurgie se redressa en centrant ses investissements sur la Ruhr. Le poids relatif de cette région s'accrut encore. Sur les 18 millions de tonnes d'acier produites en 1913, 10 millions en étaient originaires. En 1929, si la production globale restait inférieure à celle de 1913 avec 16 millions de tonnes, la production de la Ruhr avait progressé d'un tiers pour atteindre 13 millions de tonnes. Les clauses commerciales du traité plaçait l'industrie allemande en situation plus vulnérable face à la concurrence étrangère et tout particulièrement face à la France. Les liens commerciaux avec la Sarre et l'Alsace-Lorraine étaient coupés, les circuits d'approvisionnement perturbés. Les tendances lourdes amorcées depuis la fin du XIXe siècle se confirmèrent. Les grands groupes industriels de la Ruhr virent leur influence s'accroître aux dépens des entreprises moyennes de régions comme l'Allemagne du Sud. Par ailleurs, si les industriels ne provoquèrent pas l'inflation des années 1919-1923, ils surent en tirer parti pour combler les pertes de la guerre et renouveler rapidement leurs infrastructures au prix d'un endettement presque indolore.

La chimie allemande fut également affaiblie, mais dans une moindre mesure, par ces pertes territoriales et ces contraintes commerciales. Les conséquences les plus lourdes en ce domaine concernèrent la propriété industrielle, puisque les brevets essentiels qui assuraient à l'Allemagne sa suprématie avant 1914 furent mis à la disposition des industriels alliés. Le changement dans le rapport de forces s'avéra particulièrement sensible dans le domaine des colorants où l'on partait, il est vrai, d'une situation totalement déséquilibrée en 1913. L'IG Farben, qui regroupait les trois plus grandes entreprises chimiques du pays, la Rheine-Elebe-Union, énorme conglomérat de la sidérurgie, concentrait une puissance d'investissement exceptionnelle.

En Italie, la reconversion se révéla particulièrement difficile, les difficultés liées aux faibles ressources naturelles du pays étant de nouveau très présentes. Des entreprises d'envergure, comme Ilva ou Ansaldo, connurent ainsi de graves difficultés financières au début des années 1920. Seule l'intervention de l'aide publique leur permit de surmonter cette crise.

2.2. Des secteurs nouveaux en plein développement

Les secteurs de la seconde industrialisation prirent au cours des années 1920 une importance considérable. Ils devinrent réellement un moteur pesant de manière lourde dans l'activité du pays. Leur impact, par les changements d'organisation et de gestion de l'espace qu'ils entraînaient, dépassait cependant très largement leur seul volume de production matérielle.

• **L'automobile**, encore peu présente dans la vie quotidienne et peu importante dans l'activité industrielle, prit toute sa place à partir des années 1920.

La France, avec 18 000 véhicules produits en 1919, ne retrouva pas d'emblée son niveau d'avant-guerre. Cela n'hypothéqua pas pour autant un nouvel élan, qui s'affirma au cours des années 1920, et lui permit d'atteindre les 254 000 véhicules en 1929. André Citroën s'imposa comme le premier constructeur national, avec près de 30 % du marché à la fin de la décennie. En important, dès 1919, une chaîne de montage américaine et en tablant sur une diffusion de masse constituée de quelques modèles en nombre restreint, André Citroën s'assura un avantage certain sur la concurrence. Cette option stratégique dans l'innovation de procédé fut complétée par une réelle audace technologique dans les produits. «En 1923, André Citroën adopte le procédé de la caisse tout acier, breveté par la société Budd de Philadelphie. L'outillage principal se compose de presses de plusieurs centaines de tonnes aux très grosses capacités [...]. Pour enseigner ses ingénieurs il entretient cinq ans durant une mission américaine qui intervient dans pratiquement tous les services de l'usine» (S. Schweitzer). Soucieux de son image de marque il créa, avec les raids automobiles au long cours (Croisière noire, Croisière jaune), une véritable mythologie autour de la marque aux chevrons. À «un André Citroën amateur d'excentricités, à l'affût des bonnes comme des mauvaises idées» (S. Schweitzer) s'opposait sans doute la stratégie de la famille Peugeot, dernier grand constructeur à adopter le travail à la chaîne. Troisième manufacturier français, l'entreprise au capital familial adopta une stratégie prudente, déterminée essentiellement par des préoccupations financières. Louis Renault, qui avait adopté la chaîne en 1922, apparaît comme un moyen terme entre les deux stratégies. Il s'appuya sur le meilleur réseau de distribution et tabla sur une gamme très diversifiée, susceptible de répondre au plus près aux besoins de la clientèle. Pour mieux contrôler ses coûts, il s'engagea parallèlement dans une politique d'intégration verticale. L'ensemble des trois firmes représentait 63 % de la production nationale, la pénétration des producteurs étrangers, peu implantés sur le territoire français, restant marginale. Les entreprises françaises s'internationalisèrent dans la seconde moitié des années 1920, les trois marques françaises s'implantant en Italie, en Angleterre, en Allemagne, et en Belgique.

En Grande-Bretagne, la Ford anglaise maintint sa prééminence jusqu'en 1924 mais, faute d'avoir renouvelé son offre perdit rapidement du terrain. En 1924, Général Motors s'implante à Londres, puis racheta Vauxhall l'année suivante pour mieux être en phase avec le marché anglais. Les manufacturiers anglais résistèrent pourtant très vigoureusement en proposant des véhicules plus petits et moins puissants. Les modèles américains, frappés par une fiscalité très élevée sur les grosses cylindrées, perdent beaucoup de terrain dès la seconde moitié des années 1920. Morris, avec le succès de sa 12 CV, conforté par une politique de prix très agressive, atteignit les 63 000 véhicules en 1929. Austin, après avoir parié sur le haut de gamme, trouve une importante clientèle avec son modèle 7, (1922), extrêmement léger et dépouillé, dont il divisa le prix par deux entre la date de son lancement et 1929. Bien que moins déterminés que leurs homologues français, les entrepreneurs anglais modernisèrent constamment leur outil de travail et introduirent dans une large mesure les nouvelles formes d'organisation. En 1929, ce secteur très concentré – Morris, Austin et Singer contrôlait les trois quarts du marché – produisait 293 000 véhicules, dont 42 000 étaient exportés.

L'industrie automobile allemande fut sans doute la moins dynamique des grandes industries européennes. En adoptant le travail à la chaîne en 1924 et en renouvelant 70 % de son parc-machines dans les quatre années qui suivirent, Opel se démarquait d'un secteur plus timoré et assurait 44 % de la production nationale en 1926. Sa stratégie-produit était pourtant peu moderne puisqu'il n'adoptait pas le principe de pièces interchangeables, et concentrait ses espoirs sur son modèle 1924, simple copie de la Citroën 5 CV lancée en 1922. Les manufacturiers allemands ne contrôlaient ainsi que 60 % de leur marché national en 1928, sur un marché, il est vrai, bien moins protégé que les autres marchés d'Europe occidentale. Lorsque les députés réagirent en augmentant les barrières douanières, la riposte de General Motors fut vigoureuse puisque l'entreprise de Détroit racheta 80 % du capital d'Opel. Le secteur produisit 140 000 véhicules en 1929.

• **Les ateliers aéronautiques** de 1914 étaient devenus, par le jeu du saupoudrage de commandes d'appareils aux caractéristiques extrêmement variées, des entreprises de taille moyenne, sans complémentarité ni leader au cours du conflit. En novembre 1918, 45 modèles d'avions et de moteurs, conçus par 29 marques créatrices et fabriqués dans 110 usines par 62 entreprises, étaient en service. Cet éclatement ne fut pas remis en cause au cours des années 1920, et les entreprises fournissant l'armée de l'air furent incapables de suivre le rythme de l'évolution technologique. Les 200 km / h exigés pour les bombardiers de nuit dès 1920, ne furent par exemple atteints qu'en 1926. Des entreprises plus en pointe technologiquement, comme Dewoitine, ne disposaient pas des structures de fabrication suffisantes. La

© ARMAND COLIN. La photocopie non autorisée est un délit.

création du ministère de l'Air, en septembre 1928, devait permettre la «régénérescence de la technique» et la «concentration des fabrications», mais les tentatives de regroupement se soldèrent par des fiascos. «Plutôt me faire Serbe que fusionner», déclara un industriel!

L'industrie aéronautique britannique fut frappée par des problèmes de reconversion assez proches de ceux rencontrés par l'industrie française. Les fonds publics soutinrent son activité pour des raisons stratégiques. Le plan de développement de 1924-1930 apporta un financement considérable à la Recherche et Développement pour ce domaine. Plus de 400 000 livres furent ainsi investies sans résultat significatif.

Le traité de Versailles interdisait à l'Allemagne toute politique d'équipement en matière aéronautique. Le niveau technologique d'entreprises comme Junkers ou Dornier se maintint cependant. Hugo Junkers, qui avait construit le premier appareil à structure métallique en 1915 continua à développer cette technologie au cours des années 1920. Des accords internationaux permirent également de poursuivre les tests de matériel.

2.3. Les grands réseaux

• **L'énergie.** Le développement de l'Europe fut possible grâce à la mise en place de réseaux capables de lui apporter ou de diffuser l'énergie dont son industrialisation avait de plus en plus besoin. L'électricité prit toute sa place dans la société industrielle à partir des années 1920. Doutes et hésitations face à l'énergie électrique avaient disparu. Le ralliement des industriels assura le succès. En France, la consommation passa de 197 à 327 kWh par habitant entre 1924 et 1930. L'interconnexion se développa, assurant un approvisionnement régulier des consommateurs. L'hydro-électricité fut un secteur particulièrement dynamique. Alors qu'en 1924, 189 usines représentaient une puissance installée de 1 239 MW, leur nombre atteignait 239 en 1930, et 289 en 1936, pour une puissance installée de 2 171 et 3 677 MW.

Le pétrole était apparu comme une ressource déterminante au cours de la Première Guerre mondiale. La France et la Grande-Bretagne, producteurs de charbon, ne détenaient pas de ressources pétrolières sur leurs territoires. Leur souci fut donc de s'assurer des approvisionnements sûrs en s'appuyant sur une politique internationale attentive à ces nouveaux enjeux. Dès 1913, Winston Churchill avait souligné l'impératif pétrolier pour la Grande-Bretagne. Cette ambition s'appuya sur l'Anglo-Persian Oil Company qui exploita les gisements d'Iran. Cette entreprise, qui devint par la suite British Petroleum, était dans les années 1920 très largement contrôlée par l'État, qui détenait la majorité des actions.

La France ne disposait pas d'atouts aussi importants que les Britanniques. Les traités de paix lui permirent cependant d'exercer une certaine influence sur les gisements irakiens. La Compagnie française des pétroles (CPF) fut créée pour exploiter ces ressources. Alors que la croissance du parc automobile faisait de l'essence un produit de grande consommation, le contrôle des circuits de transformation et de distribution s'avérait également sensible, dans un contexte international dominé par les compagnies américaines. La loi du 30 mars 1928 réglementa le marché français afin d'assurer les débouchés de la CFP et de protéger les raffineurs français.

L'Allemagne, exclue par les traités de toute possession pétrolière au Moyen-Orient, fut mise à l'écart de ces nouveaux marchés.

• **Médias et télécommunications**, au-delà de leur impact économique et culturel, devinrent des secteurs générant des chiffres d'affaire considérables. Au cours des années 1920, un nouveau mass media s'imposa de manière inattendue, la radio. Le téléphone poursuivit son développement avec une évolution importante : l'automatisation.

La radio s'était développée avant la Première Guerre mondiale, puis pendant le conflit, comme un nouveau moyen de télécommunication. Il s'agissait de communiquer entre des stations terrestres, ou entre des véhicules, par des messages télégraphiques. La possibilité de transmettre des sons et de les diffuser d'un point vers une multitude de points apparut presque simultanément en Europe et aux États-Unis, au début des années 1920, pour donner naissance au premier mass media électronique : la radiodiffusion. Soucieuse de créer un marché pour ses postes récepteurs, l'industrie manufacturière fut à l'origine de la plupart des projets de stations d'émission au début des années 1920. L'articulation des initiatives entre puissance publique et intérêts privés fut réalisée de manière très variable selon les pays.

En Grande-Bretagne, les entreprises engagées dans la fabrication des postes récepteurs s'efforcèrent de mettre rapidement en place un réseau de stations d'émission. En février 1920, Marconi, grâce à une licence obtenue du Post Office, diffusa deux émissions d'une demi-heure, quotidiennement, depuis une station située à Chelmsford. Rapidement la licence fut annulée, les autorités se montrant très réservées à l'idée de voir la radiodiffusion se développer en Grande-Bretagne. Représentés par la Wireless Society of London, les industriels firent pression sur le gouvernement. En 1922, quelques licences étaient accordées pour des postes expérimentaux de faible puissance. L'engouement était tel que 24 compagnies postulèrent pour obtenir une autorisation d'émettre. Un pool formé par Marconi, GEC, et British Thomson Houston revendiquait même le monopole de construction des stations émettrices, en s'appuyant sur un contrôle des principaux brevets. Le gouvernement adopta rapidement une attitude claire, permettant à ces projets de prendre forme dans le cadre de la BBC. Cette compagnie privée fut constituée en 1922 par l'association des 24 fabricants, mais le pouvoir réel appartenait en fait aux six actionnaires privilégiés (Marconi Co, Radio Communication Co, Western Electric Co, General Electric et Metropolitan Vickers). L'entreprise était financée par un ensemble de taxes prélevées sur la vente des appareils récepteurs ainsi que par une redevance annuelle payée par les auditeurs. Maîtresse de son budget, elle devait cependant suivre un cahier des charges, et soumettre tous les dix ans à un nouveau vote de la Chambre des communes son autorisation d'émettre. Cette structure mixte permit de lancer la nouvelle activité, mais, le 1er janvier 1927, l'État rachetait la majorité des actions et la radiodiffusion devenait totalement publique sur l'ensemble du territoire britannique.

En France, la radio connut un système mixte associant réseau privé et réseau public. Placé à partir de 1923 sous la tutelle du ministère des PTT, le développement de la radio ne fut encadré par un texte que trois années plus tard. Décret-loi de 1926, textes de 1928, instauration en 1933 de la redevance radiophonique, les remises en causes successives du cadre réglementaire ne permirent jamais à l'investissement privé de s'exprimer dans un cadre législatif stable. La première initiative vint de la Compagnie générale de télégraphie sans fil (CSF), créée en 1918 pour regrouper les intérêts français dans l'industrie électronique naissante. L'Administration suivit quelques mois plus tard en ouvrant, en janvier 1923, la station Paris-PTT. La création de Radio-Tour Eiffel porta ensuite à trois le nombre des stations émettant sur Paris. En 1924, le journal *le Petit Parisien* créa sa propre radio, son directeur Paul Dupuy pensant que le nouveau médium et la presse écrite étaient plus complémentaires que concurrentes. En quelques années, un ensemble de stations privées et publiques couvraient à Paris comme en province, l'ensemble du territoire.

La croissance des réseaux téléphonique s'accéléra en Europe dès les années 1910, le nombre de postes triplant entre 1911 et 1928 (3 à 9,23 millions). Avec un quadruplement du nombre de postes, la France fit, durant cette période, un effort nettement supérieur aux autres nations industrialisées. Les densités d'équipement restaient cependant sensiblement différentes. En 1928 1,4 milliard de communications avaient emprunté le réseau britannique, contre seulement 750 millions pour la France. Les industries britanniques et françaises ne profitèrent que partiellement de ces investissements. La suprématie technologique des Américains plaçait en effet les firmes européennes dans une grande dépendance. À partir de 1925, l'industrie européenne d'équipement téléphonique fut dans une large mesure dominée par International Telegraph and

© ARMAND COLIN. La photocopie non autorisée est un délit.

Telephone (ITT), nouvelle entreprise américaine qui avait racheté les intérêts de l'American Telegraph and Telephone company (ATT) en Europe.

Son emprise sur le marché français était extrêmement forte et se confirma avec l'automatisation des réseaux. À la suite du concours destiné à équiper la ville de Paris, ITT, par l'intermédiaire de sa filiale Le matériel téléphonique (LMT), imposa en 1926 son système Rotary. L'année suivante, elle prenait le contrôle de la Compagnie des téléphones Thomson-Houston, créée par Thomson en 1925, cette dernière abandonnant ce secteur d'activité. L'entreprise américaine occupait donc une place dominante pour l'équipement de l'administration en matériel de communication. Les efforts de la Compagnie générale d'électricité (CGE) pour contrer cette puissance à la fois technique et financière furent très insuffisants. Actionnaire minoritaire de la Société industrielle de téléphonie (SIT) depuis 1929, la CGE en avait pris le contrôle complet en 1932. Ses productions ne pouvaient cependant rivaliser avec le matériel fondé sur la technologie américaine, qui contrôlait les trois quarts du marché au début des années 1930.

En Allemagne, l'application du monopole fut très rapidement effective. Une compagnie unique, la Reichs Rundfunk Gesellschaft, centralisant l'ensemble des stations régionales, fut créée. Son financement fut assuré par une taxe recueillie par la Reichspost, qui contrôlait le budget de la compagnie. Un moment tolérée, la publicité fut interdite sur ce réseau, qui couvrit rapidement l'ensemble du territoire. L'industrie manufacturière, très présente sur les grands systèmes de télécommunications, fut également réactive face à ce nouveau marché. Telefunken fabriqua, dès 1923, des postes récepteurs destinés au grand public. En matière de téléphonie, les relations étroites entre l'administration des PTT allemandes et les industriels permirent de limiter les conséquences d'une dépendance technologique assez nette vis-à-vis des technologies américaines en matière d'automatisation des réseaux. En 1928, le réseau allemand écoula 2,4 milliards de communications, ce chiffre représentant un nombre moyen de 38 appels par Allemand.

3. Les démocraties face à la Grande Dépression

Les évolutions positives amorcées dans les années 1920 furent brutalement brisées par la crise de 1929. Sans doute celle-ci révélait-elle des dysfonctionnements profonds, liés notamment aux circuits financiers. En terme d'industrialisation, elle n'eut guère d'effets positifs et ouvrit une période de relative stagnation dans la concrétisation des évolutions technologiques dans les sphères de la production et de la vie quotidienne.

3.1. Les industries les plus anciennes

Les secteurs anciens furent touchés très directement par la baisse générale de l'activité et la chute du commerce international.

• **L'industrie française** fut frappée plus tardivement, mais plus durablement par la Dépression que ses concurrentes européennes. La production textile passa d'un indice 120 en 1928 (base 100 en 1938) à un indice 88 en 1932, entraînant une réduction rapide des effectifs. Lorsque la reprise de la demande apparut, les entreprises n'y répondirent pas par l'embauche mais par la prolongation et l'intensification du travail, permettant une augmentation de la production de 7,5 % entre 1931 et 1936. Dans le même temps, les effectifs chutaient de 24,1 %, entraînant une augmentation de

39,6 % de la productivité par tête. Pour limiter les investissements, la pratique des équipes doubles se développa dès que la demande fut en augmentation. Cette surexploitation des structures existantes ne permit pas d'entamer la modernisation de l'outil de production. Si la chimie fut moins durement frappée par la crise, son recul n'en fut pas moins réel. Pour un indice 100 en 1928, le secteur chuta à 84 en 1931. Des produits en forte croissance dans les années 1920 virent leur élan brisé. La crise agricole entraîna un très net recul de la demande sur le marché des engrais. Les superphosphates s'écroulèrent, la production nationale passant de 2,4 millions de tonnes en 1929 à 1,1 million en 1935, soit une chute de 65 %. La reprise fut lente, le secteur enregistrant une augmentation de la production de 13 % entre 1931 et 1936. Dans le même temps, ses effectifs chutèrent de 12,6 %, entraînant une augmentation de 29,3 % de la productivité par tête.

Les couches d'activité les plus récentes réagirent de manière plus dynamique à la nouvelle conjoncture et limitèrent de la sorte le recul global du secteur. Rhône-Poulenc, par exemple, réorganisa complètement ses structures de recherche, les laboratoires pharmaceutiques étant regroupés et modernisés à Vitry-sur-Seine. Cet effort déboucha dans le domaine des sulfamides, ou bien encore avec le Rhodoïd. Sur l'ensemble de la décennie 1929-1939, l'entreprise réalisa un taux de croissance de 5,4 % par an en francs constants. Saint-Gobain, mise en danger par une évolution technologique dont elle ne suivait plus le rythme, multiplia les missions aux États-Unis puis engagea un ingénieur-conseil américain. Avec la Compagnie de Boussois, elle conçut le Triplex et acheta à Corning Glass la licence du Pyrex.

Dans la sidérurgie, les entreprises protégées par une certaine cartellisation furent moins brutalement touchées par la dépression. De manière générale, le recul des bénéfices fut cependant considérable. Pour les aciéries de Longwy, les bénéfices passèrent de 51 millions à 9,5 millions de francs entre 1929-1930 et 1932-1933. La reprise de l'activité sidérurgique s'affirma progressivement à partir de 1936. Les grandes entreprises du secteur virent leur profits s'accroître, le taux d'excédent brut d'exploitation atteignant 8,7 % en 1936 pour ensuite décliner légèrement. Le niveau d'emploi de 1929 était dépassé en 1939, essentiellement en raison de l'effort de réarmement. La reprise resta en effet timide, insuffisante pour susciter une relance des investissements. Alors que l'Allemagne et la Grande-Bretagne s'étaient dotées de laboratoires de recherche communs à la profession, la recherche sidérurgique resta en France, jusqu'à la Seconde Guerre mondiale, le fait des laboratoires d'entreprises. Les efforts en restèrent dispersés et les résultats insuffisants.

• **En Grande-Bretagne**, la Dépression accéléra la mutation des charbonnages. Le secteur passa de 2 480 mines et 1 400 sociétés en 1928, à 1 630 mines contrôlées par 740 sociétés en 1944. La mécanisation avait été menée de manière plus vigoureuse dans les années 1930 et atteignait 61 % en 1939 et 72 % en 1944. En revanche, les systèmes de transports internes à la mine restaient archaïques. Avec la crise, l'organisation de la production charbonnière évolua. Les entreprises tentèrent, pour mieux maîtriser leur prix de vente, d'adapter leur offre à des demandes très précises. Ainsi différents types de charbons étaient-ils mélangés pour obtenir un produit adapté à l'usage de telle ou telle industrie. Simultanément, le traitement de la houille concernait en 1938 45 % des ventes, contre 20 % en 1927. Débarrassé de ses impuretés dans d'importantes usines, le charbon devenait ainsi un produit plus valorisé et mieux adapté. Cette évolution restait cependant très insuffisante au regard des critères de compétitivité imposés par l'Allemagne.

La Grande Dépression frappa un secteur sidérurgique déjà très affaibli. L'impact fut dramatique puisque la production de fonte chuta de 53 % et la production d'acier de 45 % entre 1929 et 1933. « À cet instant l'industrie sembla être proche d'un total effondrement » (G.C. Allen). Le regain fut tout aussi brutal, puisque dès 1935 le niveau de production d'acier de 1929 était dépassé et qu'en 1937, il dépassait d'un tiers celui de 1929. La reprise dans les chantiers navals et le bâtiment, le remplacement du bois par des poutrelles métalliques dans les mines et le développement de l'automobile, puis le réarmement expliquaient ce phénomène soutenu par le marché intérieur. Les

© ARMAND COLIN. La photocopie non autorisée est un délit.

exportations ne retrouvèrent en revanche pas leur niveau des années 1920. Chutant de 4,4 millions de tonnes en 1929 à 1,9 million en 1932, elles n'étaient remontées qu'à 2,6 millions en 1937.

La production demeurait insuffisamment concentrée. Bien qu'elle ait progressé, passant de 30 000 tonnes par an et par haut fourneau en 1913 à 48 000 en 1929, et 83 000 en 1937, elle restait inférieure à celles de l'Allemagne (125 000 tonnes) et des États-Unis (250 000 tonnes). La consommation de coke baissa légèrement mais de manière similaire à ce que les concurrents allemands et français réalisaient, ce qui laissait toujours un énorme écart.

3.2. Les nouveaux secteurs

Fortement touchés par la Dépression dans un premier temps, ils se redressèrent assez rapidement. La crise joua un rôle accélérateur pour les mutations structurelles indispensables après la très forte expansion des années 1920.

• **L'industrie automobile fut touchée de plein fouet**. Les réactions des différentes industries nationales étant cependant contrastées. Entre 1929 et 1932, la production recula peu en Grande-Bretagne (– 4 %), mais s'affaiblit fortement en France (– 35 %). « La crise achève de transformer l'État en partenaire de premier plan des industriels, des vendeurs et des ouvriers de l'automobile » (P. Fridenson). Les deux industries réagirent de manières très différentes à partir de 1932.

La production britannique, qui avait peu reculé, s'adapta en proposant très rapidement des modèles moins coûteux. Elle reprit une croissance soutenue. Entre 1932 et 1939, la croissance de la production atteignit 75 %, la Grande-Bretagne devenant le premier producteur européen. Une politique commerciale dynamique soutint ce choix stratégique, qui réussit d'ailleurs également à l'exportation. La réaction de la clientèle fut très positive, la part des voitures de 8 CV ou moins passant de 15 à 30 % en dix ans. Les firmes à capitaux américains furent les plus performantes sur cette voie, Ford et Vauxhall augmentant très sensiblement leur part de marché au cours des années 1930. En revanche, Morris et Austin, bien que devançant encore leurs concurrents, voyaient leurs parts de marché divisées par deux. Cette redistribution des rôles s'était cependant déroulée dans un contexte dynamique, la production étant passée de 238 000 à 507 000 véhicules entre 1929 et 1937. Elle était assurée à 90 % par les six premiers manufacturiers, le nombre de constructeurs ayant chuté de 100 à 40 au cours des années 1930.

La reprise de la production française fut en revanche presque inexistante et l'industrie nationale s'installa dans la déprime. Les concentrations eurent également lieu, mais dans un contexte de repli qui les rendit bien plus douloureuses pour le tissu industriel. Au cours des années 1930, le nombre de constructeurs chuta de 90 à 28. Citroën fit encore figure de pionnier en adoptant sur sa traction-avant une carrosserie et un châssis intégrés. Cette idée conçue à l'origine par la Budd Company de Philadelphie ne s'était pas développée aux États-Unis. Ses investissements contre-cycliques ne purent porter leurs fruits dans un contexte de dépression persistante. L'entreprise au bord de la faillite fut reprise par Michelin.

• **La radio** poursuivit sa croissance au cours des années 1930, ce secteur échappant dans une large mesure aux conséquences de la crise. En Grande-Bretagne, les industriels associés à la constitution de la BBC purent asseoir leur croissance sur un marché grand public dynamique. L'industrie radioélectrique employait 20 000 personnes en 1930, 60 000 en 1939 son chiffre d'affaire (*gross output*) passant de 8,4 à 27,6 millions de livres. Les performances à l'exportation furent remarquables passant de 300 000 à 1,3 million de livres entre 1923 et 1925. Ensuite, la concurrence allemande, puis la montée du protectionnisme, ralentirent très nettement cette croissance. En 1935, les exportations s'élevaient cependant à 1,7 million de livres. En France, dans une certaine confusion institutionnelle, les stations développèrent leurs activités. Avec Radio-Cité qui succéda à Radio LL en 1935 sous la direction de Marcel Bleustein, les Parisiens disposaient au milieu des années 1930 de six programmes différents, deux provenant de postes d'État, quatre de stations privées. Ils émettaient sur une large partie du territoire. La province ne fut pas moins dynamique que la capitale. De nombreux postes d'État, gérés par des associations d'auditeurs, se créèrent au cours des années 1920. Si nombre d'entre eux furent incapables de suivre la professionnalisation du secteur, certains réussirent à s'adapter, occupant dans les années 1930 une place essentielle dans les émissions nationales. Radio-Toulouse, Radio-Lyon, Radio-Côte d'Azur, Radio-Normandie, Radio-Bordeaux disposaient d'une audience significative.

La création de Radio-Luxembourg en 1933, financée en grande partie par des capitaux français, ouvrait l'époque des « postes périphériques » pouvant émettre vers la France sans être soumis aux aléas d'une politique hésitante. Le nouveau cadre législatif, fixé en 1937, confirma la mixité privé-public du réseau français, sans pour autant donner aux postes privés de réelles garanties sur leur avenir.

La jeune industrie électronique fut profondément réorganisée au cours des années 1930. À la diversification des années de croissance succédèrent les recentrages des années de crise. La plus grande agressivité des grandes entreprises étrangères en matière de propriété industrielle contraignit à l'abandon de secteurs porteurs des entreprises françaises dont l'activité ne pouvait s'exercer de manière omniprésente. Les postes « Radiola » de la CSF, après des débuts encourageants, stagnèrent faute d'une véritable politique commerciale et de méthodes de fabrication adaptées à la production en grande série. À partir de 1930, le matériel vendu sous cette marque était, de manière croissante, importé. Dans le même temps, la position du groupe dans le domaine des lampes électroniques était fragilisée en raison des procès perdus face à Philips. Sa filiale La Radiotechnique fut revendue à la firme hollandaise qui voyait sa surface commerciale croître sensiblement dans toute l'Europe.

Les Établissements Ducretet connurent des difficultés comparables. Thomson racheta l'entreprise en 1929, essentiellement pour exploiter sa marque « La voix du monde », et pénétrer ainsi plus rapidement le marché de ce qui devenait l'électronique grand public. L'ensemble des fabricants français atteignait en 1937 une production annuelle de 750 000 récepteurs. L'industrie française s'adapta difficilement et incomplètement aux exigences d'un marché grand public. Les regroupements s'effectuèrent principalement autour de la CSF et de la Thomson. Ils modelèrent l'industrie électronique française pour de longues années, la CSF abandonnant progressivement ses activités grand public pour se consacrer à l'électronique professionnelle. Elle apporta des progrès décisifs pour la technique française des faisceaux hertziens, de la télévision et du radar. Elle employait en 1937 25 000 personnes.

• **L'équipement téléphonique** européen, assuré par des administrations publiques, continua sa progression entre 1928 et 1933. Les restrictions budgétaires qui s'affirmèrent dans les années 1930 ralentirent cette progression. Ces mesures concernèrent plutôt les pays les plus avancés en terme d'équipement, les nations en retard poursuivant un effort auquel il était impossible de renoncer. La Grande-Bretagne avait produit un effort qui, en la dotant d'une densité téléphonique de 7, l'avait propulsée devant l'Allemagne. La France avait, au contraire, marqué le pas, ses 3,8 postes pour cent habitants la plaçant derrière la Lettonie et Hawaii. Le téléphone était utilisé en moyenne 231 fois par un Américain contre 23 par un Français et 45 pour un Allemand. L'écart de 1 à 10 entre la France et les États-Unis suffit à souligner à quel point ces deux sociétés vivaient dans deux âges différents des télécommunications

Le bilan de l'entre-deux-guerres est donc difficile à définir. Si les tendances lourdes de l'avant-guerre se retrouvent, il faut aussi signaler que des secteurs furent en mesure de développer des structures de recherche et d'adapter leur système de production. Il s'agit d'un « malaise » et non d'une stagnation. La perspective change lorsque une comparaison avec les États-Unis est établie. Si, de manière générale, la productivité des industries s'est accrue, ces changements restèrent

© ARMAND COLIN. La photocopie non autorisée est un délit.

cependant globalement très inférieurs à ce qu'ils auraient pu être si l'on se réfère à l'exemple américain. La conjoncture macroéconomique et les spécificités socio-politiques de la France et de la Grande-Bretagne n'expliquent pas à elles seules les difficultés rencontrées par les entreprises pour renouveler leur système de pensée. Au-delà de ses effets mécaniques, ressentis dans l'ensemble des pays industrialisés, la Dépression révéla fréquemment des problèmes structurels trop longtemps négligés. Au cours de cette période, la France et la Grande-Bretagne ne réalisèrent pas les mutations indispensables dans les modes de production et les styles de consommation qui auraient pu amorcer une croissance industrielle soutenue.

DOCUMENTS

Production d'énergie en 1928 en millions de tonnes équivalent charbon

	Charbon		Pétrole		Hydraulique		Total	
	t.	%	t.	%	t.	%	t.	%
Allemagne	187,8	14,5	0,1		6,4	4,8	194,3	11,2
Angleterre	241,6	18,6			1,0	0,7	242,6	14,0
France	51,4	4,0			8,4	6,3	59,8	3,5
Russie	31,5	2,4	19,6	6,6	1,0	0,7	52,1	3,0
Autres (Europe)	134,7	10,4	9,6	3,2	38,0	28,5	182,3	10,6
Total Europe	647,0	49,9	29,3	9,8	54,8	41,0	731,1	42,3
États-Unis	514,7	39,7	202,5	68,0	46,8	35,0	764,0	44,2

Source : W. Bowden, M. Karpovich, A.P. Usher, *An economic history of Europe since 1750.*

Propriété des centrales électriques en Allemagne en 1933

Propriétaire	Nombre	Production en kWh
Public :		
Gouvernement	13	1 828 900 000
Chemin de fer impériaux	62	219 800 000
États	28	1 400 900 000
Provinces	10	36 400 000
Coopératives	46	192 900 000
Communes	566	2 070 100 000
Autres entreprises publiques	85	2 189 800 000
Mixte	208	4 922 000 000
Privé	609	1 650 600 000
Total	1 627	14 511 400 000

Source : W. Bowden, M. Karpovich, A.P. Usher, *An economic history of Europe since 1750.*

Production industrielle au Royaume-Uni (base 100 en 1924)

	1913	1920	1921	1929	1932	1938
Mines et carrières	106,3	86,1	61,1	99,1	80,6	90,7
Gaz, eau, électricité	70,6	90,5	82,8	131,0	140,4	216,3
Chimie	90,0	101,3	72,9	112,2	109,1	141,0
Sidérurgie	105,5	97,1	45,4	104,3	74,7	118,3
Métaux non ferreux	78,3	74,5	45,6	117,8	85,8	174,6
Industries mécaniques	103,0	95,4	62,7	120,9	77,4	130,2
Chantiers navals	156,5	154,9	125,0	109,9	101,3	96,4
Électro-mécanique	64,6	94,0	80,4	120,2	126,1	215,5
Véhicules	43,3	70,7	62,7	133,4	106,4	224,7
Textile	121,7	107,8	71,6	96,0	95,8	111,3
Total	90,5	90,3	73,5	115,8	103,2	146,4

Source : A.E. Musson, *The growth of British Industry.*

Nombre de postes radio pour mille habitants en 1937

Grande-Bretagne	171
Allemagne	122
Hollande	118
France	76
Pologne	0
Grèce	3

Nombre de postes en 1937

États-Unis	25 millions
Allemagne	8,7 millions
Grande-Bretagne	8,3 millions
France	4 millions

Source :
P. Griset, *Les révolutions de la communication XIXe- XXe.siècles.*

Automatisation des centraux téléphoniques (%)

Taux d'automatisation des centraux	1939	1961	1970
États-Unis	41	96	100
Suède	14	85	99
République fédérale d'Allemagne	88	99	100
Royaume-Uni	55	82	99
France	46	61	76
Italie	85	97	100

Source : Union internationale des télécommunications.

Part du marché mondial de la machine-outil (%)

	1913	1937	1965	1970
Allemagne	48	48	31	34
Suisse	—	5	9	10
Italie	—	—	7	10
Royaume-Uni	12	7	13	11
France	—	—	6	6

Source : G. Sheperd, F. Duchêne, C. Saunders, *Europe's industries : public and private strategies for change.*

Répartition de la production électrique allemande selon le statut de l'actionnariat (%)

	Publique	Privée	Mixte
1913	40,3	42,7	17,0
1924	44,0	28,7	27,3
1925	43,9	25,6	30,5
1928	56,6	14,6	28,8
1929	56,3	11,8	31,9

Source : W. Bowden, M. Karpovich, A. P. Usher, *An economic history of Europe since 1750.*

Évolution de la densité téléphonique (1888 - 1970)

Nombre de postes pour 100 habitants	1888	1913	1928	1938	1948	1960	1970
États-Unis	0,25	9	15,8	15,1	24,2	39,5	58,6
Suède	0,31	4,9	7,7	11,7	21,2	35,3	55,7
République fédérale d'Allemagne	0,08	2,1	—	5,3	6	11	22,4
Royaume-Uni	0,06	1,6	3,6	6,4	9,3	15	25
France	0,03	0,8	2,2	3,7	5,2	9,1	17,2
Italie	0,04	—	0,7	1,4	1,6	7,1	17,4

Source : Union internationale des télécommunications.

© ARMAND COLIN. La photocopie non autorisée est un délit.

CHAPITRE IV

GUERRE, RECONSTRUCTION, MODERNISATION : L'IMPÉRATIF TECHNOLOGIQUE

La Première Guerre mondiale avait confirmé l'impact de l'industrie sur le déroulement d'un conflit. Elle avait également révélé à quel point la maîtrise de certaines technologies pouvait influencer le déroulement des combats.

Ces conditions nouvelles furent perçues de manière très différente par les pays d'Europe occidentale. Les pays vainqueurs retinrent principalement le rôle de l'industrie lourde, de la production massive d'armes, de munitions. Ils estimèrent également, du moins pour la France de Maginot, que la protection d'un système fortifié pouvait contrer la puissance de feu d'une armée offensive. Anglais et Français avaient paradoxalement oublié ce qui avait contribué à leur succès : le développement d'appareils nouveaux pour la guerre aérienne, l'utilisation des blindés.

1. Totalitarismes et Seconde Guerre mondiale

1.1. Le fascisme et l'industrie

Les analyses divergent sur la véritable nature de la politique économique des fascistes au pouvoir en Italie. Si des lignes-forces peuvent être retrouvées dans les textes doctrinaux des années 1920-1922, on peut constater qu'un certain pragmatisme modifia très fortement la réalité des politiques mises en œuvre.

• **Les fascistes pratiquèrent une politique ambiguë** fondée sur un interventionnisme public important, tout en préservant, pour l'essentiel, la propriété privée des entreprises. Dans le cadre plus général d'un protectionnisme très affirmé à partir de 1925, l'industrie a été encadrée dans des structures nouvelles de coordination, tout en bénéficiant d'aides publiques significatives. L'impératif autarcique profita à des activités pouvant se développer sur des matières premières locales. Dans la même perspective, les sources d'énergie nationales (charbon et gaz naturel) furent privilégiées, l'effort déjà ancien d'équipement hydroélectrique étant prolongé. L'électrochimie s'en trouva dynamisée, et l'aluminium connut une période de fort développement. La mise en œuvre de nouvelles fabrications destinées à assurer un approvisionnement indépendant en cas de conflit entraîna des investissements favorables au pétrole et au caoutchouc synthétiques. Cette

© ARMAND COLIN. La photocopie non autorisée est un délit.

logique d'autosuffisance toucha de manière plus large le textile (fibres synthétiques) et la chimie lourde (engrais et résines synthétiques).

• **L'intervention plus directe de l'État** dans l'activité industrielle fut, dans un premier temps, liée aux difficultés de l'après-guerre. L'action fut essentiellement financière, et destinée à permettre aux entreprises de surmonter la crise, tout en mettant sur pied de nouvelles formes de financement. La Dépression des années trente relança cette action et l'amplifia dans le cadre idéologique du corporatisme. Créé en janvier 1933, l'Istituto per la Ricostruzione Industriale (IRI), s'attacha tout d'abord à sauver les grandes banques italiennes proches de la banqueroute, en prenant en charge leur portefeuille d'actifs industriels très dévalorisé par la crise. L'IRI sortit progressivement de ce rôle de bailleur de fond pour devenir le véritable propriétaire d'un nombre croissant d'entreprises industrielles. «En 1936, l'État italien possédait une part de l'industrie nationale supérieure à quelque autre État européen si l'on excepte l'Union Soviétique » (R. Rome). La sidérurgie, les chantiers navals et les télécommunications étaient presque entièrement sous contrôle étatique. Cette étatisation de l'industrie italienne n'était donc liée que de manière très partielle à l'idéologie fasciste. La création de l'IRI fut décidée en dehors des structures corporatistes et son fonctionnement en était indépendant. Alberto Beneduce, soutien principal de l'IRI, n'était pas un fasciste. L'institution s'intégra dans les projets du régime et favorisa notamment les options autarciques dans les choix technologiques de l'industrie lourde. Ainsi dans la sidérurgie, à travers les entreprises Ilva, Terni, Dalmine et SIACC, l'IRI contrôlait plus de 50 % du potentiel productif du secteur, qu'il engagea dans des choix de filières lui permettant de réduire sa dépendance en matière d'importation de minerai. Cet engagement n'était cependant très probablement qu'opportunisme. «Les dirigeants de l'IRI utilisèrent l'adhésion de façade au fascisme pour atteindre leurs buts entrepreneuriaux développés au sein des services de prospective de leur firme» (F. Bonelli). Une large partie de ces modes de fonctionnements perdura d'ailleurs après 1945.

Les objectifs militaires de Mussolini orientèrent cependant de manière croissante la politique industrielle. Simultanément, les structures d'encadrement se firent plus lourdes. Dans la logique de l'économie corporatiste, la création de structures de branche fut encouragée. Ce mouvement devint particulièrement fort avec la mise en place des nouvelles lois de 1932 et 1933. Les nouvelles implantations industrielles étaient soumises au contrôle de l'administration. Ce très efficace moyen de pression avait pour but principal : « de limiter la concurrence et d'encourager à la création de consortiums. Pour préparer la production de guerre les interférences entre investissements publics et privés devaient ainsi être évitées » (S. Ricossa). La loi de février, en organisant l'ensemble de l'économie en 22 corporations, confirma cette tendance. La collusion entre milieux industriels et pouvoir fasciste, si elle était indéniable, ne semble guère avoir influencé les structures de l'industrie sur le long terme. La connivence entre milieux politiques et grands patrons préexistait au fascisme et perdura après sa chute.

• **L'automobile italienne** ne fut guère touchée par l'offensive américaine en raison d'une protection très forte accordée par l'État. Les projets d'implantation de Ford furent ainsi bloqués par un veto de Mussolini en 1929. Protégée sur son territoire, l'industrie italienne, dont le marché national restait cependant peu dynamique, trouva la voie de son développement vers l'exportation. Entre 40 et 60 % de la production furent ainsi vendus dans les différents pays européens, tandis que Fiat construisait des usines de montage en Espagne, en Autriche et en Angleterre au cours des années 1920. Dans un contexte de faible concurrence, la firme n'adopta que tardivement les nouvelles méthodes d'organisation du travail et fit preuve d'un certain attentisme lorsqu'il s'agit de lancer de nouveaux modèles. Agnelli adopta une stratégie de concentration verticale assez proche de celle pratiquée par Renault. Plus que cette dernière cependant, le groupe Fiat se diversifia et se dota même d'un grand quotidien, *La Stampa*. Cette décennie confirma son écrasante supériorité. En 1928, elle représentait 80 % de la production automobile nationale avec

47 000 véhicules contre 3 000 à Lancia. La crise de 1929 toucha très fortement l'industrie automobile italienne dont la production baissa de 56 %.

• **La radio** fut, quant à elle, contrôlée dès ses premiers développements par les fascistes, un décret royal du 8 février 1923 la mettant sous la tutelle du ministère des Postes. Celui-ci accorda en 1924 une licence d'exploitation exclusive à l'Unione Radiofonica Italiana (URI), dont le cahier des charges très précis prévoyait la censure systématique de tout programme incompatible avec la ligne du parti et attribuait le monopole des informations à l'agence de presse de Mussolini. Au fil des années, le contrôle des activités de la radio fut encore accru. En 1926, un accord écrit devint nécessaire pour permettre la diffusion des émissions. La réforme intervenue en 1927 permit en remplaçant l'URI par l'Ente Italiano Audizioni Radiofoniche (EIAR) de rendre encore plus présent l'autorité de l'État fasciste. La nouvelle société bénéficiait d'un monopole de 25 ans sur les ondes italiennes. Financée par une redevance et par une taxe sur l'achat des postes récepteurs, elle pouvait cependant diffuser de la publicité, celle-ci étant limitée à 10 % du temps d'antenne. Le poste de Président était réservé au Secrétaire général du parti, les ministres des Affaires étrangères, de l'Intérieur, des Finances et des Postes et Communications étant représentés au conseil d'administration. Bien que soumis aux contrôles successifs d'un comité de surveillance et du ministère des Postes et Communications, les programmes étaient surveillés par des comités de vigilance constitués par les responsables locaux du parti fasciste. Leurs rapports, transmis à Rome régulièrement, soulignaient toute déviation par rapport à l'idéologie en vigueur. L'impact de cette politique sur la population resta cependant moindre qu'en Allemagne en raison d'un équipement dix fois moins important de la population en postes récepteurs.

• **Le développement déséquilibré du tissu industriel italien** se confirma entre 1915 et 1945. L'écart entre le Nord et le Sud s'accrut sensiblement et le dualisme de l'économie se trouva conforté par les engagements de la puissance publique. La politique économique fasciste, tout en aggravant certaines tendances, n'avait fait que prolonger les évolutions liées aux bases trop fragiles proposées par l'industrialisation des années 1880-1914. L'industrie, qui représentait 25 % du PNB en 1913, dépassait avec peine l'agriculture en 1938, 30 % contre 27 %. Dans le débat qui opposa la thèse d'un effet « favorable » du fascisme à celle qui soulignait au contraire ses aspects négatifs, il convient sans doute de retenir que les données objectives ne permettent guère de trancher et qu'une telle perspective apparaît bien secondaire au regard des conséquences politiques plus générale de l'action de Mussolini.

1.2. La politique industrielle nazie

• **L'anticapitalisme des nazis** se dilua rapidement dans les contraintes économiques. Hitler comprit rapidement que la pérennité de son régime passait par le succès de l'économie allemande. De 1933 à 1936, le nouveau pouvoir accepta un partage des responsabilités économiques avec le patronat. Les éléments les plus corporatistes du parti nazis furent écartés des responsabilités économiques et le Front du Travail nazi, qui, soutenu par les SA, avait tenté localement de contrôler la marche des entreprises, fut invité à s'en tenir à l'écart. Après l'élimination des SA, ces tendances radicales furent définitivement écartées et le pragmatisme s'imposa. À partir d'août 1934, Schacht supplanta Feder au ministère de l'Économie et imposa, par son plan de septembre, une gestion plus réaliste de l'économie, les cartels apparaissant à nouveau comme la structure la plus rapidement opérationnelle pour encadrer l'industrie. Dès juillet 1933, ils devinrent obligatoires et, en trois ans, 1 600 nouveaux accords de cartel furent conclus. En 1936, les deux tiers de la production relevaient de ce type de structure contre 40 % en 1930. Les Reichsgruppen constituèrent à partir de février 1934 un cadre de coordination plus global de l'activité.

© ARMAND COLIN. La photocopie non autorisée est un délit.

• **La préparation de la guerre** devint une priorité à partir de 1936. Pour parvenir aux objectifs fixés par Hitler plusieurs groupes d'influence rivalisèrent, jusqu'à la nomination de Goering en octobre 1936 comme responsable d'un plan de quatre ans, dont le but essentiel était d'assurer l'autarcie de l'Allemagne. Très rapidement, une structure administrative dépassant un millier de personnes entoura Goering, marginalisant le ministère de l'Économie. Elle couvrit l'ensemble de l'économie et détermina 70 % des investissements. Ce dispositif semble cependant avoir été très théorique. D'après B. Ward, ce « Service Central », « [...] n'eut aucun intérêt sérieux pour le contrôle de l'économie ». Le véritable pouvoir se trouvait en fait dans les mains des comités décentralisés composés très largement d'industriels. Il s'agissait bien plus d'une « autorégulation que d'une planification destinée à mettre en place une économie de guerre ». Il est vrai que les options militaires de Hitler, fondées sur le Blitzkrieg, ne pouvait laisser envisager qu'une guerre courte. Elles n'avaient pas pour corollaire une mobilisation réelle de l'industrie pour un effort à long terme.

Le réarmement soutint très fortement une croissance industrielle vigoureuse dans la seconde moitié des années 1930. L'État participa activement à la création de Volkswagen. Au cours des années 1930, la production automobile allemande s'envola avec une progression de 380 %. La concentration s'accrut puisque l'on passa de 27 à 17 constructeurs. Pour l'industrie mécanique et la sidérurgie, les commandes militaires furent une source considérable de crédits.

• **L'ensemble de l'information** fut placée sous contrôle absolu par les nazis dès leur arrivée au pouvoir. Cette opération, prévue dès avant 1933, consista non seulement à écarter de tous les postes de décision les hommes étrangers au parti, mais également à mettre en place de nouvelles structures coiffant l'ensemble du secteur et placées sous les ordres directes du ministère de la Propagande. La Reichskulturkammer (Chambre de culture nationale), dont tous les membres étaient nommés directement par Goebbels, coiffait l'ensemble des activités culturelles du Reich. Au sein de cet organisme, deux subdivisions s'occupaient plus particulièrement de la radio et du cinéma. Un souci de conformité à la nouvelle idéologie et d'uniformité sur l'ensemble du territoire guida la Chambre de diffusion radiophonique dans la mise en œuvre de son plan. Responsable des informations diffusées en Allemagne, la Reichssendeleitung exerçait un contrôle rigoureux sur le contenu politique et culturel des émissions. À la direction de chaque station, un intendant, choisi parmi les membres les plus sûrs du NSDAP, était le garant du bon fonctionnement du système. Pour augmenter l'audience, le réseau de diffusion fut étoffé, mais également, de façon plus originale, Goebbels demanda aux industriels de fabriquer un appareil récepteur très bon marché (35 Reichmarks), capable par ses caractéristiques de permettre une réception correcte des postes nationaux, tout en rendant très difficile l'écoute des émissions étrangères. Ce « modèle populaire » fut vendu en l'espace de quelques mois à 500 000 exemplaires.

L'Allemagne avec une densité téléphonique de 5,3 avait considérablement réduit ses investissements dans les années 1930. Une dictature n'a pas besoin de télécommunications individualisées !

1.3. Les industries dans le conflit

Tout au long des années 1920, la France avait presque totalement négligé sa capacité de défense, aucun crédit n'étant, par exemple, affecté aux chars entre 1918 et 1930. La crise aggrava la situation. En 1931-1934, les dépenses militaires ne représentaient plus que 20 % des dépenses publiques contre 25 % en 1930-1931. Un certain redressement s'effectua à partir de 1934, des « plans de réarmement » successifs étant mis en place. L'effort budgétaire s'intensifia à partir de 1936. La réduction des dépenses envisagée pour le budget 1938 ne fut cependant évitée qu'en raison des tensions en Europe Centrale. Les dépenses militaires (en francs constants 1930) progressèrent donc finalement de 83 % de 1934 à 1938, puis triplèrent entre 1938 et 1939.

• **La mise en place d'une économie de guerre totale** fut paradoxalement plus rapide en Grande-Bretagne qu'en Allemagne. Alors que les Britanniques prirent des mesures très précoces, les Allemands ne mobilisèrent totalement leur potentiel productif qu'à partir de 1942, sous la direction d'Albert Speer.

Les Britanniques tentèrent de ne pas renouveler les erreurs de la Première Guerre mondiale. Sous l'impulsion de Churchill, la mobilisation industrielle du pays fut menée avec vigueur. Le Premier ministre créa sa propre cellule d'information, qui devint, en mai 1940, la Section statistique du Premier ministre. L'encadrement respecta pour l'essentiel les cadres de l'économie privée. Si certains établissements d'État furent créés, le plus gros de la production fut assuré par des entreprises privées. Dès l'été 1940, un système de « priorités » était mis en place, un ministère de la Production de guerre étant finalement créé en février 1942. Si l'industrie sidérurgique réussit à maintenir sa production, presque égale entre 1939 et 1943, la défaillance vint des houillères dont la production chuta de 231 à 175 millions de tonnes entre 1939 et 1945. La grande réussite concerna les industries mécaniques. La production d'avions s'accrut considérablement et leur qualité, notamment dans les chasseurs avec le Spitfire, fit jeu égal avec les productions allemandes.

Speer, investi des pleins pouvoirs par Hitler, réorganisa les structures pour mieux les relier à l'industrie. Treize comités principaux furent déployés pour organiser la production par grands types d'armement, treize anneaux principaux en charge des fournitures leur étant attachés. De février à août 1942, la production d'armements augmenta de 60 %, celle de munitions doubla. Entre janvier 1942 et juillet 1944, l'ensemble des productions tripla. L'effort concerna tout particulièrement l'aviation. Le nombre d'appareils produits passa d'un peu plus de 10 000 en 1940 à 38 000 en 1944. Tout au long du conflit, la technologie allemande fut en mesure de faire au moins jeu égal avec les matériels alliés. Chasseurs de nuit, avions à réaction, V1 puis V2, autant de systèmes d'armes nouveaux, pourtant peu soutenus par Hitler en 1941-1942, qui eurent un impact puissant sur les forces alliées. Dans le domaine des blindés, les Allemands conservèrent une supériorité qualitative, mais furent débordés par le nombre d'engins mis en œuvre par les Soviétiques, puis par les Américains. Finalement, les problèmes logistiques ne permirent plus à l'industrie allemande de fournir ses armées en armes et en munitions de manière satisfaisante.

L'Allemagne, tout particulièrement à partir de 1942, exploita l'industrie et la main-d'œuvre des pays occupés pour renforcer son effort de guerre.

• **Les formes d'exploitation de l'économie française** ont été multiples. Le pillage des biens français toucha surtout des industries essentielles à l'effort de guerre (machines, automobiles, avions) et le charbon, qui fut dirigé en priorité vers l'Allemagne ou vers des entreprises françaises travaillant pour l'Allemagne.

Directement, ou par le relais de la sous-traitance, la majorité de l'industrie française travailla de gré ou de force pour l'Allemagne. Les autorités d'occupation n'eurent pas besoin de pénétrer les structures capitalistes françaises. L'« aryanisation » d'entreprises françaises (la confiscation des biens juifs) permit cependant la mainmise nazie dans quelques grandes sociétés (parfums Rubinstein, Galeries Lafayette). Très peu d'entreprises mixtes à capitaux franco-allemands furent créées (Francolor, Radio Monte-Carlo, France-Actualité par exemple).

À partir de 1942, le recrutement d'une main-d'œuvre destinée directement à l'effort de guerre devint une priorité. À l'origine, quelques dizaines de milliers de travailleurs volontaires furent attirés en Allemagne par de meilleures conditions de travail. À partir de février 1943, la loi sur le Service du travail obligatoire (STO) organisa sur une grande échelle ce recrutement. Près de 650 000 personnes furent donc envoyées en Allemagne, rejoignant dans les usines du Reich le million de prisonniers de guerre français astreints au travail forcé. Les entreprises françaises connurent un sort inégal selon leur importance stratégique pour l'Allemagne. Une classification précise isolait les sociétés les plus utiles à la poursuite de l'effort de guerre nazi. Les entreprises prioritaires (2 000 environ fin 1943) furent d'abord classées Rüstungsbetriebe (secteur de

© ARMAND COLIN. La photocopie non autorisée est un délit.

l'armement) et V-Betriebe (échelons locaux) pour obtenir plus facilement les matières premières et l'énergie nécessaires. Les entreprises S-Betriebe (main-d'œuvre protégée) s'élevaient à la fin de la guerre au nombre de 13 000 (regroupant en fait beaucoup de Rüstungsbetriebe et V-Betriebe). Les secteurs qui intéressaient directement la poursuite de la guerre (aéronautique, chantiers navals, aluminium...) étaient classés prioritaires. Pour les travaux publics, l'Organisation Todt et ses sous-traitants représentèrent une large partie de l'activité du secteur, tant dans la zone côtière que dans l'intérieur du pays.

2. L'emprise de l'État

Dans le contexte de l'après-guerre, l'intervention de l'État dans l'activité industrielle devint une donnée fondamentale pour l'évolution des économies nationales. Il s'agissait de reconstruire, tant moralement que matériellement, des pans entiers de l'économie européenne. L'intervention publique prit plusieurs formes. La puissance publique intervint au niveau de l'entreprise par les nationalisations. Elle encadra plus largement l'activité par des mesures diverses, dont la plus affirmée fut la planification mise en place en France à partir de 1947. Elle s'exprima enfin, de manière moins visible, par des actions plus précises destinées à stimuler le développement de branches jugées essentielles.

2.1. La planification

• **Le régime de Vichy avait essayé de définir de nouveaux rapports entre l'État et l'économie.** Corporatisme (par exemple pour la Charte du Travail), planisme (avec le premier ministre de la Production industrielle, René Belin, qui venait de la CGT), réflexions engendrées par la crise des années trente (Pucheu, Barnaud...) et désir de collaborer avec l'Allemagne nazie : l'administration, traversée de courants contradictoires jouit d'une influence inhabituelle. Les comités d'organisation, créés à partir d'août 1940, dépendaient du ministère de la Production industrielle. Ils étaient dirigés par de grands patrons souvent à la tête des anciennes Chambres syndicales. Ils n'eurent un rôle réel qu'en France non occupée. L'Office central de répartition des produits industriels (OCRPI) intervenait aussi en amont des comités d'organisation et était chargé de distribuer les ressources en matières premières et en énergie. Ces structures regroupaient chacune environ dix mille fonctionnaires. Le cadre général des rapports économiques fut redéfini en 1941 par la Charte du Travail qui donnait aux comités d'organisation (ou à l'État) la maîtrise de la politique économique hors de l'entreprise, et à des comités sociaux tripartites la gestion des questions sociales. Ce schéma inspirait plus de concepts paternalistes que d'idées corporatistes. On peut trouver aussi dans les réflexions du gouvernement de Vichy les débuts de la planification de l'économie à travers l'action de la direction générale à l'Équipement national (DGEN).

• **À la Libération, l'ambition industrielle de la France**, affirmée à travers les nationalisations, se trouva structurée et relayée par la mise en place d'une planification, soutenue par une véritable comptabilité nationale (INSEE). Là aussi, l'étude des réflexions menées durant l'entre-deux-guerres permett de penser que cette planification « indicative », éloignée donc du Gosplan soviétique, s'inscrivait dans une certaine continuité. Le départ de Pierre Mendès France du ministère de l'Économie nationale en avril 1945 sembla hypothéquer les chances de concrétisation d'une telle idée. Pourtant, sur les bases d'une démarche très pragmatique, un dispositif est progressivement élaboré pour donner lieu à la création, en janvier 1946, du Commissariat général au plan. Jean Monnet le dirigea. Deux objectifs furent fixés au premier Plan, après une large consultation menée au sein de 18 commissions de modernisation. Il s'agissait de retrouver en 1948 le niveau de production de 1929 et de le dépasser de 25 % en 1950. Six secteurs de base, qualifiés de «moteurs», furent définis comme prioritaires : le charbon, l'électricité, l'acier, les transports, le ciment et les machines agricoles. Il s'agissait de lutter contre les goulots d'étranglements et de libérer ainsi la croissance. En matière d'énergie (électricité et charbon) et de transports, le plan disposait des entreprises nationalisées (Charbonnages, EDF, SNCF) pour appuyer son action. Le Plan français, par différentes procédures, qu'elles soient fiscales ou réglementaires « [...] disposait d'une grande influence sur l'évolution des structures de l'économie» (B. Ward).

• **D'autres pays occidentaux** furent sensibles à cette option planificatrice. Ainsi, les Pays-Bas décidèrent-ils de mettre en œuvre en 1946 un plan de quatre ans. Il fut prolongé jusqu'en 1952 sans être par la suite renouvelé. La Belgique adopta un dispositif encore plus léger avec un Bureau de programmation. Un premier plan bi-annuel, dit plan Fanfani, envisagé en 1949, ne fut mis en œuvre qu'à partir de 1952 avec une efficacité très réduite. Le plan Vannoni, prévu pour dix ans était beaucoup plus ambitieux. Pour la première fois l'Italie se dote de statistiques globales permettant de réaliser des projections nationales. L'emploi, les investissements, furent pris en compte pour fixer un objectif de 5 % de croissance annuelle pour le PNB. La Grande-Bretagne, très réticente à ces méthodes, n'en créa pas moins en 1947 un Development Council disposant de sous-sections dans les principales branches de l'industrie et qui regroupait représentants patronaux et syndicaux.

2.2. Le contrôle direct des entreprises

• **Les travaillistes effectuèrent en 1945** une vaste nationalisation qui plongeait ses racines bien au-delà des séquelles de la Seconde Guerre mondiale. Si la dimension idéologique n'en était pas exclue, il s'agissait avant tout de résoudre les problèmes d'un pays qui avait le sentiment, depuis plusieurs décennies, de voir son industrie s'affaiblir. Tout autant qu'un choix positif en faveur d'une économie plus orientée vers des préoccupations sociales (Welfarestate), il s'agissait bien là d'une désillusion vis-à-vis des valeurs libérales qui avait fondé le développement du pays depuis le XVIIIe siècle.

Comme le déclara sir Stafford Cripps, quelques jours après la victoire électorale de son parti : «Notre objectif est de pouvoir organiser un développement harmonieux des ressources du pays, grâce à la nationalisation de quelques industries et services peu nombreux mais essentiels, combinée à un système planifié et contrôlé d'entreprises privées». La nationalisation des charbonnages était revendiquée par les travaillistes depuis 1918. La Société des houillères britanniques remplaça quelque 800 sociétés privées. Les nominations de lord Hyndley, directeur depuis 1931 de la plus importante houillère, et de Powell-Duffryn, à la présidence du National Coal Board, organisme de contrôle de l'entreprise nationale, rassurèrent dans une large mesure les industriels. Les indemnités versées aux propriétaires, au total plus de 164 millions de livres, fixées par deux juges de la Haute Cour, firent taire la plupart des réticences.

La nationalisation des transports, en décembre 1946, fut également assez bien acceptée. Elle couvrait notamment les chemins de fer et les voies d'eau. En février 1947, 195 compagnies privées et 375 réseaux municipaux étaient intégrés au sein de la British Electric Authority puis, en janvier 1948, l'industrie du gaz était à son tour nationalisée. Pour ces différents secteurs, l'opposition politique fut relativement formelle. Ce ne fut pas le cas pour la sidérurgie, dont la nationalisation proposée en 1948 donna lieu à une intense bataille politique.

© ARMAND COLIN. La photocopie non autorisée est un délit.

La grande crise du charbon pendant l'hiver 1946-1947 jeta un fort discrédit sur le National Coal Board. Le 7 février 1947, le ministre de l'Énergie était contraint d'annoncer que les livraisons de charbon étaient suspendues pour toutes les industries de Londres, du Sud-Est, des Midlands et du Nord-Ouest. L'éclairage public dut être supprimé, les feux de circulation éteints; le 10 février, le troisième canal de la BBC cessa ses émissions. Plus de 2,3 millions de travailleurs furent en chômage technique. Utilisée politiquement par les conservateurs, cette crise affaiblit considérablement le concept de nationalisation comprise comme un instrument d'efficacité industrielle, et fit de la poursuite du processus ou de son arrêt, un enjeu majeur des élections de 1950. Au sein même du parti travailliste, «expansionnistes» favorables à un élargissement du champ des nationalisations et «consolidationnistes» qui recommandaient une pause dans ce mouvement, s'opposaient. La réaction de l'industrie privée fut également beaucoup plus vive qu'en 1945. Des secteurs prospères étaient cette fois concernés… L'association Aims of industry, créée en 1942 pour veiller au retour complet au libéralisme une fois la paix revenue, décida de réagir de manière professionnelle et de toucher directement l'opinion publique. Sa campagne menée avec les sucriers fut particulièrement efficace. Un personnage de bande dessinée en forme de morceau de sucre, Mister Cube fut utilisé au cours d'une véritable campagne de contre-publicité. Ses slogans, comme «If your hope lies in State, its your funeral» ou «Nationalisation : oh dear, dear, dearer», firent mouche, le personnage devenant sympathique à la grande majorité du pays.

Les conservateurs profitèrent de cette action et leurs attaques contre les nationalisations, où se mêlaient arguments politiques et grogne contre le prix du charbon ou les retards de train, trouvèrent un large écho dans l'opinion. La très courte victoire des travaillistes porta un coup d'arrêt aux nationalisations. Seules, de la longue liste initialement prévue pour cette nouvelle vague, les compagnies des eaux furent conservées. Cette stabilisation prit forme de consensus national. À leur retour au pouvoir, les conservateurs ne privatisèrent que l'industrie sidérurgique en 1955. Il inscrivirent de manière plus globale leur action économique dans un dirigisme souple, aboutissant à une politique assez néfaste de stop and go.

«[…] Le passage du contrôle privé au contôle public ne semble pas avoir affecté la productivité des ouvriers ou le comportement des managers de manière significative. Parmi les industries nationalisées, on trouve autant d'exemple d'efficacité que d'inefficacité» (B. Ward).

Le retour au pouvoir des travaillistes eut lieu en 1964.

• **En France**, les nationalisations s'inscrivirent d'emblée dans un large consensus. Au contraire de la Grande-Bretagne, la France avait une tradition très ancienne d'intervention de l'État dans le domaine économique. Les impératifs de la reconstruction, les séquelles, morales et matérielles des combats et de l'occupation, les souvenirs de la Grande Dépression, autant d'éléments qui portèrent ce mouvement très large de nationalisation. Le CNR exigeait dans son programme : «[…] le retour à la Nation des grands moyens de production monopolisés », le Parti communiste, longtemps opposé aux nationalisations, s'était rallié à ce concept, tandis que démocrates-chrétiens ne semblaient pas disposés à s'y opposer. Le général de Gaulle, quant à lui, était favorable à un État plus efficace dans le domaine économique.

La dimension directement politique des nationalisations s'exprima comme une sanction pour les entreprises jugées coupables de collaboration. Renault devint ainsi en janvier 1945 une régie nationale, Gnôme et Rhône fut transférée majoritairement à l'État en mai 1945, elle deviendra la SNECMA.

Très larges, en ce qui concerne les activités financières, les nationalisations restèrent assez limitées sur le plan industriel. Elles concernèrent essentiellement le secteur de l'énergie avec la nationalisation des houillères du Nord-Pas-de-Calais, puis la création des Charbonnages de France (mars 1946) et la création d'Électricité de France et de Gaz de France. Ce pan industriel des nationalisations relevait en fait bien plus de la continuité que de la rupture avec l'entre-deux-guerres. Ainsi, Air France, nationalisée en 1945, était déjà contrôlée de manière minoritaire par l'État depuis sa création en 1933. De même, les créations d'EDF et de GDF semblaient s'inscrire dans une certaine idée du service public, associée à la notion de domaine stratégique pour le développement de l'économie nationale, qui avait motivé la création de la SNCF en 1937. Les nationalisations dans le secteur bancaire, dans les assurances et dans le crédit, donnèrent à l'État des instruments moins visibles mais tout aussi efficaces que les prises de contrôle directes, pour orienter l'industrie.

• **L'Allemagne fut soumise à un désarmement industriel** dès la fin du conflit. Celui-ci passa tout d'abord par le démantèlement des cartels. Les Konzern sidérurgiques et miniers furent disloqués. Les fusions les plus anciennes, notamment celles concernant l'automobile et l'électromécanique, ne purent être remises en cause. Ainsi, AEG et Daimler-Benz conservèrent leur intégrité. En revanche, BASF, Bayer et Bosch furent replacées dans la situation qui était la leur avant la création de l'IG Farben qui disparaissait. Parallèlement, la «dénazification» toucha les industriels. Si quelques symboles comme Krupp furent emprisonnés pour de longues peines, les autorités d'occupation donnèrent priorité à la continuité de l'activité des entreprises, et renoncèrent bien souvent aux poursuites faute de cadres de remplacement.

Au-delà de ces mesures précises destinées à gommer toute trace du nazisme, un plan plus vaste avait pour ambition de retirer à l'Allemagne toute possibilité de se doter à l'avenir d'un potentiel militaire. Dès l'été 1944, le Secrétaire américain au Trésor, Morgenthau, avait envisagé des mesures radicales pour empêcher toute nouvelle aventure militaire allemande. Il prévoyait une désindustrialisation presque complète de l'Allemagne, celle-ci devant à l'avenir se consacrer à l'agriculture. L'Angleterre pourrait de la sorte reprendre sa place sur les marchés internationaux et l'Union Soviétique serait dédommagée par le transfert des usines métallurgiques, chimiques et électriques allemandes sur son territoire. Ce plan irréaliste ne fut jamais appliqué, mais des limites très précises furent imposées à l'industrie allemande par le traité de Potsdam. La production de caoutchouc synthétique ou de carburant synthétique furent interdites, le développement d'appareils radio et de machines-outils limité. L'ensemble des autres secteurs était, à quelques exceptions près, soumis à des limites de production assez strictes. La recherche scientifique fut particulièrement visée : «[...] Toutes les infrastructures scientifiques et industrielles doivent fermer afin de détruire définitivement la prééminence allemande en chimie et en engienering» (K. Hardach). En août 1947, plus de 800 usines figuraient encore sur des listes de démantèlement. Dans un tel contexte, l'industrie allemande resta durablement affaiblie. Alors que ses actifs avaient été réduits de 12 % par les destructions de la guerre, les démantèlements de l'occupation alliée les diminuèrent encore de 8 %. Ce processus, par les incertitudes qu'il faisait peser sur l'avenir des entreprises, ne pouvait que détourner les investisseurs et pesa donc lourdement sur le redressement de l'activité. En 1946, la production industrielle dans les zones américaine et anglaise n'atteignait que 33 % de ce qu'elle était en 1936. L'année suivante, elle restait inférieure à 40 % pour atteindre 47 % au premier semestre 1948. Malgré le début de la guerre froide et l'aide Marshall, le plan Morgenthau ne fut abandonné qu'en avril 1951.

La guerre froide renversa ces priorités. La faiblesse industrielle de l'Allemagne ne pouvait être acceptée. Progressivement, les mesures destinées à limiter l'essor de l'industrie allemande et à brider sa technologie furent levées. Seuls les domaines liés directement au militaire conservèrent de réelles restrictions. Dans ce contexte de dénazification puis de guerre froide, les Allemands choisirent l'option libérale comme principe directeur pour leur industrie. L'intervention de la puissance publique n'en resta pourtant pas moins présente dans une industrie où l'interventionnisme, bien que moins centralisateur qu'en France, n'en avait pas moins été une réalité depuis le XIXe siècle. Dans les années 1950, l'État contrôlait directement 20 % de la production nationale de charbon et d'acier, 50 % de l'automobile, du minerai de fer et 70 % de l'aluminium. D'importants intérêts dans les chantiers navals, le bâtiment et l'industrie chimique complétaient cet ensemble. À la fin des années 1960, malgré quelques privatisations, l'État était encore actionnaire de plus de 3 000 entreprises. Ce statut ne pesait cependant que de manière très

© ARMAND COLIN. La photocopie non autorisée est un délit.

faible sur leur activité. Leur gestion était en effet fondée sur des critères de rentabilité et de performance comparables à ceux du secteur privé.

En Italie, les mesures prises par le gouvernement fasciste furent dans une certaine mesure reconduites. L'IRI perdura. En 1953, la création de l'Ente Nazionale Idrocarburi (ENI) puis, en 1962, celle de l'ENEL pour l'électricité, démontraient que l'interventionnisme d'État restait une procédure bien intégrée au système politico-économique italien.

Nationalisations et planifications ne reflétaient cependant qu'imparfaitement le rôle croissant joué par l'État dans le développement industriel à partir des années 1950. Prises de participation minoritaires, primes, réglementations, achats publics ou crédits militaires, autant d'outils qui permirent par de multiples voies d'influencer les choix des entrepreneurs. Ces liens, ainsi que l'ensemble des modalités diverses selon les pays, liées à la notion d'État-Providence, donnaient à l'économie ouest-européenne tous les aspects d'une économie mixte.

3. Croissance et haute technologie

Dans le cadre de l'aide américaine, puis de la reprise mondiale accélérée notamment par la guerre de Corée, les États d'Europe occidentale entrèrent dans une période de croissance exceptionnelle. L'après-Seconde Guerre mondiale se caractérisa par une période de très forte croissance, qui s'affirma à partir de 1947 et se poursuivit jusqu'au milieu des années 1970. Le redressement fut spectaculaire : alors qu'en 1946 la production industrielle de l'Europe ne représentait pas plus de 8 % de la production mondiale, elle atteignait 20 % en 1950. À cette date, les rationnements cessèrent et les exportations européennes s'élevèrent à plus de 28 milliards de dollars, contre 9 en 1938.

Un rééquilibrage entre les industries européennes et l'industrie américaine devait intervenir. Il restait à savoir quelle industrie en tirerait le plus de profit, et qui reprendrait aux Américains les parts de marché qu'ils devaient nécessairement perdre.

3.1. Les croissances

Les industries allemande et italienne ne semblaient pas pouvoir prétendre à des performances remarquables à l'orée des années 1950. L'Italie, aux structures industrielles peu développées, avait vu son retard s'accroître encore dans l'enlisement fasciste. L'Allemagne détruite, divisée, voyait son cadre organisationnel remis en cause, ses cartels démantelés, sa recherche bridée. Pour la France, il convenait avant tout de se relever de quatre années d'occupation et de reconstruire un pays dévasté. Seule, la Grande-Bretagne paraissait partir sur des bases industrielles propices, celles d'un pays vainqueur.

• **L'Allemagne** connut un développement extrêmement vigoureux entre 1949 et les années 1960. La reprise s'amorça rapidement après le début du plan Marshall et la réforme monétaire de 1948, la production industrielle augmentant de 110 % entre 1948 et 1952. Ce premier élan fut relayé par un effort d'investissement sans équivalent en Europe, de 20 à 24 % du PNB entre 1949 et 1954. L'autofinancement en représentait la majeure partie. Pendant les années 1950, son PNB tripla, tiré majoritairement par la croissance industrielle. De 1950 à 1958, l'indice de la production industrielle passa de 100 à 274. Le processus d'industrialisation s'effectua sur un mode différent de ce qu'il était depuis les années 1880. La suprématie de la Ruhr fut moins forte et d'autres régions, comme la Rhénanie, devinrent partie prenante dans le processus de croissance. Comme chez ses voisins, le secteur textile, avec 18 % de croissance entre 1950 et 1962, participa modérément à cette dynamique. La soif de charbon entraîna en revanche une croissance de 75 % de la production sur la même période. L'Allemagne était toujours aussi performante dans le secteur chimique, point fort de son tissu industriel. L'indice de ce secteur passa ainsi de 100 à 368 entre 1950 et 1962. L'Allemagne ne fut pas performante dans les seuls domaines qui avaient assuré jusqu'alors sa suprématie. Les perspectives de croissance ouvertes pendant l'entre-deux-guerres furent exploitées. Les industries électriques virent ainsi leur indice passer de 100 à 477 entre 1950 et 1962, sur la même période, la pétrochimie parvint au niveau 706 et les textiles artificiels à 1226.

Ce développement industriel fut très homogène et ne reposa pas, comme par le passé, sur des ruptures technologiques significatives. Il n'en fut pas moins très efficace sur le marché international. La croissance de la production industrielle, +110 % entre 1948 et 1952, fut largement soutenue par les succès remportés à l'exportation. Alors que le marché mondial avait un immense besoin de biens d'équipements, renforcé encore par la guerre de Corée, l'industrie allemande put jouer sur ses points forts dans les domaines de l'automobile, de la machine-outil ou bien des équipement électriques, pour revenir de manière très rapide dans le marché mondial, puisque l'Allemagne qui ne représentait que 3,3 % des exportations mondiales en 1950 en contrôlait près de 11 %, vingt ans plus tard. La pérennité des grandes entreprises allemandes, malgré la décartellisation explique en grande partie ce succès. Les objectifs n'étaient plus ceux des années 1880-1940, et ce renoncement à l'hégémonie permit sans doute à l'industrie allemande de mobiliser l'ensemble de ses qualités qui, elles, étaient restées intactes, vers la commercialisation de produits de grande diffusion intégrant de hauts niveaux de qualité. La productivité augmentant par ailleurs de 607 % par an entre 1950 et 1955, les industriels allemands pouvaient pratiquer une politique de prix performante tout en conservant des marges confortables.

• **En 1945, l'industrie italienne** cumulait ses handicaps anciens, comme le manque de matières premières, les séquelles du fascisme et de la défaite. À partir de 1947, lorsque certaines hypothèques politiques furent levées, le plan d'assainissement du ministre des Finances Einaudi permit à l'Italie de repartir sur des bases nouvelles. Les résultats furent rapidement exceptionnels.

La sidérurgie, jusqu'alors point faible de l'industrie italienne, fut modernisée. Trop protégée jusqu'alors, elle fut de nouveau intégrée à l'économie de marché afin de ne plus pénaliser le développement des industries situées en aval comme cela était le cas depuis plusieurs décennies. Ces dernières furent par ailleurs soutenues par le FIM, Fonds pour les industries mécaniques, et bénéficièrent d'une large part de l'aide Marshall. Au cours des années 1950, la part de l'industrie dans le PNB passa ainsi de 37 à 47 %. Massivement, la main-d'œuvre abandonna l'agriculture, quittant le Mezzogiorno et travaillant dans les secteurs en pleine expansion comme le matériel électrique, la chimie et l'automobile. Les gains de productivité furent très significatifs entre 1950 et 1955. Ils placèrent l'Italie au niveau de la France et loin devant la Grande-Bretagne. Ce fut cependant dans les domaines les plus neufs, issus des innovations de la première moitié du XXe siècle, que l'Italie réalisa une percée significative. La croissance très soutenue de l'électroménager et des fibres synthétiques symbolisait les qualités d'entrepreneurs italiens attentifs aux nouveaux modes de consommation et capables d'adapter rapidement leur production à la demande du marché. Avant même la fin des années 1940, les exportations représentaient plus de 50 % de la production de textiles synthétiques et de machines à écrire.

Cette percée ne fut pas un feu de paille. Dans les domaines-clefs de l'activité industrielle, les entreprises italiennes, jusqu'alors quasi absentes, prirent des parts de marché croissantes. Globalement, la part de l'Italie dans les exportations mondiales de produits manufacturés passa de 3,6 à 7,3 % entre 1950 et 1968. Pour l'automobile, les années 1950 témoignèrent d'un extrême dynamisme, la part des exportations passant de 2,8 % à 6,5 % entre 1950 et 1957. La FIAT concentra

© ARMAND COLIN. La photocopie non autorisée est un délit.

ses capacités de production sur des modèles accessibles au grand public. La Fiat 600, produite à partir de 1953, fut un immense succès dans le monde entier ; autour de l'automobile on retrouvait les pneumatiques avec Pirelli. La pétrochimie prit une grande ampleur par l'activité de la Montecatini, qui investit massivement à Ferrare et à Brindisi. Ce « miracle » italien révèlait en fait tous les atouts qui existaient au sein du tissu industriel de ce pays depuis la fin du XIXe siècle. L'engagement des grands patrons, les Agnelli, Mattei, Olivetti, Pirelli, dans cette ambition industrielle nationale, était le fait d'hommes qui bénéficiaient de bases solides, de réseaux et de savoir-faire. Car le tissu industriel italien reposait massivement sur ces grandes entreprises. Déséquilibré, il comptait relativement peu d'entreprises moyennes. Ce fut donc dans une large mesure la bonne articulation entre ces grands groupes et des milliers de partenaires, sous-traitants ou clients,qui assura à l'ensemble un fonctionnement acceptable. 45 % des entreprises italiennes avaient moins de 50 salariés en 1969.

• **L'industrie française** fut plus profondément affaiblie par la Seconde Guerre mondiale que par la guerre de 1914-1918. L'occupation, les destructions, la rupture presque totale avec les circuits internationaux, avaient fait perdre aux entreprises plusieurs années en terme de développement technologique. Au contraire de 1918 cependant, la démographie du pays n'avait que modérément souffert du conflit. Dès la Libération, la volonté de redressement put s'exprimer. Elle commença par la « bataille de la production », dans un contexte de consensus national et avec la participation des communistes à cet effort. Le Plan fixa ensuite les objectifs et donna la priorité aux industries de bases. Les grandes entreprises publiques ouvrirent les voies de cette modernisation et furent suivies par les entreprises du secteur privé. D'importants regroupements dans la sidérurgie furent réalisés. Usinor fut créée en 1948, Sollac en 1949. Ils s'accompagnèrent d'importants investissements destinés à moderniser les usines. Dès 1947, la production industrielle retrouva son niveau de 1938, pour le dépasser de 45 % en 1952. L'ensemble de l'industrie a suivi cette dynamique. Pour fournir les centrales d'EDF qui produisirent en 1952 plus de 40 milliards de kWh, les Charbonnages augmentèrent leur production de 10 millions de tonnes par rapport à l'avant-guerre. L'industrie automobile, qui stagnait, dépassa de trois cents mille véhicules la production de 1938 en 1952. Le milieu des années 1950 confirma ces tendances et dépassa très largement la seule « reconstruction ». À partir de 1954, l'industrie française entra dans une croissance soutenue proche de 10 % par an.

• **Cette dynamique ne se retrouva pas en Grande-Bretagne.** L'industrie britannique se développa de manière significative entre 1950 et 1970, mais à un rythme bien inférieur à celui de ses voisins. La production réelle par personne crut deux fois plus vite en Allemagne qu'en Grande-Bretagne au cours de la période. La part des exportations de produits manufacturés apporte un éclairage significatif sur cette redistribution des cartes. En 1953, le Royaume-Uniréalisait 19 % des exportations mondiales de biens manufacturés, contre 12 % pour l'Allemagne. En 1966, les chiffres étaient à peu près inversés, 13 % pour le Royaume-Uni et 20 % pour l'Allemagne, alors que la part de la France, 8,1 % en 1953 et 8,6 % en 1966, était restée à peu près stable. On voit donc que l'industrie européenne ne profita guère du recul américain et que les années de forte croissance, si elles apportèrent des gains considérables aux industries européennes, eurent également pour conséquence de modifier les hiérarchies aux dépens de la Grande-Bretagne. Bien plus présente qu'avant-guerre sur les marchés porteurs comme l'automobile, l'industrie anglaise semble avoir essentiellement été gênée par son incapacité à maîtriser ses coûts de production. Les prix à l'exportation britanniques augmentèrent ainsi de 17 % entre 1959 et 1966 contre 15 % pour la France et 12 % pour l'Allemagne. L'Italie, quant à elle, ne voyait ses prix croître que de 1 %.

• **Les convergences européennes** apparaissent cependant plus importantes que les divergences. La transformation des consommations énergétiques tout d'abord fut fondamentale. Si la reconstruction s'appuya encore sur le charbon, la montée en puissance du pétrole constitua la transformation majeure des années 1950-1960. La consommation de pétrole décupla entre 1950 et

1970. Entre 1947 et 1959, le raffinage de pétrole brut passa de l'indice 71 à l'indice 851 à l'intérieur des frontières de la CEE, alors que celle de charbon, après un maximum au milieu des années 1950, retrouva en 1970 son niveau de 1920.

Les pays européens investirent également dans d'ambitieux programmes de recherches portant sur l'énergie nucléaire. Ils portèrent leurs fruits, avec des résultats sur le long terme plus favorables au modèle français. En 1970, l'Allemagne et l'Italie avaient chacune trois centrales nucléaires en service. La France comptait un nombre équivalant de centrales, mais elles étaient notablement plus puissantes et préfiguraient déjà ce que serait le système mis en place par EDF dans les années 1970-1980. Le pays le plus équipé était pourtant bien la Grande-Bretagne. Avec douze centrales en activité, elle était de très loin le pays le plus avancé en ce domaine. Comme dans d'autres secteurs, l'effort réalisé ne déboucha cependant pas sur une réussite à long terme. Cette phase d'expansion assura définitivement le triomphe de l'électricité. Dans les différents pays européens sa production devint prioritaire. Entre 1947 et 1959, celle-ci passa de l'indice 94 à l'indice 238 à l'intérieur de la CEE. Autour de l'électricité les nouveaux modes de consommation se développèrent et suscitèrent le développement de nouvelles activités industrielles. Ce fut le cas notamment de l'électroménager ou bien de l'équipement audiovisuel. Le développement des *mass media* fut spectaculaire. Retardée par la guerre, la mise en place de la télévision fut plus lente qu'aux États-Unis, mais s'affirma de manière vigoureuse à partir des années 1960. La radio se généralisa et l'électrophone se répandit dans les foyers avec l'arrivée du microsillon.

Les entreprises européennes répondirent dans une très large mesure à cette demande du public. Telefunken, Siemens, Marconi, Thomson, s'adaptèrent à ces nouvelles consommations. Plus rapidement sans doute, une myriade d'entreprises moyennes produisit ces différents matériels.

3.2. La technologie au centre de l'industrialisation

La Première Guerre mondiale avait convaincu les politiques que l'industrie pesait de tout son poids dans la capacité d'un pays à mener victorieusement un conflit moderne. Cette appréciation était cependant restée très quantitative. La puissance de la sidérurgie, de la chimie ou bien des industries mécaniques demeurait évaluée en terme de capacité de production. La Seconde Guerre mondiale avait certes confirmé ce point, mais avait également souligné le caractère crucial des performances des équipements. Plus encore, la mise en œuvre de nouvelles technologies avait démontré que la recherche constituait la condition *sine qua non* de tout effort de guerre.

• **Le potentiel technologique de l'Europe sortait affaibli du conflit.** Si, pour certains secteurs spécifiques, le conflit accéléra la mise en œuvre de nouvelles technologies, l'ensemble de la recherche-développement des pays belligérants avait été affaiblie par la Seconde Guerre mondiale. Cet affaiblissement fut tout d'abord lié aux priorités des militaires. Le temps de la bataille n'est pas celui de la recherche. Les chercheurs allemands, très bien placés dans les domaines de la physique nucléaire et de la propulsion à réaction virent les moyens dont ils disposaient, détournés vers des domaines apportant de manière plus immédiate les outils opérationnels dont les unités combattantes avaient besoin. La recherche britannique souffrit d'une manière différente. Trop investie dans des domaines très diversifiés, elle dispersa ses efforts, avec des résultats souvent extraordinaires, mais dont la continuité ne pouvait être assurée dans le contexte du retour à la paix. La France, quant à elle, avait été coupée pendant toute l'occupation de la recherche internationale. Un important retard en avait résulté. Pour le seul domaine des télécommunications, il était évalué par un rapport militaire à près de huit ans sur les États-Unis.

• **La Grande-Bretagne** était le pays européen le plus avancé en matière de technologie sur la période 1945-1970. Ses ingénieurs avaient très largement participé à l'effort de guerre et, dans bien des domaines, leurs apports à leurs collègues américains, notamment pour les radars, avaient

© ARMAND COLIN. La photocopie non autorisée est un délit.

été significatifs. Dans la dynamique créée par la victoire sur l'Allemagne, les Britanniques s'engagèrent dans une ambitieuse politique de recherche liée à l'affirmation de leur souveraineté et de leur indépendance nationale. L'ambition nucléaire était au cœur de cette approche. Pour se doter de l'arme atomique, les Britanniques devaient disposer de moyens de calcul adaptés. Pour l'utiliser, il leur fallait se doter de moyens aériens adéquats. L'informatique naissante et l'aéronautique constituèrent de la sorte des points forts d'une recherche largement soutenue par les financements publics. Les machines *Colossus*, utilisées pour décrypter les messages codés allemands, constituaient un acquis important mais ne pouvaient servir réellement de base à un programme de mise au point d'un grand calculateur. Après l'échec du projet ACE (Automatic Computer Engine) en 1946, mal soutenu par le Laboratoire national de physique, Turing et Newman réalisaient en 1948 le premier ordinateur fonctionnant avec un programme enregistré. Ce Manchester Mark 1, suivi d'un autre modèle réalisé à Cambridge, démontrait le savoir-faire des équipes anglaises dans un domaine de pointe. La commercialisation par Ferranti d'un calculateur dérivé du Mark 1 fut plus difficile cependant. Au cours des années 1950, la Grande-Bretagne réussit globalement à garder le contact avec l'industrie américaine dans le domaine de l'informatique. En 1962, sur les 312 ordinateurs installés sur son territoire, trois avaient été importés de France, 64 des États-Unis, mais 245 provenait de sa propre industrie.

Cette réussite se retrouve dans le domaine aéronautique. Le ministère de l'Aviation devint un véritable ministère de la Technologie. D'importants crédits furent mobilisés pour le développement d'avions à réaction que les Anglais maîtrisaient depuis la fin de la Seconde Guerre mondiale. Les engins guidés furent également une priorité dans le cadre de la constitution d'une force de frappe nucléaire. Le premier avion de ligne à réaction fut anglais. Le *Comet* fut pourtant un échec technico-commercial, et un trop grand nombre de défauts retardèrent considérablement son entrée en service effective, ruinant sa carrière commerciale.

Cet avion symbolise la curieuse trajectoire de la haute technologie anglaise entre 1950 et 1970. À vouloir être présente partout, elle ne réussit finalement nulle part. Les lourds investissements réalisés au cours des années 1950, dans des domaines de pointe et avec pour ambition de rivaliser avec les États-Unis, ne portèrent pas leur fruits. La qualité des équipes étaient bien présente, mais les choix trop audacieux, ou l'insuffisance des crédits sur le long terme, ne permettaient pas aux prototypes de franchir le seuil de la mise en fabrication. Au début des années 1960, la désillusion fut telle que les priorités furent changées. Les crédits diminuèrent en nombre de technologies stratégiques ; les Britanniques durent se résoudre à acheter du matériel américain.

• **En France**, le caractère essentiel d'une recherche de haut niveau s'affirma progressivement à partir des années 1920. La création en décembre 1922 de l'Office national des recherches scientifiques et industrielles et des inventions, du Centre national de la recherche appliquée en avril 1938, puis les regroupements réalisés au sein du nouveau Centre national de la recherche scientifique en 1939, démontrent en effet que l'intérêt de l'État pour la science n'était pas né soudainement en 1945. Si les prémices d'une organisation nationale de l'effort de recherche étaient perceptibles dès l'entre-deux-guerres, le conflit accéléra considérablement la prise de conscience du caractère stratégique de la recherche scientifique. Quelques dates balisent cette démarche nouvelle : création de l'Institut national d'hygiène en 1941 qui deviendra plus tard l'INSERM, de l'Office de recherche colonial (futur ORSTOM) en 1942, de l'IRCID en 1943, de l'Institut français des pétroles en 1943, du Centre national d'étude des télécommunications (CNET) en mai 1944, de l'ONERA et du CEA en 1945, de l'INRA et de l'INED en 1946.

L'industrie aéronautique fut profondément réorganisée dans les années d'après-guerre. Alors que les orientations politiques poussèrent nombre d'entreprises à s'appuyer uniquement sur une technologie autochtone, Dassault adopta une stratégie de contrôle progressif des nouvelles technologies en prenant dans un premier temps des licences américaines. Il initia l'étude d'un prototype d'avion à réaction, l'*Ouragan*, qui, présenté en 1949, fut lancé en série en 1950. La réalisation du *Mystère II* (1951) prit le relais très rapidement, le premier *Mirage* volant en 1955. Cette ambition nationale se retrouva dans le domaine civil avec la *Caravelle*. L'effort français fut donc exceptionnel. En 1960, plus de 85 % des financements de recherche-développement consacrés à l'aéronautique au sein du Marché commun étaient français. Échec commercial, le *Concorde* n'en symbolisa pas moins, quelques années plus tard, ce renouveau. Les partenaires français étaient sur un pied d'égalité avec les Britanniques, ce qui aurait été impensable au début des années 1950.

Ces efforts s'étendirent à partir des années 1960 au secteur spatial avec la création du Centre national d'études spatiales (CNES) en décembre 1961. En 1965 une fusée, *Diamant*, place sur orbite le premier satellite français, l'*A1*, plus connu sous le nom d'*Astérix*, premier d'une série de treize satellites scientifiques. Ces recherches furent un véritable tremplin pour l'industrie spatiale nationale.

Les télécommunications, technologie où l'industrie française était assez peu présente en 1945, devinrent, au fil des années, un champ d'excellence pour celles-ci. La création du Centre national d'étude des télécommunications en 1944-1945 dynamisa la recherche française. En 1970, pour la première fois au monde, une centrale de commutation totalement électronique était connectée au réseau téléphonique à Perros-Guirec. Cette ambition technologique se retrouvait dans d'autres domaines. Le système SECAM en fut un exemple significatif. Présenté officiellement en 1959 par Henri de France, il était mis en service en 1967. Son internationalisation, face à ses concurrents américains (NTSC-1953), et allemand (PAL-1963, sur une base NTSC), fut cependant difficile. Succès politique plus que triomphe commercial, il fut adopté du Zaïre à l'URSS par des pays liés à la France, ou soucieux de ne pas adopter une technologie américaine. L'informatique resta en revanche un domaine de moindre performance pour la haute technologie française. Pour retrouver une dynamique de progrès, fut lancé en 1966 le Plan Calcul, dont la cheville ouvrière était la Compagnie internationale pour l'informatique (CII). Elle s'engagea à développer une gamme d'ordinateurs totalement indépendante de la technologie américaine. Lorsque le plan fut renouvelé en 1970 un long chemin restait à accomplir… Le domaine nucléaire fut également privilégié.

• **La recherche allemande** sortit très affaiblie de la Seconde Guerre mondiale. La politique des Alliés, destinée à casser son potentiel de recherche ne fut certes pas d'une réelle efficacité, mais gêna considérablement la reprise d'une activité normale. De nombreux scientifiques furent par ailleurs « invités » à rejoindre les États-Unis. Ce fut ainsi von Braun, responsable des *V1* et *V2*, qui réalisa la fusée *Saturn V,* vecteur des capsules *Apollo* du programme de conquête de la Lune. Plus durablement, le choc psychologique de la défaite et la prise de conscience de l'horreur nazie entraîna une remise en cause radicale des valeurs qui avaient fondé depuis la fin du XIXe siècle les objectifs de la recherche industrielle allemande. En effet, au-delà de la recherche du profit, les notions de puissance industrielle associée à la concentration des entreprises et de leur moyens de recherche, d'autosuffisance dans les secteurs clefs, d'application rapide aux besoins des armées, avaient soutenu sur le long terme un effort national sans équivalant en Europe. Sans être d'essence spécifiquement militariste, cette recherche s'était épanouie dans un État expansionniste et non démocratique. La légitimité d'un tel projet n'existait plus. Les limites imposées à l'Allemagne en matière militaire réorientèrent sa recherche vers des domaines plus immédiatement destinés à améliorer la productivité des unités qui fabriquaient des matériels civils. L'Allemagne ne réalisa aucune percée technologique prestigieuse au cours des années 1950. Pourtant, la qualité de ses produits redevenus référence dès la fin de cette décennie, les gains de productivité réalisés, démontraient que l'abandon d'une recherche « impériale » n'avait pas nui à une recherche plus directement en prise avec les besoins quotidiens des entreprises. Le Reichskuratorium für Wirtschaftlichkeit, créé en 1921, fut reconstitué en 1949. Il informa les PME, leur prodiguant conseils et informations afin de favoriser l'adoption des nouvelles technologies. La même année, était constituée la Fraunhofer, société liée au ministère de l'Éducation et qui devait financer la recherche appliquée. Son action prit une ampleur accrue au cours des années 1960 : elle contrôlait

© ARMAND COLIN. La photocopie non autorisée est un délit.

au début des années 1970 dix-sept instituts, tout particulièrement dans les domaines de la chimie et de la physique.

À partir des années 1960 cette orientation changea quelque peu. L'Allemagne investit plus volontairement dans des secteurs de haute technologie. Dès 1956, l'Allemagne s'était engagée dans un programme de recherches nucléaires civiles. À partir des années 1960, elle s'engagea dans la technologie des satellites et put, quelques années plus tard, coopérer avec la France dans le cadre du programme Symphonie. Autour de Siemens, une volonté de reprendre position dans le domaine de l'informatique s'affirma à partir de la seconde moitié des années 1950. À la fin des années 1960, l'industrie allemande restait cependant globalement en retard dans le domaine des technologies de rupture. En 1969, un programme destiné à gagner la maîtrise de ces technologies-clefs fut lancé pour soutenir l'électronique, la supraconductivité et les biotechnologies.

Sans l'aiguillon de la recherche militaire, et sans les crédits qui s'y attachaient en Grande-Bretagne et en France, l'Allemagne ne fut pas en mesure d'investir à un niveau suffisant dans des domaines comme l'électronique ou l'aéronautique. *A contrario* pourrait-on également penser, ces crédits de recherche, sur lesquels ne pesaient pas les charges du domaine militaire, purent s'orienter vers des domaines moins spectaculaires, mais peut-être plus rentables économiquement.

DOCUMENTS

Répartition des investissements américains en Europe (milliers de dollars)

Pays	1950 Total	1970 Total	1970 Par rapport aux investissements américains
Belg. / Lux.	69	1 510	1,9 %
France	217	2 588	3,3 %
Allemagne	204	4 579	5,9 %
Italie	63	1 521	1,9 %
Pays-Bas	84	1 495	1,9 %
Royaume-Uni	847	8 015	10,3 %

D'après Pierre Léon, *Histoire économique*, t. 5, p. 513.

Évolution des dépenses d'études et des principaux secteurs de recherches de Peugeot
(milliers de francs)

	Mécanique	Carrosserie	Essais et labo	Brevets	Prototypes	Total	% PDR
1955	503	384	285	1 700	602	6 295	1,22
1960	885	1 084	2 519	1 768	2 103	16 070	1,26
1964	1 695	2 489	8881	1 880	5 842	38 571	2,10
1968	2 755	3 721	14 892	5 596	9 801	78 871	3,13

% PDR : % du prix de revient de fabrication d'une voiture

Source : direction des études de Peugeot (CERE), Service financier.

Population en millions d'habitants et production en milliards de dollars
aux prix courants

Pays	Population		Produit national brut			
	1938	1974	1938	1948	1970	1974
États-Unis	130	212	67	223	974	1420
Japon	71	110	6	11	190	451
Allemagne*	68	62	23	15	187	386
France	41	52	11	17	148	274
Grande-Bretagne	47	56	22	39	121	187
Italie	44	55	6	11	93	149

* Allemagne Fédérale à partir de 1948

D'après P. Léon, *Histoire économique et sociale du monde*, t. 5, p. 15.

Répartition en % des dépenses de recherche et développement dans l'industrie (1932)

	Royaume-Uni	France	Allemagne*	*Japon**	*États-Unis*
Aéronautique	35,4	27,7	—	—	36,3
Mécanique	10,3	9,0	19,2	12,7	15,6
Électro-technique	24,0	25,7	33,8	28,0	25,5
Chimie	11,6	16,8	32,9	28,3	12,6

* 1963

Le Japon et les États-Unis sont donnés à titre indicatif

© ARMAND COLIN. La photocopie non autorisée est un délit.

Nombre d'emplois dans l'industrie sidérurgique (en milliers)

	1960	1970
Allemagne	290	244
France	192	160
Italie	65	78
Pays–Bas	14	21
Belgique	65	60
Luxembourg	24	25
Royaume-Uni	220	205

Production d'acier (millions de tonnes)

	1960	1970
Allemagne	34,1	45,0
France	17,3	23,8
Italie	8,5	17,3
Pays–Bas	1,9	5,0
Belgique	7,2	12,6
Luxembourg	4,1	5,5
Royaume-Uni	24,7	28,3

Production d'acier par grande firme au sein de la CEE (% en 1971)

British Steel Corporation (Royaume-Uni)	19,6
Thyssen AG (Allemagne)	6,2
Finsider (Italie)	7,0
Arbed (Luxembourg)	7,2
Usinor (France)	6,3
Sacilor (France)	6,2
Hoesch AG (Allemagne)	4,9
Hoogovens NV (Pays–Bas)	3,6
Krupp-Stahl (Allemagne)	2,8
Klöckner (Allemagne)	2,4
Salzgitter (Allemagne)	2,9
Mannesman (Allemagne)	2,8
Cockerill (Belgique)	4,8
Total	76,7

Regroupement dans l'industrie britannique des avions militaires

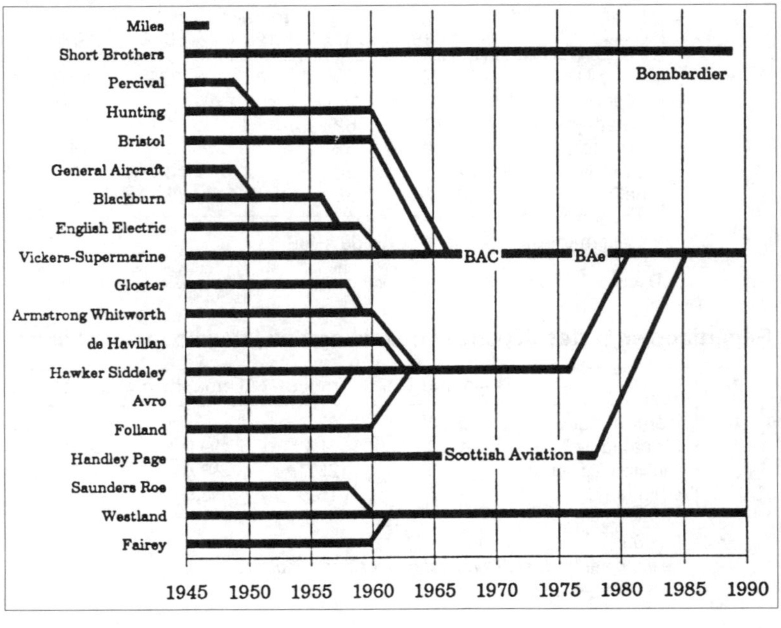

Source : S.M. Irwin, *Technology policy and America's future.*

Objectifs des plans français

Plans	Périodes	Commissaires au plan	Croissance	Branches favorisées
I	4 ans 1947-1950 1951-1953	Monnet	1929 : 100 1950 : 125	*infrastructure* énergie transports sidérurgie
II	4 ans 1954-1957 1960-1961	Hirsch	1952 : 100 1957 : 125	*biens de productions et de consommation* agriculture logement industries de transformation
III	4 ans 1958-1961	Hirsch Massé	1956 : 100 1961 : 127	*productivité et concurrence* industries d'exportatioon organisation des marchés
IV	4 ans 1962-1965	Massé	5,5 %	*développement économique et social* ouverture sociale et régionale équipements collectifs
V	5 ans 1966-1970	Ortoli Montjoie	5,0 %	*compétitivité* secteurs de pointe formation et qualification

Source : P. Léon, *Histoire économique et sociale du monde,* t. 5.

Produit national brut et dépenses militaires

année	Allemagne Milliards RM			États-Unis Milliards $			Angleterre Milliards £		
	PNB	Dépenses militaires	%	PNB	Dépenses militaires	%	PNB	Dépenses militaires	%
1929	89	0,8	1	104	0,7	1	4,2	0,1	2
1932	58	0,8	1	59	0,6	1		0,1	
1933	59	1,9	3	56	0,5	1	3,7	0,1	3
1934	67	4,1	6	65	0,7	1	3,9	0,1	3
1935	74	6,0	8	73	0,9	1	4,1	0,1	2
1936	83	10,8	13	83	0,9	1	4,4	0,2	5
1937	93	11,7	13	91	1,0	1	4,6	0,3	7
1938	105	17,2	17	85	1,0	1	4,8	0,4	8
1939	130	30	23	91	1,3	1	5,0	1,1	22
1940	141	53	38	101	2,2	2	6,0	3,2	53
1941	152	71	47	126	13,8	11	6,8	4,1	60
1942	165	91	55	159	49,6	31	7,5	4,8	64
1943	184	112	61	193	80,4	42	8,0	5,0	63
1944				211	88,6	42	8,2	5,1	62
1945				214	75,9	36	8,3	4,4	53

Source : B.A. Carroll, *Design for total war.*

© ARMAND COLIN. La photocopie non autorisée est un délit.

La politique industrielle de Georges Pompidou et l'Europe

« Pourtant, plus de dix ans après la création du Marché commun, il apparaît que la coopération est plus avancée dans l'agriculture que dans l'industrie. La libéralisation des échanges a certes donné aux entreprises un cadre de développement mais elle n'a pas supprimé le coût exorbitant du morcellement du territoire européen pour les entreprises. Elle n'a pas non plus permis l'émergence d'une industrie véritablement européenne, alors que l'industrie qui a sa source aux États-Unis se sent américaine et que l'industrie de l'archipel nippon se sent japonaise. Il est vrai que pour plusieurs industries de pointe, une mise en commun des moyens technologiques et financiers des États est apparue nécessaire. Tel a été le cas pour l'espace, l'aéronautique, l'informatique, le nucléaire civil. Mais il faut bien constater que là où les succès ont été les plus importants, la construction de l'Airbus, d'Ariane, de l'usine d'enrichissement de l'uranium du Tricastin, l'initiative n'est pas venue de la Communauté mais d'un État-membre, la France, qui a défriché le terrain et convaincu plusieurs de ses partenaires de la rejoindre.

Une politique industrielle européenne pourrait avoir d'autres ambitions en matière de recherche-développement, en suscitant la création de groupes multinationaux européens, en tentant de contrebalancer l'emprise étrangère dans l'industrie européenne, par un égal contrôle à l'étranger des entreprises européennes. Dans le début des années soixante-dix, chaque État fait cavalier seul en encourageant ses entreprises à investir à l'étranger. Cette concordance d'attitude constitue un premier pas, timide, vers une stratégie de l'Europe vis à vis du reste du monde. En s'implantant aux États-Unis, Pechiney et BASF par exemple, servent à terme la cause de l'Europe. Mais, à coup sûr, il faudrait établir des courants d'échanges équilibrés entre l'Europe et les États-Unis en ce qui concerne les moyens de production afin de rendre à l'Europe sa pleine souveraineté. Une telle politique constituerait la véritable riposte au défi américain par la maîtrise de son destin qu'elle donnerait à l'Europe.(...)

Georges Pompidou m'autorisa à tester ces idées auprès des entreprises à l'occasion d'un premier article paru dans *Le Figaro* des samedis 18 et 25 novembre 1972 (...).

Bernard Esambert

Source : Association Georges Pompidou, *Georges Pompidou et l'Europe.*

Salvador Dali et la cybernétique

On s'imagine d'habitude que la cybernétique est une chose abominable, et que le monde est de plus en plus guidé par des cerveaux mécaniques. On craint que l'intervention du génie humain diminue. En réalité, c'est le contraire qui se produit. Les machines cybernétiques nous débarassent de ce qui nous encombre; jusqu'ici des cerveaux de premier ordre stockaient une foule de renseignements inutiles. Il est réconfortant que désormais ce soit des machines qui nous donnent par exemple la dimension ds les nez de toutes les toiles et de toutes les sculptures; il suffira d'appuyer sur un bouton, ou de faire développer quelques microfilms. En d'autres temps, cette besogne aurait demandé des dizaines d'années à des spécialistes et à des savants. La machine cybernétique effectue le nettoyage de toute la paperasserie fastudieuse des connaissances humaines de second ordre. De surcroît, ces machines commencent déjà à se comporter comme des êtres humains, avec une psychologie à elles. Il arrive même qu'elles soient de mauvaise humeur, et qu'elles aient des attaques de malaria... Elles réagissent un peu selon leur volonté. Qu'on les taquine ou les martyrise, et voilà qu'elles ont un comportement pareil au vôtre ou au mien. Il reste encore un problème à régler : les savants n'ont pas assez de génie pour nourrir les machines de programmations sublimes. Ils se contentent alors de leur fournir des programmations quelconques, et les machines sont censées donner des réponses stupides à des questions de statistiques. Heureusement, elles se révoltent déjà en répondant *à côté*; il leur arrive de produire des formules merveilleuses. Ces mêmes machines sont d'une rare utilité dans la peinture, puisqu'elles peuvent donner des *points* et des *traits*. Elles créent l'illusion d'une distance spatiale alors qu'il s'agit d'une surface plane. Grâce à elles, la peinture fait un pas en avant, et on peut même dire qu'elle est sauvée par cette technique nouvelle. Qui sauve la peinture, sauve l'ensemble de l'art.

Popos recueillis par A. Bosquet, « Entretiens avec Salvador Dali ».

La production de l'énergie électrique dans le monde et en Europe

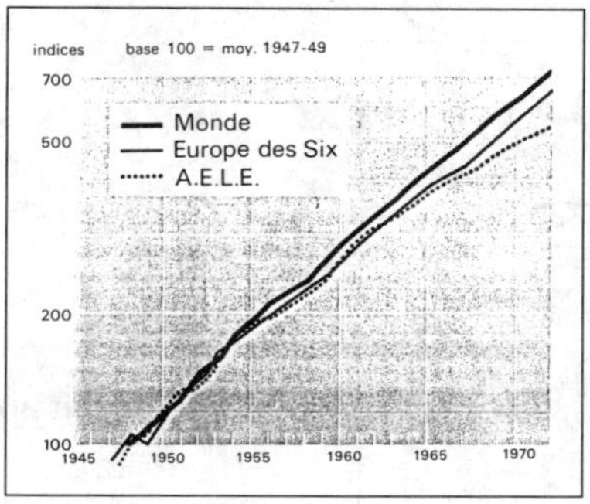

La production de voitures de tourisme

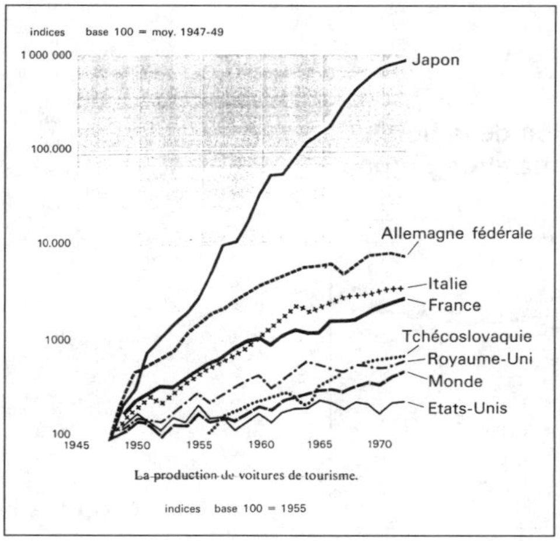

Textiles (Europe)

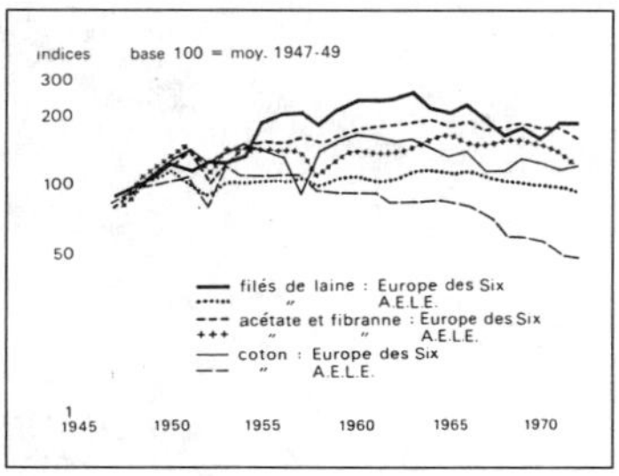

D'après P. Léon, *Histoire économique et sociale du monde*, t. 5.

© ARMAND COLIN. La photocopie non autorisée est un délit.

La production de récepteurs de télévision

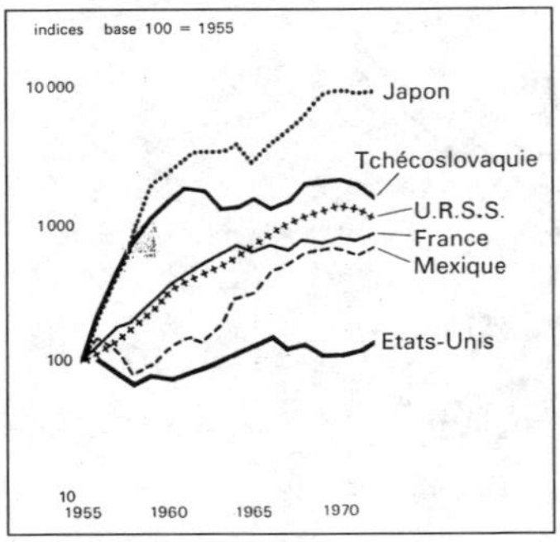

Blé, lait en AELE et Europe des Six

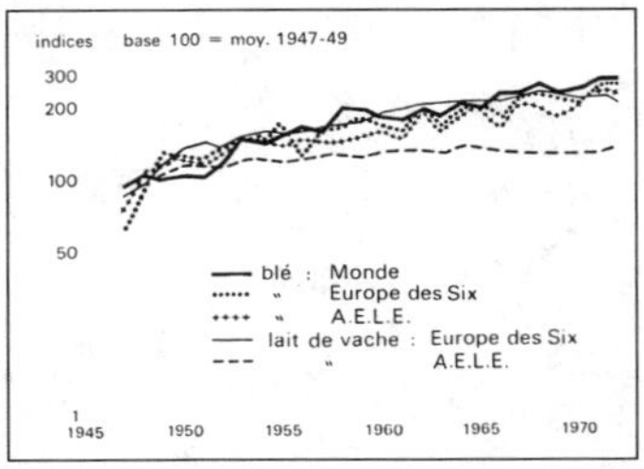

La production de la houille dans le monde et en Europe

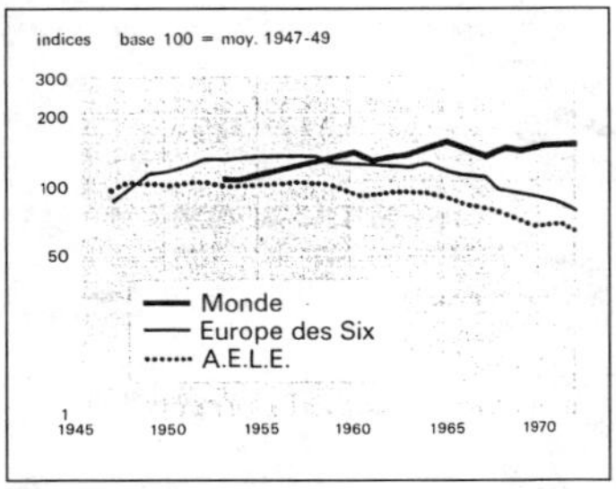

Produits chimiques (Europe)

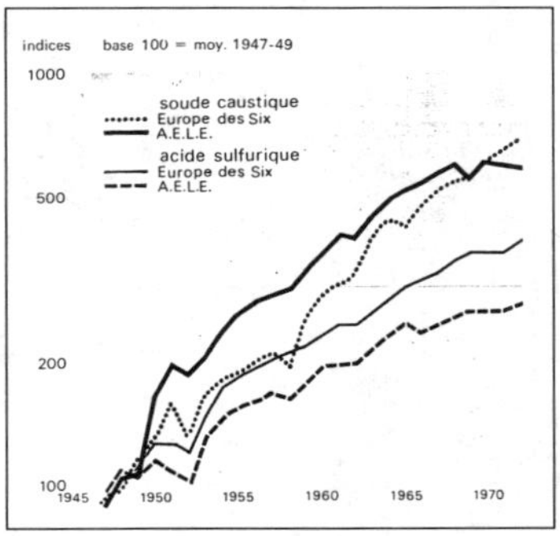

D'après P. Léon, *Histoire économique et sociale du monde*, t. 5.

Les nouvelles puissances exportatrices

Pays	1937		1950		1970	
	millions de dollars	%	millions de dollars	%	millions de dollars	%
monde	24 100	100	56 100	100	282 800	100
dont :						
États-Unis	3 361	13,94	20 584	36,69	43 224	15,28
Allemagne	2 374	9,85	1 976	3,52	34 192	12,09
Japon	965	3,96	820	1,46	19 318	6,83
Royaume-Uni	2 960	12,28	6 356	11,33	19 351	6,84
France	965	3,96	1 244	2,23	18 098	6,18

Source : *Bulletins statistiques du Fonds monétaire international.*

La production de l'acier en Europe en 1965

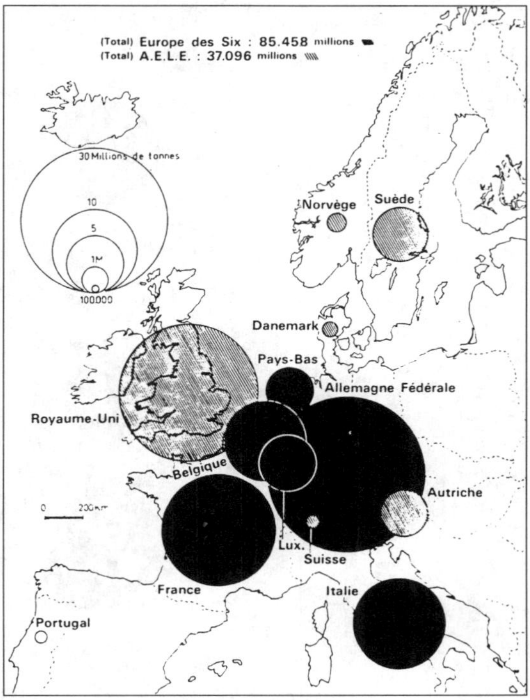

Source : P. Léon, *Histoire économique et sociale du monde, op. cit.*

© ARMAND COLIN. La photocopie non autorisée est un délit.

La production électrique en Europe en 1965

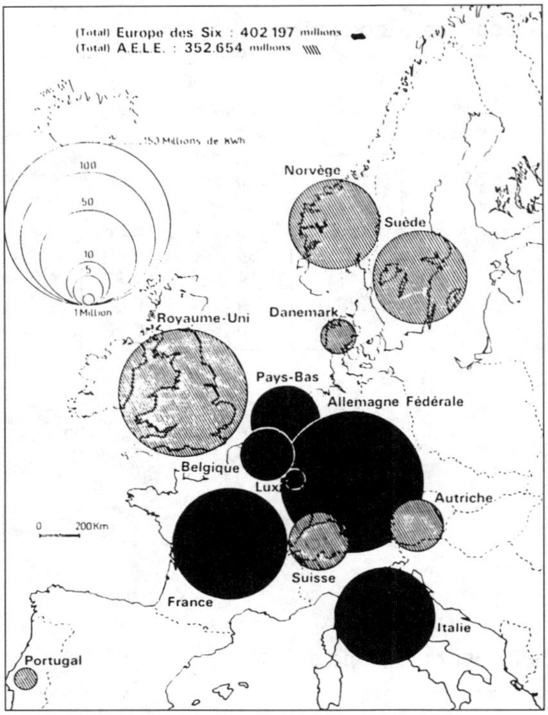

Source : *Histoire économique et sociale du monde.*

La production de l'aluminium en Europe en 1965

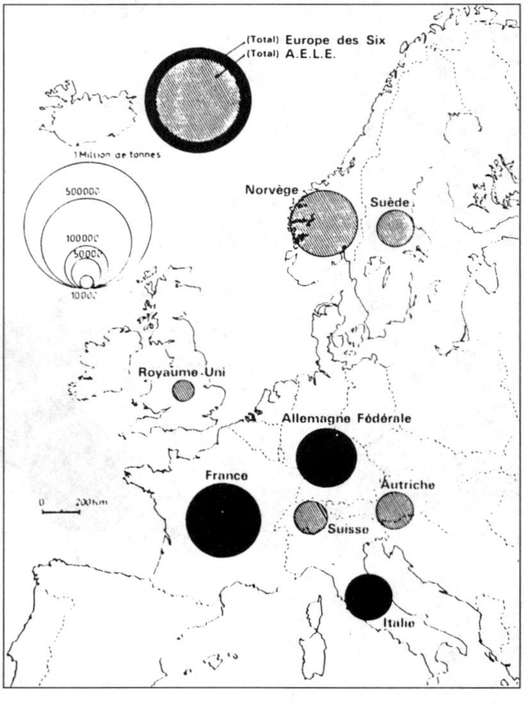

Source : *Histoire économique et sociale du monde.*

Taux moyen annuel de croissance des pricipaux indicateurs de changements économiques

Comparaison entre l'Europe et les États-Unis en %

	de 1880 à 1913		de 1913 à 1929		de 1929à 1938		de 1938 à 1950	
	Europe	États-Unis	Europe	États-Unis	Europe	États-Unis	Europe	États-Unis
Population	0,8	2,0	0,4	1,4	0,7	0,7	0	1,2
Production agricole (5 céréales)	0,7	1,3	-0,5	0,3	1,7	-2,2	-0,5	3,4
Charbon	2,6	6,4	0,3	0,4	-0,5	-2,4	-0,4	0,9
Acier	4,6	10,1	1,9	3,7	-0,2	-1,1	1,1	4,5
Produits manufacturés	2,9	4,7	1,5	3,7	1,0	0,3	1,8	4,6

Source : *Histoire économique et sociale du monde.*

La production de la soude en Europe en 1965

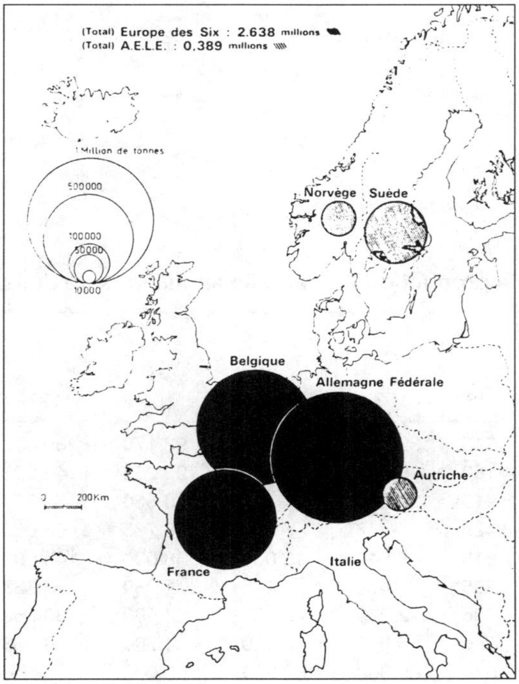

Source : *Histoire économique et sociale du monde.*

© ARMAND COLIN. La photocopie non autorisée est un délit.

Production nationale brute par habitant, 1900-1980

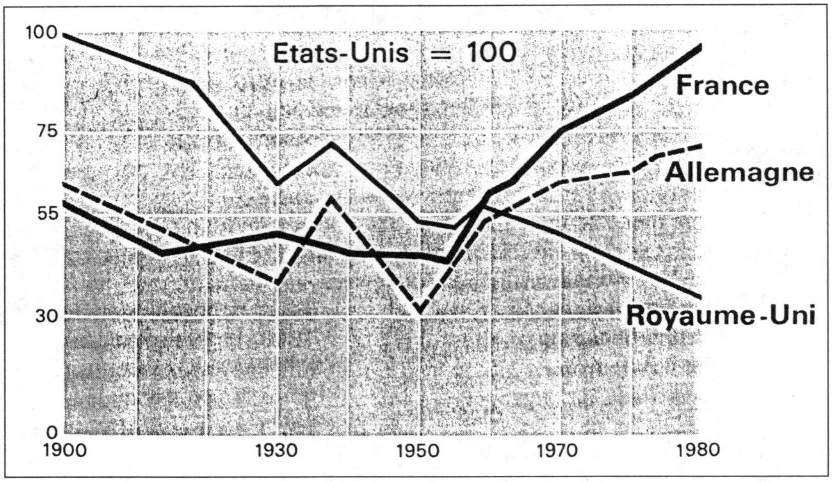

Source : *Histoire économique et sociale du monde.*

Valeur de la production industrielle en millions de dollars courants

Pays	1888	1937	1947	1950	1972	États-Unis indice 100 1937	États-Unis indice 100 1972
États-Unis	7 215	30 600	86 910	93 170	289 027	100,00	100,00
Royaume-Uni	4 100	9 345	15 630	20 255	45 621	30,53	15,78
Allemagne	2 915	9 260	nd	10 560	75 671	30,26	26,18
France	2 425	4 446	6 760	8 775	66 060	14,52	22,85
Russie (URSS)	1 815	8 849	18 000	38 000	145 000	28,92	22,85
Autriche	1 265	414	415	1 030	6 333	1,35	2,19
Italie	605	2 233	3 460	4 560	30 863	7,30	10,68
Japon	nd	3 556	2 450	4 780	73 763	11,62	25,52
Monde	22 370	89 000	182 200	255 000	nd	—	—

Source : *Histoire économique et sociale du monde.*

Production textile (Europe)

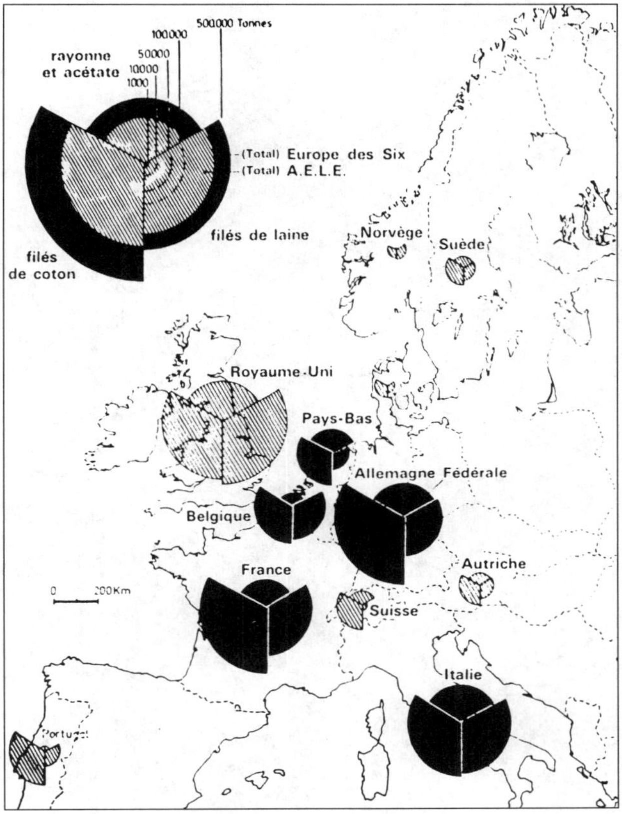

Source : *Histoire économique et sociale du monde.*

© ARMAND COLIN. La photocopie non autorisée est un délit.

Conclusion

La recherche s'est affirmée comme un facteur crucial de compétitivité pour les entreprises à partir des années 1880 sous l'impulsion des grands groupes chimiques allemands. En associant étroitement recherche et développement, un modèle d'industrialisation nouveau, partagé par les entrepreneurs américains, s'est imposé en Europe occidentale. Cette métamorphose s'est accomplie sous la contrainte, imposée aux aspirations de croissance industrielle des années 1880 par les dysfonctionnements ou par les limites du système technique du premier XIXe siècle.

Plus vivement que dans l'Angleterre du second XVIIIe siècle, ces tensions débouchèrent sur des innovations capables de surmonter les limites de l'ancien système technique mais également de créer les bases d'une nouvelle croissance. Seconde révolution industrielle et émergence d'un nouveau système technique apparaissent donc indissociables.

Ce lien et le caractère fascinant de l'invention technologique ne doivent cependant pas cacher le caractère crucial d'une bonne articulation entre demande sociale et innovation pour assurer les fondements d'une industrialisation réussie. Dans un processus qui n'est pas linéaire, le critère de distinction entre l'« invention » et « l'innovation » n'est pas simplement la « réussite ». Il n'en reste pas moins que la capacité d'une industrie à percevoir, voire à susciter, certaines demandes est déterminante pour assurer son développement.

Les logiques politiques des années 1914-1945 imposèrent un nouveau contexte à l'industrie européenne. Les choix stratégiques des entreprises en furent profondément influencés, tout comme les conséquences des deux conflits affectèrent leur potentiel d'investissement et de recherche. L'engagement de l'État dans l'industrie s'inscrit dans cet enchaînement qui voit les ambitions nationales et militaires se substituer aux ambitions entrepreneuriales. Si, à court terme, celles-ci s'en accommodèrent très bien, les déséquilibres issus de la Première Guerre mondiale n'en cassèrent pas moins dans une large mesure la dynamique d'innovation des années 1880-1910. Dépression et Seconde Guerre mondiale confirmèrent cette tendance alors que, déjà, se dessinaient les contours d'un nouveau système technique, fondé cette fois sur les nouveaux matériaux, l'électronique et le nucléaire.

Face au « technological gap » séparant Américains et Européens dès les années 1950, l'engagement de l'État dans l'activité industrielle et la recherche s'accentua. Plus affirmé en Grande-Bretagne et en France, il n'était pas absent d'Allemagne ou d'Italie. Il permit à l'Europe occidentale d'effectuer sa reconstruction matérielle et posa les bases d'une convergence européenne, devenue indispensable pour écarter les conflits suicidaires de la première moitié du siècle et donner aux innovateurs européens un marché compatible avec les énormes investissements, exigés dorénavant par la recherche industrielle.

© ARMAND COLIN. La photocopie non autorisée est un délit.

Deuxième partie

Financement, structures d'entreprises et classes dirigeantes

Introduction

Les mutations technologiques analysées dans la première partie eurent pour conséquence, dans bon nombre de branches, d'engager un processus de concentration qui marqua le monde des entreprises européennes jusqu'à la fin des années 1960. Ce processus tient pour une large part à l'accroissement de la taille et de la capacité de production des équipements utilisés et rendit les activités concernées de plus en plus exigeantes en capital. Dans la plupart des branches le rapport entre capital circulant et capital fixe dans les bilans des entreprises évolua en faveur de ce dernier. Les problèmes de financement devinrent par conséquent de plus en plus cruciaux pour le développement des firmes. Les modes les plus anciens, largement fondés sur la mobilisation des moyens propres de l'entrepreneur et de son cercle de relations, durent être complétés par d'autres : l'appel à des capitaux externes passa de plus en plus par le recours au marché financier et aux banques. En réalité la banque se trouva projetée au cœur du processus de financement de l'entreprise, tout particulièrement sur le continent où les banques mixtes à l'allemande, ou les banques d'affaires à la française, le pilotèrent dans son ensemble, surtout quand il s'agit de firmes importantes. Les besoins croissants des économies obligèrent donc les banques à adapter leurs structures en conséquence. Mais ces mutations ne se firent pas sans heurts ni discussions : la renaissance, dans plusieurs pays, du débat sur l'adéquation du système bancaire aux besoins des entreprises au début du siècle, est significatif de cette évolution. Il ne devait pas cesser depuis.

Le processus de concentration plaça la grande entreprise au cœur du système productif. Très vite les Européens virent en elle un signe de puissance économique et un gage d'efficacité. Ils établirent tout particulièrement ce lien à la suite des deux conflits mondiaux durant lesquels la puissance des entreprises américaines contribua fortement à la victoire des alliés. Le modèle américain fut dès lors la référence obligée en termes de taille des entreprises et en matière d'organisation. Bien des patrons européens songèrent dès les années 1920 à « américaniser » l'industrie européenne ; ils furent suivis par plusieurs gouvernements après 1945. Mais quels que soient les emprunts faits outre-Atlantique, il ne fait aucun doute que les modalités de la concentration restèrent longtemps spécifiques à l'Europe. Cette donnée ne fut pas sans conséquences sur les formes d'organisation que les plus grandes entreprises européennes adoptèrent. Si l'influence des modèles d'organisation américains fut très forte après la Seconde Guerre mondiale, il apparaît que les entreprises européennes les plus importantes furent confrontées dès avant 1914 à des problèmes d'organisation similaires à ceux rencontrés par leur consœurs américaines et qu'elles cherchèrent à les résoudre de manière autonome. L'ouverture croissante du capital et l'élargissement des états-majors de cadres à la tête des entreprises modifièrent la structure du patronat européen. Par delà les spécificités nationales, la montée des « managers » salariés dans les grandes entreprises se fit au détriment du patronat traditionnel. Mais cette ouverture ne fut pas brutale : très souvent jusqu'à l'entre-deux-guerres il y eut assimilation des managers-salariés au monde des patrons-propriétaires, que ce soit à travers des alliances familiales ou l'adoption de comportements de type dynastique par certains d'entre eux.

© ARMAND COLIN. La photocopie non autorisée est un délit.

CHAPITRE V

BANQUES ET FINANCEMENT DES ENTREPRISES

1. Des années 1880 à la « Belle Époque »

1.1. Les modes de financement de l'entreprise

Les modalités de financement de l'entreprise industrielle à partir des années 1880 relèvent à la fois d'éléments de continuité marquants et d'innovations liées au caractère de plus en plus capitalistique de l'activité industrielle.

• **Jusqu'à une date assez tardive dans le siècle**, les technologies utilisées dans l'industrie ne nécessitèrent le plus souvent que des mises de fonds initiales relativement modestes, conciliables avec le caractère restreint du cercle relationnel des fondateurs d'entreprises ou de leurs commanditaires. Au milieu du XIXe siècle les charbonnages et la sidérurgie étaient les seules industries à mobiliser des fonds importants : entre 2 et 4 millions de francs pour une forge à l'anglaise vers 1840, quelques millions également pour un charbonnage si l'on excepte des cas véritablement extraordinaires tels que la Compagnie d'Anzin. Mais en fonction de l'évolution des technologies mises en œuvre, ces besoins devinrent de plus en plus importants : le chimiste Kuhlmann réunit 200 000 F lors de la création de sa première société en 1825 mais plus de 3 millions lors de sa réorganisation en 1855. Les années 1880-1914 virent le caractère capitalistique de l'industrie s'accentuer : selon les estimations de M. Lévy-Leboyer pour la France, la valeur des actifs fixes (installations industrielles) qui représentaient environ 50 % des actifs circulants (stocks et marchandises en cours de fabrication) dans la première moitié du siècle, atteignit 100 % au cours de la décennie 1880. Cette évolution se vérifie non seulement pour les industries nouvelles comme la construction électrique, mais aussi pour celles qui sont issues de la première révolution industrielle. C'est ainsi qu'en vue de la construction de sa nouvelle aciérie, en 1897, la société Denain-Anzin mobilisa une somme de 35 millions de francs prélevée sur ses bénéfices. Nous sommes donc bien au-delà des sommes mentionnées plus haut pour les années 1840. Ajoutons que la tendance à la fin du siècle fut non seulement à l'augmentation du coût des machines, mais au raccourcissement de leur durée de vie. Comme l'affirmait le secrétaire général de la Compagnie des forges de Chatillon-Commentry en 1885 : « Un progrès à peine mis en pratique est suivi d'un autre progrès, un outillage vieillit en quelques années, du moins pour certaines industries. » (Cité par A. Plessis).

© ARMAND COLIN. La photocopie non autorisée est un délit.

La réunion du capital nécessaire aux entreprises industrielles mobilisa donc des cercles de plus en plus larges. À la fortune du fondateur, de ses proches et de son réseau de relations, il faudrait bientôt substituer ceux d'associés de plus en plus lointains : l'évolution des formes juridiques adoptées par les entreprises au XIXe siècle fut donc essentiellement déterminée par l'augmentation de leurs besoins financiers.

• **Les formes d'association** les plus anciennes furent les sociétés de personnes. Dans ce cas quelques associés possédaient un nombre de parts du capital de l'entreprise proportionnel à leur mise de fonds. D'une manière générale les associés étaient responsables du passif de l'affaire sur l'ensemble de leurs biens. C'est pour limiter l'ampleur de tels risques qu'était apparue la société en commandite dont le statut distinguait gérant, responsable sur l'entièreté de ses biens, et commanditaires, qui ne risquaient que le montant de leur apport. Les sociétés de capitaux connurent leur essor sur le continent à partir des années 1830 : dans la commandite par action était maintenue la distinction entre gérant responsable sur ses biens et actionnaires de la commandite ; dans la société anonyme (SA), instituée en France par le code de commerce de 1807, les investisseurs ne risquaient que le montant de leur mise.

Les sociétés de capitaux jouèrent, dans la première moitié du siècle, un rôle déterminant dans le financement des entreprises les plus capitalistiques, comme les chemins de fer. Mais, en raison du caractère spéculatif que pouvait entraîner un tel statut, les autorités ne se résignèrent que lentement à libéraliser la création de sociétés anonymes (SA) qui resta longtemps soumise à autorisation. La pression des entrepreneurs et leurs besoins croissants firent éclater ces limitations. En France la loi de 1863 libéralisa la création des sociétés anonymes dont le capital n'excédait pas 20 millions, limite qui disparut en 1867. Tous les pays d'Europe se dotèrent dès lors de législations similaires : l'Angleterre l'avait fait en 1856-1862, l'Allemagne le fit en 1870 mais révisa sa législation en 1884 et en 1896 afin de prévenir les abus spéculatifs que la législation de 1870 avait facilités.

La société anonyme ne se répandit que progressivement. Les banques et les compagnies de chemin de fer fournirent une première génération de sociétés, suivies par les entreprises industrielles qui n'adoptèrent massivement cette forme qu'à partir des années 1880-1890. Cela s'explique par le fait que les modes traditionnels de financement restèrent dominants lors des premières phases de croissance de bien des entreprises industrielles. Ce fut le cas par exemple des premières années de l'entreprise de Robert Bosch dans la construction électrique, qui installa son premier atelier en 1886 avec 10 000 marks provenant de sa part de l'héritage paternel, puis fut obligé de faire à nouveau appel à sa mère et à des parents avant d'atteindre l'équilibre financier en 1892. D'autre part il convient d'ajouter que bien des entreprises ayant atteint la grande taille refusèrent le statut de SA par souci d'indépendance de leurs propriétaires. En France quelques grands noms de l'industrie, comme Schneider conservèrent la forme de société en commandite par actions jusqu'après la Deuxième Guerre mondiale. En Allemagne, il fallut la pression continue de la Deutsche Bank sur Werner von Siemens pour que ce dernier accepte l'adoption du statut de SA en 1897. Celui-ci se généralisa cependant avant la Première Guerre mondiale parmi les grandes entreprises industrielles : en Allemagne il concernait 0,5 % d'entre elles mais 13,5 % de la population active en 1907. En France, on comptait 87 SA cotées en bourse en 1870 et presque le millier en 1913.

• **Par-delà le statut, la recherche d'indépendance financière** représenta le souci dominant des chefs d'entreprises. L'importance de l'autofinancement constitua donc l'un des traits communs de leur comportement. Les entreprises industrielles doivent en effet pourvoir au renouvellement et au développement de leurs équipements, au moyen d'amortissements et de comptes de réserve prélevés sur leurs bénéfices. La constitution d'importantes réserves fut un trait de comportement pratiquement constant des entreprises industrielles à base familiale durant la première moitié du siècle. Les exemples sont multiples d'entreprises qui érigèrent ce type de pratique au rang de vertu morale : qu'il s'agisse, pour la France, du patronat alsacien ou du patronat du Nord. Avec le développement des SA, l'exigence de dividendes importants de la part d'actionnaires moins scrupuleux n'envisageant l'investissement en actions qu'en vue de gains rapides en capital, put dans certains cas remettre en cause le niveau d'autofinancement. Les Aciéries de France connurent une telle évolution au cours des années 1890. Dans bien des cas cependant, les règles traditionnelles furent conservées. C'est ainsi que la Compagnie de Saint-Gobain finança ses investissements sans aucun appel au marché financier entre 1872 et 1914. On comprend dès lors les pratiques visant à la constitution de réserves occultes ou à des amortissements accélérés du matériel. On conçoit également les difficultés pour l'historien à évaluer l'importance de ces pratiques et de calculer le niveau d'autofinancement, c'est-à-dire la part d'investissement qu'une entreprise est capable de financer par prélèvement sur ses bénéfices. Pour la France les estimations sont de l'ordre de 70 % pour les années 1880. D'une manière générale cependant, la poussée des investissements liée à la forte croissance des années 1890-1914 se serait traduite par une diminution de l'autofinancement et la nécessité d'un appel croissant aux financements extérieurs. Pour la France, G.F. Teneul estime que la part de l'autofinancement dans le financement total de l'industrie serait passé de 74 % en 1890 à 46 % en 1913. La différence aurait été comblée par l'appel au marché et aux banques.

• **Comme l'affirme l'historien allemand Manfred Pohl**, la fin du XIXe siècle correspond à « l'âge d'or de l'action et du financement des entreprises par émission d'actions ». Les émissions de valeurs mobilières auraient en effet, selon Teneul, représenté près de 35 % du financement des entreprises en 1913 en France. Les années 1890-1914 furent celles d'un développement sans précédent de l'activité boursière dans chacun des pays d'Europe. La bourse de Londres vient en tête avec plus de 5 000 valeurs inscrites à la cote en 1910 et une capitalisation boursière, c'est-à-dire la valeur au prix de marché de l'ensemble des titres cotés, qui atteint 11,2 milliards de livres en 1913, soit cinq fois celle de 1873. En France, la capitalisation atteignit la moyenne de 110 milliards de francs environ entre 1910 et 1913, soit un peu plus de 4 milliards de livres, tandis que le volume des émissions de nouveaux titres représenta 4 % du PIB en 1896 et 9,2 % en 1913. En Italie, la bourse de Milan, la plus importante du pays, ne cotait que 50 valeurs en 1880, mais 102 en 1901 et 200 en 1910.

D'une manière générale les entreprises bénéficièrent de ce surcroît d'activité. Le marché de Paris accueillit 14 émissions de valeurs industrielles françaises entre 1896 et 1910, mais 32 pour la période 1911-août 1914. Les émissions des sociétés françaises représentaient une valeur de 2 % du PIB en 1896, 6 % en 1913. À Milan les sociétés actives dans l'industrie lourde et l'industrie électrique profitèrent du développement de l'activité du marché au cours des années 1900.

Cet essor est contemporain de la diffusion des valeurs mobilières dans les portefeuilles comme le montrent les études réalisées pour la France. Ce fut surtout le cas dans les grandes villes comme Paris ou Lyon où l'on constate une forte représentation des actions françaises dans les patrimoines. Cette évolution n'a pourtant pas empêché nombre d'analystes, dès les années 1900, de mettre en cause le rôle joué par les marchés financiers européens, en particulier en Angleterre et en France.

Leur développement aurait détourné une part notable de l'épargne nationale vers l'étranger sans que ces investissements déterminent un flux d'exportations profitable aux entreprises. Il est vrai que le poids des valeurs étrangères dans la capitalisation boursière en Angleterre est écrasant, surtout si l'on observe la montée des fonds d'États ou de valeurs ferroviaires étrangers à partir de 1873. Mais le nombre de valeurs d'entreprises industrielles et commerciales actives au Royaume-Uni et cotées au Stock Exchange passa de 60 vers 1885 à 600 en 1910. Il n'en reste pas moins vrai que, pour citer *The Economist* en 1911, « Londres est souvent plus concernée par ce qui se passe au Mexique que dans les Midlands » (cité par Y. Cassis). De la même manière, les banques françaises furent de plus en plus accusées, au début du XXe siècle, d'avoir contribué à cette délocalisation de l'épargne en favorisant la souscription des fonds étrangers auprès de leur clientèle au détriment de l'industrie nationale.

© ARMAND COLIN. La photocopie non autorisée est un délit.

À côté du marché financier, les banques constituèrent la seconde voie possible de financement externe des entreprises. En réalité leur action en ce domaine est difficilement séparable du rôle joué par la bourse dans la mesure où ce sont les banques qui, sur le continent, se chargeaient d'organiser les opérations d'émission pour le compte des entreprises. Les banques furent donc au cœur du processus de financement industriel entre les années 1880 et la Belle Époque.

1.2. Structures et pratiques bancaires

À la veille de la Grande Guerre, les grandes banques qui dominent encore actuellement les systèmes bancaires nationaux en Europe étaient pour la plupart déjà en place : à des rythmes différents selon les pays c'est entre 1880 et 1914 qu'elles ont conquis puis consolidé leurs positions et fixé leurs pratiques et leurs règles.

• **En Angleterre et en France** les structures bancaires sont marquées par une forte concentration et spécialisation par métiers. En Angleterre, les *joint-stock banks,* banques commerciales par actions, sont apparues dès les années 1830 à l'occasion de la création de la National Provincial Bank à l'initiative de George Fife Angus en 1833 ; la spécificité de ce grand établissement londonien fut de constituer aussitôt un réseau de succursales, au nombre de 122 dès 1866. L'idée fut imitée par un autre groupe de fondateurs qui créèrent, également à Londres, la London and Westminster Bank en 1834, mais aussi par deux établissements de Birmingham : la Middland Bank et la Lloyds Banks. Toutes créèrent bientôt d'importants réseaux de succursales soit *ex-nihilo* soit, le plus souvent, par reprise de banques privées locales, procédure plus rapide qui permettait de bénéficier immédiatement d'une clientèle. La crise financière, liée aux difficultés de Baring en 1890, précipita la concentration au profit des grandes banques par rachats successifs de banques locales ou provinciales. C'est afin de résister à cette pression qu'une vingtaine d'entre elles fusionnèrent en 1896 pour fonder la Barclays. À la veille de la guerre, les plus grandes banques britanniques disposaient chacune de réseaux nationaux comprenant plusieurs centaines de succursales et d'un siège à Londres. En 1918, une dernière vague de fusions consolida la domination d'un groupe de 5 établissements dominants, les *Big Five* : National Provincial, London and Westminster, Lloyds, Midland et Barclays.

Ce phénomène de concentration eut également pour effet de normaliser et d'uniformiser les pratiques bancaires en Angleterre. Longtemps, les banques privées provinciales, du fait des relations souvent étroites que leurs dirigeants entretenaient avec les entrepreneurs, avaient pratiqué des formes de crédits à moyen ou long terme en faveur de leurs clients en reportant d'échéance en échéance des prêts à court terme. La concentration du système aboutit à une normalisation des pratiques entre 1880 et 1914 : elles se limitèrent à l'escompte d'effets de commerce à courte échéance, au prêt sur nantissement et à des découverts gérés avec prudence ; en aucune manière le crédit consenti par la banque ne devait servir de fonds de roulement aux hommes d'affaires : la banque ne devait financer que des besoins passagers et conserver une liquidité parfaite.

L'évolution que connurent les banques par actions en France aboutit à un résultat semblable : les grandes banques commerciales qui dominaient le marché en 1914 avaient adopté des règles similaires à leurs consœurs britanniques et laissé les opérations plus risquées de financement des entreprises à des établissements spécialisés : les banques d'affaires. Pourtant le modèle de la banque industrielle avait connu jusqu'aux années 1880 ses heures de gloire en France.

Les premières banques par actions avaient été créées à partir des années 1830 sous l'influence des idées saint-simoniennes. Le banquier Jacques Laffitte avait ouvert la voie avec la création de la Caisse générale du Commerce et de l'Industrie en 1837. Mais la crise de 1846-1848 avait provoqué l'effondrement de toutes ces « caisses » immobilisées dans des prêts aux entreprises industrielles et aux chemins de fer. Une seconde génération naquit avec le Second Empire. Ce fut le Crédit Mobilier des Frères Pereire en 1852 puis le Crédit Industriel et Commercial, le Crédit

Lyonnais, la Société Générale, au tournant des années 1850 et 1860. Nombre de fondateurs de ces établissements étaient inspirés par les idées saint-simoniennes et poussés à agir par les besoins des entreprises auxquelles ils étaient par ailleurs associés. Les fondateurs du Lyonnais étaient liés à l'industrie de la soie, à la chimie, aux charbonnages et à la métallurgie de la région Lyon–Saint-Etienne. Tous furent durant deux décennies environ, fortement influencés par le modèle du Crédit Mobilier et, malgré l'échec de ce dernier en 1867, pratiquèrent la commandite industrielle en fournissant fonds propres et fonds de roulements à une série d'entreprises industrielles. Les crises à répétition des années 1870 et 1880, marquées par le krach de l'Union générale en 1882 puis les difficultés du Comptoir d'Escompte de Paris, engagé dans le financement hasardeux d'une vaste spéculation sur le cuivre en 1889, mirent fin à ce type d'activité que seule la Société Générale maintint, dans une certaine mesure, jusqu'en 1914.

À l'image des banques commerciales britanniques, tous ces établissements firent porter l'effort sur le drainage de l'épargne et développèrent, surtout à partir des années 1890, un vaste réseau de succursales à travers une «course aux guichets» qui permit par exemple à la Société Générale de disposer, en 1914, de plus de 1 000 implantations, permanentes ou périodiques, en France. Mais, à la différence des banques anglaises, ce développement se fit par implantations directes et non par absorption de banques locales. Des règles de plus en plus strictes de liquidité furent dès lors adoptées par tous les établissements, à la suite du Crédit Lyonnais inspiré par son président Henri Germain. Comme les grandes banques britanniques, les banques à succursales consacrèrent donc surtout leurs dépôts à l'escompte de traites à court terme et à des opérations de prêts sur garanties ou de crédit en compte courant aux entreprises, sans toutefois en devenir les commanditaires.

Ce dernier type d'opérations revint surtout aux banques d'affaires : Banque de Paris et des Pays-Bas, fondée en 1872, Banque de l'Union Parisienne, fondée en 1904. L'une comme l'autre furent créées par des banques privées qui cherchèrent à travers elles à regrouper leurs moyens en vue d'opérations à long terme. Ces établissements ne mirent pas en place de réseaux et travaillèrent essentiellement avec leurs fonds propres, les dépôts d'entreprises amies ou d'une clientèle fortunée. De ce fait elles purent investir leurs capitaux à plus long terme dans des participations au capital d'entreprises qu'elles accompagnaient par des crédits au cours des premières années de leur développement, avant de pouvoir introduire leurs actions sur le marché boursier. La finalité de ces opérations était donc la plus-value en capital réalisée lors de la négociation des titres en bourse, mais aussi les commissions liées à ces opérations financières. Peu à peu, elles en vinrent cependant à conserver des relations durables avec une série d'entreprises, se rapprochant ainsi du modèle de la banque mixte, modèle dominant en Allemagne, en Belgique et en Italie.

• **Le modèle de la banque mixte** se développa d'abord en Belgique avant de se répandre en Allemagne, dans une bonne partie de l'Europe Centrale et en Italie. Le modèle n'en était cependant pas clairement défini lorsque le roi Guillaume Ier des Pays-Bas souscrivit la plus grande partie des actions de la Société Générale de Belgique en 1822. Dotée du privilège de banque d'émission, elle avait pour objectif de favoriser le développement économique des provinces du sud du Royaume, mais aussi de participer au financement de la dette publique. C'est la crise de 1830, contemporaine de l'indépendance de la Belgique, qui obligea la Générale à consolider sous forme d'actions les avances qu'elle avait accordées à nombre d'entreprises du Hainaut : dès lors elle allait prendre en mains la gestion de ce portefeuille de participations industrielles et transformer une partie de ces entreprises en sociétés anonymes afin de pouvoir se libérer d'une partie du fardeau en bourse. Après l'abandon de son privilège d'émission en 1848, la banque se concentra davantage encore sur le métier de banque des entreprises et aboutit à la création autour d'elle d'un groupe d'entreprises patronnées, dont elle était l'actionnaire de référence et qu'elle finançait par des crédits en compte courant tout en développant par ailleurs ses opérations d'escompte commercial. La Générale consolida son emprise sur l'économie nationale en construisant, à travers le pays, un réseau de banques patronnées qui contribuèrent au drainage des

© ARMAND COLIN. La photocopie non autorisée est un délit.

épargnes et au financement des entreprises moyennes. Le nouvel essor des activités industrielles à partir des années 1890 renforça les liens tissés avec les entreprises et consolida la place dominante de la Générale à la tête de la hiérarchie bancaire en Belgique malgré le développement rapide de la Banque de Bruxelles entre 1871 et 1914.

L'adoption du modèle de la banque mixte ou banque universelle en Allemagne est issue de plusieurs influences : modèle de la Générale de Belgique, pratique de la commandite d'entreprises par certaines banques privées, modèle du Crédit Mobilier qui parraina, en 1853, la création de la Darmstäter Bank für Handel und Industrie. Malgré les hésitations du gouvernement prussien, on assista à la création d'une première génération de banques par actions dans différents États allemands au cours des années 1850. En 1851 ce fut la Disconto-Gesellschaft transformée en commandite par actions en 1856 et cette même année la Berliner Handels-Gesellschaft. La victoire sur la France et la loi de juin 1870 sur les sociétés anonymes détermina une nouvelle vague de créations entre 1870 et 1872, dont émergèrent, au plan national, la Deutsche Bank à Berlin, la Commerz und Diskonto Bank de Hambourg, et la Dresdner Bank. À la différence de l'Angleterre et suivant le modèle de la Générale de Belgique, les banques allemandes renoncèrent à la spécialisation et prirent en charge toutes les opérations destinées à leur clientèle d'entreprises : escompte d'effets à court terme, crédit à moyen-long terme, émissions d'actions et d'obligations. Très vite les besoins en dépôts se firent donc sentir et, à l'instar de ce qui se passa en Belgique, les grandes banques allemandes mirent en œuvre à leur profit un processus de concentration qui passa par l'association avec les banques provinciales sous forme de communautés d'intérêts. La mise en réseau ne se fit donc pas sous forme de création de succursales comme en France ou en Angleterre mais à travers la création de groupes bancaires pilotés par l'une des « quatre D » ou par la Berliner. En 1911 la Deutsche Bank était à la tête d'un groupe de 9 banques réunissant un capital-action de près de 700 millions de marks. À la veille de la guerre, toutes les grandes banques avaient soit leur siège social soit un siège administratif important à Berlin.

La banque mixte s'implanta également en Italie, mais la stabilisation du système fut plus tardive. L'unification du pays détermina, au cours des années 1860, mais surtout au cours de la décennie 1870, la création d'un grand nombre d'établissements dans les principaux centres économiques du pays : Milan, Turin, Gênes, Naples et Rome principalement. Les grands chantiers qu'entraînèrent dans le domaine économique l'unité italienne – unification des réseaux de chemins de fer, urbanisme, politique d'industrialisation – procurèrent au pays une activité intense financée dans des conditions très spéculatives par la plupart des banques. Dès le milieu des années 1880, nombre d'entre elles se trouvèrent immobilisées et durent fermer lors de la crise de 1893-1894. Les banques de Turin, de Rome et de Gênes furent particulièrement touchées. Dès lors, la reconstruction du système bancaire italien s'organisa principalement autour de la place de Milan et des deux grands établissements qui émergèrent de la crise : la Banque Commerciale Italienne et le Credito Italiano.

La finance allemande joua un rôle prépondérant dans la création de ces deux établissements à un moment où la guerre douanière franco-italienne écartait les capitaux français de la péninsule. La Banca Commerciale Italiana, ou COMIT, fut créée en octobre 1894 au capital de 20 millions de lires par un groupe conduit par les grandes banques berlinoises qui souscrivit 80 % du capital. Le Credito Italiano fut fondé sur les décombres de la Banca di Genova, qui fut recapitalisée avec l'aide substantielle de capitaux allemands et suisses. La raison sociale en fut modifiée et la direction centrale comme le conseil d'administration furent installés à Milan. La finance allemande ne devait pas durablement disposer d'un monopole d'influence sur les deux grands établissements milanais : profitant du règlement des contentieux franco-italien en 1898, la Banque de Paris et des Pays-Bas souscrivit en 1899 et 1900 à deux augmentations de capital successives de la COMIT : le conseil fut dès lors rééquilibré avec l'entrée d'administrateurs français.

Le modèle adopté n'en fut pas moins celui de la banque universelle mis en œuvre à la COMIT, par des directeurs d'origine germanique mais naturalisés italiens, Otto Joel et Frederic Weil. L'expansion des grandes banques milanaises fut rapide et s'exerça immédiatement à l'échelle nationale à travers la création d'un réseau qui atteignait 54 succursales et agences pour la COMIT dès 1915, alors que ses fonds propres passaient de 21 à 215 millions de lires entre sa création et cette même année. Le Credito Italiano suivit la même démarche avec des moyens moins importants.

1.3. Banque et financement de l'industrie

La capacité des banques à assurer en quantité suffisante et dans de bonnes conditions de coût le financement des entreprises et de ce fait la croissance économique dans son ensemble, est l'un des thèmes favoris de l'histoire économique contemporaine. Ces débats ne se limitent pas à des controverses entre historiens et économistes, mais furent alimentés dès les années 1830 en France par les saint-simoniens qui déploraient l'insuffisance de crédit à la disposition des entrepreneurs, ou autour des années 1900 à travers les critiques dont furent l'objet les grandes banques à guichet accusées de détourner les capitaux dont avait besoin le pays au profit des placements à l'étranger. Les critiques dont furent l'objet les banques commerciales anglaises sont du même ordre : elles n'auraient pas fourni suffisamment de crédit à long terme aux entreprises industrielles. Quant aux *merchant banks*, spécialisées dans les émissions de titres sur le marché, elles auraient, comme les banques à guichet françaises, détourné l'épargne nationale au détriment des intérêts à long terme du pays en consacrant l'essentiel de leurs activités aux émissions étrangères. Au total, le relatif déclin économique de l'Angleterre et la croissance relativement modeste que connut la France à partir des années 1880 seraient pour partie dus à l'attitude des banques et aux structures de la profession.

Dans ces deux pays, la banque mixte fut très souvent érigée en contre-modèle ou modèle de référence dont il fallait s'inspirer. C'est ainsi que le modèle allemand inspira la réforme bancaire de 1966-1967 en France et bénéficie visiblement de la préférence d'auteurs comme M. Albert dans *Capitalisme contre capitalisme*, paru en 1991. D'une manière générale le modèle de la banque universelle a bénéficié de jugements positifs, notamment dans sa capacité à mobiliser avec continuité et un relatif discernement les moyens financiers au profit du développement industriel, qu'il s'agisse ou non de pays en retard relatif de développement.

La forte implication des banques allemandes, belges ou italiennes dans le financement des entreprises ne fait aucun doute. C'est ainsi qu'en Allemagne le soutien accordé par la Deutsche Bank à Mannesmann, dès sa création en 1890 et lors de sa réorganisation en 1894, créa des liens avec ce groupe pour plusieurs décennies. Le même établissement nourrit également des liens étroits avec la Norddeutscher Lloyd dans le transport maritime et la Deutschen Petroleum AG. Mais toutes les grandes banques allemandes firent de même : la Diskonto Gesellschaft et la Darmstädter Bank soutinrent des entreprises minières et métallurgiques, la Dresdner Bank le secteur textile... En Belgique la Société Générale investit dans les chemins de fer, les charbonnages, la métallurgie, tandis que le Banque de Bruxelles soutint à partir des années 1890 le développement du secteur de l'électricité. En Italie, la COMIT fut dès sa création étroitement associée au développement du groupe Edison dans le secteur de l'électricité : elle finança directement le développement de cette société et fut associée à la création et au développement de ses nombreuses filiales dans toute l'Italie. Mais elle fut également présente dans la construction mécanique et la métallurgie.

Le type de services que rendaient les banques mixtes conduisait le plus souvent à une relation durable et solide avec les entreprises qu'elles acceptaient d'épauler. La reconduction sur de longues périodes de crédits utilisés pour des investissements à long terme impliquait en effet un

© ARMAND COLIN. La photocopie non autorisée est un délit.

suivi suffisamment étroit. Il n'en reste pas moins qu'en Allemagne les banquiers ne s'immisçaient que très rarement dans les choix industriels qui relevaient du Vorstand. Représentés au conseil de surveillance des entreprises, ils recevaient surtout des informations sur les données financières de l'entreprise et pouvaient ainsi estimer leurs besoins. C'est cependant cette donnée qui pouvait pousser les banques à des interventions dans les choix stratégiques, tout particulièrement aux moments de crise. Ainsi les banques allemandes favorisèrent-elles la cartellisation dans l'industrie lourde rhéno-westphalienne dans les années 1890 afin de stabiliser les prix et de préserver leurs crédits.

Comparativement au système allemand, le système britannique était mal équipé, à la fin du XIXe siècle, pour faire face à tous les types de besoins des entreprises. D'un côté il était possible aux très grandes entreprises de faire appel au marché des capitaux afin de se procurer les fonds propres nécessaires. Les *merchant banks*, établissements privés spécialisés dans le financement du commerce international et les émissions de valeurs mobilières, apportèrent leur concours à quelques entreprises comme Guiness, transformée en société anonyme avec l'aide de Baring en 1886. Mais ces interventions furent assez peu nombreuses, les *merchant banks* n'intervenant en général que dans de très grosses opérations, en particulier pour le compte de gouvernements étrangers. Il semble donc bien qu'une lacune ait existé dans le système britannique entre les possibilités offertes par le marché des capitaux à long terme, en réalité assez peu accessible ou trop peu utilisé par la plupart des entreprises, et les services de banque commerciale offerts par les grands établissements à guichet. Les ressources à moyen-long terme auraient donc manqué à de nombreuses entreprises, en particulier les entreprises de taille moyenne. Ajoutons que la quasi-disparition des banques provinciales entre les années 1880 et 1914, à la différence de l'Allemagne où elles ont beaucoup plus largement survécu, a pu accentuer ce manque, dans la mesure où ces établissements, très liés au tissu des entreprises locales, leur accordaient plus largement que les grandes banques les facilités dont elles avaient besoin.

Le système français présentait lui aussi un certain nombre de lacunes car la division du travail établie de manière empirique entre banques commerciales et banques d'affaires à partir des années 1880 laisse apparaître certaines discontinuités. Les crises des années 1870-1890 déterminèrent en effet chez les banques d'affaires une démarche prudente en matière d'investissement industriel. Même si la période de haute conjoncture de la fin des années 1890 détermina une nouvelle série de tentatives, plusieurs expériences malheureuses expliquent le retour rapide à une relative abstention. Dès lors les banques d'affaires françaises stabilisèrent-elles leur activité autour de la promotion d'entreprises, le plus souvent de services publics, dont elles attendaient surtout un développement de leurs opérations financières et un courant d'opérations de banque qu'elles cherchèrent à développer à partir des années 1900. Le refus de l'immobilisation dans des opérations de commandite durables et risquées au profit de l'ingénierie financière et des opérations de banque est devenue la norme des banques d'affaires de la Belle Époque en France.

Si le financement des grandes entreprises ne posa généralement pas de problèmes insurmontables, la question du financement des entreprises industrielles de taille intermédiaire fut plus difficile, même s'il est admis qu'elles eurent le plus souvent recours à un fort autofinancement. La question des ressources longues fut bien souvent la plus délicate à résoudre pour des firmes n'ayant que difficilement accès au marché des capitaux. L'historiographie met pourtant en avant les concours à moyen-long terme que ces entreprises obtinrent d'établissements bancaires à vocation régionale fortement impliqués dans le tissu industriel, comme Charpenay dans l'Isère ou certaines banques nancéiennes. Mais ces établissements furent souvent fragiles et certains d'entre eux, comme la Société Marseillaise de Crédit, durent renoncer à certaines formes de commandite et évoluer à la veille de la guerre vers le modèle de la banque de crédit.

1.4. Le développement d'une épargne populaire : les caisses d'épargne

Malgré l'existence de plusieurs initiatives en Allemagne, en Angleterre ou aux Pays-Bas dès la fin du XVIIIe siècle, le mouvement de création de caisses d'épargnes ne prit sa véritable ampleur en Europe Occidentale qu'après 1815 et connut un développement rapide dans les années 1830. Au milieu du siècle les caisses d'épargne représentaient déjà un maillage assez serré en Allemagne – 280 caisses en 1836 –, en France, où 93 % des villes de plus de 10 000 habitants disposaient d'une caisse d'épargne en 1847, mais aussi en Angleterre et aux Pays-Bas. Ces fondations relevaient généralement de préoccupations morales ou religieuses et durent beaucoup à l'action de philanthropes ou d'hommes d'Église. Dans certains pays comme l'Angleterre elles eurent un statut privé mais bien souvent, ce fut le cas de la France et de l'Allemagne, elles relevèrent de fondations municipales.

Celles-ci furent relayées à partir des années 1860-1880 par l'intervention de l'État. En Belgique et en Angleterre, il s'agissait de faire face aux difficultés que connurent les caisses privées en 1848 dans le premier cas, à la fin des années 1850 dans le second, mais aussi de créer de vastes réseaux à l'échelle nationale en utilisant les infrastructures qu'offraient les bureaux de poste. Le réseau national de caisses d'épargne de la poste fut ouvert en Angleterre en 1861, la Caisse Générale d'Épargne et de Retraite (CGER) fut créée en Belgique en 1865. Dès lors l'intensité du maillage s'accentua et le nombre de déposants monta en flèche. En Angleterre la caisse d'épargne de la poste comptait 1,5 million de comptes en 1870, plus de 8 millions en 1900, auxquels il faut ajouter les 1,6 million de déposants dans les caisses d'épargne privées. En France, le nombre de caisses se stabilisa à environ 550 institutions vers 1880 mais elles développèrent leurs implantations à travers un réseau d'agences atteignant 2 000 points en 1905. Le nombre de comptes atteignit les 5 millions en 1886. Avec ses 6 000 agences en 1882, 13 000 en 1920 la Caisse Nationale d'Épargne gérait quant à elle 5 millions de comptes dès 1904. En Allemagne le réseau de caisses municipales atteignait le nombre de 2 685 établissements en 1900; mais ces caisses se regroupèrent en vastes entités régionales qui en firent des banques à part entière. En Belgique, la CGER gérait plus de 3 millions de livrets, soit un livret pour 2,4 habitants en 1913.

La densification des réseaux s'accompagna d'une modernisation des services grâce à l'utilisation du virement télégraphique dès les années 1890 en Angleterre, l'utilisation du chèque en Allemagne à partir de 1909. Dès lors on aboutit à une massification des dépôts. En Allemagne, les dépôts des caisses d'épargne représentaient le tiers des dépôts bancaires du pays ; en France la Caisse des Dépôts et Consignations gérait pour plus de 6 milliards d'actifs des caisses d'épargne soit presque l'équivalent des dépôts dans les banques commerciales. Au début du XXe siècle, les caisses d'épargnes avaient perdu la vocation caritative ou paternaliste qu'elles avaient pu avoir à l'époque de leur fondation. Certes elles comprenaient parmi leurs déposants nombre de représentants des classes laborieuses, ouvriers, employés de maison. Mais leur clientèle comprenait aussi une part importante des classes moyennes.

Dès lors c'est l'utilisation de cette énorme masse d'épargne qui fut en cause. D'une manière générale, les fonds d'État ou des collectivités territoriales représentèrent l'essentiel de leurs placements, pour des raisons de sécurité évidentes. Ce choix fut très accentué en France, où les dépôts furent investis à hauteur de 80 % en fonds d'État gérés par la Caisse des Dépôts et Consignations. En Allemagne les dépôts furent employés en fonds d'État mais servirent aussi à financer des prêts hypothécaires ou des crédits municipaux. En Italie, une évolution prudente vers une diversification des emplois, en particulier à travers l'escompte au profit des entreprises se fit sentir à partir des années 1880.

© ARMAND COLIN. La photocopie non autorisée est un délit.

2. De la guerre aux réformes des années 1930

La Première Guerre mondiale et la période de reconstruction qui la suivit multiplièrent les besoins de financement des économies occidentales. Pour les entreprises, le coût de la reconstruction dépassa généralement le montant des indemnités reçues des pouvoirs publics, tandis que l'effort de modernisation et de rationalisation de la seconde moitié des années 1920 exigeait de nouveaux apports financiers. Ces besoins se firent jour alors que l'inflation d'après-guerre affaiblissait fortement les moyens d'intervention des banques. Les entreprises cherchèrent à pallier ces insuffisances par un appel accru au marché financier ou grâce à la création de banques de groupe. Mais ces années furent également celles d'un engagement de plus en plus accentué des États, en particulier à travers la création d'organismes de crédit publics destinés à combler les lacunes du système.

2.1. Les banques victimes de l'inflation

L'inflation atteignit les fonds propres des banques, à travers la dépréciation de leur capital et des réserves accumulées avant la guerre, et s'attaqua également à la valeur des dépôts. Les banques cherchèrent donc à lutter contre cette perte de substance par un effort de concentration et par un nouveau développement de leur réseau destinés à opérer un ratissage plus large encore des disponibilités.

En France les grandes banques commerciales multiplièrent les guichets. Le réseau du Crédit Lyonnais passa ainsi de 415 à 1 469 agences entre 1913 et 1932 tandis que celui de la Société Générale atteignait le chiffre de 1 511. Mais cet effort fut également celui des banques régionales, à l'instar du Crédit du Nord et des banques d'affaires, qui développèrent avec un certain succès leur département de banque commerciale, sans toutefois se lancer dans la création d'un réseau. Malgré cet effort, les quatre grandes banques à guichets ne retrouvèrent, en franc constant, la valeur de leurs dépôts de 1913 qu'en 1928. Mais leur part dans la collecte des dépôts au niveau national déclina, en passant de 59 % en 1913 à 37 % en 1929. Quant à la valeur des fonds propres, ils ne purent suivre le rythme de l'inflation malgré les substantielles augmentations de capital de la fin des années 1920. Cette situation affecta particulièrement les banques d'affaires, dont la capacité à investir dans leur portefeuille de participations, liée au montant de leurs fonds propres, fut durablement affaiblie.

Les banques britanniques, bien que moins atteintes par l'inflation que leurs consœurs du continent suivirent une même démarche. Les *Big Five* achevèrent leur emprise sur les banques régionales et prirent le contrôle de banques coloniales. Ainsi purent-elles maintenir leur domination sur le système de crédit britannique beaucoup plus que les banques françaises : en 1938 les *Big Five* contrôlaient 78 % des dépôts bancaires du pays.

En Allemagne la crise liée à la stabilisation du mark en 1924 précipita le processus de concentration engagé avant la guerre. Dès 1921 fut créée la Danat-Därmstädter und National Bank – par fusion de la Därmastädter Bank et de la National Bank –, tandis qu'en 1929 la Deutsche Bank absorbait la Disconto-Gesellschaft. Parallèlement les grandes banques berlinoises absorbèrent les banques régionales avec lesquelles elles étaient liées avant guerre et les transformèrent en succursales. Mais comme en France, les banques régionales restées indépendantes développèrent également leurs propres réseaux. L'inflation affaiblit encore plus les banques allemandes que les banques françaises. En 1924 leur actif atteignait le cinquième de sa valeur de 1913 : elles ne rattrapèrent ce niveau qu'en 1929 mais une bonne part de leurs ressources étaient constituées de dépôts étrangers très volatiles attirés par les taux d'intérêts élevés qu'elles devaient offrir. Mais l'effort accompli leur permit d'accentuer leur contrôle sur l'activité bancaire du pays : en 1929 elles contrôlaient les deux tiers des actifs bancaires du pays. Le processus de concentration se déroula de la même façon en Belgique. La Société Générale et la Banque de Bruxelles poursuivirent l'extension de leurs réseaux de banques patronnées, tout en prenant l'initiative d'un processus de fusions qui culmina en 1928.

En Italie les grandes banques suivent la même politique que leurs consœurs du continent : la COMIT créa ainsi 40 affiliations entre 1918 et 1927 puis 25 entre 1928 et 1933.

2.2. Les grandes entreprises vers l'autonomie financière ?

L'insuffisance de l'effort de drainage réalisé par les banques et l'apparente abondance de liquidités générées par l'inflation du début des années 1920 poussa les plus grandes entreprises à trouver par elles-mêmes de nouvelles sources de financement et à se dégager de la tutelle des banques. Elles le firent parfois en plaçant dans leur orbite des banques existantes mais souvent aussi à travers la création de banques de groupe. À la fin des années 1920, les plus grandes entreprises purent conforter leur situation par un appel élargi au marché financier.

• **La création de Konzern Banken – banques de groupe –** avait commencé en Allemagne dès avant la guerre, en particulier dans l'orbite des grandes entreprises de construction électrique. À l'époque, ces créations se firent le plus souvent en accord avec les grandes banques à réseaux qui les épaulèrent. L'inflation galopante de l'immédiat après-guerre favorisa l'émancipation des grands *Konzern* qui profitèrent de la dépréciation accélérée du mark pour constituer autour d'eux des nébuleuses de participations généralement acquises au moyen de prêts bancaires remboursés en monnaie largement dépréciée. Leurs besoins de financement s'accroissant, de nombreux groupes cherchèrent à conforter leur indépendance financière en créant leur banque de groupe : on en comptait 43 en 1913 mais 112 en 1928. La déflation et le processus de rationalisation qui suivit la restauration monétaire de 1924 permit aux grandes banques berlinoises de regagner une partie de leur influence sur les entreprises. Mais ce regain d'influence ne fut que partiel.

En France, les besoins de financement des entreprises déterminèrent dans un premier temps une orientation plus marquée des banques d'affaires en direction de l'industrie. La Banque de Paris et des Pays-Bas développa dès la fin de la guerre une stratégie de groupe dans plusieurs domaines tels que l'électricité ou le pétrole. À une échelle plus modeste, les banques régionales accentuèrent leur effort de soutien aux entreprises tandis qu'une nouvelle venue, la Banque Nationale de Crédit (BNC), adoptait une stratégie proche de celle de la banque mixte. Mais ces initiatives, faute de moyens suffisants, ne furent pas durables. Sans pratiquer un total retour en arrière, la Banque de Paris et des Pays-Bas adopta une ligne plus prudente à la suite de la crise de 1921. À la fin des années vingt elle tendit à abandonner la conduite des stratégies industrielles d'envergure aux industriels, et à retourner à ses métiers d'ingénierie financière et aux opérations de marché.

Mais, comme en Allemagne, certains groupes industriels cherchèrent à se dégager de l'emprise bancaire, soit en créant leurs propres institutions de financement soit en plaçant une banque dans leur orbite. C'est ainsi qu'en 1923 les grandes entreprises houillères créèrent la Banque de l'Union des Mines tandis que Thomson-Houston fondait, en 1925, la Société Financière électrique et que la CGE créait de son côté l'Électro-Crédit. Les relations du groupe Schneider avec la Banque de l'Union Parisienne après la guerre correspondent au deuxième cas de figure. Dès avant la guerre l'industriel associa la seconde banque d'affaires française à son expansion en France puis à l'étranger. Ce partenariat banque-industrie s'épanouit durant le conflit à travers de nombreuses créations communes, au point de devenir l'axe majeur de la stratégie industrielle de la BUP dans l'après-guerre en France et en Europe Centrale, à travers la prise de contrôle de groupes de l'importance de Skoda en Tchécoslovaquie. Dans cette relation, l'industriel prenait les initiatives, la banque étant de plus en plus condamnée à un suivisme qui lui faisait perdre son autonomie. En

© ARMAND COLIN. La photocopie non autorisée est un délit.

1925, la BUP décida de réagir et prit ses distances. À la fin des années 1920 elle avait adopté une stratégie proche de celle de sa rivale Paribas.

En Italie, la guerre fut l'occasion d'un développement sans précédent de l'activité industrielle du pays et les entreprises firent appel massivement aux crédits bancaires. Cette effervescence permit le développement tous azimuts de certains groupes comme l'Ansaldo animé, par les frères Perrone qui se rapprochèrent de la nouvelle Banca Italiana di Sconto (Bansconto) dans une association qui rappelle, en France, celle de la BUP et de Schneider. Mais les besoins de financement dépassèrent les moyens de la Bansconto et les frères Perrone s'attaquèrent à la COMIT dont ils cherchèrent par deux fois à prendre le contrôle. La crise de reconversion de 1921 fut cependant fatale à ce groupe grandi trop vite et qui entra en liquidation en 1922. La crise de stabilisation de la lire, entrée dans sa phase critique à partir de 1926 ne fut cependant pas plus favorable aux grandes banques milanaises. Après une phase de gonflement de leurs engagements, entre 1922 et 1924, elles furent confrontées à la décote d'une bonne partie de leur portefeuille d'actions et durent se contenter de la clientèle des entreprises les moins solvables.

L'évolution des relations banque-industrie en Belgique suivit les mêmes itinéraires que partout ailleurs sur le continent mais le bilan fut dans ce pays plus favorable aux banques qu'en France ou en Allemagne. Si le groupe Solvay, à travers le développement de sa banque de groupe, la Mutuelle Solvay, put consolider une indépendance financière déjà bien établie avant la guerre, tandis que la SOFINA, dans le domaine de l'électricité, s'émancipait largement vis-à-vis de la Banque de Bruxelles dont elle devenait le principal actionnaire, la principale des grandes banques mixtes, la Société Générale, accentua son emprise sur l'industrie à la suite de la stabilisation du franc en 1926. C'est ainsi que Cockerill entra dans la dépendance de la Générale en 1927, tandis que les grands groupes financiers du pays se partageaient le contrôle de la distribution d'électricité.

• **Le développement du marché boursier** offrit aux plus grandes entreprises européennes un second moyen d'indépendance financière vis-à-vis des banques. Celui-ci ne recouvrit pas dans tous les pays sa santé d'avant-guerre : en Allemagne, le volume des émissions stagna durant toutes les années 1920. Mais en Angleterre, elles se montèrent à 369 millions de livres en 1928 contre 196 en 1913, tandis qu'elles atteignirent en France en 1930 un volume comparable à celui d'avant-guerre avec un montant représentant 9,6 % du PIB contre 9,2 % en 1913. En Belgique, des volumes très élevés furent atteints en 1928 et 1929. D'une manière générale les émissions destinées à l'économie nationale furent moins que par le passé concurrencées par celles qui furent organisées au profit de l'étranger. Les émissions destinées au marché intérieur passèrent pour l'Angleterre de 18 % en 1913 à 74 % du total en 1928. En France et en Belgique, les restrictions imposées à l'exportation des capitaux ne furent levées qu'à la fin des années 1920. Les émissions réalisées au profit des entreprises furent donc avant tout concurrencées par les besoins de l'État, très importants durant la période de reconstruction. Elles purent se développer largement dans la seconde moitié des années 1920, portées par la hausse des cours et le mouvement de rationalisation des structures dont nous parlerons dans le prochain chapitre. En 1928-1930, les émissions d'actions et d'obligations atteignirent 7 à 8 % du PIB contre 5,3 % en 1913. Les plus grandes entreprises purent donc, à la fin de la décennie lever des sommes importantes sur le marché afin de consolider leur trésorerie : c'est ce que fit la grande firme sidérurgique luxembourgeoise ARBED, qui se procura les liquidités dont elle avait besoin en 1930 au moyen d'un emprunt international lancé sur les marchés européens. Quant aux entreprises allemandes et italiennes elles s'adressèrent au marché américain faute d'un marché national suffisamment actif. C'est ce que firent des entreprises géantes telles que IG Farben ou les Vereinigte Stahlwerke, mais aussi de grands groupes italiens comme FIAT, Pirelli ou SADE, dans le domaine de la distribution d'électricité.

2.3. Le développement du secteur bancaire public

Les initiatives des États en matière bancaire n'eurent aucun caractère systématique et ne relevèrent que de la volonté de faire face à des besoins parfois identifiés dès avant la guerre mais que les nécessités de la reconstruction rendirent plus pressants. Parfois les intérêts privés furent associés à ces nouvelles créations le plus souvent destinées à faire face à des besoins mal satisfaits des entreprises.

Le Crédit National fut créé en 1919 en France afin de faire face aux besoins de la reconstruction, en particulier en procurant aux entreprises des avances sur dommages de guerre de manière à accélérer la reconstruction industrielle. Très vite cependant, il sortit de ce cadre en développant une activité de prêts à moyen-long terme destinés à financer l'équipement des entreprises. C'est le même rôle que joua en Belgique la Société Nationale de Crédit à l'Industrie (SNCI) créée également en 1919. Celle-ci orienta son action vers les entreprises moyennes dont elle finança les besoins au moyen des obligations qu'elle émettait. En Allemagne, la Reichskreditgesellschaft, fondée durant la guerre, joua également ce rôle.

Le crédit à la petite entreprise, à l'artisanat et au commerce fit également l'objet de nouveaux efforts. En France, ce fut la réforme des Banques populaires en 1917, alors qu'en Allemagne les Kreditgenossenschaften devinrent, avec le concours de l'État, les banques de la petite industrie, de l'artisanat et du commerce. En Belgique, la Caisse Nationale de Crédit Professionnel fut chargée de cette mission à partir de 1929. Il faudrait ajouter à cela une série d'établissements plus spécialisés comme le Crédit National Hôtelier ou le Crédit maritime, remanié en France par une loi de 1925. Mais toutes ces initiatives ne portèrent pas des fruits immédiats : les banques populaires connurent d'énormes difficultés durant les années 1920 tandis que les années 1930 furent celles d'un long assainissement. Au total elles ne réussirent pas à véritablement concurrencer les grands établissements auprès de leur clientèle.

2.4. Crise et réglementations bancaires dans les années 1930

L'une des principales conséquences de la crise des années 1930 fut sans conteste la crise majeure que connut la banque mixte en Europe et la remise en cause de sa légitimité. Dans plusieurs des pays qui en avaient fait l'axe de leur système bancaire, elle disparut sous l'effet des nouvelles réglementations des années 1930 qui, pour l'essentiel, avaient pour but d'assurer une plus grande sécurité au système.

• **La crise de la banque mixte connut son paroxysme en Allemagne** même si, de manière paradoxale, ce pays décida de ne pas remettre en cause ce modèle. Les banques allemandes avaient vu gonfler leurs engagements auprès de leur clientèle industrielle affectée à partir de 1928 par l'amorce de la crise, et ce alors qu'elles dépendaient quant à leurs ressources des dépôts à court terme de leurs correspondants banquiers étrangers. La crise bancaire allemande s'amorça à partir de septembre 1930, à la suite de la première poussée significative du NSDAP aux élections législatives et se précisa à partir de mai 1931 quand la crise de la Creditanstalt autrichienne fut rendue publique. Les retraits de dépôts étrangers, de plus en plus massifs, comprimèrent dès lors les moyens des banques. La Danat entra la première en crise en juillet, touchée en particulier par la faillite du groupe lainier Nordwolle. L'annonce de sa fermeture, le 13 juillet, généralisa la crise en entraînant un *run* général sur les dépôts bancaires. Le gouvernement ordonna dès lors la fermeture de toutes les banques les 14 et 15 juillet 1931 et procéda au sauvetage d'ensemble du système.

Ce sauvetage n'entraîna pas la remise en cause du modèle de la banque mixte que les représentants des banques voulurent préserver. Mais le gouvernement dut intervenir largement, par

© ARMAND COLIN. La photocopie non autorisée est un délit.

l'intermédiaire de la Reichsbank, pour refinancer des établissements qui étaient tous très immobilisés. La Dresdner Bank absorba la Danat Bank, et toutes les grandes banques furent renflouées grâce au rachat de créances et d'importants paquets d'actions figurant dans leur portefeuille. À l'issue de ces opérations, l'État et la Reichsbank détinrent, à travers une série d'institutions spécialisées, une partie importante du capital des principaux établissements de crédit : 91 % pour la Dresdner, 35 % pour la Deutsche Bank. Cette réforme des structures s'accompagna d'un contrôle accru des banques exercé conjointement par un Commissaire du Reich et la Reichsbank. En revanche l'État ne s'inséra pas directement dans la gestion des établissements ainsi réorganisés et considérait son engagement financier comme provisoire. En décembre 1934, une nouvelle loi bancaire créa l'Aufsichtsamt für das Kreditwesen qui imposa aux banques le maintien d'une série de ratios de liquidité. À partir de là, les titres détenus par l'État furent progressivement cédés à des intérêts privés. Cette crise permit donc la survie du système de la banque mixte et des principaux établissements ; en revanche, nombre de banques privées disparurent dans la tourmente, dont certaines du fait des mesures d'aryanisation décidées par les nazis.

La crise italienne intervint en réalité avant que les difficultés que connut l'Europe Centrale ne provoquent l'effondrement des banques en Allemagne. Entre 1927 et 1930, les banques italiennes avaient dû faire face aux besoins croissants de leur clientèle industrielle, confrontée aux effets de la déflation qui suivit la stabilisation de la lire à un niveau trop élevé. Face à l'amorce de la récession en 1930 et aux retraits massifs de dépôts en provenance de l'étranger, les banques italiennes durent maintenir les concours qu'elles apportaient à leurs grands clients industriels sous forme de comptes courants débiteurs et de soutien des cours de leurs actions en bourse. Elles ne purent le faire que grâce à un réescompte de plus en plus massif auprès de la Banque d'Italie. En réalité leurs créances sur les entreprises étaient immobilisées, sinon perdues, tandis que les paquets d'actions qu'elles conservaient en garantie étaient largement dépréciés. À la moindre alerte le système de crédit italien allait s'effondrer. Les autorités financières du pays, Banque Centrale et Ministère des Finances réussirent à intervenir à froid et purent éviter le pire. Ce fut au prix d'une réforme en profondeur des structures financières du pays.

Le Credito Italiano puis la COMIT durent abandonner l'ensemble de leurs participations industrielles à des sociétés holding tandis que la Banque d'Italie prêtait à ces dernières les sommes nécessaires au remboursement de leurs dettes bancaires. De nouvelles règles furent imposées aux banques leur interdisant les prises de participations industrielles : c'était la fin du système de la banque mixte en Italie. Restait à trouver le moyen de fournir à l'industrie les nouveaux financements dont elle avait besoin. En 1931 fut créé l'Instituto Mobiliare Italiano, institution publique de crédit industriel à long terme appuyée sur une série d'institutions de crédit publiques et sur les caisses d'épargne. Mais son action trop timorée obligea à reprendre la question deux années plus tard. En janvier 1933 fut créée l'Institut pour la reconstruction industrielle (IRI), holding public qui reprit l'ensemble du portefeuille de valeurs industrielles détenu par les holdings issus des banques. Autorisé à émettre dans le public des obligations bénéficiant de la garantie de l'État, il put ainsi dégager la Banque d'Italie de ses avances tout en procurant aux entreprises de nouvelles ressources. C'est en 1936 qu'une loi fixa définitivement la nouvelle organisation bancaire du pays. La Banque d'Italie devint établissement public et fut chargée du contrôle des banques de dépôts, tenues quant à elles à se limiter au crédit à court terme et de respecter un certain nombre de règles en matière de taux d'intérêts, d'ouvertures de succursales et de ratios de structure. Les opérations à long terme furent transférées à des organismes financiers spécialisés comme l'IRI, dont la plupart étaient contrôlés par l'État.

La crise bancaire en Belgique fut moins violente qu'en Italie ou en Allemagne, mais déboucha elle aussi sur une réforme qui fut fatale au système de la banque mixte. Furent particulièrement atteints des établissements qui s'étaient développés rapidement depuis la guerre dans l'orbite des grands courants politiques : la Banque Belge du travail, liquidée en 1934, puis la banque des agriculteurs flamands, le Boerenbond, en quasi-faillite à l'automne 1934. Les grandes banques mixtes, sans être mises véritablement en péril, furent également touchées par l'immobilisation croissante de leurs crédits aux entreprises et la dépréciation de leur portefeuille-titres. La crise était cependant devenue suffisamment grave au cours de l'été 1934 pour qu'une réforme d'ensemble du système bancaire soit entreprise. D'une part le gouvernement autorisa la SNCI à prendre en charge pour 2 milliards de francs de créances gelées afin de rendre une certaine liquidité aux banques ; d'autre part le 22 août, le gouvernement prit un arrêté obligeant les banques mixtes à séparer leurs activités bancaires de leurs activités de holding. C'est ainsi que la Société Générale de Belgique se transforma en société holding tandis qu'elle transférait toutes ses activités bancaires à un nouvel établissement : la Banque de la Société Générale. Toutes les autres banques mixtes firent de même. L'ensemble de ces dispositions fut complété en juillet 1935 sous le gouvernement Van Zeeland par de nouvelles dispositions qui complétèrent la réforme bancaire. Les banques se virent interdire la possession d'actions d'entreprises industrielles et durent limiter leurs opérations à des crédits n'excédant pas une durée de deux ans. Le contrôle du système fut confié à une Commission bancaire qui imposa aux établissements le respect de ratios de structure.

• **En France comme en Angleterre**, les structures du système bancaire furent beaucoup moins atteintes. Les grands établissements de crédit affichaient à la veille de la crise des ratios de liquidité très élevés. À la fin de l'année 1930 les fonds en caisse et à la banque centrale, donc totalement disponibles, représentaient 10,5 % du bilan pour les grandes banques anglaises, 9,5 % pour les grandes banques françaises. Ces établissements disposaient en outre des comptes à vue ou à très court terme qu'ils avaient chez leurs correspondants banquiers, ce qui portait le total de leurs liquidités immédiatement disponibles à environ 20 % de leurs bilans. Quant aux placements, ils restaient pour l'essentiel à court terme, les effets de commerce occupant une place essentielle dans les bilans des entreprises françaises.

La crise ne fut cependant pas sans effets sur les banques françaises : plus de 100 défaillances en 1930 (banque Adam de Boulogne, Banque d'Alsace-Lorraine), encore autant en 1931. Au total 670 établissements disparurent entre 1929 et 1937, dont nombre de banques régionales comme Guérin à Lyon, Charpenay à Grenoble, assez fortement engagées auprès d'entreprises industrielles de leurs régions. Mais des établissements de plus grande importance furent atteints : à la suite de deux *runs* successifs, en septembre 1931 et en mars 1932, la Banque Nationale de Crédit (BNC) entra en liquidation. Quant à la BUP, seconde banque d'affaires française, elle entra dans une crise durable entre 1932 et 1934 et dut être réorganisée. Ces crises entraînèrent une restructuration partielle du système bancaire français : le CIC reprit les actifs d'un certain nombre de banques régionales en difficulté, tandis que la Banque Nationale du Commerce et de l'Industrie (BNCI), l'une des deux composantes de l'actuelle BNP, succéda à la BNC.

En Angleterre, les grandes banques par action préservèrent sans difficultés majeures leur situation. La crise de la livre de septembre 1931 fut gérée par les autorités de manière à éviter un *run* sur les dépôts. Mais les établissements plus spécialisés ou les plus ouverts sur l'étranger souffrirent davantage. Schroeder, Kleinworth, Seligman virent une bonne partie de leurs engagements à l'étranger gelés en Allemagne ou en Europe Centrale. La solidarité de place et le concours de la banque d'Angleterre permit de sauver une partie de ces maisons. De même les banques spécialisées dans l'escompte – *Discount Houses* – les plus engagées sur l'étranger connurent des difficultés et certaines d'entre elles disparurent.

Le bon comportement des grands établissements bancaires face à la crise a eu pour contrepartie, surtout en France, une réduction significative de leur contribution au financement des entreprises. D'un coté leurs ressources ont diminué, surtout à partir de 1933. Jusque là, la baisse des dépôts avait touché les établissements de manière sélective. Les très grandes banques à guichet servirent dans un premier temps de position de repli à des clients qui abandonnaient des établissements de tailles inférieures jugés moins sûrs, tandis que l'afflux de capitaux flottants leur bénéficiait également. À partir de 1933, les grandes banques commerciales furent à leur tour victimes d'une

© ARMAND COLIN. La photocopie non autorisée est un délit.

perte de ressources au profit d'établissements publics qui servirent de refuge, comme les Caisses d'épargne qui virent leurs dépôts doubler entre 1929 et 1936 tandis que les dépôts à la Banque de France triplaient. Mais les banques commerciales purent compenser, pour partie, ces pertes de ressources en rapatriant une part de leurs disponibilités à vue sur l'étranger et en diminuant leur encaisses pléthoriques. En réalité on peut se demander si les ressources leur manquèrent vraiment. Entre 1931 et 1936 les comptes courants débiteurs et les portefeuilles à court terme des grandes banques diminuèrent, tant sous l'effet d'une prudence accrue qu'en raison de l'absence réelle de demande de concours. Les banques recherchèrent donc systématiquement les Bons du Trésor afin de faire travailler leurs dépôts. Dès la fin de l'année 1935 les effets publics représentaient deux fois les effets privés dans le portefeuille de ces établissements. Dès lors il est difficile d'accuser les banques de tous les maux dont souffrit l'économie française durant ces années. Peut-être le développement d'une offre plus diversifiée, en particulier dans la gamme des crédits à moyen terme aurait-elle pu revigorer leur activité. Il est probable que, comme le dit Alain Plessis, toute nouvelle dynamique dépendait en fait d'un « changement profond de tout l'environnement social et économique » qui n'intervint qu'après le second conflit mondial.

3. Banque et financement des entreprises depuis la guerre

3.1. Puissance du secteur public et réglementation

• Les mutations bancaires issues de la Deuxième Guerre mondiale prolongent par bien des aspects celles des années 1930 avec l'accentuation du rôle de l'État, que ce soit par le biais du développement du secteur public ou par l'intermédiaire des contrôles et réglementations.

En France et en Angleterre la fin de la guerre vit la nationalisation immédiate de la banque centrale. La Banque d'Angleterre le fut par les travaillistes en 1946. Mais cette nationalisation ne modifia pas fondamentalement les relations entre l'institut d'émission et la Trésorerie, déjà fort étroites durant l'entre-deux-guerres. La nationalisation de la Banque de France, réalisée en 1945, n'était par certains aspects que la prolongation de la réforme de 1936 qui avait ôté la réalité du pouvoir aux intérêts privés. Mais elle s'inscrivait également dans une perspective plus neuve : celle de la modernisation, qui impliquait une nouvelle dynamique de l'investissement que seul l'État semblait pouvoir impulser. La mainmise de l'État sur le crédit passa donc aussi par la nationalisation des grandes banques à réseau – Crédit Lyonnais, Société Générale, Comptoir National d'Escompte de Paris (CNEP) et BNCI – afin, selon la formule du général de Gaulle, de « diriger l'épargne nationale vers de vastes investissements ». Seules les banques d'affaires, parmi les grands établissements, échappèrent à la nationalisation en raison de la volonté des pouvoirs publics de conserver intacts leurs réseaux d'alliances internationales.

La mise en place des réglementations professionnelles, là où elles n'existaient pas encore, achevèrent de placer le système bancaire sous le contrôle de l'État. Les premières mesures prises sous Vichy en 1941 furent complétées par la législation établie en 1945. À l'image de ce qui existait déjà en Belgique et en Italie, fut établie une distinction formelle entre banques de dépôts, qui virent leurs activités limitées aux opérations à court terme (moins de deux ans) et se virent pratiquement interdire toute participation dans les entreprises, et les banques d'affaires, qui furent autorisées à emprunter et à prêter à plus de deux ans et à prendre des participations dans les entreprises. L'ensemble du système fut placé sous le contrôle d'un Conseil National du Crédit chargé de faire respecter aux établissements un certain nombre de normes prudentielles au moyen d'une série de ratios de structures et de la constitution de réserves obligatoires en fonds publics. Les conditions d'accès au réescompte de l'institut d'émission, les conditions de taux et la création de succursales nouvelles furent également réglementées. En fait, ces dispositions figèrent la division du travail en place depuis le début du siècle et créait une cartellisation officielle de la profession bancaire en France.

Les réglementations introduites dans les autres pays d'Europe continentale ne furent pas, par essence, très différentes. En Allemagne, la reconstitution d'un système bancaire sur une base nationale à la fin des années 1950 aboutit à la création d'un Bundesaufsichtamt für das Kreditwesen, chargé de déterminer et de faire respecter les règles de liquidité aux banques qui conservèrent cependant leur caractère de banques mixtes.

Loin de voir le secteur public se limiter aux bornes atteintes dans l'immédiat après-guerre, les États eurent souvent tendance, durant les années 1950 et 1960 à en étendre le champ et le poids au fur et à mesure que de nouveaux besoins se faisaient sentir. En France, l'État favorisa la croissance des organismes spécialisés qui dépendaient directement de lui ou des avantages qu'il leur octroyait, et destinés à pourvoir des besoins de financement spécifiques. À travers les réseaux de Caisses d'épargnes et leurs 20 millions de livrets, la Caisse des Dépôts draina ainsi une part importante de l'épargne qu'elle consacra en partie au financement des collectivités locales. Les Banques Populaires et le Crédit Mutuel orientés vers les classes moyennes – fonctionnaires, professions libérales – ou les petites et moyennes entreprises connurent également une forte croissance, ce dernier surtout appuyé sur ses piliers alsacien et breton. De son côté le Crédit Agricole augmenta considérablement sa part dans la collecte des dépôts au cours des années 1950-1970 réduisant ainsi encore un peu plus la place des établissements issus de la révolution bancaire du milieu du XIXe siècle. C'est ainsi qu'en 1966 le bilan des banques mutualistes représentait 46,8 % de celui des grandes banques à réseaux contre 11,6 % en 1946.

La tendance à la croissance des organismes publics se fit de même sentir en Belgique. Elle s'appuya sur la CGER, déjà très active durant l'entre-deux-guerres, et sur le Crédit Communal, fédération de caisses au service des collectivités locales qui multiplia ses dépôts par vingt entre 1945 et 1965 et se vit autorisé à ouvrir des comptes à vue aux particuliers en 1967. En Italie, l'État a encouragé le développement d'une série importante d'instituts spécialisés de financement à moyen-long termes. Un certain nombre d'entre eux étaient publics et actifs à l'échelle de tout le pays, comme l'Institut Mobilier Italien ; d'autres avaient une vocation régionale et étaient placés sous la dépendance de la Caisse du Midi. Quand à la Mediobanca, il s'agissait d'une banque d'investissement industriel à moyen-long terme créée en 1946, dont les grandes banques à réseau contrôlées par l'État – COMIT, Credito Italiano – devinrent les principaux actionnaires.

• **Le financement des entreprises industrielles** fut fortement marqué, dans plusieurs pays, par le nouveau poids de l'État dans la vie économique.

Celui-ci, à travers son degré d'intervention et de contrôle influença le taux d'autofinancement des entreprises industrielles et, par là même, l'ampleur de leurs besoins en financements extérieurs. Partout les taux d'autofinancement sortirent laminés du conflit : 12 % en 1947 en France, 22 % en 1949. Au-delà des difficultés inhérentes à la situation, l'ampleur du contrôle des prix explique les disparités entre pays et entre branches. C'est ainsi qu'en France, en 1955, le taux d'autofinancement était de 65 % pour la mécanique et la construction électrique, de 34 % pour la sidérurgie, mais de 92 % pour le textile. En terme de profits, la mise en œuvre des grandes priorités nationales ne fut guère favorable aux profits des branches concernées. Au milieu des années 1960, les taux français restaient inférieurs à ceux qui étaient atteints en Allemagne ou en Angleterre. En Allemagne ils atteignaient déjà une moyenne de 75,4 % dans la décennie 1950 et se maintinrent à 74,1 % dans la décennie 1960.

La structure des financements externes évolua également. L'État joua un rôle déterminant dans les années de l'immédiat après-guerre. En France les fonds publics représentèrent 64 % de

© ARMAND COLIN. La photocopie non autorisée est un délit.

l'investissement productif en 1949 mais tombèrent à 41 % dès 1951. Les fonds alloués par le Fonds de modernisation et d'équipement puis le FDES – Fonds de développement économique et social – profitèrent surtout aux entreprises publiques mais aussi à la sidérurgie, qui reçut la moitié des dotations réservées au secteur privé. Par la suite, ce dernier dut se contenter de canaux plus traditionnels de financement, tandis que la part du financement public diminuait progressivement pour atteindre 12 % en 1974. Cette évolution fut généralement plus rapide dans les autres pays mais les financements publics représentaient 4 % des investissements nets des entreprises allemandes dans la décennie 1960.

D'une manière générale les bourses ne retrouvèrent plus leur rôle d'avant-guerre au cours des années 1950 et 1960. Les marchés furent peu actifs et l'évolution des cours peu favorable jusqu'au milieu des années 1950. Dès lors, leur hausse encouragea un retour des entreprises vers les marchés. En France la hausse avait été déclenchée par la spéculation sur les valeurs pétrolières. Bientôt tous les secteurs profitèrent du mouvement : à Paris la décennie 1950 fut bonne et permit de rattraper le temps perdu par rapport à l'évolution du PNB. Mais le début des années 1960 marqua un coup d'arrêt : les bourses européennes évoluèrent négativement jusqu'à la fin de la décennie, malgré un réveil tardif et de courte durée après 1968. En France le volume des émissions représenta 2,4 % du PIB en 1949, 3,6 % en 1959 puis se stabilisa. Mais la concurrence fut vive entre les besoins de l'État et des collectivités et ceux des entreprises malgré les efforts d'abstention du gouvernement, surtout après 1967. Au total, la bourse représenta 18,5 % du financement externe des entreprises dans la décennie 1960 en France – soit la moitié des estimations de Teneul pour 1913 –, le financement bancaire 77,7 %, les dotations de l'État 3,8 %. L'évolution allemande ne fut guère différente. Au cours de la décennie 1950 les émissions représentèrent environ 17 % des financements externes des entreprises allemandes, mais elles tombèrent à 12 % environ au cours de la décennie suivante.

Les financements bancaires jouèrent donc un rôle déterminant pour les entreprises jusqu'à la fin des années 1960. Les réformes engagées dès la fin de la guerre en France visèrent au développement du crédit à moyen terme qui devint l'instrument clé de la modernisation en matière de financement. En réalité ce choix impliquait un financement de l'investissement par une large création monétaire : la grande masse des crédits à moyen terme octroyés par les banques aux entreprises était mobilisable auprès de la Banque de France après aval d'institutions spécialisées comme le Crédit National. Comme nous le dirons plus loin, les réformes entreprises en 1966-1967 par le gouvernement visèrent à impliquer plus largement les grandes banques à réseau dans le financement des crédits à moyen terme à l'économie. L'évolution en ce sens fut nette entre 1967 et le début des années 1970. Les crédits bancaires occupèrent également une place essentielle dans le financement des investissements des entreprises allemandes : 11,8 % du total dont 9 % à moyen-long terme dans les années 1950, 13,4 % dont 11,5 % à moyen-long terme dans la décennie 1960. Dans les deux cas il s'agit de 48 % et de 52 % du financement de leurs investissements. En Italie, les instituts de crédit à moyen terme furent les instruments privilégiés du financement de l'industrie après 1945. Ils se financèrent à travers l'émission d'obligations placées auprès du public par les établissements à guichet qui en étaient les actionnaires. L'abondance et la facilité avec laquelle ces financements furent attribués expliquent pour partie l'essor rapide de l'industrie italienne au cours des années 1950 et 1960.

3.2. *L'amorce d'un retour à la concurrence*

La deuxième moitié des années 1960 fut marquée en Europe par un retour à plus de concurrence entre les banques et une nouvelle phase de concentration accrue des établissements bancaires. Le phénomène s'explique à la fois par l'ouverture des frontières à l'échelle du Marché Commun et l'émergence d'un marché international des capitaux à partir du milieu des années 1960 mais aussi par la volonté des États de se désengager du financement de l'économie, d'en reporter l'essentiel sur le marché et les banques et de restaurer une plus grande concurrence. C'est dans cette perspective qu'il faut interpréter les mesures prises par le ministre des Finances français Michel Debré en 1966-1967 qui amorcèrent une relative déréglementation en décloisonnant pour partie les marchés à court terme et à long terme de l'argent et en rendant leur liberté aux banques quant à la création de nouvelles implantations. C'est également de 1967 que date la libéralisation des taux d'intérêt en Allemagne tandis que le gouvernement belge atténuait les limitations relatives à la détention d'actions et d'obligations par les banques.

En Allemagne, le processus de concentration commença dès les années 1956-1958 quand les mesures de décentralisation économique prises par les alliés furent levées. La Deutsche Bank, la Dresdner Bank et la Commerzbank purent donc retrouver leur intégrité et agir sur l'ensemble du territoire de la RFA. Les années 1960 virent à la fois les implantations se multiplier tandis que le nombre d'établissements se réduisait. Renouant avec un mouvement de concentration largement assoupi depuis 1918, deux des *big five* britanniques, la National Provincial Bank, et la Westminster Bank fusionnèrent en 1968 pour créer la National Westminster Bank ou Natwest. Dans le souci de préserver un degré suffisant de concurrence, les autorités empêchèrent cependant la fusion de la Lloyds avec la Barclays. En France, le gouvernement lança lui-même le mouvement en fusionnant, en 1966, le CNEP et la BNCI pour créer la Banque Nationale de Paris (BNP). Deux années plus tard, la despécialisation de la profession entre banques de dépôts et banques d'affaires poussa ces dernières à se constituer un réseau afin de drainer les dépôts. S'ensuivit une lutte entre Banque de Paris et des Pays-Bas et groupe Suez pour la prise de contrôle du CIC. Les fonctionnaires du ministère des Finances ne purent s'empêcher d'arbitrer entre les deux concurrents : Paribas prit finalement le contrôle du Crédit du Nord et de la BUP qu'il fusionna tandis que Suez recevait le CIC. Au-delà de ces péripéties, tous les établissements s'engagèrent dès lors dans une course soutenue aux guichets qui rappelle celle des années 1920 ou des années 1900. Les établissements belges firent de même durant les années 1950 et 1960, années qui virent par exemple la Banque Paribas-Belgique créer un réseau de succursales dans les principales villes du pays tandis que la Kreditbank occupait le terrain en Flandres avant de se déployer dans les autres provinces belges. Mais le mouvement de fusion fut également très important en Belgique avec l'absorption, en 1965, de la Société Belge de Banque des Solvay par la Banque de la Société Générale de Belgique, confortant ainsi la nouvelle Société Générale de Banque à la tête des établissements du pays. En 1975, la Banque de Bruxelles absorbait la banque Lambert, héritière de l'implantation des Rothschild en Belgique au XIXe siècle.

La tendance générale qui se dégage à la fin des années 1960 va donc vers une despécialisation des banques, qui eurent tendance à étendre la gamme des métiers pratiqués dans un contexte de concentration accrue. De ce fait, le modèle de la banque mixte, que seules les banques allemandes pratiquaient encore depuis la guerre devint à nouveau la référence. Il inspira sans aucun doute possible les promoteurs des réformes bancaires françaises de 1966-1967. Mais le processus ne fut pas poussé jusqu'au bout, en partie du fait de l'émergence de la crise des années 1970. Il faudra attendre le milieu des années 1980 pour que le processus de déréglementation vienne à son terme.

3.3. Banque et industrie : une relation discontinue ?

Étant données les réglementations issues de la guerre, le financement des entreprises industrielles en France fut plus que jamais, jusqu'aux années 1960, le domaine des banques d'affaires. Ce phénomène s'inscrivait dans une continuité historique pour des banques telles que Paribas ou la BUP, il correspondait en revanche à une politique de redéploiement pour la Banque de l'Indochine ou le groupe Suez à l'issue de la décolonisation. Le renouvellement des états-majors bancaires au cours des années 1950-1960 marqua cette volonté d'accroître le champ

© ARMAND COLIN. La photocopie non autorisée est un délit.

de leurs interventions auprès des entreprises : les ingénieurs, très souvent polytechniciens, peuplèrent dès lors les états-majors des banques d'affaires désireuses d'afficher leur expertise. Elles le firent également en élargissant la palette de leurs interventions : aux opérations de «haut de bilan» dont elles étaient spécialistes vinrent s'ajouter les crédits à moyen terme qu'elles utilisèrent abondamment, les crédits à l'exportation et divers services encore plus spécifiques qu'elles développèrent à travers des filiales spécialisées.

Les relations avec les grandes entreprises restèrent jusqu'aux années 1970 leur domaine de prédilection. C'est ainsi que les dirigeants de Suez cherchèrent en priorité à structurer leur groupe autour d'un réseau de participations majeures dans de grandes entreprises comme Pont-à-Mousson en 1966, la Lyonnaise des Eaux en 1967-1971, Saint-Gobain en 1969, Béghin, en association avec la banque Vernes, en 1973.

Cependant, de même que durant l'entre-deux-guerres, les banques semblent difficilement avoir pu imposer leurs stratégies à leurs partenaires industriels majeurs. C'est ainsi que la réorganisation de Saint-Gobain- Pont-à-Mousson à l'issue de la fusion des deux groupes fut essentiellement l'œuvre de l'industriel Roger Martin issu de Pont-à-Mousson, et non celle de Suez qui parraina pourtant l'opération d'un point de vue financier. Paribas de son coté, comme à la fin des années 1920, décida à plusieurs reprises, au cours des années 1960 de confier à un opérateur industriel majeur le destin d'entreprises dont elle ne pouvait accompagner seule le développement. Globalement la relation banque d'affaires-entreprise industrielle reste le plus souvent discontinue, la banque se contentant le plus souvent d'un suivi d'actionnaire et ne prenant les choses en mains qu'en cas de crise grave.

Le même constat peut être fait pour les grandes banques allemandes. Si elles détiennent des participations dans environ un tiers des sociétés cotées en 1960, réparties dans les mines et les services commerciaux pour les trois grandes banques, le textile et les brasseries pour les grandes banques régionales, il s'agit pour l'essentiel d'entreprises de taille intermédiaire et non des plus importantes. Encore faut-il ajouter que dans plus de la moitié des cas il s'agit de participations comprises entre 5 et 25 % du capital. En réalité, les règles de prudence les plus élémentaires conduisent les banques à une répartition de leurs risques ce qui interdit la prise de contrôle d'entreprises véritablement importantes. Les exceptions à cette règle sont rares et concernent essentiellement la Deutsche Bank qui détient depuis 1926 un quart du capital de Mercedes-Benz. Encore dut-elle entre 1952 et 1975 tenir compte de la présence de l'industriel F. Flick dont la participation atteignit 37 %. Cette faible influence des banques en tant qu'actionnaire est cependant compensée par la mobilisation des droits de vote détenus par leur clientèle dans ces entreprises lors des assemblées générales d'actionnaires. Cette mobilisation se fait largement au profit des trois grands établissements qui peuvent, lors de ces assemblées, contrôler les décisions lorsqu'aucun actionnaire de référence n'existe. Cette position prééminente aux assemblées permet aux banques de détenir une représentation significative au sein des conseils de surveillance. C'est ainsi qu'en 1960, selon une étude réalisée sur 391 sociétés cotées en bourse, seules 73 d'entre elles n'avaient pas de représentant des banques à leur conseil ; mais les banquiers détenaient 573 mandats d'administrateurs dans les 318 restantes soit presque 2 par entreprise. Au total, les banques détenaient le tiers des sièges réservés aux représentants des actionnaires au sein des conseils de surveillance. D'une manière générale les trois grandes banques, à la tête desquelles la Deutsche Bank suivie par la Dresdner, particulièrement active à la fin des années 1960, et la Commerzbank monopolisaient ces sièges. Mais un certain nombre de banques privées ou régionales étaient parvenues à se maintenir. La Deutsche Bank l'emportait cependant quant aux mandats de président, le seul qui assurait un contact quasi permanent avec le directoire, grâce à la forte personnalité de Hermann J. Abs, son président jusqu'en 1969. En 1968 il parvint même à évincer le représentant de la Dresdner à la tête de Krupp. De tels mandats permettaient-ils toutefois de jouer un rôle déterminant dans la politique de l'entreprise ? D'une manière générale, la détention d'un mandat présidentiel ou d'une vice-présidence accompagnée d'une participation dans le capital permettait à la banque qui en bénéficiait de jouer le rôle de « banque-maison » de la firme en question. C'est cette banque qui dirigeait le *pool* bancaire de la firme, c'est-à-dire instruisait les dossiers de financement, prenait la plus grosse part des crédits et des titres à placer lors d'une émission. Au-delà, l'exercice d'une responsabilité industrielle n'était pas de mise : comme dans le cas des banques d'affaires françaises, ce n'est qu'en cas de crise que la banque pouvait exercer une responsabilité en participant à la mise sur pieds d'un redressement éventuel. Souvent cependant, l'exercice de cette responsabilité se limitait à la nomination d'un nouveau patron du directoire, parfois homme de confiance des banques, comme dans le cas de Krupp en 1967. Mais ce type d'intervention fut rare pour les plus grandes entreprises. La relation banque-industrie est donc moins continue qu'il n'y parait dans le système allemand : elle tendit à se modeler sur le modèle de la banque d'affaires française.

En Belgique, le financement à long terme de l'industrie revint essentiellement aux holding financières héritières depuis 1934 des portefeuilles industriels des banques mixtes. Détentrice après la guerre d'importantes participations en Belgique et au Congo, la Société Générale eut les plus grandes difficultés à mettre en œuvre les arbitrages et les choix douloureux qui auraient été indispensables à un renouvellement judicieux des activités qu'elle patronnait. Le phénomène est en grande partie dû, selon G. Kurgan-van Hentenryk, au mode de recrutement de son collège de directeurs. Les années d'après-guerre virent en effet l'accès à cette fonction revenir à des cadres dirigeants, presque tous ingénieurs, issus des états-majors des grandes filiales. Dès lors, chacun d'entre eux n'eut de cesse de protéger le secteur et le groupe d'entreprises dont il avait la responsabilité et dont il était issu, rendant le contrôle de la holding de plus en plus opaque et les arbitrages entre « baronnies » très difficiles. Ici encore le pouvoir des banques ou de la finance sur les entreprises industrielles est beaucoup moins effectif qu'on ne l'a longtemps prétendu.

© ARMAND COLIN. La photocopie non autorisée est un délit.

DOCUMENTS

Bilans bancaires en Belgique, France, Allemagne, Pays-Bas
Différents postes en % du bilan

	Caisse et banques	portef. commercial/ papier gvtal à c.terme	avances et prêts	titres	capital + réserves en % des engagts
Toutes banques belges	10, 2	19,6	53,4	16,8	20,9
SGB + B. de Bruxelles	27,9	12,5	31,3	29,2	35,0
5 grandes banques hollandaises	17,8	22,4	54,0	5,7	22,7
6 grandes banques françaisesde dépôts	19,7	49,4	30,2	0,6	7,6
2 grandes banques françaises d'affaires	22,9	25,7	36,3	15,1	14,7
7 grandes banques allemandes	3,1	31,3	61,9	3,8	6,7

Source : Hogg L. H., *Structural rigidities and policy inertia in interwar Belgium.*

Financement des investissements dans le secteur productif en Allemagne.
Ressources nettes. En % par origines

	1950-1959	1960-1969
Autofinancement	75,4	74,1
Provisions pour pensions	3,2	2,0
Transferts du Gouvernement	1,2	4,0
Emprunts aux banques	11,8	13,4
Actions / obligations	4,2	3,1
Autres	4,2	3,4
Total	100	100

Source : Edwards J. and Fischer K., *Banks, finance and investisment in Germany.*

Émissions brutes sur le marché financier français depuis le début du siècle
(% de la PIB)

	1900	1913	1930	1938	1949	1959	1964
État, collectivités, éts. publics de crédit	0,1	0,5	0,6	2,6	1,5	0,5	1,5
Actions	2,0	2,6	3	0,4	0,5	1,7	1,2
Obligations	1,8	2,9	4,4	0,1	0,3	1,4	1,0
Valeurs étrangères	1,6	3,2	1,2	—	—	—	—

Source : Carré J.J., Dubois P., Malinvaud E., *La Croissance française.*

© ARMAND COLIN. La photocopie non autorisée est un délit.

CHAPITRE VI

LA GRANDE ENTREPRISE EUROPÉENNE DES ANNÉES 1880 AUX ANNÉES 1960

Dès avant la Première Guerre mondiale Walther Rathenau, patron de l'une des deux grandes firmes de l'industrie électrotechnique allemande, constatait que l'ensemble de la vie économique des pays industrialisés – États-Unis et Europe – était aux mains d'un groupe de quelques centaines de dirigeants qui contrôlaient les plus grandes entreprises du monde. Rathenau s'exprimait à un moment où le mouvement de concentration en Europe et aux États-Unis avait donné naissance à une série d'entreprises géantes dont l'US Steel en Amérique resterait longtemps le symbole, mais également bien représentée en Europe par Krupp en Allemagne, Imperial Tobacco en Angleterre ou Saint-Gobain en France. Ce phénomène de concentration présente une dimension technique, marquée par la taille des plus grands établissements mais aussi une dimension économique relative à la part de marché détenue par les plus grandes firmes. Ainsi les 100 premières entreprises britanniques qui assuraient 16 % du produit industriel du pays en 1909 en assuraient 38 % en 1963. Pour la France les chiffres sont respectivement de 12 et 26 %. Si les données mentionnés pour la Grande-Bretagne, en termes de parts de marché, ne sont guère éloignées de celles que l'on connaît pour les États-Unis à la même époque, la taille des entreprises américaines surpassa largement, en valeur absolue, celle des entreprises européennes. En 1907, US Steel représentait plus de 5 fois l'Allemand Krupp et plus de 20 fois le Français Schneider en termes de capitalisation boursière. Cette antériorité tout comme la très grande taille des entreprises américaine, fascina très tôt les européens qui, dans les années 1920, cherchèrent parfois à s'inspirer du « modèle » américain. Ce dernier devint la référence quasi obligée en matière de politique des structures dans les années 1960. C'est également au cours de ces années que les historiens de l'entreprise, à la tête desquels Alfred D. Chandler Jr. élaborèrent l'histoire du modèle de la grande entreprise américaine en qui ils virent l'une des explications des performances économiques des États-Unis au XXe siècle. En réalité s'il ne fait aucun doute que les points communs à l'évolution des grandes entreprises sont nombreux d'un côté et de l'autre de l'Atlantique, il n'en est pas moins vrai que les modalités du phénomène de concentration et d'évolution de la grande entreprise européenne présentent des spécificités bien marquées.

© ARMAND COLIN. La photocopie non autorisée est un délit.

1. La concentration des entreprises en Europe

1.1. Causes et modalités de la concentration

• **L'apparition de la grande entreprise** moderne fut déterminée à la fois par les évolutions technologiques présentées dans les chapitres précédents et par l'avènement progressif de marchés de consommation de masse.

Les nouvelles technologies provoquèrent dans plusieurs branches d'activité, principalement sous l'effet d'innovations de procédés, une augmentation de la taille des outils et de leur capacité de production, déterminant ainsi de substantielles économies d'échelle pour les entreprises qui les mirent en œuvre. La concentration eut donc souvent pour finalité l'acquisition de l'optimum technique lié aux technologies disponibles. Mais dans les branches issues de la seconde révolution industrielle la concentration fut également déterminée par le coût croissant des recherches et la nécessité d'en exploiter toutes les potentialités en matière d'innovation de produits afin de les amortir. Ce fut particulièrement le cas pour la construction électrique et pour la chimie. D'une manière générale le phénomène de concentration fut donc lié à l'apparition de technologies à forte intensité de capital et toucha moins les branches à forte intensité de travail comme le textile ou la chaussure. Mais ces économies étaient également liées à l'existence d'un marché de consommation suffisamment large et doté de moyens de communication et de transport permettant d'organiser la vente des produits sur une vaste échelle. La mise en œuvre d'une production de masse imposa souvent la prise en main par les entreprises de leur commercialisation et de leurs approvisionnements. L'intégration de la fonction commerciale fut conditionnée par le volume de la production à mettre sur le marché qui justifia, à partir d'un certain niveau, la création de structures propres aux entreprises industrielles, mais aussi par le souci d'une meilleure efficacité dans l'approche du marché pour des produits très spécifiques et pour lesquels la concurrence était rude, comme dans l'industrie automobile. Par ailleurs, dans des branches à évolution technologique rapide, un suivi très fin des besoins du marché était nécessaire afin de saisir toutes les opportunités offertes par les nouvelles découvertes et de s'adapter le mieux possible aux besoins de la clientèle. En amont, l'intégration des approvisionnements pouvait être lié à plusieurs facteurs en fonction de critères de sécurité et de coût, ou pour assurer une meilleure gestion des flux. Ce fut souvent le cas dans la métallurgie où les principales firmes cherchèrent systématiquement à prendre le contrôle de mines.

Dans un premier temps la concentration industrielle s'opéra selon deux modes. La concentration verticale se fit par regroupement des activités situées en amont, en particulier pour les industries de base – charbonnages ou mines de fer pour la sidérurgie –, ou par redéploiement de l'entreprise vers l'aval qu'il s'agisse d'activités de transformation ou de distribution. Mais ce fut surtout la concentration horizontale qui détermina l'augmentation de la taille des entreprises, par adjonction de capacités nouvelles de production dans l'activité principale de l'entreprise. Ces deux formes de concentration purent se faire par croissance interne, c'est-à-dire augmentation progressive des capacités de production, ou par croissance externe à travers le rachat d'établissements concurrents.

Une étape ultérieure de la croissance fut souvent celle de la diversification. Celle-ci put être liée à toute une série de facteurs : volonté d'exploiter l'ensemble des potentialités de la recherche réalisée au sein de l'entreprise ou les capacités offertes par son réseau commercial, volonté d'assurer la pérennité de l'entreprise par le développement d'activités susceptibles de renouveler son potentiel de croissance ou de diminuer les risques d'une trop grande spécialisation. Une telle démarche a abouti souvent, surtout après la Seconde Guerre mondiale, à la constitution de conglomérats industriels très diversifiés.

• **Par-delà des différences nationales** que nous présenterons plus loin, le niveau de concentration des entreprises en Europe marqua d'une manière générale un temps de retard par rapport aux États-Unis. Ce retard déjà accusé au début du siècle, à l'issue de la phase de concentration extrêmement active que connut ce pays au tournant du siècle, se maintint pour l'essentiel durant l'entre-deux-guerres et ne se résorba de manière significative qu'au cours des années 1960. Le classement des grandes entreprises mondiales réalisé par Fortune pour l'année 1973 montre que ce rattrapage n'était pas encore totalement achevé à l'issue de la période de croissance d'après-guerre : cette année là, les États-Unis comptaient 211 entreprises parmi les firmes employant plus de 20 000 personnes, les trois grands pays européens n'en comptaient alors que 103 dont 50 pour la Grande-Bretagne, 29 pour l'Allemagne et 24 pour la France.

La spécificité de l'évolution européenne tient pour une très large part à la structure du marché sur le vieux continent. Les chapitres précédents ont en effet montré que l'Europe disposa, jusqu'à la Seconde Guerre mondiale des grandes technologies de la seconde industrialisation selon une chronologie assez proche de celle des États-Unis et qu'il en fut relativement de même ce qui concerne les méthodes d'organisation scientifique du travail, même si ces dernières furent d'abord développées outre-Atlatique. La nature du marché constitua donc longtemps le facteur majeur d'explication de la chronologie et des modes d'évolution spécifiques des structures d'entreprises en Europe. D'une façon plus générale les analyses convergent pour constater le caractère relativement étroit et peu homogène des marchés nationaux en Europe. Le phénomène est en particulier vrai pour la France, pays relativement peu urbanisé, au niveau assez bas des salaires et à la forte population paysanne dont les achats en produits industriels étaient souvent mesurés au plus juste. Les marchés nationaux en Europe restèrent donc longtemps assez fractionnés, caractérisés par une demande de produits de qualité pour une fraction assez étroite de la population et la faiblesse de la demande pour une production industrielle de masse. Les analyses qui ont pu être faites pour la Belgique où l'étroitesse du marché national et le bas niveau de salaire jouèrent le même rôle que la forte population rurale en France, convergent avec celles des historiens britanniques qui relèvent, pour leur pays, des caractéristiques similaires à celles des pays du continent bien que moins accentuées; quant au marché que représenta l'Empire britannique, son manque d'homogénéité semble interdire de le considérer comme un véritable prolongement du marché national. Il ne joua donc pas un rôle équivalent à celui du marché nord-américain.

L'entre-deux-guerres modifia en partie ces données et marqua une première convergence vers le modèle de la grande entreprise en Europe. Celle-ci tint à la diffusion plus large des technologies issues de la seconde industrialisation et au mouvement de rationalisation qui affecta tous les pays d'Europe après la Grande Guerre. Mais la taille du marché vint à nouveau brider la convergence vers le modèle de la grande entreprise à la fin des années 1920, du fait de la faiblesse persistante de la taille des marchés nationaux dénoncée par plusieurs industriels. Cependant, une certaine évolution se produisit en Grande-Bretagne, marquée au cours des années 1930 par une hausse du niveau de revenu et l'émergence d'un marché de consommation de masse, spécifiquement pour des produits tels que les automobiles, les fibres artificielles ou le matériel électrique. Ce développement des marchés de nouveaux produits, bien que perceptible dans les autres pays d'Europe, y fut cependant moins marqué, en particulier du fait de l'orientation prise par les économies allemandes ou italiennes dans les années qui précédèrent la guerre. Quoiqu'il en soit, cette étroitesse et ce fractionnement du marché européen furent dès l'entre-deux-guerres identifiées par nombre d'analystes comme le facteur majeur d'explication du « retard européen » sur les États-Unis : l'aspiration à créer un « grand marché » en Europe Occidentale comme facteur de modernisation des structures du capitalisme fut l'un des moteurs des réflexions autour de l'idée d'intégration économique européenne au cours des années 1920.

Il ne fait aucun doute que la mise en place de l'État-Providence, qui ne fit pleinement sentir ses effets qu'à partir du milieu des années 1950, et l'ouverture progressive des marchés européens et mondiaux, surtout à partir de 1958, jouèrent un rôle essentiel dans la création de marchés

© ARMAND COLIN. La photocopie non autorisée est un délit.

nationaux puis d'un marché européen de vaste ampleur. La convergence que l'on constate entre augmentation du niveau de vie, ouverture des marchés, concentration des entreprises et évolution des structures de management à partir des années 1960, confirment la primauté de la taille et de la structure du marché comme facteur d'explication de la nature et des évolutions spécifiques des grandes entreprises européennes depuis la fin du XIXe siècle.

1.2. Des formes spécifiques à l'Europe

Le moindre degré de concentration des entreprises européennes au regard de leurs concurrentes américaines alla de pair, depuis la fin du XIXe siècle, avec d'autres formes de coordination de la production, de la recherche et du marché, en général plus souples et moins permanentes et dont l'importance resta très grande jusqu'aux années 1950. On peut distinguer d'un coté les cartels, de l'autre des formes intermédiaires entre le cartel et la fusion pure et simple, aboutissant à la création de groupes d'entreprises plus ou moins lâches selon des formes juridiques et institutionnelles assez variables d'un pays à l'autre.

• **Cartels et ententes**, selon que l'on adopte la terminologie allemande ou française, se développèrent en Europe dans le dernier tiers du siècle et restèrent, jusqu'à la Deuxième Guerre mondiale, l'une des formes privilégiées d'organisation des marchés. D'abord créés comme un mode de résistance à la baisse des prix durant la grande dépression du XIXe siècle, ils eurent tendance à se perpétuer et à se perfectionner à partir des années 1890-1900 tout en étendant leur champ d'action de l'échelle régionale à l'échelle nationale voire internationale.

Ces ententes se perfectionnèrent en fixant des quotas de production, de vente et les prix. Elles en vinrent également à créer des organismes spécifiques chargés d'organiser la vente et de surveiller l'application des accords par les entreprises. Les cartels furent donc des formes d'intégration partielle des entreprises par la voie de la fonction commerciale. Ils prirent d'abord pied dans des secteurs à la production homogène comme les charbonnages, la sidérurgie, et eurent tendance à se répandre dans des secteurs comme le verre, la chimie, le ciment, où ils devinrent de plus en plus permanents à la veille de la Première Guerre mondiale.

Si l'Allemagne fut par excellence le pays de la cartellisation à partir des années 1880, l'ensemble des pays de l'ouest du continent fut atteinte par le phénomène, même s'il revêtit des formes moins étendues ou moins permanentes. Les législations nationales, telles que la loi allemande sur les cartels de 1897, devinrent de plus en plus permissives et encouragèrent de fait le mouvement, en particulier en France. En réalité le phénomène gagna de proche en proche et eut tendance à s'internationaliser à partir du début du siècle. La « contagion » joua à l'intérieur d'une même branche dans la mesure où les organismes de vente eurent tendance à pratiquer différentes formes de *dumping* afin d'élargir leurs parts de marché, que ce soit à l'échelle inter-régionale ou internationale. Le phénomène est attesté en particulier dans le domaine des charbonnages ou de la sidérurgie avant 1914. Mais cette « contagion » s'exerça aussi à travers les contacts inter-branches, les sidérurgistes ayant par exemple eu besoin de s'organiser pour engager le dialogue avec les charbonniers et vice-versa. Dans certaines branches d'activité comme le verre ou les rails de chemin de fer, les cartels se mirent en place à l'échelle européenne voire mondiale à partir du début du siècle.

La grande période d'internationalisation des cartels fut cependant celle de l'entre-deux-guerres. Leur reconstitution se fit dès la fin de la guerre à l'échelle nationale mais fut, dans les branches principales, déterminée par la négociation d'accords à l'échelle internationale comme l'Entente Internationale de l'Acier (EIA) en 1926. Entre 1926 et 1930, un réseau d'ententes se constitua donc en Europe Occidentale souvent calquées, dans leur mode d'organisation, sur le modèle allemand qui diffusa ainsi de l'échelle nationale à l'échelle internationale. Les premières années de la crise des années trente déstabilisèrent pour un temps le système, à l'image de l'EIA qui cessa pratiquement de fonctionner entre 1930 et 1932. Mais les ententes furent reconstituées après un temps de négociation et se généralisèrent à de nouveaux domaines. La crise poussa aussi les États à encourager ces formes d'organisation, qu'il s'agisse des États fascistes ou des démocraties libérales comme en France, en Angleterre ou en Belgique. Ainsi le nombre d'accords passa-t-il de 500 en 1919 à environ 2 500 en 1943 dans l'industrie britannique, qui se trouva ainsi cartellisée à 60 %.

La pression américaine joua contre les cartels dès la fin de la Seconde Guerre mondiale. Celle-ci se traduisit dans les législations nationales. En Angleterre, l'établissement de la Monopolies and Restrictive Practices Commission en 1948 et de la Restrictive Practices Court en 1956 marqua un changement radical de perspective. Il en fut de même en Allemagne, sous la pression plus directe des Américains, et dans toute l'Europe. De ce point de vue la déclaration Schuman de 1950, rédigée comme on le sait pour une large part par J. Monnet, apparaît comme le premier manifeste européen de ce changement d'attitude.

Les cartels avaient-ils représenté pour l'industrie européenne un frein à la concentration et à l'évolution des structures ? Les analyses développées à propos du cas britannique, tant par l'historien américain Chandler que par les tenants du « pessimisme institutionnel », présentent la cartellisation comme un moyen de préserver l'entreprise familiale de toute véritable réforme de structure. Des analyses similaires ont été faites pour la France ou d'autres pays du continent. On remarque cependant que l'Allemagne échappe assez largement à ce pessimisme alors que ce pays fut, par excellence, celui des cartels.

En réalité seuls des secteurs au niveau de concentration élevé étaient susceptibles de donner naissance à des formes stables de cartellisation et les fortes périodes de cartellisation, furent aussi des périodes de forte concentration, qu'il s'agisse des années 1890-1900 ou des années 1920. Le cartel put donc être à la fois un moyen de maintien des structures et de dialogue entre entités nationales de taille différentes, et l'occasion d'un processus de concentration. En bloquant les quotas de production de chacun, les cartels favorisèrent souvent les opérations de croissance externe au profit des plus grandes entreprises, comme dans le cas des charbonnages allemands entre 1895 et 1913 mais aussi dans la sidérurgie belge à la fin des années 1920 ou dans l'électrochimie et l'électrométallurgie en France. Dans la sidérurgie française la réglementation des ententes des années 1930 poussa également les entreprises à des politiques d'acquisition, en particulier chez les transformateurs d'acier. Le phénomène fut le même pour les charbonnages, qui intégrèrent parfois des usines métallurgiques à leurs activités. Mais cette démarche aboutit souvent en France à la création de groupes diversifiés aux structures relativement lâches.

• **Selon des formules propres à leur environnement juridique national,** les entreprises européennes développèrent également, à partir des années 1880, des formules d'association à base financière plus souples toutefois que la fusion pure et simple. En Allemagne ce phénomène prit la forme de la Communauté d'intérêt (*Interessengemeinschaft*), forme d'association préservant l'identité juridique des partenaires mais prévoyant la coordination de la production et la mise en commun des bénéfices, qui conduisit à des associations étroites dans la chimie et la banque au début du XXe siècle et aboutirent souvent à des fusions au cours des années 1920.

Les holdings, sociétés de portefeuille gérant des participations dans un ensemble d'entreprises, constituèrent en Angleterre ou en France une des voies privilégiées de la concentration. En Angleterre la holding fut la structure de regroupement dominante dans nombre de branches et pour de nombreuses grandes entreprises, telles que Associated Electrical industries, Hawker Sidley ou EMI. Le cas de la Calico Printers Association dans le domaine des cotonnades imprimées, et surtout de l'Imperial Tobacoo Cy, formée en 1901 et réunissant la quasi-totalité des fabricants de tabac britanniques, sont exemplaires. Cette dernière resta jusqu'aux années 1960 une fédération relativement lâche dont les sièges au comité exécutif furent répartis entre les membres des familles

© ARMAND COLIN. La photocopie non autorisée est un délit.

fondatrices. L'efficacité de cette forme de concentration à promouvoir une gestion rationnelle est discutée.

La holding resta également longtemps en France la forme d'organisation privilégiée de groupes de grande taille, soit que l'entreprise chef de file ait pris ce statut, soit qu'elle ait progressivement gonflé son portefeuille de participations au point de se comporter comme telle. Ainsi une entreprise industrielle comme Schneider et Cie constitua, à partir des années 1900, un portefeuille de participations dont la valeur, au début des années 1930, était supérieure à celle des actifs industriels directement détenus par la firme. D'autres entreprises sidérurgiques, comme Ougrée-Marihaye en Belgique, suivirent à la même époque cette stratégie. Ces énormes portefeuilles de participations ont pu être créés afin de permettre à l'entreprise-mère de s'assurer des débouchés, cas fréquent dans la construction électrique comme le montre l'exemple de la Cie Générale d'Électricité (CGE), qui créa avant 1914 nombre de filiales dans la production et la distribution de fluide, mais aussi dans la métallurgie. Elle fut aussi à la base de la stratégie de diversification des groupes charbonniers français au cours des années 1920, à travers la création de filiales destinées à valoriser leur production dans la carbochimie et la production d'électricité. Dans bien des cas, ces filiales furent développées sur une base « coopérative » par plusieurs entreprises-mères soit par désir de limiter les risques liés à la mise en œuvre d'une nouvelle technologie, soit par nécessité d'en répartir la charge financière ; de tels usages se développèrent dans l'industrie française jusqu'au début des années 1960 : l'exemple de Péchiney-Saint-Gobain dans la chimie en est le plus connu. Ces formes de participations communes se virent reprocher de ne pas permettre l'exercice plein des responsabilités qui reviendraient normalement à un actionnaire de référence.

La démarche des entreprises françaises aboutit donc souvent à la constitution de groupes complexes pouvant réunir plusieurs dizaines, voire centaines d'entreprises mais aux hiérarchies de responsabilités peu lisibles et peu efficaces. La chronologie française rejoint donc ici encore la chronologie britannique, en ce que les opérations de fusion des années 1960 s'accompagnèrent souvent du dénouement de ces liens multiples et d'importantes redistributions d'actifs entre les entreprises concernées.

2. La grande entreprise européenne au début du XXe siècle

L'analyse comparée des structures capitalistes en Europe au tournant du siècle révèle des spécificités nationales héritées des conditions de la croissance industrielle des décennies antérieures mais aussi des mutations engagées à partir des années 1880. Les modalités d'estimation de la hiérarchie des structures ne sont cependant pas faciles à définir. S'il existe des classements nationaux des grandes entreprises, élaborés par la presse économique depuis les années 1950 ou les historiens à travers des études rétrospectives concernant le premier XXe siècle, ceux-ci manquent souvent d'homogénéité du fait des critères retenus : critères financiers tels que le montant du capital versé, la capitalisation boursière, le chiffre d'affaires, mais aussi, très souvent, les effectifs employés. Mais ces critères n'ont pas toujours la même signification d'un pays à l'autre : la capitalisation boursière peut varier fortement pour un même type d'entreprise en fonction de la nature du rôle joué par le marché financier national. Mais il faut aussi tenir compte de l'importance du secteur public dans les économies considérées, car il peut modifier fortement, à certaines époques, la structure des hiérarchies d'entreprises. Enfin, selon qu'on prenne en compte ou non le secteur des services, le tableau que l'on donne peut changer assez nettement de nature.

Quels que soient les critères retenus, l'ensemble des auteurs met en avant le degré de concentration plus avancé de l'Angleterre et de l'Allemagne par rapport à celui d'autres pays dont la France ou l'Italie. Cette hiérarchie se lit si l'on compare la capitalisation boursière des plus grandes entreprises industrielles à la veille de la Première Guerre mondiale. En Allemagne et en Angleterre elle dépasse les 20 millions de livres pour les plus grandes, en France, on atteint tout au plus les 5 à 6 millions. Y. Cassis a récemment proposé une estimation du nombre des grandes entreprises dans les trois principaux pays, Angleterre, France, Allemagne, pour les années 1907-1912, en se basant sur le capital versé et le nombre de salariés. Cette étude, qui tient compte à la fois des entreprises industrielles et de services, donne une vision plus globale du monde de la grande entreprise que ne le permettrait une approche strictement industrielle.

Nombre de grandes entreprises en 1907-1912

	Angleterre	France	Allemagne
Capital sup. à 2 millions de £	93	21	45
Employés sup. à 10 000	17	10	23

Source : Y. Cassis, *Big Business.*

Cette vision donne une image plus équilibrée que celle habituellement renvoyée. Si l'on prend en compte les effectifs, la puissance des grandes entreprises industrielles allemandes éclate mais l'écart reste assez modeste, d'autant plus que l'Angleterre et la France comptent un assez grand nombre d'entreprises dont les effectifs se situent entre 5 000 et 10 000. En revanche, la puissance du capitalisme britannique reste prépondérante si l'on considère le capital versé. Ces deux classements sont en fait complémentaires et révèlent la spécificité du modèle britannique par rapport à celui du continent. Dans le premier cas les entreprises appartenant aux secteurs de la consommation et des services figurent en tête de la hiérarchie, alors que dominent sur le continent les secteurs de l'industrie lourde mais aussi de la banque. Ces différences s'expliquent pour une large part par les différences de structure des marchés des pays concernés, le niveau de vie plus élevé et le rôle majeur de la Grande-Bretagne dans le commerce international.

Quelle que soit l'importance que l'on attribue à la montée en puissance de la deuxième industrialisation, les industries lourdes issues du premier XIXe siècle figurent en tête de la hiérarchie. Le modèle allemand, de ce point de vue, constitue la référence sur le continent depuis les années 1880-1890. Au tournant des années 1910 la sidérurgie est dominée dans ce pays par cinq entreprises majeures : Krupp, Gelsenkirchen, Stinnes, Thyssen, Phoenix. Tous ont mis en place une importante intégration, depuis les mines de fer qu'ils possédaient, souvent en Lorraine, et les mines de charbon de la Ruhr, les hauts-fourneaux, aciéries et laminoirs, jusqu'aux chantiers navals et aux principales fabrications de la mécanique, en particulier pour Krupp. Les impératifs de l'intégration ont également déterminé la structure de la sidérurgie en France et en Belgique. La mise en valeur de la minette lorraine fut déterminante au tournant du siècle pour expliquer le changement de dimension des entreprises : à l'image des Aciéries de la Marine, les entreprises du Centre-Midi se redéployèrent dans l'Est, accompagnées par certaines entreprises du Nord comme les Forges et Aciéries du Nord et de l'Est. Quant aux firmes belges, elles cherchèrent le fer au Luxembourg ou en Lorraine française comme Ougrée-Marihaye. L'intégration en amont vers le charbon fut moins poussée qu'en Allemagne puisque les sidérurgistes français furent quasi absents de la mise en valeur du gisement du Pas-de-Calais qui assurait, à la veille de la guerre, la moitié de la production nationale. Ils essayèrent de compenser ces insuffisances en s'impliquant dans la mise en valeur de la Campine belge et en quelques prises de participation en Allemagne. Quant à l'intégration en aval, elle fut plus le cas des firmes du Centre-Midi qui, comme Marine et surtout Schneider, avaient adopté des stratégies proches de celle de Krupp.

À la veille de la guerre, deux grandes entreprises dominent la sidérurgie française : De Wendel et Schneider, suivies d'assez près par un groupe de 5 ou 6 entreprises employant entre 5 000 et

© ARMAND COLIN. La photocopie non autorisée est un délit.

10 000 personnes et produisant entre 200 000 et 500 000 tonnes d'acier brut. Le cas britannique est un peu différent, la sidérurgie jouant un rôle moins important dans la hiérarchie du monde des affaires que sur le continent. Les entreprises de la branche sont par ailleurs plus diversifiées, en particulier dans la construction mécanique et surtout la construction navale.

L'industrie charbonnière présente aussi d'assez forts niveaux de concentration. En Allemagne, l'intégration charbon-acier a cependant laissé subsister une série impressionnante de très grandes entreprises à la tête desquelles la Harpener Bergbau (6 millions de tonnes par an). En France, le niveau de concentration est également élevé dans ce secteur, en particulier dans le Nord-Pas-de-Calais dominé par un oligopole d'une dizaine de firmes produisant environ 2 millions de tonnes de charbon chacune, en tête desquelles les Mines d'Anzin et les Mines de Lens. La structure apparaît en revanche moins concentrée en Angleterre où quelques entreprises seulement atteignent ce niveau de production. En Belgique, l'assez grande dispersion des compagnies était compensée pour partie par le contrôle et le rôle de coordination exercé par la Société Générale ou quelques grands groupes industriels, tandis que les concessions accordées aux compagnies de la Campine au début du siècle s'inspira du modèle du Pas-de-Calais au profit d'un oligopole d'entreprises assez importantes.

Les secteurs phares de la deuxième industrialisation n'occupent pas, à la veille de la guerre, le sommet de la hiérarchie. Pourtant, un niveau de concentration assez élevé s'est assez vite imposé dans les secteurs de la chimie ou de la construction électrique. Dans la construction électrique allemande, Siemens und Halske et AEG contrôlaient 70 % du marché au début du siècle à la suite d'un processus de regroupement consécutif à une période de forte concurrence, tandis que Bayer, BASF et Hoechst, toutes trois fondées au milieu des années 1860, dominaient la chimie. Dans ce dernier domaine les regroupements essentiels furent lancés à partir de 1903, année où Bayer et BASF, à l'initiative de K. Duisberg, s'associèrent au sein d'une communauté d'intérêt, bientôt rejoints par AGFA. Ce premier groupe fut bientôt suivi par le regroupement, autour de Hoechst, des principaux fabricants de colorants. Pourtant, en termes d'effectifs, les grands de la chimie allemande ne surpassent pas encore leurs concurrents européens. En Angleterre, United Alkali, créée en 1905 avec un capital de 5 millions de livres et 12 000 employés, dépassait ses concurrents allemands mais, il est vrai, sur la base de technologies vieillissantes. Brunner Mond, Dynamite Nobel et Lever Brothers représentaient par ailleurs de sérieux concurrents de la chimie allemande en terme de capital investi et d'effectifs employés. La construction électrique britannique apparaît en revanche beaucoup moins concentrée, et n'était représentée que par deux firmes de taille intermédiaire employant chacune environ 5 000 personnes : General Electric Corporation et British Westinghouse.

Les nouveaux secteurs issus de la seconde industrialisation ne donnèrent pas en France naissance à des entités d'une taille aussi importante qu'en Allemagne ou en Angleterre. Dans la chimie, la dispersion était la règle dans les nouveaux domaines, tels que la chimie organique et la pharmacie où les marchés furent majoritairement occupés par les filiales de groupes étrangers et où n'émergeaient que des entités de taille relativement faible comme Gillet ou les Usines du Rhône. Au début du siècle la chimie française était donc dominée par des firmes actives dans la chimie minérale telles que Kuhlmann, Péchiney ou Saint-Gobain. Mais pour ces deux derniers, les activités dans la chimie ne constituaient pas l'élément essentiel de leur activité. Un schéma du même type se mit en place pour l'électricité, où les entreprises françaises eurent les plus grandes difficultés à s'imposer sur un marché dominé par les groupes allemands, américains ou belges comme Empain. Les groupes intégrés dans ce domaine associèrent donc production, distribution et construction du matériel sous la forme de holding où l'activité construction n'était pas toujours dominante, à la différence de l'Allemagne.

Comme nous l'avons mentionné plus haut, la prééminence de la Grande-Bretagne quant au nombre de grandes entreprises est liée à la plus grande diversité du champ d'activités qu'elles recouvrent. Le secteur bancaire doit cependant être mis à part. Les banques françaises et allemandes font jeu égal avec leurs concurrentes britanniques, que l'on se place du point de vue de leurs fonds propres ou du total de leur bilan. À la veille de la guerre le secteur avait pratiquement atteint sa maturité en termes de concentration, et la domination des banques situées dans la capitale politique – Paris, Londres, Berlin, Bruxelles – ou financière – Milan – des principaux pays d'Europe. Mais l'économie britannique a suscité la création d'un éventail de très grandes entreprises de services qui, à l'exception des chemins de fer, n'ont pas d'équivalent sur le reste du continent. On les trouve dans l'armement maritime, les entreprises de commerce international, les magasins à succursales multiples, le secteur de la communication. En général, les entreprises actives dans ces secteurs en France ou en Allemagne sont moins importantes et beaucoup moins nombreuses. Enfin les entreprises britanniques actives dans le secteur de la grande consommation n'ont pas leur équivalent sur le continent, en particulier dans la brasserie, la biscuiterie et le tabac – représenté par Imperial Tobacoo, fondée en 1907, au capital de 15,5 millions de livres.

3. Les grandes entreprises durant l'entre-deux-guerres

La Première Guerre mondiale affecta profondément le monde des entreprises européennes à travers le processus de mobilisation industrielle, puis à travers les ajustements liés à la période de reconstruction. Chez les Alliés, le conflit provoqua la prise de conscience de faiblesses sectorielles qu'il fallut combler comme dans la chimie ou la construction électrique, ou du caractère stratégique de certaines branches comme le pétrole. De ce fait un processus de rattrapage par rapport à l'Allemagne s'opéra dans les activités liées à la seconde industrialisation, contribuant ainsi à une relative convergence des structures nationales. Celle-ci fut également favorisée par le processus de rationalisation et de concentration qui accompagna la reconstruction.

Le phénomène s'amorça en réalité au cours du conflit et s'amplifia dans les années 1920. Les impératifs liés à la modernisation des équipements et à l'évolution des technologies se combinèrent aux effets des fluctuations monétaires, pour imposer un mouvement d'ensemble qui toucha l'ouest du continent comme par contagion. En Angleterre, le vieillissement accéléré des industries issues de la première industrialisation se combina à la déflation induite par la politique de retour de la livre au pair. En Allemagne, la restructuration de la sidérurgie, privée de sa base lorraine, la reconquête de marchés extérieurs mais surtout l'hyperinflation des années 1919-1924 suivie de la stabilisation déflationniste postérieure provoquèrent un mouvement de concentration sans précédent. Il trouva son correspondant en France ou en Belgique dans l'immédiat après-guerre, et surtout entre 1928 et 1932, une fois la stabilisation des monnaies réalisée. La renaissance des marchés financiers entraîna alors un mouvement d'ensemble d'une ampleur jamais atteinte.

La convergence du mouvement de concentration européen au cours de la seconde moitié des années 1920 n'est donc pas le fruit du hasard. L'assainissement des bilans permis par la fin de l'inflation va alors de pair avec la consolidation des positions acquises sur les marchés nationaux et à l'international, par le biais de cartels en cours de négociation. Les regroupements dans un pays en appellent d'autres chez les concurrents, préalables à des négociations à l'échelle européenne ou mondiale. Pourtant le mouvement de concentration prolonge, par bien des aspects, celui des années d'avant-guerre.

Ces mutations entraînèrent des changements assez sensibles dans la hiérarchie des entreprises. Certains secteurs en déclin furent relativement déclassés, d'autres, comme l'automobile, vinrent prendre place au sommet, souvent à travers un processus rapide de croissance interne. La relative convergence des structures que l'on observe au tournant des années 1920 et des années 1930 n'a pourtant pas fait disparaître les spécificités nationales. Y. Cassis montre en effet combien les

© ARMAND COLIN. La photocopie non autorisée est un délit.

structures britanniques restèrent plus concentrées que celles du continent. En prenant comme limite les entreprises employant plus de 10 000 personnes ou disposant d'un capital versé supérieur à 3 millions de livres, il arrive au résultat suivant en 1929 :

Nombre de grandes entreprises en 1929

	Angleterre	France	Allemagne
Capital sup. à 3 millions de £	186	2	55
Employés sup. à 10 000	39	22	27

Source : Y. Cassis, *Big Business.*

Ces chiffres sont à prendre avec précaution, en particulier pour la France. L'année 1929 intervient en effet juste après la stabilisation monétaire de 1928 et à la veille du mouvement de concentration et de recapitalisation des entreprises des années 1929-1932. Les données en capital concernant ce pays sont donc sous-estimées. Elles sont toutefois corrigées par les données relatives au nombre d'employés. Quant à l'Allemagne, les chiffres présentés ci-dessus ne donnent qu'une image tronquée du niveau élevé de concentration atteint à la fin des années 1920. Dans les trois branches majeures que sont la chimie, la construction électrique et la sidérurgie, ce pays dispose de trois géants sans équivalent en Europe, employant chacun plus de 100 000 personnes : IG Farben, Siemens, Vereinigte Stahlwerke.

Dans la sidérurgie, la restructuration initiée dès la fin de la guerre aboutit à la construction de groupes de taille européenne au cours de la deuxième moitié des années 1920. Un peu partout le modèle de la grande firme américaine constitua la référence. En Allemagne les premiers jalons en vue de regroupements furent lancés dès octobre 1918 à travers une série d'entretiens entre H. Stinnes, E. Kirdorf et A. Vögler ; il fallut cependant attendre 1926 pour que les discussions aboutissent à la création des Vereinigte Stahlwerke. Le nouveau groupement, auquel Krupp refusa de se joindre, adopta la forme juridique de la Communauté d'Intérêts. Cette création correspondait à la fois aux impératifs techniques de la rationalisation et à des impératifs financiers mis en avant par les banques allemandes, soucieuses d'améliorer la qualité du risque sur leurs clients, surtout face aux banques américaines que l'on souhaitait solliciter pour des émissions. Le groupe, au capital de 800 millions de marks, réunissait 173 000 salariés : il s'agissait alors de la seconde entreprise du secteur au monde, derrière US Steel. En Belgique le regroupement de l'ensemble des producteurs d'acier et la reconstruction autour d'une spécialisation des usines fut imaginé à la fin de la guerre et soutenu par le groupe Ougrée et la Société Générale. Il ne put avoir lieu en raison des différences de structures – taille, diversification, actionnariat – entre firmes. La concentration de la sidérurgie belge s'opéra donc surtout sur une base financière et commerciale sous l'action de la Société Générale. Il en fut de même en France, où la reconstruction combinée à l'attribution des usines de Lorraine désannexée, aboutit à la constitution de groupes importants tels Marmichepont basé en Lorraine ou Nord & Est basé dans le Valenciennois. Au Luxembourg les ARBED absorbèrent la société des Terres Rouges en 1926, tandis que leur concurrent Hadir entrait progressivement dans l'orbite de Marmichepont. Ces regroupements donnèrent souvent lieu à une intégration commerciale à travers des organismes de vente contrôlés par Marmichepont, ARBED, ou la Générale de Belgique. À partir de 1926 des regroupements à l'échelle européenne s'esquissent à la suite de la création des Vereinigte Stahlwerke. Il faut citer les liens financiers créés entre ARBED et la Générale de Belgique en 1928 puis en 1929, le projet avorté d'une large fusion à l'échelle du continent impliquant sidérurgistes allemands, belgo-luxembourgeois et français.

Parmi les secteurs les plus transformés par la seconde industrialisation, la chimie évolua selon les mêmes lignes de force que la sidérurgie. Comme cette dernière elle avait fait partie des branches considérées comme stratégiques durant le conflit, et fait l'objet de clauses spécifiques dans le traité de Versailles. Au-delà de ces contingences politiques, les raisons structurelles qui poussaient à la concentration avant 1900 jouèrent de plus en plus. Les principales impulsions vinrent d'Allemagne. Le regroupement des grands de la chimie allemande fut relancé durant la guerre et aboutit à la création d'IG Farben autour de Hoechst, Bayer et BASF en 1925. En 1929 cette entreprise, avec un capital de 55 millions de livres et 110 000 employés, était la ••••2nde entreprise allemande et la 3e d'Europe en termes d'effectifs. La naissance de ce géant précipita le mouvement de concentration dans l'industrie chimique britannique, engagé avant la guerre par la création de la British Dyestuffs Cy. En 1926, les britanniques répondirent à la création d'I.G. Farben par celle d'ICI – Imperial Chemical Industries – constitué par le regroupement de quatre grandes entreprises autour de Brunner Mond and Co. Avec un capital de 76,7 millions de livres et 50 000 employés, il s'agissait d'un autre géant de la chimie européenne mais d'une taille, en termes d'effectifs et de chiffre d'affaire, inférieur de moitié à son concurrent allemand. Un mouvement de même nature s'opéra dans la chimie belge avec la création de l'Union chimique belge en 1928. En France, les regroupements furent d'une envergure moindre et respectèrent l'architecture de la profession issue de l'avant-guerre, en confirmant la domination de Saint-Gobain et de Kuhlmann. Cependant la création de Rhône-Poulenc en 1928 tendit à briser cette architecture et initia le développement du pôle dominant de la chimie organique française d'après-guerre. Mais avec un peu plus de 4 000 employés et de 1 million de livres de fonds propres, cette entreprise était loin de pouvoir se comparer aux géants de l'époque comme ICI.

L'industrie électrique connut une évolution similaire à celle de la chimie, mais les mutations furent moins marquées en Allemagne qu'ailleurs en Europe, puisque les regroupements majeurs avaient eu lieu dans ce pays avant la guerre. En France, les années 1916-1922 furent marquées par une série d'acquisitions, de regroupements, d'agrandissements d'usines mais aussi de redistributions d'actifs, démarche commune à Thomson-Houston et à la CGE. Mais les grandes opérations de concentration prirent place entre 1927 et 1931. La période fut marquée par la création d'Alsthom, par apport d'actifs provenant de l'Alsacienne de constructions mécaniques et de Thomson, sur lesquels vinrent se greffer des entreprises comme les Constructions électriques de France. Globalement la tendance fut à l'atténuation de la concentration verticale qui avait marqué la période précédente, la distribution d'électricité tendant à passer entre les mains de groupes spécialisés. Les grands groupes tendirent donc à se recentrer vers les opérations industrielles, tendance que l'on retrouve dans le secteur radioélectrique au début des années 1930. En Angleterre, GEC ne connut pas de changement de structure majeur mais assura surtout son développement par croissance interne ; l'année 1929 vit la création d'un deuxième grand par l'association de la British Thomson-Houston et de la British Westinghouse. L'une comme l'autre dépassèrent les 25 000 employés vers le milieu des années 1930.

Les années 1920 et le début des années 1930 achevèrent le processus de concentration des structures bancaires déjà largement avancé avant 1914. En Angleterre, l'année 1918 vit la réalisation d'une série de fusions majeures donnant naissance au groupe des *big five*. Dès lors, les autorités soumirent toute nouvelle opération de regroupement à autorisation : la structure du système bancaire britannique fut dès lors fixé, quant à la banque de détail, jusqu'aux années 1960. En Allemagne et en Belgique, le système de la banque mixte évolua de la même manière vers des formes plus concentrées entre l'immédiat après-guerre et le début des années 1930. Le mouvement s'explique en partie par la nécessité de faire face aux besoins d'une industrie en cours de concentration. Il détermina l'absorption de nombreuses banques régionales, mais les regroupements impliquèrent les grands établissements eux-mêmes. En Belgique, l'ensemble du mouvement profita à la Société Générale et à la Banque de Bruxelles. Dans ce dernier pays ces opérations fixèrent la configuration du système bancaire pour plusieurs décennies.

Au-delà des secteurs industriels à forte intensité de capital dont nous venons de parler, pour lesquels une convergence des modèles se dessina à la fin des années 1920, les secteurs de la consommation et des services évoluèrent plus selon des logiques nationales. De ce point de vue le

© ARMAND COLIN. La photocopie non autorisée est un délit.

marché britannique resta, durant l'entre-deux-guerres, le soutien d'un tissu beaucoup plus diversifié de grandes entreprises.

L'industrie automobile donna pourtant naissance dans les grands pays à des groupes de taille nationale voire européenne qui structurèrent la branche jusqu'aux années 1970. La France et l'Angleterre initièrent le mouvement. Peugeot, Renault et surtout Citroën, premier constructeur européen en 1929, atteignirent la grande taille par croissance interne, imités par Morris et Austin. La faiblesse relative du marché allemand explique en revanche celle des constructeurs de ce pays dont le plus important, Opel, fut racheté par General Motors en 1929. L'existence d'un marché de taille suffisante se révéla nécessaire à l'émergence de constructeurs d'une certaine importance, comme le montrent les succès de Fiat en Italie et l'échec de Minerva Motors en Belgique. La crise des années 1930 aboutit à un reclassement de la hiérarchie européenne des constructeurs marqué par le déclin relatif des firmes françaises tandis que les firmes britanniques s'emparaient du *leadership*.

L'éventail des grandes entreprises britanniques dans les autres secteurs resta de loin le plus diversifié d'Europe. Dans l'industrie textile les firmes anglaises confirmèrent leur *leadership* dans la hiérarchie, étoffées par la montée en puissance du groupe Courtaulds dans les fibres artificielles, alors que la grande distribution renforçait ses positions avec Marks and Spencer ou Woolworth. Les entreprises de communication restèrent de même sans équivalent en Europe, marquées par la montée en puissance de EMI.

4. La convergence des modèles dans les années 1960

Le bilan très différencié que l'on peut dresser du monde de la grande entreprise dans l'immédiat après-guerre en Europe contraste avec la convergence des modèles qui s'affirme nettement au tournant des années 1960-1970. Les effets désastreux du second conflit mondial se manifestèrent de façon plus prononcée en France ou en Allemagne qu'en Angleterre, à travers une très forte inflation et, pour le grand pays vaincu, un ensemble de dispositifs qui démantelèrent pour un temps le sommet de la hiérarchie des grandes entreprises. Celle-ci ne put véritablement se reconstituer qu'à la fin des années 1950, où la signature du traité de Rome puis la libération des flux monétaires et commerciaux en Europe, ouvrirent la voie à une nouvelle dynamique des structures d'entreprises. Mais cette convergence ne peut s'expliquer sans faire appel au rôle du modèle économique mis en place en Europe Occidentale après 1945 : *welfare state* et société de consommation.

4.1. Un bilan au lendemain de la guerre

La Deuxième Guerre mondiale amena d'importants changements institutionnels dans le tissu des grandes entreprises européennes. Il faut de ce point de vue mettre en avant le cas de la France et de l'Angleterre, où les nationalisations furent nombreuses dans l'immédiat après-guerre. En réalité on doit distinguer les services publics, qui furent le plus souvent regroupés en grandes entités où le rôle de l'État fut particulièrement important – gaz, électricité, charbonnages – et d'autres entreprises qui, appartenant au secteur concurrentiel, conservèrent une assez large autonomie de gestion et des modes d'organisation similaires à ceux du secteur privé. Presque tous les pays virent en fait leur secteur public assez fortement renforcé à l'issue de la guerre. En Italie les larges holdings créés par le fascisme, comme l'IRI, poursuivirent leur développement, en particulier à travers la création d'institutions financières spécialisées comme Finmaccanica ou l'ENI pour le pétrole tandis qu'était mise en œuvre la nationalisation de l'électricité en 1962. En Allemagne de l'Ouest l'État se trouva la tête de participations importantes dans l'industrie automobile à travers Volkswagen mais aussi l'industrie lourde.

Dans ce pays toutefois les mutations institutionnelles issues de la guerre eurent une ampleur toute particulière. Les autorités d'occupation entreprirent la déconcentration de l'industrie allemande. Leurs motivations mêlèrent à la fois considérations économiques, politiques ou éthiques (crimes de guerre). Les Français et les Anglais semblèrent intéressés par une réduction globale du potentiel industriel allemand, tandis que les Américains attachèrent plus d'importance à la déconcentration en tant que telle et au retour à une vraie concurrence. Mais les circonstances politiques et le temps jouèrent finalement en faveur des Allemands qui purent préserver l'essentiel. Toutefois, la sidérurgie, la chimie et les banques furent assez fortement affectées par les mesures imposées par les alliés.

Dans la sidérurgie, l'essentiel de l'effort consista à réduire le niveau d'intégration verticale de la branche en séparant les activités charbonnières et sidérurgiques des entreprises. Les Vereinigte Stahlwerke éclatèrent donc en 1953 en une entreprise charbonnière autonome, les Gelsenkirchen Bergwerks AG, tandis que les activités de transformation étaient regroupées dans Rheinstahl. Les activités sidérurgiques elles-mêmes furent redistribuées en une série d'entreprises distinctes, toutefois dominées par Thyssen. Les autres groupes sidérurgiques eurent à se réorganiser de manière similaire, mais Krupp réussit assez largement à préserver son identité en retardant les échéances. En fait, l'éclatement de la sidérurgie allemande fut plus nominal que réel et assez largement atténué par les liens entre conseils de surveillance et grands actionnaires. La dislocation programmée d'IG Farben fut de la même manière largement remise en cause au début des années 1950, avec sa réorganisation autour de 3 entités régionales qui reprirent les noms des entreprises fondatrices du groupe en 1925 : Bayer, BASF, Hoechst. La banque, enfin, connut une évolution similaire : les trois grands établissements furent dans un premier temps réorganisés en entités régionales avant d'être finalement reconstitués sur leurs anciennes bases en 1957-1958.

Au total, les déconcentrations imposées par les alliés ne signifièrent pas un émiettement : les entreprises concernées reprirent donc tout naturellement leur place dans la hiérarchie des grandes entreprises européennes.

Malgré les mutations que nous venons de décrire les spécificités nationales sont encore très flagrantes si l'on compare, à l'aide des données réunies par Y. Cassis, le monde des grandes entreprises des trois grands pays européens en 1953.

Nombre de grandes entreprises en 1953

	Angleterre	France	Allemagne
Capital sup. à 5 millions de £	153	12	67
Employés sup. à 10 000	65	20	26

Source : Y. Cassis, *Big Business*.

La domination anglaise très nette en termes de capital l'est aussi, mais de manière plus atténuée, en matière d'effectifs. Le phénomène s'explique par la forte croissance que connurent certaines entreprises britanniques durant les années trente et le conflit lui-même, alors que les entreprises françaises, plus durablement affectées par la crise, la guerre et l'inflation, virent leurs bilans et la valeur de leurs fonds propres laminés.

© ARMAND COLIN. La photocopie non autorisée est un délit.

4.2. La convergence des années 1960

Les statistiques réunies par Y. Cassis pour l'année 1972 montrent la convergence vers un modèle européen de la grande entreprise ; cette année-là il recense 160 cas d'entreprises employant plus de 10 000 personnes en Angleterre, 102 en RFA et 62 en France. Cette convergence s'exprime également si l'on ne retient que les très grandes entreprises employant 100 000 personnes et plus. Pour cette même année on en compte 9 en Angleterre, 8 en RFA et 5 en France. Cette convergence se trouve également vérifiée si l'on prend en compte les données financières concernant ces très grandes entreprises : en 1972, 23 britanniques, 18 allemandes et 15 françaises avaient un chiffre d'affaires de plus de 1 milliard de dollars.

Cette convergence est étroitement liée à l'important mouvement de fusions des années 1960. Celui-ci fut lui-même largement lié au processus d'intégration européenne et d'ouverture des marchés et à la volonté d'atteindre la « taille critique » dans les principales branches d'activités. Mais les qualités alors reconnues au modèle de la grande entreprise américaine, la concurrence des entreprises d'outre-Atlantique et la pénétration des capitaux américains en Europe, ne furent pas non plus étrangers à ce mouvement de fusions. Dans bien des cas, par conséquent, les gouvernements facilitèrent, voire encouragèrent, ce processus de concentration. Au niveau national ce dernier joua par ailleurs beaucoup plus souvent que par le passé entre entreprises de grande taille, donnant ainsi naissance à quelques géants. Pour d'assez nombreuses entreprises, l'accès à la grande dimension se fit aussi à travers une implantation systématique dans l'espace du Marché Commun. Cependant les fusions entre entreprises majeures de plusieurs pays de l'Europe des Six furent rares, tandis que plusieurs tentatives majeures en ce domaine, comme entre Fiat et Citroën échouèrent. La convergence vers un modèle européen de la grande entreprise se fait implicitement sur le mode des « champions nationaux ».

En France, la fin des années 1960 et le tournant des années 1970 virent la naissance de Péchiney-Ugine-Kuhlman dans la chimie et la métallurgie, le renforcement de Rhône-Poulenc à travers l'acquisition, en 1969, d'une partie des actifs de Péchiney et de Saint-Gobain, tandis que cette dernière absorbait Pont-à-Mousson et se spécialisait dans les produits intermédiaires. Dans la sidérurgie, l'État encourageait une série de regroupements engagés dès les années 1950, poursuivis à travers la convention État-sidérurgie de 1966 et qui aboutit au début des années 1970 au regroupement de la métallurgie autour d'Usinor, de Wendel-Sidelor et de Creusot-Loire. L'automobile, avec le rachat de Citroën par Peugeot en 1974, et la banque, avec la création de la BNP par fusion, en 1966, de la BNCI et du CNEP, complètent le tableau.

En Angleterre, le regroupement de l'industrie de la construction électrique en 1968 autour de GEC, la création la même année de British Leyland – future Rover – relèvent de la politique des champions nationaux. Dans le monde de la banque, la même année, deux des *big five* s'unissaient pour constituer la Natwest. Les regroupements de la sidérurgie et des constructeurs d'avions, à la même époque, s'inscrivent dans la même logique. En Allemagne, Thyssen se positionna en champion national de la sidérurgie entre 1962 et 1973, tandis que Krupp procédait de son coté à une série d'acquisitions. Le processus de regroupement affecta également la mécanique autour de Mannesman, l'automobile autour de Volkswagen.

En Italie le regroupement des deux conglomérats spécialisés dans la chimie, l'électricité et les non-ferreux, Montecatini et Edison, réalisé en 1966, relève tout à la fois des nécessités de la rationalisation des deux groupes que d'une volonté, discrètement affichée par l'État italien, de constituer un grand groupe national dans la chimie, suffisamment puissant pour conserver son identité nationale et s'affirmer au sein du Marché Commun. En 1968 l'entrée du groupe IRI-ENI-Mediobanca au sein du groupe de contrôle de l'entreprise Montedison visait à consolider l'indépendance du groupe. Aux Pays-Bas, la fin des années 1960 fut également le théâtre d'une forte poussée du mouvement de concentration : en 1969 et 1970 prirent place près de

500 opérations, soit à peu près autant que durant tout le reste de la décennie; ajoutons que les opérations réalisées entre 1968 et 1970 furent les plus importantes connues par l'industrie néerlandaise depuis la guerre. Ces années confirmèrent en particulier la domination du groupe Heineken-Amstel dans la brasserie, Philips-NKF dans l'électrotechnique, AKU-KZO dans la chimie.

La convergence s'exprima non seulement relativement à la taille des entreprises, mais également quant au spectre d'activités couvertes, par les plus grandes d'entre elles. D'une manière générale les données tendent à se rapprocher même si une représentation plus marquée des entreprises britanniques dans les secteurs de la consommation et des services subsistait encore en 1972 avec 28 entreprises de ce type en Angleterre contre 8 et 9 en France et en Allemagne. Dans ce dernier pays cependant, la forte représentation du secteur de l'industrie métallurgique et chimique parmi les plus grandes entreprises du pays resta une spécificité nationale.

© ARMAND COLIN. La photocopie non autorisée est un délit.

DOCUMENTS

Les 200 plus grandes entreprises en Grande-Bretagne
classement par industrie (capitalisation boursière)

Industrie	1919	1930	1948	1973
Alimentation - Tabac	64	67	59	37
Textile	26	21	17	10
Chimie	14	11	17	21
Pétrole	3	4	3	8
Métallurgie primaire	40	24	25	14
Mécanique, Eqpt. Électrique / Matériel de Transport	37	41	49	63
Divers	16	32	30	47
Nombre de cas	200	200	200	200

Source : A.D. Chandler Jr., *Scale and Scope*, p. 22.

Les 200 plus grandes entreprises en Allemagne
classement par industrie (capitalisation boursière)

Industrie	1913	1929	1953	1973
Alimentation - Tabac	27	29	22	24
Textile	15	24	26	4
Chimie	30	24	24	30
Pétrole	5	7	6	8
Métallurgie primaire	49	33	40	19
Mécanique, Eqpt. Électrique / Matériel de Transport	53	57	59	78
Divers	16	32	30	37
Nombre de cas	200	200	200	200

Source : A.D. Chandler Jr., *Scale and Scope*, p. 23.

Les 100 plus grandes entreprises en France
classement par industrie (capitalisation boursière)

Industrie	1912	1929	1959	1969
Alimentation - Tabac	7	4	7	15
Textile	5	11	2	4
Chimie	9	3	17	15
Pétrole	2	6	11	11
Métallurgie primaire	25	24	32	17
Mécanique, Eqpt. Électrique Matériel de Transport	28	19	20	25
Divers	24	33	11	13
Nombre de cas	100	100	100	100

Source : M.Lévy-Leboyer, *The large corporation in modern France. In* Chandler A. and Daems H., « Managerial hiérarchies ».

Les plus grandes entreprises britanniques en 1919, 1930, 1948

1919	1930	1948
1. J. & P. Coats	1.Unilever	1. Imperial Tobacco
2. Anglo-Persian Oil	2. Imperial Tobacco	2. Anglo-Iranian Oil
3. Lever Brothers	3. Shell	3. ICI
4. Imperial Tobacco	4. ICI	4. Unilever
5. Vickers	5. Anglo-Persian	5. Shell
6. Guiness	6. Courtaulds	6. Distillers'
7. Brunner, Mond	7. J. & P. Coats	7. Guiness
8. Shell	8.Distillers'	8. Courtaulds
9. Nobel Explosives	9. Guiness	9. Dunlop Rubber
10. Courtaulds	10. Dunlop Rubber	10. J. & P. Coats

Source : A.D. Chandler Jr., *Scale and Scope,* p. 367.

© ARMAND COLIN. La photocopie non autorisée est un délit.

CHAPITRE VII

ORGANISATION ET CLASSES DIRIGEANTES

La montée en puissance des grandes entreprises depuis les années 1880 se fit au prix de transformations importantes de leurs structures d'organisation. La composition de l'actionnariat et des différents conseils placés à leur tête en furent tout d'abord affectés. Cette évolution avait été préparée dès les années 1860 dans la plupart des pays européens à travers les lois concernant les sociétés anonymes. Toutes avaient pour fonction un appel plus large au marché des capitaux à travers la diffusion des titres dans le public. L'élargissement de l'actionnariat eut donc un effet de dilution sur le pouvoir des fondateurs. En une ou deux générations, il eut tendance à s'estomper au profit de nouveaux groupes d'actionnaires mais aussi de nouvelles compétences. La complexité croissante des opérations mises en œuvre au sein de la grande entreprise l'obligea à faire appel à de plus en plus de collaborateurs salariés de haut niveau, selon des hiérarchies et des formes d'organisation élaborées. La direction supérieure joua donc son rôle, aux côtés des conseils, dans l'administration de la firme et la définition de sa stratégie. Cette évolution d'ensemble eut d'importantes conséquences quant à la composition de la classe dirigeante des grandes entreprises : les fondateurs ou propriétaires durent partager les responsabilités avec les salariés supérieurs et ce, quel que soit le degré de contrôle financier qu'ils conservèrent.

L'ensemble de ces mutations conduisit les historiens, à la suite de l'américain Alfred D. Chandler Jr., à définir trois stades dans cette évolution : l'entreprise personnelle (celle du fondateur), l'entreprise entrepreneuriale ou familiale au sein de la quelle les membres de la famille propriétaire occupent une bonne partie des fonctions dirigeantes, l'entreprise managériale où propriété et management sont finalement séparés. L'adéquation de ce modèle à l'évolution des entreprises européennes fait toujours discussion et beaucoup d'auteurs ont mis en avant le renouveau du capitalisme familial en Europe après 1945. En réalité, si les tendances de fond relatives à ce modèle correspondent assez bien aux évolutions de la très grande entreprise européenne, la chronologie, selon des critères nationaux mais aussi de branche d'activité, reste en fait à préciser.

© ARMAND COLIN. La photocopie non autorisée est un délit.

1. Les structures de commandement

1.1. L'organisation des structures

La structure d'organisation de la grande entreprise moderne a évolué en étroites relations avec sa taille, son niveau d'intégration et de diversification. En même temps que ses activités se développaient et se diversifiaient, la grande entreprise était confrontée à des problèmes d'organisation de plus en plus complexes. L'exercice des différentes fonctions de direction n'a pu être assuré qu'en faisant appel à une technostructure de managers aux compétences de plus en plus diversifiées et qu'il fallut organiser de manière hiérarchique. Si l'histoire de la mise en place de ces hiérarchies à partir de la fin du XIXe siècle a d'abord été effectuée pour les États-Unis et érigée en modèle, il ne fait aucun doute que des impératifs de même nature se sont présentés en Europe en même temps, et ont donné lieu à des formes d'organisation similaires dans les plus grandes entreprises avant même la Première Guerre mondiale. Ce n'est toutefois qu'au cours des années 1960, à l'époque de la grande concentration des entreprises européennes, qu'une technostructure à l'échelle américaine et parfois inspirée du modèle américain s'est généralisée en Europe.

• **Le modèle d'organisation de la grande entreprise** a été défini selon deux grands types : une forme centralisée organisée autour des grandes fonctions de l'entreprise ou structure multifonctionnelle, une forme décentralisée organisée autour des grandes familles de produits ou structure multidivisionnaire. La première correspond à des entreprises aux activités peu diversifiées, la seconde à des entreprises plus avancées dans leur processus de diversification. Certaines entreprises, confrontées à une démultiplication rapide de leurs activités, adoptèrent successivement les deux modèles à l'image du chimiste américain Dupont de Nemours entre 1911 et 1921. Mais cette translation d'un modèle à l'autre fut rarement aussi rapide et ne fut jamais systématique. Chacune des deux structures repose sur trois niveaux hiérarchiques : un *low management* en charge d'unités opérationnelles – usines, organisations commerciales –, un *middle management* chargé de fonctions de coordination mettant en œuvre plusieurs unités, un *top management* chargé de la haute direction de l'entreprise et de la décision stratégique. C'est au niveau de l'échelon intermédiaire que se situe la différence majeure entre les deux types de structures : l'organisation multifonctionnelle s'articule autour des grandes fonctions de l'entreprise : production, achats, ventes, finances, recherche ; chaque directeur de département fonctionnel est responsable de la coordination d'une série d'unités de même nature : usines, bureaux de représentation commerciale… et est entouré à cet effet d'un état-major de conseillers spécialisés. L'ensemble des directeurs, ainsi que le directeur général, forment le comité exécutif ou de direction de l'entreprise. Lui-même est en général entouré de conseillers spécialisés.

L'organisation multidivisionnaire est articulée autour des grandes familles de produits. Les responsables de division disposent à cet effet d'une large autonomie et peuvent se voir confier la responsabilité des résultats de leur division. Chacune d'entre elles est organisée en départements fonctionnels – achats, ventes, production – qui contrôlent les unités opérationnelles. Le comité exécutif, ou de direction, comporte donc le directeur général et les directeurs de divisions; il est lui-même entouré d'un état-major de conseillers chargés de contrôler et de conseiller les divisions et de préparer la décision stratégique. Dans ce type d'organisation le comité et la direction générale sont plus largement déchargés des tâches de gestion au jour le jour et peuvent se consacrer plus facilement à la décision stratégique.

Si les premières études relatives à l'histoire des organisations eurent pour objet les entreprises américaines et firent apparaître l'importance des mutations engagées au début du siècle, il apparaît que les plus grandes entreprises européennes furent confrontées à des problèmes de même nature dès avant la grande guerre. Selon leur domaine d'activité et le contexte institutionnel dans lequel elles se trouvaient, elles eurent à mettre en place de manière empirique et progressive des structures d'organisation de plus en plus élaborées. L'évolution des structures des grandes entreprises européennes suit d'assez près la chronologie du mouvement de concentration analysé dans le chapitre précédent. La première vague de réforme est contemporaine du premier mouvement de concentration du début du siècle. Il concerna surtout les domaines d'activités complexes et aux productions diversifiées, telles que la chimie, la construction électrique et mécanique.

• **La diversification des productions** fut le facteur premier qui conduisit à repenser les structures d'organisation. Le phénomène est caractéristique des grandes entreprises de la chimie allemande à partir des années 1890. Chez Bayer, c'est l'organisation même de l'usine de Leverkusen, pensée en 1895 par Carl Duisberg, qui détermina la structure d'organisation administrative de l'entreprise. L'ensemble fut organisé autour de 5 départements principaux par grandes familles de produits et disposant de leur laboratoire propre ; ils furent épaulés par un sixième chargé de leur fournir la logistique et l'énergie nécessaire tandis qu'une administration centrale regroupant les services de la direction générale – achats, ventes, brevets, statistiques, comptabilité, laboratoire central – coordonnait le tout. Au sommet, l'ensemble était supervisé par un directoire de 5 membres dont faisait partie C. Duisberg. On avait donc affaire à une forme d'organisation relativement centralisée déterminée essentiellement par une logique technique.

Dans la construction électrique, les grands regroupements du début du siècle donnèrent également lieu à de profondes réformes des structures. Le groupe Siemens en est un parfait exemple. C'est l'absorption de l'entreprise Schuckert en 1903 qui détermina sa réorganisation établie sur des bases durables dès 1913. L'absorption de Schuckert aboutit dans un premier temps à une répartition des spécialités entre les deux compagnies : à Siemens et Halske – la maison-mère – les activités et appareillages basse tension, à Siemens-Schuckert les appareillages haute tension. Chacune des deux compagnies reçut une organisation conforme à la nature de ses activités. Siemens-Schuckert fut organisée selon un mode relativement centralisé autour d'un département-production et d'un département-vente. Le premier eut en charge les diverses fabrications et les activités de recherche, le second fut organisé en 6 divisions représentant les grandes familles de produits. Au dessus de cet ensemble, une administration centrale responsable de la coordination de l'ensemble et des résultats, aidée à cet effet d'une série de bureaux : comptabilité, audit, statistiques… L'organisation de Siemens et Halske fut conçue selon un mode plus décentralisé en raison du caractère spécifique de son activité. Furent ainsi établies une série de divisions chargées à la fois des fabrications et des ventes, certaines d'entre elles étant, semble-t-il, déjà responsables de leurs résultats. Ce caractère décentralisé s'accentua durant les années 1920 avec la création de nouvelles divisions. Dès avant la Première Guerre, le groupe Siemens avait donc mis au point une structure à trois niveaux : responsables d'usines ou de grandes unités à la base, départements fonctionnels ou divisions à l'échelon intermédiaire, directoire et conseil de surveillance largement communs aux deux firmes au sommet.

En raison du caractère plus varié de ses activités, la direction du groupe français Schneider et Cie fut pensée en juillet 1913 selon un mode plus décentralisé. La hiérarchie du groupe fut organisée selon trois niveaux : responsables d'unités opérationnelles, chefs de départements responsables d'une des 5 grandes divisions de production – mines et métallurgie, construction mécanique et électrique, artillerie, constructions navales, Travaux Publics –, directeurs-délégués, enfin, chargés, au niveau de la direction générale, des grandes fonctions communes à l'ensemble : finances, études et contrôles, personnel, contentieux, exploitation. Au niveau supérieur, les directeurs-délégués étaient collectivement responsables de la décision stratégique à travers divers comités. Au niveau intermédiaire, chaque département avait une assez large autonomie puisqu'il disposait à la fois d'un état-major d'ingénieurs chargés des études et d'un service commercial. Cette organisation visait donc à dégager la direction générale des tâches de gestion courante même si elle n'accordait

© ARMAND COLIN. La photocopie non autorisée est un délit.

pas aux divisons industrielles la responsabilité de leurs résultats. Elle avait pourtant pour avantage une coordination étroite entre direction technique et commerciale nécessaire lors de la négociation des commandes avec une clientèle souvent très spécifique.

Ces quelques exemples montrent à quel point les formes d'organisation adoptées furent les produits d'une adaptation empirique des structures administratives à la croissance de l'entreprise. D'une manière générale, ils ne traduisent qu'une décentralisation partielle des structures.

• **La période de l'entre-deux-guerres** ne témoigne pas d'une évolution majeure même si le processus de réforme concerna, à partir du milieu des années 1920, des entreprises industrielles dont la taille, pour les plus importantes, atteignit quatre ou cinq fois ce que l'on connaissait de plus grand en Europe avant la Grande Guerre.

L'Allemagne, en raison de la taille exceptionnelle d'entreprises comme IG Farben ou les Vereinigte Stahlwerke, continua à dominer le mouvement.

La création d'IG Farben en 1925 aboutit à un ensemble considérable organisée autour d'un conseil de surveillance et d'un directoire à l'origine pléthoriques, qui furent bientôt réduits à des proportions plus raisonnables au fur et à mesure du départ des membres des anciennes directions. Les tâches respectives des deux entités firent un temps problème, du fait du conflit entre les deux grandes personnalités du groupe, C. Duisberg et C. Bosch. Le directoire finit pourtant par l'emporter et c'est cette instance qui, à la fin des années 1930, était en charge de la stratégie à moyen et long terme du groupe. Son état-major fut constitué d'une série de départements fonctionnels : finance, études économiques, achats, presse, documentation, fiscalité, assurances, logistique. Quant aux divisions opérationnelles, elles furent regroupées selon une double logique : à la fois géographique (quatre groupes régionaux) et par familles de produits (trois grandes familles). Les liens entre les grandes unités opérationnelles et le directoire furent établis à travers la création d'une série de commissions chargées, dans leurs domaines respectifs, d'éclairer la prise de décision : commissions scientifiques, commission commerciale, commission technique. Le tout permit une large rationalisation qui joua tant sur les sites de productions, les agences de vente dans le monde que sur le nombre de produits, qui fut sensiblement réduit. Pourtant le processus de rationalisation des structures administratives ne fut pas poussé jusqu'à une totale décentralisation à l'image de l'évolution qui avait été celle de Dupont aux États-Unis. Les grands départements organisés autour des principales familles de produits ne bénéficièrent que d'une autonomie incomplète en matière commerciale et financière, et ne constituèrent donc pas des divisions à part entière. Ajoutons que les membres du comité central du directoire, instance décisionnelle la plus élevée, restaient chargés de tâches de gestion plus courantes à travers la participation à plusieurs comités spécialisés ou la direction d'un grand département.

Dans tous les pays d'Europe les grandes entreprises chimiques connurent, à la même époque, une réforme de leurs structures. Ce fut le cas en Angleterre du groupe ICI dès sa création en 1926. Entre 1926 et 1929 son président Alfred Mond fit porter l'effort sur la centralisation des structures organisées autour d'une série de départements et services centraux : technologie, commerce, finance, comptabilité... La priorité était alors à l'unification des entités assez disparates qui avaient constitué le groupe. Mais la surcharge pesant sur la direction londonienne, absorbée à la fois par la gestion courante et la prise de décision stratégique fit opter pour une voie plus décentralisée à partir de 1929. Trois niveaux furent ainsi définis : unités opérationnelles, grandes divisions par familles de produits (alcalis, nitrates, explosifs...), direction générale entourée de conseils et de comités spécialisés. Mais comme dans le cas d'IG Farben, le niveau de décentralisation resta limité. Les divisions reçurent la responsabilité de leur production, ventes, recherches, mais pas de leurs profits qui restèrent du domaine de la direction générale qui fixait les prix de vente.

La sidérurgie connut, au milieu des années 1920, une évolution similaire à celle de la chimie. Ici encore le niveau de concentration très élevé de l'industrie allemande explique le caractère très évolué des structures administratives, réorganisées en même temps que l'outil de production était rationalisé. Dès la création des Vereinigte Stahlwerke, l'état major de la firme, établi à Düsseldorf, prit en charge la gestion des finances, les ventes, l'administration générale. On créa également un département chargé d'analyser les coûts, un service d'études juridiques, un service d'études économiques, un service des brevets et un service des achats. En dessous de ces services centraux que l'on souhaitait les plus légers possibles, figuraient 4 grandes divisions opérationnelles : charbonnages, matières premières, sidérurgie, ventes. Ces divisions prirent en compte l'ensemble des usines et opérations du groupe, avec pour objectif la spécialisation de chaque établissement et la diversification des productions. Ce programme fut mis en œuvre à travers le regroupement des installations autour des plus performantes, combiné à de lourds investissements. On passa ainsi entre 1926 et 1933 de 23 à 9 sites d'implantations de hauts fourneaux, de 20 à 8 aciéries Siemens-Martin. Il en fut de même pour les sites d'extraction du charbon. Les structures administratives furent à nouveau réorganisées après 1930. Le conseil d'administration évolua vers une structure plus ramassée d'une dizaine de membres, tandis que les entités du groupe furent regroupées à travers une série de fusions.

L'une des caractéristiques des structures d'organisation des grandes entreprises européennes par rapport à leurs consœurs américaines, jusqu'aux années 1950, est certainement leur moindre décentralisation. L'une des explications de cette évolution réside probablement dans une moindre diversification, mais aussi dans le phénomène de cartellisation à l'échelle nationale et internationale qui régit les principales catégories de produits de l'industrie européenne à la fin des années 1930. Celle-ci obligea les directions générales à conserver la responsabilité de la fixation des prix en vue des négociations quasi permanentes qui prirent place durant ces années, voire également une partie de la fonction commerciale. Le démantèlement des cartels à l'issue de la Deuxième Guerre mondiale constitua donc un facteur important d'évolution des structures d'organisation.

• **Les années 1950 et surtout 1960** marquèrent le troisième temps fort dans la réorganisation des structures de management des grandes entreprises européennes. Le phénomène est lié à la phase de concentration que connurent les entreprises au cours de la période, mais aussi à leur diversification croissante et à l'influence qu'exerça alors le modèle américain à travers le principal cabinet de consultant en matière d'organisation : Mc Kinsey.

Le modèle multidivisionnaire se répandit alors assez largement, en particulier en Angleterre : une douzaine de firmes tout au plus l'avaient adopté en 1948, il l'avait été par 72 des 100 plus grandes entreprises britanniques en 1970. En France, l'adoption du modèle multidivisionnaire se fit au fur et à mesure que la diversification des plus grands groupes s'accentuait. Les années 1960 marquèrent de ce point de vue une nette accélération du processus.

Organisation des grandes entreprises en France

les 100 plus importantes

	1950	1970
Non ou peu diversifiées	63	48
Diversifiées	37	52
Mode fonctionnel	50	14
Holding	44	24
Mode multidivisionnel	6	54

Source : Y. Cassis, *Big Business.*

Les entreprises allemandes furent plus lentes et moins nombreuses à adopter le mode multidivisionnaire. Seules quelques unes l'avaient pleinement adopté en 1960 ; en 1970 elles étaient au nombre de 31 sur les 78 plus importantes entreprises du pays, soit 40 %, à comparer aux 72 % de l'Angleterre. C'est à la fin des années 1960 que la réforme des structures fut engagée chez les grands de la chimie ou de la construction électrique : 1969 chez Hoechst et chez Siemens, 1970

© ARMAND COLIN. La photocopie non autorisée est un délit.

chez Bayer. Dans la chimie les branches à dominante technique furent réorganisées en unités de produits plus nombreuses, responsables de leurs productions, recherches et ventes. Pourtant, conformément à une tendance longue, la décentralisation n'a pas été totale : subsistèrent en général de fortes directions centrales chargées de la recherche, des finances, tandis que la fonction commerciale reste en partie centralisée (publicité et études de marché chez Bayer). Certaines branches aux activités peu diversifiées conservèrent des formes d'organisation très centralisées autour de départements fonctionnels : ce fut le cas de la branche automobile avec Volkswagen, même après la reprise d'Audi en 1971. Les évolutions ultérieures confirment cette tendance au maintien d'une forte centralisation dans l'industrie allemande.

1.2. Le sommet de la hiérarchie : le rôle des conseils

L'organisation du pouvoir au sein des SA fut fixée par des lois établies le plus souvent au tournant des années 1860 et 1870. La distinction est classique entre le modèle allemand où coexistent un conseil de surveillance et un directoire, et le modèle français ou britannique avec un seul conseil d'administration. Dans le premier cas, le souci était de distinguer entre contrôle, généralement celui des propriétaires, et prise de décision. Dans le modèle français ou anglais le contrôle et la prise de décision appartenaient au conseil, les employés supérieurs étant chargés de l'exécution. En réalité cette dernière répartition n'était pas figée et les entreprises françaises éprouvèrent bien avant la Première Guerre mondiale le besoin de resserrer les liens entre haute-direction et conseil tout en distinguant au sein de ce dernier les tâches d'administration et de contrôle. Furent ainsi instituées dans de nombreuses entreprises des fonctions nouvelles, individuelles ou collectives. Bien des entreprises industrielles se dotèrent d'administrateurs-délégués ou d'administrateurs-directeurs. Dans d'autres cas, en particulier les banques, furent institués des comités de direction composés d'administrateurs et de membres de la haute-direction. En Angleterre, l'évolution fut plus lente à se manifester mais aboutit, après la Deuxième Guerre mondiale à la création de la fonction d'administrateur-directeur au sein des conseils.

La lettre des textes de loi comme le contenu des statuts des entreprises ne donnent toutefois qu'une faible idée de la réalité concrète de la répartition des pouvoirs entre et au sein des conseils. En Allemagne, l'évolution du partage des responsabilités favorisa le directoire (*Vorstand*) par rapport au conseil de surveillance. De plus en plus le *Vorstand* assuma la responsabilité de la décision stratégique, le conseil de surveillance n'intervenant effectivement qu'en cas de crise grave. Les membres du Vorstand jouèrent donc de plus en plus le rôle d'*executive directors* à l'anglaise ou d'administrateurs-délégués à la française. Dans un certain nombre de cas le véritable patron de l'entreprise s'identifia au principal membre du directoire, parfois doté, avant la dernière guerre, du titre de directeur général ou, depuis, de porte-parole du directoire. Ainsi s'imposa Carl Bosch à la tête d'IG Farben à la suite de la réorganisation de 1930, mais aussi E. Rathenau à la tête d'AEG ou E. Kirdorf à la tête de Gelsenkirchen. Le conseil de surveillance n'en continua pas moins de jouer un rôle important dans un certain nombre de cas jusqu'à la Seconde Guerre mondiale, en particulier lorsque le représentant de la famille fondatrice ou le chef de file d'un groupe industriel décidait d'y exercer pleinement ses prérogatives : ce fut le cas de Gustav Krupp von Bohlen et de Carl Friederich von Siemens dans le premier cas de figure, de Hugo Stinnes ou de Friederich Flick dans le second. En revanche, il est extrêmement rare que le représentant d'une banque, même de la banque maison de l'entreprise, souvent gros actionnaire de la firme, exerce de réels pouvoirs sur les choix majeurs d'une firme industrielle.

Localiser la réalité du pouvoir dans les entreprises dirigées par un seul conseil est souvent plus difficile. L'existence d'une structure intermédiaire – comité ou administrateur-délégué – est un indicateur solide quand il existe, mais bien souvent il n'est ni statutaire ni permanent dans l'histoire d'une entreprise. Jusqu'à la Seconde Guerre mondiale la réalité du pouvoir résida en fait dans un partage informel entre le président du conseil d'administration, quelques administrateurs plus directement impliqués et le sommet de la hiérarchie salariée, en particulier le directeur-général. Le rôle du président du conseil d'administration fut lui-même d'ampleur très variable. En Angleterre il était souvent très restreint dans le secteur des banques et une partie des grandes entreprises industrielles. Mais les présidents tendirent à jouer un rôle plus actif durant l'entre-deux-guerres. En France, les chefs de grandes maisons assumèrent longtemps pleinement leurs responsabilités comme chez Schneider, Michelin ou de Wendel. De la même façon les grands groupes de l'industrie électrique se sont, jusqu'à la Seconde Guerre mondiale, souvent identifiés par le nom de leur patron : groupe Azaria, groupe Petsche…

Dans bien des cas cependant, le président joua un rôle beaucoup plus discret, laissant au directeur-général l'essentiel des pouvoirs. Dans la métallurgie, ce fut le cas de toute une série d'entrepreneurs-salariés comme H. Darcy à Chatillon-Commentry ou A. Dreux, avant qu'il ne devienne président des Aciéries de Longwy, mais aussi nombre de directeurs-généraux de grands charbonnages du Pas-de-Calais à l'image de Louis Mercier. Une même évolution se manifesta dans la banque, où les directeurs-généraux tendirent à jouer les premiers rôles à partir de l'entre-deux-guerres. Ce fut le cas à Paribas avec H. Finaly, entre 1919 et 1937, puis avec J. Reyre dans les années 1950 et 1960. Pourtant, jusqu'à la Seconde Guerre mondiale aucune tendance générale bien précise ne se dégagea quant aux rôles respectifs du président ou du directeur-général quant à la prise de décision finale. Ainsi à Paribas, Horace Finaly, après dix années de très large autonomie comme directeur-général, dut-il subir le retour en force d'un président qui l'obligea finalement à partir.

D'une manière générale cependant, les conseils des firmes britanniques eurent tendance à retenir entre leurs mains la prise de décision stratégique plus longtemps que les entreprises françaises, en raison du statut longtemps assez modeste des membres de la direction longtemps issus du rang. La place des ingénieurs des grandes écoles en France fut plus rapidement valorisée et facilita le transfert de responsabilités vers la direction générale. Mais le schéma britannique rejoint ici le schéma continental après la Deuxième Guerre mondiale. Cette évolution fut préparée dès l'entre-deux-guerres par le recrutement de plus nombreux diplômés dont l'accès aux plus hautes fonctions se généralisa après 1945. Ce mouvement général à tout le continent tendit à rapprocher les itinéraires d'accès aux fonctions dirigeantes et à créer une classe patronale plus homogène en Europe.

2. Capitalisme familial et capitalisme managérial

L'évolution des structures du capital comme celles des structures de management de la grande entreprise eurent des conséquences convergentes quant à la composition du patronat : l'élargissement du cercle des actionnaires, comme la montée en puissance des managers se firent au détriment des représentants des intérêts familiaux.

© ARMAND COLIN. La photocopie non autorisée est un délit.

Grandes entreprises allemandes
Présidence du conseil de surveillance (%)

	1907	1929	1953	1972
Familles	45	43	7	20
Industrie et banque	45	31	55	40
Anciens présidents Vorstand	0	20	21	36
Divers	10	6	17	4

Source : Y. Cassis, *Big Business*.

La statistique récemment élaborée par Y. Cassis concernant l'origine des présidents de conseil de surveillance des plus grandes entreprises allemandes montre clairement cette évolution et ses limites. D'un côté la représentation familiale au sommet de la hiérarchie subit une érosion significative. Mais celle-ci n'est ni continue ni totale : elle reste forte jusqu'à la Deuxième Guerre mondiale et tend à perdurer par delà les changements issus du conflit. Ce déclin relatif est compensé par la montée du patronat salarié que représente l'ancien président du *Vorstand* choisi, dans presque tous les cas, parmi les directeurs les plus en vue. Ainsi l'accès aux fonctions patronales les plus prestigieuses devient-elle le sommet de la carrière des dirigeants salariés les plus méritants. Le phénomène prend toutefois sa véritable dimension si l'on admet que les représentants des milieux d'affaires représentés dans cette statistique ont eu eux-mêmes le même parcours. Au total c'est donc plus de 60 % de la classe dirigeante qui, au début des années 1970, est issue du sommet de la hiérarchie salariale. Cette évolution d'ensemble peut, sans grand risque d'erreur, être généralisée à l'ensemble des grandes entreprises ouest-européennes : permanence des intérêts familiaux jusqu'à la dernière guerre, montée en puissance accélérée des managers au cours des années 1950 et surtout 1960.

2.1. La permanence des intérêts familiaux

Les intérêts familiaux à la tête des entreprises sont représentés soit par leurs fondateurs eux-mêmes soit par leurs héritiers. Les statistiques élaborées par Y. Cassis tendent à montrer la permanence du groupe des fondateurs au sein du milieu de la grande entreprise européenne jusqu'à la Seconde Guerre mondiale. Ces derniers commandaient environ 10 % du nombre des grandes entreprises répertoriées en France, Allemagne et Grande-Bretagne en 1907 et 1929, ce chiffre atteignant même les 21 % pour la Grande-Bretagne en 1907. Les chiffres tombent par la suite à quelques pour-cent pour chacun des trois pays, baisse précipitée par la crise des années trente et la guerre. S'il ne fait aucun doute que le stock d'entreprises familiales de taille respectable s'est reconstitué au cours des années 1950 et 1960, très peu atteignirent au début des années 1970 des dimensions qui les placent parmi les plus grandes. Certaines d'entre elles devaient y parvenir au cours des années 1980.

À partir de la seconde génération, le commandement passe aux héritiers qui ont pu réunir les moyens financiers et les compétences nécessaires à maintenir leurs positions. L'évolution pour les trois grands pays pris en compte par Y. Cassis, Allemagne, France, Grande-Bretagne, montre la relative permanence de leur présence jusqu'au début des années 1970 avec 20 à 30 % des chefs d'entreprise considérés, à l'exception du cas allemand pour lequel la statistique tombe à un peu plus de 10 % après la Seconde Guerre mondiale. Mais les conséquences de la guerre ont pu ici, modifier les équilibres. Au total, les données dont nous disposons pour les très grandes entreprises européennes au XXe siècle recoupent celles réunies par M. Levy-Leboyer pour la France du XIXe siècle : cet historien constate que, pour la période 1780-1935, seules 17 % des entreprises dépassent le cap des trois générations : la durée de vie des entreprises familiales à l'époque contemporaine ne semble donc pas seulement liée à la révolution managériale.

Le renouvellement du stock des grandes entreprises familiales à partir des années 1880 s'est largement appuyé sur les opportunités offertes par les technologies de la seconde industrialisation. Avant la Première Guerre mondiale ce furent l'Allemand E. Rathenau pour l'AEG, le français P. Azaria pour la CGE, le belge E. Empain pour le groupe du même nom, tandis que Siemens était fondée dès les années 1840 mais connaissait sa véritable expansion à partir des années 1880. Pour la chimie on doit distinguer les fondateurs des années 1860 comme E. Solvay en Belgique, ceux des années 1880-1900 comme J. Brunner et L. Mond, fondateurs de Brunner-Mond, ou W. Lever, fondateur du groupe du même nom en Angleterre, ou E. Michelin en France. D'autres attachèrent leur nom aux entreprises de services comme T. Bader, fondateur des Galeries Lafayette, J. Bernheim pour l'Innovation à Bruxelles. L'entre-deux-guerres favorisa l'accès au grand patronat d'une nouvelle génération, en particulier dans l'industrie automobile et les industries connexes avec L. Renault, A. Citroën, H. Austin, W. Morris en France et en Angleterre, mais aussi l'équipementier R. Bosch en Allemagne. Le second après-guerre vit l'émergence de nouvelles générations d'entreprises familiales dans la grande distribution en Allemagne et en France avec les groupes Tengelman, Metro, Aldi, Leclerc, Intermarché, Promodès, Auchan, dans l'édition et la communication avec Betelsmann, Springer, Bauer en Allemagne, Saatchi en Angleterre mais aussi le BTP, l'électronique, la construction aéronautique.

Les héritiers sont d'abord relativement nombreux dans les grandes entreprises issues de la première industrialisation. La sidérurgie en fournit une série d'exemples pour la Lorraine française, avec pour emblème les huit générations de la famille Wendel qui reste à la tête de ses entreprises sidérurgiques du début du XVIIIe siècle jusqu'aux années 1970, mais aussi les familles d'Huart (Senelle-Maubeuge), Fould (Pompey), Raty (Saulne), qui ne bénéficièrent cependant pas d'une telle longévité. Mais les Schneider, au Creusot, fournissent un autre exemple tout aussi emblématique que les de Wendel, avec une présence à la tête de leurs entreprises du milieu du XIXe siècle aux années 1960. En Allemagne la famille Krupp préserve la continuité dynastique de l'affaire fondée en 1811 jusqu'en 1968 avec Alfred Krupp, mais cela ne fut possible qu'au moyen de plusieurs arrangements matrimoniaux et légaux à caractère exceptionnel. Mais un certain nombre de fondateurs actifs à la tête de leurs affaires autour de 1900 réussirent à transmettre les commandes à un membre de leur famille, que l'on voit donc régner sur l'entreprise familiale durant l'entre-deux-guerres. Ce fut le cas, dans la sidérurgie, de F. Thyssen, président du conseil de surveillance des Vereinigte Stahlwerke, mais aussi de C. Friedrich von Siemens qui préside sa société jusqu'en 1941. En Angleterre il faut citer les noms de d'A. Mond, de E. Guiness ou de S. Courtauld pour la même période. Les années 1950 et surtout 1960 furent cependant fatales à une série de dynasties qui durent abandonner les affaires : ce fut le cas en particulier dans la sidérurgie qui vit le retrait des grandes dynasties lorraines et allemandes à la fin des années 1960 alors que dans l'électricité, la famille Siemens parvenait à se maintenir aux commandes. En Belgique la famille Coppée se maintint avec succès jusqu'aux années 1980, avant de céder ses affaires au groupe Lafarge. Le renouvellement lié aux fondations de l'entre-deux-guerres ne permit pas de combler les vides dans les rangs des très grandes entreprises : seuls les Peugeot se maintiennent comme très grand constructeurs en France, alors que la famille Bosch ne parvint pas à conserver le contrôle de son entreprise. Mais la perte de contrôle ou la disparition de l'entreprise fondée par la famille ne signifie pas toujours le retrait des affaires : la famille Flick effectua avec succès sa reconversion dans les années 1950 avec la prise de contrôle de Mercedes-Benz aux dépens de la Deutsche Bank, tandis que les Wendel reconstituèrent un patrimoine industriel à partir de la holding Marine-Wendel.

Le maintien du contrôle familial sur l'entreprise a fait partie, de la fin du XIXe siècle aux années 1960, d'une stratégie consciente et volontaire de la part des chefs de maison. Pour ce faire il a fallu concilier le besoin accru en capitaux exigé par les évolutions technologiques et celles du marché,

© ARMAND COLIN. La photocopie non autorisée est un délit.

avec le souci dynastique. Les structures juridiques permettant ce contrôle ont parfois été maintenues : en France, certaines entreprises parmi les plus prestigieuses ont conservé à cet effet le statut de société en commandite par action : ce fut le cas des Wendel jusqu'à la Seconde Guerre mondiale, ou de Michelin jusqu'à nos jours. Mais le passage au statut de société anonyme se généralisa à partir des années 1880, souvent à l'occasion d'une opération de fusion ou d'un investissement majeur nécessitant l'ouverture du capital. Une dernière vague de transformations de firmes familiales suivit immédiatement la Première Guerre mondiale. Elle toucha par exemple la firme Hachette en France. Les familles trouvèrent cependant les moyens de préserver l'identité de l'entreprise et leur contrôle. Les pactes d'actionnaires furent largement utilisés à cet effet, comme chez les Wendel où la cession de titres et l'accès à la gérance étaient strictement contrôlés. Dans d'autres cas une holding familiale verrouillait le capital, comme le fit efficacement la FILOR – Financière lorraine – aux mains des Cavallier à Pont-à-Mousson entre 1924 et le milieu des années 1960. Les mêmes procédures existaient en Allemagne où le maintien du pouvoir d'une famille fut facilité par l'existence d'un conseil de surveillance dont les membres n'exerçaient pas de fonctions opérationnelles. Ainsi les familles fondatrices furent-elles représentées très longtemps au conseil de firmes comme Hoechst, AEG, Thyssen, Daimler... Mais la continuité fut plus fortement assurée encore chez Krupp ou chez Siemens où les chefs de famille exercèrent la réalité du pouvoir jusqu'en 1968 pour le premier – à la mort d'Alfred Krupp – et jusqu'en 1981 pour le second, date du retrait de Peter von Siemens du conseil de surveillance. Comme dans le cas français, diverses dispositions permirent aux familles de conserver le contrôle de leurs entreprises : actions sans droit de vote mais à dividende garanti offertes au public, actions à vote multiple et sociétés patrimoniales pour les membres de la famille. Ajoutons que les pouvoirs publics facilitèrent parfois les choses aux familles par dérogation au droit commun, en particulier concernant le régime successoral ou les actions à vote multiple. Plus récemment, la création de fondations, à qui les actionnaires de la famille cédaient leurs titres tout en obtenant certaines contreparties, permirent aussi d'assurer la pérennité de leur pouvoir.

Longtemps le rôle de la famille ne se limita pas au portage de titres ou au rôle d'actionnaire passif. La conception que se faisaient de leur mission la plupart des familles d'entrepreneurs impliquait un investissement personnel important qui légitimait et consolidait leur pouvoir. Ce dernier passait d'abord par l'exercice des fonctions d'administrateur et, pour le chef de maison, la présidence de ce conseil. Selon les circonstances et les traditions ce conseil était plus ou moins ouvert aux éléments extérieurs. Dans la sidérurgie lorraine cette ouverture était faible, ainsi les familles Labbé, Raty et Thomas se répartirent quasi exclusivement les sièges au conseil des Aciéries de Longwy entre les années 1880 et la Seconde Guerre mondiale. D'autres entreprises sidérurgiques avaient des traditions d'ouverture plus importante, comme Marine-Homécourt dont le conseil comportait, au-delà des représentants des familles d'actionnaires, des ingénieurs, des représentants du monde politique et des grandes entreprises clientes. La solidarité et la part d'influence que devaient détenir chacune des familles au sein d'un même conseil faisaient souvent l'objet d'accords subtils que venaient consolider des alliances matrimoniales : c'était le cas entre les familles fondatrices des Aciéries de Longwy. De telles stratégies se retrouvent dans le cas d'autres secteurs et d'autres régions : textile du Nord de la France, sidérurgie liégeoise.

Mais l'exercice des responsabilités et le contrôle de l'entreprise se prolongeait à travers les fonctions de direction exercées. Ainsi à Vezin-Aulnoye, firme sidérurgique installée en Lorraine et dans le Nord de la France, la famille d'origine belge Sepulchre assurait son contrôle moins à travers le conseil d'administration qu'au moyen des postes de direction, que 13 de ses membres occupaient vers 1900. Il en fut de même jusqu'aux années 1960 à Pont-à-Mousson. Les exemples de ce type ne manquent pas en Angleterre où les membres des familles actionnaires exerçaient bien souvent à la fois des fonctions d'administrateurs et de directeur dans l'entreprise familiale. Ce fut par exemple le cas de la famille Cadbury au sein de l'entreprise du même nom jusqu'aux années qui suivirent la Seconde Guerre mondiale : en 1930 six administrateurs sur huit, dont le directeur, appartenaient à la famille et un septième lui était apparenté. Ces administrateurs étaient eux-mêmes responsables d'un secteur d'activité de l'entreprise. On trouverait des situations semblables à l'issue de la Grande Guerre chez le verrier Pilkinton où tous les postes d'administrateurs étaient détenus par des membres de la famille, mais également chez Lever, dans les corps gras, jusqu'au début des années 1920.

La montée en puissance des managers, sensible dès l'entre-deux-guerres ne se traduisit pas systématiquement par l'effacement total de la famille. Ainsi aux Aciéries de Longwy les familles fondatrices, après avoir accepté durant plus de 40 ans l'ascendant d'Alexandre Dreux, salarié sorti du rang, décidèrent-elles de reprendre elles-mêmes les commandes en forçant ce dernier à résilier ses fonctions de président en 1933. Dans d'autres cas les familles préférèrent contrôler le jeu en intégrant par mariage un directeur devenu indispensable par ses qualités. Bien plus, la force du modèle dynastique fit que, dans plusieurs cas, des directeurs généraux puissants cherchèrent à leur tour à s'insérer dans le dispositif, voire à prendre le pouvoir en créant à leur tour une dynastie. A. Dreux faillit y réussir quand, après avoir obtenu la présidence des Aciéries de Longwy, il fit nommer son fils comme directeur-général. À Pont-à-Mousson Camille Cavallier y réussit pleinement, et sa famille conserva le pouvoir jusqu'au milieu des années 1960 en reproduisant le modèle dynastique.

2.2. La montée en puissance des managers

L'accès aux fonctions dirigeantes de salariés non propriétaires se fit de manière progressive dans les grandes entreprises européennes. Dans un premier temps, jusqu'au début des années 1950, elles recrutèrent le plus souvent leurs dirigeants par voie externe et à un niveau très élevé parmi les administrateurs ou les salariés supérieurs d'autres sociétés. Peu à peu cependant la notion de carrière s'imposa si bien qu'environ la moitié des dirigeants des grandes firmes européennes étaient entrés dans leur entreprise en tant que *junior manager* en 1972. Mais la transition se fit de manière spécifique selon les principaux pays d'Europe. En Angleterre, l'accès au sommet de la hiérarchie passa longtemps par une expérience préalable à la tête d'une entreprise privée à caractère familial, et l'accès aux fonctions dirigeantes de salariés supérieurs ne devint le cas de figure dominant qu'à la fin des années 1960. Ce dernier modèle s'installa beaucoup plus rapidement en Allemagne où il représentait déjà, selon les estimations de Y. Cassis, environ 30 % de l'accès aux fonctions dirigeantes avant 1914. Il devint majoritaire dans ce pays dès la fin des années 1920. En France, l'arrivée de dirigeants salariés à la tête des grandes entreprises devint fréquente dès la fin du XIXe siècle, mais elle se fit souvent à travers le recrutement de hauts fonctionnaires pour qui elle constituait une deuxième partie de carrière. Le « pantouflage » de hauts fonctionnaires est devenu un mode majoritaire et spécifiquement français de recrutement des patrons des grandes entreprises, qu'elles soient privées ou publiques, dès les années 1920 : il l'est resté depuis. L'accès aux fonctions dirigeantes de salariés supérieurs, bien qu'en progression depuis l'entre-deux-guerres, plafonne à un peu plus du tiers des cas depuis la dernière guerre : c'est là un des aspects de la spécificité française.

• **L'accès aux fonctions dirigeantes** dans la grande entreprise à la suite d'une carrière dans une entreprise privée à caractère familial est restée une voie typiquement britannique jusqu'au début des années 1950. Le phénomène est en grande partie lié au rôle important des fusions entre entreprises privées dans l'avènement de la grande entreprise britannique, qu'elle soit industrielle, de service ou bancaire. Dans la mesure où une partie de ces fusions n'aboutit pas à la véritable intégration de ces firmes mais à des fédérations dans lesquelles chaque composante devait être représentée, la situation personnelle des anciens dirigeants était souvent préservée par l'accès aux nouveaux conseils d'administration. Mais le maintien de cette voie spécifique d'accès s'explique

© ARMAND COLIN. La photocopie non autorisée est un délit.

aussi par l'existence d'autres canaux tels que l'importance des *chartered accountants* dans le système britannique. Les patrons de ces firmes, souvent sollicités comme conseil par les entreprises, furent parfois invités à y jouer un rôle définitif : ce fut le cas de F. d'Arcy Cooper qui devint président de Lever en 1925 ; il existe d'autres exemples de ce type d'itinéraire.

L'accès aux fonctions dirigeantes d'anciens patrons d'entreprises privées joua également un rôle important dans les autres pays d'Europe, mais à un moindre degré, jusqu'aux années 1970. En France et en Allemagne ce type d'itinéraire perdit du terrain dès les années 1920, mais resta non négligeable jusqu'aux grandes fusions des années 1960 : l'accès au conseil d'administration des entreprises fusionnées et le maintien des équilibres et des positions personnelles fut de ce point de vue important même si, dans bien des cas, on préféra souvent choisir comme président un élément extérieur issu du management supérieur ou de la haute fonction publique, censé jouer les arbitres entre les anciens groupes.

• **Le recrutement de haut-fonctionnaires** à la tête des entreprises françaises correspond à une combinaison de facteurs explicatifs associant recherche de compétences, hiérarchie et structure du système de formation français, organisé autour des grandes écoles qui commandent l'accès aux carrières les plus élevées de la fonction publique, rôle économique de l'État qui cherche à organiser le système de production. Cette combinaison explique pour une large part les choix des entreprises qui, à leur tête, placèrent de plus en plus une élite d'organisateurs généralistes dotés d'un bon réseau de relations auprès des pouvoirs publics.

Le système est déjà en place dans la seconde moitié du XIXe siècle à travers le recrutement des dirigeants des grandes Compagnies de chemin de fer. Les grandes entreprises sidérurgiques connurent une évolution similaire à la fin du siècle. Si nombre d'entre elles firent d'abord appel à des collaborateurs de statut assez modeste, pour certains formés sur le tas ou issus d'écoles de second rang comme les Arts et Métiers, le recrutement de hauts fonctionnaires issus du Corps des Mines tendit à se généraliser à partir de la fin du XIXe siècle dans les plus grandes entreprises sidérurgiques. Après un temps de service public, ces ingénieurs étaient généralement recrutés au niveau le plus élevé de la direction, occupaient parfois immédiatement la direction générale de l'entreprise, avant d'avoir accès aux fonctions d'administrateur-délégué ou de président. Chatillon-Commentry, les Forges et Aciéries du Nord et de l'Est et Marine-Homécourt adoptèrent dès le début du siècle ces modalités de recrutement, suivies, par la suite, par les firmes à cohésion familiale plus marquée. À Marine-Homécourt, les présidents successifs furent tous cooptés parmi les ingénieurs du corps des mines à partir du « règne » de Théodore Laurent, suivi de Léon Daum puis de Henri Malcor.

Les polytechniciens s'installèrent également à la tête des entreprises d'électricité durant l'entre-deux-guerres. Le recrutement d'ingénieurs, déjà bien installés à la tête de ces entreprises avant 1914, devint de plus en plus celui des polytechniciens. Les fonctions d'organisateurs de réseaux, de coordination de groupes aux nombreuses filiales, d'organisateurs de la coopération inter-groupes dans le cadre d'ententes et de négociateurs avec l'État, propulsèrent les polytechniciens-anciens fonctionnaires au sommet de la hiérarchie après 1919. À la veille de la Seconde Guerre mondiale ils occupaient la moitié des postes dirigeants de cette industrie. D'autres grands corps de la fonction publique jouèrent un rôle équivalent dans les services : les inspecteurs des Finances « pantouflèrent » au niveau des directions générales et des présidences des grandes banques depuis la fin du XIXe siècle : les nationalisations de la Libération ne firent que consolider ce mode de recrutement.

• **Les entreprises allemandes** firent les premières une large place à la voie interne dans le recrutement de leurs dirigeants. Plus tôt qu'ailleurs en Europe l'accès au sommet de la hiérarchie patronale constitua le couronnement de la carrière des cadres les plus brillants. La carrière de Carl Bosch, entré comme ingénieur à BASF en 1899, directeur général de cette entreprise puis placé à la tête du directoire d'IG Farben lors de sa création, est exemplaire de cette évolution précoce. Les carrières dans l'industrie allemande se sont fortement normalisées depuis la fin de la dernière guerre. Dans les entreprises industrielles les carrières au sein d'une même branche d'activité et, dans les trois quarts des cas à l'intérieur d'un même groupe, sont devenues la règle pour accéder aux fonctions dirigeantes. L'accès au directoire de l'entreprise passe donc par un cursus devenu classique qui mène en une vingtaine d'année à la direction d'une division ou d'un département. Le choix du président se fait entre les directeurs de division, des ingénieurs ou scientifiques dans la majorité des cas pour les entreprises industrielles, et des financiers, dans une moindre mesure. Jusqu'aux années 1960 la logique technicienne domine en fait assez largement les choix. Le recrutement interne du patronat allemand souffre bien sûr de quelques exceptions et certaines branches comme l'automobile font plus volontiers appel à des éléments extérieurs.

Le recrutement de *senior managers* à la tête des entreprises anglaises fut plus lent à s'imposer. Les grandes compagnies de chemin de fer avaient pourtant montré la voie dès le dernier tiers du XIXe siècle en recrutant leurs directeurs généraux à l'intérieur de la profession, parmi les cadres ayant une vingtaine d'années d'expérience. Mais ce modèle de carrière ne se généralisa qu'une ou deux génération plus tard. En France, les carrières de managers salariés débouchant sur des fonctions dirigeantes furent assez peu nombreuses dans les grandes entreprises au cours du premier tiers du siècle, malgré quelques exemples correspondant à des profils très spécifiques en particulier dans la sidérurgie. Ce profil tendit à se répandre après le second conflit mondial ; ce fut le cas dans les branches les plus modernes telles que la construction électrique et électronique, en particulier dans les filiales d'entreprises américaines. D'une manière générale, l'élargissement des recrutements de cadres diplômés auxquels procédèrent les grandes entreprises au cours des années 1920 et 1930 contribua à créer le « vivier » dans lequel elles puisèrent à partir des années 1950 afin de recruter leurs cadres dirigeants.

• **Les mutations technologiques**, la complexification et la multiplication des tâches d'encadrement et de direction contribuèrent tout naturellement à élever le niveau de formation des futurs dirigeants. D'une manière générale il était déjà élevé dès la fin du XIXe siècle, et cette tendance ne fit que s'accentuer tandis que s'élargissaient les types de formations conduisant aux plus hautes fonctions. Ici encore, cependant, des différences nationales persistent. Les patrons français eurent très tôt un degré de formation élevé : Y. Cassis et M. Lévy-Leboyer, à partir d'échantillons constitués sur des bases différentes, parviennent à des résultats similaires pour le début du siècle : plus de 70 % des dirigeants d'entreprises français étaient diplômés de l'enseignement supérieur. Selon Y. Cassis les patrons allemands se rapprochaient de ce chiffre avec un peu moins de 60 % de diplômés du supérieur, alors que ce n'était le cas que de 35 % des britanniques. L'évolution ultérieure confirma ce « palmarès » tout en rapprochant les données, la formation des Anglais restant, en termes universitaires, moins élevée que celle des Allemands et des Français avec 96,9 % de diplômés du supérieur en 1973 selon Lévy-Leboyer. Cette évolution s'est faite au détriment des cursus se limitant aux études secondaires et de l'apprentissage. Ce dernier type de formation avait encore joué un rôle important dans la formation des dirigeants du début du siècle, tout particulièrement en Allemagne. Dans ce pays il a conservé un rôle non négligeable jusqu'à nos jours. En Angleterre, les études secondaires ont longtemps constitué, plus que l'Université, la formation-type du patronat. En réalité la plupart des patrons britanniques avaient fréquenté les mêmes *public schools*, les uns poursuivant à l'Université, les autres préférant accéder directement à la formation pratique que donnait l'entrée dans l'entreprise. Cette seconde stratégie, clairement revendiquée par nombre de futurs patrons subsista après la dernière guerre : bon nombre de patrons actifs au début des années 1970 s'étaient contentés d'une formation secondaire prolongée, pour une partie d'entre-deux, dans la formation intermédiaire que représentait le *college*.

Les spécificités nationales se retrouvent quant à la nature des études supérieures suivies. Si les humanités traditionnelles jouèrent encore un certain rôle au début du siècle, en particulier en France et en Angleterre, elles disparurent dès l'entre-deux-guerres du cursus qui conduisait

© ARMAND COLIN. La photocopie non autorisée est un délit.

normalement aux fonctions dirigeantes ; celui-ci se répartit dès lors en trois groupes : études scientifiques et d'ingénieurs, droit et sciences politiques, économie et gestion, selon des spécificités et avec des contenus propre à chacun des pays.

• **Les études scientifiques et les écoles d'ingénieurs** ont joué un rôle-clé et continu dans la formation du patronat allemand et français durant la première moitié du siècle. En Allemagne, le rôle des études d'ingénieur a été consolidé dans les cursus par le décret de 1899 qui a permis aux écoles supérieures techniques de décerner des doctorats, titre qui couronne donc à la fois les études scientifiques classiques et, dans certains cas les études d'ingénieur. Le système allemand diffère cependant du système français par son caractère plus ouvert et la quasi absence de hiérarchie entre universités. Le système des grandes écoles françaises, en établissant une hiérarchie entre écoles et la primauté de l'École Polytechnique, prédétermine de fait l'accès aux fonctions dirigeantes dans l'entreprise : Polytechnique fournit, entre 1929 et 1973, environ 20 % du personnel dirigeant des grandes entreprises françaises, à l'exception d'un repli passager à la fin des années 1950. De ce fait, dès l'entre-deux-guerres, la formation et les emplois occupés par les polytechniciens ont tendu à évoluer vers des fonctions d'organisation, évolution qui fut beaucoup moins celle des ingénieurs allemands. C'est probablement pourquoi les ingénieurs français conservèrent une primauté plus assurée que leurs collègues allemands dans le recrutement des élites patronales à partir des années 1960.

• **Les juristes et les diplômés de sciences politiques** furent dès le début du siècle les concurrents les plus directs des ingénieurs. En Allemagne, leur rôle fut essentiel dès le début du siècle, étant donné le prestige des universités traditionnelles : il se maintint, voire se consolida, dans l'éventail des formations des dirigeants d'entreprises jusqu'aux années 1970. En Angleterre et surtout en France, il tendit à renforcer ses positions après la seconde guerre mondiale du fait de la poussée des anciens élèves de l'Institut d'Études Politiques de Paris et de l'ENA, créée à la Libération. Ajoutons que les doubles formations, qui se sont assez largement développées en Europe, mais tout particulièrement en France depuis les années 1950, ont souvent associé droit ou sciences politiques à des formations scientifiques. L'économie ou le management apparaissent en réalité les parents pauvres dans l'éventail des formations qui furent celles des patrons d'entreprises en Europe jusqu'aux années 1970 : 19 % dans l'échantillon de Y. Cassis pour l'Angleterre contre 10 % pour l'Allemagne et 4 % pour la France. Ces chiffres résultent d'un facteur institutionnel lié au standing relativement bas de ce type d'études et à leur faible développement jusqu'aux années 1960. Dans la mesure ou la création de *business schools* sur le modèle américain ou la réforme d'instituts plus anciens comme HEC n'intervinrent qu'assez tardivement, peu de leurs étudiants purent atteindre le sommet de la hiérarchie avant le début des années 1970. La faiblesse apparente de la formation économique ou gestionnaire des dirigeants d'entreprises européennes est partiellement compensée en Angleterre par le rôle joué par les *accountants*, tandis qu'en Allemagne une partie des patrons issus des formations d'apprentis étaient en réalité des commerciaux. En France, le caractère généraliste de la formation reçue à l'Institut d'Études Politiques, voire à Polytechnique, s'est de fait substitué aux formations spécifiques de gestionnaires.

Le diplôme sanctionnant des études supérieures est donc devenu depuis le début du siècle sur le continent, beaucoup moins en Angleterre, l'un des passeports d'accès aux fonctions dirigeantes. Il fut bien sûr loin d'être le seul. Dans quelle mesure peut-on cependant dire que l'élévation du niveau de compétences requises a permis une ouverture dans le recrutement des élites patronales, la sélection par le mérite universitaire venant en quelque sorte contrebalancer les avantages de la position d'héritier ? Les études de M. Lévy Leboyer portant sur la France ont montré que, globalement, les catégories les plus favorisées – familles dirigeantes, fonctionnaires supérieurs, professions libérales, milieux de l'entreprise moyenne – avaient maintenu leurs positions quant à l'accès au grand patronat : environ 80 % des dirigeants d'entreprises étaient issus de ces catégories en 1912-1929 tout comme en 1939-1973. L'ouverture offerte par la seconde industrialisation ne s'était donc pas produite au profit des catégories les plus modestes. Une segmentation plus fine révèle cependant une redistribution partielle des cartes au sein même des catégories supérieures. Elle est visible à travers l'accès plus large aux fonctions dirigeantes d'individus n'ayant bénéficié d'aucune aide du milieu familial, telles que l'héritage d'une entreprise, l'appui de membres de la famille occupant eux-mêmes des fonctions dirigeantes dans les grandes entreprises. Dans la première période considérée seuls 21,3 % des dirigeants d'entreprises n'avaient bénéficié d'aucune aide directe de la part de leur famille, pour la période 1939-1973 cette proportion avait doublé et était passée à 42,5 %. Cette mutation, due pour une part aux possibilités offertes par les études et à l'élargissement du champ de compétences exigées par les grandes entreprises, avait également été favorisée par les mutations géographiques et sectorielles internes au tissu industriel avec le déclin relatif des branches et des régions issues de la première industrialisation. Les individus issus des groupes intermédiaires représentés par les professions libérales, les cadres moyens et l'entreprise moyenne, avaient profité assez largement des possibilités offertes : 18,4 % des dirigeants en étaient issus en 1912-1929, 42,1 % en 1939-1973. Ces catégories avaient donc bénéficié de l'élargissement des champs de compétence et des exigences et opportunités offertes par les études.

3. Les patrons dans la société européenne

3.1. Fortunes patronales

Dans la plupart des pays ouest-européens le *leadership* en terme de fortune acquise est passé de l'aristocratie foncière à la bourgeoisie d'affaires au cours du dernier tiers du XIXe siècle. La transition s'est opérée entre 1870 et la première décennie du siècle. Ainsi en Angleterre, 80 % des millionnaires – en livres sterling – appartiennent-ils encore au groupe des propriétaires fonciers dans les années 1860-1880 ; dans les années 1900-1920 cette proportion tombe à 27 %. Les indications dont on dispose montrent une même évolution pour l'Allemagne et la France. La grande dépression dont l'agriculture eut beaucoup à souffrir entre les années 1870 et 1900 fut pour une bonne part responsable de ce déclin de la valeur des biens fonciers et de ce déclassement relatif, même si la hausse des prix qui suivit stabilisa les choses. Mais les actifs industriels dans leur ensemble subirent beaucoup moins les effets de la grande dépression, tandis que la forte croissance des années 1900 leur fut beaucoup plus favorable. Les résultats très positifs des grandes entreprises au cours des années 1900 furent amplifiés par la valorisation boursière de celles qui étaient cotées, ce dont profitèrent leurs propriétaires.

Les plus grandes fortunes européennes atteignirent, avant la guerre, des niveaux proches de 250 millions de franc-or. C'était le cas du négociant et banquier C. Morrison en Angleterre, des Rothschild en France ou de Bertha Krupp en Allemagne un peu avant la guerre. Mais ces chiffres représentaient des montants tout à fait exceptionnels et ne concernaient que quelques individualités dans chacun des grands pays. En se bornant à une limite basse plus « raisonnable » – plus de 12,5 millions de francs –, Y. Cassis a tenté d'évaluer le nombre des très riches hommes d'affaires en Angleterre, Allemagne et France autour de 1911. Son estimation aboutit au chiffre d'environ 500 pour l'Angleterre et d'environ la moitié pour l'Allemagne et la France. Les grandes fortunes les plus nombreuses étaient celles des banquiers : entre 20 et 30 % du total des fortunes supérieures à 6 et

© ARMAND COLIN. La photocopie non autorisée est un délit.

10 millions de francs en Allemagne et en Angleterre avant 1914. Dans cette catégorie les montants les plus importants n'étaient généralement pas atteints par les présidents des grandes banques à réseau, mais par des banquiers privés comme les maisons de «haute banque» en France, ou les familles de l'aristocratie bancaire de la City dont la fortune personnelle, souvent assez ancienne, se confondait avec celle des établissements qu'ils possédaient. Les représentants de l'industrie lourde venaient après les banquiers avec des chiffres avoisinant 12 à 13 % de l'effectif en Allemagne et en Angleterre. Dans cette catégorie, les grands noms de la sidérurgie l'emportaient que ce soit en France ou en Allemagne. Les fortunes édifiées par les Wendel ou les Schneider atteignaient déjà des montants fort respectables dès la fin du Second Empire. En 1870 le revenu annuel de Charles Schneider était évalué à 1 500 000 F tandis que la fortune de la veuve de François de Wendel, en Lorraine, se montait à 28 millions de francs en 1858. Mais l'essentiel de l'enrichissement des familles de maîtres de forges lorrains se fit à partir des années 1880 et 1890. À la Belle Époque les fortunes des plus en vue dépassaient plusieurs millions voire la dizaine de millions.

La montée en puissance de managers salariés au sommet de la hiérarchie leur a-t-elle permis d'accumuler d'importantes fortunes ? Le signe le plus tangible de l'accès à la fonction patronale des managers salariés réside dans leur mode de rémunération. La part du salaire en tant que tel tend à se réduire dans le revenu par rapport aux tantièmes prélevés sur le bénéfice de l'entreprise. C'est le cas d'Alexandre Dreux aux Aciéries de Longwy ou de Camille Cavailler à Pont-à-Mousson. Il en était de même pour les membres de la direction des grandes banques comme la Banque de Paris et des Pays-Bas ou de la Société générale de Belgique. À ces tantièmes prélevés sur les bénéfices venaient souvent s'ajouter ceux tirés de l'exercice de mandats d'administrateurs dans des sociétés filiales ou amies, ainsi que les dividendes tirés du portefeuille d'actions et d'obligations que ces managers pouvaient acquérir. L'accès aux fonctions dirigeantes représentait donc la possibilité d'accumuler assez rapidement un capital important : parti d'un capital inférieur à 100 000 F Édouard Despret parvient à accumuler une fortune de 3 millions de francs en une vingtaine d'années de carrière comme directeur de la Société Générale de Belgique, entre les années 1880 et le début du siècle. Quant à A. Dreux ou à C. Cavailler on peut estimer le capital qu'ils ont accumulé à environ 5 millions de francs un peu avant 1914. La structure de leur revenu comme le niveau de leur fortune classent très clairement ces individualités parmi les gens très fortunés. Ils n'atteignent cependant pas, d'une manière générale, les très hauts niveaux de fortune des héritiers issus de familles plus anciennes, pour lesquelles l'accumulation a pu jouer sur plusieurs générations.

Les informations disponibles pour les périodes plus récentes sont beaucoup plus partielles. Les estimations portant sur le patrimoine du patronat reposent souvent, depuis les années 1960, sur la valeur boursière des titres d'entreprises détenus par une famille et négligent par nécessité les autres éléments, tandis que les informations dont nous disposons sur ces revenus sont très partielles. La montée en puissance des managers salariés et le déclin progressif des héritiers a cependant sans aucun doute affecté le niveau de fortune du sommet de la hiérarchie patronale. Cette évolution resta cependant assez limitée durant l'entre-deux-guerres dans la mesure où nous avons vu que les héritiers et les fondateurs restaient encore bien présents à la tête des grandes entreprises, constituant ainsi l'assise du patronat fortuné en Europe. Mais l'évolution s'accéléra après 1945 tant sous l'effet de la montée accélérée du patronat-salarié que du fait de la mise à l'écart d'une partie des héritiers : désormais une bonne partie des dirigeants des très grandes entreprises européennes ne figurent plus parmi les citoyens les plus fortunés. Ajoutons à ces facteurs d'ordre institutionnel l'effet de l'instabilité économique liée aux guerres et aux après-guerres : périodes d'inflation, pertes d'actifs à l'étranger, fluctuations boursières.

Cette tendance générale doit cependant être nuancée. Même salariés des entreprises qu'ils dirigent, les patrons des plus grandes d'entre elles conservent des modes de rémunération spécifiques qui prennent en compte les résultats financiers. Certains d'entre eux, en particulier dans les services financiers, conservent aussi la faculté d'être associés aux opérations de la firme qu'ils dirigent. Les possibilités d'accumulation en capital subsistent donc. Les années 1950 et 1960 ont par ailleurs vu la constitution de fortunes importantes par une nouvelle génération de fondateurs, par exemple dans les services de distribution. Souvent, ils atteindront les sommets de la hiérarchie des fortunes au cours des années 1970 et 1980.

3.2. *Au sommet des élites nationales*

Si la constitution d'une fortune constitue un passage obligé d'accès aux élites nationales pour les chefs des grandes entreprises, elle ne garantit pas, avant 1914, l'accès et une intégration pleine et entière au sommet de cette élite. Bien qu'amoindrie financièrement, l'aristocratie occupait encore à l'époque des positions importantes au sommet de l'État et de la haute administration de pays qui, à l'exception de la France, étaient tous des monarchies. Les valeurs et le mode de vie aristocratiques constituaient toujours des modèles de référence, si bien que l'adoption de certaines normes en matière d'éducation, l'accès à certains réseaux de sociabilité et l'intégration dans la noblesse à travers l'anoblissement et les alliances matrimoniales, constituaient l'objectif d'un certain nombre de familles du grand patronat.

Dans la formation des élites nationales les études ne jouent pas le même rôle en Angleterre que sur le continent. En Angleterre, la formation supérieure est moins importante, pour l'accès aux élites dirigeantes, que l'éducation reçue dans les *public schools* les plus relevées. Le passage par l'une d'entre elles, tout particulièrement Eton, constituait donc un critère majeur d'intégration à l'élite nationale. Quant aux études supérieures, une discrimination de même nature peut être faite entre Oxford et Cambridge et les autres universités. Ce type de cursus est caractéristique des élites politiques britanniques au niveau le plus élevé : parmi les membres du cabinet – où l'on compte encore une forte proportion de membres de l'aristocratie – entre 1886 et 1916, 68 % fréquentèrent une *public school* et 71 % Oxford ou Cambridge.

L'intégration progressive des chefs d'entreprises britanniques au sommet de l'élite nationale ne fait aucun doute si l'on observe leur taux de fréquentation des établissements les plus élitistes. Ce taux est très élevé dès la fin du XIXe siècle pour les dirigeants de la City. Ainsi 57 % des membres du conseil d'administration des grands établissements actifs entre 1890 et 1914 avaient fréquenté une *public school* et / ou Oxford et Cambridge. Ce taux est encore plus important si l'on prend en compte les individus nés après 1860 : 72 %. Une segmentation plus fine à l'intérieur de ce groupe peut être réalisée en tenant compte du standing des *public schools* fréquentées : sur tous les administrateurs de banques ayant fréquenté une *public school*, 45 % étaient issus de Eton et 26 % de Harrow, chiffre comparable aux membres du gouvernement ; mais les taux étaient bien inférieurs si l'on s'intéresse aux administrateurs des entreprises non bancaires de la City tandis qu'aucun directeur-général de banque n'avait fréquenté Eton ou Harrow avant 1914.

Si les élites financières se sont très tôt intégrées au sommet de l'élite nationale, les chiffres recensés pour l'industrie révèlent une assimilation plus tardive. Ainsi des sidérurgistes : la fréquentation d'une *public school* est de l'ordre de 10 % pour ceux actifs en 1865 mais de 31 % pour ceux actifs entre 1905 et 1925. Pour Oxford et Cambridge les chiffres sont de 4 et 15 %.

Sur le continent la détention d'un diplôme sanctionnant une formation supérieure a déterminé beaucoup plus tôt qu'en Angleterre l'accès aux fonctions dirigeantes dans l'entreprise. La méritocratie a donc joué son rôle de relative ouverture dès la fin du XIXe siècle et surtout dans l'entre-deux-guerres avec la montée du rôle des ingénieurs au sommet de la hiérarchie. Bien plus, les jeunes gens issus des élites traditionnelles et du groupe des héritiers fréquentèrent de plus en plus les Universités et les grandes écoles, à la fois pour acquérir la formation nécessaire et pour légitimer leur accès aux fonctions dirigeantes. Les liens créés entre élèves des grandes écoles ou des universités jouèrent donc un rôle d'intégration à travers les associations d'anciens élèves, qu'il

© ARMAND COLIN. La photocopie non autorisée est un délit.

s'agisse par exemple de Polytechnique en France ou des ingénieurs formés à l'Université de Liège en Belgique.

• **Au-delà de la fréquentation des mêmes écoles**, les procédures d'anoblissement et les unions matrimoniales constituèrent les canaux privilégiés d'intégration à l'aristocratie. L'anoblissement constitue dans les monarchies européennes à la fois une marque de reconnaissance nationale accordée à titre individuel, et un bon indicateur de l'influence d'un groupe social au sommet de l'État. À la fin du XIXe siècle, le roi des Belges, l'empereur d'Allemagne ou la reine d'Angleterre anoblirent régulièrement des hommes d'affaires. En Belgique la dynastie installée en 1830 poursuivit avec ténacité une politique d'industrialisation du pays et de soutien aux entreprises qui atteignit son sommet à l'époque de Léopold II. Régulièrement des hommes d'affaires de premier plan furent anoblis comme C. Liedts (baron en 1870) ou F. Baeyens (baron en 1904) tous deux gouverneurs de la Société Générale, ou comme Édouard Empain, grand industriel de l'électricité, baron en 1907. Les statistiques disponibles tendent à montrer que l'anoblissement fut plus fréquent en Angleterre qu'en Allemagne où d'autres formes de reconnaissance nationale, le titre de *Kommerzienrat* par exemple, étaient plus facilement attribués. Les alliances matrimoniales déterminèrent dans bien des cas de véritables stratégies pour les chefs d'entreprises les plus prestigieux. De manière caractéristique, ces alliances passèrent souvent par le mariage des filles. Le phénomène est déjà bien installé en Belgique au sein de la direction de la Société Générale dès les années 1860 et 1870 : le vice-gouverneur J.P. Barbanson maria quatre de ses sept enfants dans la noblesse. En France deux des sœurs d'Horace Finaly, alors directeur de la Banque de Paris et des Pays-Bas épousèrent des membres de la noblesse.

En Angleterre 24 % des membres de la communauté bancaire de la City épousèrent des membres de l'aristocratie ou de la gentry et, plus largement, des jeunes femmes issues des élites traditionnelles. Le phénomène était moins accentué en Allemagne bien que 17 % des hommes d'affaires les plus riches se marièrent dans des familles de l'aristocratie. Souvent pourtant, la stratégie matrimoniale des hommes d'affaires suivit des modalités plus complexes, combinant mariages au sein du monde des affaires, de la politique ou de la haute administration et de l'aristocratie, aboutissant progressivement à une fusion des élites, plus ou moins aboutie selon les secteurs d'activités ou les pays. Elle est ainsi très avancée dès 1914 dans les milieux de la finance britannique mais beaucoup moins en ce qui concerne l'industrie. De la même manière cette fusion apparaît plus avancée dans des pays comme la Belgique, l'Angleterre ou la France qu'en Allemagne, où la grande industrie est plus repliée sur elle-même et cède toujours le pas aux élites aristocratiques traditionnelles qui dominent toujours la haute administration et l'armée.

L'entre-deux-guerres acheva d'unifier la classe dirigeante britannique désormais dirigée par le monde des affaires. Cette unification se consolida à travers l'éducation, de plus en plus de dirigeants d'entreprises ayant fréquenté les *public schools* dans leur jeunesse, et le mode de vie : la plupart résidèrent à Londres où se situaient les sièges des plus grandes entreprises du pays. Quant à l'anoblissement, loin de tomber en désuétude, il représenta une marque de distinction de plus en plus répandue parmi les grands patrons : les titres qu'ils détinrent furent de plus en plus obtenus de leur vivant et non plus hérités.

L'évolution du statut du patronat sur le continent est plus marqué par le contexte politique et économique général qu'en Angleterre. La guerre et les années 1920 accentuèrent les tendances issues de la Belle Époque chez les pays vainqueurs. En France, en Belgique, la légitimité du patronat s'accentua du fait de sa contribution à l'effort de guerre et à la victoire. Ses compétences techniques et ses avis furent sollicités par l'État, peu à même de faire face à lui seul aux problèmes de la reconstruction économique et financière. En Belgique des industriels ou financiers comme Georges Theunis ou Emile Francqui devinrent Premier ministre. En France également plusieurs hommes d'affaires entrèrent en politique, comme Louis Loucheur, tandis l'accès des hauts fonctionnaires à la tête des entreprises les plus importantes se consolida dans la banque avec les inspecteurs des Finances, dans l'industrie avec les polytechniciens. Beaucoup d'entre eux ne rompirent pas avec leurs administrations d'origine ou avec l'État, qui sollicita leurs avis ou concours pour des taches d'intérêt national. Ce fut le cas d'E. Mercier, placé à la tête de la Compagnie Française des Pétroles à la demande de R. Poincaré. La légitimité et l'unité de ce grand patronat de plus en plus parisien furent consolidés par l'accès aux dignités les plus élevées dans l'ordre de la légion d'honneur et la fréquentation de clubs comme le Cercle Interallié. Dans la plupart des pays, la crise des années 1930 puis la guerre brisèrent pour un temps le prestige du grand patronat. Avec la crise c'est la remise en cause des compétences et de l'expertise des patrons. C'est la chute du « gouvernement des banquiers » en Belgique en mars 1935, l'avènement du Front Populaire, les grèves et les réformes de juin 1936, les nationalisations de la Libération censées permettre la « modernisation » de l'économie française. Dans la plupart des pays, la prise du pouvoir par le fascisme, puis les années de collaboration, ont placé le patronat sous la tutelle effective d'un parti ou d'une puissance étrangère, quels que soient les désirs d'accommodement ou de collaboration, qui furent recherchés par certains. En 1945 et dans les années qui suivirent, le prestige du patronat atteint son plus bas niveau historique au XXe siècle dans la plupart des pays du continent. L'Allemagne apparaît comme le cas critique en l'espèce avec l'emprisonnement d'Alfried Krupp à la suite du procès de Nuremberg, tandis que de grands patrons comme Louis Renault en France, les frères Carlier – groupe Petrofina – en Belgique, perdaient le commandement de leurs entreprises. La rupture que représentent ces années ne doit pourtant pas être surestimée : les nécessités de la guerre froide ou de la réconciliation nationale atténuèrent l'ampleur et la portée des sanctions : Krupp reprit le contrôle de son entreprise au début des années 1950 tandis qu'une partie non négligeable, compte tenu des départs à la retraite des dirigeants des entreprises allemandes en place avant 1939 occupaient des fonctions équivalentes 10 ans plus tard.

3.3. Les canaux de l'influence

La montée en puissance des élites patronales dans la nation à partir de la fin du XIXe siècle s'est globalement assez peu traduite en termes d'implication directe dans la vie politique. Peu de grands patrons réussirent à mener avec le minimum de continuité indispensable une carrière parlementaire au niveau national : l'investissement en temps qu'impliquaient les deux types de fonctions et la professionnalisation de la vie politique l'excluaient de plus en plus. Il est vrai également que la poussée du socialisme au sein des populations ouvrières rendaient de plus en plus difficile à un chef d'entreprise de se faire élire dans les circonscriptions industrielles. Les intérêts patronaux furent donc défendus par des parlementaires professionnels et / ou au moyen d'actions de *lobbying* auprès du parlement et des administrations.

On relève cependant jusqu'en 1914 les noms d'un certain nombre de dirigeants d'entreprises au sein des parlements nationaux, surtout en Angleterre et en France, mais beaucoup moins en Allemagne, où le rôle du parlement et l'intégration des patrons au sein des élites nationales étaient moins profonds. En France un certain nombre de dirigeants des grandes entreprises d'électricité firent des carrières politiques comme André Berthelot (groupe Empain), P. Doumer (CGE), F. Guillain (Thomson)... Mais la fonction politique était bien souvent première chez ces hommes qui se chargeaient pour le compte des groupes qui les employaient des relations avec les administrations et les élus. Mais ces profils devinrent de plus en plus rares après la Première Guerre mondiale. En Angleterre bien des dirigeants abandonnèrent la politique au début des années 1920 tandis que la brillante carrière que fit François de Wendel en France durant l'entre-deux-guerres fait figure d'exception. Les relations étroites entretenues avec les pouvoirs publics à travers le pantouflage se substituèrent dès lors de plus en plus efficacement à l'action parlementaire. Ajoutons que la diffusion très large de l'idéologie technocratique au sein du

© ARMAND COLIN. La photocopie non autorisée est un délit.

patronat industriel en France, à travers des organisations comme le Redressement français, animé par Ernest Mercier puis Marcel Champin, ne valorisait pas la carrière parlementaire. L'Allemagne connut cependant, dans d'étroites limites, une évolution inverse de celle de ses voisins au cours des années 1920, quand des hommes comme F. von Siemens, A. Vögler ou W. Cuno, directeur-général de la Hapag, profitèrent du déclin relatif des anciennes élites et du besoin en compétences économiques pour mener des carrières parlementaires. Le phénomène se renouvela au début des années 1950, alors que d'une manière générale le grand patronat avait institutionnalisé dans les autres pays d'autres canaux d'influence.

• **Les grandes fédérations patronales** atteignirent assez tôt un degré élevé de représentativité et d'efficacité en Allemagne. En 1876 fut créé le Central Verband Deutscher Industrieller (CVDI) dominé par l'industrie lourde solidement organisée sur une base régionale (Langnamverein pour la Rhénanie et la Westphalie) ou sectorielle (Verein Deutschen Eisen und Stahl Industrieller). L'influence trop marquée de ces branches avait poussé celles qui s'estimaient mal représentées, comme la chimie, à créer une nouvelle organisation : c'est ainsi qu'était né le Bund der Industrieller (BDI) en 1895. Mais son influence resta limitée jusqu'à la guerre. Les industriels des autres pays d'Europe ne réussirent pas à s'organiser sur des bases comparables. Jusqu'à la guerre leurs organisations furent surtout sectorielles et les plus célèbres d'entre elles, comme le Comité des Forges de France, malgré leur ancienneté – 1864 –, ne gagnèrent réellement en représentativité et en efficacité qu'à partir du début du siècle. Les années 1900 virent cependant la création de nouvelles associations de branche comme l'Union des Industries Métallurgiques et Minières (UIMM) surtout destinées à prendre en charge les questions liées à la législation du travail. Mais ces associations étaient bien souvent traversées par d'intenses conflits comme ceux qui, périodiquement, divisaient sidérurgistes, charbonnages et transformateurs d'acier. En Angleterre, ce sont également les questions relatives à la législation du travail qui aboutirent à la création d'organisations de branches telles que l'Engineering's Employers' Association en 1896.

C'est la Première Guerre mondiale, la mobilisation économique et la nécessité d'un dialogue avec l'État qu'elle engendra, qui précipita la création ou le renforcement d'organismes confédéraux en Europe. En Angleterre ce fut la création de la Federation of British Industries (FBI) en 1916, en France la création de la Confédération Générale de la Production Française (CGPF) à l'initiative du ministre Étienne Clémentel en 1919, tandis que les deux organismes faîtiers de l'Industrie allemande – CVDI et BDI – fusionnaient la même année pour constituer le Reichsverband der Deutschen Industrie (RDI). Ajoutons que la plupart de ces organisations furent impliquées, dès le début des années 1920, dans le dialogue organisé au niveau international par la Chambre de commerce Internationale sur les grandes questions économiques de l'heure. Les caractéristiques nationales ou de branches de ces organismes subsistèrent cependant : influence dominante de l'industrie lourde en Allemagne et en France, marquée par l'accession de G. Krupp à la tête du RDI en 1931 ou de H. Darcy à la tête du CGPF en 1919. Dans les deux cas les organisations régionales ou sectorielles mentionnées plus haut contribuèrent au maintien de l'influence de ces branches. D'un point de vue plus global l'influence du RDI en Allemagne fut beaucoup plus significative que celle du CGPF ou du FBI britannique, divisé sur la question douanière et concurrencé sur les questions sociales par la British Employers' Association créée en 1919.

Le besoin d'une organisation puissante et représentative dans chacun des pays aboutit après la Seconde Guerre mondiale au renforcement des organismes faîtiers du patronat. En France et en Allemagne, ils furent reconstitués après la guerre : Conseil National du Patronat Français (CNPF), Bundesverband der Deutschen Industrie, tandis que FBI et CBE fusionnaient en 1965 pour créer la Confederation of British Industry. De plus en plus ces organismes adoptèrent des modes d'organisation et de fonctionnement comparables marqués par la professionnalisation de leur personnel dirigeant. La voie avait été ouverte dans cette direction dès le début du siècle à travers le rôle joué par Axel Bueck ou Robert Pinot à la tête des organismes représentatifs de l'industrie lourde en Allemagne et en France. L'un et l'autre avaient cherché à donner plus de cohérence aux positions patronales relatives aux grandes questions d'intérêt national et international, en particulier sur les questions douanières. Issus souvent de la haute administration ou de cabinets de juristes – pour l'Angleterre – ils jouèrent de plus en plus un rôle d'arbitre entre fédérations de branches et d'intermédiaires avec les gouvernements.

© ARMAND COLIN. La photocopie non autorisée est un délit.

DOCUMENTS

Organigramme-type d'une organisation multifonctionnelle

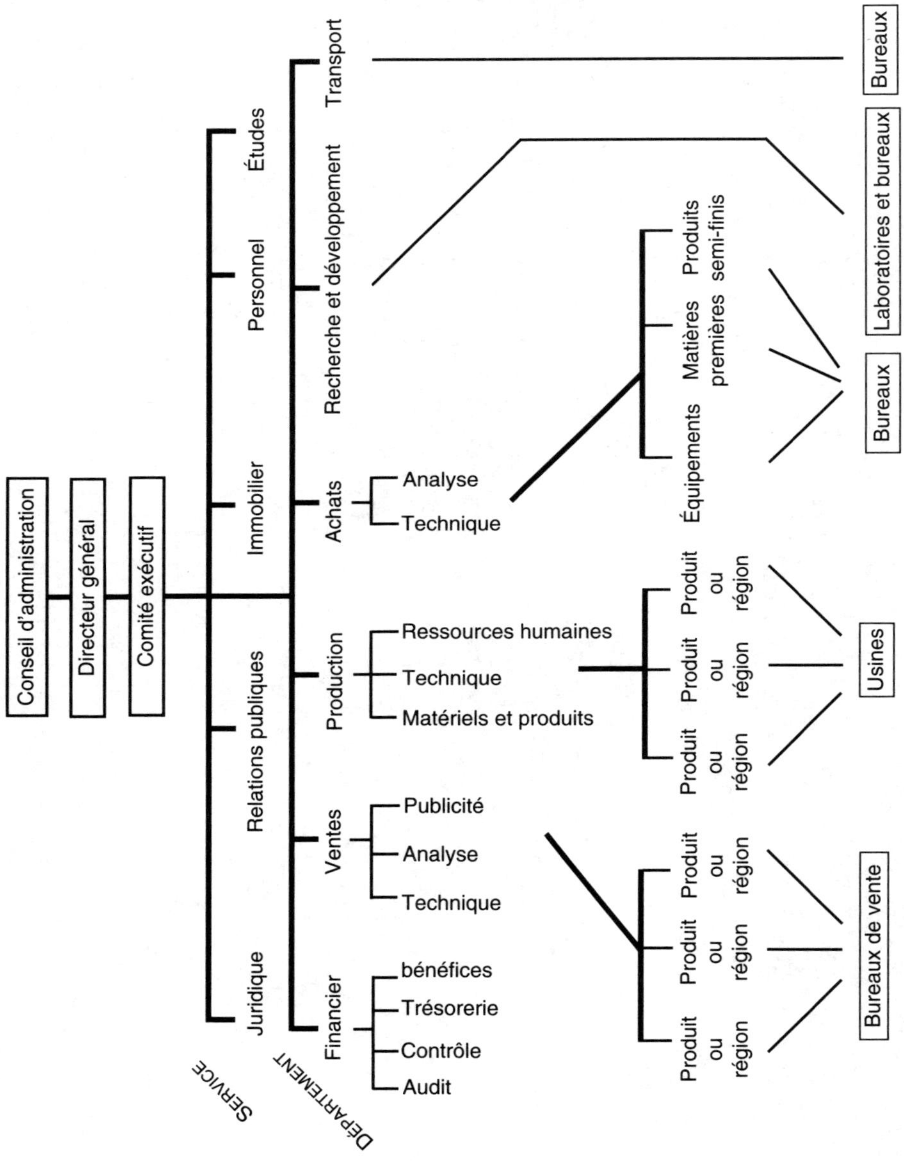

D'après Alfred D. Chandler Jr., *Scale and Scope. The dynamics of industrial Capitalism,* p. 44.

Organigramme-type d'une organisation multidivisionnaire

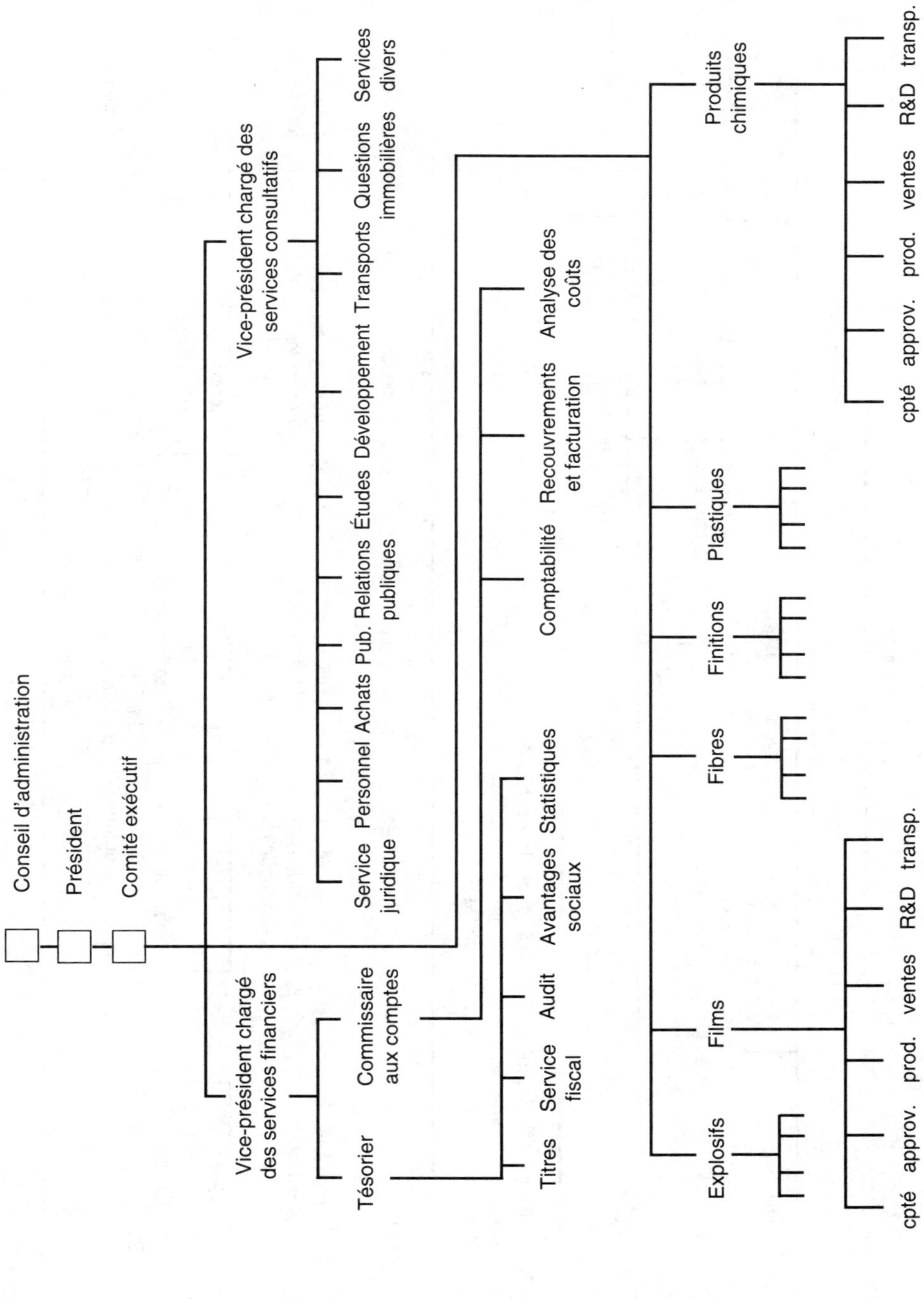

D'après Alfred D. Chandler Jr., *Scale and Scope. The dynamics of industrial Capitalism,* p. 44.

© ARMAND COLIN. La photocopie non autorisée est un délit.

Organisation de Schneider et Cie en 1913

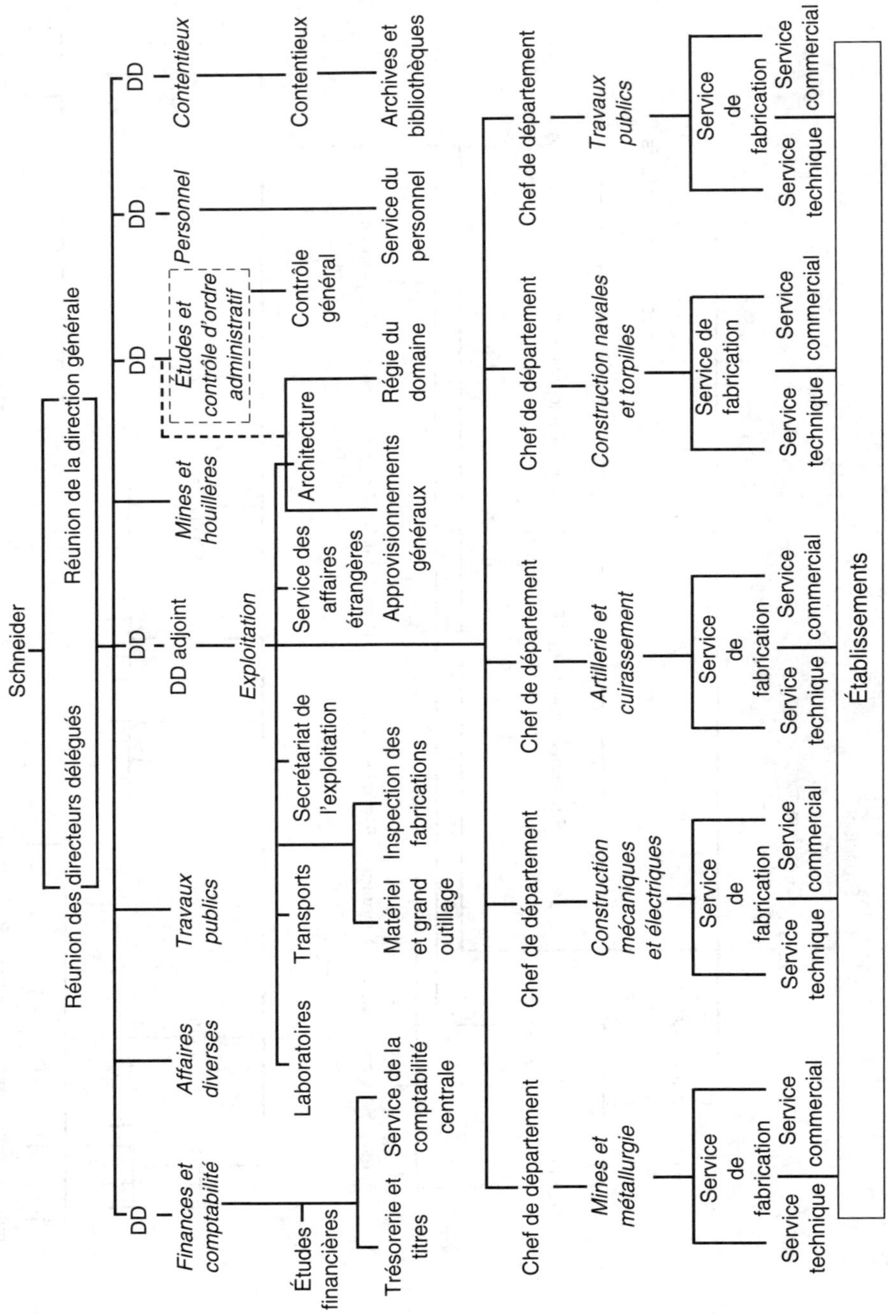

Source : D. Fujimura, *Schneider et Cie et son plan d'organisation administrative de 1913 : analyse et interprétation*, p. 269-276..

Schneider et Cie. Département des constructions mécaniques et électriques, 1913

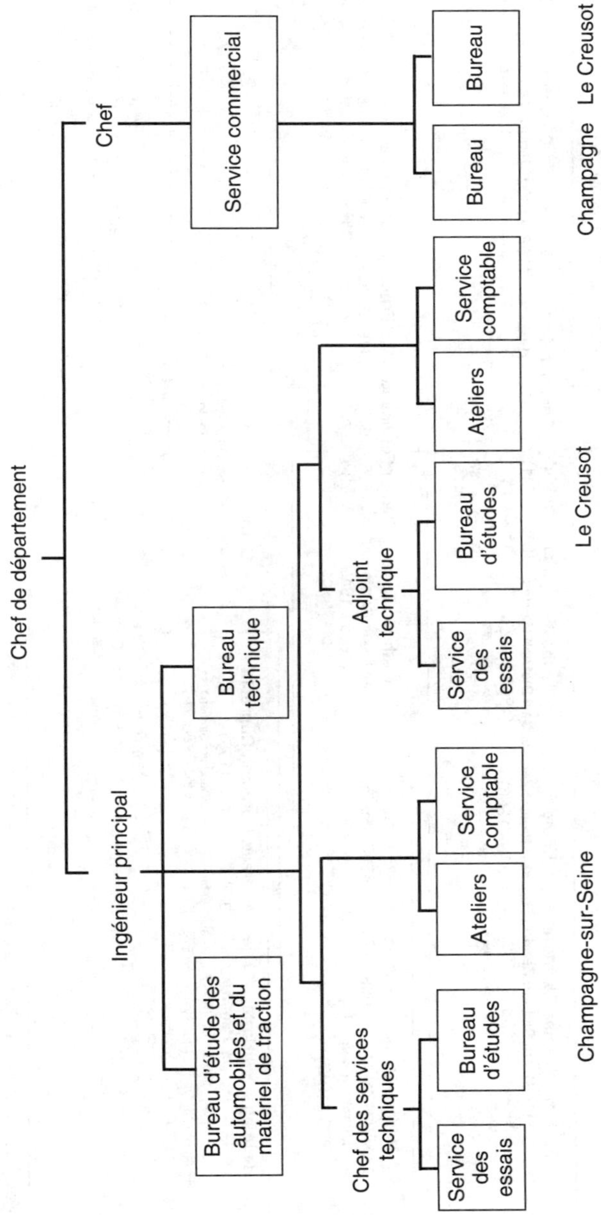

© ARMAND COLIN. La photocopie non autorisée est un délit.

Source : D. Fujimura, *Schneider et Cie et son plan d'organisation administrative de 1913 : analyse et interprétation*, p. 269-276.

Arbre généalogique de la famille Siemens

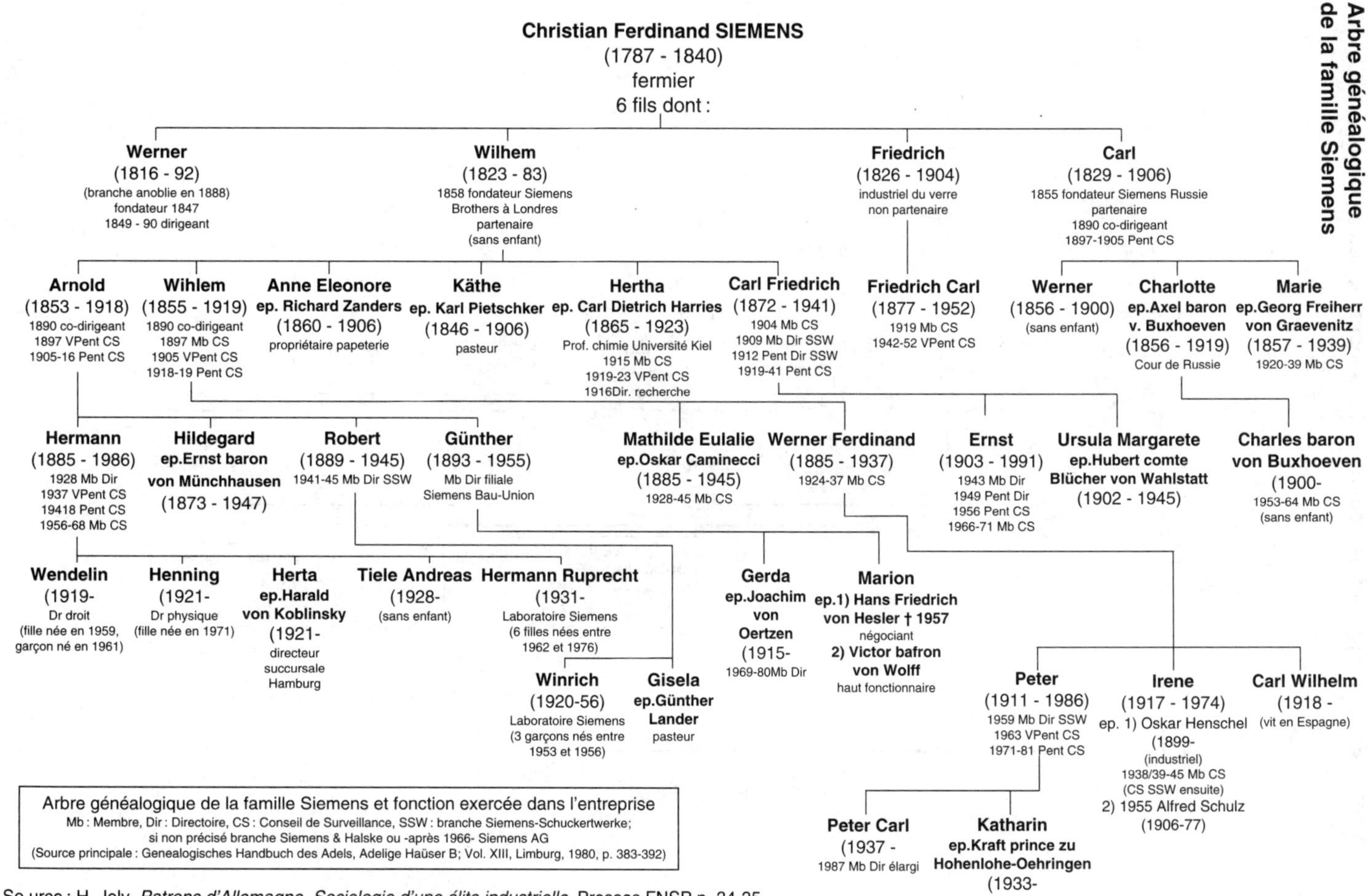

Arbre généalogique de la famille Siemens et fonction exercée dans l'entreprise
Mb : Membre, Dir : Directoire, CS : Conseil de Surveillance, SSW : branche Siemens-Schuckertwerke;
si non précisé branche Siemens & Halske ou -après 1966- Siemens AG
(Source principale : Genealogisches Handbuch des Adels, Adelige Haüser B; Vol. XIII, Limburg, 1980, p. 383-392)

So urce : H. Joly, *Patrons d'Allemagne. Sociologie d'une élite industrielle*, Presses FNSP p. 34-35.

Arbre généalogique de la famille Cavallier-Paul

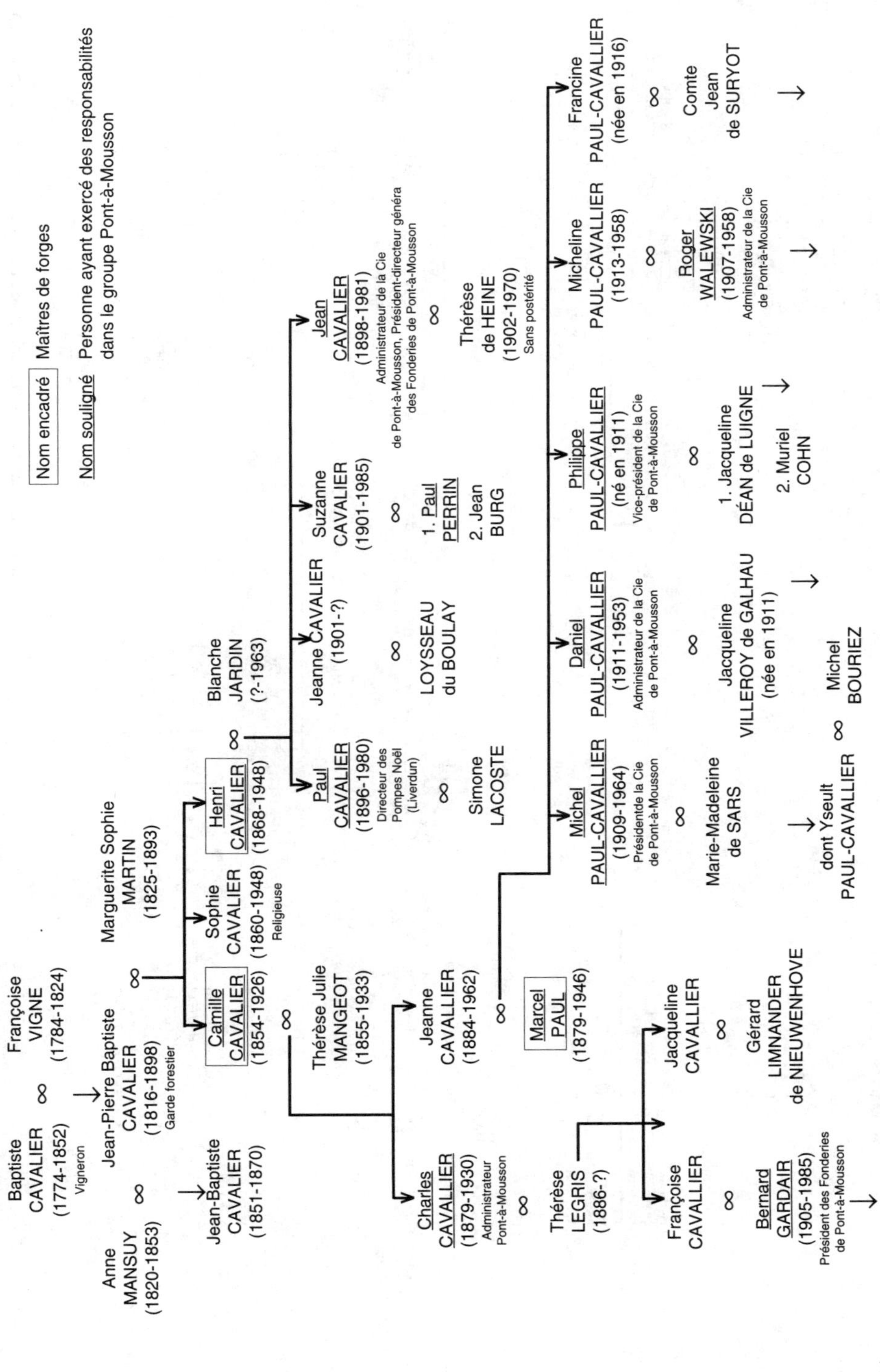

Source : J.-M. Moine , *Les barons du fer. Les maîtres de forge en lorraine.*, p. 530.

© ARMAND COLIN. La photocopie non autorisée est un délit.

Arbre généalogique de la famille de Wendel

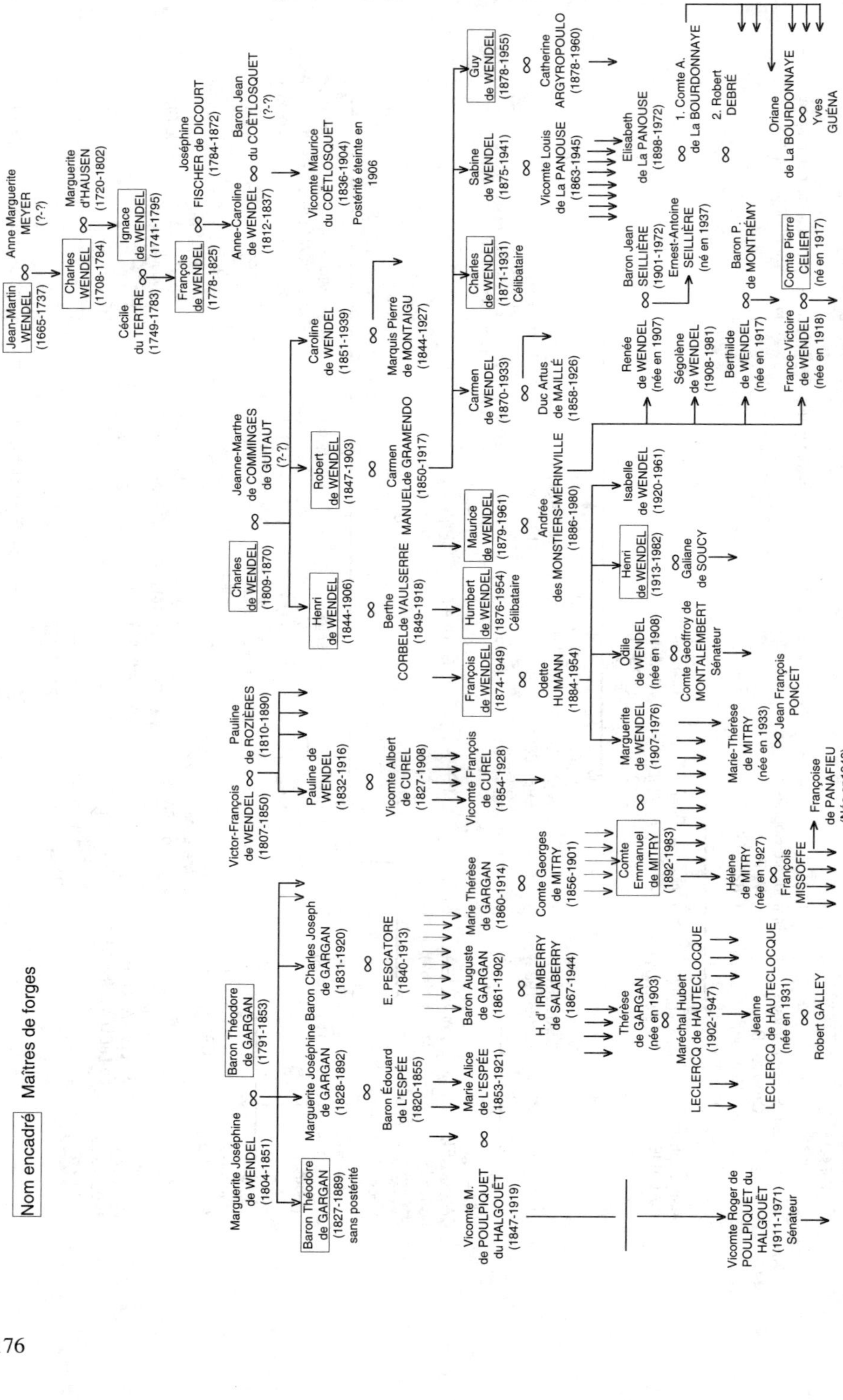

Source : J.-M. Moine , *Les barons du fer. Les maîtres de forge en lorraine*, p. 539.

Conclusion

Par delà les convergences qui se mettent en place à partir de l'entre-deux-guerres, une comparaison entre spécialisations sectorielles des grandes entreprises en Europe laisse entrevoir deux modèles : un modèle continental tout particulièrement illustré par les entreprises allemandes où l'emportent les industries de base et de bien d'équipement, un modèle britannique, plus diversifié, au sein duquel les entreprises de biens de consommation et de service jouent un plus grand rôle.

Toutefois, si l'on observe les structures d'organisation, le tableau que l'on peut dresser prend une autre allure. Les entreprises britanniques ou françaises montrèrent très longtemps – principalement entre les années 1900 et 1950 – des formes plus lâches d'organisation avec une préférence marquée pour la holding tandis que les grandes entreprises allemandes adoptèrent plus tôt des formes d'organisation plus hiérarchisées.

La convergence vers ces types d'organisation qui s'accompagne de la prise de responsabilités de managers salariés surtout à partir des années 1950 n'efface toutefois pas les spécificités nationales. En Allemagne, la spécialisation des entreprises, le mode de recrutement et de formation des managers a privilégié la prise de pouvoir d'ingénieurs ayant fait l'essentiel de leur carrière dans l'entreprise. Ces deux facteurs expliquent en particulier la diffusion assez lente dans ce pays des modes d'organisation décentralisés – structure multidivisionnaire – qui prévalut plus facilement dans d'autres pays. L'adoption de ce type d'organisation à la fin des années 1960 par quelques unes des plus grandes entreprises allemandes ne se fit pas sans difficultés. La montée des patrons des grandes divisions au sommet de la hiérarchie aboutit parfois à la formation de « baronnies » concurrentes. Des phénomènes similaires se produisirent dans d'autres pays comme la Belgique.

Les formes de décentralisations furent en revanche plus facilement admises en France ou en Angleterre. La plus grande diversification des entreprises et la nature plus lâche de leurs formes d'organisation antérieures facilitèrent l'adoption de la structure multidivisionnaire. Le mode de recrutement des managers allait aussi dans ce sens que ce soit du fait de la tradition de recrutement par la voie externe ou de la nature plus généraliste de leur formation.

L'émergence progressive d'un patronat européen, à travers l'évolution convergente des structures, la multiplication depuis les années 1920 des organismes et des instances de concertation à l'échelle du continent est donc loin d'avoir fait disparaître, à la fin des années 1960, les spécificités nationales. Les évolutions de structures s'appuyent tout autant sur les cultures et pratiques nationales que sur les modèles théoriques extérieurs, quels que soient les emprunts que l'on y fit, en particulier à travers les cabinets de consultants américains.

Troisième partie

Mutations du travail et conséquences sociales dans les sociétés européennes industrialisées

Introduction

Au cœur de l'industrialisation se trouvent le progrès technique et le développement de la grande entreprise. Celle-ci est le théâtre d'affrontements sociaux croissants favorisés par l'inégalité des conditions. Une législation sociale appliquable à tous est devenue un enjeu majeur d'atténuation des différences de revenus. On peut donc légitimement s'interroger pour comprendre en quoi l'évolution du travail a orienté l'évolution de la société.

La multiplication des grandes usines pose en effet plusieurs types de problèmes à partir de la décennie 1880.

En premier lieu, compte-tenu des technologies employées et de la configuration des bâtiments requis par les nouvelles formes de production, on peut se demander comment s'est opérée l'insertion des grandes usines dans le paysage urbain. À la notion d'insalubrité et d'établissements incommodes connue dès la première révolution industrielle s'est substituée celle des pollutions répandues à grande échelle. Le besoin d'espace est un élément connexe de la croissance usinière, en particulier lorsque la rationalisation a entraîné des aménagements fonctionnels.

D'autre part, les mutations des formes de travail accroîssent le risque professionnel. L'usine focalise les critiques contre la pénibilité. Elle concentre aussi des dangers multiples. Les conflits sociaux qui y naissent sont donc d'autant plus difficiles à résoudre qu'ils mettent en jeu des intérêts moins localisés qu'auparavant, relayés par l'action syndicale. Peut-on établir pour autant un lien entre la progression des établissements de grande taille, facteur caractéristique de l'industrialisation, et le développement d'une législation sociale, selon des chronologies différentes en fonction des pays ?

Une troisième interrogation réside dans les évolutions de la typologie ouvrière. La substitution progressive du grand établissement industriel au petit atelier urbain, à des vitesses inégales selon les branches et les pays, a engendré une recomposition de la classe ouvrière. La rationalisation entraîne une division du travail source de déqualification. En même temps, des compétences nouvelles sont requises, à leur tour créatrices de savoirs et de pratiques ouvrières appréciées et rémunérées. Dans ce processus, quelle part de mobilité professionnelle a existé ? Comment s'est constituée la nouvelle classe ouvrière ?

Les sociétés industrialisées sont par nature des sociétés conflictuelles dans la mesure où le rapport de forces fondamental confronte les intérêts du travail à ceux du capital. Mais à la vision marxiste qui suppose une stricte lutte classe contre classe, l'évolution sociale a substitué l'intérêt d'obtenir des améliorations graduelles par tactique réformiste. À travers les formes de revendication, l'institutionnalisation de pratiques longtemps déclarées illégales comme les manifestations du 1er mai, et la traduction de la vigueur du mouvement ouvrier par des relais

© ARMAND COLIN. La photocopie non autorisée est un délit.

syndicaux, il faut s'interroger sur le passage progressif d'une société conflictuelle à une société contractuelle en repérant notamment les canaux de cette mutation.

Pour une part, les tensions de la société industrialisée ont été absorbées grâce aux possibilités d'ascension sociale. De ce point de vue, la scolarisation croissante et l'accès progressif des enfants des classes modestes à l'enseignement supérieur ont offert des espoirs d'amélioration à l'entrée sur le marché du travail. On doit cependant se demander si ce processus a été égal d'un pays à l'autre et à partir de quand il devient un phénomène généralisé. D'autre part, l'industrialisation a aussi engendré de nouveaux besoins. Ainsi, le développement des entreprises a entraîné la multiplication des niveaux hierarchiques et la création de structures de travail nouvelles. L'essor du monde des employés ne s'explique pas autrement. De nouveaux métiers sont apparus, de même que d'anciens ont été transformés. Il faut préciser le rôle que ce processus a pu avoir dans l'émergence de couches sociales nouvelles. Ceci conduira à approcher la définition des classes moyennes dont le développement est un facteur essentiel de l'évolution des sociétés industrialisées depuis le début du XXe siècle.

CHAPITRE VIII

LE TRAVAIL OUVRIER

1. De l'atelier à la grande usine

1.1. Le cadre du travail industriel à la fin du XIXe siècle

• **La concentration ouvrière sur un site industriel** apparaît comme le changement majeur de la fin du XIXe siècle. Il concerna d'abord les industries anciennes : les mines, la métallurgie, les verreries, la sidérurgie, parfois les entreprises textiles. Certaines industries dont l'évolution technique modifiait les processus de production engendrèrent aussi la création de vastes bâtiments, à l'exemple des aciéries lorraines ou des usines chimiques en Allemagne. Mais le cas le plus représentatif de cette évolution apparut dans les branches nouvelles, fortement mécanisées, comme l'automobile, l'électricité ou encore l'aéronautique, dont les sites de production dépassaient souvent plusieurs milliers d'ouvriers.

Le développement fut le fruit de plusieurs étapes qui, par cumul, aboutissaient à des complexes industriels gigantesques. C'est le cas par exemple des usines de Thyssen, décrites par Victor Cambon à la veille de la Première Guerre, dont les forges et laminoirs bâtis à Mulheim, dans la Ruhr, en 1871, comptaient 70 ouvriers. En 1881 s'ajoutaient un atelier de galvanisage au zinc, une autre forge et une tôlerie. En 1884, l'entreprise rachetait une fonderie et une fabrique de machines voisines. En 1914, Mulheim rassemblait 7 000 ouvriers et 800 employés.

La multiplication des grands établissements n'était pas générale pour autant. Il y avait en 1906 seulement 189 usines qui groupaient plus de 1 000 salariés en France, dont un quart dans les mines et un autre quart dans le textile, alors que 60 % des salariés travaillaient dans des établissements de moins de 100 personnes. À l'inverse, en 1907, l'Allemagne comptait 506 usines de plus de 1 000 salariés et le quart de la main-d'œuvre dépendait d'usines de plus de 200 personnes, en particulier dans les industries des machines et du matériel de transport, dans la sidérurgie, la chimie et à un moindre niveau les mines. Dans ce pays, seulement 3,5 % des effectifs employés dans l'industrie lourde travaillaient dans des établissements de moins de 50 personnes.

© ARMAND COLIN. La photocopie non autorisée est un délit.

• **Dans les grandes usines, l'organisation de l'espace devint plus complexe**. L'usine de la fin du XIXe siècle se caractérisait d'abord par l'importance du bâti. L'échelle de production engendrait une multiplication d'ateliers, de hangars, de magasins, de stocks à l'air libre, de bureaux selon une rationalité qui devenait floue par le jeu des constructions successives. Entre chaque, la circulation intérieure des matériaux s'articulait sur les voies ferrées raccordées aux réseaux locaux au moyen d'embranchements spéciaux. La mise en place de convoyeurs ajouta à la mécanisation dans un espace où les usages multiples de l'électricité étaient une des clés de la modernisation. Outre la hauteur des murs, la présence des grilles, la lourdeur des portes, créaient un enfermement que venait rappeler l'horloge, arbitre de la ponctualité héritée des manufactures.

L'équipement de l'usine changea également. La machine-outil permit l'usinage plus précis des pièces, premier aspect de la future révolution taylorienne. La concentration de machines croissait au même rythme que la puissance de l'outillage. La disposition des ateliers découlait de cette double évolution des infrastructures et du matériel, commandée par le travail des machines ou par les étapes de la fabrication.

Sur le plan humain, la difficulté de fixer la main-d'œuvre comme la nécessité de surveiller le travail, surtout dans le cas d'une rémunération à la journée, engendraient un contrôle particulièrement rigoureux au sein de l'usine, sous l'autorité du contremaître. Le règlement propre à chaque établissement manifestait d'emblée l'encadrement coercitif de l'ouvrier. Partout, il rappelait l'impératif respect des horaires, interdisait les rixes et l'introduction d'alcool, prévenait des dangers potentiels dans un souci d'ordre et d'organisation du travail. Faute de contrats de travail écrits, les sanctions allaient de l'arbitraire suppression d'une prime à l'amende pour inobservance du règlement d'atelier. Durement ressenties elles contribuaient à la tension des rapports dans l'usine.

• **Le petit atelier** restait malgré tout le lieu prépondérant du travail industriel. En Grande-Bretagne, 60 % des ouvriers travaillaient dans des entreprises de moins de 5 salariés en 1880. En France plus de la moitié des établissements industriels abritaient moins de 10 ouvriers avant-guerre et en Allemagne, la statistique industrielle de 1907 indique que 55 % des salariés de l'industrie travaillaient dans des établissements de moins de 50 personnes. Aux premiers rangs de ces petites unités figuraient des fabricants de meubles comme des ateliers de fabrication automobile. L'équipement mécanisé dont certains se dotèrent favorisa leur survie en améliorant la productivité du travail. Des économistes, des philanthropes, des ingénieurs aussi, marquaient leur attachement à ce mode de production. Ils pensaient ainsi résoudre la question sociale par l'innovation technologique, celle du petit moteur fonctionnant au gaz ou à l'électricité, et assurer par cette voie l'indépendance du producteur.

La pratique ancienne du travail à domicile perdura en ville, en particulier grâce à l'activité de sous-traitance, en même temps qu'elle refluait dans les campagnes. À la veille de la guerre de 1914, c'est donc la dualité qui prévalait. La situation de l'industrie de la chaussure en donnera un exemple significatif. En 1907, 105 000 ouvriers anglais sur 140 000 travaillaient dans des usines équipées d'une force motrice importante ; 13 700 exerçaient le métier à domicile ; 21 600 travaillaient dans des ateliers modestement équipés avec un outillage léger et des installations énergétiques réduites. De l'autre côté de la Manche, en 1901, 54 % des ouvriers travaillaient à leur compte contre 43 % en atelier ou en usine.

1.2. La pénibilité du travail

Les représentations de l'univers usinier, celles qui émanent des journalistes précurseurs de l'enquête sociale comme les tableaux des artistes qui peignent les attitudes au travail, renvoient toutes aux mêmes impressions. L'insalubrité, l'humidité et la poussière, les risques accidentels dominent, traduisant les conditions pénibles de l'effort physique.

• **Les risques professionnels** prenaient plusieurs formes. Les longues listes de maladies renseignent sur la dureté des métiers en même temps qu'elles indiquent l'insuffisante prophylaxie. Aucune industrie n'y échappait, mais certains postes étaient plus exposés. Quelques maladies dominaient, en particulier les affections pulmonaires qui constituent 23 % des cas de réformes dans les usines à gaz parisiennes en 1906, devant les rhumatismes chroniques (16 %). Voici aussi les diamantaires anversois qui réclament en 1903 une limitation du temps de travail fondée sur les maux dont ils souffrent : saturnisme, fatigue visuelle, tuberculose. L'usure prématurée au travail commandait directement la mortalité. Elle était par exemple de 26 / 000 à l'âge de 43 ans dans les ateliers de tailleurs de limes berlinois.

La fatigue physique revient aussi comme une litanie dans le cortège des maux dénoncés. L'enquête conduite au seuil de la Première Guerre par des journalistes autodidactes, les frères Bonneff, démontre « l'usure ouvrière » marquant le corps, la santé, engendrant une surmortalité professionnelle. Décrivant le travail des femmes en verrerie, ils racontent qu'elles parcouraient 30 kilomètres par jour dans l'usine, portaient des charges de 3 à 5 kg à chaque voyage, se brûlant quotidiennement. Pour montrer la prégnance du problème, Jacques Léonard a calculé que sur 94 congrès ouvriers qui se sont tenus en France entre 1880 et 1909, 29 ont évoqué les accidents du travail, l'hygiène des usines et les maladies professionnelles, soit 24 % entre 1880-1899 et 36 % entre 1900-1909.

Plus dramatique encore parce qu'il émouvait dans sa soudaineté, le risque d'accident du travail restait une menace permanente. Le travailleur était confronté quotidiennement à l'encombrement menaçant des successions de poulies, de courroies, d'arbres de transmission sans protection, aux éclats de fonte en fusion, aux matériaux tranchants, aux produits délétères qui tous étaient une source potentielle d'accident. Ainsi, on comptait en Allemagne 24 accidents du travail légers pour mille ouvriers en 1888 et 36,7 en 1900. En revanche les accidents du travail graves diminuaient aux mêmes dates, passant de 21 pour mille ouvriers à un peu moins de 7. Plus qu'ailleurs, la mine payait un lourd tribut du fait des éboulements, des coups de grisou et des chutes dans les puits. Sur la période 1881-1885, le taux de mortalité par accident atteignait 22,3 pour 10 000 en Belgique, 15,7 en France, 36,9 dans la Ruhr et 18,1 en Angleterre. La catastrophe de Courrières en 1906, où l'on dénombra 1 099 morts, mais aussi celles qui affectèrent les mines de la Ruhr en 1908 ou celles du Lancashire en 1910 où l'on releva chaque fois plus de 300 cadavres, traduisent l'ampleur du danger.

• **Cependant, l'usine mobilisa l'attention du législateur** comme celle des médecins. Des normes sanitaires, des principes d'hygiène mais aussi un souci d'organisation du travail entrèrent progressivement en application, même si le respect de la loi pénétra lentement les mentalités. Dès 1878, une loi réglementa l'hygiène et la sécurité dans les manufactures anglaises. Une loi semblable fut adoptée en France en 1893.

Les accidents du travail justifièrent également l'intervention du législateur au cours de la décennie 1890. L'Allemagne avait ouvert la voie par une loi précoce en 1884 qui relayait une loi prise en 1871, posant comme principe la responsabilité des industriels dans les accidents du travail. Une loi établissant la responsabilité de l'employeur était votée en Italie en 1895. Elle engendra un changement fondamental en établissant la responsabilité du patron, ce qui contraignait l'employeur à faire respecter des règles de sécurité avec plus de vigilance. L'année suivante, les Boards of Conciliators rassemblèrent en Angleterre des techniciens chargés d'un rôle de médiateur en cas d'accident. En 1897, le *Compensation act* introduisait une indemnisation des accidents du travail et en faisait peser la charge sur les patrons. En revanche une loi semblable ne fut votée en France que le 9 avril 1898. À nouveau en Angleterre, des mesures de compensation aux accidents

© ARMAND COLIN. La photocopie non autorisée est un délit.

du travail furent adoptées en 1906, en même temps qu'était instituée une assurance contre les maladies professionnelles.

• **La pénibilité du travail était aussi associée à sa durée.** Les situations varient selon les pays et les branches, mais la journée de 10 heures restait la moyenne générale avant la Première Guerre. L'exemple de la Belgique, dont l'ancienneté de l'industrialisation permet de prendre en compte différentes formes de travail, montre que 3 % seulement des ouvriers travaillaient 8 heures en 1880. La majorité travaillait de 10 heures (36 %) à 12 heures (40 %). Des enquêtes industrielles portant sur le textile en 1901 et la métallurgie en 1903 montrent que 77,4 % des ouvriers du chanvre-jute et 82 % du coton travaillaient plus de 11 heures, alors que 51 % des ouvriers de la métallurgie effectuaient de 9 à 10 heures. En 1907 si les ouvriers diamantaires anversois faisaient quotidiennement 9 heures, les ouvriers brasseurs pouvaient rester jusqu'à 13 heures dans les usines pour un travail effectif de 11 heures.

L'opposition patronale à la limitation de la durée du travail mettait toujours en exergue la crainte de la concurrence étrangère, la certitude que la production diminuerait et l'absence de solutions qui auraient permis d'améliorer l'organisation du travail. Mais c'était aussi souvent, et moins facilement avoué, la volonté de ne pas subir l'intervention légale. Certains patrons cherchaient d'ailleurs à montrer que la limitation de la durée du travail n'était pas le fait des ouvriers d'élite. Une réglementation applicable au plus grand nombre ne pouvait donc venir que du législateur.

La limitation progressive de la durée du travail concerna d'abord les femmes et les enfants. En France, la loi de 1874 interdisait le travail de nuit aux enfants de moins de 13 ans, reprenant une loi non appliquée de 1841. En 1892, la journée de travail fut limitée à 10 heures avant 16 ans et le travail de nuit ne devait pas commencer avant 21 ans pour les filles. L'année précédente, une loi allemande avait limité le travail des femmes et des enfants de 14 à 16 ans à 11 heures. En Angleterre, la limitation de la journée à 10 heures pour les femmes et les enfants avait presqu'un demi-siècle (1847). En Italie, une loi votée en 1886 limita à 12 heures la durée du travail féminin et interdit l'emploi des enfants avant 9 ans, limite portée à 12 ans en 1902.

Dans ce contexte, la revendication des 8 heures de travail est assez tôt devenue un objectif majeur du mouvement ouvrier et de ses représentants. Ainsi, par exemple, elle fut popularisée en Belgique par le Parti ouvrier belge et entra officiellement dans le programme en 1894. La journée de 8 heures fut acquise aux mineurs en 1905 en France et en 1908 en Grande-Bretagne mais les autres ouvriers durent attendre le lendemain de la guerre.

La réduction de la durée du travail passait aussi par la limitation des jours ouvrés. Bien que dans la pratique, le dimanche fut souvent chômé, sauf dans les usines à feu continu, le droit au repos hebdomadaire n'a été institué en France qu'en 1906, un an avant l'Italie, alors que de l'autre côté de la Manche, la semaine anglaise avait été étendue à l'ensemble des professions en 1890. En Allemagne, le repos hebdomadaire était devenu obligatoire en 1891.

1.3. L'usine rationalisée

• **Les débuts de la rationalisation** datent des premières années du XXe siècle. Bien avant l'application des méthodes que l'ingénieur américain Taylor exposa en 1912 dans *The Principles of Scientific Management*, la recherche d'une organisation rationnelle du travail avait débuté en Europe à la fin du XIXe siècle. Pendant les années 1880 à 1914, le travail au rendement se développait en Angleterre. Après 1890, le secteur de la machine-outil et de la mécanique s'orientait vers des méthodes de travail plus organisées. L'institution de contrôleurs d'ateliers, le rôle dévolu aux contremaîtres en furent les prémices. On pourrait même considérer que l'organisation hiérarchisée des grandes entreprises de réseaux (chemin de fer, gaz, électricité, télécommunications) les engageaient sur cette voie. Dès la seconde moitié du siècle elles adoptèrent en effet une organisation de fonctionnement qui confiait aux ingénieurs le travail de conception, à de multiples employés hiérarchisés une fonction de contrôle, et au personnel d'exécution des tâches pour lesquelles le respect de normes définies tendait à se substituer au savoir-faire empirique.

Patrick Fridenson situe le «tournant taylorien» de la société française entre 1904 et 1918. Cette étape consacre la fascination exercée par le modèle américain sur quelques pionniers et apparaît comme l'un des premiers signes de l'américanisation de la société française. C'est Louis Renault qui partit en voyage aux États-Unis en 1911 et fit essayer le chronométrage à son retour. C'est aussi l'ingénieur des Mines et directeur de la Revue de Métallurgie Henry Le Chatelier qui s'en faisait le prosélyte.

Progressivement, au cours de l'entre-deux-guerres, les principes tayloriens de la rationalisation du travail se répandirent dans les pays industrialisés d'Europe Occidentale. Taylor introduisait le management scientifique confié à un expert dans l'entreprise. Le postulat de départ était que le travail pouvait être organisé de façon méthodique au sein de l'atelier. Cela supposait de penser la succession des opérations à effectuer pour arriver dans le moins de temps possible, en réduisant les pertes de matières et d'énergie (mécanique ou humaine), à un produit défini. Il en résulte que toutes les étapes de la fabrication devaient être décomposées et minutées précisément. Ainsi établi, le procès de fabrication permettait de répéter des gestes identiques et simplifiés mais aussi de livrer, grâce à la machine-outil, des pièces semblables.

Le fordisme, tiré des conceptions d'Henry Ford, pionnier de la production d'automobiles en série, constitua une seconde étape du processus de rationalisation. Les usines furent alors organisées selon un flux continu de matières et de produits finis grâce à la chaîne.

La production de masse associée à la consommation de masse, soutenue par la hausse des salaires, engendrait aussi de nouveaux rapports de travail dont l'axe principal était le contrôle efficace du travailleur. Une division du travail, planifiée depuis le bureau où l'on préparait le processus de fabrication jusqu'à l'atelier où le travail était exécuté, sur la base des épures et des normes de fabrication regroupées en fiches techniques, en découlait. L'association ingénieur (qui pense) – contremaître et chefs d'atelier (qui contrôlent) – ouvrier (qui exécute) devenait systématisée.

Le taylorisme a été adopté d'abord par les branches modernes, automobile et construction électrique, puis à un moindre niveau dans les secteurs anciens, armement, chimie, verre, mines, construction de matériel ferroviaire. Durant les années 1920, son extension généralisée, y compris dans le secteur des biens de consommation comme l'a montré Aimée Moutet consacra la domination de l'OST (Organisation Scientifique du Travail).

Le mouvement de concentration accélérée que connut l'industrie anglaise durant l'entre-deux-guerres favorisait la rationalisation. Elle fut pourtant plus limitée que dans d'autres pays. Le système Bedau y fut très influent. Selon celui-ci, mis au point par la société de conseil Bedau, qui essaima en succursales dans 26 pays différents, l'aspect principal était la compilation d'informations permettant de comparer les vitesses de travail. Les pertes de temps, mais aussi la prise en compte des besoins de repos, étaient calculés. Les patrons pouvaient en déduire le calcul de salaires différentiels aux pièces. En 1937, 225 entreprises anglaises appliquaient ce système d'organisation dans les industries en forte croissance, chimie, industries alimentaires, mécanique de précision, mais aussi dans les secteurs anciens comme le textile ou la sidérurgie. Le système Bedau concernait 144 entreprises en France (appliqué par exemple avec des résultats probants dans les mines du Valenciennois, selon Odette Hardy, à partir de 1932), 49 en Italie, 39 aux Pays-Bas, 25 en Allemagne et 22 en Belgique.

En Allemagne, trois phases successives peuvent être isolées. L'immédiat après-guerre (1918 à 1923) consacra le taylorisme comme thème majeur de l'actualité. Dès 1924, et ce jusqu'en 1927, les articles sur le fordisme devinrent prépondérants. À partir de 1926, c'est l'ensemble de la rationalisation qui fut la préoccupation centrale. Chez Siemens la rationalisation du travail est ainsi

© ARMAND COLIN. La photocopie non autorisée est un délit.

passée par l'adoption de principes tayloriens entre 1919 et 1922, l'introduction des conceptions fordiennes à partir de 1925, et une extension de la production de masse fortement mécanisée entre 1935 et 1937.

En Belgique, dès 1918, le gouvernement avait envoyé une mission scientifique aux États-Unis, dans laquelle figurait le socialiste planiste, directeur de la Centrale d'Éducation ouvrière, Henri de Man. C'est en juin 1926 que fut créé le Comité national belge pour l'organisation scientifique du travail.

• **Les effets de la rationalisation du travail** ont fait s'affronter deux camps. Dressant l'inventaire des attitudes face au taylorisme en France, P. Fridenson écrit que « la majorité n'a pas pris une position d'observateur détaché, mais a cherché à peser sur les mutations en cours ». D'un côté, celui des scientifiques de l'organisation qui conçoivent et défendent ces méthodes de travail en s'appuyant sur de nouveaux concepts. L'ergonomie, la psychologie du travail firent leur apparition, plus tardivement en France qu'en Allemagne. Des techniques d'apprentissage, des tests de capacité et d'adaptabilité à différents postes devenaient des paramètres scientifiques permettant de mieux contrôler le travailleur. Certains aspects positifs furent mis en avant comme la prévention des accidents du travail.

De l'autre, le camp de ceux qui voyaient dans le taylorisme une orientation aux effets négatifs. Certains dénoncèrent la dépossession du travail ouvrier dans la mesure où le manœuvre n'avait d'autre rôle que de répéter quelques gestes appris en un temps court. Le tour de main, facteur discriminant du savoir-faire, était nié. En France, dès avant 1914, le système avait été dénoncé par Émile Pouget dans *L'organisation du surmenage*. Les premières grèves contre le taylorisme éclatèrent à cette époque, car il était perçu comme un moyen de limiter les salaires malgré des efforts accrus. Les grandes grèves dans les usines d'armement et les usines d'aviation parisiennes (50 000 grévistes en 1917, quatre fois plus en 1919) ne furent pas non plus sans rapport avec les nouvelles méthodes de travail. En Angleterre, les années 1920-1930 virent de nombreuses grèves éclater contre la rationalisation du travail, en particulier de longs conflits dans la métallurgie.

Il faut constater cependant que si les organisations ouvrières ont d'abord marqué leur hostilité à l'encontre du taylorisme, elles ne tardèrent pas à l'accepter. Le taylorisme fut alors admis au titre du productivisme. En France, la guerre joua l'effet d'un tournant puisque le recrutement massif d'une main-d'œuvre féminine peu qualifiée et la pression exercée par l'État, en particulier dans les usines d'armement (Penhoët, poudrerie du Ripault), contribuèrent à accélérer l'introduction des principes de l'OST. En Angleterre, les syndicats ont radicalement évolué d'une opposition au système de rémunération aux pièces dénoncé en 1910, à l'acceptation du système Bedau durant les années vingt.

D'autres enfin critiquèrent le taylorisme car ils croyaient plus à d'autres voies. Certaines réticences patronales au taylorisme s'expliquent par la certitude qu'il existait une capacité d'augmentation de la productivité liée à l'introduction de progrès technique. Le « fayolisme » forme une autre voie, engendrée par les conceptions d'Henri Fayol, directeur des mines de Fourchambault. Selon lui, c'est sur les structures de commandement, à l'image de l'armée, que l'effort de rationalisation devait porter.

• **L'organisation de l'usine** changea au rythme de l'introduction du taylorisme puis du fordisme. Les transformations affectèrent d'abord l'espace et le bâti. La chaîne en était le premier signe visible, parfois dissociée en de multiples postes. C'est par exemple chez Siemens l'introduction de lignes de montage dans les ateliers produisant les fusibles, les compteurs, les interrupteurs, puis la mise en place de tapis-convoyeurs dans quelques unités de production à partir de 1927.

Les stocks en constituaient le second élément, à chaque étape d'une production qui ne doit pas s'arrêter. La production de masse supposait enfin une nouvelle organisation de la circulation des produits et des hommes, où la machine de levage comme le pont transbordeur articulent les zones de fabrication. La mécanisation des usines fut donc un trait fondamental de l'entre-deux-guerres qui supposa partout des investissements financiers importants.

La conception des espaces comme l'architecture en sortaient transformés, au profit d'un agrandissement souvent impressionnant. Le béton armé, dont l'invention remonte à 1893, et le verre côtoyaient désormais l'acier. Dès les premières années du XXe siècle, le design industriel avait été intégré dans la construction d'usines modernes à l'instar de la Turbinenfabrik que Behrens édifia en 1909 pour l'AEG à Berlin, ou de la halle d'usine modèle que Walter Gropius proposa à Cologne lors de l'exposition du Werkbund en 1914. Un style nouveau de bâtiments usiniers pouvait désormais s'épanouir dans une esthétique industrielle et machiniste, préfiguration de l'idéologie moderniste.

Si les expériences architecturales pionnières ne peuvent malgré tout caractériser la grande usine, en revanche l'extension des superficies en est un trait général. Voici Citroën dont Sylvie Schweitzer décrit l'évolution durant l'entre-deux-guerres. L'usine bâtie au quai de Javel, destinée à la fabrication des obus, est reconvertie après la guerre en usine de construction automobile. La succession rationnelle des fabrications fait se succéder les opérations de forgeage, de carrosserie, de peinture, de sellerie et des finitions dans plusieurs bâtiments distincts. Bientôt les surfaces occupées ne suffisent plus. Les usines débordent sur la banlieue. En 1927 elles couvrent 73 hectares et l'on compte plus de 12 000 machines-outils. La fonderie établie à Clichy est la plus moderne d'Europe avec son parc à marchandises desservi par trois voies ferrées, ses larges allées qui s'intercalent entre les ateliers et son hall de 20 mètres de haut surmonté d'une verrière. De 22 000 véhicules en 1922, la production passe au triple dix ans plus tard. En 1934, un processus complexe et enchevêtré organisait la production. Cas unique ? Non, aux usines Ansaldo, spécialisées dans la métallurgie de transformation et la construction navale, à Gênes, l'aciérie était en 1923 une suite de halles en continu de 750 m sur 50 m de large et 25 m de hauteur. Construites sur des colonnes de treillis métallique, elles étaient liées aux extrémités par des travées longitudinales portant des ponts roulants. La rationalisation était parallèle à l'augmentation quantitative de la main-d'œuvre. L'automobile, les usines de construction d'avions, les industries métallurgiques furent à la pointe de cette évolution. Entre 1906 et 1931, le nombre d'usines groupant plus de 1 000 personnes doubla en France.

Le second aspect de la transformation des usines tient à l'évolution des rapports humains qui tendait à limiter l'autonomie ouvrière. Le fonctionnement de cet ordre préconçu impliquait en effet un contrôle permanent qui devint l'affaire des chefs d'équipe et qui se matérialisa aussi dans les pointeuses, les bureaux vitrés. Le bureau d'études de la maison Siemens prend ainsi en charge, à partir de 1919, le calcul des performances de chaque machine, observe les temps de déplacements et les pertes, étend les tests d'aptitude à l'embauche des ouvriers. La division de l'espace isola des lieux accessibles seulement à heures fixes, vestiaires, cantines, et distingua l'aire de production, l'atelier, du champ de conception, le bureau. Les effectifs des employés chargés de la conception du travail croissèrent en conséquence.

La répartition des pouvoirs et des compétences au sein de l'atelier changea aussi sous l'effet de la rationalisation. L'entreprise devenait l'affaire de véritables professionnels. La mise en place d'une direction du personnel illustre ce changement lorsqu'elle est confiée à un spécialiste. En théorie, la blouse bleue ne croisait pas la blouse blanche. Mais sous l'apparente rationalité d'un ordre théorique perçait parfois le désordre individuel. Entre l'ingénieur et l'ouvrier s'intercalaient désormais plusieurs intermédiaires responsables de la bonne exécution du travail. Le chef d'entretien doit vérifier le bon fonctionnement de l'atelier, notamment des machines, pour que le procès de travail ne soit pas entravé ; le chef de manutention approvisionne chaque poste en matériaux et donne les consignes ; le chef de fabrication vérifie l'usinage des pièces selon des normes préétablies en particulier quant à la vitesse d'exécution ; le contrôleur surveille le façonnage convenable des pièces. En même temps l'on assista à une recomposition de la classe

© ARMAND COLIN. La photocopie non autorisée est un délit.

ouvrière. Certains métiers disparurent, d'autres se scindèrent entre un travail déqualifié et parcellisé et une série de tâches de conception.

Le contremaître vit également son pouvoir réduit par l'intervention de l'Ingénieur. La rationalisation provoqua un affaiblissement du statut. En Angleterre en particulier l'opposition des contremaîtres a constitué le principal frein à la diffusion des systèmes tayloriens. Mais en même temps, le contremaître récupérait une partie de l'autorité que les ouvriers qualifiés perdaient. Le cas des chefs d'atelier de l'Ansaldo à Gênes montre toute l'ambivalence de cette évolution. D'une part l'autonomie des chefs d'atelier, qui se singularisaient par leur statut élitaire et la polyvalence de leurs fonctions, est réduite par la multiplication des bureaux où se prépare le processus de travail. Mais d'autre part, c'est toujours dans l'atelier que la production est concrètement organisée sous la férule du chef.

• **Depuis la Seconde Guerre mondiale**, deux évolutions principales sont apparues. En premier lieu, l'essor de la grande usine a favorisé la concentration et une mécanisation accrue, mais l'atelier de taille modeste, employant moins de 10 personnes, n'a toujours pas disparu. Le cas de la France l'illustre par excès. Les établissements industriels de plus de 500 salariés regroupaient moins d'un cinquième de la population active industrielle en 1926 et le quart en 1954. Aux mêmes dates, les petites industries fournissaient un emploi à 41 % puis 25 % de la main-d'œuvre.

La concentration de l'emploi dans les industries manufacturières en 1963 confirmait cette dualité. Les entreprises de 1 à 9 salariés rassemblaient 11 % de la main-d'œuvre en Allemagne, 13 % aux Pays-Bas, 16 % en Belgique, 17 % en France et 25 % en Italie. À l'autre extrémité de l'échantillon, les entreprises de plus de 1 000 personnes groupaient 17 % des effectifs en France, 22 % en Italie, 25 % aux Pays-Bas, 28 % en Belgique et 50 % en Allemagne.

D'autre part, l'organisation intérieure de l'usine, dont la rationalisation s'est poursuivie, a accentué les caractéristiques apparues dans l'entre-deux-guerres. La reconstruction paraissait un temps propice pour édifier les usines selon de nouveaux schémas. La réflexion des architectes y a contribué. Ainsi, Le Corbusier annonçait en 1946 dans *Manière de penser l'urbanisme* qu'une « notion instinctive, galvaudée dans le premier cycle du machinisme, l'entretien et la propreté, s'imposera à nouveau comme une condition première du travail ». Le modèle américain paraissait encore plus après la guerre comme un point de repère sur lequel s'alignerait l'organisation de la production industrielle en Europe, justifiant par exemple l'envoi de missions de productivité outre-Atlantique. Malgré cela, la vision d'une usine aseptisée serait anachronique avant la fin des années 1960.

La *Condition ouvrière* décrite par Simone Weil en 1951 comme les récits de Georges Navel commentant la dureté de l'usine dans *Travaux*, paru en 1945, avaient encore leur actualité durant la décennie 1960. La place obsédante de la machine, la saleté, le bruit, le manque d'air et de lumière caractérisaient toujours la vie quotidienne à l'usine, favorisant plus qu'ailleurs la violence des relations professionnelles et humaines.

Pour autant, des progrès sont apparus lentement, en particulier dans le domaine de la sécurité du travail. Ainsi en France, une action plus vigilante des inspecteurs du travail chargés de faire respecter la loi dans les entreprises s'imposa après la Seconde Guerre. En fait, ils jouèrent un rôle important dans l'établissement de nouvelles formes de relations professionnelles dès le Front Populaire. La décennie 1936-1946 apparaît comme le tournant essentiel de leur action.

2. La formation de la classe ouvrière

À la veille de la Première Guerre mondiale, les ouvriers représentaient une part importante et croissante de la population active dans tous les pays (4,7 millions en France en 1911, 8,6 millions en Grande-Bretagne, 11,6 millions en Allemagne en 1913). Une approche par excès peut en être donnée à travers l'évolution du secteur secondaire dont les différences entre pays traduisent les rythmes inégaux de l'industrialisation.

Part du secteur secondaire dans la population active (%)

	G-B	Bel	All	F	It
1880	50	38,9	39,6	26,7	23
1910-11	54,4	49,5	49	33,5	26,5

Source : P. Léon, *Histoire économique et sociale du monde*, t. 4.

La classe ouvrière s'est lentement constituée. Sa place était donc inégale selon les pays et les secteurs industriels considérés à la fin du XIXe siècle. Le textile conservait des effectifs élevés, concentrés pour une part. On y recense 41,7 % de la population active industrielle française en 1911. L'emploi féminin, y représentait une part plus importante que dans d'autres secteurs. 13,6 % de la population industrielle travaillait dans l'industrie du bâtiment, 10,6 % dans les industries du bois et 8 % dans le secteur alimentaire. Les mineurs constituaient un groupe particulier dont la forte cohésion sociale compensait la dureté reconnue du travail dans l'opinion publique. La mine était pourvoyeuse d'emplois. On comptait ainsi 600 000 mineurs en Grande-Bretagne et 300 000 en Allemagne en 1880. Le milieu des métallos s'affirma à la fin du XIXe siècle comme un groupe essentiel et dual. Le recensement de 1911 indique qu'il formait 15 % de la population industrielle en France. D'un côté ceux qui, sans qualification, immigrés récents pour une part, s'intégrèrent dans le processus de travail à la chaîne. De l'autre, les héritiers d'une longue tradition de savoir-faire qui s'opposèrent plus tard violemment à l'introduction de l'OST en raison de la déqualification et de la déshumanisation qu'elle impliquait. Les nouveaux secteurs constituèrent rapidement un pôle majeur d'emploi mais les effectifs restaient limités à la veille de la guerre.

2.1. Le recrutement de la main-d'œuvre de la seconde industrialisation

La transformation des processus de production, née de la conjonction d'une vague d'innovations et d'un cycle d'accumulation du capital, engendra, au cours de la décennie 1880, la formation d'une nouvelle main-d'œuvre. Elle rassemblait les prolétaires des premières générations de manufactures, les ouvriers qualifiés que leur savoir-faire rapprochait de l'artisanat et les ruraux refoulés par les conditions d'existence répulsives des campagnes.

• **Les ouvriers de la grande industrie** constituaient à la veille de la Première Guerre un monde minoritaire dont le recrutement passait par deux canaux principaux. Le premier conduisait à la grande usine, à la faveur d'une mobilité géographique qui empruntait des itinéraires variés avant de se fixer. Le monde ouvrier a d'abord été celui des métiers des industries dispersées, peu mécanisées, rythmant l'activité de la petite ville et de la campagne. La grande usine a largement puisé dans ce réservoir de main-d'œuvre. Le processus de prolétarisation s'est ainsi élaboré. Mais l'industrie rurale a perduré. Dans le Nord de la France, 20 000 métiers à bras servaient encore au tissage du lin en 1899. En région lyonnaise ce n'est qu'après 1906 que les tissages mécaniques de la soie l'emportèrent sur les métiers manuels.

Les grandes usines nées de la seconde période d'industrialisation ont malgré tout exercé un attrait incontestable sur les flux migratoires, contribuant ainsi à la concentration de la main-

© ARMAND COLIN. La photocopie non autorisée est un délit.

d'œuvre. Les villes industrielles de la Ruhr ont par exemple supplanté Berlin comme destination privilégiée des travailleurs des provinces orientales. Attirant une population jeune, elles ont disposé d'un renouvellement local de la main-d'œuvre assez rapidement. Milan donne un autre exemple de cette polarisation ouvrière vers les grands centres puisqu'au début de la décennie 1880, 29 % de la population active travaillait dans le secteur secondaire, contre 23 % à Turin et 18 % à Rome. L'industrie lourde, plus que les autres, a puisé parmi les ouvriers-paysans.

Le second moyen de recrutement vers la grande usine résultait d'une fluidité du marché du travail offrant à une main-d'œuvre flottante des opportunités d'embauche aléatoires. Le travail saisonnier restait à la fin du siècle une réalité dans beaucoup d'industries. De multiples exemples ont montré l'instabilité de la population ouvrière masculine, qu'elle soit décidée par une fuite devant la pénibilité du travail ou contrainte en raison des variations de l'activité. Chez Krupp, 41 % des ouvriers avaient entre 1896 et 1908 moins d'une année de présence. À Paris, en 1905, les effectifs des usines gazières passaient du simple au double entre l'hiver et l'été. À la veille de la guerre, les métallurgistes qualifiés de Lancaster ne cessaient de se déplacer. À Turin, la classe ouvrière était au début du XXe siècle un monde d'immigrés récents. Maurizio Gribaudi montre ainsi que parmi les premiers arrivés, 18 % des immigrés turinois venus de Valdoria déclaraient avoir été manœuvres, 38 % ouvriers spécialisés, et 16 % ouvriers qualifiés. Ainsi, 73 % des immigrés turinois arrivés avant 1920 exerçaient déjà un métier dans l'industrie avant de s'embaucher dans les usines piémontaises. Les usines, comme les quartiers ouvriers de la première moitié du XXe siècle, étaient peuplés de personnes dont l'identité professionnelle était récente.

• **Les femmes**, forcées d'accepter des salaires réduits, constituaient une part importante de la main-d'œuvre industrielle dès avant la guerre. Elles contribuaient à compenser la diminution de la main-d'œuvre liée à la réduction du travail des enfants. Mais leur place dans la grande usine restait à la veille de la guerre très limitée, à l'exception des textiles, de la chimie, des manufactures de tabac. On les rencontraient beaucoup plus dans les branches à la frontière de l'artisanat.

Pourcentage de femmes dans la population active des industries extractives et de l'industrie manufacturière

	industries extractives 1880-1882	industries manufacturières 1880-1882	industries extractives 1910-1911	industries manufacturières 1910-1911
Belgique	8,7 %	24 %	4 %	32 %
France	2,6 % (1896)	37 % (1896)	2,4 %	37,3 %
Allemagne	3,7 %	21 %	3,8 %	23,9 %
Italie	1,6 %	45 %	2,6 %	32,3 %
Pays-Bas	13 % (1889)	14,5 % (1889)	13 %	16,6 %
G-B	1,3 %	35,9 %	0,6 %	34 %

Source : B.R. Mitchell, *International Historical Statistics : Europe. 1750-1988.*

La part des travailleurs étrangers restait également réduite par rapport à l'évolution de l'entre-deux-guerres. Immigration de proximité, issue des pays limitrophes, la venue de travailleurs étrangers concernait surtout les bassins industriels frontaliers et restait le fait de secteurs où la main-d'œuvre ne se fixait pas. Pourtant, un processus de recrutement était engagé en France, en particulier, en raison de la faiblesse de l'excédent naturel. Les Houillères organisant le recrutement de mineurs Westphaliens, les sidérurgistes du Comité des Forges allant en Italie chercher leur main-d'œuvre, sont des exemples connus dans l'immédiat avant-guerre. Le nombre d'Italiens dans l'arrondissement de Briey passa de 43 % de la population en 1904 à 54 % en 1910 et 64 % en 1914. Les Italiens formèrent ainsi une majorité des ouvriers des entreprises métallurgiques ou minières. Ainsi, 92 % des mineurs d'Auboué étaient d'origine italienne en 1912.

• **Les ateliers urbains** rassemblaient de leur côté une part importante de la population active si l'on observe les effectifs globaux. Le tiers de la population du secteur secondaire était, en France comme en Allemagne, formé par les ouvriers des petites unités de production. La variété des fabrications textiles donnait à Milan, au début de la décennie 1880, l'exemple de la dualité, le millier d'ouvriers d'une maison Boconi côtoyant les milliers d'ouvriers des ateliers de ganterie, de broderie, de dentelles, de chapeaux, de passementerie, travaillant le plus souvent à domicile.

2.2. L'évolution des filières

• **La Guerre** a introduit, on le sait, un rôle accru de l'État. La répartition de la main-d'œuvre entre les exigences militaires et les besoins de l'industrie devint ainsi l'une des interventions prioritaires. Les ouvriers qualifiés furent maintenus en poste durant les premiers mois. L'effort de guerre obligea ensuite, à partir de 1915-1916, à pallier le départ des mobilisés par des moyens divers. L'État allemand limitait la mobilité de la main-d'œuvre. En Angleterre, le Gouvernement pouvait décider des affectations en usines depuis 1915. En France, sous l'impulsion du ministre Albert Thomas, la militarisation de l'industrie engendra le retour du front des affectés spéciaux, indispensables dans les usines en raison de leur qualification.

Surtout, l'on eut recours à la main-d'œuvre féminine dont le nombre augmenta en particulier dans l'industrie lourde et les transports. En Grande-Bretagne, 2,1 millions de femmes travaillaient dans l'industrie en 1914, 2,9 millions en 1918, en Allemagne, elles passèrent de 22 % à 35 % de la main-d'œuvre industrielle entre le début et la fin de la guerre. Le recrutement puisa enfin à l'étranger, travailleurs coloniaux en France, Polonais et Belges recrutés de force en Allemagne.

L'usine en temps de guerre devint une sorte de monde clos, peuplé d'une main-d'œuvre nouvelles d'ouvriers mobilisés, de femmes, d'étrangers, d'embusqués aussi, critiqués à la fois par le soldat et le pacifiste. L'absence de témoignages autobiographiques valorisés rend compte de l'impossibilité de tirer gloire de la vie en usine à l'arrière. En revanche, il paraît clair que la mobilisation massive des femmes dans l'industrie a légitimé leurs revendications après la guerre. Le droit de vote qui leur est accordé en Angleterre par une loi de février 1918, l'abolition dans le même pays des barrières leur interdisant l'accès à certains métiers sont des conséquences directes de la situation nouvelle créée par le conflit.

• **L'entre-deux-guerres** a ensuite correspondu à une augmentation quantitative très forte de la classe ouvrière, liée à l'expansion des nouvelles branches industrielles et au recrutement encore important des secteurs anciens. Cette croissance du nombre d'ouvriers s'inscrivait dans l'augmentation du secteur secondaire qui était manifeste dans tous les pays, si l'on compare les données d'avant-guerre à celles d'avant la crise des années 1930.

Population active du secteur secondaire (industries extractives, manufacturières et construction) en milliers.

La date entre parenthèses correspond à l'année de recensement des données.

	Avant la guerre	Avant la crise
Allemagne	10 985 (1907)	13 053 (1933)
Belgique	1 577 (1910)	1 781 (1930)
France	6 931 (1911)	7 195 (1931)
Italie	4 368 (1911)	5 309 (1931)
Royaume-Uni	9 473 (1911)	9 716 (1931)
Pays-Bas	740 (1909)	1 159 (1930)

Source : B.R. Mitchell, *International Historical Statistics : Europe. 1750-1988.*

© ARMAND COLIN. La photocopie non autorisée est un délit.

Cette augmentation s'est accompagnée de transformations structurelles importantes : la concentration de la main-d'œuvre, une répartition sectorielle privilégiant les secteurs nouveaux, l'augmentation du nombre de femmes dans la population active industrielle, le recours à une main-d'œuvre immigrée croissante.

La concentration ouvrière s'est ainsi renforcée dans les bassins industriels. En Rhénanie-Westphalie, par exemple, 10 sociétés charbonnières rassemblaient en 1924 les 3 / 5e des ouvriers travaillant dans les mines. Parmi elles, 65 000 ouvriers travaillaient pour le groupe Siemens-Schukert, 25 000 pour Krupp, 22 000 pour Thyssen. Mais la mécanisation entraînait parallèlement une décroissance des effectifs miniers. La Ruhr perdit ainsi 32 % de ses mineurs entre 1922 et 1929. À l'inverse, les secteurs nouveaux attiraient des effectifs croissants. Ainsi en Grande-Bretagne, les ouvriers employés dans la construction aéronautique, les industries chimiques, les usines de matériel électrique et les fabriques de textiles artificiels, accrurent leurs effectifs de 11 % de la main-d'œuvre du secteur secondaire en 1920 à 20 % en 1938.

La main-d'œuvre féminine a continué d'augmenter tout en connaissant une redistribution sectorielle. Dans plusieurs pays, la population féminine occupée dans l'industrie a atteint son niveau haut avant le conflit et elle a décru après, au profit des emplois de bureaux et des services, domesticité mise à part, qui elle aussi reflua. En Belgique, 383 000 femmes travaillaient dans l'industrie manufacturière en 1910 et 346 000 en 1930 ; en France, l'on comptait 2 millions d'ouvrières en 1911 et 1,5 million en 1936. Par contre, en Allemagne 22 % de la population active féminine dépendait des industries manufacturières en 1907 et 23 % en 1933, aux Pays-Bas elles passèrent aux mêmes dates de 17 % à 19 %.

Le recrutement de travailleurs étrangers prit des proportions très inégales selon les pays. La France offre l'exemple d'un pays dont la vitalité démographique insuffisante a été compensée par l'augmentation de l'immigration. En 1919, des conventions furent signées avec la Pologne ou l'Italie. La Société générale d'immigration fut constituée cinq ans plus tard. À titre d'exemple, la population étrangère travaillant dans les houillères du Nord-Pas-de-Calais atteignait 41 % de l'effectif en 1930.

• **Durant la Seconde Guerre**, la mobilisation de la main-d'œuvre engendra à nouveau une recomposition de la classe ouvrière mais elle fut moins radicale que durant la Première Guerre. Les exemples de la Grande-Bretagne et du Reich allemand illustreront deux voies différentes : celui de l'effort de guerre intérieur pour le premier pays, celui de la ponction des forces productives extérieures pour le second. C'est en Grande-Bretagne que l'effort intérieur paraît avoir été le plus important. Le ministère du Travail exerça un contrôle généralisé de la population active, qui fut recensée en 1941. L'appel à la main-d'œuvre féminine fut accentué. Elle représentait 25,8 % de la population active en 1939 et 31 % en 1945. Dans les industries de guerre leur part passa aux mêmes dates de 16 % à 32 % de la main-d'œuvre et dans les industries de base, de 13 % à 22 %.

Inversement, l'Allemagne nazie abusa de la main-d'œuvre étrangère qui passa de 0,8 % de la population active en 1939 à 26 % en 1944. Les prisonniers de guerre, les Polonais et les Juifs recrutés en Haute-Silésie et en Poznanie, les chômeurs d'Europe Orientale formèrent les premiers bataillons. Lorsque le volontariat ou l'incitation ne suffirent plus, un ancien ouvrier nommé commissaire général à la main-d'œuvre, F. Sauckel, fut chargé d'organiser les recrutements. Quatre opérations, conduites entre 1942 et 1944, prélevèrent 5 millions de travailleurs dans les pays occupés. Le STO (Service du Travail Obligatoire) y contribue en France à partir de 1943. Le maximum fut atteint avec 7 millions de travailleurs étrangers en juin 1944. En revanche, par idéologie, l'emploi féminin fut moins sollicité qu'au cours de la Première Guerre. Il diminua même jusqu'à 1943.

• **La reconstruction d'après guerre marque une nouvelle phase de croissance du nombre d'ouvriers**

Population active du secteur secondaire (industries extractives, manufacturières et construction) en milliers.
La date entre parenthèses correspond à l'année de recensement des données.

	Après la Seconde Guerre	Au seuil de la décennie 1970
Allemagne	3 419 (1946)	12 750 (1970)
Belgique	1 659 (1947)	1 542 (1970)
France	6 186 (1946)	8 087 (1968)
Italie	6 290 (1951)	8 349 (1971)
Royaume-Uni	11 099 (1951)	9 545 (1971)
Pays-Bas	1 425 (1947)	1 735 (1971)

Source : B.R. Mitchell, *International Historical Statistics : Europe. 1750-1988.*

La mobilité de la main-d'œuvre apparaît comme un trait essentiel de l'après-guerre dont l'Allemagne offre un exemple prégnant. Des mouvements de population de grande ampleur ont conduit les réfugiés et les expulsés de la zone soviétique vers les trois zones occidentales, attirés par les emplois offerts dans les secteurs de l'industrie de transformation et du bâtiment. En même temps, l'enracinement dans la classe ouvrière s'est généralisé, la France rattrapant le retard qu'elle avait sur la Grande-Bretagne ou l'Allemagne. C'est en 1954 que la France a connu la plus forte proportion d'ouvriers au sein de la population industrielle : 87 %. Pour une part, cette croissance de la population ouvrière s'est faite par une féminisation, notamment aux postes d'OS.

2.3. La mise en place d'une formation professionnelle

• **À la fin du XIXe siècle** encore, la mécanisation accentuée du travail engendrait les critiques des ouvriers défenseurs de leur savoir-faire. La crise de l'apprentissage, régulièrement dénoncée en France, serait donc d'abord associée à la mécanisation. La parcellisation des tâches affectait surtout ceux des ouvriers dont la capacité technique n'était plus utile. On vit donc disparaître dans de nombreux secteurs l'itinéraire de qualification articulé sur un apprentissage auprès d'un maître, lequel dispensait parfois son savoir avec une parcimonie calculée. Pour l'essentiel la formation ouvrière se résumait à l'expérience acquise sur le tas. De surcroît, le développement des grandes usines a favorisé l'augmentation quantitative de la main-d'œuvre faiblement voire pas du tout qualifiée.

Cependant, l'innovation technique ne peut être considérée uniquement comme un facteur de déqualification. Elle doit aussi être perçue comme le moyen de simplifier le travail ouvrier et partant, de lui restituer une autonomie. Dans de nombreux secteurs, le tour de main restait un moyen de reconnaissance de l'habileté ouvrière. L'adaptation aux nouvelles technologies imposait d'élever le niveau de qualification à certains postes. Enfin, par la voie de la formation sur le tas, gravir les échelons de la hiérarchie professionnelle restait une opportunité.

Si en Angleterre comme en France, la formation passait principalement par l'apprentissage à l'usine, la situation allemande doit être mise en exergue dans la mesure où la formation de la main-d'œuvre privilégia assez tôt l'enseignement professionnel. En 1882, une réforme pédagogique confia un enseignement scientifique et technique aux écoles secondaires professionnelles, les Realschulen, étalé sur 9 années, bien distinct de l'enseignement général des Gymnasien. D'autre part, les écoles de métier ou Gewerbeschulen, qui devaient former des apprentis par un enseignement en alternance, devinrent des écoles professionnelles supérieures, elles aussi dotées d'un cycle d'enseignement de 9 ans privilégiant l'étude des techniques. Par ailleurs, existaient des écoles techniques proprement dites, les Fachschulen, qui formaient en deux ans des techniciens

© ARMAND COLIN. La photocopie non autorisée est un délit.

très qualifiés. On les trouvait donc dans tous les secteurs industriels, en particulier dans le textile, le bâtiment, la mécanique.

L'avance allemande ne doit pas masquer qu'un effort de développement de l'enseignement professionnel existait ailleurs. En Grande-Bretagne, le *Local Taxation Act* en 1890 et le *Technical Instruction Act* en 1899 ont doté les autorités locales de moyens nécessaires au développement d'un enseignement technique. En France, l'enseignement professionnel patronal, qui avait été mis en place dans la première moitié du XIXe siècle, restait important à la veille de la guerre. Le souci de moralisation y comptait autant que l'apprentissage des techniques. Des cours professionnels pour adultes et un enseignement lié aux syndicats complétaient le dispositif. Un véritable enseignement technique est cependant apparu au cours de la décennie 1880. Une école d'apprentis avait été créée en 1867 au Havre. Le modèle servit à la fondation de l'École Diderot à Paris, consacrée aux métiers du bois et du fer. Elle devint le modèle des écoles professionnelles qui se multiplièrent à Paris au début de la décennie 1880. Par ailleurs, les écoles primaires supérieures comprenant des classes d'enseignement professionnel, les Écoles Nationales Professionnelles (ENP) et les Écoles Pratiques de Commerce et d'Industrie (EPCI) rassemblèrent un nombre croissant d'élèves. Les EPCI comptaient 1 717 élèves en 1893 et 12 979 en 1910. Les ENP accueillaient 1 592 élèves en 1910. Cela ne représentait toutefois que moins de 10 % de la future main-d'œuvre industrielle.

• **La rationalisation du travail entraîna de nouvelles voies de formation des ouvriers** dès la fin de la guerre. En première analyse, la rationalisation engendrait une perte de qualification dans la mesure où l'ouvrier n'était plus responsable de l'ensemble du produit. Mais S. Schweitzer montre aussi, à propos des ateliers Citroën, que si certaines opérations permettent une division du travail en gestes simples exigeant peu de qualification, d'autres ne pouvaient être confiées qu'à des ouvriers qualifiés. Elle oppose ainsi l'atelier de fabrication des noyaux qui serviront à la fabrication d'autres pièces, qui abrite des machines spéciales et des chaînes en carrousel et où travaille une main-d'œuvre essentiellement féminine et peu qualifiée, à l'atelier d'ébarbage peuplé d'ouvriers très qualifiés qui liment des pièces au burin, à la main ou à la meule sur de grandes tables ou dans des cabines closes. Si la grande usine tendait à faire disparaître l'ouvrier aux compétences plurielles, elle introduisait en même temps de nouvelles qualifications dans la hiérarchie du travail.

Là où l'effort de formation restait insuffisant, les changements dans les formes de travail engendrèrent des besoins nouveaux. Ainsi, en France, le vote de la loi Astier en 1919 institua des cours professionnels, gratuits et obligatoires, à l'intention des apprentis embauchés par des patrons. Ils ont formé l'esquisse des cours professionnels institués par les centres d'apprentissage en 1940. L'intervention de l'État aboutit à des résultats non négligeables en matière de formation de personnel qualifié. Par ailleurs, les syndicats contribuèrent à l'effort de formation. En France, la CFTC mit en place des ENO et la CGT organisa des collèges du travail dans le sillage des Bourses du travail. En Allemagne et en Grande-Bretagne, les syndiqués pouvaient également bénéficier d'une formation continue.

• **Depuis la fin de la Seconde Guerre mondiale**, la place accordée à la formation de travailleurs qualifiés est restée très inégale selon les pays. Ainsi en France, les offres d'emplois non satisfaites traduisaient à la fin de la décennie 1960 le déficit de formation professionnelle. L'enseignement technique court à plein temps, établi en 1945 par le biais des centres d'apprentissage, futurs collèges d'enseignement technique, apporta une solution imparfaite. La formation professionnelle ne devint une priorité réelle qu'au cours de la décennie 1970. En France comme en Belgique, la formation des ouvriers restait à la fin des années 1960 assurée par des enseignements à temps plein. Au Royaume-Uni et en Allemagne, la voie de l'alternance fut au contraire adoptée très tôt. En Angleterre, l'*Education Act* de 1944 fit des collèges techniques des établissements polyvalents susceptibles de dispenser un enseignement traditionnel et des cours du soir permettant d'assurer une formation continue. En Allemagne l'orientation est appuyée sur un enseignement professionnel vers lequel sont dirigés la majorité des jeunes, avec un système composé de stages en entreprise et d'une scolarité générale à partir de 15 ans. Les programmes, mis au point et révisés par les conseils syndicaux et le patronat, garantissent en théorie une bonne adéquation au marché du travail. Après 3 à 4 ans de formation, l'élève-apprenti devient ouvrier qualifié. La prolongation de la formation permettant d'accéder au niveau de technicien supérieur garantit une mobilité. Alors que les entreprises allemandes consacrent 3 à 4 % de leur masse salariale à la formation initiale et qu'elles entretiennent des filières de formation par le biais des écoles professionnelles, l'apprentissage permet de sortir des ouvriers qualifiés en plus grand nombre qu'en France.

Toutes ces transformations du monde du travail ont considérablement fait évoluer la place de l'ouvrier dans la société. Décrivant la nouvelle classe ouvrière en 1969, Serge Mallet identifiait deux catégories de salariés : « les surveillants, chargeurs, opérateurs, préparateurs affectés aux unités de production automatisées, les ouvriers d'entretien, chargés de la réparation et de la surveillance des mécanismes d'outillage d'une part, les techniciens des bureaux d'études d'autre part » (S. Mallet). La hiérarchie professionnelle a changé à partir de l'entre-deux-guerres, engendrant des besoins de qualification beaucoup plus précis. Le groupe des OS a fait un bond en avant, les nouvelles technologies favorisant le recours à un type de travail standardisé. Dans le même temps, les ouvriers qualifiés (OQ) ont progressé dans certains secteurs comme celui de l'aéronautique et par le développement de nombreuses activités de sous-traitance. Loin d'entraîner une déqualification généralisée de la classe ouvrière, la mutation des formes de travail a au contraire engendré une exigence de formation que traduit l'élévation du niveau d'éducation.

© ARMAND COLIN. La photocopie non autorisée est un délit.

DOCUMENTS

L'usine Citroën en 1933

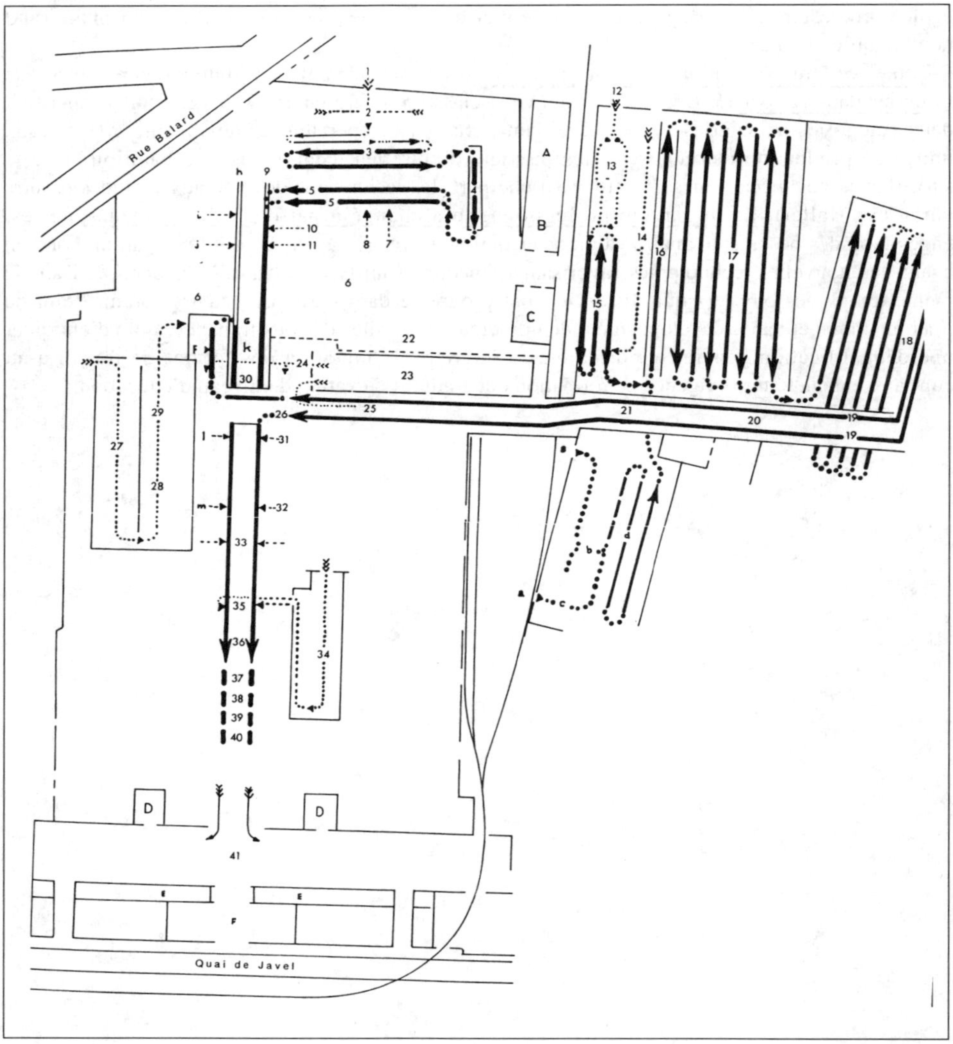

Source : S. Schweitzer, *Des engrenages à la chaîne : les usines Citroën 1915-1935.*

• • • convoyeurs

MONTAGE DES CHÂSSIS 8, 10 et 15 CV

1. Déchargement des éléments des cadres.
2. Stockage et préparation des longerons, traverses, etc.
3. Chaînes d'assemblage et de soudure électrique des cadres.
4. Émaillage des cadres.
5. Chaînes de préparation des châssis.
6. Déchargement des éléments des châssis.
7. Stockage, préparation et pose des ponts AR.
8. Stockage, préparation et pose des essieux AV.
9. Chaîne de montage des châssis et de finition des voitures.
10. Stockage, préparation et pose des moteurs.
11. Stockage, préparation et pose des directions, batteries, radiateurs.

MONTAGE DES CAISSES DES CARROSSERIES 8, 10 et 15 CV

12. Déchargement des éléments des carrosseries.
13. Assemblage par soudure électrique «éclair» des caisses «Tout Acier Monopièces».
14. Préparation des portes.
15. Chaînes de ferrage des caisses.

MONTAGE DES CARROSSERIES-COQUES DES VOITURE «7»

a. Déchargement des éléments des carrosseries-coques.
b. Préparation et assemblage des coques.
c. Assemblage des caisses par soudure électrique «éclair».
d. Chaînes de ferrage des carrosseries-coques.

FINITION DES CARROSSERIES 7, 8,10 et 15 CV

16. Chaînes de décapage.
17. Chaînes de peinture.
18. Chaînes de 1re finition; poses des glaces, garnitures, etc.
19. Au 1er étage, convoyeur des carrosseries 8, 10 et 15 CV.
19'. Au 1er étage, convoyeur des carrosseries «7».
20 Au 1er étage, lustrage et rechampissage.
21. Au 1er étage, pose des sièges coussins, tapis, etc.
22. Au rez-de-chaussée, ateliers de tôlerie, finition des ailes, malles,etc.
23. Au 1er étage, installation d'émaillage des ailes, malles, etc.
24. Convoyeur d'amenée au rez-de-chaussée des ailes AV.
25. Au 1er étage, convoyeur d'amenée et pose des ailes AR sur les carrosseries.
26. Au 1er étage, monorail électrique pour la descente des carrosseries 8 CV.

FINITION DES VOITURES «7»

A. Chaufferie principale.
B. Centrale des compresseurs d'air.
C. Sous-station électrique des compresseurs.
D. Sous-stations électriques.
E. Jardins et fontaines lumineuses.
F. Bureaux et Administration.

© ARMAND COLIN. La photocopie non autorisée est un délit.

e. Au 1er étage, pose des directions.
f. Au 1er étage, pose des essieux AR.
g. Monorail électrique pour la descente sur la chaîne de finition.
h. Chaîne de finition des voitures.
i. Stockage et préparation des moteurs.
j. Stockage et préparation des trains AV.
k. Pose des trains AV.
l. Pose des moteurs.
m. Pose des ailes AV.

8,10 ET 15 CV

27. Atelier de polissage.
28. Installations automatiques et semi-automatiques de cuivrage.
29. Installations automatiques et semi-automatiques de nickelage et de chromage. 30. Pose des ailes AV.
31. Descente et fixation des carrosseries sur châssis.
32. Pose des malles.
33. Pose des capots.
34. Préparation des roues, montage des pneus.
35. Pose des roures garnies.
36. Lustrage, contrôle des voitures finies.
37. Postes de ravitaillement en eau, huile et essence.
38. Machines pour la vérification du parallélisme des roues.
39. Tobbogans de mise au point des voitures.
40. Machines de réglage des freins.
41. Grand Hall de livraison.

Source : S. Schweitzer, *Des engrenages à la chaîne : les usines Citroën 1915-1935.*

La durée du travail en Belgique d'après le recensement général de 1880

Industries	Subdivision des ouvriers d'après la durée de leur travail quotidien – Nombre d'ouvriers travaillant			
	moins de 9 h	de 9 h à moins de 11 h	11 et 12 h	plus de 12 h
Exploitation de mines de houille	1 658	62 507	30 477	115
Carrières de pierres, de marbre et d'ardoises	1 644	12 982	2 827	5
Mines et minières métalliques	183	2 854	303	6
Industrie métallurgique	—	8 236	10 136	—
Fabrication d'objet en fonte de toute nature	145	2 947	2 800	—
Fabrication du gaz d'éclairage	9	1116	695	14
Fabrication du coke	14	1 052	1 003	—
Fabrication de briquettes de charbon aggloméré	13	95	609	—
Fabrication de chaux	193	1 005	705	50
Fabrication de ciment et d'objets en ciment	—	263	390	2
Industrie céramique	233	6 425	10 328	2 491
Fabrication de produits chimiques	61	710	652	5
Raffinage du sel	15	56	146	32
Industrie verrière	386	6 598	3 519	—
Chaudronnerie industrielle	17	502	1 424	11
Construction de gros ouvrages métalliques	—	640	1 215	—
Fabrication d'aiguilles et d'épingles	—	146	—	—
Fabrication de monnaies	—	—	15	—
Industrie linière	178	4 258	26 219	2 393
Industrie chanvrière	38	360	1 739	105
Industrie cotonnière	78	2 717	13 189	670
Meunerie	643	1 906	3 330	1 253
Féculerie	643	1 906	3 330	1 253
Rizerie	—	30	102	57
Brasserie	258	2 948	4 955	1 696
Distillerie d'alcool et d'eau-de-vie	67	432	1 212	129
Fabrication de sucre	—	11 150	11 484	—
Raffinage du sucre	—	80	932	18
Fabrication de glucose	—	1	56	15
Vinaigrerie	14	83	71	8
Blanch. des fils et des tiss. de ch., de cot.,etc.	11	150	824	17
Fabrication d'amidon de blé et de riz	6	62	562	—
Préparation des tabacs	67	3 545	1 378	4
Fabrication et épuration des huiles végét.	94	437	1 136	305
Fabr. d'obj. en caoutch. et en gutta-percha	—	192	26	—
Fabrication de carton	4	153	245	—
Fabrication de papier	7	2 916	2 961	—
Fabrication de papier peint	—	91	384	—
Industrie lainière	237	3 369	17 290	2 463
Abattage des animaux de boucherie	873	128	318	2
Tannerie et corroirie	82	1 527	1 207	44
Mégisserie	17	445	798	1
Fabr. d'art. de bonnet, en laine et en coton	147	1 031	2 371	1
Machines à vapeur et appareils mécaniques	214	4 275	3 303	65
Machines et instruments agricoles	135	1 421	1 722	193
Fabricatoin d'instruments de musique	11	422	110	—
Fabr.d'instr. de pesage, de poids et de mes.	7	90	105	3
Fabric. d'armes blanches et d'armes à feu	2	1 117	1 059	1 358
Fabrication de la poudre	—	80	191	—
Constr. de locom. et de matér. de ch. de fer	—	3 390	4 332	—
Constr. et répar. de navires et bateaux	44	1 333	351	—
Industrie de la carrosserie	22	384	500	14
Industrie de l'imprimerie en général	136	3 551	1 613	18
Industrie de l'entrepreneur de bâtiments	27	3 401	2 352	163
F. de tissus mixtes ou mél. enmat. vég. étan.	60	1 988	9 837	55
Fabrication de toiles cirées	—	144	15	2
Fabrication de bougies	—	12	642	261
Fabrication d'allumettes	36	265	611	—
Fabrication des savons	8	545	327	17
Fabrication de matières fertilisantes	1	708	237	4
Relevé général	8 607	173 264	188 148	14 046

Source : Jean Neuville, *La lutte ouvrière pour la maîtrise du temps.*

© ARMAND COLIN. La photocopie non autorisée est un délit.

CHAPITRE IX

DES SOCIÉTÉS CONFLICTUELLES AUX SOCIÉTÉS CONTRACTUELLES

Le développement de la grande industrie a transformé les rapports sociaux entre les employeurs et les salariés, de la fin du XIXe siècle au milieu du XXe siècle. L'évolution des conditions de travail a séparé plus distinctement qu'auparavant deux forces dont les intérêts n'étaient pas forcément conciliables sans des arbitrages extérieurs. L'essor du mouvement ouvrier, relayé par les syndicats a ainsi contraint les États à intervenir en matière de législation sociale. À l'encadrement traditionnel de la main-d'œuvre, inspiré par une discipline moralisatrice et basé sur des œuvres d'assistance, devait succéder la généralisation d'une protection sociale sans distinction catégorielle. Le processus fut long, marqué de décalages chronologiques sensibles entre pays, et parfois d'évolutions à rebours.

1. De la lutte des classes à l'action syndicale

1.1. Les pratiques revendicatives

• **Une série de conflits traduit la montée des tensions** engendrées par l'industrialisation à partir de la décennie 1880. La grande grève des dockers à l'été 1889, conduits par trois leaders révolutionnaires, Ben Tillett, John Burns et Tom Mann, illustre bien le changement en Grande-Bretagne. Pendant un mois, le premier port du monde fut paralysé. La grève s'acheva par un succès presque complet des revendications. Loin d'être un épiphénomène, les conflits du travail se multiplièrent dans les dernières années de la crise. Le nombre de grèves passa en Allemagne de 226 en 1890 à 976 en 1899. L'Italie connut 126 grèves en 1895 et 259 en 1899. Deux temps forts peuvent aussi être isolés dans la chronologie des grèves au début du XXe siècle. Les années 1905-1906 furent marquées par les grands conflits dans la métallurgie et le bâtiment, dans les mines de la Ruhr en 1905 et autour du 1er mai 1906 en France. Les années 1910-1912 furent encore plus dures, à l'initiative du syndicalisme révolutionnaire : cheminots Français en 1910 ; cheminots, dockers, matelots en Angleterre l'année suivante ; mineurs Allemands et Anglais en 1912. Les statistiques rassemblées par Michelle Perrot témoignent du climat en France : de 1880 à 1913, le nombre de grèves passa de 190 à 1 073, les grévistes furent deux fois plus nombreux et si la

© ARMAND COLIN. La photocopie non autorisée est un délit.

tendance fut plutôt la réduction du nombre de grévistes par grève, la durée des conflits s'allongea au moins jusqu'à 1910.

Les motifs les plus courants des grèves portaient sur les salaires et la durée du travail. Parfois les deux sont conjugués. Ainsi, à Bochum en 1905, les mineurs grévistes réclamèrent un salaire minimum, une augmentation immédiate de 5 % et la journée de 9 heures. Mais il convient de distinguer en général les grèves défensives, subites, brèves, bornées aux limites d'un établissement, axées sur les questions salariales et les grèves offensives, plus souvent le fait d'ouvriers qualifiés qui en font de manière réfléchie l'ultime étape d'un processus revendicatif. La durée varie de quelques jours à quelques mois pour les plus dures. Ainsi, les ouvriers du textile sont durant 5 mois en grève dans le Royaume de Saxe d'août 1903 à janvier 1904.

Le mythe du « grand soir » qui assurerait la prise du pouvoir à la classe ouvrière repose sur la réussite de la grève générale. Les mouvements de 1906 s'inscrivaient en France dans cette perspective avec la grève des ouvriers du bâtiment, de typographes et d'ouvriers du meuble. Mais le mouvement ne prit pas l'ampleur escomptée notamment parce que les mineurs ne se joignirent pas aux grévistes. En Angleterre, la poussée de syndicalisme révolutionnaire liée à l'apparition du nouvel unionisme ne mobilisa pas plus contre l'État, dans la mesure où les institutions monarchiques n'étaient pas remises en cause. Malgré quelques tentatives, le bouleversement révolutionnaire allait donc s'effacer derrière les stratégies réformistes.

Les grèves étaient durement réprimées par le pouvoir politique autant que par les employeurs. La grève des électriciens parisiens fut ainsi brisée par les soldats du génie en mars 1907. La même année, les postiers qui réclamaient le droit de grève étaient révoqués. À Draveil et à Villeneuve-Saint-Georges, le président du Conseil, Clemenceau, envoya la gendarmerie contre les manifestants et l'on déplora des morts. Winston Churchill réagit de la même façon en 1911 face à la grève des transporteurs. La justice n'épargnait pas non plus les grévistes, à l'instar des mineurs gallois qui furent condamnés pour les dommages causés à leur outil de travail par l'arrêt rendu dans l'affaire Taff Vale en 1901.

Pour autant, le nombre de grèves victorieuses augmenta entre 1880 et 1914, ce qui traduisait une pratique plus efficace, rodée par le temps et l'usage. En Allemagne, moins de la moitié des grèves étaient un succès avant 1900 mais en 1913, il y en avait 3 sur 5. Plus rarement, les résultats des grèves marquèrent des avancées significatives pour les ouvriers. En France, les compagnies minières, après deux années de conflits, cédaient ainsi en 1891 l'octroi d'une prime et reconnaissaient les syndicats lors de la Convention d'Arras. C'était une première forme de convention collective même si la loi ne reconnaissait toujours que le contrat individuel. En Allemagne, l'encadrement efficace des grévistes par les syndicats favorisa aussi la négociation contractuelle. On compte un peu plus de 300 accords de ce type en 1900 et plus de 11 000 à la veille de la guerre, principalement dans les industries mécaniques. De même, sous la pression conjuguée des syndicats et du Labour, la législation évolua en Angleterre grâce au *Trade unions and Trade Disputes Act,* adopté en 1906. Les piquets de grève étaient autorisés. Les syndicats étaient reconnus irresponsables des pertes causées par faits de grèves.

• **Le 1er mai fut une autre forme de mobilisation**. Les syndicats américains avaient pris l'initiative en 1884 de revendiquer par le chômage volontaire le 1er mai la journée de 8 heures. Mais le 4 mai 1886 à Chicago une insurrection au Haymarket se terminait dans le sang. Le premier congrès de la Deuxième Internationale Socialiste qui se tint à Paris en 1889 relança l'idée et adopta une motion ainsi rédigée : « *une manifestation générale des ouvriers de tous les pays sera organisée pour le 1er mai 1890 et les gouvernements seront invités à réduire la durée légale du travail à 8 heures* ». La journée du 1er mai polarisait désormais l'action ouvrière à travers le monde. La manifestation étant illégale, sa préparation s'opéra souvent dans un climat social tendu. Des troubles graves éclataient à Fourmies, dans le Nord de la France, en 1891. À Paris, en 1906, dès le printemps, la peur s'empara de la bourgeoisie à l'annonce d'une manifestation qui serait celle du grand soir. Mais ce fut aussi l'occasion d'affirmer une fête ouvrière, comme ce fut envisagé en Allemagne dès 1889 ou à l'image des cortèges qui se multiplièrent en Italie après 1901.

1.2. Le mouvement général de la syndicalisation

• **Le droit de se syndiquer** fut reconnu officiellement par le gouvernement Gladstone en Angleterre dès 1871, la même année qu'en Allemagne où une loi saxonne de 1861 était étendue à l'Empire. Mais interdits dès 1878, les syndicats Allemands ne furent véritablement reconnus qu'en 1890. En France, la loi rapportée par Waldeck-Rousseau légalisa les syndicats le 21 mars 1884. S'il y a une synchronie de l'essor syndical en Europe Occidentale à partir de la décennie 1880, il faut souligner que les rapports de force entre révolutionnaires et réformistes n'ont pas la même pondération partout.

Le syndicalisme britannique, ou trade-unionisme, a été le premier à apparaître en Europe, sous la forme des *friendly societies* qui réclamaient une protection des travailleurs. En 1824 fut reconnu aux salariés le droit de former des coalitions permanentes. Au cours de la décennie 1830 plusieurs initiatives rapprochèrent le mouvement ouvrier de la politique, comme l'œuvre de Robert Owen, qui fonda en 1834 le premier et éphémère grand syndicat ouvrier, ou le mouvement chartiste qui revendiquait en faveur du suffrage universel. Les syndicats de métier s'organisaient à la même époque. Mais ce n'est qu'avec les lois de 1871 et 1875 que le TUC (Trade-Union Congress) imposa sa participation à la vie politique. Ce syndicalisme puissant, sans visée révolutionnaire, eut une influence limitée sur le continent européen. Deux traits majeurs nouveaux le caractérisent cependant à partir des années 1880.

D'une part, le passage des syndicats de métiers à des fédérations d'industrie se réalisa à partir de 1889 lorsqu'à la faveur de violents conflits (dockers, gaziers) des revendications inter-professionnelles remplacèrent les anciennes protestations corporatives. Cette apparition du nouvel unionisme s'accompagna d'une montée du socialisme. La poussée syndicale se traduisit dans les chiffres, atteignant 1,6 million d'adhérents en 1892. De grandes organisations virent le jour, à l'image de la tea operatives' and general labourers' Association de Ben Tillett, embryon du puissant syndicat des dockers créé en 1890 ou du syndicat des gaziers constitué par Will Thorne et Eleanor Marx. Le nouvel unionisme recrutait parmi des professions à faible qualification. Ce syndicalisme était d'autant plus virulent qu'il s'inscrivait dans un contexte de crise économique. Il évolua au début du XXe siècle vers le syndicalisme révolutionnaire, à contre-courant des tendances observées sur le continent.

D'autre part, le syndicalisme anglais fut à l'origine d'une action politique d'ampleur qui déboucha dans la constitution du Labour party, chargé de combler le vide de représentation ouvrière au Parlement et sensé promouvoir des lois sociales applicables à l'ensemble des travailleurs. Le syndicalisme accoucha donc ici d'une représentation politique dont l'action s'inscrivait dans une pratique réformiste.

Le syndicalisme allemand a d'abord été limité aux États industrialisés d'une Allemagne non unifiée, avant que le droit syndical fut reconnu par le nouvel État. L'essor du mouvement ouvrier s'appuyait ici sur la politique sociale de Bismarck. Dès les années 1860 apparurent plusieurs courants constitutifs du syndicalisme. Le socialiste Ferdinand Lassalle envisageait la création de coopératives de production pour équilibrer les rapports économiques face à la puissance des entreprises capitalistes. En 1864, il fondait l'Association générale des ouvriers, qui regroupa 5 000 membres. Des Unions professionnelles naquirent à la fin de la décennie 1860. L'originalité de son courant tient à ce qu'il prévoyait le soutien de l'État. En 1869, une première dérive de ce courant aboutissait à la création d'une tendance favorable à la discussion avec le patronat. Par ailleurs, le congrès de Nuremberg, en 1868, déboucha sur la rédaction d'un premier programme syndical, sous l'influence des marxistes Wilhelm Liebknecht et August Bebel. Le rôle du syndicat

© ARMAND COLIN. La photocopie non autorisée est un délit.

y était présenté comme un élément complémentaire de la révolution qui devait permettre la transformation de la société capitaliste, parachevée par la conquête du pouvoir politique. Les deux tendances fusionnèrent lors du congrès de Gotha en 1875 où la séparation de l'action syndicale et de l'action politique fut reconnue, tout en exigeant l'adhésion des syndicalistes socialistes au parti.

Les origines du syndicalisme français étaient aussi multiples. Elles se rattachent à l'anarchisme de Pierre-Joseph Proudhon, au marxisme de Jules Guesde, au courant révolutionnaire qui fait de la destruction de l'État un paramètre fondamental et néglige l'action politique au profit de l'action directe, la grève générale et le mythe du « grand soir ». Cette diversité s'inscrit à des titres divers dans la suite de la Révolution Française. Des unions nationales de métier apparurent en fait avant la loi de 1884 : chapeliers (1879), livre (1881), mineurs (1883) mais, dès 1886, elles se regroupèrent dans une Fédération nationale proche des guesdistes. Les unes avaient une structure centralisée, la direction disposant de pouvoirs importants sur des adhérents qui payaient souvent des cotisations élevées et dont le nombre à l'échelon local déterminait la représentation nationale. D'autres unions de métier étaient des syndicats nationaux. Enfin, quelques unes étaient décentralisées, laissant une large part d'autonomie aux militants locaux. À la fin du siècle, comme en Angleterre, c'est la réunion des ouvriers de l'ensemble d'une branche qui paraissait la forme d'avenir de la lutte.

Le courant révolutionnaire a d'abord existé au sein des Bourses du Travail dont le grand animateur fut Fernand Pelloutier. Initiative locale offrant un lieu de réunion, la bourse du travail faisait le pendant de la Bourse des valeurs mobilières. Elle favorisait les discussions d'emploi, permettait de nouer une solidarité interprofessionnelle et jouait un rôle essentiel comme foyer de documentation ou de formation continue au moyen des cours professionnels qui préservaient une culture ouvrière. Les deux premières furent fondées à Paris et à Nîmes en 1887. En 1898, il y en avait 51. Le même courant inspira la création de la Confédération Générale du Travail à Limoges en 1895. En réalité, le syndicat qui était plutôt un rassemblement hétérogène au départ, prit son essor au cours de la première décennie du XXe siècle. À partir de 1902, la CGT intégra les Bourses du Travail et se structura en fédérations d'industrie. Aucun des grands animateurs de ce syndicalisme révolutionnaire n'était à l'origine ouvrier de la grande industrie. Louis Niel qui succéda quelques mois à Victor Griffuelhes à la tête de la CGT était typographe, Pierre Monatte qui fonda la *Vie ouvrière* en 1909 était correcteur d'imprimerie. Formés à l'apprentissage de métiers anciens, cultivés, ils incarnaient le particularisme du premier syndicalisme français, nourri de l'idéal anarchiste.

Ces trois modèles eurent une influence très inégale. Le syndicalisme à l'anglaise ne trouvait guère d'équivalent sur le continent. Le syndicalisme allemand, réformiste et lié au parti, trouva lui un écho en Belgique, où existait déjà un fort mouvement mutualiste, et aux Pays-Bas. Ce n'est pourtant qu'en 1898 que le Parti Ouvrier Belge (POB) constitua la première confédération belge. Aux Pays-Bas, le syndicalisme fut légalement admis au cours des années 1880. En 1893 naquit le Secrétariat National du Travail (NAS) chargé de coordonner l'action des syndicats et des partis politiques mais son action fut entravée par les rivalités entre révolutionnaires et réformistes. La Fédération Néerlandaise des Syndicats (NVV) constituée en 1905, fut très liée au Parti Social-Démocrate, à l'instar de la situation allemande. Le syndicalisme italien était proche du modèle français. L'expérience des Bourses du travail fut reprise à Milan en 1891 et, après son extension dans plusieurs villes, contribua à animer le mouvement ouvrier. Mais, la liberté syndicale ne fut vraiment acquise qu'après 1900 au cours de l'ère Giolitienne. Très liés au parti socialiste, les syndicats se développèrent à partir de 1906.

En dehors du syndicalisme d'obédience socialiste existaient d'autres syndicats formés sur une base confessionnelle. Une Union générale du syndicalisme chrétien allemand apparut en 1899 lors d'un congrès à Mayence. Si l'ambition était ici aussi de favoriser la concertation entre groupes sociaux, toute idée de lutte des classes était réfutée. La Berlinerrichtung de confession catholique était plutôt traditionnelle et corporatiste. La Kölnischerrichtung plus ouverte, multiconfessionnelle était très attentive aux problèmes de l'époque. Selon Michel Launay, ces syndicats chrétiens allemands groupaient 76 744 adhérents en 1900 et 341 735 en 1913. Différence essentielle avec le syndicalisme précédent, le premier syndicat chrétien apparu en France fut celui des employés du commerce et de l'industrie, fondé en 1887 et contrôlé par les Frères des écoles chrétiennes. Le recrutement ouvrier était quasiment inexistant dans un contexte d'anticléricalisme marqué. Il se développa après 1900 et forma le noyau de la future CFTC. C'est également après 1900 qu'un syndicalisme catholique émergea en Italie, à Milan et à Turin, lorsque l'Église admit la participation de ses fidèles à la vie politique. En 1907, une Union économique et sociale des catholiques d'Italie vit ainsi le jour, à la place de l'Opera dei Congressi, qui animait des œuvres sociales. Rassemblant 374 syndicats et 105 000 adhérents en 1910, ce syndicalisme catholique, fortement féminisé était particulièrement bien implanté dans l'industrie textile. Le premier syndicat chrétien belge apparut en 1886 et trouva son expansion dans le milieu flamand, en particulier à Gand, avec le Secrétariat général des unions professionnelles chrétiennes né en 1904. C'est en 1912 que Flamands et Wallons se rassemblèrent au sein d'une Confédération générale de syndicats chrétiens, comptant environ 70 000 adhérents. Aux Pays-Bas, c'est en 1909 qu'une Fédération des Travailleurs Sociaux chrétiens (CNV) rassembla les protestants et pour quelques années les catholiques. La même année s'était constitué un mouvement ouvrier catholique dont l'influence ira grandissante.

• **La montée en puissance des courants politiques socialistes** allait poser avant la fin du XIXe siècle la question des rapports entre syndicats et partis politiques. Dès 1891 en Allemagne, un député bavarois posa lors du discours de Vollmar la question des liens entre les syndicats et le socialisme à propos de la propriété et de la question agraire. Mais c'est avec l'ouvrage d'Édouard Berstein paru en 1899, *Les prémisses du socialisme et les tâches de la social-démocratie*, que le révisionnisme prit forme comme réfutation des thèses marxistes. En considérant que le capitalisme permet, en particulier grâce au progrès technique, une amélioration du sort de chacun, Berstein mettait en évidence l'émergence des classes moyennes, intercalées entre la bourgeoisie capitaliste et le prolétariat ouvrier. Discutée au congrès du SPD à Hanovre, cette vision de l'évolution possible de la société industrielle fut réfutée par le parti derrière Rosa Luxemburg et Kautsky.

Le courant révolutionnaire dominait en France lorsque l'indépendance syndicale fut affirmée au congrès de la CGT, en octobre 1906, à Amiens. Au cours des discussions, réformistes et révolutionnaires nouèrent une alliance de circonstance pour réfuter la thèse des guesdistes favorables au rapprochement avec le parti socialiste constitué en 1905. Le texte qui en découla, connu sous le nom de Charte d'Amiens, posait l'action syndicale comme un moyen autonome de revendications immédiates et comme base de l'organisation de la future société. Sous une apparente unanimité perçaient des visions très différentes de l'évolution de la société industrielle. Dès 1906, le syndicalisme révolutionnaire amorça son déclin. Au sein de la CGT, la rigueur de l'État face aux grèves (1907-1908) conduisit le secrétaire de la Fédération des Métaux, Merrheim, à repenser les rapports avec l'action politique. À l'inverse de ce que laissait présager la Charte d'Amiens, les liens entre le syndicat et le parti socialiste se renforcèrent, en particulier par le truchement d'un Jaurès, prompt à soutenir les syndicalistes. Le pragmatique Léon Jouhaux, ouvrier dans une fabrique d'allumettes, proche collaborateur de Griffuelhes, devint secrétaire général en 1909 et orienta la CGT vers le réformisme.

À l'inverse de ce que prônait le syndicalisme révolutionnaire, le mouvement ouvrier trouva des relais dans l'action politique. En Angleterre, l'action du Trade-Union Congress aboutit à la création du Labour en 1906. Elle résultait d'un processus engagé en 1892 par l'élection de trois délégués aux Communes destinée à pallier l'insuffisance de l'alliance lib-lab. En 1893 avait été fondé à Bradford l'Independant Labour Party et en 1899 un Labour Representative Committee. Le rôle du Labour ne cessa de croître. Dès 1900, les campagnes des candidats furent financées par les syndicats. Après l'élection de 29 députés en 1906, les revendications furent prises en compte par les gouvernements du début du XXe siècle. En Allemagne, si le parti Social-Démocrate encouragea la lutte syndicale

© ARMAND COLIN. La photocopie non autorisée est un délit.

dès 1890, il considérait en revanche que l'action politique était la seule qui puisse être efficace à long terme. Les syndicats se sont donc développés librement en affirmant leur autonomie. L'importance numérique des syndicats et la force du SPD aboutirent à l'accord du congrès de Mannheim (1906) selon lequel les décisions seraient prises ensemble lorsqu'une action sociale serait conduite. En Belgique le Parti Ouvrier Belge contrôlait directement la Commission syndicale chargée de coordonner l'action des fédérations. À partir de 1907, la Commission obtint une certaine autonomie au point d'accepter les syndicats indépendants du POB. En même temps se développaient des fédérations d'industries pour lesquelles l'obédience politique primait sur les spécificités de métier.

La vigueur du mouvement ouvrier et son relais politique favorisèrent l'impact de la IIe internationale, fondée en 1889 par Engels. Mais celle-ci s'orienta surtout vers le réformisme à la faveur des succès électoraux et de l'évolution de la classe ouvrière qui, bénéficiant progressivement de lois sociales, paraissait plus réticente à l'idée révolutionnaire. Ainsi, l'on peut distinguer plusieurs cas dans les rapports entre mouvement ouvrier et partis socialistes à la fin du XIXe siècle. Il est des pays dans lesquels les liens entre parti et syndicat étaient consubstantiels comme au Royaume-Uni où le particularisme tenait à l'origine syndicale du parti et en Belgique, aux Pays-Bas ou au Luxembourg, où la puissance du parti dictait les orientations syndicales. D'autres comme l'Allemagne se singularisaient par l'addition des forces. Ceux enfin où les relations entre le parti et les syndicats étaient indépendantes ou fluctuantes, en France et en Italie.

• **Au total, à la veille de la guerre, l'importance comparée des syndicats était très inégale**, en premier lieu par les effectifs. On peut parler en Allemagne d'un syndicalisme de masse. En 1900, les syndicats libres rassemblaient plus de 600 000 adhérents et les syndicats chrétiens le huitième. Après une montée radicale des effectifs, la commission générale qui regroupait l'ensemble des syndicats marxistes en Allemagne groupait environ 2,5 millions de membres, les syndicats progressistes 106 000 et les syndicats chrétiens 342 000 à la veille de la guerre. Celui des métallurgistes était déjà l'un des mieux organisés et des plus radicaux. En 1905, 40 % des métallurgistes berlinois y adhéraient. Forts de leur nombre d'adhérents, les syndicats allemands leur offraient de nombreux services, dans un esprit mutualiste. Des frais de déménagements, des indemnités de voyage complétaient les plus traditionnelles prestations pour couvrir la maladie ou le chômage. En Angleterre, on comptait au moins 4 millions d'adhérents en 1914. À la veille de la guerre, si les plus importantes fédérations de la CGT rassemblaient un nombre élevé d'adhérents (cheminots : 50 000, bâtiment : 40 000, sous-sol : 30 000, textile : 20 000, métallurgie : 15 000), les effectifs globaux étaient très inférieurs au million alors qu'en Italie, pourtant moins industrialisée, les syndicats atteignaient presque le million de membres en 1913. Le syndicalisme d'obédience socialiste regroupait 125 000 adhérents en Belgique en 1911 et 143 000 aux Pays-Bas.

Le plus souvent, un organe central était chargé de la coordination. À partir de 1899, une Commission générale organisée par Karl Liegen dès 1892, devient l'organe de liaison des fédérations en Allemagne. Dotée d'un personnel permanent, elle était chargée de la propagande et de l'information. En France, le fonctionnement de la CGT associait les Bourses du travail réunies en unions départementales et les fédérations d'industrie, dont le regroupement des métiers traduisait la concentration usinière née de l'industrialisation. Les fédérations départementales se regroupaient en fédérations nationales. Les unions départementales des syndicats et les fédérations nationales d'industrie se regroupaient au comité confédéral national qui se réunissait une fois par trimestre, évoquait les problèmes et votait des motions. Il nommait une commission administrative et élisait les membres du bureau confédéral dirigé par le secrétaire général. L'ensemble des syndicats locaux se réunissaient en congrès annuel. En Italie, au début du XXe siècle, les unions de métier cédèrent la place à des fédérations nationales. En 1902, elles organisèrent avec les Chambres du Travail un Conseil national dont le secrétariat devait coordonner l'action syndicale. Mais la lutte entre la tendance réformiste et le courant révolutionnaire mit fin à l'expérience à peine quatre ans plus tard. Ce fut au profit des réformistes qui organisèrent un rassemblement des fédérations d'où émergea en octobre 1906 la CGL (Confederazione Generale del Lavoro), groupant en 1913 environ le tiers des syndiqués italiens.

Le caractère urbain de ce syndicalisme apparaît dans le fait qu'en Allemagne 75 % des adhérents se recrutaient dans les villes de plus de 20 000 habitants et 50 % dans celles de plus de 100 000 habitants. Mais, si les grandes agglomérations concentraient les syndicats, en revanche, les régions d'industrialisation récente, telles que la Rhénanie, étaient des pôles plus modestes, où dominait le syndicalisme chrétien. En Italie, la division géographique entre un Nord industrialisé et un Sud agricole et pauvre renforçait la concentration syndicale réformiste dans les villes septentrionales. En Belgique, les bastions du syndicalisme socialiste se trouvaient à Charleroi, Liège ou Namur.

D'un pays à l'autre, une solidarité existait par le biais des secrétariats professionnels internationaux, dont un grand nombre se constituèrent à la suite du secrétariat du Tabac fondé en 1889. La majorité d'entre eux étaient établis en Allemagne. En 1902, la seconde conférence internationale rassemblant des délégués syndicaux de différents pays d'Europe se tint à Stuttgart. Rencontres et coordination ne signifiaient pas pour autant unanimité. Des lignes de fracture séparaient par exemple les délégués syndicaux français qui prônaient l'antimilitarisme et étaient favorables à la grève générale des représentants allemands qui campaient sur leurs avantages nationaux.

1.3. La coexistence du paternalisme et d'une ébauche de législation sociale

Les politiques paternalistes, que l'on nomme également politiques de patronage, ne doivent pas être considérées uniquement comme une forme d'amélioration matérielle des conditions de vie des familles ouvrières. Si leurs fondements sont différents, allant de la mission sociale d'inspiration religieuse au souci pragmatique de stabiliser la main-d'œuvre, elles reposèrent toutes sur un ensemble de mesures d'encadrement moral et professionnel. Ce qui n'était qu'une concession limitée à l'origine peut être considéré comme une préfiguration d'une politique d'envergure, conduite sous la responsabilité des gouvernements, destinée à l'ensemble de la population. Dès les débuts de l'industrialisation, une fraction du patronat mit en place des œuvres paternalistes. À la fin du XIXe siècle les institutions sociales s'étaient diversifiées, offrant une gamme étendue de prestations.

• **Le paternalisme d'entreprise était d'abord le moyen de s'attacher la main-d'œuvre**. La construction de logements fut donc la première initiative importante car elle permettait de fixer localement les salariés de l'entreprise. Le paysage des villes industrielles en a été durablement marqué. Les formes d'habitation ont évolué. Au Creusot, plusieurs phases se succédèrent. Au système des casernes héritées du XVIIIe siècle, qui furent maintenues dans la première moitié du XIXe siècle car elles étaient peu coûteuses et faciles à surveiller, succédèrent les cités ouvrières. Composées de maisons ouvrières à l'image de ce que le patronat mulhousien avait construit, naquirent successivement la cité de la Villedieu en 1866 puis la cité Saint-Eugène en 1875, la cité Saint-Sauveur en 1905, auxquelles furent adjointes deux autres cités après la guerre. Au total, cette politique de construction représenta 8 % des immeubles creusotins facilitant l'accession à la propriété des ouvriers. Mais tous ne résidaient pas dans des locaux « Schneider ». En 1905, 1603 logements locatifs étaient proposés, à peu près autant qu'en 1876 alors que la population de la ville avait quintuplé. De même l'habitat minier évolua dans le Nord de la France. Aux barres succédèrent les groupes de maisons jointives et basses formant les corons puis des pavillons accueillant plusieurs ménages bénéficiant d'un jardin potager. L'habitat de proximité permettait de

© ARMAND COLIN. La photocopie non autorisée est un délit.

contrôler la main-d'œuvre mais aussi de la stabiliser, en particulier grâce au jardin ouvrier. C'était l'esprit d'August Thyssen mettant des étables à la disposition des 1 400 familles logées à bas prix qui pouvaient ainsi pratiquer l'élevage. Les œuvres du patronat allemand ont été relevées par ceux qui voyagèrent en Allemagne avant la Première Guerre, en particulier à Essen chez Krupp. Toutefois, en dépit de la construction des cités ouvrières qui marquaient un incontestable progrès sur les taudis de la campagne, il existait encore comme dans l'East End londonien et les courées roubaisiennes des quartiers sordides à Crefeld, Hambourg, Dusseldorf, Chemnitz.

• **Le second aspect des politiques paternalistes reposait dans la mise en place d'institutions sociales** qui démarquaient nettement ceux qui en bénéficiaient de la situation commune des ouvriers sans protection sociale. Les caisses de prévoyance ou de secours permettaient d'accorder des aides temporaires pour affronter une incapacité temporaire de travail liée à la maladie ou à l'accident. L'assistance médicale, sous l'autorité des médecins de l'entreprise, la délivrance de produits pharmaceutiques, garantissaient des soins et furent à l'origine d'une prophylaxie. L'attribution d'une retraite était plus rare. Cette mesure qui réduisait la précarité fut tardivement adoptée et restait le fait de la grande entreprise. Les bénéficiaires usés par leurs années de travail en profitaient d'ailleurs peu de temps. Les mineurs l'obtinrent en 1894, mais depuis 1892, les ouvriers des usines à gaz parisiennes percevaient eux aussi une retraite après 25 ans de service, entièrement financée par l'entreprise. Lorsqu'une retraite était mise en place, elle remplaçait les secours renouvelables accordés auparavant aux seuls ouvriers déclarés méritants.

• **Certaines entreprises choisirent de contribuer à la formation de la main-d'œuvre.** L'attribution de bourses aux enfants des ouvriers distingués par leur travail relevait encore de la gratification. Plus avancée était l'organisation d'écoles internes, dont l'entreprise Schneider offre un exemple bien connu. Au-delà d'un souci de formation d'une main-d'œuvre adaptée aux besoins de l'entreprise s'ajoutait parfois la volonté d'encadrer la famille afin que l'ouvrier échappe aux syndicats. C'est bien dans cet esprit que la Compagnie des mines de Lens créait des écoles ménagères ou des sociétés d'horticulture.

Toutes ces institutions patronales drainaient des capitaux importants. La législation sociale bismarckienne permettait par exemple aux caisses de cotisations ouvrières et patronales d'avoir des fonds considérables qui engendraient des réalisations importantes par le jeu de prêts bonifiés.

• **La protection fut progressivement accompagnée par l'État** à la faveur d'un courant qui s'amplifia au tournant du siècle et en particulier après la Première Guerre. L'Allemagne a été la plus innovante sous la conduite de Bismarck qui développa une législation sociale pour mieux contrer les socialistes. La loi de 1883 sur l'assurance-maladie mit en place un secours pour les ouvriers salariés qui percevaient moins de 2 000 marks par an. Les cotisations étaient couvertes aux 2 / 3 par les salariés et pour 1 / 3 par les patrons, versées à des caisses autonomes. La loi de 1884 sur les accidents du travail contraignit les employeurs à cotiser auprès de caisses coopératives qui versaient des indemnités en cas d'incapacité de travail, pouvant aller jusqu'aux 2 / 3 du salaire en cas d'invalidité permanente et la réversion de 20 % du salaire aux veuves. La loi de 1889 sur l'assurance invalidité-vieillesse institua une première forme de retraite financée paritairement par les employeurs et les ouvriers.

Étudiant les représentations et les pratiques de l'État social allemand, Sandrine Kott rappelle que cette législation fut le fruit d'une perpétuelle évolution qui s'est appuyée sur l'interventionnisme des autorités locales autant que sur la force des initiatives paternalistes. Au tournant du siècle, l'efficacité de cette politique sociale tenait à l'encadrement étatique, par le biais des inspecteurs et des administrateurs spécialisés mais également à l'implication des assujettis. Elle rappelle par ailleurs que cette politique sociale de l'État allemand n'a pas pour autant éliminé d'autres actions comme les œuvres caritatives catholiques du « Caritas Verband ». C'est aussi en Allemagne que les coopératives ouvrières se montraient les plus dynamiques, en particulier dans la construction de logements. Elles en subventionnèrent la réalisation dans plusieurs grandes villes allemandes, à raison d'environ 3 % pour la période 1890-1900 et jusqu'à 25 % entre 1900 et 1914.

Cette politique fut suivie avec plus ou moins de retard en Europe. Le jeune État Italien vota une loi créant un fonds national pour l'invalidité et la vieillesse en 1895. En 1906, le gouvernement libéral anglais de Campbell mit en place un système de compensation pour les accidents du travail et une assurance contre les maladies professionnelles. Asquith fit établir des commissions de contrôle du travail à domicile. En août 1908, l'Old Age pension Bill, première ébauche d'assurance vieillesse, était voté. La loi française de 1910 et le National Insurance act en 1911 amélioraient la protection par l'institution de retraites. Des fonds de chômage apparaissaient en Grande-Bretagne dès 1911 et plus timidement en France en 1914 grâce aux aides locales. En matière de protection humaine, les progrès furent aussi tardifs, l'obligation de repos des femmes accouchées ne fut imposée par exemple en France qu'à partir de la loi du 17 juin 1913.

La modernisation des services de l'État contribua à la prise en charge. Ainsi, la création de la Direction de l'Assistance Publique en 1886 marqua en France une première étape. Alexandre Millerand créa une Direction du Travail et une Direction de l'Assurance et de la Prévoyance sociales dans le ministère qu'il dirigea entre 1899 et 1902. En 1906 apparut le ministère du Travail. La politique de logement social prit également un essor timide avant la guerre. Dès 1903, l'État allemand faisait construire des habitations pour les ouvriers des compagnies de transport et des houillères sarroises. En France, une loi sur les habitations à bon marché, votée en 1894, suscita l'émergence de quelques sociétés de construction. À un échelon plus bas, les politiques municipales d'assistance contribuèrent aussi à la mise en place d'une protection sociale. Le London County Council, institué en 1888, contribuait ainsi à édifier des maisons ouvrières qui représentaient en 1905 le huitième des logements ouvriers.

Tous les débats sur la question sociale intégraient cette dimension. En Italie, la question sociale fut prise en compte par les intellectuels dès les lendemains de l'unité, sur la base des courants de pensée qui s'étaient développés dans d'autres pays. Des industriels, le *Giornale degli economisti*, les milieux du catholicisme social, encouragés par la publication de l'encyclique *Rerum Novarum* en 1891, portés par l'action dynamique de l'Œuvre des congrès, fondée en 1871, s'y intéressèrent avec passion. Mais, en dépit de toutes ces initiatives, des problèmes restaient imparfaitement résolus, en particulier celui du chômage dont l'acuité dans les sociétés industrialisées apparaissait déjà à la fin du XIXe siècle. C'est d'ailleurs entre 1880 et 1910 que le mot de chômeur recouvra un sens précis. Un taux de chômage frictionnel de 2 % se maintenait en Allemagne, un peu en dessous de la situation en Angleterre (4,5 %).

Néanmoins, l'évolution des formes de rémunération a progressivement permis de limiter l'incertitude du lendemain qui restait une caractéristique essentielle de la vie ouvrière au XIXe siècle. La diversité des formes de salaires prévalait. Partout, le salaire à la tâche ou aux pièces perdurait. L'augmentation des salaires avait été réelle avant de marquer le pas à la veille de la Première Guerre. Un ouvrier Allemand ou Anglais gagnait en moyenne en 1913 le double de ce qu'il percevait en 1880. L'amélioration fut d'autant plus sensible qu'elle se conjugua avec la diminution séculaire des prix entraînant de fait une hausse du salaire réel au moins jusqu'en 1900. David Crew a montré qu'à Bochum, la proportion des salaires distribués inférieurs à 1 000 marks était passée entre 1882 et 1907 de 85 % à 44 %. Dans le même temps, les salaires compris entre 1 000 et 1 500 marks étaient passés de 7,5 % à 33 %. Malgré ces signes d'amélioration, la condition ouvrière restait très précaire. S. Rowntree, auteur d'une enquête à York en 1899, montrait que 43 % des ouvriers vivaient sous le seuil de pauvreté.

© ARMAND COLIN. La photocopie non autorisée est un délit.

2. La montée des antagonismes pendant l'entre-deux-guerres

2.1. Le mouvement des revendications

• **Les grèves ont repris avant même que la guerre ne fut terminée**. Malgré les difficultés rencontrées par les syndicats, le nombre de conflits connut partout une recrudescence que l'on peut situer entre 1916 et 1920. En Grande-Bretagne, les conditions de travail et la hausse du coût de la vie imposées par l'effort de guerre provoquèrent des grèves sauvages, dans les mines et les usines d'armement. Dès 1917, les conflits se multiplièrent à Sheffield, Birmingham, Coventry. En Allemagne, les difficultés du ravitaillement engendraient des troubles dans les usines d'armement. En France, Jean-Louis Robert a montré que de l'hiver 1917 à l'offensive allemande de mars 1918, l'agglomération parisienne connut un mouvement social d'une ampleur sans précédent, caractérisé par une grande vague de grèves et par une quotidienneté de la grève peu connue de l'historiographie. Dans la majorité des cas, elles étaient motivées par le salaire et la lutte contre le surmenage.

La vague de grèves s'est poursuivie après le conflit. Dès le premier semestre de 1919, la Belgique connut des conflits majeurs qui affectèrent par exemple les tramways bruxellois, arrêtés 10 jours par 5 000 grévistes. Les grèves connurent en Italie une ampleur dramatique. On comptait en 1920 7 fois plus de jours perdus par fait de grève qu'en 1913. Plus d'un million de travailleurs furent impliqués dans les grèves en 1919 comme en 1920. Les conflits furent particulièrement violents dans les pôles industriels du Nord, Milan et Turin, mais touchèrent aussi les villes du Centre sans qu'une unité ne parvienne à déclencher une véritable grève générale. En revanche, les occupations d'usine traduisirent, à l'initiative de la CGL, l'orientation révolutionnaire de nombreux conflits. En France, les mouvements jetèrent dans la rue des effectifs importants en 1919 (200 000 révistes dans la métallurgie parisienne en juin) comme en 1920 (grève des cheminots puis des mineurs, des dockers, des gaziers). Mais là non plus, l'extension ne concerna pas toutes les professions. La grève générale n'aboutit pas, consacrant à la fois l'échec d'un mouvement ouvrier révolutionnaire encouragé par l'expérience bolchevique et l'accentuation de l'orientation réformiste. Les grèves britanniques ne furent pas moins nombreuses entre 1918 et 1926, mettant au devant de la scène les revendications des mineurs. Le Luxembourg connut quant à lui le plus dur conflit de son histoire en mars 1921.

• **Les causes des grèves** étaient la revendication de la limitation de la durée du travail et le maintien des salaires. La conférence syndicale internationale réunie à Berne en octobre 1917 n'avait revendiqué les huit heures qu'à terme, sauf pour les industries insalubres. Le conseil suprême des alliés institua une commission de législation internationale du travail, le 25 janvier 1919, présidée par Samuel Gompers, le Président de l'American Federation of Labor. La conférence internationale du travail réunie à Washington (29 octobre-29 novembre 1919) aboutit au vote de principe des 8 heures. Mais, faute d'une ratification immédiate de la convention, l'application fut sujette à de nombreuses infractions. L'ordonnance du 23 novembre 1918 institua la durée de huit heures en Allemagne mais dans les faits, dès 1923, les employeurs parvinrent à obtenir des aménagements. Aussitôt la sidérurgie remplaça les 3 x 8 par les 2 x 12. La France suivit par la loi du 23 avril 1919. En Angleterre 93 % des ouvriers bénéficiaient de fait des 8 heures. En Belgique, de 1921 à 1924, 1 262 autorisations de dérogation furent accordées dans l'industrie (990 dans les entreprises où les syndicats n'étaient pas majoritaires et 272 dans le cas inverse). De 1925 à 1929, les chiffres s'élevèrent encore avec 3 858 autorisations.

• **Dès le milieu des années 1920, l'efficacité du mouvement ouvrier marquait un recul apparent.** Certes, ces années furent marquées par une vague de grèves mais rares furent les résultats positifs. L'exemple de la grande grève britannique de 1926 illustre plus que d'autres l'échec. Depuis plusieurs années, la plupart des chefs des grands syndicats s'orientaient vers une attitude modérée et réaliste en contradiction avec la combativité de nombreux syndicalistes, qui cherchaient à défendre le niveau de vie ouvrier attaqué par le chômage. La grève prit une importance particulière car elle fut concentrée sur un seul secteur, les mines, qui étaient le fer de lance de l'action revendicative et servaient de test aux rapports du capital et du travail. Les patrons des houillères voulaient rationaliser leur production en diminuant les salaires et en allongeant la journée de travail. La confrontation décisive eut lieu à partir du printemps. Le TUC décida la grève générale (non pas dans le sens révolutionnaire mais dans le sens de l'unité nationale et du soutien à apporter aux mineurs) à une écrasante majorité (3,6 millions de voix contre 50 000) à partir du 4 mai. Elle dura 9 jours. L'absence de compromis de la part du gouvernement imposa la capitulation des syndicats, les mineurs prolongeant la lutte sans effet pendant 6 mois. Les conséquences furent la loi de 1927, votée contre les travaillistes. Le découragement ouvrier se traduisit par une désyndicalisation : 8 millions en 1920, 4,4 en 1933. Le reflux n'était pas moindre ailleurs. En Italie, dès 1926, le droit de grève avait été aboli par le régime fasciste.

• **La crise des années 1930 allait ensuite entraîner des réactions très différentes du mouvement ouvrier.** Des pays comme la Grande-Bretagne, où existait une allocation chômage, connurent un bas taux de conflits au moins jusqu'en 1933. De même en France, le nombre de grévistes étaient en 1931 moitié moindre qu'en 1929, mais la crise n'avait pas encore réellement pénétré le pays. Lorsque celle-ci affecta l'ensemble des branches, la combativité ouvrière fut bien moindre que celle des employés, malgré des grèves parfois longues comme celle des traminots lillois durant 5 semaines ou celle de Michelin. Il fallut attendre les grands mouvements de mai-juin 1936 pour connaître des grèves inscrites durablement dans la mémoire collective. En revanche, les ouvriers italiens participèrent de plus en plus nombreux aux conflits, malgré la répression de l'État fasciste. En Belgique aussi le taux de grévistes s'éleva à la faveur de grèves dures, comme celle qui éclata dans le Borinage en 1932 et rassembla 200 000 ouvriers. Comme en France, les occupations d'usines se multiplièrent en juin 1936.

La crise de 1930 aboutit ensuite à la revendication d'une nouvelle réduction qui ne portait plus sur la journée mais sur la semaine. Il ne s'agissait plus de diminuer le travail journalier mais de gagner des loisirs. En 1928, une enquête internationale conduite par la Fédération syndicale internationale avait montré que sur un ensemble d'industries, il y avait en Allemagne 6,4 % de travailleurs occupés moins de 48 heures, 1,8 % en Belgique et 15,8 % aux Pays-Bas. La réduction du nombre d'heures de travail fut d'abord adoptée en Italie en 1934 car la dictature fasciste pouvait en même temps imposer une réduction des salaires. La loi permettant d'abaisser à nouveau la durée du travail fut votée en Belgique le 9 juillet 1936 mais son application fut très aléatoire. Ainsi, les diamantaires faisaient 40 heures en 1938 mais dans les mines, on était revenu à 45 heures en 1937. Le gain de temps fut déterminant en France avec la politique conduite par le Front Populaire. D'une part la semaine de travail était ramenée à 40 heures, alors qu'en 1935, les heures supplémentaires pouvaient pousser les métallurgistes jusqu'à 56 heures de travail hebdomadaire. Toutefois, dès 1937 il fallut accepter des amendements et des autorisations de dépassements furent accordées. D'autre part, sur l'ensemble de l'année, une évolution était perceptible en raison de l'introduction de congés payés.

Outre l'importance des mouvements qu'elles engendraient, les grèves de l'entre-deux-guerres se caractérisèrent aussi par le fait nouveau de l'occupation du site de production. Apparues en Italie en 1920, elles furent impressionnantes lors du Front Populaire, mais elles avaient été pratiquées auparavant dans les bassins miniers (en 1934 dans le Nord de la France aux mines de l'Escarpelle ou en 1935 au Pays de Galles) et dans l'automobile (chez Citroën en 1933-1934).

Les réponses apportées aux mouvements revendicatifs évoluèrent également en fonction de nouveaux intermédiaires. En France, les inspecteurs du travail ont joué après la Première Guerre un rôle majeur dans la solution des conflits. Alors qu'ils intervenaient dans moins de 5 % des cas de grèves entre 1893 et 1920, ils offraient des solutions conciliatrices dans 18 % des grèves en 1927-1928

© ARMAND COLIN. La photocopie non autorisée est un délit.

et bien souvent, lors des grandes grèves de 1936, l'échec des préfets engendra leur intervention décisive. Ils contribuèrent également à la négociation des accords de branches pour faire appliquer la loi de 8 heures. Ils furent des artisans zélés de la mise en place des assurances sociales après 1930.

2.2. *Le développement du syndicalisme*

• **La décision d'entrer en guerre** puis la participation des ouvriers au conflit, sous diverses formes, créèrent des ruptures fondamentales. Contrairement aux vœux de l'Internationale, la grève générale ne fut pas déclenchée, les crédits de guerre furent votés et les ouvriers partirent au combat. Le nationalisme l'emporta sur l'internationalisme. Malgré tout, l'union n'était pas générale. Les syndicalistes français se partagèrent entre une majorité favorable à la participation gouvernementale derrière L. Jouhaux et une minorité qui, dès le début du conflit, refusa l'Union sacrée. Des rencontres internationales reprirent dès 1915, à Londres, entre Français et Anglais, en 1916, à Leeds, où une conférence réunit des représentants Anglais, Belges, Français et Italiens. Le refus de la guerre ne disparaissait pas comme en témoigne la conférence de Zimmerwald en septembre 1915.

Si la période de guerre ne met pas tous les conflits sous le boisseau, elle eut pour effet de ralentir l'activité syndicale. Elle provoqua une rétention des effectifs syndicaux liée à l'incorporation. Elle désorganisa les structures syndicales et en limita de fait les moyens financiers. L'autorité de l'État restreignait également les possibilités d'action. Plusieurs exemples sont significatifs : les trade-unions britanniques qui renoncent provisoirement au droit de grève en 1915, les syndicalistes allemands qui siègent dans plusieurs organisations gouvernementales, les délégués d'atelier institués par Albert Thomas qui négocient en France les conditions de travail avec les représentants de l'État.

• **Cependant, la généralisation du syndicalisme était patente au lendemain de la Guerre**. Elle se traduit d'abord par l'augmentation des effectifs. Les données rassemblées par le BIT permettent d'établir le tableau ci-dessous :

	1913	1920
Allemagne	4 513 000	13 000 000
France	1 027 000	2 500 000
Pays-Bas	189 000	683 000
Grande-Bretagne	4 173 000	8 024 000
Belgique	252 177	844 241

Il convient toutefois de distinguer l'évolution par pays. Le syndicalisme Français au lendemain de la guerre comptait 2,4 millions de syndiqués à la CGT si l'on adopte les chiffres revendiqués par la centrale. Comparativement au syndicalisme britannique ou allemand, il ne s'agit pas d'un syndicalisme de masse mais son pluralisme s'est affirmé dès le début de la décennie 1920. La progression des effectifs distinguait des branches industrielles actives (métaux, habillement, papier) et d'autres en reflux (alimentation, livre, mines). Affecté par la scission au sein de la SFIO au congrès de Tours en 1920, le mouvement syndical Français éclata lors du Congrès de Lille en juin 1921, donnant naissance à une CGT socialiste, forte parmi les fédérations de l'éclairage, du textile, du sous-sol, des verriers, du livre et de l'habillement et une CGTU (unitaire) communiste constituée en 1922, bien représentée par les cheminots, l'industrie du bâtiment et le secteur de l'ameublement. À cette division s'ajoutait la nouvelle voie constituée par la CFTC (Confédération Française des Travailleurs Chrétiens), née en novembre 1919, s'appuyant autant sur les catholiques du Nord que les protestants d'Alsace. Ses orientations, soutenues par l'Épiscopat, mises en avant pas son leader Gaston Tessier, l'inclinaient à critiquer autant le libéralisme capitaliste que la révolution communiste.

En Italie, plusieurs confédérations animaient le mouvement syndical au lendemain de la guerre. La CGL (Confédération Générale du Travail) socialiste divisée entre une minorité de réformistes de F. Turati et une majorité qui prônait la non-participation gouvernementale connut une très rapide augmentation de ses effectifs lors des conflits d'après-guerre. Elle comptait 2 millions d'adhérents en 1920, recrutés principalement dans les secteurs du bâtiment, de la métallurgie et des textiles. La CIL (Confédération Italienne des Travailleurs) d'obédience catholique rassemblait 1 million d'adhérents. Elle connut une brève ascension de ses effectifs jusqu'en 1921 mais ne fut pas associée aux accords initiés par Giolitti entre le patronat et les syndicats. L'USI (Union Syndicale Italienne) de tendance anarchiste, apparue en 1912, ne compta pas plus d'un demi-million d'adhérents, son ascension étant freinée par le soutien que le PCI accorda à la CGL. L'UIL (Union Italienne du Travail) constituée en 1918 rassemblait des effectifs limités et s'orientait vers le syndicalisme révolutionnaire avec une connotation nationaliste très marquée.

Associés à la reconstruction, favorables à la concertation avec le patronat dans un esprit réformiste, les syndicats allemands ont assez rapidement retrouvé une place importante, qu'attestent les 7,5 millions d'adhérents des syndicats libres et le million d'adhérents des syndicats chrétiens en 1921. En renonçant à la lutte des classes lors du congrès de Breslau, tenu en 1925, les syndicats ouvriers allemands manifestèrent leur volonté réformiste qui put se conjuguer avec la politique du SPD lorsqu'il accéda au pouvoir en 1928. En Grande-Bretagne également, le réformisme prévalait après la guerre. Les liens avec le Labour se renforcèrent en même temps que les effectifs du TUC gonflaient et que naissaient des organismes puissants. La métallurgie s'unifiait dans la puissante Amalgamated Engineering Union en 1920, Ernest Bevin créait la Transport and General Worker's Union en 1921. La Belgique connut un essor syndical aussi bien au sein des syndicats socialistes, dont les effectifs quintuplèrent entre le début et la fin de la guerre, que parmi les syndicats chrétiens qui dépassaient les 150 000 membres en 1920.

L'extension du syndicalisme se marqua également par une reconnaissance plus nette de son rôle dans l'établissement d'un dialogue social. Ainsi en Allemagne, Friedrich Siemens (le plus jeune fils du fondateur) accepta l'idée d'une négociation globale avec les syndicats. En novembre 1918 fut constitué le Zentral Arbeitsgemeinschaft (ZAG) qui permit la reconnaissance des syndicats. C'était la porte ouverte aux négociations collectives qui marquèrent une rupture fondamentale avec les pratiques d'avant-guerre. Dès la fin de l'année 1918, une nouvelle organisation du travail fut mise en forme en Allemagne entre des syndicalistes comme Legien et des patrons du rang de Stinnes. Elle déboucha dans la Constitution de Weimar sur la reconnaissance de conseils ouvriers au sein des entreprises, dotés en théorie de capacités importantes. En Grande-Bretagne, la participation des travailleurs à la gestion de l'entreprise prit un essor, à la suite de la désignation des délégués d'atelier qui avaient facilité les rapports contractuels durant la guerre. En France, la loi du 25 mars 1919 sur les conventions collectives améliora sensiblement les rapports de travail. En Italie, les effets de la révolution d'octobre se traduisirent par une évolution au sein du parti socialiste qui déboucha sur des initiatives nouvelles moins dépendantes de la théorie marxiste. A. Gramsci inspira ainsi les conseils d'usines à Turin et chercha à travers la propagande du quotidien *Ordine Nuovo* à en répandre la reconnaissance par le patronat.

Enfin, la renaissance d'institutions syndicales internationales après la guerre traduit la vitalité des mouvements. Elle laissait penser aux contemporains que les problèmes du travail pourraient faire l'objet d'analyses comparées et de solutions concertées, en particulier sur la réduction de la durée du travail, la protection sociale et la qualification ouvrière. La Fédération syndicale internationale se reconstitua en août 1919, à l'issue d'une conférence tenue à Amsterdam. Genève accueillit le Bureau International du Travail, dont le premier président fut le socialiste Français, Albert Thomas, jusqu'en 1932.

© ARMAND COLIN. La photocopie non autorisée est un délit.

• **Pourtant, dès le milieu des années 1920 les effectifs syndicaux amorcèrent un reflux qui devait se prolonger dans la décennie 1930.** La tendance générale doit cependant être nuancée selon les pays. En France, les effectifs de la CGTU régressèrent régulièrement. Ce ne fut pas le cas à la CGT qui passa entre 1922 et 1930 de 373 400 à 736 800 adhérents. En Belgique, les syndicats socialistes atteignaient 687 610 membres en 1920 mais ils en avaient perdu le quart dix ans plus tard. Inversement la progression des syndicats chrétiens fut continue.

Plusieurs facteurs expliquent ce ralentissement qui, sous le fait général, est à nuancer par les distinctions nationales. L'échec des grèves de la première moitié des années 1920 limita la combativité. Le maintien des salaires réels malgré la faiblesse des hausses du salaire nominal – qu'il faudrait fortement différencier selon le secteurs industriels – contribuèrent à ralentir les adhésions. L'action des gouvernements limita l'action syndicale en fonction du poids des partis. En Grande-Bretagne, le gouvernement conservateur fit adopter en 1927 une loi particulièrement restrictive qui devait d'ailleurs lui coûter les élections deux ans plus tard. Les grèves qui n'auraient pas de but strictement professionnel pouvaient être interdites, les piquets de grèves pouvaient être poursuivis, les syndiqués n'étaient plus tenus de financer un parti. En Belgique, les syndicats socialistes suivirent les mouvements du POB dont l'influence recula après 1925.

L'accession au pouvoir de régimes dictatoriaux fut une autre cause de déclin syndical spécifique à l'Italie et à l'Allemagne. En Italie, l'arrivée des fascistes au pouvoir provoqua la fin des activités de la CGL et de la CIL en 1927. Le patronat ne reconnaissant plus que les syndicats fascistes comme interlocuteurs, les syndicats, socialistes et chrétiens unanimement, refusèrent d'être embrigadés par la dictature fasciste. La loi Rocco adoptée en avril 1926 définissait le nouveau cadre syndical. Désormais, les travailleurs et les patrons étaient repartis en sept fédérations. La formation d'un syndicat était liée à la représentation minimale du dixième des travailleurs de l'entreprise et devait garantir une propagande morale et nationaliste autant qu'une assistance sociale. Une seule association était reconnue dans chaque secteur et bénéficiait donc du monopole de discussion qui était à établir lors de négociations collectives entre patrons et salariés. Un an plus tard, la Charte du travail instituait une organisation centralisée dans laquelle les syndicats n'étaient plus qu'une courroie de transmission des volontés de l'État. En Allemagne, la dépression ralentit la croissance du taux de syndicalisation qui avait repris après 1925 et l'on constate par exemple que 23 % seulement des métallurgistes berlinois sont encore syndiqués en 1933. L'arrivée du parti nazi au pouvoir modifia considérablement la situation des travailleurs allemands et réduisit à néant les voies de revendications. Le droit de grève aboli, les syndicats supprimés, les travailleurs furent intégrés dans le Front du travail, organisation corporatiste qui groupait les patrons et les salariés. Les conventions collectives qui avaient pris forme au lendemain de la guerre disparaissaient et la main-d'œuvre était contrôlée, en particulier au moyen du livret de travail instauré en 1935.

La crise imprima ses effets sur les stratégies syndicales et partant, sur les effectifs. Dans un premier temps, le nombre de syndiqués continua de régresser en Grande-Bretagne où l'étiage fut atteint en 1933. À l'inverse, les effectifs croissaient en Belgique régulièrement jusqu'en 1934. Le Front Populaire marqua en France une accélération spectaculaire du nombre de syndiqués, renforcée par la réunification de la CGT et de la CGTU. Alors qu'en 1935, la CGT pouvait s'appuyer sur moins de 800 000 membres, elle en comptait 5 fois plus en 1937. Mais le redressement des effectifs syndicaux prit fin au début de 1939. La CFTC comptait environ 300 000 adhérents, la CGT 3 fois plus.

2.3. Les avancées de la politique sociale

• **La période de l'entre-deux-guerres marqua une indiscutable avancée en matière de protection sociale.** Si les initiatives patronales se poursuivirent, à l'instar de Michelin qui avait accordé des allocations familiales dès 1915 et ouvrait en 1920 un dispensaire antituberculeux puis en 1926 un sanatorium, l'évolution a surtout résulté d'un engagement plus net de l'État. La création en France du ministère de l'Hygiène, de l'Assistance et de la Prévoyance sociale, en 1920, traduit une nouvelle poussée de l'engagement de l'État, qui aboutit en 1930 à la constitution du ministère de la Santé Publique. C'est à la charnière de ces années qu'un premier système complet de protection apparut avec les lois de 1930 sur les assurances sociales et de 1932 sur les allocations familiales (maladie, vieillesse, famille) dont le financement reposait sur des cotisations partagées entre employeurs et salariés. La couverture des mutuelles et la prise en charge des indigents par les hôpitaux étendirent la protection à 11,5 millions d'assurés-maladie en 1934. En Grande-Bretagne, la santé publique fit l'objet d'un programme ambitieux symbolisé par la formation d'un ministère spécifique en 1919 dont la courte durée (jusqu'en 1921) n'en posa pas moins les bases d'une future politique de *Welfare State*. L'Italie fasciste vit l'adoption d'une assurance sur les maladies et les accidents en 1935. Une législation sociale intervint aux Pays-Bas à partir de 1938.

En matière de logement, les édiles locaux, souvent socialistes, relayèrent après la Première Guerre les initiatives patronales. En France, le maire de Suresnes, Henri Sellier, fit ainsi construire des HBM dans la lignée des cités-jardins créées en Angleterre. Outre-Manche, l'adoption du *Housing and Town Planning Act* en 1919 traduisit les nouvelles préoccupations sociales. Les autorités locales étaient désormais tenues de prévoir des programmes de construction.

• **La crise des années 1930 posa un autre problème de politique sociale, celui de l'endiguement du nombre de chômeurs**. Du strict point de vue de la protection sociale, il devait se traduire par des aides matérielles ou financières. L'adoption de mesures sociales d'urgence, rendues nécessaires par l'aggravation des tensions sociales, devint une priorité selon des modalités variant d'un pays à l'autre. La charge était lourde, comme le montrent les statistiques suivantes.

	Nombre de chômeurs					
	Belgique	France	Allemagne	Italie	Pays-Bas	Grande-Bretagne
1930	16 500	13 000	3 076 000	425 000	41 000	1 954 000
1934	72 300	368 000	2 718 000	964 000	333 000	2 159 000
1939	57 300	418 000	119 000	706 000	296 000	1 514 000

Source : B.R. Mitchell, *International Historical Statistics. Europe 1750-1988.*

En France, les communes qui avaient créé des fonds municipaux de chômage purent accorder des secours, d'un montant de 9 francs par jour en province et 10 francs à Paris. Mais cela ne concernait que la moitié des chômeurs. Une politique d'envergure intervint seulement avec le Front Populaire à l'issue des accords Matignon, signés le 7 juin 1936. Mais l'historiographie de cette période a montré que les résultats escomptés ne furent pas atteints. En Grande-Bretagne, face au taux de chômage qui s'est maintenu durant les années 1931 et 1932 au-delà de 20 %, la politique évolua. En 1930, le vote de l'*Unemployement Assurance Act* mit à la charge de l'administration la preuve que le chômeur n'avait pas cherché de travail pour avoir le droit de lui retirer l'allocation. L'allocation (le *dole*) fut limitée à 26 semaines, son montant fut réduit jusqu'en 1934 et le bénéficiaire devait faire état des ressources des autres membres de la famille.

Enfin, si les régimes dictatoriaux faisaient taire les revendications, dans les pays démocratiques, les rapports contractuels s'amélioraient. En France, les accords Matignon donnèrent naissance à des conventions collectives. Les patrons et les salariés étaient conduits à s'entendre, l'État intervenant ensuite pour légaliser sur un plan national les accords négociés à la base. En Grande-Bretagne, l'extension de la clause dite du juste salaire, établie en 1909, s'étendit à de nombreuses branches permettant à plus de 8 millions de travailleurs d'entrer dans le cadre d'une convention collective.

Au total, la situation des ouvriers s'est-elle améliorée ou dégradée durant l'entre-deux-guerres? La Première Guerre a contribué, en raison de la pénurie de main-d'œuvre, à l'augmentation des salaires. En Allemagne comme en France, le personnel qualifié a bénéficié d'une réelle

© ARMAND COLIN. La photocopie non autorisée est un délit.

augmentation de ses rémunérations tandis qu'en Grande-Bretagne, ce sont plutôt les travailleurs peu qualifiés dont la situation s'est améliorée. L'entre-deux-guerres fut évidemment marquée par des évolutions très contrastées selon les pays et l'impact de la crise. En Grande-Bretagne, les salaires augmentèrent de 12 % en moyenne pour les travailleurs de l'industrie, bénéficiant d'une baisse du coût de la vie. Rowntree, revenant à York en 1936 calculait que désormais, il n'y avait plus que 31 % des ouvriers en situation de pauvreté. Mais le taux de chômage des années 1930 impose de manier les chiffres de l'amélioration de la condition ouvrière avec précaution. Des évolutions négatives apparaissent, par exemple chez les mineurs, défaits à l'issue de la grève de 1926 au terme de laquelle le gouvernement autorise les compagnies minières à des diminutions de 20 % des salaires. En France, durant la crise des années 1930, si les salaires de la classe ouvrière ont mieux résisté à la baisse que les revenus d'autres catégories – en particulier ceux des classes moyennes –, ce n'est qu'en 1936, à l'issue des accords Matignon, qu'un important effort salarial aboutit au relèvement de 15 % des salaires les plus bas. Il suivait une période durant laquelle le salaire réel avait bénéficié de la baisse des prix.

3. De la radicalisation des conflits à la contractualisation des rapports sociaux

3.1. Le temps particulier de la guerre

De septembre 1939 à mai 1945, la guerre imposa de nouvelles conditions à la pratique syndicale. En contribuant à l'effort de guerre contre le régime nazi, la plupart des syndicats retrouvèrent une forte audience, notamment quand il fallut définir les orientations économiques et les rapports sociaux après le conflit.

• **Dans les pays occupés**, en Belgique, aux Pays-Bas, au Luxembourg, les occupants supprimèrent les libertés des syndicats en place et de nouvelles unions, sous tutelle, apparurent. Le cas de la France illustre bien ce que fut l'évolution. La CGT accepta dans un premier temps de renoncer à la lutte contre le patronat. La défense du travail, l'élévation du niveau de vie des salariés et la contribution au développement économique devenaient les priorités. De son côté la CFTC escomptait participer à la mise en place d'un nouvel ordre social. En fait, dès le 9 novembre 1940, l'État français décidait de dissoudre les organisations syndicales ouvrières et patronales pour les remplacer, à partir de la promulgation de la Charte du travail, le 4 octobre 1941, par un système de syndicat unique et obligatoire. Regroupés en union régionales et en fédérations nationales, les syndicats locaux n'avaient plus de moyens de revendications puisque la grève était interdite et qu'ils pouvaient être dépossédés de leur fonction représentative au profit des comités sociaux d'entreprise. Dans la réalité, l'action des anciens syndicats devait être reconvertie en résistance intérieure même si en décembre 1940, 17 fédérations de la CFTC et 25 de la CGT étaient autorisées à fonctionner pour défendre des intérêts professionnels et sociaux. Un mois avant, le Manifeste des Douze avait rassemblé cégétistes et syndicalistes chrétiens dans une commune condamnation du capitalisme, exprimant la volonté de substituer le profit collectif à l'individualisme. On devait retrouver dans le programme du Conseil National de la Résistance, établi le 15 mars 1944, plusieurs traits de ces premières orientations : instauration d'une démocratie économique, nationalisations, participation des travailleurs à la direction de l'économie, mesures sociales et reconstitution d'un syndicalisme indépendant.

• **En Grande-Bretagne** au contraire les syndicats devaient participer activement à la mobilisation intérieure. Un comité paritaire rassemblant patrons et syndicalistes appuyait l'action d'Ernest Bevin, chargé de l'organisation de la main-d'œuvre. Cette collaboration contribua de façon décisive à la mise en place d'une politique sociale dont le plein effet se fit sentir après la guerre. Cette association du syndicalisme et du pouvoir politique devait également contribuer aux victoires électorales du Labour et à la recrudescence des effectifs syndicaux après la guerre.

• **En Italie**, les syndicats retrouvèrent une relative liberté après la chute de Mussolini en juillet 1943. La résistance au fascisme fut en particulier le fait des ouvriers qui vinrent s'agréger aux comités antifascistes et se lancèrent dans de grandes grèves durant l'hiver 1943-1944. En mars 1944, une grève générale paralysa durant 8 jours toute l'activité industrielle du Nord.

3.2. Entre conflits et concertation

• **Les conflits ne se tarissent pas avec la seconde moitié du XXᵉ siècle**. D'une certaine façon on pourrait même écrire qu'ils deviennent plus âpres dans la mesure où ils mettent en jeu des effectifs considérables. Par ailleurs, ils s'inscrivent pour une bonne part de la période dans un contexte politique tendu lié à la séparation de l'Europe en deux blocs antagonistes, aux enjeux de la Guerre Froide puis à ceux de la construction d'une Europe communautaire. En suivant l'évolution du nombre des grèves, on peut isoler trois périodes.

La première correspond aux grèves d'après-guerre 1947-1948. L'année 1947 révéla en France des tensions particulièrement graves, en particulier dans le bassin minier où la bataille de la production avait justifié un effort sans concessions. La baisse du pouvoir d'achat et les difficultés du ravitaillement ont alors engendré un mécontentement que le parti communiste exploita pour réaffirmer son rôle de défense du monde ouvrier. Des grèves insurrectionnelles éclatèrent dans le bassin houiller du Nord et au cœur de la Lorraine sidérurgique, émaillées d'actes de sabotage. La construction automobile fut aussi touchée. En 1947, le nombre de jours perdus pour fait de grève atteignait 22 millions, en 1948 13 millions. De même en Italie, des affrontements violents opposèrent les grévistes aux forces de l'ordre. À nouveau en 1948, l'automne fut marqué par les grèves de mineurs. La présence des travaillistes au pouvoir en Grande-Bretagne entraîna une évolution inverse avec une constante décroissance des journées perdues pour fait de grève, qui étaient inférieures à 2 millions en 1948.

La seconde prend naissance au début des années 1960, d'abord en Belgique avec de violentes grèves contre la politique d'assainissement financier, puis en France en 1963 où la grève des mineurs de mars-avril 1963 dans le bassin minier allait redonner une dimension exceptionnelle à la lutte ouvrière. Grève partie de la base, déstabilisant le pouvoir politique, elle suscita un très ample mouvement de soutien, auprès des populations locales et de l'Église. Les conflits s'étendirent ensuite aux autres pays, relançant des mouvements de grèves d'ampleur nationale dont on n'avait plus l'habitude, mis à part les étés 1951 en Italie et 1953 en France. Le nombre de journées de travail perdues culmina en 1962 en Grande-Bretagne (5,7 millions) et en Italie (22 millions) en 1963 en France (5,9 millions) et en Allemagne (878 000), en 1964 aux Pays-Bas (44 000) et en Belgique (443 000). Sur l'ensemble de la décennie doit être relevée la fréquence des mouvements en Italie, trois années seulement comptant moins de 10 millions de journées perdues, et inversement la faiblesse des conflits aux Pays-Bas et en Allemagne, où les taux de journées perdues pour 1 000 salariés furent en général inférieurs à 20.

Enfin, l'année 1968 marqua l'apogée du mouvement revendicatif à la fois par la généralisation des conflits et l'importance des effectifs concernés en France. Dès 1967 en fait, le signal avait été

© ARMAND COLIN. La photocopie non autorisée est un délit.

donné par l'augmentation du nombre de grèves en Allemagne et en France. Mais ce n'était rien par rapport à 1968 où la France perdit environ 150 millions de journées de travail et connut 8 millions de grévistes. L'année suivante, les autres pays européens enregistrèrent à leur tour une crue rapide des conflits : 37 millions de journées perdues en Italie, 6,8 millions en Grande-Bretagne, 249 000 en Allemagne. L'ampleur du phénomène a tenu à la superposition de crises universitaire, sociale et politique.

• **À la fois cause et conséquence, la place des syndicats se renforçait** mais il faut distinguer une évolution très différente selon les pays. En termes d'effectifs d'abord. La Grande-Bretagne comptait 6 millions d'adhérents aux trade-unions en 1939 et 9 millions en 1948. La FGT Belge rassemblait un demi-million d'adhérents en 1945. La CGT recensait en France plus de 3 millions d'adhérents en 1949, à peu près autant que la CGIL italienne, tandis que la CFTC en comptait environ 10 fois moins. De son côté, l'Allemagne donnait encore le spectacle d'un syndicalisme de masse au début des années 1950, comptant 5,5 millions de membres au sein du DGB, soit le tiers des salariés.

L'inégale influence des syndicats apparaît aussi dans le rapport qu'ils entretiennent avec le pouvoir, disposant ainsi de relais dans l'action législative. Le trade-unionnisme britannique faisait un peu figure de proue du syndicalisme européen au lendemain de la guerre, dans la mesure où le parti travailliste resta au pouvoir de 1945 à 1951. Les nationalisations des houillères, du gaz, de la sidérurgie renforcèrent le pouvoir des syndicats qui représentaient au moins 4 salariés sur 10 actifs. Particulièrement puissants dans les transports ou les constructions mécaniques, ils devinrent un interlocuteur essentiel dans la grande entreprise. En Allemagne, également, les syndicats devaient jouer un rôle essentiel au lendemain de la guerre. Ils furent d'abord associés à la reconstruction du pays et au rapide relèvement économique. À partir de 1949, les syndicats qui s'étaient reconstitués se rassemblèrent au sein du Deutscher Gewerkschaftsbund (DGB) dominé par la puissante fédération de la métallurgie. La stratégie réformiste qui prévalait avant la Première Guerre retrouva un nouveau souffle à travers la cogestion, à partir de la loi du 21 mai 1951, définie comme une participation des travailleurs à la définition de la politique économique nationale. Appliquée dans les entreprises de plus de 1 000 salariés, elle concernait surtout les mines et la sidérurgie, représentée par la puissante IG Metall. Comme en Grande-Bretagne avec les travaillistes, l'association du SPD au gouvernement favorisa l'audience syndicale.

En revanche, l'Italie, la France et les pays du Benelux offrent plutôt le paysage d'un pluralisme syndical qui a fait parfois primer l'influence politique sur les bénéfices d'une action unitaire. En France, l'abolition de la charte du travail, le 27 juillet 1944, permit la reconstitution officielle de la CGT et de la CFTC. Mais le rôle des syndicats ne fut pas de suite réaffirmé, certaines usines étant passées sous le contrôle ouvrier. La gestion des entreprises nationalisées et la circulaire du ministre du Travail Parodi, qui établissait la représentativité des syndicats, les replacèrent au cœur des rapports économiques et sociaux. Mais la scission de la CGT-Force Ouvrière en 1947, sous la conduite de Léon Jouhaux, devait marquer durablement le paysage syndical français. FO incarnait désormais une défense de la classe ouvrière hors du champ d'action d'un parti politique, au contraire de la CGT. La CFTC de son côté affichait une certaine hétérogénéité, l'affirmation d'un courant moins lié à l'Église, aboutissant à la création de la CFDT en 1964. En fait, dès 1949 s'affirma en France un pluralisme syndical qui s'articulait sur des positions économiques et sociales mais parfois aussi sur des clivages liés aux évolutions internationales, par exemple face à la construction européenne. Ces divisions ne facilitèrent pas l'action, exceptée la flambée de grèves de l'été 1953. Après une période de stagnation, les syndicats devinrent à nouveau offensifs au cours de la décennie 1960.

L'évolution de la situation italienne paraît assez proche. Dès le mois de juin 1944, la CGIL s'était reconstituée, en unifiant des obédiences diverses, du communisme à la démocratie chrétienne. L'union ne tint pas et dès 1948, la tendance chrétienne se sépara de la CGIL, formant deux ans après la Confédération Italienne des Syndicats Libres (CISL) distincte de l'Union Italienne du Travail (UIL) soucieuse de préserver une action laïque.

En Belgique, la FGTB (Fédération Générale du Travail de Belgique), qui avait remplacé en 1937 la commission syndicale du POB, incarnait au lendemain de la guerre le courant socialiste attaché à la disparition du salariat. La CSC (Confédération des Syndicats Chrétiens) comptait des effectifs croissants, passant de 102 000 membres en 1913 à 296 000 en 1936 et plus de 300 000 au lendemain de la guerre, incarnant un large mouvement ouvrier chrétien. Enfin, les libéraux disposaient depuis 1930 de la CGSLB (Centrale Générale des Syndicats Libéraux de Belgique) mais les effectifs restaient très inférieurs à ceux des autres syndicats.

Au-delà de ces différences, trois caractères communs peuvent être mis en avant quant au rôle des syndicats dans les luttes ouvrières d'après-guerre. D'une part, le développement des négociations collectives est devenu un fait général après 1945. Les syndicats sont devenus des acteurs de la vie économique et sociale à part entière. Le règlement d'un conflit n'aurait su désormais se faire sans les associer ostensiblement aux décisions. Leur place se définit ainsi par leur influence sur les rapports contractuels, à l'instar de la pression du Trade-Union Congress sur le gouvernement en Grande-Bretagne, mais aussi par leur action au sein de multiples institutions, à l'image des commissions économiques et sociales des Länder allemands ou du Conseil économique et social en France. D'autre part, certaines formes de manifestations qui étaient le théâtre de violents affrontements avant 1939 entrent désormais dans la légalité et sont la reconnaissance d'une dignité ouvrière plus communément admise. La légalisation du 1er mai comme jour férié consacré à la revendication des travailleurs en donne une bonne illustration en France à partir de 1947. Enfin, l'évolution des rythmes de travail comme l'internationalisation progressive des économies a contraint les syndicats à renforcer les concertations transnationales.

Les années 1960 marquèrent d'autres évolutions liées au contexte général de croissance économique et de contestation sociale. En France, un quart des entreprises disposaient d'une section syndicale en 1970. La CGT conservait sa suprématie avec plus de 45 % des voix dans les élections aux comités d'entreprises mais la création de la CFDT en 1964, le maintien de la CFTC, l'existence de FO, conservaient au paysage syndical français une grande diversité et une pluralité de positions quant à l'évolution de la société. Le syndicalisme britannique fut confronté à la naissance de revendications que ne satisfaisait plus le TUC, justifiant l'essor d'un syndicalisme marginal des exclus de la prospérité. Le syndicalisme allemand qui conservait une forte influence fut aussi remis en cause à la fin de la décennie par une gauche radicale qui contestait l'intégration presque conservatrice du DGB dans les structures économiques. En fait, les syndicats, établis dans un système qui les reconnaissait comme des partenaires obligés de l'évolution sociale, avaient à légitimer leur action face aux revendications qualitatives nouvelles.

• **Si l'on dresse un bilan des effectifs syndicaux** au terme de la période, malgré la relative incertitude des chiffres toujours sujets à caution, la répartition des forces syndicales mettait en avant le fort taux de syndicalisation en Belgique et au Royaume-Uni, où il dépassait 40 %, en Allemagne, aux Pays-Bas et au Luxembourg, tous supérieurs à 30 %, le niveau modéré de l'Italie et la faiblesse de la France, où le taux de syndicalisation n'atteignait pas 20 %.

© ARMAND COLIN. La photocopie non autorisée est un délit.

Effectifs estimés des syndicats européens intéressant le secteur secondaire en 1969

	nombre de syndiqués	principales centrales
Belgique	2 000 000	CSC (catholique) FGTB (social-démocrate) CGSLB (libérale)
France	4 000 000	CGT (communiste) CFDT (socialiste) FO (Social-démocrate) CFTC (chrétienne) CGC (cadres)
Italie	6 000 000	CGIL (communiste) CISL (chrétienne) UIL (Social-démocrate)
Luxembourg	45 000	CGT (Social-démocrate) CLSC (catholique)
Pays-Bas	1 500 000	NVV (Social-démocrate) NKV (catholique) CNV (protestante)
R.F .Allemagne	8 000 000	DGB (Social-démocrate) CGD (chrétienne-démocrate)
Royaume-Uni	10 000 000	TUC (Social-démocrate)

D'après J.D. Reynaud, *Les syndicats en France*, t. 2

3.3. La généralisation de la protection sociale et la conquête de nouveaux droits

• **La législation sociale a connu une extension depuis l'après-guerre**. On se rappelle que la politique conduite par Bismarck avait donné une avance importante à l'Allemagne dès la décennie 1880. Dans ce pays, les avantages sociaux ne connurent une nouvelle progression qu'au cours des années 1960, notamment avec le rétablissement des allocations familiales en 1961 et leur extension aux étrangers en 1964. C'est au Royaume-Uni que des initiatives décisives allaient développer cette fois de nouvelles formes de protection.

William Beveridge avait été marqué par la doctrine sociale du couple Webb qui réclama à partir de 1889 au sein de la société Fabienne des réformes sociales immédiates. Devenu député libéral, Beveridge rédigea en 1941 un rapport sur l'instauration d'une sécurité sociale, qui fut publié en 1942 sous le titre *Social Insurance and Allied Services.* Le document devait s'avérer une base de réflexion fondamentale, puisqu'il inspira les réformes sociales de plusieurs pays après la guerre. L'axe essentiel confiait la responsabilité à l'État de garantir un revenu à chaque individu en le protégeant des risques sociaux : accidents du travail, maladie, maternité, vieillesse, chômage, décès. Des assurances existaient déjà. L'originalité du rapport Beveridge fut d'en préconiser la globalisation, l'uniformisation et l'extension à tous. Dans cet esprit, le National Health Service assura à partir de 1946 une médecine gratuite d'État.

En France, la création des comités d'entreprise en février 1945 amorça la prise en charge des intérêts des salariés par leurs représentants. Surtout, un nouveau système d'assurances sociales était mis en place par l'ordonnance du 4 octobre 1945 et la loi du 22 mai 1946, créant la Sécurité Sociale. Certains régimes particuliers – mineurs, agriculteurs – étaient maintenus, mais l'ensemble des salariés bénéficiaient désormais, dans le cadre du régime général, d'une protection sociale garantie par l'État. En matière de chômage, la France était très en retard sur ses voisins puisqu'une protection comparable à celle qui existait au Royaume-Uni depuis 1911 et en Allemagne depuis

1927 ne vit le jour en France qu'en 1958, lors de la création des Associations pour le Développement de l'Emploi dans l'Industrie et le Commerce (ASSEDIC) regroupées dans une Union nationale (UNEDIC).

• **Parallèlement, les travailleurs obtenaient des améliorations** sur d'anciennes revendications. La durée du travail connut une réduction qui ramenait aux 40 heures. Ainsi en Grande-Bretagne, le nombre d'heures hebdomadaires atteignait en moyenne 44 heures dès 1950. L'extension des congés payés permit de passer de 18 à 24 jours en Allemagne en 1965, la France adoptant les 3 semaines de congés payés en 1956 et les 4 en 1969.

Sur l'ensemble de la période, fruit des luttes syndicales et des formes diverses de protection sociale, le fait dominant est le recul de la précarité ouvrière. Après la Seconde Guerre, à nouveau, les évolutions par pays mettent en avant des différences réelles. Les Belges bénéficièrent d'une embellie dès le lendemain de la guerre, qui se traduisit par une élévation du niveau de vie. En Grande-Bretagne, la progression des salaires réels fut inégale, particulièrement défavorable aux ouvriers peu qualifiés. En revanche, le pouvoir d'achat augmenta au cours de la décennie 1960, en raison d'une élévation continue du salaire-horaire supérieure à la croissance de la productivité, jusqu'à ce qu'une politique des revenus soit mise en place à partir de 1965. Le salaire horaire resta l'un des plus faibles en France comparativement aux autres pays européens. Une véritable négociation nationale des salaires ne fut pas mise en place avant l'adoption des procédures de concertation dites « Toutée » en 1964. Mais le relèvement des salaires intervint surtout en 1968 lorsque le SMIG fut augmenté de 30 %. Ces évolutions tranchaient avec la situation en Allemagne où le niveau de vie des ouvriers dépassa largement celui des autres européens après les efforts consentis à la reconstruction.

Les effets de la politique sociale ont par ailleurs contribué à l'amélioration globale de la situation ouvrière. Le logement en donne une illustration. En Grande-Bretagne, les ouvriers les mieux rémunérés eurent accès à des crédits à bas taux. Ceux qui ne pouvaient y prétendre bénéficièrent de la politique municipale de construction. Le confort domestique accru fut partout un signe tangible du progrès. La diversification des dépenses marqua un autre progrès lié à l'évolution des conditions de vie. Depuis le troisième quart du XIXe siècle, l'augmentation des salaires conjuguée à la réduction du temps de travail avait incité les ouvriers anglais à accroître leurs dépenses de loisirs. Elles se traduisaient par une assistance fréquente aux rencontres sportives, dont le nombre croît à la fin du siècle, en particulier aux matches de football. Le cinéma attira un public croissant d'ouvriers. Les politiques d'encadrement des loisirs mises en place dans les dictatures contribuèrent à organiser le temps libre. Mais seule l'extension des congés payés anticipa une évolution généralisée après la Seconde Guerre.

© ARMAND COLIN. La photocopie non autorisée est un délit.

DOCUMENTS

Conflits ouvriers

	ALLEMAGNE	BELGIQUE	FRANCE	ITALIE	ROYAUME-UNI	PAYS-BAS
décennie 1890						
année culminante		1896	1899	1899	1890	
conflits		139	739	1701	1040	
décennie 1900						
année culminante	1906	1907	1906	1905	1900	1909
conflits	3626	221	1309	2268	648	189
décennie 1910						
année culminante	1919	1919	1919	1919	1913	1919
conflits	3719	366	2026	1871	1497	649
décennie 1920						
année culminante	1922	1920	1920	1920	1920	1920
conflits	4785	506	1832	2070	1607	481
décennie 1930						
année culminante	1932	1937	1936	1930	1937	1932
conflits	648	209	16907	82	1129	216
décennie 1940						
année culminante		1947	1947		1945	1947
conflits		473	2285		2293	272
décennie 1950						
année culminante	1952	1951	1955	1954	1957	1954
conflits	2529	163	2672	1990	1990	91
décennie 1960						
année culminante	1967	1969	1968	1963	1969	1960
conflits	742	88		4145	3116	121

Pour chaque décennie, il s'agit de l'année au nombre culminant de conflits, dans le pays considéré. Les blancs signalent l'absence de données sûres.

Source: B.R.Mitchell, *International Historical Statistics: Europe 1750-1988.*

L'habitat ouvrier : investissement privilégié du paternalisme

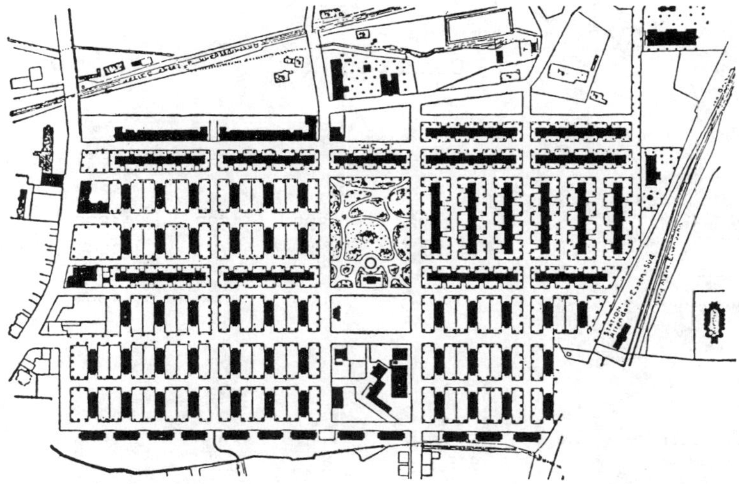

Plan de l'agglomération ouvriére de Kronenberg près d'Essen, fondée par Krupp en 1873

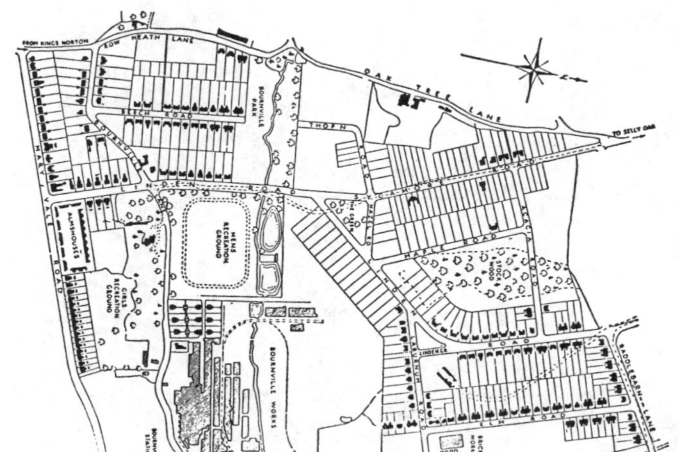

Plan de Bournville fondée par Cadbury en 1895

Source : L. Benevolo, *Aux sources de l'urbanisme moderne*

© ARMAND COLIN. La photocopie non autorisée est un délit.

CHAPITRE X

DES STATUTS INDÉPENDANTS AUX NOUVELLES CLASSES SALARIÉES : LES CLASSES MOYENNES

Par son imprécision, le terme de classes moyennes renvoie à la difficulté d'en donner une définition exhaustive et clairement délimitée. Autre écueil, l'historiographie qui s'est plus volontiers penchée sur les extrêmes de la société, patronat et ouvriers, dont la taxinomie est plus aisée, est aujourd'hui seulement en plein essor. Pourtant, entre la haute bourgeoisie détentrice de pouvoir et de capitaux et le monde ouvrier, identifié par un type de travail, un mode de vie et une sociabilité, des catégories professionnelles et sociales intermédiaires s'intercalent de plus en plus entre la décennie 1880 et les années 1960. Il faut y voir une évolution majeure des sociétés européennes.

1. Classes moyennes et industrialisation : à la recherche de la définition d'un groupe social

L'expression « classes moyennes » a un sens courant en Belgique où furent créés par exemple un bureau des classes moyennes au ministère de l'Industrie et du Travail en 1899 et un Conseil supérieur des classes moyennes en 1909. Les sociologues allemands, à la suite des travaux de Max Weber, utilisèrent au cours des années 1920 le terme *Mittelstand* pour caractériser le groupe des employés et des producteurs indépendants. La notion de *Middle classes*, situées entre les élites victoriennes des *Upper classes* et les *Working classes* groupant la classe ouvrière, les artisans et les salariés agricoles a longtemps servi à définir une structure ternaire de la société britannique, fondée sur des différences sociales, économiques et culturelles. L'émergence de la *Middleclass* dans le premier tiers du XIXe siècle associa le négoce et la finance, les industriels et les *professions* mais au-delà d'une cohérence apparente, ce sont les divisions qui l'emportaient. Eric Hobsbawm a pour sa part proposé de distinguer six points qui permettraient de préciser les frontières des *Middle classes* après 1880 : l'ascension des grandes fortunes bourgeoises supérieures à celles de l'aristocratie foncière qui aboutit à la fusion entre argent « ancien » et argent « nouveau » ; l'intégration de la bourgeoisie dans une élite du savoir ; l'extension quantitative du nombre de salariés ; la ségrégation résidentielle et la différenciation par le style de vie qui s'est affirmé ;

© ARMAND COLIN. La photocopie non autorisée est un délit.

l'émancipation progressive des femmes grâce à l'éducation; la délimitation engendrée par la prise de conscience de la classe ouvrière de son existence. Les historiens italiens ont insisté plus récemment sur la notion sociale d'ordres intermédiaires recoupant partiellement l'étude des bourgeoisies. En France, la tradition sociologique plus que l'intérêt des historiens avant une période récente a suscité des travaux concluant sur la très grande variété des classes moyennes.

À la notion de groupe social a parfois été préférée la distinction professionnelle par type de travail et de métiers. Mais l'historiographie récente des classes moyennes, en particulier celle portant sur les employés, a mis en évidence que la partition ancienne entre travail manuel et travail intellectuel n'était pas opératoire. Pour une part d'entre eux, certains employés que l'on rangerait *a priori* parmi les «gens de bureau» effectuaient aussi des tâches manuelles et connaissaient aussi une pénibilité du travail trop systématiquement associée à la seule usine. Au flou du terme correspondent des frontières indécises révélatrices de la mobilité sociale qui caractérise ces classes moyennes. Le cas de la Grande-Bretagne en donne depuis longtemps une illustration pertinente. La *middle-class* de la société victorienne et edwardienne se décomposerait entre le niveau supérieur des professions libérales, des patrons et des employés au sommet de leur hiérarchie et une strate inférieure qui rassemblerait boutiquiers et fonctionnaires, artisans et commis de bureaux. Il est de même aujourd'hui communément admis que les bourgeoisies européennes – dont une partie médiane recouvre les groupes identifiés dans les classes moyennes – ont évolué à la faveur de reclassements multiples.

Dans le foisonnement des catégories, il devient donc très aléatoire, voire illusoire, de pouvoir établir des éléments d'identité commune. Les aspirations de carrière et l'échelle des revenus apparaissent tout autant dissemblables, fluctuant en fonction des effets de l'industrialisation. En développant de nouveaux systèmes de production, en modifiant les technologies, en créant de nouveaux besoins dont la demande a rythmé les cycles d'innovation, l'industrialisation a engendré des métiers nouveaux ou contribué à transformer des situations anciennes. Deux évolutions fondamentales en découlent. En premier lieu, nombre de professions ont vu leurs effectifs croître. Il fallut donc organiser le recrutement, définir des règles professionnelles identifiantes. Des hiérarchies nouvelles sont apparues. Par ailleurs, des formes de travail inconnues jusqu'alors ont pris une importance essentielle. La tertiarisation progressive des économies occidentales ne s'explique pas autrement. D'une certaine façon, l'industrialisation a crée plus distinctement des métiers intermédiaires dont le regroupement au sein de l'appellation «classes moyennes» traduit la fonction de «sas social». Il faut donc à la fois identifier ces métiers et chercher quels traits communs permettent de les isoler par rapport aux deux extrêmes de la société.

1.1. L'augmentation quantitative des employés

• **La bureaucratie est devenue depuis la fin du XIXe siècle un facteur constitutif des classes moyennes** déterminant. Elle a accompagné le mouvement d'urbanisation et la concentration des activités tertiaire en ville. En Grande-Bretagne, la montée des cadres salariés du secteur privé, en particulier dans la grande industrie et la finance, la croissance du nombre des employés de bureau et le développement de la fonction publique sont des facteurs d'évolution essentiels de la fin du XIXe siècle. Les employés étaient deux fois plus nombreux en 1911 qu'en 1891 et atteignaient presque le million à la veille de la guerre. La population active allemande comptait 3 % d'employés et de fonctionnaires en 1882, 8 % en 1907, 20 % en 1939. Au sein de ce groupe, se distinguent traditionnellement celui des *Beamte* (fonctionnaires de la bureaucratie Prussienne), celui des *Privatbeamte* (commis de bureaux, employés du commerce, employés aux écritures dans les entreprises privées ou publiques) puis celui des *Angestellter* (employés au sens littéral). Si l'on isole les employés au sein de la population active industrielle, la croissance de leur nombre n'est pas moindre, passant de 3 % en 1895 à 12 % en 1925.

L'augmentation du nombre de fonctionnaires suivit une évolution continue, accentuée après la Première Guerre. En France, le personnel des PTT tripla entre 1866 et 1936 ; à cette dernière date 925 000 fonctionnaires étaient employés dans la Fonction Publique. En Allemagne, les fonctionnaires formaient 2,6 % de la population active en 1882 et 4,6 % en 1933. En Angleterre, la distribution d'eau, d'électricité et de gaz ainsi que les lignes de tramways, fortement municipalisées (respectivement à 80 %, aux 2 / 3, aux 2 / 5ᵉ et aux 4 / 5ᵉ) justifiaient en 1913 l'existence de nombreux employés. Le Civil Service employait 100 000 personnes environ en 1900 et 387 000 en 1939.

• **Mais le changement était surtout visible dans les entreprises**, qu'il s'agisse d'usines, d'établissements bancaires, de sociétés chargées de l'exploitation d'un réseau, de compagnies d'assurance ou de grands magasins. La complexité progressive des tâches de gestion et l'alourdissement des charges administratives engendrées par la croissance entrepreneuriale ont commandé le recrutement accéléré des employés dès la fin du XIXᵉ siècle. La conception de la production, le contrôle des fabrications, l'émergence de véritable stratégies de ventes rendaient la coordination indispensable dans les firmes industrielles. Ainsi, la bureaucratisation des usines Schneider du Creusot apparaît bien dans le rapport des employés aux effectifs totaux : en 1881, pour 8 853 salariés, l'on comptait 510 employés (5,8 %) ; en 1911, le rapport s'établissait à 11 % avec 1 403 employés. Même tendance chez Siemens où l'on comptait 685 employés en 1895 et 12 502 en 1912. Tous les organigrammes mentionnent des bureaux de dessin, des magasins, des services du contentieux, autant de secrétariats et de services de correspondance que de services spécifiques. L'introduction des méthodes américaines de rationalisation s'est donc appuyée en de nombreuses entreprises sur des processus d'organisation anciens. L'augmentation quantitative s'est doublée d'une concentration géographique. Ainsi, des années 1890 aux années 1930, 40 à 50 % des employés de l'industrie électrique allemande travaillèrent dans les sièges sociaux berlinois, en particulier à l'AEG ou chez Siemens. On en comptait 18 704 en 1895 et 539 735 en 1939. Dans les grands magasins, l'essor des ventes avait entraîné une même expansion. La Belle Jardinière comptait ainsi à Paris en 1930 dans la maison du Pont-Neuf : 701 employés affectés aux différents rayons, 224 aux expéditions vers la province sur un total de 4 554 personnes.

• **Plusieurs traits permettent de caractériser les employés de bureau**. Jurgen Kocka rappelle qu'ils sont dans une situation de dépendance, qu'ils exécutent des travaux non manuels, souvent plus complexes, plus difficiles à contrôler directement mais moins pénibles que ceux des secteurs productifs. Prenant l'exemple de la firme Siemens & Halske, il distingue ainsi ceux que le mode de rémunération, le principe d'ancienneté, la participation aux bénéfices ou l'octroi de primes, le droit aux congés séparent des ouvriers. Delphine Gardey a montré que l'employé se définissait, avant 1914 en Fance, par un bon niveau d'instruction, se formant dans l'entreprise, percevant une rémunération mensuelle, mais son statut ne semble pas avoir été aussi net qu'en Allemagne. La législation sociale contribua aussi à délimiter le groupe des employés au sein des classes moyennes. Ainsi en 1911, l'adoption de la loi sur l'assurance des employés en Allemagne créa une distinction avec les ouvriers et contribua à fédérer un groupe social.

Situation privilégiée que la Première Guerre puis la crise des années 1930 contribuèrent à réduire. La précarisation des conditions de vie, le risque de chômage, bref un appauvrissement relatif, rapprochèrent la situation des employés et des ouvriers durant l'entre-deux-guerres. La rationalisation du travail de bureau, au moyen notamment de la mécanisation d'un certain nombre de tâches, allait aussi en ce sens. La féminisation fut une autre évolution majeure de l'après-guerre. Ainsi, en Grande-Bretagne, les salariées des banques sont passées entre 1914 et 1918, de moins de 10 000 à plus de 65 000, les femmes employées dans la fonction publique, de 260 000 à 460 000. Aux Pays-Bas, on recensait 277 000 femmes dans le secteur tertiaire des services en 1909 et 384 000 en 1930. Les italiennes étaient 199 000 dans les commerces et les établissements

© ARMAND COLIN. La photocopie non autorisée est un délit.

bancaires en 1911 et deux fois plus en 1936. Une enquête de 1928, citée dans la Revue internationale du travail, indiquait à titre d'exemple que 70 % des employés travaillant sur des machines de bureau étaient des femmes.

1.2. Les destins contrastés de l'artisan et du boutiquier

• **Les artisans touchés par la dévalorisation de savoir-faire** qu'engendrait l'industrialisation ont perdu une grande part de leur indépendance à la veille de la Première Guerre. De nombreux ateliers n'étaient plus en mesure de rivaliser avec les productions massives et bientôt standardisées de la grande industrie. Exemple significatif, un artisan sur trois seulement était encore son propre patron dans l'Allemagne Wilhelminienne. La crise de l'artisanat – et de l'apprentissage – était en voie d'accomplissement depuis le milieu du XIXe siècle. Elle se ralentit au cours des années 1930, par exemple en Allemagne où une loi votée en 1928 obligea à faire son apprentissage auprès d'un Maître alors que l'examen d'accès à la Maîtrise fut renforcé en 1935. Mais, la crise économique du dernier tiers du XIXe siècle comme le reflux de la consommation populaire au début des années 1930 ont accéléré le processus de déclassement pour beaucoup d'artisans. Ils n'en constituaient pas moins un groupe important des classes moyennes.

• **Le sort des boutiquiers** paraît un peu décalé chronologiquement dans la mesure où l'expansion des marchés urbains a contribué à l'augmentation du nombre de commerces de détail avant que la concurrence des grands magasins ne devienne fatale. D'ailleurs, pour un Harrod's ou une Belle Jardinière qui attiraient une clientèle soucieuse de mode, combien de petites boutiques, en particulier dans le commerce alimentaire, restaient sans concurrence et contribuaient à intégrer des immigrés récents à l'instar du Pletzl parisien ou du Lower East Side londonien ? Certaines formes de vente qui se situaient d'emblée sur une autre échelle, vente à crédit et magasins à succursales, formaient une concurrence redoutée dès la fin du XIXe siècle. De même, la multiplication des coopératives de consommation, en particulier dans les régions minières, créait une rétention de consommation dans la boutique traditionnelle. Mais, si les difficultés connues par nombre de petits commerçants les contraignaient à fermer, il faut voir aussi que d'autres reprenaient rapidement le fond. Preuve de cette vitalité, le nombre de patentés passa en France de 1,3 million en 1881 à 1,5 million en 1905. Dans certains cas, l'ouverture de la boutique ne correspondait pas forcément à un besoin du marché mais constituait une solution temporaire au chômage ou une perspective d'ascension sociale. Ce fut particulièrement le cas en France avec la multiplication des débits de boisson dont le nombre passa de presque 368 000 en 1881 à plus de 482 000 en 1911. D'autre part, l'évolution serait à nuancer selon les villes voire les quartiers, isolant des zones de forte croissance de la boutique contrastant avec des situations de repli favorisées par le développement des grands magasins. L'entre-deux-guerres resta encore une époque favorable à ces représentants très mobiles des classes moyennes.

• **Par rapport aux employés**, artisans et boutiquiers s'intégraient aux classes moyennes en disposant d'un certain niveau de revenus. Ils étaient un peu plus d'un million à figurer dans la petite bourgeoisie anglaise de la fin du XIXe siècle, disposant d'un revenu moyen inférieur à 160 £ en 1908. D'autre part, l'affaire restait le plus souvent familiale, conférant une certaine indépendance, comme dans la moitié des cas en Allemagne en 1907. Mais, étudiant le quartier ouvrier du Soleil Noir à Saint-Étienne, Jean-Paul Burdy a souligné combien la population des commerçants constituait un groupe hétérogène, proche de la classe ouvrière, constituant 6 % de la population active au lendemain de la guerre, marqué par une instabilité qui fait toujours osciller entre le salariat et la petite entreprise.

1.3. Les professions libérales et les ingénieurs

• **Parmi les employés supérieurs, les ingénieurs** occupèrent assez tôt une place originale. Dès les origines ils occupèrent une place essentielle dans le processus d'industrialisation. L'évolution des techniques et les problèmes spécifiques engendrés par les nouvelles technologies ont accru le recours à ces hommes spécialement qualifiés dès le milieu du XIXe siècle. Le fait nouveau de la fin du XIXe fut la généralisation de leur recrutement puis la reconnaissance de leur autorité.

Classer l'ingénieur parmi les classes moyennes va de soi si on ne le saisit pas à la tête d'une entreprise, où, manager salarié, il pouvait s'agréger à la bourgeoisie. La place de l'ingénieur se définit avant tout par la responsabilité technique qui lui incombe. La France a longtemps fait exception, le mot ingénieur restant associé dans le vocabulaire encyclopédique du XIXe siècle à l'exercice d'une fonction militaire. L'ingénieur civil, traduction du *civil engineer* anglais, fut à la fois reconnaissance d'un débouché – l'industrie plutôt que le service de l'État – et d'une formation – hors des écoles où se recrutent les membres des Corps de l'État.

Deux paramètres essentiels expliquent la percée des ingénieurs à la fin du XIXe siècle. Les techniques nouvelles, électricité, chimie, automobile, aéronautique, requéraient des techniciens aptes à résoudre par la science ou par l'inventivité les problèmes de fabrication dans les usines. La multiplication d'écoles nouvelles rendit compte de la demande d'ingénieurs qu'engendra l'industrialisation à partir des années 1880. Mais c'est aussi l'évolution d'une profession qui permet de constater la diversification des qualités exigées des ingénieurs. L'ingénieur ferroviaire illustre assez bien le maintien d'un rôle dans la seconde moitié du XIXe siècle. Deux tâches lui incombaient, construire et exploiter le réseau, partageant ainsi son temps entre des activités de gestion et des initiatives d'innovation. Un dixième des ingénieurs formés en Italie entraient encore dans ce secteur dans les années 1880-1910. André Thépot montre par ailleurs comment les ingénieurs du Corps des mines ont dû en France faire reconnaître leurs interventions dans des domaines nouveaux afin de renforcer leur prestige de techniciens et ne pas être marginalisés au gré de l'évolution des techniques.

D'autre part, la complexité de l'organisation d'entreprises aux structures hiérarchisées, rassemblant un personnel de plus en plus nombreux, exigèrent au tournant du siècle un encadrement susceptible d'embrasser plusieurs fonctions. En France, l'apparition d'écoles commerciales de haut niveau, comme celle d'HEC en 1881, contribuèrent à l'avènement d'un autre type de cadre ingénieur mais dont les diplômés ne disputèrent pas les postes de direction aux ingénieurs généralistes avant l'entre-deux-guerres.

Malgré sa reconnaissance, l'ingénieur devait s'adapter en permanence. Un Eugène Mattern peut ainsi servir d'exemple de la mutation organisationnelle qui a découlé des évolutions industrielles. Ingénieur des Arts et Métiers, entré dans l'industrie automobile en 1900, nommé directeur technique à la Société des Automobiles et Cycles Peugeot en 1917, Mattern élargit son domaine d'intervention, à chaque étape de sa carrière. D'abord préoccupé de rationaliser l'atelier et l'outillage, il en vient à prévoir puis à planifier, il contrôle et s'appuie sur des données statistiques précises. À tout moment son souci majeur fut d'organiser le travail au profit d'un rendement accru.

La qualification était reconnue par l'apprentissage, la preuve et non pas par le titre, avant les années 1930. Ainsi après avoir favorisé l'introduction de l'OST et du fordisme beaucoup d'entre eux ont dû ensuite se plier à la domination des cadres commerciaux. À partir de l'entre-deux-guerres, le profil de l'ingénieur s'est d'ailleurs diversifié. L'ingénieur de production affirma sa place dans la gestion des entreprises. L'ingénieur-conseil prit la suite des scientifiques que les entreprises s'attachaient déjà au XIXe siècle et il préfigura le technicien des bureaux d'études qui se développèrent après 1945.

Outre sa fonction dans l'entreprise, l'ingénieur se distinguait par une situation généralement élevée. Au sommet de leur hiérarchie, les ingénieurs ferroviaires italiens percevaient jusqu'à

© ARMAND COLIN. La photocopie non autorisée est un délit.

7 000 lires par an. La reconnaissance de son rôle faisait aussi de l'ingénieur un intermédiaire susceptible d'intervenir dans la question sociale. Emile Cheysson, polytechnicien et directeur au Creusot, illustra bien ce souci de réforme sociale à la fin du XIXe siècle. De même, Georges Lamirand, publiant en 1923 le *Rôle social de l'ingénieur,* s'inscrivait dans ce courant qui confère une responsabilité éminente à l'ingénieur dans la société. La Première Guerre créa un contexte favorable à l'image de l'ingénieur quelque peu démiurge. Pour autant, l'ingénieur restait un salarié de l'entreprise, soumis à des contraintes particulières, les horaires ou l'astreinte de résidence à proximité du lieu de travail, et il n'était pas toujours décideur lorsqu'un Conseil d'Administration faisait primer une stratégie rentière sur la rationalisation des méthodes de production.

• **L'industrialisation a des implications directes sur l'essor des professions libérales** dans la mesure où le développement des techniques et des sciences engendrait un besoin de nouvelles compétences. Dans tous les pays, les professions libérales connurent une forte expansion durant l'entre-deux-guerres. Si les avocats, les architectes, les notaires, les *Professions* en Grande-Bretagne, s'adaptèrent à un contexte nouveau, les médecins apparaissent bien au sein des professions libérales comme un groupe dont le rôle a cru avec les mutations de la société.

Ils trouvèrent à la fin du siècle une place nouvelle due à une meilleure formation et à leur aptitude à discipliner une profession. Étudiant le rôle social du médecin en France, Pierre Guillaume souligne qu'il se trouvait désormais chargé de responsabilités accrues. D'une part, la découverte du rôle des microbes et des virus renforça par la science les discours qui prônaient depuis longtemps des pratiques hygiénistes. D'autre part, la mise en place d'une politique sanitaire publique, qui n'a pris son plein développement en France qu'à partir des années trente, s'appuyait nécessairement sur les médecins au risque d'une fonctionnarisation de la profession qu'ils refusèrent. De même furent-ils amenés à intervenir lorsque la loi de 1898 sur les accidents du travail mit à la charge des chefs d'entreprise les frais médicaux et les indemnisations. Mais cette implication sociale ne signifiait pas pour autant que les médecins accédaient tous à une position sociale élevée. Le développement de la médecine d'entreprise qui engendrait la création de services médicaux, d'hôpitaux, voire de sanatoriums, faisait parfois aussi du médecin un salarié bien représentatif des classes moyennes.

2. Un processus de professionnalisation

La diversité des groupes sociaux concernés par la délimitation des classes moyennes suffit à rendre compte des différences qui peuvent affecter les intérêts, les ambitions de carrière et les modes de vie de chaque catégorie. Deux paramètres permettent néanmoins de préciser l'évolution des classes moyennes : la professionnalisation des métiers et le développement d'instances représentatives.

2.1. La formation professionnelle des ingénieurs

• **À l'orée de la décennie 1880**, chaque pays était doté d'un système de formation d'ingénieurs mais trois cas de figure existaient : l'absence d'écoles de formation au Royaume-Uni ; la prépondérance d'écoles anciennes, dont certaines sous la tutelle de l'État, en France, en Italie, en

Belgique ; la dualité d'un système valorisant l'enseignement technique en Allemagne. Voyons chacun d'eux.

Le particularisme de la formation des ingénieurs britanniques tenait à la prépondérance de la pratique. Le recrutement était lié pour une part à l'influence des associations, au nombre d'une cinquantaine avant 1930. Trois étaient prééminentes : celle du génie civil (formée en 1818), des constructions mécanique (1847) et de l'électricité (1871). Leur développement était dû à plusieurs facteurs tels que la pratique du parrainage, la sélection de professionnels qualifiés par leur expérience, le développement d'études à caractère scientifique confiées à des comités de spécialistes qui aboutirent à consacrer leurs travaux comme la base de normes techniques. Les ingénieurs civils mécaniciens établirent ainsi en 1901 le Comité des normes de l'ingénieur. À travers leur activité de standardisation, les associations d'ingénieurs orientaient leur profession vers l'organisation et la protection de la science de l'ingénieur. De surcroît, les examens d'entrée qui apparurent au milieu du XIXe siècle contribuèrent à valider la qualité des membres des associations.

En France existaient déjà plusieurs écoles dont le diplôme servait à embrasser une carrière aux plus hauts niveaux de l'État : l'École des Ponts-et-Chaussées, créée en 1747, celle des Mines en 1783 et celle de Polytechnique en 1794. Le premier tiers du XIXe siècle vit ensuite l'apparition d'écoles dont les diplômés se tournaient vers l'industrie. Les écoles des Arts et Métiers, implantées en 1806 à Châlons-sur-Marne, en 1815 à Angers, en 1843 à Aix-en-Provence devaient former des contremaîtres. Elles n'eurent de cesse dès que la qualité de leur formation fut reconnue, d'apparaître comme des écoles d'ingénieurs, pourvoyeuses de petits patrons. Leurs diplômés qui pouvaient s'imposer à la tête d'une grande entreprise, à l'instar d'un Camille Cavallier à Pont-à-Mousson, furent rares. Elles ont pourtant servi de modèle principalement comme écoles techniques. De son côté, l'École Centrale des Arts et Manufactures, créée avec des capitaux privés en 1829 devint le modèle de formation des ingénieurs civils. Certains accédaient à des postes prestigieux, à l'instar d'un Jules Petiet, ingénieur en chef de l'exploitaion du Chemin de fer du Nord sous le Second Empire. L'exemple anglais de l'Institution of Civil Engineers servit ici de référence. D'autres écoles enfin étaient apparues en réponse à un très fort besoin de formation locale. Les écoles de porions d'Alès (1843) et de Douai (1878), les écoles de filature et de tissage à Mulhouse (1857) l'illustrent assez bien. À la fin du XIXe siècle, elles ne comptaient pas encore parmi les formations d'ingénieurs mais leur évolution les y préparait.

En Belgique, pour suppléer l'organisation mise en place par Napoléon puis par le royaume des Pays-Bas, lors de l'indépendance belge, le corps des Ponts-et-Chaussées et celui des Mines furent constitués. Des écoles spéciales étaient annexées aux universités créées par l'État : celle des Mines à Liège et celle du Génie civil à Gand. Dans les deux mêmes villes, des écoles d'arts et manufactures formaient par ailleurs des ingénieurs industriels et des ingénieurs mécaniciens. Depuis 1834, L'École royale militaire formait des ingénieurs militaires. Seule la province du Hainaut avait doté Mons d'une modeste école des mines avec les capitaux des industriels. En 1864 l'Université catholique de Louvain s'attacha une école spéciale du génie civil, d'industrie et des mines. En 1873, l'Université de Bruxelles créa une école polytechnique sur le modèle des instituts polytechniques allemands.

La situation italienne montre que les mêmes institutions se sont parfois renouvelées en s'adaptant. Une école d'ingénieurs apparut à Turin en 1860, trois ans avant Naples et Milan où s'ouvrit un Institut Technique Supérieur assez semblable au modèle allemand. Une seconde étape fut franchie après 1870 avec les créations de Padoue, Bologne, Pise et Rome qui comptait une école depuis 1817. L'Institut milanais accueillait durant 5 ans les élèves issus de l'enseignement secondaire et les préparait aux fonctions d'ingénieurs civils, d'ingénieurs de l'industrie et des constructions mécaniques, au professorat de l'enseignement secondaire. L'École de Turin en 1906 et celle de Padoue en 1908 adoptèrent à leur tour le cycle en 5 ans de l'Institut milanais.

© ARMAND COLIN. La photocopie non autorisée est un délit.

Le modèle allemand différait de la situation française par la priorité donnée à l'enseignement technique et professionnel et l'existence d'un niveau de formation intermédiaire, celui des écoles techniques (*Technische Mittelschulen*) bien adapté aux demandes de l'industrie. La formation des ingénieurs avait compté comme une priorité bien avant que l'État allemand existât. C'est à ce prix que les États allemands purent rattraper, au cours des années 1820-1840 le retard d'industrialisation, en instituant la dualité d'un enseignement général et d'un enseignement technique. Les premières formations étaient apparues en 1825 avec le Polytechnikum de Karlsruhe et en 1827 avec celui de Berlin, puis d'autres écoles apparurent à Munich en 1827, à Dresde en 1828, à Stuttgart en 1829, à Hanovre 1831, à Brunswick en 1835 et Darmstadt en 1836. Dans une première période, ces écoles polytechniques doivent être caractérisées comme des écoles spéciales (*Fachschulen*) de niveau moyen et non comme des écoles supérieures. Elles reflétaient l'autonomie des États. La Prusse a copié le modèle français du XVIIIe siècle pour créer des personnels des corps techniques de l'État mais avec l'industrialisation, elle a étendu aux artisans et aux industriels ses écoles spéciales. Ce fut la création des *Gewerbeschulen*. Dans les autres états allemands l'évolution des écoles polytechniques se caractérisa par le regroupement de différentes classes ou écoles professionnelles en une seule institution. La consolidation du statut et de la structure interne de ces écoles s'est achevée au milieu du XIXe siècle. À partir de 1870, les écoles d'ingénieurs exigèrent l'équivalent du baccalauréat français (l'*Abitur*), renforcèrent leur enseignement de mathématiques et prirent le nom de *Technische Hochschulen*.

• **Le nombre de formations a considérablement augmenté** à partir des années 1880-1890 en raison d'une forte demande de techniciens aptes à prendre en charge les problèmes posés par les nouvelles techniques ainsi que l'ont montré les travaux de Robert Fox. Les débouchés se multiplièrent dans les entreprises. À titre d'exemple, les *Mechanics Institutes* de Leeds ou de Glasgow, les *Technische Hochschulen* allemandes allaient bien répondre à cette nouvelle demande, au même titre que les écoles professionnelles spécialisées constituées en France. Alors que jusqu'en 1880 les deux *Politechnici* de Milan et Turin formaient surtout des ingénieurs civils, la fin du siècle marqua l'ascension des ingénieurs industriels. Ces derniers constituent 46 % des lauréats à Milan en 1880 et 79 % en 1910, 17 % et 60 % à Turin.

La seconde vague d'industrialisation a aussi contribué à des transferts institutionnels. D'un pays à l'autre, les formations étaient régulièrement comparées et étudiées afin de déceler leur contribution au développement économique. À la fin du XIXe siècle, par exemple, une commission d'enquête vint de Manchester visiter plusieurs établissements, dont le Polytechnikum de Zurich, avant de rendre un rapport sur l'enseignement technique. De même, certaines formations mobilisaient des capitaux hors du pays, ainsi lorsque le Belge Solvay participa au financement de l'Institut de chimie de Nancy.

Les anciennes Universités d'Oxford et Cambridge n'avaient guère été concernées jusque là par la formation des ingénieurs. Elles intégrèrent tardivement l'enseignement des sciences et des techniques, au point qu'au début du XXe siècle, seulement 5 % des chaires à Oxford et 11 % à Cambridge couvraient le domaine scientifique. Les Universités de Londres et Durham furent beaucoup plus novatrices. Ce ne fut qu'avec l'émergence de besoins en formation technique que les Universités nouvelles de Birmingham, Manchester, Leeds, Liverpool jouèrent vraiment un rôle. Elles développèrent leur propre autonomie dans la délivrance des diplômes et l'établissement des programmes, mais elles rassemblaient un nombre encore limité d'étudiants à la fin du XIXe siècle. Les associations d'ingénieurs ne purent que valider sans intervention ces nouvelles formations. À la différence des médecins, les ingénieurs furent incapables d'incorporer leurs besoins spécifiques aux cours délivrés par les universités. Pourtant, l'écart entre le prestige des universités allemandes, riches, bien intégrées et scolarisant un nombre élevé d'étudiants, et les universités britanniques ne doit pas être surestimé. Le soutien des industriels anglais prenait une place croissante dans le financement des universités ou dans la création d'écoles spécialisées. L'apparition des *Technical colleges* où affluaient plusieurs centaines de milliers d'étudiants aux cours du soir combla un vide de formation. À partir de 1898, la Société des *Civils Engineers*, puis en 1913 celle des électriciens et des mécaniciens, se constituèrent en jurys d'examen. Dans les années 1920, elles établirent conjointement avec le ministère de l'Éducation un système de diplômes et de certificats nationaux.

En Allemagne, la transformation des écoles polytechniques (*Polytechnische Schulen*) articulées sur un enseignement pratique en grandes écoles scientifiques (écoles supérieures techniques ou *Technische Hochschulen*) s'est réalisée par une assimilation aux universités mais pas par la conquête d'un statut hiérarchique équivalent. À partir de 1899, elles reçurent le droit de délivrer des doctorats comme les universités. Celles-ci étaient des institutions puissantes dans lesquelles l'État allemand investissait une part importante de son PNB ; 1,6 % était versé dans l'éducation en 1880 contre 0,9 % en Angleterre et en France ; en 1900, l'Allemagne consacrait 1,9 % de son PNB à l'éducation, l'Angleterre et la France 1,3 %. Les universités bénéficiaient également de financements privés, comme ceux de la Fondation Carl Zeiss (1886) ou de la Kaiser Wilhelm Gesellschaft (1911). Deux effets essentiels en découlaient : la place de l'enseignement des sciences était capitale, la part réservée aux travaux de laboratoire et à la recherche appliquée favorisait les liens entre les universités et l'industrie.

En Belgique, les lois du 10 avril 1890 et du 3 juillet 1891 créèrent les grades légaux d'ingénieur civil des mines et d'ingénieur des constructions civiles. Les ingénieurs issus de Louvain et Bruxelles avaient accès aux administrations publiques mais l'absence d'unité dans les programmes et les conditions d'admission, ainsi que dans la durée des études, ne valorisaient pas le profil de l'ingénieur.

Partout en France s'observe un foisonnement de créations sous des formes diverses à partir de la décennie 1880. L'École de physique et de chimie industrielles de la ville de Paris, fondée en 1882, illustre bien le mouvement naissant. Elle répondait au triple souci des républicains de relever la France face à l'Allemagne, de savants à la recherche d'un cadre d'enseignement pratique et d'industriels réclamant des techniciens formés. S'inspirant des principes allemands, les sciences expérimentales y trouvèrent une place privilégiée grâce aux travaux de laboratoire. Lorsque les instituts de chimie furent raccordés aux facultés des sciences, par exemple en 1883 à Lyon, l'amorce d'un transfert du modèle allemand apparut. Les universités françaises, autorisées depuis 1897 à créer leurs propres diplômes, en profitèrent d'ailleurs pour multiplier les formations d'ingénieurs. Mais beaucoup eurent des statuts instables avant 1920. Les universités s'ouvraient aussi aux besoins locaux parfois très pointus, ainsi à Nancy en 1893 la formation à la malterie brasserie qui fut dotée d'un diplôme à partir de 1904, ou l'Institut d'électrochimie et d'électrométallurgie de Grenoble créé en 1900, avec un diplôme reconnu en 1931. Les créations se firent en province plus qu'à Paris, où jouait l'attitude des professeurs d'universités et où des écoles privées existaient déjà, telles que Sudria, Charliat, Violet et Bréguet dans le domaine de l'électricité. Les universités entrèrent en concurrence avec des établissements privés, au nombre croissant, qui paraient en toute liberté leur diplôme de sortie du titre d'ingénieur. Reflet des besoins technologiques, entre 1880 et 1918, les créations concernèrent surtout l'enseignement de la physique-chimie (12 cas), de l'électricité (9 cas) mais un seul dans l'aéronautique. La création des instituts électrotechniques à Nancy (1900), à Lille (1900), à Grenoble (1901), et à Toulouse (1907) symbolise bien le tournant lié à l'industrialisation. Alors que 5 diplômes d'ingénieur électricien étaient distribués en 1901, on en comptait 245 en 1913.

À la veille de la Seconde Guerre, la multiplication des formations d'ingénieurs rendait compte de la professionnalisation qui s'était opérée. On comptait 88 formations d'ingénieurs dont 20 en physique-chimie, 16 écoles d'agriculture et d'industries alimentaires, 14 de métallurgie et de mécanique, 11 spécialisées en électricité et en électrotechnique, 12 étaient polyvalentes. Plus du tiers dépendaient des universités selon des statuts très différents. À Besançon, la chaire de chimie délivra un diplôme d'ingénieur dès 1914 et l'Institut chimique ne fut créé qu'en 1920. À Nancy, c'est d'abord l'Institut qui apparut en 1887 et le diplôme d'ingénieur n'y fut délivré qu'en 1902. À Lyon, les instituts étaient rattachés à des universités pour bénéficier de la couverture universitaire.

© ARMAND COLIN. La photocopie non autorisée est un délit.

L'École de chimie industrielle de Lyon créée en 1882 fut régie à partir de 1918 par une convention entre la Chambre de Commerce, une fondation privée des industriels locaux et l'Université de Lyon. Malgré tout, ces écoles techniques restaient trop peu nombreuses et les diplômes qu'elles décernaient constituaient des promotions limitées.

• **Par la professionnalisation de leur métier, les ingénieurs précisèrent leur profil social au sein des classes moyennes.** La fin du XIXe siècle a vu l'accession d'un nombre limité d'ingénieurs à la tête des entreprises. C'est le cas en Allemagne avec l'éclosion d'entreprises familiales dans le domaine de la construction mécanique ou électrique. Mais l'Ansaldo en Italie, Solvay en Belgique, voire à une plus petite échelle, un Gustave Eiffel en France, illustrent aussi cette tendance. Malgré tout, celle-ci n'était pas le fait de tous les ingénieurs, dont la majorité, en dépit de sentiments élitaires affirmés, doivent être rangés parmi les couches intermédiaires de la société industrielle. La plupart occupaient un rang modeste en n'accédant pas à la tête de l'entreprise mais ils dirigeaient un service ou un secteur. Leur enrichissement patrimonial est patent, lié à une rémunération prédéterminée et mensuelle à laquelle s'ajoutaient des gratifications, des primes annuelles et parfois l'octroi d'actions qui faisaient de l'ingénieur un actionnaire aux portes du Conseil d'Administration. Le développement des grandes unités de production et l'évolution de la structure entrepreneuriale qui séparait le lieu de fabrication du siège social favorisaient l'autonomie locale de l'ingénieur. Leur fortune était faite. Leur position sociale devenait bien assise. Du coup, la carrière d'ingénieur tenta les fils de la bourgeoisie patronale et propriétaire, comme les enfants des Agnelli ou des Lancia.

Témoin de la mobilité sociale et de l'entrée dans les classes moyennes par l'éducation, l'enrichissement de la moyenne bourgeoisie ainsi que l'octroi de bourses a élargi le recrutement des écoles à la fin du XIXe siècle. Mais les origines sociales restent encore bien distinctes en fonction de la catégorie de l'établissement. Ainsi, en prenant le cas de la France, 35 % des polytechniciens des promotions 1870-1890 étaient issus de familles d'industriels ou de négociants ou de rentiers, presque à égalité avec les enfants de fonctionnaires (33 %). À l'École Centrale les mêmes groupe sociaux fournissaient respectivement 42 % et 11 % des diplômés sur la même période. En revanche le recrutement de l'École de Physique et de Chimie puisait entre 1885 et 1914 33 % de ses élèves chez les employés supérieurs et 23 % parmi les employés subalternes. En clair, le polytechnicien restait issu d'un milieu social élevé qu'il tendait à reproduire, le centralien pouvait espérer une ascension vers la direction salariée de grands établissements ou la création de petites entreprises et le gadz'art, issu d'un milieu social modeste mais suffisamment aisé pour lui payer des études, dépassait rarement les rangs intermédiaires.

2.2. *La professionnalisation du travail des employés et des professions libérales*

L'un des aspects identitaires les plus forts des classes moyennes est la professionnalisation qu'elles ont connue sous l'effet conjugué de l'industrialisation et du développement des services liés à l'urbanisation. Le processus était engagé parfois bien avant les années 1880. Ainsi en Italie, les avocats avaient réorganisé leur profession en 1874. Mais c'est surtout à la fin du XIXe siècle que cette tendance se renforça, en particulier dans le travail de bureau et certaines professions libérales dont les compétences techniques avaient évolué.

• **La situation des employés de banque** permet de donner un exemple concret dans l'Angleterre victorienne. Plusieurs professions libérales s'étaient organisées pendant la première moitié du siècle à l'instar de la Law Society en 1825, de la Pharmaceutical Society en 1841 ou du Royal College of Veterinary Surgeons en 1844. Ces ordres avaient pour objectif la défense des membres, le contrôle de la profession et la reconnaissance de leur spécialisation. L'identification professionnelle était donc aussi un facteur de distinction sociale. Le monde des employés de banque participa à ce mouvement de prise de conscience dans la seconde moitié du siècle. Jusqu'aux années 1880, les pratiques étaient restées très empiriques. L'extension du nombre d'agences par banque, et parallèlement du nombre d'employés, qui étaient plus de 40 000 en 1911, l'ouverture de la profession à la petite bourgeoisie, l'accroissement des affaires autant que la complexité croissante des opérations à traiter, imposèrent de formaliser la profession. Les organismes représentatifs se multiplièrent. La qualification professionnelle passa désormais par des enseignements spécifiques, au moins pour le recrutement des grandes banques de dépôt. La carrière identifiée en termes de marches hiérarchiques à gravir laissait espérer une double progression, professionnelle et sociale.

• **L'inspection du travail**, organisée en France entre 1874 et 1892, donne un autre exemple d'institution dont la création engendrait à terme une professionnalisation d'un métier nouveau. Ses membres s'intégraient aux classes moyennes par leur place dans la société. L'Inspection a permis, à la fin du siècle, à la fois de corriger les maux de l'industrialisation et de mieux faire appliquer les règles de prévention. Sélectionnés à l'issue d'un concours national, les inspecteurs du travail avaient pour fonction de faire respecter les textes sur la durée du travail, le repos hebdomadaire, la réglementation sur la sécurité et l'hygiène dans les entreprises. Vincent Viet a montré que ceux qui furent recrutés avant 1892 étaient pour 30 % d'anciens ingénieurs, 22 % anciens commerçants et 13 % ouvriers. Ceux qui entrèrent dans l'Inspection au début du XXe siècle furent pour 36 % d'anciens ouvriers, 19 % d'anciens instituteurs et 19 % employés. Parmi les inspectrices, dont le nombre était réduit et la carrière limitée, si dans un premier temps les femmes recrutées n'avaient pour 60 % des cas pas de profession, après 1900 beaucoup d'entre elles venaient du corps enseignant. Si les moyens restaient modestes – peines limitées, rareté des condamnations – les employeurs prenaient tout de même en compte cette intrusion légale dans leur domaine.

Plus généralement, au cours de l'entre-deux-guerres le processus de rationalisation du travail qui concernait désormais autant le bureau que l'atelier contribua à la professionnalisation de l'employé. Voici Siemens où l'on se plaint après la guerre de l'inefficacité des employés. Dillution des responsabilités, manque de discipline, croissance des effectifs sont accusés. L'embauche de dactylographes est accrue et leur formation prise en charge. À la fin des années 1920, l'introduction de machines à écrire électriques mécanise le travail d'une profession fortement féminisée. Le pointage journalier, l'introduction de cartes d'identité et les mesures de performances introduites en 1929, contribuent à rationaliser les tâches. Cette transformation des conditions de travail s'accompagna d'une différenciation des statuts des employés vis-à-vis des ouvriers mais aussi entre cols blancs. De telles distinctions existaient aussi avant la Première Guerre, comme le montrent le cas des administrations des grandes entreprises de réseau, mais le fait nouveau fut leur généralisation à d'autres secteurs industriels et à des professions classées dans le secteur tertiaire, enseignants, policiers, journalistes par exemple.

2.3. Statuts et corporatisme

L'industrialisation faisait naître de nouveaux métiers dont la définition supposait de protéger le titre. Le mouvement passait par l'obtention d'un statut et par l'action des organisations de défense qui ont contribué à homogénéiser les groupes.

• **L'adoption d'un statut** contribua pour l'essentiel à partir de l'entre-deux-guerres à définir plus nettement les professions. Ce fut en France le cas des avocats en 1920, celui des journalistes en 1935 ou encore celui de géomètre-expert en 1936. Le cas des ingénieurs en offre une illustration pertinente. En 1848, les Centraux avaient en France créé la Société des Ingénieurs

© ARMAND COLIN. La photocopie non autorisée est un délit.

Civils, destinée à accueillir tous ceux qui pouvaient prétendre à porter le titre d'ingénieur par leur expérience professionnelle, les travaux réalisés, leur sens du commandement. En fait, le modèle britannique des *Civil Engineers* se diffusait. En Belgique, dès le milieu du siècle, les ingénieurs issus d'une école avaient également pris l'habitude de se grouper en associations. En 1885, la création de la Société belge des ingénieurs et industriels manifesta un souci fédératif hors des écoles. Mais la croissance du nombre de formations et la diversité des postes occupés par les ingénieurs rendit nécessaire une définition plus exacte de la profession par la protection du titre. Le sujet donna lieu à la première enquête du Bureau International du Travail après 1918. Cependant, la difficulté d'établir un modèle commun apparut très vite. La crise des années 1930 donna plus d'acuité au problème quand les ingénieurs furent à leur tour touchés par le chômage.

La reconnaissance d'un titre n'est venue en France qu'à partir de la loi du 10 juillet 1934, complétée par le décret du 23 mai 1951 qui donne une définition précise mais restrictive. Contrairement à la situation allemande, l'ingénieur qui doit sa promotion au parcours qu'il accomplit dans une « maison » n'est pas reconnu. Il faut donc nécessairement sortir d'une école qui en confère le titre, ce qui rend encore plus âpre la compétition entre chacune d'elles. La loi du 10 juillet 1934 eut donc un fort sens symbolique. Elle correspondit à l'aboutissement d'une transformation progressive de l'ingénieur au cours d'un siècle d'industrialisation. Elle annonçait le basculement vers de nouveaux types professionnels, qui ont émergé après la Seconde Guerre. Cette évolution peut être généralisée à certains pays. En Belgique également, le titre bénéficia d'une protection. Avant la Première Guerre, les ingénieurs envisagèrent la question pour s'aligner sur les avocats ou les médecins. Mais il fallut attendre une loi du 11 septembre 1933 pour qu'une protection fut instituée. La loi Gentile en Italie aboutit au même résultat. À partir des années 1920 au Royaume-Uni les associations contribuèrent à la définition du titre d'ingénieur *chartered engineer* La crise bouleversa les données car si le recrutement de jeunes stagiaires se poursuivit dans les associations d'ingénieurs en revanche les débouchés ne suivaient plus. Le Conseil Général de la profession d'ingénieur créé en 1924 apporta des réponses imparfaites.

• **Les organisations de défense** d'une profession ont contribué aussi à définir la position sociale des classes moyennes dans le jeu de revendications. La syndicalisation en a été la forme la plus évoluée. Les inspecteurs du travail ont rompu leur isolement et ont affirmé plus nettement leur identité lorsqu'ils ont substitué à l'amicale fondée en 1904 un syndicat national, affilié à la CGT, en 1924.

L'essor du syndicalisme ingénieur en France nous servira encore d'exemple. Il montre qu'une fois sa place affirmée dans l'entreprise, l'ingénieur a cherché à se dissocier du patronat. Outre la Société des Ingénieurs Civils évoquée précédemment, d'autres groupements scientifiques formèrent une sorte de protosyndicalisme attaché à défendre les intérêts d'un groupe. On citera en exemple la Société Française de Physique, apparue en 1873, la Société Technique du Gaz, fondée en 1874 ou la Société internationale des électriciens née en 1883. Bien qu'un premier syndicat d'ingénieurs soit apparu avec la fondation de l'USIC (Union Sociale des Ingénieurs Catholiques) en 1892, c'est surtout au cours de l'entre-deux-guerres que le syndicalisme des ingénieurs prit un poids significatif. En 1919, l'USIF (Union des Syndicats d'Ingénieurs Français) regroupaient plusieurs syndicats catégoriels : le syndicat des ingénieurs-électriciens qui datait de 1918, celui des ingénieurs de la métallurgie, de la mécanique et des travaux publics formé l'année suivante comme celui des ingénieurs chimistes de France. Dix ans plus tard, la Fédération des associations, sociétés et syndicats français d'ingénieurs complétait le regroupement. En 1937, l'USIF rassemblait 105 000 ingénieurs, alors que l'USIC comptait 10 000 adhérents en 1939. Au lendemain de la guerre naissait le syndicalisme des cadres avec l'apparition de la CGC (15 octobre 1944) qui regroupa ingénieurs, représentants de commerce et agents de maîtrise.

Les années d'entre-deux-guerres ont été marquées par une forte croissance des effectifs syndicaux parmi les employés, les fonctionnaires, les ingénieurs. Cette évolution, corrélée avec une importante croissance du syndicalisme confessionnel qui recrutait dans ces milieux, traduit surtout la volonté de maintenir une position sociale au sein des classes moyennes. Se mobiliser pour défendre le droit à un emploi qualifié traduisait aussi la volonté d'éviter un déclassement et une déqualification liée à l'afflux d'un trop grand nombre d'ingénieurs sur le marché du travail.

3. La massification des classes moyennes après la Seconde Guerre mondiale

3.1. Cols blancs et hommes en gris : les cadres

• **Le développement du secteur tertiaire** est l'évolution la plus importante des populations actives après 1945. Celle-ci explique le gonflement des classes moyennes. Ainsi, alors que pour l'ensemble des pays d'Europe Occidentale, la part des emplois industriels est restée comprise en moyenne entre 30 et 40 % de la population active de 1880 à 1960, celle des employés du tertiaire a crû d'à peine plus de 20 % à plus de 50 % aux mêmes dates. L'évolution a contribué à rapprocher les pays européens. On comptait en Allemagne 4,5 % de fonctionnaires et 12,1 % d'employés au sein de la population active en 1933 ; en 1950, les pourcentages étaient montés respectivement à 4 % et 16 %; en 1970, ils étaient de 7,3 % et 31,1 %. Les employés du tertiaire étaient en France 26 % en 1906, 33 % en 1936 et 45 % en 1968. En Grande-Bretagne, le groupe des classes moyennes représentait 26 % de la population en 1931, presque 35 % à la fin des années 1950, 50 % en 1966. En Belgique, la population active du secteur tertiaire est passée de 34 % à 52 % entre 1930 et 1970. Aux Pays-Bas, une évolution similaire peut être observée aux mêmes dates : 43 % et 57 %. L'Italie enfin comptait 22 % de sa population active dans le tertiaire en 1931 et 41 % en 1970.

• **La multiplication du nombre des cols blancs est au cœur de cette croissance**. Les cadres administratifs et les techniciens qui contrairement aux professions libérales sont des salariés, ont connu une forte progression liée à la bureaucratisation des entreprises et au développement des techniques qui requièrent un encadrement. L'hétérogénéité des professions exercées par les cadres, la division entre cadres supérieurs et cadres moyens renvoient à la même difficulté que pour les employés du XIXᵉ siècle. En fait, sont considérés comme cadres ceux dont la qualification professionnelle leur permet de diriger un groupe d'employés ou d'organiser et de diriger un service. Le groupe a augmenté considérablement mais l'on ne dispose pas toujours de statistiques comparatives ou complètes pour établir des distinctions fines au-delà de la répartition sectorielle. On comptait en France 251 000 cadres supérieurs en France en 1956 et 735 000 cadres moyens. La proportion des cadres, les *clerks*, passait aux mêmes dates de 7 à 10 % de la population active en Grande-Bretagne. En RFA, le nombre d'employés était de 3,7 millions en 1953, 6,5 millions en 1963 et 7,7 millions en 1970. Les industries anciennes ont en général un faible taux d'encadrement allant d'une moyenne de 4 % dans les mines à 6 % dans le textile, au contraire de l'industrie pétrolière où l'on en comptait 19 % en France à la fin des années 1960. D'autres métiers ont connu une fulgurante ascension. Ainsi, le nombre de chercheurs et d'ingénieurs est passé en Grande-Bretagne de 50 000 en 1921 à 480 000 en 1966. Les techniciens de laboratoire, au nombre de 5 000 en 1921, étaient 20 fois plus cinquante ans plus tard.

• **Cette croissance du secteur tertiaire est parallèle à la décroissance du secteur primaire**. Avant la Première Guerre, la proportion de salariés agricoles était variable d'un pays à l'autre. La

© ARMAND COLIN. La photocopie non autorisée est un délit.

Grande-Bretagne avait la première amorcé ce reflux, puisqu'en 1900, moins de 10 % de la population active y était employée. Elle devançait des pays industrialisés comme la Belgique ou l'Allemagne, et se distinguait nettement de pays comme la France ou l'Italie qui comptaient un nombre encore élevé d'agriculteurs. Le déclin généralisé de l'agriculture comme secteur pourvoyeur d'emplois est particulièrement significatif en France où le secteur primaire est passé de plus de 35 % en 1921 à moins de 15 % en 1968. L'évolution en Grande-Bretagne ou en Belgique, qui comptaient moins de 3 % de population active dans ce secteur au milieu du XXe siècle est encore plus nette.

3.2. Le creuset de la mobilité sociale

Le fonctionnement des sociétés industrialisées a dans un premier temps confronté le développement d'un patronat dont la puissance était liée à l'essor de la grande entreprise et un prolétariat dont la situation s'est lentement améliorée. Entre les deux, la gamme des situations est restée infiniment variée jusqu'à la Seconde Guerre. L'évolution a élargi les écarts de revenus et de situation sociale aux extrêmes mais a finalement rapproché les niveaux médians. Après 1945, l'extension des classes moyennes a permis d'absorber par le haut les bourgeoisies déchues, et d'intégrer par le bas les ouvriers les mieux rémunérés. Les classes moyennes apparaissent donc bien comme un espace social de transition, facteur de mobilité.

• **L'évolution des revenus** montre d'abord un enrichissement global des sociétés occidentales. La progression du revenu par tête entre 1953 et 1967 a été de 229 % en Italie, de 217 % en France, de 215 % en RFA, de 195 % aux les Pays-Bas. Mais les différences catégorielles restaient marquées. Ainsi en France, si l'on accorde l'indice 100 au revenu moyen des ménages en 1962, l'indice était de 80 pour les ouvriers et 87 pour les cadres moyens, mais de 276 pour les cadres supérieurs et les professions libérales. De même entre pays, des différences significatives subsistaient au début de la décennie 1960. Ainsi, le salaire de l'ouvrier Français établi à l'indice 100, était supérieur à celui de l'ouvrier Italien (71) ou Néerlandais (93) mais inférieur à celui de l'ouvrier Anglais (143) ou Allemand. Dans cette évolution, la place de la redistribution des revenus, liée au *Welfare State,* est devenue fondamentale par rapport à l'entre-deux-guerres.

• **En termes de mobilité professionnelle**, la situation paraît s'être ouverte vers le bas et fermée vers le haut. Si l'on se place à la fin de la décennie 1960, force est de constater que l'augmentation du nombre d'ingénieurs n'a pas été pour autant corrélée avec une accession généralisée à la tête des entreprises. En 1958, 4 % seulement des chefs d'entreprises étaient des ingénieurs diplômés. Mais en revanche, la décroissance du nombre d'ouvriers dans certaines branches s'est faite au profit du secteur tertiaire, et une bonne part des ouvriers dont la situation matérielle s'est améliorée estimait appartenir aux classes moyennes au milieu des années 1970, en particulier en Allemagne.

Hartmut Kaelble constate dans une étude comparative des sociétés européennes qu'elles manifestaient un retard important en terme de mobilité sociale par rapport aux États-Unis. Longtemps, écrit-il, la structure particulière de l'emploi qui privilégiait le secteur industriel aux dépens du secteur tertiaire limitait la mobilité sociale. L'exemple de villes industrielles comme Bochum Ludwigshafen, Saint-Étienne, ou Turin montre que les chances de promotion dans les classes moyennes étaient réduites à court terme, en particulier avant la Seconde Guerre. Pour la période postérieure, si l'on se réfère, comme le fait H. Kaelble, au taux de promotion (proportion de non-manuels fils de manuels) des hommes en Europe Occidentale entre 1954 et 1972, de nettes différences apparaissent. Il évalue ainsi cette mobilité sociale à 43 % en Belgique, 32 % en Allemagne, 28 % en France, 27 % au Royaume-Uni, 21 % en Italie et 20 % aux Pays-Bas. Une comparaison des origines sociales des employés en Allemagne entre la République de Weimar et la République Fédérale indique que la proportion d'enfants issus de familles ouvrières qui sont devenus employés est passée de 10 à 30 %. Ce serait donc la tertiarisation des sociétés industrielles qui aurait créé en Europe les conditions d'une mobilité comparable à celle de la société américaine. D'ailleurs, les villes qui rassemblaient un nombre élevé de services, comme Rotterdam ou Berlin, assurèrent très tôt cette ouverture sociale.

L'une des causes de la mobilité au sein des classes moyennes tint à l'accès à l'enseignement supérieur. Là encore suivons H. Kaelble. Ses statistiques permettent de constater que le pourcentage d'étudiants parmi la classe d'âge de 20 à 24 ans est passé en Allemagne de 0,77 % en 1890 à 2,05 % en 1920 et à 6,3 % en 1960 ; au Royaume-Uni les données sont respectivement 0,73 %, 1,96 % et 8,8 % ; en France : 0,62 %, 1,50 %, 7,39 %. Les pays du Benelux confirment ces chiffres en les accentuant (en 1960 : 9 % d'étudiants en Belgique, 13 % aux Pays-Bas) alors que l'Italie se tient plus près de la situation française (6,5 % en 1960). Ce développement de l'enseignement supérieur a été réalisé par la croissance des universités et l'accroissement de l'offre éducative, générale en Europe, sans pour autant que les spécificités nationales disparaissent. Au lendemain de la Seconde Guerre, la multiplication des formations d'ingénieurs rendit nécessaire une homogénéisation. Elle commença dès 1947 en France par la substitution des Écoles nationales supérieures d'ingénieurs aux anciens instituts universitaires, dotées de concours de recrutement nationaux. À la fin des années 1960, le modèle de formation à la française en 5 ans (deux ans de formation scientifique générale puis trois ans de spécialisation) restait spécifique, dans la mesure où il n'associait pas de structures éducatives formant, comme en Allemagne ou en Belgique, des ingénieurs techniciens. De même, la place des *Public schools* anglaises restait sans équivalent.

L'accès à l'enseignement supérieur s'est également féminisé. On dénombrait en 1930 10 % de femmes parmi les étudiants en universités en Belgique, 15 % en Italie, 18 % en Allemagne et aux Pays–Bas, 26 % en France et au Royaume-Uni. En 1970, les données étaient respectivement passées à 29 %, 38 %, 25 %, 20 %, 45 % et 28 %.

• **Le mode de vie des classes moyennes a rapproché les groupes sociaux par des standards de consommation**. Certains facteurs de l'évolution des sociétés industrialisées ont contribué à rapprocher une petite bourgeoisie rentière qui a perdu sa position, en particulier avec les guerres, et une fraction des salariés qui avaient échappé à la prolétarisation. En bien des points, l'entrée dans les classes moyennes s'est matérialisée par une fusion des modes de vie, sans pour autant évacuer de sensibles différences selon le groupe social considéré. Ainsi, les travaux de J. Kocka et de G. Crossik montrent que les employés européens marquaient bien leur différence en copiant le mode de vie des classes supérieures, notamment dans les choix vestimentaires ou les contacts sociaux. De même, l'appartenance des boutiquiers et des artisans de la fin du XIXe siècle aux classes moyennes se marquait par les habitudes quotidiennes, le choix du conjoint, une pratique religieuse plus marquée. Mais si les professions libérales se sont enrichies, les employés en revanche – en écartant ceux qui occupaient des postes à responsabilité – ont conservé longtemps une condition matérielle peu différente de celle des ouvriers aisés.

La comparaison de la situation des employés et des ouvriers après la Seconde Guerre montre un incontestable rapprochement mais ce fut au profit d'une élévation des niveaux de vie ouvriers. La course au bien-être par l'essor de la consommation, vue dans le chapitre sur la société de consommation (chapitre 13), s'est traduite par l'amélioration des logements, la diffusion des loisirs et des vacances, la généralisation d'appareils domestiques. L'atténuation des différences est encore plus nette dans la gestion sociale des carrières, dans la mesure où les conventions collectives ont rapproché la position des ouvriers et des employés en matière de retraite, de durée du travail, de congés.

© ARMAND COLIN. La photocopie non autorisée est un délit.

DOCUMENTS

La population active des services, secteur privilégié de concentration professionnelle des classes moyennes

	Allemagne	Belgique	France	Italie	Royaume-uni	Pays-Bas
	1895	1900	1901	1901	1901	1899
Hommes	1596	271	1905	998	1056	129
Femmes	745	225	1427	592	2358	234
	1907	1910	1911	1911	1911	1909
Hommes	1907	256	1577	844	1361	151
Femmes	1069	342	1082	550	2560	277
	1933	1930	1931	1936	1931	1930
Hommes	2161	304	1931	865	2267	237
Femmes	2570	310	1646	955	2644	384
	1961	1960	1962	1971	1961	1960
Hommes	2620	446	2331	2015	3136	469
Femmes	2695	345	2170	1423	2861	428

En milliers. L'année est spécifiée pour le pays concerné en tête de colonne.

Source : B.R.Mitchell, *International Historical Statistics : Europe 1750-1988.*

La population étudiante dans les universités, facteur d'augmentation des classes moyennes

	Allemagne	Belgique	France	Italie	Royaume-uni	Pays-Bas
1890	28359	5663	19821	18145	...	2815
1900	47986	5389	29901	26033	...	3135
1913	79557	8532	42037	28026	...	4450
1920	119000	9300	49900	53200	59000 *	5000
1938	55900	11600	79000	77400	63400	12600
1946	...	17500	129000	191000	86300	24700
1960	212000	30700	211000	192000	130000	40700
1968	304000	64800	540000	426000	240000	84800

À partir de 1920, il s'agit de données arrondies. * = 1922

Source : B.R.Mitchell, *International Historical Statistics : Europe 1750-1988.*

Le cadre en France à l'aube des années 1960

Produit de l'éducation technique moderne, lancé dans la course à l'avancement, la psychologie du « cadre » est mystérieusement apparentée à celle de Paris. Paris, centre des grandes écoles et des concours, siège des conseils d'administration et de tous les pouvoirs, petit univers où les familles et les traditions se dissolvent et où chacun se bat seul. La province imposait son horizon limité, son rythme de vie, ses tabous. Tout y allait son pas et n'arrivait qu'en son temps. Paris a changé tout cela, et il n'est pas besoin d'y résider pour que le cinéma, la radio, la littérature qui en débordent ne le rendent présent dans toute la France.

Au grand scandale du bourgeois survivant, le cadre veut profiter de la vie, tout de suite, et il comprend que les autres aient la même envie. Cela ne l'empêche pas, par ambition, d'écraser avec sans-gêne quelques concurrents dans la course à l'avancement. Fort égoïste sur ce plan, il saura être généreux sur d'autres. L'attachement aux biens matériels qui s'exprimait chez le bourgeois par le désir de la conservation, se manifeste chez lui par le plaisir de la consommation. À ne plus se soucier d'économiser et à ne guère songer calculer le cadre gagne un air de liberté.

Il n'a pas peur, lui, des signes extérieurs de richesse. Même en tirant le diable par la queue, il fait quelquefois nouveau riche, sans le vouloir. Il a, ou il espère avoir, une voiture; il ne songe guère à payer une « bonne » à sa femme, mais il lui offrira un confort ménager que leurs parents n'ont jamais connu et auquel, en tout état de cause, ils n'auraient songé qu'après l'achat de la chambre à coucher, de la salle à manger et du salon. Car le cadre a accepté tous les signes de son époque; il a adopté le confort technique et, pour le reste, il se moque des apparences. Les circonstances veulent qu'il lui faille quelquefois acheter sa maison ou son appartement; pour cela, il voit large et se saigne aux quatres veines. Cependant, il a la bougeotte; comment fera-t-il pour rester toujours au même endroit?

Ce désir d'évasion, il le satisfait du moins dans les voyages. Aujourd'hui tous les Français partent en vacances, mais lui plus particulièrement aime à se déplacer, grâce à la voiture, quelquefois sous la tente. Il franchit aisément les frontières, curieux des pays érangers, plus encore peut-être de leurs habitants que de leurs vieilles pierres. Ce goût du contact humain, on le retrouve dans sa vie quotidienne. Les manifestations mondaines d'autrefois, les après-midi où Madame reçoit, n'existent plus guère. Les relations sont sans doute moins nombreuses, mais plus profondes; ce ne sont plus des réunions d'hommes ou de femmes, séparés artificiellement, ce sont des ménages qui se connaissent et se fréquentent sans cérémonies. Car la femme du « cadre » a désormais une « présence » qu'on ne prêtait guère à nos grand-mères bourgeoises. Jeunes gens et jeunes filles se fréquentent librement sur les bancs des facultés, sur les stades et durant les vacances. Ils se marient jeunes et d'âge égal. La famille et la dot n'entrent plus guère en ligne de compte ; la communauté de goûts a désormais plus d'importance que celle des origines ou des intérêts. Diplômée ou non, la femme du « cadre » a bien souvent un emploi avant de se marier ou au début de son mariage; elle aussi est un « technicien » du professorat, du laboratoire ou du secrétariat, et si elle abandonne son métier, c'est pour prendre en charge son foyer mécanisé. Dans son petit État domestique son mari lui est soumis et reconnaît sa supériorité. Égalité du mari et de la femme, compréhension réciproque, association dans la direction du foyer et au service d'une même ambition; le ménage du « cadre » manifeste le même désir d'efficacité et d'authenticité.

Source : P. Bleton, *Les hommes des temps qui viennent*, cité par G. Dupreux, *La Société française 1789-1970.*

© ARMAND COLIN. La photocopie non autorisée est un délit.

Conclusion

Trois aspects majeurs de l'évolution des sociétés occidentales sous l'effet de l'industrialisation entre les décennies 1880 et 1960 peuvent être mis en exergue à titre de conclusion provisoire.

L'émergence des établissements industriels de grande taille symbolise l'acceptation de l'industrialisation. La croissance urbaine et le déclin des densités rurales doivent être mis en corrélation avec cette évolution. Ce n'est pas avant la fin des années soixante que l'industrialisation à travers son symbole apparent, l'usine, est remise en cause comme objet de la contestation de la civilisation.

Le principal changement sociologique qu'il faut associer à la seconde industrialisation est la recomposition de la main-d'œuvre. De nouvelles hierarchies sont apparues dans le monde du travail, engendrées par des processus de déqualification et d'exigences nouvelles de formation. La substitution ne fut pas linéaire, la récurrence des conflits sociaux en étant la manifestation la plus abrupte. Mais, en même temps, l'impact de ces conflits trouva son aboutissement dans l'acceptation de formes nouvelles de protection sociale, au travail comme dans la vie quotidienne.

Liée à l'évolution du travail, la société industrialisée a révélé trois changements fondamentaux qui structurent les rapports sociaux de la fin du XXe siècle. La tertiarisation est venue pondérer la croissance des effectifs industriels en raison des besoins massifs d'encadrement qui sont apparus. Depuis la crise des années 1970, cette tendance s'est renforcée. La place des femmes dans la population active est devenue un paramètre important tant dans la répartition du travail que dans l'exigence d'une égalité reconnue. Enfin, à la fois cause et conséquence des mutations industrielles, l'effort de scolarisation n'a cessé de croître au profit d'une mobilité sociale plus générale. À la faveur de ces trois évolutions, les pays d'Europe Occidentale ont rapprochés leurs sociétés.

© ARMAND COLIN. La photocopie non autorisée est un délit.

Quatrième partie

Les espaces de la seconde industrialisation : de l'horizon européen à la sphère domestique

Introduction

Les espaces de la seconde industrialisation en Europe occidentale se sont à la fois considérablement étendus, diversifiés et unifiés du début des années 1880 à la fin des années 1960. Ce triple processus s'est réalisé sous l'impulsion des systèmes techniques à grande échelle et de leur traduction spatiale les réseaux. En quelque sorte les espaces se sont mis en réseaux.

Dans cette perspective, la première échelle spatiale qui s'impose alors à l'historien est celle du territoire proprement dit. Mais dans ce domaine les disparités nationales du processus d'industrialisation, du *British Disease* à la *Success story* du miracle italien en passant par le *Sonderweg* allemand, ne sont pas les seules dimensions d'analyse. Les réseaux territoriaux, en premier lieu ferroviaires et énergétiques, les ressources locales et les disponibilités en main-d'œuvre, ont construit des espaces économiques à la fois infranationaux et transnationaux. Les bassins d'industrie lourde, en particulier en Grande-Bretagne, dans le Nord-Pas-de-Calais, en Wallonie et dans la Ruhr, ont prolongé leur dynamisme hérité de la première industrialisation. Mais des reclassements très précoces se sont opérés et le processus de désindustrialisation s'est déplacé en permanence vers de nouvelles régions. En fait à l'heure de la construction d'une Europe industrielle lancée par la création de la CECA en 1950-1951, les disparités régionales sont devenues enfin une réalité essentielle prise en compte par les premières politiques d'aménagement du territoire. La deuxième échelle spatiale à considérer est celle du monde urbain occidental. La seconde industrialisation représente indéniablement l'apogée d'une alliance avec la croissance urbaine. Si l'échelle se réduit ici à une dimension à première analyse locale, d'une part le pouvoir industriel s'est concentré dans les agglomérations, qu'il s'agisse des conurbations ou surtout des grandes capitales, et d'autre part les villes elles-mêmes se sont mises en réseaux, avec des armatures beaucoup plus équilibrées en Allemagne et en Grande-Bretagne qu'en France. D'autre part à l'intérieur même de l'espace urbain, comme le souligne Gabriel Dupuy, « depuis plus d'un siècle les réseaux de circulation, d'énergie et surtout de communications ont recomposé une ville où les nœuds comptent autant que les zones, les connexions autant et plus que les frontières, le temps autant et plus que l'espace. Cette nouvelle composition urbaine oriente les pratiques quotidiennes des citadins et donne un sens social à la notion de réseau » (F. Caron).

La troisième échelle renvoie à un espace privé, par opposition aux espaces publics précédents, qui est en même temps un espace mental, celui du consommateur domestique. En effet, une innovation majeure telle que l'électricité n'aurait pas connu un tel essor si elle n'avait pas apprivoisé les Américains et les Européens par le biais de l'électro-domestique. L'avènement de la société de consommation de masse, au-delà des discours laudatifs ou au contraire de dénigrement, ne se réalisa cependant que durant la haute croissance du second après-guerre. La seconde industrialisation avait su ici progressivement s'appuyer sur les révolutions de la communication et de la distribution, mais dans ce domaine la troisième industrialisation fit beaucoup mieux.

© ARMAND COLIN. La photocopie non autorisée est un délit.

CHAPITRE XI

LES TERRITOIRES DE L'INDUSTRIALISATION : ESPACES ET RÉSEAUX RÉGIONAUX

L'histoire de l'industrialisation de l'Europe occidentale s'est largement nourrie de la compétition entre les nations, alignant comme signes de leur puissance leurs performances de production de charbon et d'acier. Le cadre national est pourtant loin d'être le seul valide. Le territoire de l'industrie se matérialisa déjà avec les nébuleuses textiles proto-industrielles, il s'élargit à l'ère industrielle classique avec la naissance des grands bassins miniers. Les espaces de la seconde industrialisation des années 1880 aux années 1960 furent marqués par trois mutations essentielles : leur extension géographique, la diversification de leurs activités et le renforcement de leurs liens avec l'urbanisation dans un mouvement d'uniformisation, voire d'indifférenciation. Les bassins devinrent ainsi des régions ou développèrent entre eux des synergies. De nouvelles branches s'implantèrent pour aboutir à de véritables complexes et dans les métropoles l'économie industrielle crût en symbiose avec des services de plus en plus puissants.

Dans la structuration de ces espaces industriels régionaux les systèmes techniques à grande échelle, c'est-à-dire essentiellement les réseaux ferroviaires et électriques, jouèrent un rôle majeur. Par le mécanisme des avantages comparatifs, ils contribuèrent largement à la promotion ou au contraire au déclassement de nombreuses économies régionales.

1. Les fondements de la géographie industrielle de l'Europe occidentale

1.1. L'héritage de la première industrialisation

À la fin du XIXe siècle, malgré le mouvement achevé de la première industrialisation, les formes et donc **les espaces de la proto-industrialisation** n'avaient pas totalement disparu, surtout en France et en Italie, mais même en Allemagne. Les vallées usinières marquaient toujours le paysage

© ARMAND COLIN. La photocopie non autorisée est un délit.

industriel des campagnes. Elles s'appuyaient sur les conditions physiques locales, en bénéficiant de la résistance prolongée de l'énergie hydraulique (S. Benoît), avec leurs ressources en matières premières, et sur la pluriactivité des ruraux, permise par l'intensité variable des travaux agricoles au cours de l'année. Avec leurs ouvriers à domicile, souvent donc ouvriers-paysans, elles se consacraient à des activités très différentes, comme la papeterie dans le Dauphiné ou la coutellerie dans la Haute-Marne et les campagnes situées autour de Thiers, avec 6 000 couteliers-paysans dans les années 1890 répartis dans quatre cantons voisins de la ville. Mais les « nébuleuses » textiles dominaient encore nettement cette véritable toile d'araignée d'industries dispersées, qui en France et en Allemagne (*Verlagsystem*) atteignit son apogée au milieu du XIXe siècle. Les activités spécialisées, liées au secteur de la confection, résistaient mieux à la progression de l'industrie concentrée, qui s'accéléra indéniablement durant la période 1880-1914. Tel fut le cas de la bonneterie de la région de Troyes, où les ateliers domestiques commandés par les marchands-fabricants de la ville étaient dispersés dans un rayon de 30 à 40 km. La dispersion de la production s'opposait traditionnellement à la concentration urbaine de la commercialisation. Une autre branche, reposant sur une qualification féminine très précise, l'industrie dentellière, connut une évolution contradictoire : alors qu'elle avait pratiquement disparu en Basse-Normandie en 1900, elle réussit encore à prospérer dans certains centres de la région du Puy. Quant à l'horlogerie jurassienne, prototype de la petite industrie de précision, elle représentait, à l'instar de son homologue suisse, un cas assez rare d'expansion continue qui alla bien au-delà de la simple résistance : dans la région de Cluses la fabrication à domicile quadrupla l'effectif ouvrier dans la seconde moitié du siècle.

Il subsistait en tout cas en Europe occidentale, au tournant des deux siècles, **des structures spatiales complexes, qui assuraient la transition entre la production industrielle dispersée et la fabrication concentrée.** Krefeld, un des grands centres européens de l'industrie de la soierie, offrait à cette époque un excellent exemple de passage progressif du Verlagsystem aux ateliers mécanisés, certes au détriment des maîtres-artisans et à l'avantage exclusif des marchands-fabricants. Cette concentration spatiale donna d'ailleurs de meilleurs résultats commerciaux à Krefeld que pour l'industrie de la soierie de Berlin, subventionnée et protégée par l'État prussien. La révolution des transports, la progression de la machine à vapeur et de la mécanisation, firent certes subir une sélection sévère au réseau des industries rurales. Pourtant les espaces ruraux étaient encore loin d'être totalement désindustrialisés et ce processus se poursuivit en fait durant le premier tiers du XXe siècle.

L'héritage de la première industrialisation en Europe occidentale s'identifia cependant surtout à la constitution de puissants **bassins d'industries lourdes** (R. Leboutte). Ces pôles de croissance, selon les conceptions mêmes de François Perroux, étaient animés par des activités motrices, extraction minière et sidérurgie en premier lieu, qui attirèrent d'autres industries liées. Ils se formaient et se développaient selon une logique de sédimentation des branches autour des gisements de matières premières. Leur histoire fournit indéniablement la meilleure illustration des théories de la localisation des activités industrielles, suivant lesquelles les coûts de transport et des matières premières, ainsi que les coûts du travail et de l'énergie déterminèrent les choix de localisation. Du milieu du XVIIIe à la fin du XIXe siècle se développa ainsi un véritable croissant fertile charbonnier dans l'Europe du Nord-Ouest. Celui-ci s'étendit de la coalescence des bassins britanniques, les premiers mis en valeur, jusqu'à la Ruhr en passant par la Wallonie et le Nord de l'Hexagone. En dehors de ce croissant fertile existaient naturellement d'autres bassins, qui ne bénéficiaient pas cependant des mêmes effets d'agglomération et de synergie. Les deux plus importants étaient la Haute-Silésie et le Massif Central avec sa périphérie, qui virent leur part se réduire très sensiblement dans le potentiel charbonnier français à partir de la fin du XIXe siècle.

• **En Grande-Bretagne** au milieu du XIXe siècle l'héritage de la première industrialisation très précoce se traduisit par la domination des bassins suivants : Clydeside, Tyneside, Yorkshire,

Lancashire et Black Country. Ils avaient bâti leur succès en dépassant largement le stade de la mono-industrie charbonnière par le développement combiné du textile, de la sidérurgie, d'une métallurgie différenciée, avec souvent la construction navale. Sur le continent le sillon Haine-Sambre-Meuse fut le premier mis en valeur avec les bassins de Liège, de Charleroi et du Centre, qui ajoutaient de façon classique à la sidérurgie la construction mécanique et la verrerie, tandis que le Borinage se consacrait presque exclusivement à l'extraction charbonnière.

• **En France** la formation du bassin du Nord, prolongé rapidement par l'exploitation du Pas-de-Calais, profita de l'effet de frontière en établissant des relations étroites avec le Hainaut belge, qui fournit en particulier une intéressante source de main-d'œuvre. La diversification y fut également poussée, puisque l'industrie du coton et du lin était solidement implantée à Lille et Armentières, tandis que celle de la laine triomphait à Roubaix et Tourcoing. L'ensemble s'appuyait sur la mise en place d'une desserte ferroviaire très dense par la Compagnie du Nord (F. Caron). L'espace Luxembourg-Lorraine-Sarre, qualifié de «triangle lourd» par la CECA dans les années 1950, offrait, avec la Silésie, l'exemple le plus achevé de bassin transfrontalier. Sa conjoncture industrielle ne put qu'être fortement influencée par les bouleversements géopolitiques de la guerre de 1870 et des deux conflits mondiaux. Enfin la Ruhr, qui n'était à l'origine qu'une mosaïque de territoires aux multiples centres proto-industriels, construisit son potentiel industriel sur un transfert massif de capitaux belges et britanniques. La qualité du réseau de transports aménagé dans l'espace rhénan expliquait également sa réussite spectaculaire. Malgré les restructurations opérées par la crise de 1873, la Ruhr s'était en effet hissée nettement dès le début des années 1880 au premier rang des bassins continentaux.

Une réflexion globale s'impose sur **les modèles différents de répartition spatiale des activités proto-industrielles et industrielles** dans les nations d'Europe occidentale. Grâce à la densité de leur tissu d'entreprises industrielles, la Grande-Bretagne, la Belgique et l'Allemagne bénéficièrent d'importants effets d'agglomération géographique par rapport à la France et bien entendu à l'Italie. Ainsi, la concentration de la filature du coton à Manchester favorisa le développement sur place de constructeurs de machines très spécialisés, qui pouvaient s'adapter rapidement aux demandes des industriels. À l'inverse la dispersion régionale des centres textiles en France constitua une entrave réelle à la spécialisation des constructeurs. Ceux-ci furent obligés d'avoir une gamme étendue de fabrications et l'échelle limitée de leur production augmentait naturellement les coûts. La nette supériorité de la Grande-Bretagne sur la France dans l'industrie des machines (machines textiles, machines à vapeur, machines-outils et dans une moindre mesure locomotives) ne fut donc pas liée uniquement à la taille des marchés et aux différences de dynamisme économique. Elle reposa également sur des différences de répartition spatiale et sur les logiques géographiques opposées à des effets de concentration et des effets de dispersion. Des facteurs identiques jouèrent en faveur de l'Allemagne, relayant la Grande-Bretagne, pour assurer la suprématie de son industrie de biens d'équipement, implantée essentiellement dans la Ruhr et à Berlin.

1.2. Le rôle toujours essentiel des réseaux de transport

La «révolution ferroviaire» en Europe occidentale et aux États-Unis, avec tous ses effets induits qui firent les délices de la *New Economic History* (P. O'Brien), appartient essentiellement à la première industrialisation du début des années 1830 à la fin des années 1860. Les réseaux ferroviaires acquirent alors une place centrale dans l'économie industrielle et dans l'économie globale. Au-delà des différences essentielles de régimes, libéral en Grande-Bretagne, à prédominance étatique en Belgique et en Allemagne, mixte en France, ils offraient de véritables modèles d'organisation et de gestion aux autres réseaux territoriaux, notamment quelques décennies plus tard aux réseaux électriques et aux entreprises industrielles. Les années 1880,

© ARMAND COLIN. La photocopie non autorisée est un délit.

jusqu'à la Grande Guerre, virent cependant une relance importante de la construction ferroviaire, marquée surtout par une densification du maillage des réseaux préexistants.

Ainsi en France le ministre des Travaux publics Freycinet lança en 1879 un programme d'aménagement de 3 000 km de lignes désormais secondaires, dont la justification reposait sur la réalisation d'économies externes et sur leur utilité sociale. En dehors du nouveau Réseau de l'État, les six grands Réseaux régionaux, Nord, Est, PLM, Ouest, Paris-Orléans et Midi, furent consolidés par les conventions générales de 1883. Globalement la longueur totale des chemins de fer d'intérêt général passa de 24 000 km en 1881 à 41 000 en 1911. En Grande-Bretagne, le réseau progressa de 13 500 km en 1870 à 18 000 en 1895, en Italie de 9 000 km en 1880 à 19 000 en 1913, tandis que la Belgique se dotait d'un réseau de chemins de fer « vicinaux » de 4 800 km en 1913, qui lui permit d'obtenir la densité ferroviaire la plus importante du monde. En Allemagne le développement du rail passa de 28 000 km en 1875 à 60 520 en 1912. La vague de construction y fut particulièrement spectaculaire parce qu'elle répondait aux besoins d'une population en croissance rapide, affectée par de forts mouvements migratoires interrégionaux, de l'est vers l'ouest.

Cette relance de la politique d'aménagement ne constitua en fait qu'une partie de l'effort d'investissement massif de la période 1880-1914 : face à l'augmentation considérable du trafic, les compagnies durent à la fois renouveler leur équipement et agrandir leurs installations, en faisant appel aux innovations technologiques liées à l'avènement de l'acier et de l'électricité. Le défi fut largement relevé d'un point de vue à la fois technique et commercial : ainsi en Allemagne de 1855 à 1908 le trafic voyageurs fut multiplié par 29, le trafic marchandises par 42, alors que le tarif de la tonne/km baissa de 55 % et celui du voyageur/km de 43 %.

L'investissement ferroviaire devint le prototype même de l'investissement dérivé chargé de répondre au mouvement combiné d'industrialisation et d'urbanisation. La corrélation avec l'investissement immobilier fut telle que l'on put parler à l'instar des États-Unis d'un nouveau *Transport Building Cycle* en Europe Occidentale au tournant des deux siècles. La nouvelle génération de gares monumentales en offrit le symbole le plus éclatant, avec par exemple à Bordeaux l'aménagement de la gare Saint-Jean achevée en 1902, dont la halle à ossature d'acier de 300 m de longueur fut la plus grande de France.

Les politiques tarifaires des grands réseaux en France et en Italie, et dans une moindre mesure au Royaume-Uni et en Allemagne, eurent un effet spatial ambivalent. D'une part elles ralentissaient les redéploiements géographiques de la production, c'est-à-dire la spécialisation industrielle régionale en fonction des avantages comparatifs, en favorisant les intérêts locaux et souvent les petits entrepreneurs contre les grands. Mais d'autre part elles contribuaient objectivement à la formation d'un marché national de consommation, en évitant par leur aspect égalitaire, voire social, d'en exclure les consommateurs des régions à faible densité urbaine et industrielle, qui ne payaient pas le coût réel du transport des marchandises achetées. La réduction rapide des écarts interrégionaux de prix jusqu'au premier conflit mondial dépassa largement la sphère des produits agricoles.

Nous retrouvons globalement dans tous les pays d'Europe occidentale cette **influence duale des réseaux ferroviaires sur le développement industriel des espaces régionaux**. Ils jouèrent un rôle décisif dans les migrations interrégionales, en constituant notamment le support du vaste mouvement de population de l'Allemagne orientale vers la Rhénanie-Westphalie. Ils continuèrent à la fin du XIXe siècle à entretenir le mouvement d'urbanisation, puisque outre le simple phénomène de desserte, ils favorisèrent à l'échelle supérieure du réseau urbain les agglomérations en position de nœuds de communication, telle Milan, et à une échelle plus modeste quelques villes-champignons dont la croissance fut liée uniquement à leur activité de triage, d'entretien et de réparation ferroviaire, comme Vierzon ou Capdenac. Mais les effets d'entraînement ou effets multiplicateurs s'accompagnèrent inversement de processus de relocalisation par remise en cause de rentes de situation. Les mécanismes de confrontation, et donc de sélection, l'emportèrent assez rapidement sur la stimulation commerciale initiale, alors que les élites locales considérèrent toujours la desserte et le désenclavement comme une panacée en soi. Le chemin de fer confirma définitivement durant la période 1880-1914 qu'il était créateur de disparités régionales de croissance et qu'il pouvait aggraver au lieu de les réduire les inégalités préexistantes. Ce processus négatif fut particulièrement net pour le Mezzogiorno, qui accrut son retard sur l'Italie du Nord qui s'industrialisait, et en France pour une grande partie du Sud-Ouest (R. Marconi).

• **La desserte** atteignit en tout cas son niveau maximal en Europe occidentale aux lendemains du premier conflit mondial, et elle aboutit même en termes de rentabilité économique à un suréquipement. Celui-ci se traduisit dans un premier temps par l'arrêt du mouvement de construction, puis par une crise massive de l'exploitation ferroviaire durant les années trente, avec les premières suppressions de services voire de lignes. La rétraction véritable du réseau ferroviaire, face essentiellement à l'essor du camionnage et de l'automobile individuelle, n'eut lieu cependant qu'après le second conflit mondial. Le phénomène fut particulièrement sensible en France et en Italie, dont les densités humaines restèrent relativement faibles. Ainsi dans notre pays le réseau exploité passa de 42 600 km en 1932 à 36 530 en 1970, dont seulement 25 640 ouverts au trafic voyageurs.

Un autre réseau de transports, celui des **voies navigables** et des **canaux**, joua un rôle essentiel dans le processus de développement industriel des espaces régionaux et nationaux (J. Armstrong et A. Kunz). En Grande-Bretagne, en Belgique et même en France, l'effort d'aménagement maximal en faveur du transport fluvial fut antérieur aux années 1880. Il n'en fut pas de même en Allemagne qui bénéficia d'un important essor de cette infrastructure pour réaliser sa remarquable montée en puissance industrielle jusqu'à la Grande Guerre. Ce fut justement dans les années 1880 que les dirigeants allemands mirent en œuvre l'aménagement d'un ambitieux réseau de canaux à grand gabarit. Le réseau ferroviaire eut en effet du mal à répondre à lui tout seul aux besoins de transports de masse de produits pondéreux, à la fois des grandes agglomérations et des complexes d'industrie lourde, en premier lieu de la Ruhr. Il s'agissait d'aboutir à un réseau quadrillé dont l'ossature méridienne serait fournie par les grands fleuves germaniques, le Rhin, l'Ems, la Weser, l'Elbe et l'Oder, qui firent l'objet de travaux d'approfondissement, tandis que leur liaison par des canaux à grand gabarit à travers la plaine d'Allemagne du nord constituerait son ossature transversale. Les trois aménagements les plus importants furent alors la liaison de Dortmund au port rhénan de Duisburg (1886), qui permit l'expédition des charbons de la Ruhr et fit de ce dernier le premier port fluvial du monde, le Dortmund-Ems Kanal (1899) et le célèbre Mittelland Kanal de l'Ems jusqu'à Berlin (1914). L'opposition des *Junkers* de la partie orientale du Reich, qui redoutaient l'irruption des blés américains au cœur du marché allemand, retarda jusqu'en 1905 l'ouverture de ce dernier grand chantier. Cet effort remarquable d'aménagement de voies navigables permit en particulier à Berlin de s'intégrer pleinement à l'espace industriel de l'Europe occidentale jusqu'à la partition de l'Allemagne après le second conflit mondial. En 1939 elle disposait ainsi de deux ports sur la Sprée : le port oriental construit de 1907 à 1913, relié par le canal Oder-Sprée à l'Oder et au port de Stettin ; le port occidental édifié de 1914 à 1927, rattaché par le canal de la Havel à l'Elbe et par le Mittellandkanal à la Ruhr. L'importance des voies d'eau s'était donc maintenue malgré le réseau dense de voies ferrées aboutissant aux huit gares reliées entre elles par le *Ringbahn* et le *Stadtbahn*. À l'échelle nationale et internationale l'infrastructure allemande de voies navigables, atteignant déjà 13 000 km à la veille du premier conflit mondial, offrit un levier efficace d'intégration industrielle du territoire, dont ne disposèrent jamais la France et encore moins l'Italie.

© ARMAND COLIN. La photocopie non autorisée est un délit.

1.3. L'avènement de l'acier : l'emprise territoriale de l'industrie lourde à son apogée

La géographie de l'industrialisation à la fin du XIXe siècle reposait essentiellement sur quatre types d'espaces, définis de façon classique par leurs fonctions : **les villes portuaires, les grandes métropoles** aux fonctions diversifiées, **les centres textiles**, quelle que soit leur taille, de la nébuleuse rurale à la conurbation de Lille-Roubaix-Tourcoing, et **les bassins d'industrie lourde**. Ces derniers, dont l'emprise territoriale atteignit son apogée à la veille de la Grande Guerre, furent affectés avec l'avènement de l'acier par de profondes transformations, qui aboutirent à des reclassements régionaux importants dans tous les pays d'Europe occidentale (R. Leboutte). La production en masse de l'acier par les convertisseurs Bessemer puis les fours Thomas et Martin, qui se substituait à la technique du *puddlage*, favorisa les bassins qui réalisèrent le plus rapidement leur adaptation technologique, en premier lieu la Ruhr. Globalement la nécessité de plus en plus fréquente de recourir à des approvisionnements extérieurs en minerais attribua un rôle stratégique à certains ports, tels que Rotterdam et Emden. Elle suscita un mouvement continu de translation de la sidérurgie vers les littoraux et d'interdépendance entre les différents bassins, même si une diversification poussée des branches offrait les meilleures garanties de survie.

• **En Grande-Bretagne** la diffusion des convertisseurs et les indispensables reconversions entraînèrent une redistribution de la hiérarchie des bassins, au détriment surtout de la sidérurgie du Lanarkshire, du Pays de Galles méridional et du Black Country. Ceux-ci furent supplantés par le North East, dont la part dans la production nationale de fonte passa de 1 % en 1830 à 31 % en 1880. La fortune du North East jusqu'à la Grande Guerre s'expliqua à la fois par le dynamisme de l'extraction charbonnière à grande profondeur, grâce à l'excellent charbon à coke des houillères du Durham, l'exploitation du minerai de fer des Cleveland Hills, la qualité de l'infrastructure portuaire, le développement aux côtés de la sidérurgie des secteurs de la construction navale et du matériel ferroviaire. Elle illustra pleinement les effets de l'industrialisation sur la modernisation de l'arrière-pays rural. La réduction des effectifs d'ouvriers agricoles, par transfert de main-d'œuvre vers le bassin, s'accompagna d'une demande accrue de produits agricoles et d'une mutation profonde de l'univers villageois, marquée par l'extension des pâturages, la mécanisation et la croissance des cultures intensives sur les meilleures terres.

À l'inverse au Pays de Galles la sidérurgie, dont le poids national régressa de 45 % en 1830 à 12 % en 1880, ne déboucha pas sur une diversification suffisante des activités. Le passage à l'acier provoqua une sélection très douloureuse des établissements, avec une « relocalisation » sur le front de mer qui vit surtout la formation du complexe de Margam Abbey sur la côte du Glamorgan. Le Pays de Galles opéra en fait une régression vers l'amont : il recentra son économie industrielle et portuaire sur l'extraction et l'exportation des houilles, en assurant l'expansion des ports de Swansea et de Cardiff. Les Rhondda Valleys furent ainsi le théâtre d'un véritable *coal rush* à partir des années 1870. Leur population s'accrut de 1000 à 153 000 habitants de 1851 à 1911 ! C'est ici le charbon et non plus la sidérurgie qui structura le paysage industriel de ces vallées toujours selon le même processus : ouverture des premiers puits, mise en place d'un réseau de *tramroads* et de chemins de fer, développement d'une urbanisation anarchique marquée par une forte interpénétration avec l'espace rural. Quant au Black Country, sous l'impulsion de Birmingham mais aussi désormais de Coventry, il se réorienta progressivement avec succès vers les industries nouvelles à forte valeur ajoutée de la construction mécanique, de l'automobile et de l'électrotechnique.

Carte n° 1 - Les régions et les bassins industriels en Grande-Bretagne à la fin de l'entre-deux-guerres

Source : P. George, *Géographie industrielle du monde.*

© ARMAND COLIN. La photocopie non autorisée est un délit.

• **Sur le continent, les bassins wallons** éprouvèrent d'importantes difficultés à opérer leur conversion à l'acier. Celle-ci ne fut résolue que par la diffusion relativement tardive du convertisseur Thomas, qui permit l'utilisation de la minette lorraine. Les sidérurgistes liégeois s'en tirèrent avec moins de difficultés que ceux du Hainaut : ils assuraient en 1891-1895 74 % de la production belge. À l'inverse pour l'exploitation charbonnière le Hainaut, avec près des trois quarts de la production nationale en 1913, affirma sa suprématie sur le bassin liégeois mais se vit concurrencé après le premier conflit mondial par la mise en valeur d'un nouveau bassin, celui de la

Campine dans la province d'Anvers. En tout cas se manifestait l'antagonisme durable entre les régions industrielles belges, qui conduisit souvent les responsables et les observateurs à parler d'une guerre des bassins.

• **En France** la révolution de l'acier, grâce à la conversion à l'aciérie Thomas, se traduisit par l'établissement d'une synergie entre le Nord-Pas-de-Calais et la Lorraine pour l'approvisionnement en minette phosphoreuse. La construction de la ligne ferroviaire Valenciennes-Thionville dans les années 1870 matérialisa cette complémentarité : la part du coût du transport du minerai dans son prix de revient ne diminua guère pour autant puisqu'elle s'élevait encore à 30 % dans les années 1950. On comprend alors le développement des aciéries Martin qui permit d'utiliser les ferrailles, matière première disponible sur place : elles progressèrent de 15 % de la production régionale en 1890 à 45 % dès 1910 et 65 % en 1950. Au tournant des deux siècles les bassins de Valenciennes et de la Sambre illustraient le processus classique de diversification des activités, notamment vers la petite métallurgie de transformation et vers la production d'électricité thermique. Cependant la Première Guerre mondiale, par ses destructions massives qui s'accompagnèrent d'une perte de 8 % de sa population et d'un chômage intense (40 000 chômeurs à Lille en 1919), portait les germes à long terme d'une profonde crise industrielle pour la région. Malgré un énorme effort de reconstruction, mais largement à l'identique, les trois piliers de l'économie du Nord-Pas-de-Calais, charbonnages, sidérurgie et textile ne connurent qu'une modernisation insuffisante au début de l'entre-deux-guerres. Certes la mécanisation et l'électrification progressèrent dans les houillères, mais la rationalisation et la concentration furent bien inférieures à celles de la Ruhr : en 1938 la production journalière par puits fut de 940 onnes contre 2 500 pour celle-ci. La Grande Crise des années trente, qui provoqua une diminution de 36 % de la production de fonte et d'acier entre 1930 et 1935, révéla déjà toutes les faiblesses de la structure économique régionale.

La partition de **la Lorraine** par la guerre de 1870-1871 n'a pas nui, au contraire, au dynamisme des deux nouvelles régions industrielles. La découverte des gisements de « minette » et l'invention du procédé Gilchrist-Thomas représentèrent pour elles une chance considérable et fondèrent une nouvelle géographie industrielle, qui perdura tout au long du XXe siècle. La Lorraine annexée fut naturellement désertée par les industriels français, tandis que des entreprises de Sarre et de Rhénanie-Westphalie y implantèrent rapidement des filiales. Elle fut intégrée dans le Zollverein et les industriels allemands, qui la désignèrent sous le terme de Südwestliche Gruppe, adoptèrent deux stratégies de localisation pour faire jouer pleinement les effets de complémentarité. Soit, comme Thyssen, ils installèrent les usines sidérurgiques sur la minette et firent venir le charbon de Sarre ou de la Ruhr, soit, comme Krupp, ils acheminèrent le fer vers ces deux bassins allemands. La Lorraine française, centrée sur Nancy, prit le visage d'un front pionnier industriel en pleine expansion, grâce aux minerais de Briey et de Longwy. « Nos industries de l'Est » fournissaient ainsi en 1913 90 % du minerai de fer, 55 % de l'acier et 50 % des produits laminés français. Au-delà de sa réussite spectaculaire, la Lorraine souffrit de deux handicaps majeurs : elle ne pouvait prospérer qu'en interrelation avec les bassins voisins et la diversification de ses activités en aval, par l'éclosion d'industries de transformation, resta insuffisante.

La construction de l'Europe ne gomma pas, loin de là, la concurrence entre les espaces industriels régionaux, c'est-à-dire la « guerre des bassins » déjà évoquée en Belgique.

Carte n° 2 - Le gisement de fer lorrain et les bassins houillers voisins durant l'entre-deux-guerres

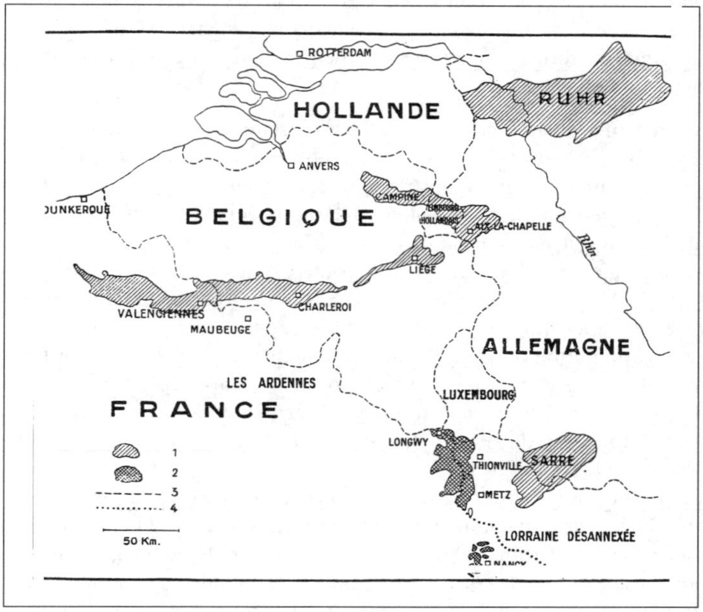

Source : A. Sömme, *La Lorraine métallurgique.*

Ainsi, alors que depuis la fin du XIXe siècle les deux bassins du Nord-Pas-de-Calais et de la Lorraine se développaient largement par complémentarité, leur rivalité grandit à partir du milieu des années cinquante. Le second, outre ses avantages en termes de ressources charbonnières et minières, était géographiquement beaucoup mieux placé au cœur de la CECA, en optimisant le jeu des effets de frontière.

• **En Allemagne**, dès le début des années 1880, deux régions d'industrie lourde prédominaient nettement, la Haute-Silésie et la Rhénanie-Westphalie. Il est intéressant de comparer leur destin, en insistant sur les raisons de la suprématie progressive de la seconde. **La haute Silésie** disposait à l'origine d'avantages substantiels pour assurer un développement industriel autocentré. Densément peuplée, dotée d'une agriculture intensive que venait compléter des nébuleuses textiles rurales, elle jouissait en outre d'une longue tradition métallurgique : le premier haut fourneau à coke mis à feu sur le continent l'avait été à Gleiwitz en 1796. Mais dans le dernier tiers du XIXe siècle elle eut beaucoup plus de mal que la Ruhr à se convertir à l'innovation technologique de l'acier et prit du retard sur cette dernière. Vers 1890 ses ressources locales en minerai de fer s'épuisaient et elle fut obligée de recourir à l'extérieur, alors que cette reconversion s'était effectuée de longue date dans la Ruhr. En outre ses disponibilités en houilles à coke étaient limitées. La haute Silésie était surtout défavorisée par son enclavement continental, qui la tenait éloignée des marchés intérieurs : plus que le réseau ferroviaire, les voies navigables furent insuffisantes malgré l'amélioration du canal de Koldnitz à la fin des années 1880. Quant à la pénétration des marchés russes et autrichiens, elle fut bloquée par le maintien de tarifs douaniers élevés. Cette situation défavorable l'empêcha ainsi de tirer pleinement parti de ses coûts de production relativement faibles, même si elle parvint à exporter 70 % de sa production de charbon en 1901.

Son destin économique fut ensuite directement affecté par les deux conflits mondiaux. À l'issue du premier, le bassin fut partagé avec la Pologne et ce nouveau découpage eut des conséquences

© ARMAND COLIN. La photocopie non autorisée est un délit.

catastrophiques, puisque 11 des 22 complexes industriels existants furent divisés par la frontière. Par une politique sévère de restructuration et de rationalisation, les patrons allemands réussirent à reconstituer un potentiel de production viable (28 millions de tonnes de charbon en 1938), même s'il fut objectivement affaibli. La Seconde Guerre mondiale amena un bouleversement encore plus considérable puisque, conformément aux accords de Potsdam, la Haute-Silésie passa intégralement sous le contrôle de la Pologne.

À l'inverse, **la Ruhr** avait fondé d'emblée sa réussite sur une excellente intégration dans l'Europe industrielle du Nord-Ouest, en répondant à une demande extérieure considérable en matières premières et produits de l'industrie lourde, en premier lieu pour les chemins de fer. La qualité de sa desserte ferroviaire représentait un atout indéniable à la fois par sa densité et par la pression continuelle entretenue par les industriels pour obtenir des tarifs de transport compétitifs, couronnée par l'adoption d'un « tarif matières premières » particulièrement favorable en 1897. Ainsi une vingtaine de mines furent progressivement ouvertes le long du tracé de la ligne Cologne-Minden. En 1913 25 000 wagons étaient chargés chaque jour dans le bassin. En outre la migration du front d'exploitation charbonnier vers le Nord, depuis la vallée de la Ruhr vers l'Hellweg, autour de Essen et Dortmund, puis vers l'Emscher pour atteindre la zone de la Lippe à la veille de la Première Guerre mondiale, accrut considérablement l'importance de l'utilisation du réseau fluvial rhénan. Celui-ci offrait un avantage comparatif essentiel par rapport à la haute Silésie.

D'autre part, la Ruhr fit un effort considérable d'adaptation aux différents cycles d'innovations technologiques. Dans le domaine minier elle adopta de façon précoce la perforation pneumatique, tandis que l'électrification permit d'améliorer la ventilation et le pompage de l'eau et d'employer le marteau-piqueur à partir de 1906. La mécanisation se traduisit par un nombre de machines à vapeur trois fois plus élevé qu'en haute Silésie au début du siècle, tandis que le développement des différentes branches de la carbochimie et de l'approvisionnement des villes en gaz d'éclairage et en électricité montra une politique multiforme de valorisation de la houille et de ses dérivés. L'effort constant de rationalisation conduisit à l'intégration la plus poussée de toute l'Europe occidentale. L'intégration des charbonnages, cokeries, hauts fourneaux, aciéries et laminoirs en gigantesques *Hüttenzechen* procura de substantielles économies d'échelle et attira de nombreuses activités liées, des cimenteries à la chimie de base. Les résultats furent spectaculaires puisque sur une production totale pour le Reich, en 1914, de 190 millions de tonnes de houille, la Ruhr en concentrait 114 millions, contre respectivement 44 et 13 millions pour la Haute-Silésie et pour la Sarre. Sa production d'acier crût de un demi million de tonnes en 1870 à six millions et demi en 1910.

En tout cas, au-delà des effets perturbateurs ou destructeurs des deux conflits mondiaux, la Ruhr s'est imposée jusqu'à nos jours comme le premier bassin d'industrie lourde du continent européen.

2. Les grandes mutations spatiales de la seconde industrialisation

2.1. Genèse et développement des réseaux électriques

L'électrification et sa traduction spatiale, la constitution de réseaux électriques, ont montré **un triple lien avec la seconde industrialisation**. Elles ont été à la fois un champ toujours renouvelé d'innovations technologiques, un levier entraînant l'expansion des différents secteurs de la filière et des secteurs industriels adjacents et un vecteur de modernisation régionale, contribuant à la genèse de l'aménagement du territoire. Le commun dénominateur de l'électrification en Europe occidentale, comme ailleurs dans le monde, fut son origine urbaine, avec une lutte âpre jusqu'au premier conflit mondial contre la résistance du réseau gazier (J.-P. Williot) La conquête des espaces régionaux par les réseaux électriques ne commença qu'à la veille de la Grande Guerre. La principale divergence dans les modèles de développement résidait dans la place respective de l'énergie thermique et de l'énergie hydraulique : la première bénéficiait d'un quasi monopole en Grande-Bretagne et en Belgique et elle dominait largement en Allemagne ; à l'inverse la seconde progressait constamment en France et en Italie.

Pour la croissance des réseaux, les modèles de consommation énergétique avantageaient indéniablement l'Allemagne et la Grande-Bretagne par rapport à la France. Au début du siècle la proportion de la force motrice dans la consommation globale était ainsi de moins de 17 % à Paris alors qu'elle atteignait 40 % à Berlin, où les usages industriels étaient déjà fortement diversifiés. À l'échelle du Reich, en 1913, la force motrice représentait 44 % de la puissance distribuée, soit le double de la France. Grâce à la puissance de son industrie électro-technique, qui assurait en 1914 31,6 % de la production mondiale, contre respectivement 34,1 % pour les États-Unis, 14,6 % pour la Grande-Bretagne et 3,6 % pour la France, l'Allemagne aménagea de façon précoce son réseau électrique pour répondre à la demande à la fois des industriels et des consommateurs domestiques. Avec 4 100 centrales, construites surtout par Siemens et AEG, près des trois quarts de la population étaient reliés à la veille du premier conflit mondial au réseau d'alimentation électrique et cette proportion était inégalée en Europe. La production d'électricité y était alors de 120 kWh par habitant contre 55 en Grande-Bretagne.

En 1945 **le réseau électrique** français était pourtant le plus dense du monde, avec une desserte de 22,5 km de lignes de plus de 100 000 V pour 1 000 km^2, contre seulement 5, 15 et 18 km pour les États-Unis, la Grande-Bretagne et l'Allemagne. Expliquant ce record de densité, la France en retrait industriel par rapport à l'Allemagne et même la Grande–Bretagne, avait toujours privilégié le développement de ses systèmes techniques de transport à grande échelle, pour des raisons d'ordre géographique mais aussi d'utilité publique. La comparaison avec le réseau d'interconnexion britannique, surnommé le *Grid,* est ici significative en termes de logique technique spatiale. Le *Grid*, conformément à l'Electricity Act de 1926 était géré par le Central Electricity Board, qui illustrait la formule des *public trusts* et exerçait une grande séduction sur de nombreux électriciens européens (L. Hannah). D'une longueur de 5 000 km de lignes à haute tension contre près du triple pour la France, il avait surtout pour fonction de réaliser des échanges d'appoint entre des centres de production thermique qui n'étaient jamais très éloignés les uns des autres. Le processus d'unification du réseau fut achevé par la nationalisation travailliste de 1947, qui fonda la British Electricity Authority ; organisée en douze régions thermiques, celle-ci contrôlait l'ensemble des 300 centrales et des 569 compagnies de distribution, dont 369 municipales, du pays.

Le réseau français devait assurer au contraire des transports lointains et massifs d'énergie. Ce fut en ce sens que les ingénieurs de la communauté internationale des électriciens qualifièrent la France de « pays par excellence de l'interconnexion », car elle pouvait faire jouer une complémentarité poussée entre les régions thermiques du Nord et les massifs hydrauliques du Sud.

© ARMAND COLIN. La photocopie non autorisée est un délit.

Carte n° 3 - Le développement des réseaux de transport d'énergie en France durant l'entre-deux-guerres

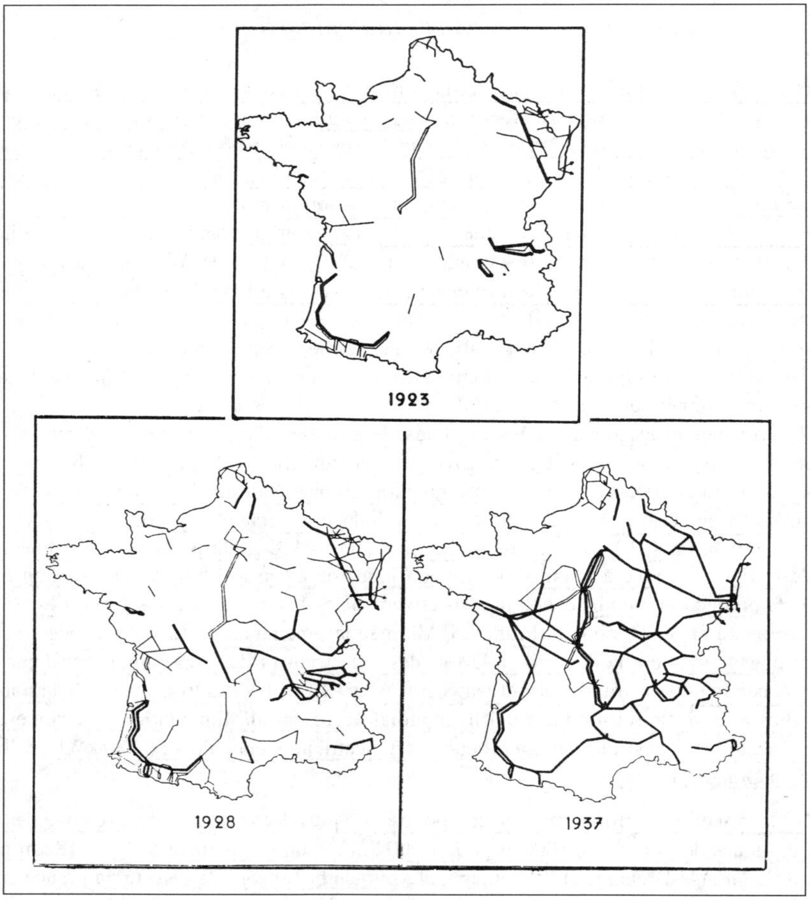

Source : J.-M. Jeanneney et C.A. Colliard, *Économie et droit de l'électricité.*

Alors que les réseaux électriques avaient atteint dans l'Hexagone un premier équilibre régional durant les années vingt, la polarisation du marché énergétique par la capitale commençait à s'exercer durant les années trente. Ce fut cette polarisation qui présida à la synchronisation des huit complexes régionaux recherchée à partir de 1938, mais qui ne fut pleinement réalisée qu'après la mise en place d'EDF en 1946. Le processus d'unification fut le même en Italie mais avec un décalage chronologique. À la fin des années trente la concentration régionale fut très marquée avec la CIP au Piémont, Edison en Lombardie, la SAVE en Vénétie, le groupe Central dans la région de Rome et la SME dans le Sud. Il fallut attendre 1942 pour qu'un organisme spécifique, la CONIEL, fût formé pour mettre en œuvre l'interconnexion à l'échelle de toute la péninsule et la nationalisation elle-même n'eut lieu que très tardivement en 1962, avec la création de l'Ente nazionale de l'energia electtrica (ENEL). Quant à la Belgique, qui avait pourtant réalisé le bouclage de son réseau assez précocement, au début des années trente, grâce à l'action de ses Unions de centrales, elle resta fidèle à la collaboration entre les entreprises privées et les régies aux statuts très différents, communales, intercommunales et provinciales. La part de celles-ci dans la consommation belge d'énergie progressa d'ailleurs considérablement de 22 % en 1939 à 59 % en 1965.

L'interconnexion, qui s'appliquait à des espaces toujours plus vastes, déboucha même après le second conflit mondial sur **l'élaboration d'un système électrique européen**. Celle-ci s'appuyait sur la création en 1951, suivant les recommandations de l'OECE, de l'Union pour la Coordination de la Production et du Transport de l'Électricité. Les huit membres fondateurs de l'UCPTE, la France, l'Italie, la RFA, l'Autriche, la Suisse, la Belgique, les Pays-Bas et le Luxembourg, cherchaient à développer la solidarité des exploitants de réseaux, en s'inspirant du modèle organisationnel et technique américain. Après une phase classique de tâtonnements, ils réussirent à obtenir définitivement en 1958 la marche en parallèle de leurs infrastructures, autour du noyau constitué par les systèmes français, suisse et allemand. Cette synchronisation générale de l'Europe occidentale représentait une victoire décisive, qui confirmait les progrès continus de la seconde industrialisation.

D'autre part, une symbiose entre le rail et l'industrie électrique se développa en Europe occidentale et aux États-Unis à partir de la fin du XIXe siècle, par le **mouvement d'électrification des réseaux ferroviaires**. La révolution électrique venait perpétuer en quelque sorte la révolution ferroviaire. L'électricité participa très rapidement à la régulation de l'exploitation des chemins de fer, d'abord par la naissance à son service du réseau de télégraphie électrique dès le milieu du XIXe siècle, puis par la mise au point de la signalisation électrique à partir des années 1870. Même si les Européens, contrairement aux Américains, restaient opposés à l'automatisation intégrale de la signalisation, le *block-system* se répandit au début du XXe siècle sur l'ensemble des réseaux d'Europe occidentale. Il n'en fut pas de même pour la traction électrique qui ne s'appliqua progressivement qu'à certains espaces ferroviaires, car désormais l'électricité passa de la marge au cœur du système technique et industriel. Le nouveau mode de traction reposait en effet sur une imposante infrastructure amont de la production, transport et distribution d'énergie, et sur une nouvelle conception de l'économie ferroviaire. Au tournant des deux siècles il ne s'appliquait encore qu'à trois types d'espaces limités, aux fortes sujétions techniques : les lignes de montagne à forte déclivité dans les Alpes et les Pyrénées, les sections souterraines des grandes agglomérations et les liaisons de banlieue. Ces deux dernières applications ne constituaient d'ailleurs qu'un volet de l'électrification des transports urbains et suburbains, représentés essentiellement par les tramways et dans une moindre mesure les métropolitains.

Cependant dès 1906-1914 les premières esquisses de réseaux régionaux de grande traction apparurent sur le modèle suisse dans les espaces montagnards et submontagnards des Pyrénées françaises, des Alpes italiennes et du sud de l'Allemagne, par valorisation directe de la houille blanche. Malgré la lourdeur des investissements et les obstacles de la conjoncture économique et financière, avec un coût des installations fixes supérieur à celui du matériel moteur, le mouvement d'électrification ferroviaire s'amplifia durant l'entre-deux-guerres dans les trois pays précités.

Tableau 1 - Le développement des réseaux ferroviaires électrifiés (lignes d'intérêt général) en Europe occidentale dans l'entre-deux-guerres

Pays	1927	1937
Allemagne	1 205 km	2 047 km
France	1 110 km	3 004 km
Grande–Bretagne	644 km	1 322 km
Italie	1 251 km	3 871 km
Pays–Bas	135 km	235 km

Source : C. Bouneau, *Électricité et chemins de fer.*

© ARMAND COLIN. La photocopie non autorisée est un délit.

Leur programme respectif, en continu haute tension pour la France, en triphasé puis continu haute tension en Italie, en monophasé à fréquence spécifique en Allemagne, aboutit à la veille du second conflit mondial à **trois logiques spatiales différentes**. En France la S.N.C.F. hérita en 1937 d'un réseau maillé couvrant le tiers sud-ouest-centre-ouest de l'Hexagone, qui a joué un rôle majeur dans l'électrification régionale. L'Italie aménagea un réseau étendu qui intégrait à la fois la plupart des lignes alpines et subalpines et les grandes artères qui suivaient la grande dorsale apeninne. Son important effort avait été réalisé sous l'aiguillon des besoins énergétiques, dans un pays pratiquement dépourvu de charbon mais bien doté en houille blanche. D'autre part, le nouveau mode de traction fut considéré comme un des leviers de sa politique de modernisation par le régime mussolinien, friand de symboles techniques dans le sillage du futurisme. Quant à l'Allemagne, son réseau manquait de cohésion et comprenait surtout une grande artère reliant Münich à Leipzig et Berlin. Elle n'hésita pas à fonder son exploitation sur le recours à l'énergie thermique, tout comme les Pays-Bas et la Grande-Bretagne, qui réalisa surtout l'électrification massive et modèle de la banlieue de Londres.

Carte n° 4 - Le réseau ferroviaire de la S.N.C.F. et son électrification en 1938

Source : C. Bouneau, *L'électrification ferroviaire en France de 1919 à 1946.*

Après le second conflit mondial, l'électrification des réseaux fut activement poursuivie dans les différents pays d'Europe occidentale, en association étroite avec une politique de diésélisation appliquée dès l'entre-deux-guerres aux lignes secondaires. Elle triompha en tout cas définitivement de la traction vapeur, avant que ne virent le jour les premiers trains à grande vitesse.

2.2. La promotion de nouvelles régions et le renforcement des métropoles

La révolution électrique, dans son acception la plus large, surtout lorsqu'elle reposait sur l'exploitation de la manne de la houille blanche, suscita l**e développement des espaces qui se**

dotaient d'industries nouvelles placées en amont (constructions électriques et génie civil) ou au contraire en aval (électrochimie-électrométallurgie) de la filière. Cette synergie entre réseaux de transport, réseaux énergétiques et tissu industriel, déjà perçue dans le cas exemplaire de l'électrification ferroviaire, s'accompagna souvent d'une symbiose entre les deux grands secteurs moteurs de la seconde industrialisation, l'industrie électrique et l'industrie chimique. La meilleure illustration fut ici fournie par le sillon rhodanien à partir de l'entre-deux-guerres (Y. Lequin). La France, avec l'industrialisation des massifs alpin et pyrénéen et de leur piémont, et l'Italie, avec des résultats bien inférieurs et une dispersion bien supérieure, se dotèrent ainsi de complexes d'industries nouvelles. Leur croissance signifiait en quelque sorte la revanche des espaces méridionaux, en particulier montagnards et sous-montagnards, sur les grands bassins de l'Europe du nord-ouest, héritiers de la première industrialisation.

Les effets industrialisants de la houille blanche furent sensibles dans **les Alpes** dès la fin du XIXe siècle. Les débuts de l'hydro-électricité dans le Dauphiné furent directement liés à la production de l'aluminium par électrolyse. Paul Héroult, après un premier essai d'implantation en Suisse, s'installa à Froges en Isère en 1888 pour développer son brevet sur une grande échelle. Le transport de l'énergie sur de grandes distances ne pouvant pas être réalisé avant les années vingt, la région alpine devint au tournant des deux siècles le premier producteur mondial d'aluminium. L'autre procédé de base de l'électrométallurgie, le four électrique, également dû à Héroult, donna naissance à une nouvelle sidérurgie implantée notamment à Allevard et Ugine. La seconde branche industrielle de l'hydro-électricité, l'électrochimie, bénéficia de la création par Henri Gall à Saint-Michel-de-Maurienne en 1894 de la première fabrique de chlorates par électrolyse, tandis que la production de carbure de calcium au four électrique démarrait à Notre-Dame-de-Briançon en 1896. Les vallées de la Tarentaise, de la Maurienne et de la Romanche connurent alors une industrialisation massive, et Grenoble accéda au rang de métropole alpine, dotée d'un puissant réseau d'écoles de formation professionnelle, d'instituts techniques et de laboratoires universitaires (H. Morsel).

Dans le **grand Sud-Ouest** l'hydro-électricité pyrénéenne participa également à la modernisation du territoire (C. Bouneau). Elle montra son pouvoir industrialisant à partir de la Grande Guerre, qui dota enfin la région d'un avantage comparatif grâce à son éloignement du front. Le directeur de la Compagnie du Midi, Jean-Raoul Paul, voulut transformer en pôle d'expansion cet espace, considéré encore comme un réduit périphérique à l'écart de la croissance française. Il souhaitait selon sa propre expression «suisséifier» les Pyrénées, Tarbes devenant une seconde Grenoble, tandis que Toulouse aurait tenu le rôle de Lyon. Ses projets ambitieux se réalisèrent partiellement grâce au volontarisme des entrepreneurs regroupés en 1922 dans l'Union des Producteurs d'Électricité des Pyrénées occidentales. L'action de cette entente s'identifiait au grand sud-ouest dès la fin des années vingt et elle joua à l'échelle européenne, jusqu'au second conflit mondial, un rôle de modèle régional de développement énergétique. Outre sa contribution majeure aux progrès de l'électrification ferroviaire, de la consommation domestique urbaine et de l'électrification rurale, l'U.P.E.P.O. réussit à susciter l'implantation à Tarbes, Bagnères-de-Bigorre, Lannemezan, Marignac et Toulouse, d'un véritable complexe d'industries électrotechniques et électrochimiques. Ainsi l'électrochimie pyrénéenne concentrait dans l'entre-deux-guerres près du tiers de la capacité de production nationale.

© ARMAND COLIN. La photocopie non autorisée est un délit.

Carte n° 5 - Le complexe énergétique de la Compagnie du Midi et du Paris-Orléans en 1937 et sa contribution à l'électrification régionale et nationale.

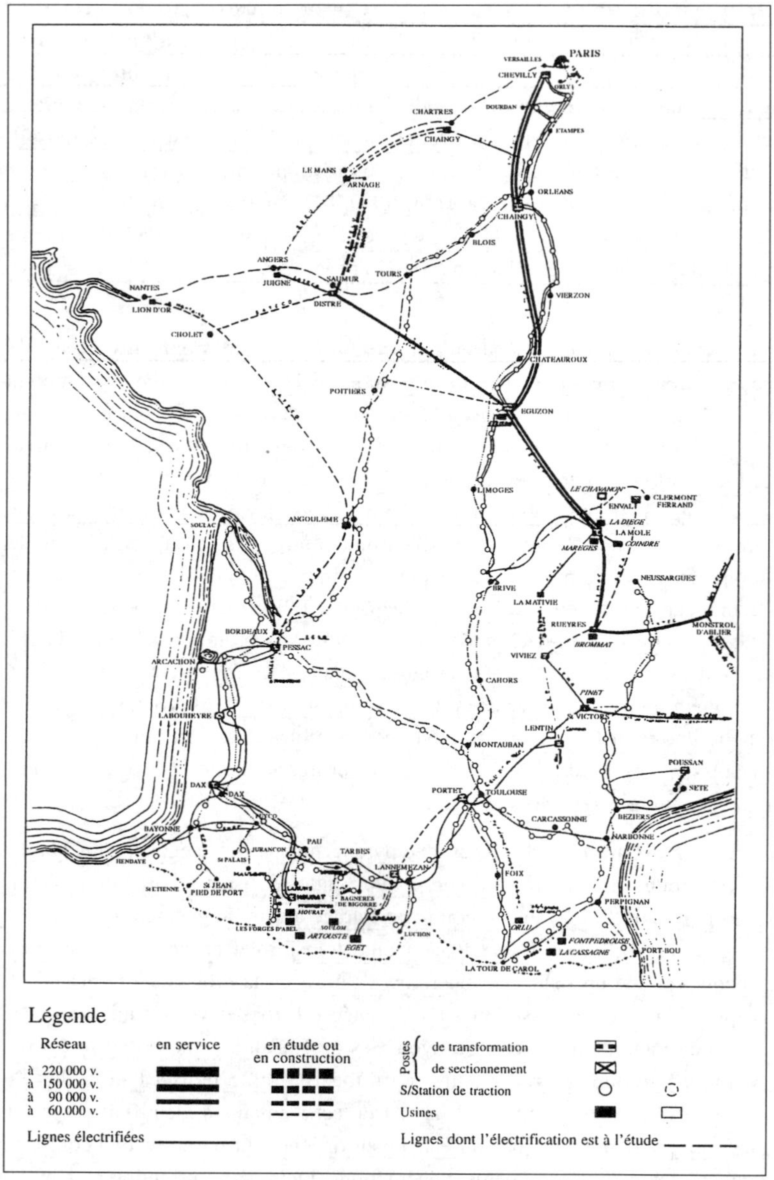

Source : C. Bouneau, *Le transport d'énergie et l'interconnexion en France de 1919 à 1946.*

• **En Italie** le pouvoir d'incitation industrielle de l'électricité se traduisit surtout par la naissance d'une nouvelle sidérurgie à partir également de la Grande Guerre. Jusque-là, dépourvue de charbon mais disposant du minerai de fer de l'île d'Elbe, elle avait parié sur la mise en place de centres sidérurgiques à cycle intégral moderne dans le bassin de Piombino-Portoferraio, le seul digne de ce nom, et à Bagnoli, près de Naples. Pour faire face à des menaces répétées de faillites de plusieurs établissements, l'État et les banques obtinrent une concentration poussée avec la création en deux étapes, en 1911 et 1918, d'une grande entreprise intégrée, l'Ilva Altiforni e Acciaierie d'Italia. Mais il s'agissait d'un colosse aux pieds d'argile, constitué d'un ensemble disparate d'unités de production éloignées géographiquement les unes des autres. Seul le pari sur l'acier électrique permit la relance du secteur, avec une filière technologique que le président de l'Association des métallurgistes italiens, Giorgio Enrico Falck, considèrait comme beaucoup mieux adaptée aux conditions naturelles et au type de développement régional du pays. L'avènement du régime fasciste l'avait directement stimulé par la suppression en 1923 des droits d'importation des mitrailles utilisées comme matières premières. Les aciéristes utilisant les fours électriques, concentrés en Piémont et Lombardie, furent encouragés par cette mesure et la part de l'acier électrique progressa vivement dans la production italienne de 2,1 % en 1913 à 7,3 % en 1918 et 27 % en 1938.

Parmi les grandes mutations spatiales apportées par la seconde industrialisation figure également **le renforcement de la puissance industrielle des capitales**, Paris, Berlin et Londres. Ce renforcement s'appuyait naturellement sur leurs fonctions politiques et tertiaires, c'est-à-dire globalement sur leur pouvoir de commandement, et il se traduisit par une forte attraction démographique. Dans ces trois métropoles offrant des conditions salariales privilégiées, la diversification des activités industrielles s'accompagna d'une surreprésentation des branches à forte valeur ajoutée, comme les industries mécaniques dans la région londonienne, les industries du luxe à Paris et les industries électriques à Berlin. L'Italie, la Belgique et les Pays-Bas représentèrent dans ce domaine des cas tout à fait spécifiques. Milan s'imposa comme la véritable capitale de l'industrie transalpine, Rome n'ayant dans ce domaine qu'une fonction tout à fait limitée, mais Gênes et Turin devinrent également de puissants pôles industriels.

© ARMAND COLIN. La photocopie non autorisée est un délit.

Carte n° 6 - Les activités de la région économique milanaise durant les années 1960.

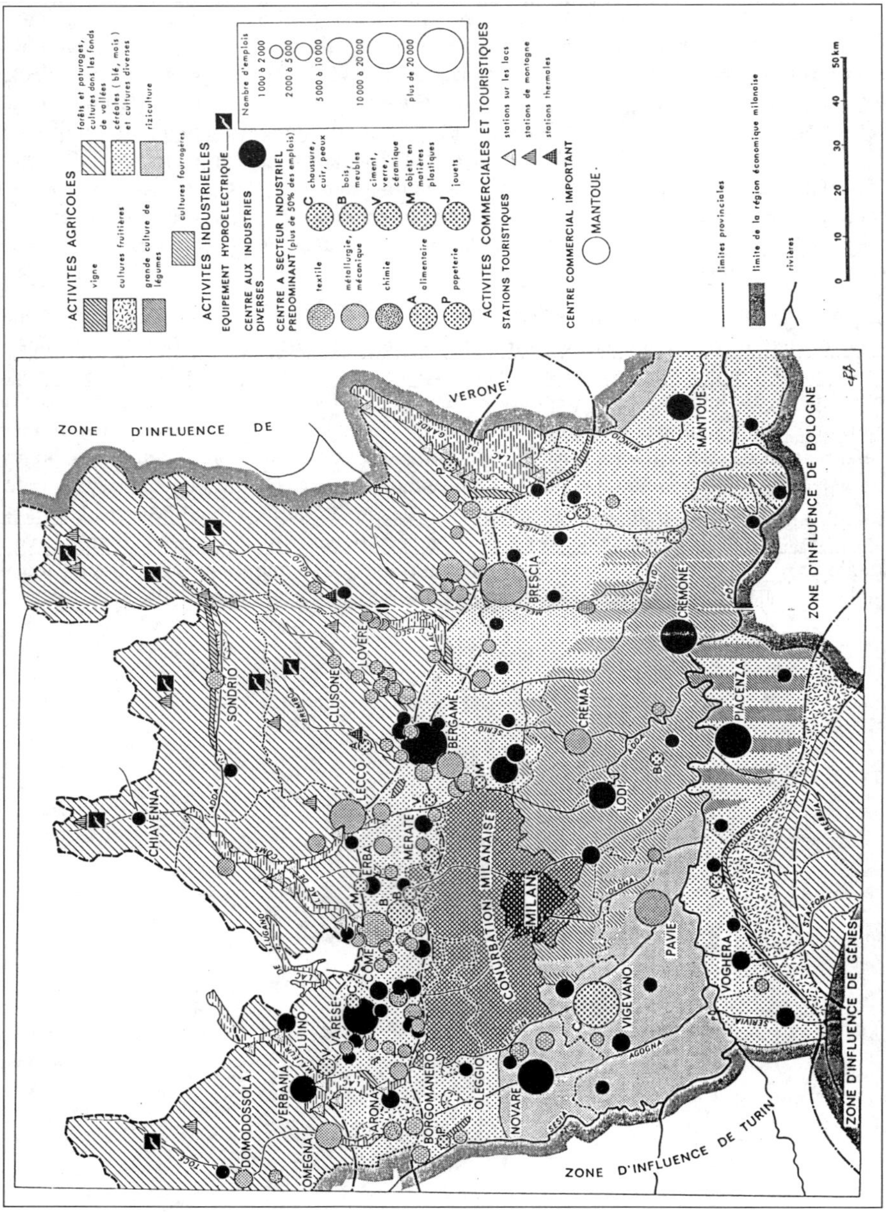

Source : E. Dalmasso, *Milan, capitale économique de l'Italie.*

En Belgique Bruxelles, malgré son rôle comme centre de décision, ne put éclipser le potentiel industriel des bassins miniers wallons et de la région anversoise. Elle se contenta jusqu'à l'entre-deux-guerres de développer des industries légères, notamment de la confection, selon le schéma classique des métropoles qui concentrent les marchés de capitaux, de main-d'œuvre et de consommation. Les Pays-Bas étaient quant à eux polycentrés, et vu l'importance des densités et la taille de l'État qui contribuaient à n'en faire qu'une seule et même région urbaine et industrielle, aucune métropole ne s'imposa totalement, même si Amsterdam et Rotterdam concentrèrent de plus en plus le pouvoir industriel à partir de la fin du XIXe siècle. Quant à la *Randstad Holland*, terme qui serait apparu en 1938 sous la plume du fondateur de la KLM, elle constitua une réalité pour les géographes et les urbanistes, mais elle ne reçut jamais de consécration officielle.

2.3. Le poids des disparités régionales

Il faut souligner que l'échelle régionale peut transcender de façon spectaculaire le cadre national : le Nord-Pas-de-Calais constitue un ensemble supranational avec l'essentiel de la Belgique et la Rhénanie-Westphalie. De même l'Alsace, la Suisse et la Souabe forment une seule grande région textile. À l'inverse la géopolitique, en imposant ses découpages artificiels, peut amener de fortes disparités de croissance à l'intérieur d'un même espace régional. Tel est bien le cas de la Silésie partagée entre l'Allemagne, l'Autriche-Hongrie et la Russie : seule la première puissance assura à la haute Silésie un développement industriel soutenu. Enfin un petit État, comme les Pays–Bas, peut être considéré comme un grand espace régional, obligé de s'insérer constamment dans l'économie européenne et au-delà mondiale.

Ces derniers qui ne bénéficièrent pas d'avantages comparatifs dans la première industrialisation, par manque en particulier de ressources minières, s'intégrèrent au contraire avec succès dans le processus de la seconde industrialisation. Favorisés désormais dans le domaine énergétique par la mise en valeur du pétrole indonésien, **les Pays-Bas** ajoutèrent dès la fin du XIXe siècle aux branches traditionnelles de l'industrie du tabac, de l'agro-alimentaire et de la taille des diamants, les fabrications nouvelles de lampes électriques, de moteurs diesel et un secteur dynamique de construction navale concurrençant la Grande-Bretagne. Le bassin houiller du Limbourg fut enfin mis en exploitation et une sidérurgie sur l'eau fut créée à Ijmuiden après le premier conflit mondial. La diversification des productions apparaît considérable pour un petit État : même l'automobile (DAF) et l'aéronautique (Fokker) sont d'origine nationale. Pourtant en adoptant une échelle spatiale plus fine, les disparités industrielles régionales sont loin d'être inexistantes à l'intérieur des Pays-Bas. En effet à partir des années 1870, à la suite à la fois de l'industrialisation massive de l'arrière-pays rhénan et de la mise en place du réseau ferroviaire, très tardive par rapport à ses voisins européens, la primauté de la Hollande fut définitivement acquise sur les provinces périphériques, avant même que n'apparut le concept de *Randstad Holland.* Cette croissance supérieure se traduisit par un important flux migratoire en direction de l'ouest, concernant principalement la main-d'œuvre industrielle. À partir des années 1950 les relations centre-périphérie se modifièrent cependant avec l'avènement de l'automobile, également tardif pour un pays européen, et la mise en œuvre d'une politique d'aménagement du territoire, comme nous le verrons.

© ARMAND COLIN. La photocopie non autorisée est un délit.

• **En Italie** la politique des gouvernements de la fin du XIXe siècle et du début du XXe siècle accrut le décalage de développement industriel entre le Nord et le Mezzogiorno. Celui-ci fut nettement désavantagé par le tarif douanier de 1887 qui frappa durement son économie agricole. À l'inverse les industries du nord bénéficièrent d'un gros effort des pouvoirs publics en faveur des infrastructures et des services : les symboles du nouveau capitalisme italien furent ainsi la grande exposition de Turin en 1898, la création de l'Université commerciale Bocconi à Milan en 1902 et l'ouverture du tunnel du Simplon en 1905. Le régime reposait pourtant sur un compromis permanent entre les industriels des régions septentrionales et les grands agrairiens méridionaux. L'industrialisation du nord fut confirmée par la structure de la population active à la fin de la première décennie de notre siècle : les ouvriers, dans leur acception la plus large, représentaient 41 % de celle-ci en Lombardie, 40 % en Ligurie et 31 % en Piémont. Ce développement régional italien se fit cependant largement sous la dépendance des industriels et financiers allemands.

Carte n° 7 - L'espace industriel des Pays-Bas en 1970.

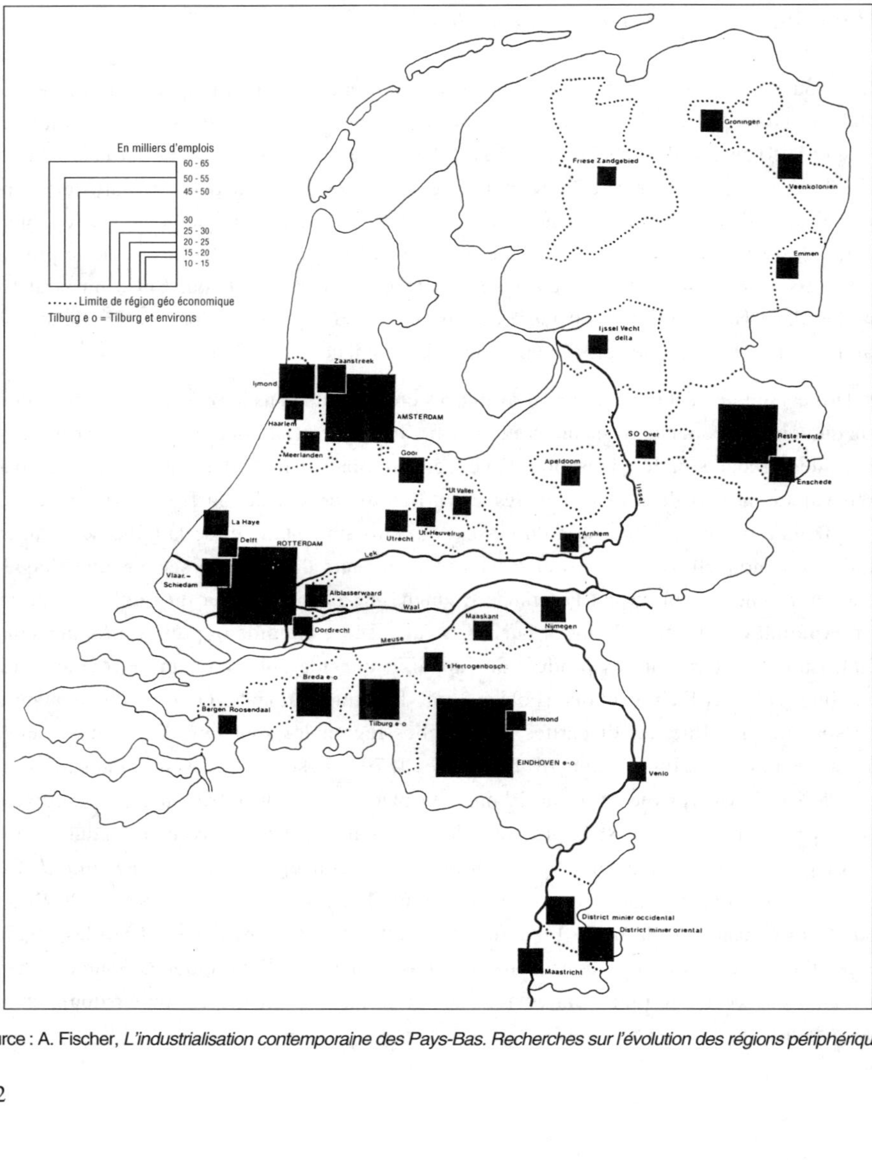

Source : A. Fischer, *L'industrialisation contemporaine des Pays-Bas. Recherches sur l'évolution des régions périphériques*

• **Les migrations intérieures**, ou mobilité interrégionale, permettent de rendre compte de l'évolution des disparités régionales dans le cadre de la seconde industrialisation. L'Allemagne offrit ici à la fin du XIXe siècle, surtout à partir de 1890, le cas le plus spectaculaire de mouvement de population vers l'ouest, avec un effet massif d'aspiration par Berlin et par la Rhénanie-Wesphalie. En 1907, sur les 60,4 millions d'habitants nés à l'intérieur des frontières du Reich, 29 millions, soit 48 % du total, résidaient hors de leur commune de naissance, 20 millions habitant encore dans la même province, tandis que 9 millions avaient traversé les frontières de celle-ci (W. Kölmann).

Tableau 2 - Les migrations interrégionales en Allemagne de 1890 à 1907

Région	Émigrants	Immigrants	Gain (+) ou perte (–) résultant du mouvement migratoire
Allemagne orientale	2 931 000	592 000	– 2 339 000
Poméranie Silésie	2 139 000	692 000	– 1 447 000
Allemagne moyenne	1 765 000	4 482 000	+ 2 717 000
Allemagne du Nord	2 075 000	2 040 000	– 35 000
Rhénanie-Westphalie	806 000	1 998 000	+ 1 192 000
Allemagne du Sud	795 000	709 000	– 86 000

Source : V. Hentschel, *Wirtschaft und Wirtscaftspo 0litik in wilhelminischen Deutschland.*

La région berlinoise, les ports hanséatiques et la zone industrielle rhéno-westphalienne absorbèrent ainsi, pour les besoins de leur croissance, les excédents de population agricole de la partie orientale du Reich, en prenant directement le relais de l'émigration aux États-Unis. Pour le dernier courant la vocation industrielle des migrants ne fit aucun doute, puisque en Rhénanie en 1907 86 % des immigrants originaires du nord-est étaient ouvriers ou mineurs et la proportion était encore supérieure en Westphalie, puisqu'elle atteignait 94 %. On aboutit ainsi à un net glissement du centre de gravité industriel du Reich vers l'ouest, qui remit d'ailleurs en question la prépondérance exercée jusque-là par la vieille Prusse. Le *West-Ost-Gefälle*, ou gradient d'industrialisation ouest-est, rend bien compte des disparités régionales en Allemagne pour l'ensemble du XXe siècle.

Ce flux démographique lié à l'industrialisation disparut presque complètement au début de la République de Weimar et globalement durant tout l'entre-deux-guerres. Cette faible mobilité géographique de la main-d'œuvre s'expliqua désormais par la baisse de la pression démographique dans les campagnes d'Allemagne orientale et par l'harmonisation des salaires ouvriers entre les différentes régions grâce à la conclusion d'accords nationaux. Un nouveau flux considérable est-ouest se développa cependant à partir de la fin de l'année 1944, avec l'exode des populations devant l'Armée Rouge puis les expulsions qui suivirent les accords de Potsdam. Grâce à cet apport massif de réfugiés, regroupés progressivement dans les régions industrielles où le bâtiment et les travaux publics offraient d'importantes possibilités d'emploi, la population de l'Allemagne occidentale passa de 39 millions d'habitants en 1939 à 50 millions en 1955, alors que pour la même période la France progressa péniblement de 41,9 à 43,4 millions. En se maintenant à un niveau élevé jusqu'au milieu des années cinquante, la mobilité géographique de la main-d'œuvre constitua un des fondements du nouveau miracle économique allemand.

Le jeu des disparités régionales fut également fortement influencé par **les modifications territoriales apportées par les deux conflits mondiaux** et par **les politiques économiques mises en place par les régimes totalitaires.** Ainsi, pour ne prendre que l'exemple du premier, la défaite de 1918 eut des conséquences majeures sur l'espace industriel allemand. L'amputation essentielle de l'Alsace-Lorraine, de la Sarre et de la haute Silésie privait le pays d'une part essentielle de son

© ARMAND COLIN. La photocopie non autorisée est un délit.

potentiel de production : les trois quarts pour le minerai de fer, le tiers pour la fonte, le quart pour la houille et pour l'acier, et globalement 10 % de son potentiel industriel. Elle aggrava aussitôt les disparités régionales pour l'ensemble de l'entre-deux-guerres en renforçant la puissance de la Ruhr et de ses magnats, qui concentrèrent encore plus les investissements. En 1913 la Ruhr produisait 10 millions de tonnes d'acier sur un total de 18 millions pour le Reich, tandis qu'en 1929 elle en fournissait pas moins de 13 millions sur 16 millions. Toutes les autres régions dépendaient étroitement d'elle pour leurs approvisionnements en matières premières et en biens intermédiaires. La dépendance fut particulièrement néfaste pour la Bavière et le Würtemberg qui pâtirent souvent de difficultés d'approvisionnement et furent handicapées par la domination sur leur territoire des industries légères traditionnelles, en premier lieu le textile. La politique du régime nazi à partir de 1933 renforça à nouveau le poids régional de la Ruhr par l'implantation de nouvelles branches de l'industrie métallurgique (aluminium, magnésium) et de la chimie de synthèse (caoutchouc, essence synthétique), liées directement au programme de militarisation de l'économie. En outre, tant pour le charbon que pour la sidérurgie, son record de production de 1929 fut dépassé dès 1937.

En conclusion, la spatialisation des activités durant la seconde industrialisation fut loin d'avoir desserré le lien avec l'implantation sur les ressources naturelles. La géographie industrielle se diversifia et se complexifia pourtant, amorçant un mouvement d'indifférenciation dans la localisation. Mais celui-ci ne se renforça qu'à la fin du XXe siècle avec la montée des facteurs immatériels, caractéristique de la troisième industrialisation.

3. Désindustrialisation, aménagement du territoire et construction européenne

3.1. Un processus renouvelé de désindustrialisation

La notion même de **désindustrialisation** renvoie directement à l'histoire des disparités régionales ; elle est le pendant indispensable du mouvement d'industrialisation depuis l'origine (M. Hau). Comme nous l'avons vu à travers l'étude des reclassements régionaux, la Grande-Bretagne offre de nombreux exemples de ce processus au cours du XIXe siècle. En France la trajectoire la plus significative est certainement fournie par la Basse-Normandie. Celle-ci disposait au début du XIXe siècle d'une activité textile diversifiée et d'une grande tradition métallurgique ; sa puissance industrielle se maintint par rapport à la Haute-Normandie jusqu'au début des années 1860. Toute l'évolution ultérieure amena au contraire son décrochage face à cette dernière. La présence de quelques îlots comme Flers et Laigle ne put pallier l'absence de pôles d'industrialisation. Son recul très net dans ses deux grands secteurs d'activité s'explique par un faisceau classique de facteurs : le détournement des capitaux par l'agriculture, en l'occurrence le « couchage en herbe », la médiocrité des transports, avec notamment de très mauvaises liaisons avec Paris, le coût élevé de l'énergie-vapeur en l'absence de bassin charbonnier digne de ce nom, le régime démographique malthusien et le comportement des élites prisonnières des valeurs nobiliaires.

• **La Belgique** offre un cas exemplaire de l'alternance sur un temps assez long, c'est-à-dire depuis sa création en 1830, de phases d'industrialisation et de désindustrialisation, qui aboutirent à un renversement complet assez rare des disparités régionales. Le gradient d'industrialisation est ici longitudinal, comme en Allemagne et aux Pays-Bas, alors qu'il est largement méridien en France et surtout en Italie ; en Belgique, contrairement à ces quatre pays, le jeu de ce gradient fut inversé à deux reprises au cours des XIXe et XXe siècles. Alors que la Flandre avait au début du XIXe siècle une activité proto-industrielle textile soutenue, qui avait d'ailleurs servi de base à l'historien

Mendels pour élaborer sa théorie de la proto-industrialisation, elle se vit totalement évincée dans la seconde moitié du siècle par les bassins wallons d'industrie lourde, organisés autour du sillon minier Sambre-Meuse. À l'exception relative de Gand, où se reconstitua une industrie textile sur des bases nouvelles, et surtout d'Anvers où les importations alimentèrent des industries de transformation, la Flandre ne participa guère à ce mouvement d'industrialisation. Sa désindustrialisation textile fut en tout cas pratiquement achevée au début des années 1880 et son exemple montre que le maintien de bas salaires ne procurait absolument pas une garantie de développement industriel. Le premier tiers du XXe siècle vit se consolider le paysage industriel bâti sur les bassins miniers et, globalement, les innovations majeures de la seconde industrialisation eurent des effets tardifs d'entraînement sur l'économie belge, contrairement aux Pays-Bas.

La grande Crise des années trente amena la première grave alerte pour les bassins wallons, tandis que l'extraction charbonnière se développait en Campine flamande, en attirant comme activités dérivées la métallurgie des non-ferreux. Les entreprises des branches récentes les plus dynamiques privilégiaient désormais l'implantation dans le nord du pays en dessinant un axe Bruxelles-Malines-Anvers : en 1947 celui-ci regroupait déjà 50 % de la construction électrique belge, 45 % de l'industrie automobile et 40 % de la chimie. La période de la fin des années cinquante au début des années soixante-dix vit s'enclencher le puissant mouvement de désindustrialisation du sillon Sambre-Meuse, qui affecta l'extraction charbonnière avant de toucher la sidérurgie. Au cours des années soixante la Wallonie perdait déjà des emplois industriels ; à l'inverse la Flandre, notamment dans le Courtraisis et la Campine, concentrait depuis la fin du second conflit mondial la majorité des investissements industriels de l'État et des entrepreneurs étrangers. En outre la polarisation exercée par l'axe Bruxelles-Anvers se renforça, même si la croissance de la capitale reposait de façon classique sur une tertiarisation de ses activités. De nouveaux facteurs de localisation, détachés largement de l'impératif charbonnier, ont donc joué en faveur de la Flandre et de la région bruxelloise : l'attraction du littoral, l'accès à la capitale et la qualité des bassins de main-d'œuvre.

• **Une relance spectaculaire du processus de désindustrialisation** affecta donc l'Europe occidentale au cœur pourtant d'une conjoncture générale de haute croissance. L'impulsion initiale de la CECA conduisit à une vive augmentation de la production de charbon, achevant ainsi le cycle héroïque de la « bataille du charbon » de la Libération. Mais la destinée des bassins houillers, et globalement d'industrie lourde, fut affectée par une rupture majeure en 1957-1960, donc bien avant le déclenchement de la grande crise de 1973-1974 (R. Leboutte). Le changement de politique énergétique fut dicté par deux facteurs : le passage d'une situation de pénurie à une ère d'abondance énergétique, et la grande mutation du bilan énergétique qui vit les hydrocarbures supplanter dans le second après-guerre les combustibles minéraux. À la fin des années cinquante l'heure était à la modernisation des installations et à l'accélération de la mécanisation, qui provoqua une hausse spectaculaire des rendements mais aussi un effondrement des effectifs. Le ministre français de l'industrie, J.M. Jeanneney, voulait désormais déterminer l'avenir des bassins houillers uniquement en fonction de leurs coûts de production comparés aux prix des charbons étrangers et des combustibles concurrents. Le cycle de la reconversion, avec sa logique technique, son vocabulaire technocratique, ses drames sociaux était enclenché. Le fondement même des sociétés industrielles semblait remis en cause, puisque de façon hautement symbolique le charbon était considéré jusque-là comme le pain de l'industrie, tandis que l'acier était considéré comme l'étalon de la puissance des nations les plus modernes.

Les cas essentiels de **la Grande-Bretagne** et de la France permettent de mieux comprendre le processus de désindustrialisation à l'échelle régionale. Dans le berceau de la révolution industrielle l'évolution remonte en fait à l'entre-deux-guerres et touche à la fois les trois grands bassins du Pays de Galles, du North East et de l'Écosse (Clydeside et Lanarkshire). Le Pays de Galles fut le prototype même de la *depressed area*. Malgré les efforts du National Coal Board, la modernisation

© ARMAND COLIN. La photocopie non autorisée est un délit.

et la mécanisation des houillères furent insuffisantes et leur déclin s'avéra inévitable : elles passèrent de 164 puits et 108 000 mineurs en 1950 à seulement 52 puits et 40 000 mineurs en 1970. Quant à la métallurgie, pour essayer d'enrayer son déclin, elle acheva sa migration vers le littoral. La gravité de la crise structurelle fut équivalente dans le North East, puisqu'elle toucha la quasi totalité d'industries beaucoup plus diversifiées. La construction navale fut la première victime dès le début des années 1930 et en 1967 le Shipbuilding Industry Act semblait le plan de restructuration de la dernière chance. Les établissements sidérurgiques de la région de Middlesbrough et de Hartlepool ne tirèrent guère profit d'un mouvement de concentration continu. Le gisement de fer des Cleveland Hills fut lui-même marginalisé ; il ne fournissait plus que 9 % du minerai en 1954, le reste devant être importé.

• **En France** le bassin du Nord-Pas-de-Calais souffrit de la concurrence à la fois des houilles importées et de celles de Lorraine, qui bénéficièrent d'une productivité supérieure de plus du double. À la suite surtout du plan de restructuration Jeanneney (1960-1965), qui provoqua également la première vague de grèves violentes à Decazeville en 1961-1962, la suppression des sièges déficitaires fut considérable (98 puits en 1951 contre 33 en 1967) et les effectifs des mineurs s'effondrèrent (220 000 ouvriers en 1947, 50 000 en 1973). L'emprise spatiale des houillères restait cependant très importante ; elles possédaient encore à la fin des années 1960 120 000 logements répartis en 900 cités, qui représentaient le quart des logements des 162 communes du bassin. La sidérurgie quant à elle amorçait sa translation vers le littoral. Dunkerque, dont les installations portuaires furent modernisées et qui fut enfin relié convenablement à son *hinterland*, accueillit en effet en 1962 une première unité du groupe Usinor. Mais en réalité les effets industrialisants directs ou indirects sur l'économie locale s'avérèrent limités, et au contraire la nouvelle sidérurgie sur l'eau contribua à la désindustrialisation de la Sambre et du Valenciennois. Les politiques de redéploiement adoptées à l'échelle nationale avaient vite montré leur insuffisance et une intervention spécifiquement régionale ne fut mise en œuvre qu'en 1967, avec la nomination d'un commissaire au redéploiement industriel pour le Nord.

À l'échelle européenne **la CECA** mit en place une politique de reconversion des bassins industriels à partir de 1959 au bénéfice à la fois des bassins belges du Borinage, de Liège et du Centre, du Limbourg hollandais, du Nord-Pas-de-Calais et de la Lorraine. Ses interventions visaient à faciliter le redéploiement des ouvriers licenciés vers d'autres branches et en même temps reposaient sur un programme social de logements ouvriers, d'hygiène et de médecine du travail. Leur efficacité ne fut guère accrue par la mise en place de la CEE, puisqu'il fallut attendre 1972 pour voir l'application d'une nouvelle politique industrielle spécifique, avec la création du Fonds Européen de Développement Régional (FEDER).

Le choc de la désindustrialisation fut d'autant plus douloureux dans de nombreux bassins que, d'une part, le secteur textile fut affecté lui aussi par des difficultés profondes et, d'autre part, des effets de contagion touchèrent lourdement les industries de sous-traitance et de service liées aux complexes charbonniers.

Ainsi dès le début des années soixante-dix, avant même l'irruption de la grande crise économique et les premières restructurations importantes de la sidérurgie, les friches industrielles se multiplièrent en Europe occidentale. La désindustrialisation revêtait une dimension souvent tragique car le chemin était encore long pour la métamorphose des *black countries* en *green countries*, à la nouvelle image de marque.

3.2. La difficile mise en œuvre de l'aménagement du territoire

La notion d'aménagement du territoire n'a donné naissance à une discipline officielle qu'après la Seconde Guerre mondiale. Pourtant la construction des réseaux ferroviaires au XIXe siècle et des réseaux électriques au début du XXe a représenté une étape décisive dans sa genèse.

• **La Grande-Bretagne** fut le pays d'Europe occidentale où la pratique de l'aménagement du territoire fut la plus précoce. Celle-ci fut directement liée au profond bouleversement de la géographie industrielle britannique à partir de la Grande Guerre, marqué à la fois par la promotion du Sud et des Midlands, où se concentraient les industries nouvelles, et le déclin spectaculaire, comme nous l'avons vu, des grands bassins du nord de l'Angleterre, de l'Écosse et du Pays de Galles. Ce bouleversement, qui constitua un des traits majeurs de l'histoire de la Grande-Bretagne au XXe siècle, renversait le clivage économique traditionnel opposant les régions industrielles du Nord aux régions agricoles du Sud. Sa traduction la plus douloureuse résida dans l'envolée du chômage dans de véritables poches à la sinistre réputation, comme Merthyr Tydfil au Pays de Galles qui comptait durant l'entre-deux-guerres jusqu'à 70 % de chômeurs, avec tout un cercle vicieux de faillites, de licenciements et de déchéances personnelles. J.B. Priestley dans *English Journey* (1934) montra que l'opposition entre les deux Angleterre affectait même le destin des chômeurs indemnisés par la *dole* : « Vivre des allocations de chômage dans le Devon du sud, par exemple, est sans doute fort pénible ; mais vivre de ces allocations lorsque l'on habite le Tyneside est infiniment pire ». Les pouvoirs publics amorcèrent alors une politique d'aménagement du territoire en définissant en novembre 1934 les zones déshéritées ou *depressed areas*. Le vote de deux Special Areas Acts en 1936 et 1937 offrit des facilités financières aux firmes qui acceptaient de s'implanter dans celles-ci, alors que furent pénalisées les créations dans les régions favorisées. Leur efficacité s'avéra en réalité fort limitée. En outre pour éviter la congestion de la région londonienne, un projet de préservation d'une ceinture verte (*green belt*) autour de la capitale fut adopté en 1938.

Dans le second après-guerre le New Towns Act (1946) et le Town and Country Planning Act (1947) prirent en charge l'amélioration, chère aux travaillistes, de l'environnement essentiellement urbain, victime du développement industriel anarchique. Cette législation rendait responsable les autorités locales de la mise en œuvre d'un plan décennal de rénovation et de développement, et les villes nouvelles contribuèrent à une croissance plus harmonieuse des grandes agglomérations. La lutte contre les disparités régionales dans le domaine de l'emploi devint plus systématique avec le Local Employment Act de 1960 qui créait, là où le taux de chômage dépassait 4,5 %, des districts de développement dotés d'aides spéciales. Une politique régionale plus cohérente et plus interventionniste fut pratiquée en 1963-1964 par Édouard Heath lorsqu'il devint Secrétaire d'État à l'industrie, au commerce et au développement régional. Les travaillistes mirent alors en œuvre en revenant au pouvoir en 1964 une véritable planification régionale, en constituant onze régions d'action économique dotées d'un Regional Economic Planning Board et d'un Regional Economic Planning Council. Cette politique apportait une dimension supplémentaire, celle d'une solidarité de fait entre les différents espaces, l'expérience montrant que si l'on aidait les *depressed areas* tout en laissant les autres se développer de façon anarchique, les résultats étaient souvent très décevants. L'action de ces organismes fut cependant entravée par la politique gouvernementale de déflation, avant même le déclenchement de la crise des années soixante-dix.

• **En France** la publication en 1947 par Jean-François Gravier de *Paris et le désert français*, malgré ou peut-être à cause de son caractère simplificateur et provocateur, amena la prise de conscience nécessaire. Elle inaugura une certaine confusion classique entre l'aménagement du territoire et la politique régionale, que l'on retrouvait en Grande-Bretagne. À partir de la création d'une Direction de l'aménagement du territoire en 1949, les initiatives locales se multiplièrent et

© ARMAND COLIN. La photocopie non autorisée est un délit.

débouchèrent sur la reconnaissance officielle des Comités d'Expansion économique en 1954 et la rédaction de programmes d'action régionale, qui s'appuyaient sur la définition de 21 régions-programmes. L'œuvre de la IVe République relevait cependant largement du domaine du discours. La Ve République, avec l'ère de la DATAR, alla beaucoup plus loin en intégrant son œuvre dans une grande ambition politique, celle de la modernisation et de l'industrialisme. La Délégation à l'aménagement du territoire et à l'action régionale, constituée en 1963 et placée sous l'autorité d'Olivier Guichard, affichait comme objectifs essentiels l'amélioration des infrastructures, des équipements collectifs et la formation de pôles de développement. Elle portait ainsi sur les fonts baptismaux les grands projets de Dunkerque, Fos et Le Havre-Antifer, avant que le retournement de la conjoncture ne mit en péril la viabilité économique de ces « cathédrales ». En France aussi la crise des années soixante-dix ne pouvait amener que des révisions assez déchirantes de l'aménagement industriel du territoire.

Aux **Pays-Bas** les préoccupations d'organisation volontaire de l'espace ne débouchèrent, comme en France, sur la mise en œuvre d'une politique spécifique qu'aux lendemains du second conflit mondial. Le sud-est de la Drenthe servit dès la fin des années quarante de banc d'essai pour l'application d'un programme d'industrialisation systématique, visant à combler son retard. Une première étape générale fut franchie en 1952 avec l'adoption d'un plan d'industrialisation, point de départ d'une politique d'aménagement régional qui progressivement se complexifia. Les aires de développement, qu'il définissait en fonction du taux de chômage, comprenaient une bonne partie des provinces du Nord et quelques districts en Overijssel, Brabant et Limbourg. Dans la décennie qui suivit la typologie spatiale fut simplement affinée par la création des « aires à problèmes », rebaptisées bientôt du terme moins ingrat d'« aires de stimulation », et celle des « aires de restructuration ». La prise de conscience de la nécessité d'une politique globale d'aménagement industriel du territoire fut renforcée en 1956 par la publication du rapport *Het Westen en overig Nederland* (*l'Ouest et le reste des Pays-Bas*). Plus tardif que *Paris et le désert français*, mais d'origine officielle puisqu'il émanait du Service de planification, il soulignait les risques d'une concentration excessive des hommes et des activités dans la région- capitale. Il fallut cependant attendre, de façon classique, 1965, pour qu'entre en vigueur une loi sur l'aménagement du territoire, fixant enfin un cadre juridique pour les interventions publiques…

En **Belgique** la loi de 1962 sur « l'urbanisme et l'aménagement du territoire » constituait l'acte fondateur de la politique d'aménagement. Sa date tardive provenait en partie de la faiblesse relative des disparités régionales de niveau de vie : à l'échelle de la province, l'indicateur du revenu par habitant en 1970 ne faisait apparaître qu'un écart maximal de 1 à 1,9. La loi prévoyait un système complexe de plans emboîtés, national, régionaux, sous-régionaux et locaux. Cet emboîtement resta cependant au stade d'outil de réflexion et non d'action jusqu'au début des années soixante-dix.

En **Italie** la genèse de l'aménagement du territoire sous le régime fasciste fut essentiellement rurale, avec la création à la fin des années vingt d'un Sous-Secrétariat d'État pour la bonification intégrale des terres, chargé de construire toute une infrastructure de routes et de villes nouvelles. L'autre action d'envergure fut l'application d'un vaste programme de développement du réseau routier, confié en 1928 à l'Azienda Nazionale Autonoma delle Strade. Celle-ci réalisa la construction spectaculaire de grandes autoroutes à péage qui furent alors les premières d'Europe. Cette politique de prestige par les grands travaux publics reposait sur l'option industrielle du régime en faveur de l'automobile, alors que le pays comptait moins de 200 000 automobilistes à la fin des années vingt, et donc au détriment de la voie ferrée. Quant au célèbre Instituto per la Ricostruzione Industriale (IRI), fondé en 1933, il ne réussit à mettre en œuvre aucun aménagement régional digne de ce nom, malgré son contrôle d'une grande partie de l'appareil industriel italien, qui lui donnait les moyens d'une politique volontariste. Il fallut en réalité attendre la création en août 1950 de la Cassa per il Mezzogiorno pour qu'un instrument spécifique d'intervention économique et d'assistance sociale en faveur des régions méridionales vit le jour, en bénéficiant des retombées du miracle économique italien. Son travail ne pouvait être qu'une œuvre de longue haleine, puisque par exemple le revenu moyen par habitant à Milan et à Agrigente était alors respectivement de 349 000 lires et 67 000 lires, cet écart rendant bien compte de l'étendue des disparités régionales. Les politiques d'incitation, centrées toujours plus sur l'industrialisation, passèrent par l'attribution aux entreprises du Sud de 40 % des commandes publiques, tandis que les sociétés contrôlées directement ou indirectement par l'État devaient réserver au Sud 40 % de leurs investissements et 60 % de leurs implantations nouvelles. Cette redistribution spatiale permit au Sud d'atteindre 25 % de l'investissement industriel italien en 1958-1963 et 37 % en 1972.

Tableau n° 3 - Disparités régionales du PIB / habitant en Italie de 1911 à 1971 (moyenne de l'Italie = 100)

Ensemble régional	1911	1928	1938	1951	1971
Nord-Ouest	136	147	152	156	132
Nord-Est Centre	101	98	95	98	105
Sud	75	69	67	65	69

Source : V. Zamagni, *Dalla periferia al centro. La seconda rinascita economica dell' Italia.*

• **L'action de la Cassa per il Mezzogiorno** avait bien permis un resserrement des écarts régionaux jusqu'au début des années soixante-dix mais à un prix très élevé, celui, social, de flux migratoires considérables vers le Nord, celui, financier et économique, d'une disproportion très nette entre la masse des capitaux injectés par les pouvoirs publics et la réalité des effets industrialisants obtenus. La part du Sud dans la production industrielle (17 %) ne varia pas en vingt ans de 1950 à 1970, le chômage restait un mal endémique, malgré l'émigration, et en définitive à la fin de notre période l'écart du revenu par tête avec le Nord-Ouest, pratiquement encore du simple au double, était identique à celui de 1911. Le constat de la surimposition artificielle de complexes industriels sur un milieu qui n'était absolument pas préparé l'emportait largement et conduisait même à parler de « cathédrales dans le désert » pour les grands pôles industriels de Naples-Salerne, Bari-Tarente et Catane-Syracuse. D'où la nécessité de nuancer souvent les discours euphoriques sur le cercle vertueux du développement régional engagé par les politiques d'aménagement du territoire, ce volontarisme étant parfois érigé en Europe occidentale au rang de mystique...

3.3. La construction d'une Europe industrielle ?

Dans la recherche de la construction d'un espace industriel supranational, la création de la **Communauté Européenne du Charbon et de l'Acier**, conformément au plan Schumann de mai 1950, constitua indéniablement une première étape décisive. Instituée officiellement par le traité de Paris en 1951 et dotée d'une Haute Autorité aux pouvoirs très étendus, elle réunissait la France, la RFA, l'Italie, la Belgique, le Luxembourg et les Pays-Bas pour la régulation de la production de deux secteurs, qui restaient les symboles de la puissance industrielle d'une nation. Son principal objectif était d'assurer la cohésion du triangle industriel de l'Europe Occidentale comprenant la Ruhr, la Lorraine, le Nord-Pas-de-Calais, la Sarre, le Luxembourg, la majeure partie de la Belgique et du sud de la Hollande, en faisant jouer à plein les effets de complémentarité. Il s'agissait en particulier de répondre aux craintes françaises inspirées par le développement inéluctable des industries lourdes de la Ruhr. Même si, comme nous l'avons vu, la CECA fut obligée de gérer rapidement le déclin charbonnier, en accordant des subventions et des aides sociales à la reconversion, elle permit directement l'essor de la production d'acier, qui doubla

© ARMAND COLIN. La photocopie non autorisée est un délit.

pratiquement de 1950 à 1958. Son activité fut donc radicalement opposée à celle du Cartel de l'acier dans les années vingt, qui avait dû au contraire lutter contre la surproduction.

La CECA avait été également conçue pour préparer une intégration européenne beaucoup plus large des sources d'énergie, des matières premières et des produits fabriqués. La signature des traités de Rome du 25 mars 1957 fondant le **Marché commun**, non plus sectoriel mais général, et l'Euratom, offrit le cadre officiel nécessaire. Conséquence logique de cet élargissement de la vocation du nouvel espace européen, les exécutifs des trois communautés (CECA, CEE, Euratom) fusionnèrent totalement en juillet 1967. Le pari du Marché commun pouvait paraître risqué, à cause notamment de l'importance des disparités spatiales de développement industriel, entre le géant allemand, l'Italie à l'industrialisation tardive et elle-même inégale, et la Belgique aux bassins en voie déjà d'obsolescence. Le pari fut en fait largement gagné dans le domaine du commerce extérieur, en premier lieu des produits industriels. D'une part la croissance fut générale pour les Six, avec un taux annuel de croissance des échanges de 10,9 % entre 1958 et 1973, supérieur à celui du PIB (5,5 %). D'autre part les disparités internes, même si elles restaient vives, furent atténuées par la création de cet espace supranational : ainsi sur une base 100 en 1953, les exportations intracommunautaires atteignaient en 1962 les indices 338 pour la RFA, 376 pour la France et 535 pour l'Italie. L'industrie italienne fut certainement une des principales bénéficiaires de cette intégration européenne, surtout pour ses activités à fort coefficient de main-d'œuvre. Mais elle se positionna également dans des secteurs plus innovants, comme la pétrochimie et l'automobile. Durant les années soixante elle se plaça même au second rang des pays développés, derrière l'industrie japonaise, pour sa croissance de la productivité du travail. Ainsi la CEE a fourni un espace d'expansion et d'intensification des échanges qui, jusqu'au début des années soixante-dix, a suffi à la plupart des industriels des Six. La construction de l'Europe a épargné en quelque sorte la conquête d'horizons plus lointains.

Une conclusion évidente, valable pour l'ensemble de la période 1880-1970, se dégage de cette étude trop succincte. Au premier rang des facteurs résiduels d'explication de la croissance industrielle, par définition presque impossibles à quantifier précisément, figurent bien les facteurs spatiaux complexes, qui recouvrent en particulier les effets d'agglomération, les inégalités régionales et l'organisation des réseaux. La comparaison classique entre l'Allemagne et la France est ici très éclairante. La première a bénéficié d'une densité remarquable d'occupation, et donc d'aménagement et de desserte, de son territoire. Dès les années 1880 à peine 10 % de son espace a une densité inférieure à 50 habitants / km^{2}, et, comme nous le verrons, elle dispose d'un important réseau de villes de plus de 100 000 habitants qui ne souffre pas d'une hypertrophie de la capitale. La rentabilisation des équipements collectifs est ici optimale et cette analyse est valable à l'échelle des entreprises elles-mêmes, qui accèdent facilement aux réseaux de transport et aux marchés de consommation et trouvent à proximité les fournisseurs et les sous-traitants nécessaires, sans avoir besoin de passer par la capitale. La France au contraire pâtit d'une densité fort insuffisante, avec à peine 74 habitants / km^{2} en 1911 et une dizaine de départements avec moins de 40 habitants / km^{2}, concentrés dans le centre et le sud-ouest de l'Hexagone. Elle est donc obligée de faire face à des dépenses beaucoup plus importantes pour l'établissement et l'exploitation de ses infrastructures de transport et globalement de ses services publics. D'autre part la centralisation poussée et l'hypertrophie de plus en plus marquée de la région parisienne ont un coût élevé, dont la dénonciation passionnée après 1945 n'a pas été pour autant un gage d'action efficace.

Un avantage spatial comparatif aurait dû jouer également en faveur du développement industriel de la Grande-Bretagne et de la Belgique, ce qui n'a guère été le cas durant la période considérée, alors qu'il avait joué à fond durant la première industrialisation. Voilà simplement une nouvelle confirmation du danger de tout déterminisme historique. Dans le processus d'industrialisation, les facteurs spatiaux n'offrent pas des avantages, des rentes de situation, immuables : les effets d'agglomération n'ont pas empêché les bassins d'industrie lourde de subir le drame de la reconversion. Ils n'offrent même pas la garantie d'enclencher à eux seuls le cercle vertueux de l'industrialisation ou au contraire le cercle vicieux de la désindustrialisation. Ils jouent en fait de façon classique en corrélation avec un faisceau de facteurs explicatifs, notamment l'innovation technologique et la compétition internationale. Enfin depuis trois décennies le jeu des reclassements et des redéploiements géographiques est devenu de plus en plus complexe, avec le rôle accru des facteurs immatériels, la montée d'une économie « déterritorialisée », qui est une des tendances essentielles de la troisième industrialisation aujourd'hui à l'œuvre.

Dans une étroite complémentarité avec ce chapitre, en nous focalisant sur une échelle géographique plus restreinte, nous allons maintenant examiner les liens importants entre les villes et l'industrialisation, liens approfondis et diversifiés par la seconde industrialisation.

© ARMAND COLIN. La photocopie non autorisée est un délit.

DOCUMENTS

Carte n° 8 - L'espace industriel de l'Europe occidentale dans les années 1970.

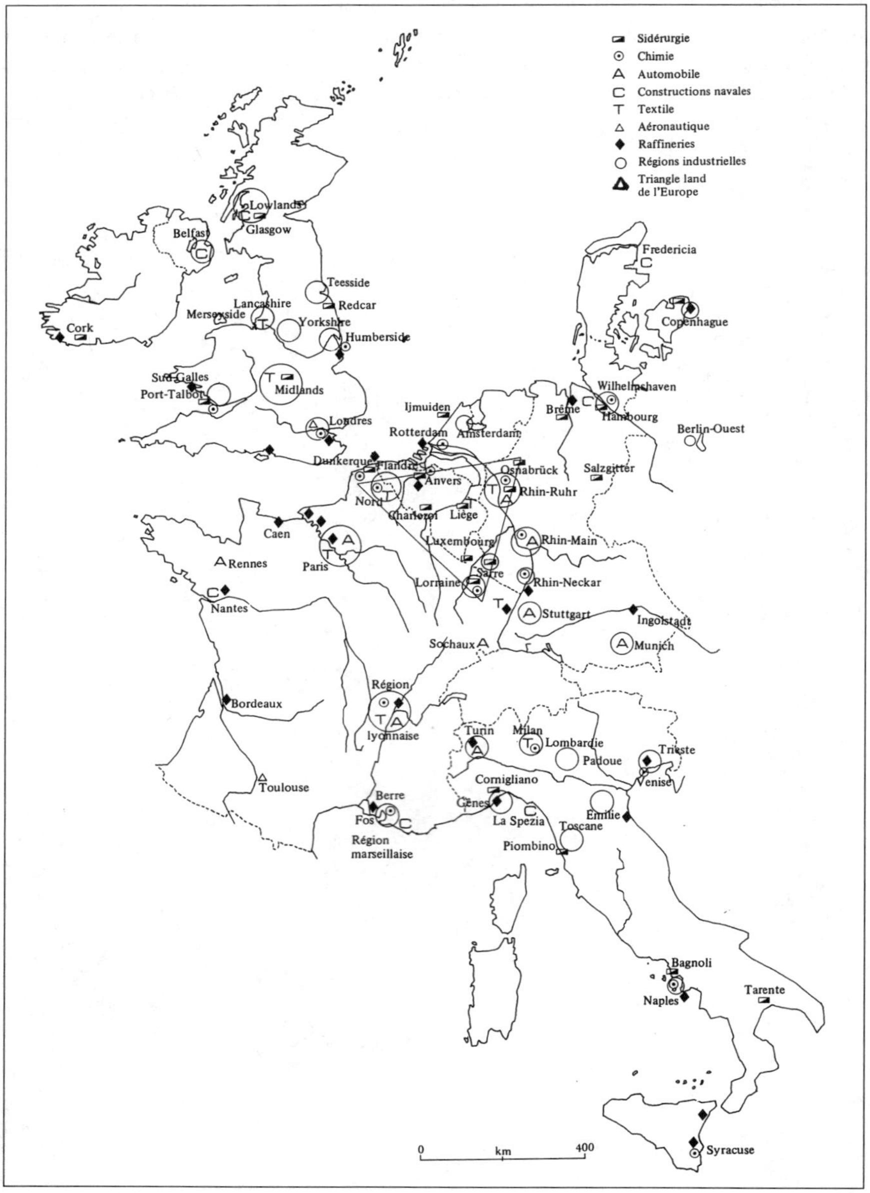

Source : D. Bourdelin et M. Labori, *L'Europe des douze, une puissance mondiale en devenir?*

Tableau n° 4 - Disparités régionales de niveau de vie en Europe occidentale en 1961

Ensembles régionaux	Revenu annuel par habitant en $
Région parisienne	1 790
Région londonienne	1 470
Bassin de Rhénanie-Ruhr	1 420
Centre-Est de l'Angleterre	1 350
Westphalie	1 350
Centre de l'Angleterre	1 260
Bassin de l'Elbe et de la Weser	1 200
Sud-Ouest de l'Angleterre	1 150
Bassin du Main	1 150
Nord-Ouest de l'Angleterre	1 114
Bassin de l'Ems	1 112
Rhénanie occidentale	1 110
Sud-Est de la France	1 110
Nord-Ouest de l'Angleterre	1 090
Sud-Est de la Bavière	1 090
Sud-Ouest de la France	980
Nord de la France	980
Centre-Sud de la France	970
Pays de Galles	970
Écosse	970
Lombardie	940
Est de la France	910
Piémont et Ligurie	900
Ouest de la France	820
Latium et Abruzzes	650
Émilie et Marches	640
Toscane et Ombrie	600

Source : C.M. Cipolla, *The Fontana Economic History of Europe.*

© ARMAND COLIN. La photocopie non autorisée est un délit.

Tableaux n° 5 - Les disparités régionales de croissance en Europe occidentale : évolution de la population par ensembles régionaux de 1880 à 1970
(en milliers d'habitants)

Angleterre

	1881	1911	1921	1931	1951	1971
Bedfordshire	149	195	206	221	312	464
Berkshire	218	281	295	311	403	637
Buckinghamshire	176	219	236	271	386	588
Cambridgeshire	186	199	207	221	256	303
Cheshire	644	962	102	1 088	1 259	1 546
Cornwall	331	328	321	318	345	382
Cumberland	251	266	273	263	285	292
Derbyshire	462	679	709	750	826	885
Devonshire	604	700	710	733	798	898
Dorsetshire	191	221	225	239	291	362
Durham	867	1 370	1 479	1 486	1 464	1 410
Essex	338	488	554	643	847	1 358
Gloucestershire	572	738	760	791	939	1 077
Hampshire	593	953	1 008	1 103	1 293	1 675
Herefordshire	121	114	113	112	127	139
Hertfordshire	194	290	311	373	562	925
Huntingdonshire	59	56	55	56	69	203
Kent	618	869	938	959	1 090	1 399
Lancashire	3 454	4 762	4 934	5 040	5 118	5 118
Leicestershire	321	477	494	542	631	772
Lincolnshire	470	564	602	624	706	809
London	4 713	7 160	7 387	8 110	8 194	7 452
Monmouthshire	211	395	450	432	425	462
Norfolk	445	498	501	502	548	618
Northamptonshire	273	349	349	361	423	469
Northumberland	434	697	746	757	798	796
Nottinghamshire	392	604	641	713	841	976
Oxfordshire	180	190	190	210	273	382
Rutland	21	20	18	17	21	27
Shropshire	248	246	243	244	290	337
Somerset	469	455	462	470	551	683
Staffordshire	981	1 286	1 356	1 434	1 621	1 858
Suffolk	357	394	400	401	443	546
Surrey	247	393	423	507	747	1 003

Allemagne jusqu'en 1939

	1880	1900	1910	1925	1933	1939
Prusse	27 279	34 473	40 165	38 176	39 934	41 334
dont :						
Prusse orientale	1 934	1 997	2 064	2 256	2 333	2 186
Prusse occidentale	1 406	1 564	1 703	332	338	
Posnanie	1 703	1 887	2 100			
Poméranie	1 540	1 635	1 717	1 879	1 921	2 394
Berlin	1 122	1 889	2 071	4 024	4 243	4 339
Brandebourg	2 267	3 109	4 093	2 592	2 726	3 008
Silésie	4 008	4 669	5 226	4 512	4 687	4 869
Saxe	2 312	2 833	3 089	3 293	3 401	3 618
Schleswig-Holstein	1 127	1 388	1 621	1 519	1 590	1 589
Hanovre	2 120	2 591	2 942	3 223	3 368	3 458
Westphalie	2 043	3 188	4 125	4 784	5 040	5 209
Hesse-Nassau	1 554	1 898	2 221	2 475	2 585	2 675
Rhénanie	4 074	5 760	7 121	7 214	7 632	7 906
Bavière	5 285	6 176	6 887	7 380	7 682	8 223
Royaume de Saxe	2 973	4 202	4 807	4 994	5 197	5 232
Wurtemberg	1 971	2 169	2 438	2 580	2 696	2 897
Bade	1 570	1 868	2 143	2 312	2 413	2 502
Hesse	936	1 120	1 282	1 347	1 429	1 469
Mecklembourg	677	711	746	784	805	900
Oldenburg	337	399	483	545	574	578
Brunswick	349	465	494	502	513	603
Brême	157	225	300	339	372	450
Hambourg	454	768	1 015	1 153	1 218	1 712
Thuringe	1 170	1 420	1 586	1 607	1 660	1 744
Alsace-Lorraine	1 567	1 719	1 874			
Sarre				770	812	842
Autres États	509	653	708	691	726	671

Allemagne de l'Ouest de 1939 à 1970

	1939	1946	1950	1961	1970
Schleswig-Holstein	1 589	2 573	2 595	2 317	2 494
Hambourg	1 712	1 403	1 606	1 832	1 794
Basse-Saxe	4 540	6 228	6 797	6 641	7 082
Brême	563	485	559	706	723
Rhénanie du Nord-Westphalie	11 934	11 683	13 196	15 902	16 914
Hesse	3 479	3 974	4 324	4 814	5 382
Rhénanie-Palatinat	2 960	2 741	3 005	3 417	3 645
Bade-Wurtemberg	5 476	5 817	6 430	7 759	8 895
Bavière	7 084	8 791	9 185	9 515	10 479
Sarre	910	853	945	1 073	1 120
Berlin-Ouest	2 751	2 013	2 147	2 197	2 122

© ARMAND COLIN. La photocopie non autorisée est un délit.

Italie

	1881	1911	1921	1936	1951	1971
Piémont	3 070	3 424	3 384	3 506	3 612	4 544
Ligurie	892	1 197	1 336	1 467	1 567	1 849
Lombardie	3 681	4 790	5 050	5 836	6 560	8 527
Vénétie	2 814	3 527	4 200	4 288	3 918	4 110
Émilie	2 183	2 681	3 033	3 339	3 544	3 841
Toscane	2 209	2 695	2 766	2 974	3 293	3471
Marches	939	1 093	1 148	1 278	1 364	1 359
Ombrie	572	687	636	726	822	773
Latium	903	1 302	1 619	2 647	3 806	4 702
Abruzzes et Molise	1 317	1 431	1 433	1 601	1 685	1 483
Campanie	2 897	3 312	3 547	3 699	4 795	5 055
Apulie	1 589	2 130	2 297	2 637	3 478	3 562
Basilicate	525	474	469	543	666	602
Calabre	1 258	1 402	1 512	1 772	2 167	1 963
Sicile	2 928	3 672	4 061	4 000	4 833	4 667
Sardaigne	682	852	864	1 034	1 438	1 469
Trentin-Haut Adige			642	669	729	839
Frioul et Vénétie Julienne		729	977	1 226	1 210	

Pays-Bas

	1879	1909	1920	1940	1950	1970
Groningue	253	328	366	427	462	517
Frise	330	360	383	428	468	522
Drenthe	119	173	210	250	285	36
Overijsell	274	383	439	585	682	921
Gueldre	467	640	730	938	1 101	1 506
Utrecht	192	289	342	490	584	801
Hollande septentrionale	680	1 108	1 298	1 701	1 875	2 244
Hollande méridionale	804	1 391	1 679	2 174	2 425	2 969
Zélande	189	233	245	254	272	306
Brabant septentrional	466	623	734	1052	1267	1 788
Limbourg	239	332	440	620	745	999
Flevoland						15

Belgique

	1880	1910	1920	1930	1947	1961	1970
Anvers	577	969	1 017	1 173	1 281	1 444	1 538
Brabant	985	1 470	1 522	1 680	1 798	1 992	2 171
Flandres orientales	882	1 120	1 107	1 149	1 217	1 277	1 310
Flandres occidentales	692	874	804	902	997	1 073	1 054
Hainaut	978	1 233	1 220	1 270	1 225	1 260	1 317
Liège	664	888	863	973	964	1 011	1 003
Limbourg	211	276	300	368	460	579	653
Luxembourg	209	231	224	221	213	219	217
Namur	323	363	348	356	356	373	387

Source : B.R. Mitchell, *International Historical Statistics Europe 1750-1988.*

CHAPITRE XII

VILLES ET INDUSTRIALISATION : LA MATURITÉ D'UNE ALLIANCE

Dans la symbiose étroite entretenue depuis l'origine entre les deux processus, des différences substantielles de modèles se firent jour entre les pays d'Europe occidentale et ces différences s'accentuèrent avec la seconde industrialisation à partir des années 1880. Elles s'apprécient d'abord par l'intensité globale du lien, caractérisée par les taux de population active du secteur secondaire puis également du secteur tertiaire, et les taux d'urbanisation. Elles s'évaluent également par la taille respective des villes et la répartition des réseaux urbains. Elles s'évaluent enfin en termes fonctionnels par la prédominance de certains secteurs de production. De façon générale, une opposition très nette existe entre les régions européennes septentrionales, britanniques, allemandes et des pays du Bénélux, et les régions méridionales françaises et italiennes. Dans les premières le lien de la croissance urbaine avec l'industrialisation fut considérable, il s'affirma par le développement d'un réseau de grandes agglomérations. À l'inverse pour les secondes le lien resta plus faible, il fut surtout sélectif et ne déboucha que rarement sur la formation de véritables coalescences.

1. L'approfondissement de la symbiose entre industrialisation et urbanisation

1.1. Voies nationales de développement et spécificité des réseaux urbains

La corrélation, à la fois évidente et complexe, entre les deux mouvements historiques ressort des données rassemblées dans le tableau n° 1, qui montre en même temps l'ampleur des disparités nationales.

© ARMAND COLIN. La photocopie non autorisée est un délit.

Tableau 1 - Comparaison des taux d'urbanisation et des taux de population active dans les secteurs secondaire et tertiaire en Europe occidentale de la fin du XIXe siècle à1970

	Pourcentage des secteurs secondaire et tertiaire en 1880-1881	Taux d'urbanisation en 1910	Pourcentage des secteurs secondaire et tertiaire en 1911-1913	Taux de croissance annuel de la population urbaine de 1920 à 1940	Pourcentage des secteurs secondaire et tertiaire en 1950-1951	Taux de croissance annuel de la population urbaine de 1950 à 1970	Taux d'urbanisation en 1970	Pourcentage des secteurs secondaire et tertiaire en 1970-1973
Grande-Bretagne	II 43,5 III 43,5	74,8	II 44,8 III 44,2	0,9	II 46,5 III 48,4	0,7	80,7	II 32,4 III 65
Allemagne (1)	II 30,9 III 21,6	48,8	II 37,8 III 27,6	1,1	II 43 III 34,8	1,7	81,1	II 46,6 III 46,2
France (2)	II 26,7 III 25,5	38,5	II 29 III 26	1,3	II 37,6 III 35,3	2,2	67,1	II 38,8 III 47,1
Italie	II 20,5 III 17,7		II 23,6 III 17,3	1,7	II 31,2 III 24,5	1,9	57,0	II 41,8 III 41,0
Pays-Bas				2,0		1,8	70,8	
Belgique				0,6		1,0	69,3	

(1) 1885 pour 1881
(2) 1906 pour 1910-1913 et 1955 pour 1950.
Données fournies notamment par *The Fontana Economic History of Europe*

• **En Grande-Bretagne** la concentration de la population urbaine dans les plus grandes agglomérations fut très précoce, puisqu'en 1914 plus de 55 % des citadins vivaient dans des villes de plus de 100 000 habitants. Les petites villes n'en stagnèrent pas pour autant, avec une population progressant de 4 à 6 millions d'habitants de 1871 à 1914. À l'inverse, les taux de croissance de la population urbaine britannique de 1920 à 1970 devinrent les plus faibles des six pays d'Europe occidentale considérés. Le taux d'urbanisation progressa alors seulement de 74,8 % à 80,7 %. L'apogée de la symbiose avec le mouvement d'industrialisation fut donc atteint dès la Belle Époque. Le processus de désindustrialisation fut bien un phénomène d'ampleur nationale et très précoce en Grande-Bretagne, puisque la population active du secteur secondaire commença à décliner dès la fin des années cinquante. Les villes britanniques furent donc les premières en Europe à présenter les caractéristiques de la société postindustrielle.

Alors qu'elle accusait dans ce domaine, comme dans d'autres, un retard considérable sur la Grande-Bretagne, **l'Allemagne** connut une croissance urbaine encore plus soutenue que sa rivale de 1880 à 1914. L'essor des grandes villes germaniques se fit à un rythme aussi rapide qu'aux États-Unis, l'autre pays phare de la seconde industrialisation : les cités de plus de 100 000 habitants passèrent de 8 en 1871, pour 4,8 % de la population totale, à 48 en 1910, regroupant 21,3 % des Allemands. Cet essor a fourni aux techniques nouvelles de l'éclairage et du transport public un débouché en très forte expansion. La superficie moyenne des cités de plus de 100 000 habitants doubla d'ailleurs de 1850 à 1910, passant de 21 km² à 42. Les tenants de la civilisation allemande traditionnelle dénoncèrent alors le *Grossstadtimperialismus*, d'autant plus que la croissance des grandes métropoles étouffa celle des petites villes, contrairement à la Grande-Bretagne. L'exode rural sautait en effet très souvent le stade des villes petites et moyennes, contrairement à la France. La progression de l'urbanisation caractérisa l'ensemble de la période 1920-1970, avec une accélération remarquable durant les années fastes du miracle économique. Elle fut strictement parallèle avec le mouvement continu d'industrialisation, puisque en 1970 la population active du secteur secondaire était encore supérieure à celle du tertiaire et son taux était le plus élevé d'Europe occidentale.

Par rapport à la Grande-Bretagne et l'Allemagne, **la France** était au tournant des deux siècles nettement en retard dans son processus d'urbanisation, comme dans son processus d'industrialisation. De la fin du XIXe siècle jusqu'au second après-guerre la croissance de sa population citadine, vu son faible niveau initial, se fit à un rythme soutenu, avec surtout un taux annuel moyen de 2,2 % de 1950 à 1970. Le lien avec l'industrialisation se déplaça alors vers l'aval, c'est-à-dire vers les activités de distribution caractéristiques de la société de consommation, puisque la population active du secteur tertiaire devint prépondérante dès le début des années soixante. L'armature urbaine française fut cependant affectée par peu de modifications importantes. En particulier les villes du textile et de la métallurgie, qui avaient commencé leur croissance avant 1880, poursuivirent leur progression jusqu'à l'entre-deux-guerres. Les percées les plus remarquables provoquées par l'industrialisation furent celles de Clermont-Ferrand et de Grenoble, et, à un degré plus modeste de l'échelle, celle des villes touristiques, en premier lieu Nice, qui atteignait presque 110 000 habitants en 1911 contre moins de 50 000 au moment du rattachement du Comté à la France, en considérant le tourisme comme une industrie à part entière. Ainsi jusqu'à nos jours l'urbanisation française fut marquée par trois caractéristiques majeures : l'hypertrophie de sa capitale, des métropoles provinciales dont aussi bien le nombre que la population étaient insuffisants, un réseau assez développé de villes moyennes et surtout petites. N'est-ce pas là l'image directe de son mode d'industrialisation ? La comparaison de la structure de la population urbaine par taille de villes dans les trois principaux pays d'Europe occidentale en 1911 est à ce titre fort évocatrice :

Tableau 2 - Structure comparée de la population urbaine en Grande-Bretagne, en Allemagne et en France en 1911

	Villes de plus de 100 000 habitants %	Villes de plus de 100 000 habitants nombre	Villes de 50 000 à 100 000 habitants %	Villes de 20 000 à 50 000 habitants %	Villes de moins de 20 000 habitants %
Grande-Bretagne	56 %	39	10 %	13 %	21 %
Allemagne	49 %	48	11 %	14 %	26 %
France	46 %	15	9 %	11 %	33 %

Nous percevons bien ici **les déséquilibres profonds du réseau urbain français**, handicap majeur pour la diffusion spatiale et sociale de l'industrialisation. Par opposition à l'hypertrophie de la capitale française et dans une moindre mesure de la capitale britannique, l'Allemagne bénéficia au cours du XXe siècle, pour asseoir son industrialisation, d'une évolution plus équilibrée de son réseau urbain, structuré par de nombreuses métropoles régionales d'importance à peu près équivalente. Ainsi en 1971 sur les 60 millions d'habitants de la RFA, 25 % vivaient dans des agglomérations de plus de 200 000 habitants, 7 % dans des agglomérations entre 100 000 et 200 000 habitants et 47 % dans des villes entre 2 000 et 100 000 habitants.

À l'inverse des trois pays dominant l'Europe occidentale, la situation de **l'Irlande** confirme comme pour l'Italie, mais avec des taux encore plus faibles, la corrélation entre le niveau d'industrialisation et celui de l'urbanisation. Touchée par une émigration massive vers les États-Unis et les bassins industriels de Grande-Bretagne, elle ne connaissait qu'un taux d'urbanisation de 26 % en 1891. Beaucoup plus que Dublin, la seule agglomération industrielle bénéficiant d'une croissance spectaculaire fut celle de Belfast, passant de 100 000 habitants en 1850 à 387 000 à la veille de la Grande Guerre. **L'Italie** bénéficia quant à elle d'une croissance urbaine supérieure, en liaison directe avec l'émergence d'une société industrielle : de 1881 à 1911 la population des communes de plus de 20 000 habitants passa de 23,7 % à 31,3 % et à elle seule la population de Milan, de Turin, de Gênes, de Naples et de Rome de 5 à 7,7 %. Cette expansion parallèle s'accentua durant la période fasciste, alors que la part de l'industrie dans le produit brut

© ARMAND COLIN. La photocopie non autorisée est un délit.

privé de 1921 à 1936 s'éleva de 25,3 % à 34,1 % pour 30 % de la population active. Durant le miracle économique du second après-guerre les capitales industrielles de Milan et Turin connurent le développement le plus spectaculaire, en augmentant respectivement de 30 et 36 % de 1951 à 1961.

1.2. La dynamique urbaine de la première industrialisation prolongée par la seconde

Les villes dont la croissance fut assurée uniquement par **les secteurs moteurs de la seconde industrialisation**, essentiellement la chimie et l'électricité, furent en réalité peu nombreuses. En effet les industries chimiques se sont souvent localisées dans les bassins industriels préexistants, à l'exception assez remarquable de la grande vallée chimique du Rhône, ou dans les grands complexes portuaires, comme celui de Rotterdam. Elles ont contribué alors à la diversification du tissu industriel, en préservant les villes des dangers de la mono-activité, désastreuse en cas de vague de désindustrialisation. Quant aux industries électriques, nous avons déjà évoqué leur pouvoir de stimulation de l'urbanisation dans le chapitre précédent, en présentant les nouveaux espaces promus par la révolution de la houille blanche et la polarisation industrielle des Alpes et des Pyrénées exercée par Grenoble, Tarbes et Toulouse. Les industries de la production, du transport et de la distribution d'énergie se caractérisaient de toute façon par un faible coefficient de main-d'œuvre, tandis que le secteur de la construction électrique pouvait quand même mobiliser des effectifs importants de salariés, comme à Berlin et Londres. En définitive la logique urbaine de la première industrialisation fut souvent prolongée, voire approfondie, par la seconde, même si, comme nous le savons déjà, le processus renouvelé de désindustrialisation affecta certains bassins industriels et urbains dès la fin du XIXe siècle.

Les villes industrielles les plus « classiques », dans tous les sens du terme, correspondaient aux **agglomérations portuaires** où se superposaient les fonctions de transport, de négoce, de production et de consommation régionale, englobant l'arrière-pays. En Grande-Bretagne, Liverpool (753 000 habitants en 1911) affirma sa prééminence grâce à un remarquable effort d'équipement en bassins à flot et elle devint le grand port d'émigration des Européens vers les États-Unis, en accueillant les grandes compagnies de navigation comme la Cunard ; Hambourg (900 000 habitants en 1913) joua un rôle presque équivalent en Allemagne avec la Hamburg Amerika Linie. À une échelle certes inférieure, le port de Cardiff mit à profit le potentiel industriel de son arrière-pays ; dans une recomposition profonde de l'armature urbaine régionale, il accéda au début des années 1880 au rang de première ville galloise et sa population doubla dans les deux décennies suivantes. En France l'interrelation entre expansion portuaire, croissance urbaine et industrialisation fut la plus marquée au Havre, au détriment de Rouen. Le Havre, jouissant de sa position pleinement littorale, dépassa les 150 000 habitants à la veille du premier conflit mondial, tandis que Rouen, défavorisé par son site de fond d'estuaire, stagnait à 120 000 habitants. Dans la typologie urbaine et industrielle, les ports de fond d'estuaire furent considérablement désavantagés à partir de la fin du XIXe et ils ne purent assurer leur prospérité qu'en se dotant de puissants avant-ports. Le retard et l'insuffisance des équipements de l'avant-port du Verdon expliquent en partie le déclin industriel continu de l'agglomération bordelaise à partir de l'entre-deux-guerres.

La trajectoire de **Rotterdam** fut cependant la plus significative de l'internationalisation des trafics et des productions, grâce à sa position au cœur de l'Europe du nord-ouest. Ce port, qui détenait le premier rang mondial à la fin des années soixante, resta longtemps en retrait d'Amsterdam, car il était mieux placé pour la navigation intérieure que pour la navigation maritime. Le débouché du Rhin n'offrit des opportunités importantes de profit qu'avec l'industrialisation de son arrière-pays dans la seconde moitié du XIXe siècle (J.-C. Boyer). Avec la dégradation des accès maritimes d'Amsterdam et le développement de la voie rhénane, l'écart se combla et la concurrence tourna à l'avantage de Rotterdam. L'évolution démographique est révélatrice, puisque le rapport de population entre les deux métropoles, qui était encore de 2,3 en 1870 tomba à 1,3 en 1930. Rotterdam, capturant une bonne partie des expéditions de la Ruhr, bénéficia d'un énorme trafic de pondéreux avec d'abord le charbon à la descente puis le minerai de fer à la remontée. Sa fonction de transit culmina dans l'entre-deux-guerres, pour régresser ensuite en valeur relative.

Carte n° 1 - Le réseau urbain des Pays-Bas en 1970.

Source : A. Fischer, *L'industrialisation contemporaine des Pays–Bas. Recherches sur l'évolution des régions périphériques.*

L'amélioration constante des accès maritimes et de la capacité d'accueil des navires permit à Rotterdam de surclasser ses concurrents, notamment Amsterdam et même Anvers, qui restait typiquement un port de fond d'estuaire, à 75 km de la mer. Depuis la fin du XIXe le port ne cessa de s'étendre vers l'aval, avec des bassins de plus en plus grands et profonds, notamment l'Europoort aménagé dans les années soixante. La spécialisation dans le commerce puis le raffinage du pétrole fournit l'essentiel du fret dans les décennies d'après-guerre ; Shell y avait installé une de ses plus puissantes raffineries dès 1936. L'augmentation de la taille des pétroliers favorisa la concentration

© ARMAND COLIN. La photocopie non autorisée est un délit.

du trafic à Rotterdam, grâce à la qualité de ses équipements et à sa desserte multimodale précoce et dense. En particulier elle réussit à desservir par oléoduc les raffineries d'Anvers, d'Amsterdam, du Limbourg néerlandais et de la Ruhr. Le complexe industrialo-portuaire attira la pétrochimie proprement dite à partir de 1949 et de façon classique Exxon et BP vinrent rejoindre Shell. Son tissu industriel était très diversifié, puisque l'agroalimentaire et les constructions navales constituaient ses spécialisations initiales.

Pourtant, malgré son développement remarquable et sa notoriété économique internationale, Rotterdam souffrit durant toutes les Trente Glorieuses d'un certain complexe d'infériorité vis-à-vis de ses deux rivales néerlandaises, Amsterdam et La Haye. Ville de manutention et de production, elle faisait plus figure de centre d'exécution que de métropole au sens plein du terme, dotée de tous les pouvoirs de décision, même si elle abritait le siège social de plusieurs grandes firmes, notamment Unilever. Cité laborieuse mais à l'environnement peu agréable sinon répulsif, elle n'attirait guère les touristes que pour la visite de son port et elle était rarement choisie par les organisateurs de congrès internationaux. La destruction de son centre historique durant le second conflit mondial nuisait également à son image. Le fonctionnalisme qui présida à sa reconstruction en avait fait un quartier d'affaires sans séduction particulière, même si la galerie marchande du Lijnbaan fut la première du genre en Europe. Nous retrouvons ici tous les handicaps des représentations négatives des agglomérations portuaires pour le second XXe siècle. Symboliquement, Rotterdam essaya cependant de manifester de façon très ostentatoire son rayonnement européen en édifiant un imposant « Euromast »…

Les agglomérations ferroviaires offrent le cas spécifique de villes dont la vocation industrielle était assise sur la fonction du transport. Crewe, dans le nord des Midlands, fournit l'exemple européen le plus achevé de ville-champignon née du rail à partir des années 1840. Au début du XXe siècle y étaient implantés les ateliers ferroviaires les plus perfectionnés du monde. Ceux-ci occupaient le septième rang parmi les entreprises industrielles britanniques en employant plus de 7 000 ouvriers, représentant une quarantaine de métiers différents. La monoactivité était spectaculaire, puisque 69 % des chefs de famille étaient des cheminots. Crewe illustre en même temps le paternalisme poussé des grandes compagnies ferroviaires, alors que les autres grandes entreprises britanniques restèrent beaucoup plus timides dans ce domaine. Outre le logement lui-même, strictement hiérarchisé des luxueuses villas à l'italienne aux petits cottages de quatre appartements des simples employés, la Compagnie bâtit dans « sa » cité plusieurs écoles, un *Mechanic's Institute*, deux hôpitaux, des églises, des débits de boisson… À une échelle certes inférieure, Vierzon, dans le Cher, a reproduit ce processus de polarisation des activités ferroviaires. Cette ville, qui était dotée depuis longtemps d'activités industrielles dans la porcelaine, la verrerie et la métallurgie, connut une vive croissance à partir des années 1870. Elle devint en effet un important noeud ferroviaire avec l'ouverture de la ligne Nantes-Vierzon et elle bénéficia alors de l'implantation des ateliers d'entretien et de réparations de la grande compagnie du Paris-Orléans. Ces derniers employaient à la veille du premier conflit mondial plus de 600 salariés pour une population globale de 20 000 habitants.

Parmi les agglomérations caractéristiques de la seconde industrialisation, dans une stricte continuité avec la première, figurent naturellement **les villes textiles et les villes d'industrie lourde**. La France, pays où l'industrie n'entraîna directement en définitive que peu de croissances urbaines importantes, fournit un excellent exemple de la place et du rôle de ce type de villes dans le réseau urbain. En 1911 dans les 100 premières cités françaises seules neuf avaient une fonction spécifiquement industrielle, comme le montre le tableau suivant :

Tableau n° 3 - Croissance des principales villes spécifiquement industrielles en France de 1872 à 1911

	Population en 1872	Rang dans le réseau urbain en 1872	Population en 1911	Rang dans le réseau urbain en 1911
Saint-Étienne	80 526	10e	132 244	8e
Roubaix	63 855	12e	115 234	11e
Tourcoing	30 004	34e	79 247	18e
Lens	7 298	195e	31 746	50e
Le Creusot	21 011	51e	25 845	60e
Liévin	3 000		25 698	61e
Armentières	17 831	68e	25 457	64e
Denain	10 430	127e	25 416	65e
Bruay			17 840	97e

Source : G. Dupeux, *Atlas historique de l'urbanisation française.*

Toutes ces villes appartiennent à des bassins d'industries métallurgiques et textiles et le Nord-Pas-de-Calais, avec sept de ces neuf cités, affirmait sa prééminence dans la marque urbaine de l'industrialisation. La fonction industrielle n'a donc été en France qu'un des éléments d'une croissance urbaine déjà inférieure à nos voisins. Pour dépasser le niveau des 10 000 habitants il fallait à la fois une diversification des secteurs, avec l'accumulation de plusieurs usines, et l'apparition d'un premier tissu d'activités tertiaires. En réalité, comme en Grande-Bretagne, en Allemagne et dans les pays du Bénélux, l'histoire de ces villes spécifiquement industrielles s'insérait dans la formation de nouveaux agrégats industriels et urbains, les conurbations. La fortune éclatante de Roubaix et de Tourcoing ne pouvait être séparée de celle de Lille et de l'ensemble de leur nébuleuse économique.

À une échelle plus restreinte, le destin de la ville de **Luxembourg**, avec de profondes mutations de ses activités économiques au cours des XIXe et XXe siècles, illustre bien le dialogue permanent entre l'urbanisation et les phases successives d'industrialisation et de désindustrialisation (M. Kieffer). Après avoir bénéficié d'une première croissance industrielle à partir de la fin du XVIIIe siècle, elle connut une vive expansion dans le dernier tiers du XIXe siècle, grâce en particulier à la qualité de sa desserte ferroviaire réalisée en 1859-1862 et au démantèlement de sa forteresse à partir de 1867. Profitant également de l'annexion de la Lorraine par le nouveau Reich, elle se dota autour de l'ancienne forteresse d'une ceinture industrielle très dense, organisée en trois secteurs essentiels : le textile et la ganterie, héritage proto-industriel, la sidérurgie-métallurgie, avec les puissantes installations de la société Metz, et l'alimentation, animée notamment à partir de 1886 par les Caves de Champagne Mercier, qui importaient du vin brut de France, le transformaient sur place en champagne pour mieux le vendre dans le Zollverein, contournant ainsi des droits de douane prohibitifs. Mais la Grande Guerre, le changement de régime douanier, avec la disparition du Zollverein et l'intégration du Grand-Duché dans l'Union économique belgo-luxembourgeoise en 1922, ancêtre du Bénélux, amenèrent des restructurations douloureuses, symbolisées par la fermeture de l'usine Mercier dès les années vingt. Globalement un processus inéluctable de désindustrialisation s'enclencha durant l'entre-deux-guerres, mais Luxembourg assura progressivement son succès dans le second après-guerre, grâce à la construction de l'Europe, en devenant, par la multiplication de ses activités du tertiaire supérieur, le symbole de la société postindustrielle de l'Europe occidentale. En 1970 elle pouvait légitimement se présenter comme capitale européenne et place financière internationale.

© ARMAND COLIN. La photocopie non autorisée est un délit.

1.3. Les grandes métropoles, clefs et symboles du pouvoir industriel

La puissance industrielle la plus considérable fut progressivement concentrée dans les grandes métropoles, qui bénéficièrent souvent de la croissance urbaine la plus vive à l'intérieur de chaque pays, comme l'atteste le tableau suivant :

Tableau n° 4 - La croissance démographique des principales métropoles d'Europe occidentale de 1880 à 1970 (en milliers d'habitants)

	1880-81	1910-11	1920-21	1940-41	1950-51	1970-71
Amsterdam	326	574	642	794	804	820
Anvers *	169	302	334	595	584	671
Berlin	1 122	2 071	3 801	4 332	3 337	3208
Birmingham	437	840	922	1 053	1 113	1 015
Brême	112	247	258	342	445	582
Bruxelles *	421	720	685	913	956	1 075
Cologne	145	517	634	768	595	848
Dortmund	67	214	295	537	507	640
Düsseldorf	95	359	407	540	501	664
Essen	57	295	439	660	605	698
Francfort	137	415	433	547	532	670
Gênes	180	272	316	635	648	812
Glasgow	587	1 000	1 052	1 132	1 090	898
La Haye	118	281	353	496	533	538
Hambourg	290	931	986	1 682	1 606	1 794
Hanovre	123	302	310	473	444	524
Leipzig	149	590	604	702	618	584
Liverpool	553	753	805	822	789	610
Londres *	4770	7 256	7 488	8 700	8 348	7 452
Lyon	377	460	460	470	471	528
Manchester	462	714	736	728	703	544
Marseille	360	551	586	620	661	889
Milan	322	579	836	1 116	1 260	1 724
Münich	230	596	631	828	832	1 294
Naples	494	723	722	866	1 011	1 233
Palerme	245	342	394	412	491	651
Paris	2 269	2 888	2 907	2 830	2 850	2 489
Paris *					5 400	8 400
Rome *	300	542	692	1 156	1 652	2 800
Rotterdam	153	427	511	612	646	679
Sheffield	285	465	512	522	513	520
Stuttgart	117	286	309	460	498	633
Turin	254	427	502	629	711	1 178

Source : B.R. Mitchell, *International Historical Statistics. Europe. 1750-1988.*
* Ne figurent ici que les villes dépassant les 500 000 habitants au début des années 1970. Il s'agit de la population des villes-centres et non de leur agglomération, à l'exception des villes suivies d'un astérisque.

• **Berlin** fait figure par excellence de métropole de la seconde industrialisation (C. Buffet). Devant la concurrence des centres d'industrie lourde, elle s'orienta en effet rapidement vers les industries de transformation, en tirant le meilleur parti des capacités d'une main-d'œuvre qualifiée. Outre une importante industrie de la confection, qui s'appuyait sur sa vocation naturelle d'arbitre de la mode et sur la clientèle de ses nombreux grands magasins, Berlin développa un puissant complexe d'entreprises dans les secteurs des constructions mécaniques et de l'équipement électrique. Siemens y inaugura en 1881 le premier tramway électrique européen et créa tout un quartier pour installer ses usines, ses bureaux et ses laboratoires, Siemensstadt, qui passa de 1 100 ravailleurs en 1899 à 20 800 en 1914, 30 300 en 1920 et 57 200 en 1929. AEG y employait de même en 1910 plus de 30 000 personnes dans ses dix usines réparties dans l'agglomération. Sa croissance démographique fut remarquable, puisqu'elle passa d'à peine 1 million d'habitants en 1871 à 3,7 millions en 1913. L'intégration de puissantes banlieues aux activités industrielles diversifiées fut reconnue administrativement en 1920 par la création du district du Grand-Berlin, soit bien avant la consécration administrative de la région parisienne en 1955 avec la mise en place des régions de programme. Ce furent surtout les quartiers occidentaux, en premier lieu le nord-ouest avec donc Siemensstadt, qui bénéficièrent de cet essor industriel. Aussi en 1939 les arrondissements de la future Berlin-Est ne regroupaient-ils que 22,5 % des salariés industriels, tout en possédant pourtant 37,1 % des établissements, à cause de la dispersion de la main-d'œuvre des industries légères prédominantes.

Berlin devint dès la fin du XIXe siècle **un symbole majeur de la modernité**. Les nombreux visiteurs français déclinèrent ce thème à l'envi, en en détaillant souvent les signes matériels. Ainsi pour C. Huard en 1907 « Berlin est neuf, propre et sans caractère, tout neuf, trop neuf, plus neuf qu'une cité américaine, plus neuf que Chicago, qui est la seule ville du monde pouvant lui être comparée pour la prodigieuse rapidité de son développement » (C. Huard). Quant à M. Henry, dans un ouvrage de 1917, il voyait dans la comparaison des carrefours de Berlin et de Paris un indice de la supériorité industrielle et commerciale de l'Allemagne : alors que les premiers étaient marqués par la présence de plusieurs succursales bancaires, les seconds offraient surtout les façades de leurs bistrots… En 1939 M. Betz présentait pourtant la capitale allemande comme une ville de profonds contrastes, aux multiples tensions latentes recouvertes par la chape de plomb du pouvoir nazi : « Par son mélange de classes (…) Berlin, centre de transformation industrielle et de consommation, ventre énorme, ville bourgeoise à ceinture rouge, symbolise la force et les faiblesses de l'Allemagne surpeuplée : sa puissance productive, sa fringale de matières premières, sa dépendance de toutes les fluctuations économiques, son déséquilibre social » (M. Betz).

Avec la défaite du Reich et la formation de la RFA et de la RDA en 1949, le destin industriel de Berlin-Ouest semblait bien compromis. Symbole de l'Allemagne vaincue par son amoncellement de ruines puis haut lieu de la guerre froide, sa partition a été renforcée par la construction du mur en août 1961. Cette enclave occidentale de 479 km² a subi une diminution continue de sa population ; alors que les quartiers correspondants regroupaient 2 744 000 habitants en 1939, ils n'étaient plus que 2 201 000 en 1965, soit une baisse de près du quart. Elle ne pouvait subsister qu'avec l'aide économique et financière de la RFA, à qui elle n'était reliée que par une autoroute, une voie ferrée et trois couloirs aériens ; elle était ainsi totalement coupée de son environnement géographique pour son ravitaillement en vivres, en matières premières et en énergie.

Berlin-Ouest constituait pourtant **une vitrine du capitalisme** au cœur de la RDA. En dehors des zones industrielles localisées le long de la Sprée, près du grand port occidental, et, dans le nord-ouest, des anciens quartiers ouvriers en partie détruits pendant la guerre, elle concentrait les quartiers les plus opulents de l'ancienne capitale du Reich. Dans le cadre d'une reconstruction largement étalée dans le temps elle pouvait s'enorgueillir de quelques grandes réalisations architecturales, comme l'édification en 1957 du quartier de la Hanse à l'occasion d'une exposition internationale du bâtiment. Sa prospérité était bien illustrée par son artère principale, le Kurfürstendam, exhibant ses magasins de luxe, ses cafés et ses restaurants prestigieux et celle-ci confirmait son ancienne vocation commerciale, dans tous les sens du terme. Même si son développement industriel fut plus lent que celui de la RFA proprement dite, Berlin-Ouest resta la première métropole industrielle allemande. Elle connut même une croissance accélérée au début des années soixante, sa production augmentant de 36 % de 1960 à 1965, grâce en particulier à l'apport des ouvriers immigrés, notamment turcs et grecs. À la fin de la décennie l'industrie y

© ARMAND COLIN. La photocopie non autorisée est un délit.

occupait 36,8 % de la population active, sans compter 7 % pour le bâtiment. Les branches de l'électro-technique, de la mécanique et de l'optique dominaient toujours, avec plus de 60 % des salariés, tandis que la bonneterie et la confection fournissaient plus du tiers de la production nationale. Mais globalement son expansion industrielle fut freinée par le manque d'espace, de main-d'œuvre et surtout de capitaux, car les investisseurs occidentaux n'étaient guère attirés par une capitale économique, sinon politique, au destin incertain.

• **Londres** bénéficia pour assurer sa suprématie économique et industrielle de deux atouts majeurs, avec sa large ouverture maritime par l'estuaire de la Tamise et son implantation en face des régions les plus actives du continent européen, en premier lieu de l'axe rhénan. Elle développa à partir de la fin du XIXe siècle une importante action de rénovation urbaine et d'amélioration des conditions de vie du milieu ouvrier. En particulier la politique d'haussmannisation du centre, comme dans l'ensemble de la Grande-Bretagne, donna lieu à des réalisations substantielles supérieures à celles de l'Allemagne, tout en restant naturellement inférieures à sa patrie, la France. L'ensemble des travaux d'amélioration des communications entre la City et le West End par le percement de larges avenues fut une des attributions du Metropolitan Board of Works jusqu'en 1889, puis de la municipalité du Grand Londres, le London County Council, mise en place à cette date, sur le modèle également du Metropolitan Police District. Cette administration démocratique, indépendante du pouvoir central, poursuivit notamment l'aménagement des quais de la Tamise et le développement du réseau d'égouts. La superposition de pas moins de soixante-six autorités de tutelle sur l'espace londonien, caractéristique du modèle urbain britannique, amena en 1965 une nouvelle définition officielle du **Greater London**, élargi sur des critères plus rationnels de cohésion économique. La nouvelle aire métropolitaine, englobant la **green belt**, était peuplée de 7 452 000 habitants en 1970. Regroupant le cinquième de la population nationale, elle pouvait toujours revendiquer le rang de première métropole européenne, même si dans certains classements celui-ci lui était ravi par la région parisienne.

Dès le début de l'entre-deux-guerres l'agglomération du Grand Londres devint l'exutoire des régions sinistrées des *black countries,* qui s'identifiaient largement aux *depressed areas*. Elle accentua donc **sa suprématie industrielle en Grande-Bretagne**, en particulier dans les branches motrices de la seconde industrialisation. À la fin des années soixante son secteur secondaire regroupait 2 300 000 salariés et concentrait 50 % de la construction aéronautique britannique, la moitié de la production de ciment et de papier, 40 % de la construction électrique, plus du tiers du raffinage du pétrole et 20 % de la construction automobile. Elle était également le premier centre national pour les industries de la confection, de l'alimentation, de l'imprimerie et de la fabrication des instruments de précision et comptait d'importantes usines chimiques. Le rythme de croissance de certaines activités fut spectaculaire, puisque de 1931 à 1968 le nombre de salariés fut multiplié par douze pour la construction électrique, fleuron de l'Angleterre prospère du Sud-Est par opposition à l'Angleterre anémiée de la *dole*. Le bassin londonien ne jouait en fait un rôle effacé que dans les secteurs les plus caractéristiques de la première industrialisation, c'est-à-dire les industries textiles et la métallurgie de base, fondements des vieux bassins. Londres a pu appuyer son essor industriel sur la puissance de son organisme portuaire, au troisième rang mondial en 1968, avec un trafic de 61 millions de tonnes de plus en plus tourné vers les échanges avec le continent européen. Même si celui-ci fut surclassé par les ports d'Anvers et surtout de Rotterdam, il accentua sa vocation de carrefour d'approvisionnement pour la consommation de la population et des industries du *Greater London.*

En France, bien avant la publication de l'essai corrosif de J.F.Gravier, **l'agglomération parisienne** a accru régulièrement son poids dans le paysage industriel français. Tous les indicateurs statistiques sont convergents, qu'il s'agisse de l'intensité de la consommation énergétique, des créations et liquidations d'entreprises ou de l'évolution de la population active. La fin du XIXe siècle représente ici l'étape décisive : de 1866 à 1906 la part de l'agglomération dans l'emploi industriel français progressa de 15,4 à 17,9 %, avec une surreprésentation des qualifications les plus élevées et des branches les plus récentes, source de conditions salariales avantageuses. Un seul autre espace régional connut durant cette période une croissance supérieure : le Nord-Pas-de-Calais, qui passa de 8 à 11 % et atteignit son apogée à la veille de la Grande Guerre. La France s'individualisait de façon négative par rapport à ses voisins, car la croissance industrielle de sa capitale ne put se faire qu'au détriment d'une bonne partie de l'Hexagone, dans un contexte démographique malthusien. Elle souffrait vivement de la difficulté de réunir un puissant potentiel de main-d'œuvre industrielle dans un contexte de baisse de la pression démographique. Nous en avons la confirmation directe dans le déclin industriel de la périphérie de la région parisienne, étouffée par les activités de la capitale. Dans cet arc de la désindustrialisation engendrée par le rayonnement parisien, la Normandie subit la mutation la plus douloureuse : les départements du Calvados, de l'Eure et de l'Orne virent ainsi leurs emplois industriels diminuer respectivement de 34 %, 24 % et 20 % de 1866 à 1906.

Malgré la multiplication des constats de déséquilibre, au-delà du seul essai de J.F. Gravier, et les premiers efforts de la DATAR à partir de 1963, **l'hypertrophie de l'agglomération parisienne dans l'économie industrielle française** restait considérable à la fin de notre période. L'agglomération, véritable région urbaine, couvrait en 1968 1720 km^2, soit plus de 0,3 % du territoire national et regroupait 8 200 000 habitants dans 279 communes, dont 29 de plus de 50 000 habitants, correspondant au tiers de l'Hexagone pour cette catégorie supérieure. Si un Français sur six y résidait, un sur cinq y travaillait et la valeur ajoutée régionale représentait près du quart de l'ensemble national. Le statut de métropole industrielle et postindustrielle est évident avec 40,9 % des actifs dans le secondaire, dont 8,8 % dans le bâtiment et les travaux publics, et 57,9 % dans le tertiaire. L'industrie, toujours en 1968, assurait 1 758 000 emplois, dont 378 000 dans le BTP. Ainsi un ouvrier français sur quatre travaillait dans l'agglomération parisienne, avec une nette surreprésentation des branches à la pointe de la seconde industrialisation : 77 % pour l'optique, 70 % pour la pharmacie, plus de 60 % pour l'automobile, 55 % pour les industries polygraphiques, la moitié pour l'aéronautique et 37 % pour la chimie. À l'inverse, la part des industries alimentaires et textiles était inférieure à 20 %. La carte n°2 montre l'emprise spatiale des différents types de zones industrielles.

© ARMAND COLIN. La photocopie non autorisée est un délit.

Carte n° 2 Les types de zones industrielles à Paris et dans sa proche banlieue à la fin des années 1960.

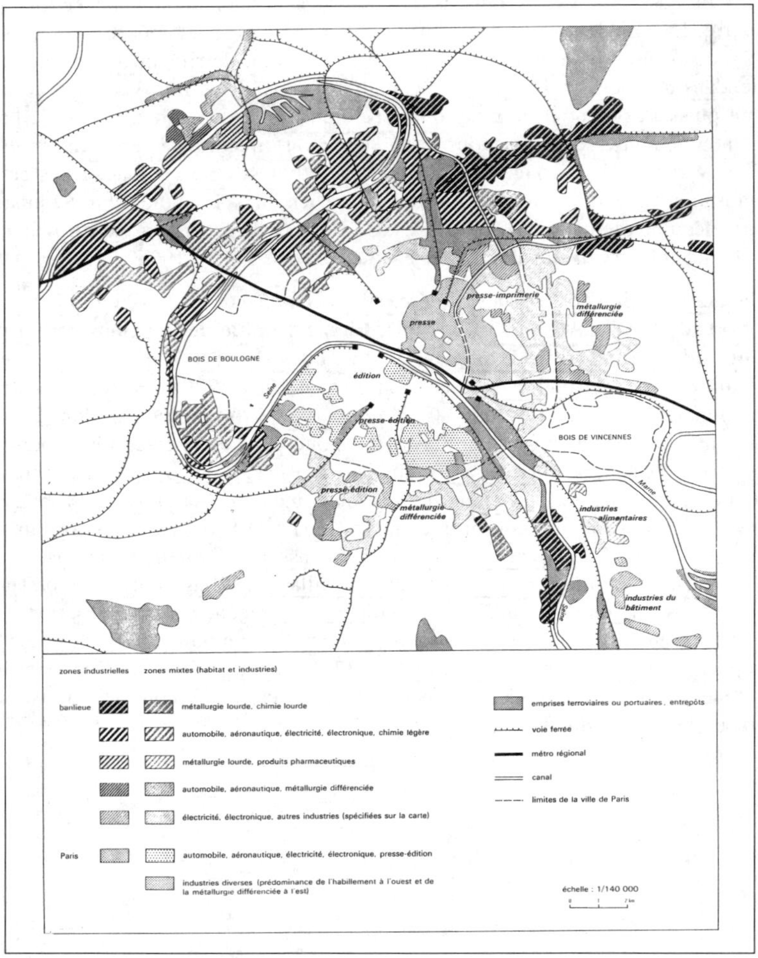

Source : *Atlas de Paris et de la Région parisienne.*

La concentration du pouvoir économique, en particulier industriel, à la fin des années soixante, ressort de quelques données simples : les entreprises ayant un siège social dans l'agglomération réalisaient alors 82 % du chiffre d'affaires des entreprises françaises et sur 300 éditeurs français, 260 étaient parisiens. Pourtant, une politique pour lutter contre cette congestion industrielle fut mise en place au cours des années cinquante. En 1955 un décret interdit toute nouvelle création d'industrie dans Paris, sauf autorisation spéciale. Environ 2 000 entreprises firent ainsi l'objet d'une décentralisation en province de 1955 à 1968, tandis qu'une politique de desserrement amena de nombreux établissements à gagner la seconde couronne de banlieues. De 1962 à 1968 1 200 hectares de terrains furent vendus à des entreprises dans la région parisienne, dont les deux tiers au voisinage des futures villes nouvelles, encore à l'état de projet à la fin de la décennie dans le « Schéma directeur de la région parisienne ». Plus largement, la volonté de rééquilibrage des espaces industriels de l'Hexagone fut renforcée au cours des années soixante par la reconnaissance officielle et la promotion, dans le cadre du Ve Plan français, de huit métropoles régionales d'équilibre : Lille-Roubaix-Tourcoing, Nancy-Metz-Thionville, Strasbourg, Lyon-Saint-Etienne-Grenoble, Marseille-Aix-en-Provence, Nantes-Saint-Nazaire, Bordeaux et Toulouse.

Carte n° 3 - La « métropole d'équilibre » Nancy-Metz-Thionville à la fin des années soixante.

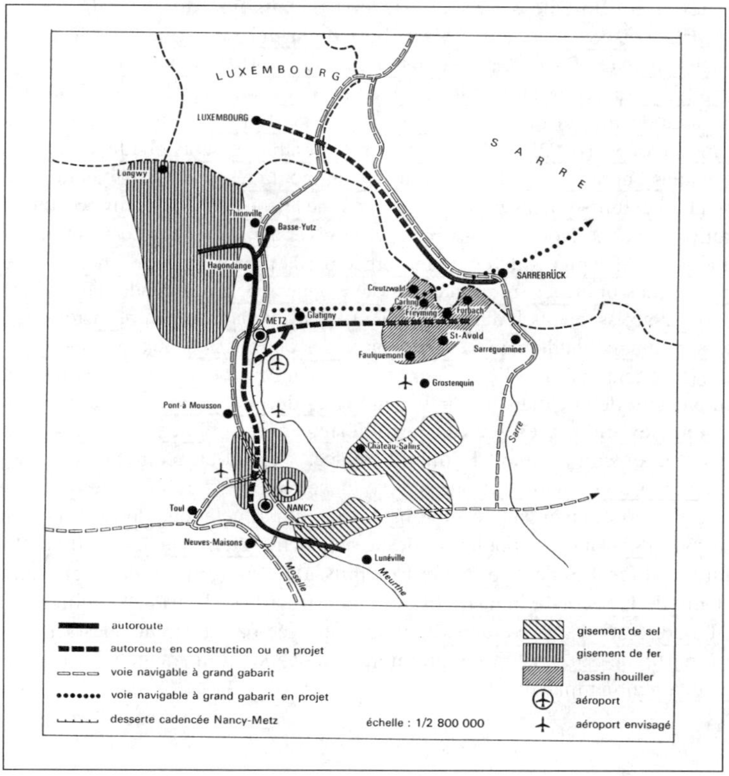

Justement, à une échelle beaucoup plus réduite que dans le Bassin parisien, le bassin Aquitain connut au tournant des deux siècles un phénomène identique de redistribution des emplois industriels au profit de sa capitale, **Bordeaux**. Celle-ci bénéficia d'un boom industriel spectaculaire de 1895 à 1914, avec l'implantation d'un complexe d'industries chimiques et métallurgiques, intimement lié à sa vocation portuaire et dans une moindre mesure ferroviaire (J. Dumas). Mais ce développement remarquable de la métropole girondine, à replacer dans le cadre de la croissance française, fut suivi d'un mouvement continu de désindustrialisation enclenché durant l'entre-deux-guerres. Dans un véritable chassé-croisé, l'histoire industrielle du grand Sud-Ouest au XXe siècle reposa alors à partir de la Grande Guerre sur l'essor, lui aussi continu, de la métropole rivale, **Toulouse** (C. Bouneau). Celle-ci, grâce surtout à son réseau d'entreprises aéronautiques, symbolisa par ses activités le triomphe de la seconde industrialisation.

Les grandes métropoles, au-delà du mouvement d'haussmannisation du XIXe siècle, furent également l'objet de politiques de réhabilitation et de prestige au cours de notre siècle, notamment

© ARMAND COLIN. La photocopie non autorisée est un délit.

de la part des régimes fasciste et nazi. En planifiant l'assainissement de **Rome** en décembre 1925, érigé en modèle pour transformer le visage de toutes les villes italiennes, Mussolini ne répondait pas seulement à des visées hygiénistes. Il voulait expulser les catégories les plus humbles vers la périphérie et célébrer dans un cadre monumental la grandeur de l'État fasciste, avec les grands travaux de démolition du centre de la capitale et l'ouverture des grandes artères de la Via dell'Impero et de la Via della Conciliazione.

Pourtant, comme La Haye aux Pays-Bas, Rome n'était en aucun cas la capitale économique et industrielle de l'Italie, même à l'époque fasciste. Dans une dualité à la fois matérielle et symbolique, **Milan** disposait de tous les attributs de la puissance industrielle effective, inscrits dans le paysage urbain (E. Dalmasso). Au début des années 1880, alors que sa population s'élevait à 322 000 habitants, sa géographie industrielle était tout à fait significative d'une croissance des activités au cœur de la métropole. À l'intérieur de celle-ci existaient en effet pas moins de 171 ateliers mécaniques, soit 25 % de l'ensemble des établissements citadins, 163 ateliers textiles (23,6 %), 70 usines chimiques (10,2 %), 52 usines alimentaires (7,2 %), 49 ateliers pour le travail du bois (7 %) et 34 établissements pour le traitement des peaux (4,5 %), sans compter une trentaine relevant d'autres secteurs. Nous voyons bien ici la diversité importante des activités industrielles caractéristique de toute capitale, diversité renforcée par la transition entre l'héritage de la première industrialisation et les branches introduites ou développées par la seconde. Globalement en 1883-1886 46,5 % des établissements industriels étaient localisés dans le centre historique, à l'intérieur de l'enceinte des canaux, tandis que 51 % étaient situés entre les canaux et les « Murs espagnols ». Seulement 2,5 % étaient établis à l'extérieur et la campagne proprement dite commençait aussitôt, parsemée simplement de quelques filatures. Durant les décennies suivantes le processus classique de déplacement des industries vers la périphérie, en commençant par les usines les plus dangereuses et celles consommant le plus d'espace, s'appliqua pleinement à l'agglomération milanaise. Il se réalisa en relation étroite avec le développement du système de communications, dans le cadre d'un fort mouvement de suburbanisation qui affecta toute la région alentour. À la fin des années 1960, alors que la population de la seule ville atteignait les 1 700 000 habitants, la Carte n°4 montre bien l'existence d'une très puissante couronne industrielle animée par les secteurs moteurs de la seconde industrialisation, constructions électriques, chimie et construction automobile. La congestion urbaine apparut alors, aggravée par la carence des services sociaux, et elle suscita à partir de 1961-1963 les premières études sur l'aménagement et la planification économique de la région milanaise.

Carte n° 4 - Milan, capitale industrielle : localisation des industries durant les années 1960.

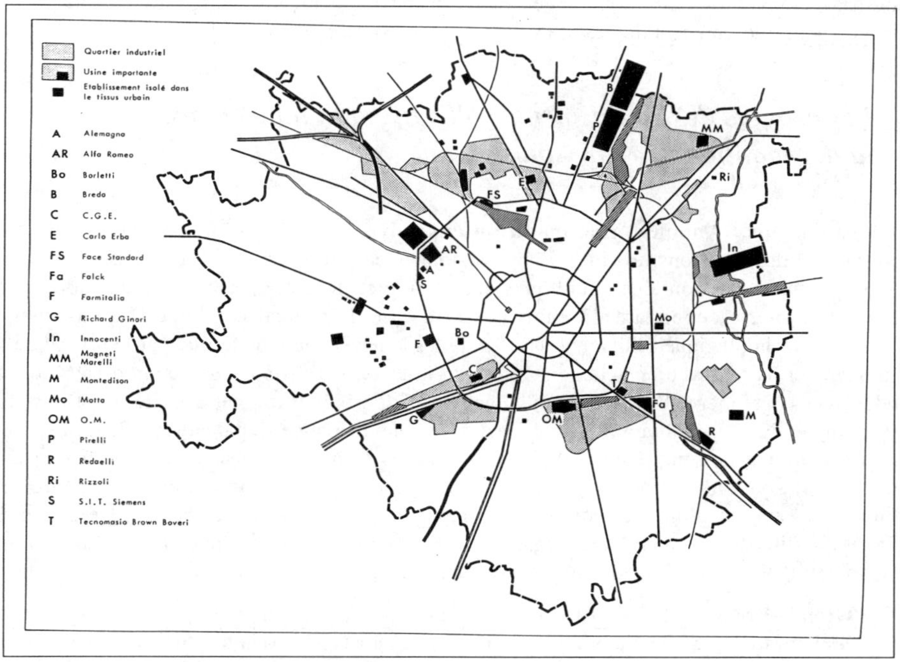

Source : E. DALMASSO, *Milan, capitale économique de l'Italie.*

Ainsi, pour de nombreux Européens, au-delà de leurs différences idéologiques, les grandes capitales n'étaient pas uniquement des villes-musées, mais le symbole de la modernité et le laboratoire des sociétés industrielles les plus développées. Dans leur manifeste de 1909 les futuristes, emmenés par Marinetti, qui inspirèrent d'ailleurs le fascisme italien, proclamaient déjà : « nous chanterons les grandes foules agitées par le travail et les ressacs multicolores et polyphoniques des révolutions dans les capitales modernes ». Ces révolutions renvoyaient aux profondes mutations de la vie quotidienne urbaine, générées en particulier par le développement des équipements collectifs et la constitution de réseaux à double fonction industrielle et domestique.

2. La genèse des réseaux d'équipement urbain

Comme le souligne François Caron, « la réorganisation de l'espace et du temps domestiques est inséparable de l'urbanisation accélérée des sociétés occidentales, qui fut une source inépuisable de défis techniques et organisationnels, liés aussi bien aux problèmes sanitaires que de sécurité et de gestion des flux ». L'industrialisation et le processus d'innovation technologique qui l'a entretenue ont ainsi modifié profondément le paysage urbain. Ils ont introduit non seulement l'usine dans la ville, mais aussi les réseaux de transport et d'énergie et un ensemble d'infrastructures d'utilité

© ARMAND COLIN. La photocopie non autorisée est un délit.

publique, comme les halles métalliques qui remplacent les marchés et offrent en quelque sorte un symbole du nouvel âge. Il faut donc insister sur le caractère réversible de la corrélation entre l'industrialisation et l'urbanisation : la demande urbaine a largement soutenu l'activité industrielle, aussi bien pour l'équipement domestique que pour les infrastructures collectives.

2.1. Les progrès des équipements collectifs et la lutte contre la dégradation de l'environnement

Il existe depuis l'Antiquité **une tradition édilitaire**, qui confiait aux pouvoirs publics la responsabilité des fonctions urbaines d'approvisionnement, de salubrité, d'ordre et d'ostentation. La multiplication des fontaines publiques sous l'Ancien Régime perpétua cette tradition. Le XIXe siècle apporta cependant un changement d'échelle radical car les différents champs d'innovation technologique trouvèrent dans les villes le terreau le plus fertile, par le niveau de vie des usagers, et ils se développèrent sous forme de réseaux. À l'inverse du chemin de fer, dont les grandes lignes ont innervé l'espace national bien avant de pénétrer le cœur des cités par l'invention du tramway et du métropolitain, le gaz, l'électricité et le téléphone s'épanouirent d'abord en ville, avant de passer à la conquête d'espaces plus larges et moins denses. Les réseaux urbains constituèrent souvent le laboratoire des réseaux territoriaux. Leur dimension culturelle et idéologique s'avérait d'ailleurs ambivalente, puisque s'ils traduisaient une logique de service public et d'utilité sociale, ils flattaient également par les représentations du bien-être, du confort et de la modernité l'élitisme des consommateurs innovateurs (J.-P. Goubert et P. Perrot).

• **En Grande-Bretagne**, les modes d'intervention des pouvoirs municipaux pour la réalisation et la gestion des infrastructures furent très variés. Alors que les égouts relevaient toujours de leur domaine, la fourniture de l'eau pouvait parfaitement être privée, même dans les grandes villes comme à Londres jusqu'en 1904. La diffusion sociale de ces nouveaux éléments de confort urbain fut assez rapide dans les villes britanniques, y compris dans les milieux ouvriers, avec cependant un certain décalage classique pour l'électricité. Au tournant des deux siècles l'eau courante s'était largement répandue, tout comme l'utilisation du gaz pour l'éclairage et pour la cuisine. Ainsi à Newcastle, alors qu'en 1850 moins de 10 % de la population avait accès à une canalisation d'eau, en 1883 un tiers des foyers disposait de l'arrivée d'eau à l'intérieur et un autre tiers à l'extérieur, tandis qu'en 1914 toutes les maisons étaient raccordées au réseau. Pour les « commodités » en 1911 sur 91 villes britanniques de plus de 50 000 habitants, plus de la moitié des habitations étaient dotées de toilettes dans 80 % d'entre elles, Manchester arrivant en tête avec un taux record de plus de 95 % (M.-J. Daunton). Pour le gaz, Birmingham connut une des progressions les plus spectaculaires durant la Belle Époque, puisque le nombre d'abonnés s'éleva de 63 000 en 1898 à 173 000 en 1914, dont les deux tiers pour un usage domestique large, englobant au moins la cuisine.

• **Sur le continent**, en particulier en France, les progrès furent globalement plus lents. D'abord les citadins français et les pouvoirs publics, surtout en province, manifestèrent une répugnance durable envers le tout-à-l'égout (J.-P. Goubert). À Paris même il n'est rendu obligatoire qu'en 1894, douze ans après l'avis favorable du Conseil municipal. En Allemagne les régies municipales se multiplièrent à la fin du XIXe siècle pour développer les systèmes de distribution, mais leur expansion technique ne signifiait pas forcément l'amélioration radicale de la qualité des eaux. Ainsi Hambourg fut encore ravagée en 1892 par une épidémie de choléra. Pour les réseaux énergétiques, la diffusion du gaz ne devint massive qu'à partir des années 1880. Plus de 1 000 villes françaises étaient ainsi éclairées au gaz en 1888 contre 687 en 1878, mais le maintien de la supériorité britannique ressort bien des statistiques de consommation urbaine par habitant à la première date : 260 m^3 à Birmingham, 165 à Londres, 108 à Paris et 81 seulement à Berlin. En Allemagne le développement du réseau gazier s'accompagna d'un spectaculaire mouvement de municipalisation, supérieur même à celui de la Grande-Bretagne : alors que 45 % des usines à gaz étaient sous régie municipale en 1873, 78 % répondaient à ce statut en 1913.

Globalement dans tous les pays d'Europe occidentale la résistance et les progrès du **gaz** dans les deux dernières décennies du XIXe siècle retardèrent sensiblement la diffusion de l'électricité, comme le montre la comparaison du nombre d'abonnés dans la capitale française :

Tableau n° 5 - Croissance comparée du nombre d'abonnés du gaz et de l'électricité à Paris de 1889 à 1900

	Nombre d'abonnés au gaz	Nombre d'abonnés à l'électricité
1889	224 100	220
1893	259 900	6 440
1900	454 600	32 300

Source : J.P. Williot, *L'industrie du gaz à Paris au XIXe siècle.*

En termes d'équipement urbain, au début du siècle Berlin offrait aux yeux de nombreux voyageurs français les caractéristiques de **la ville idéale,** par l'efficacité et la rationalité de ses transports en commun, de l'éclairage public et de son système de téléphones publics, sans compter dans les habitations la présence de nombreux ascenseurs, glacières, lavoirs centraux, verrières pour bain de soleil sur les toits-terrasses…, tous signes du « confort moderne ». Les valeurs d'hygiène et de santé étaient bien au cœur de cette modernité urbaine allemande. Chaque carrefour berlinois était doté de corbeilles à papier, les « arrosoirs automobiles » parcouraient les rues, tandis que le ramassage des ordures était déjà organisé pour assurer leur recyclage partiel en engrais ou aliments pour porcs. « Par comparaison, écrivait C. Huard en 1907, Paris est une écurie, Londres un cloaque et New York une bauge » (C. Chombard-Gaudin).

Justement, les témoignages et les rapports sur **la dégradation de l'environnement**, dans son acception la plus large, des agglomérations industrielles abondèrent dès le XIXe siècle en Europe Occidentale. Ils ne débouchèrent cependant que tardivement sur des mesures effectives, à l'exception en France du décret impérial du 15 octobre 1810, réglementant l'installation des établissements insalubres. Les différents types de pollution affectèrent avec la plus grande acuité les villes britanniques. Dès le milieu du siècle des énormes nuages de fumée empestaient toute la vallée de la Tyne et des eaux noirâtres et puantes traversaient Manchester et Newcastle. Malgré l'hostilité générale des entrepreneurs, le Public Health Act de 1875 donna aux autorités locales les premières armes juridiques pour réduire les fumées industrielles et l'insalubrité des ateliers. Dans le domaine de la lutte contre la pollution atmosphérique, la Grande-Bretagne, confrontée au *smog* de sinistre réputation, ne pouvait que montrer la voie. En 1881 une grande exposition de foyers domestiques réduisant les dégagements de fumées fut organisée à Londres. Elle fut à l'origine de la création de la National Smoke Abatement Institution, mais il fallut attendre le Clean Air Act de 1956 pour qu'une première législation relativement efficace soit adoptée. Sur le continent la catastrophe d'Engis, près de Liège, en 1930 contribua largement à la reconnaissance scientifique de la toxicité des fumées industrielles.

• **L'exploitation minière**, marquée par l'accroissement considérable du volume des terrils accumulant les matières stériles, fut à l'origine des dégradations les plus poussées de l'environnement dans les agglomérations industrielles. La Belgique fut ici pionnière dans les politiques de réhabilitation du paysage industriel (R. Leboutte). Une loi du 12 août 1911 obligea ainsi tout exploitant à restaurer « dans la mesure du possible » l'aspect du sol en boisant les excavations, déblais ou remblais destinés à subsister. En 1952 fut même créé un Fonds national de

© ARMAND COLIN. La photocopie non autorisée est un délit.

garantie des dégâts houillers pour assurer l'indemnisation de sinistres de plus en plus nombreux, jusqu'à quarante ans après la fermeture d'un site. Dans les gisements de Liège et du Borinage se multiplièrent en effet durant le second après-guerre des affaissements importants, qui obligèrent à réaménager les voies de chemin de fer et à réparer les égouts et les réseaux de canalisation. L'inquiétude principale des autorités locales concernait l'affaissement des égouts, car les fissures dans les canalisations pouvaient provoquer des fuites d'eaux usées, source potentielle d'épidémies.

Au total, à l'exception de la pollution des usines chimiques, le coût de la dégradation de l'environnement a été beaucoup plus élevé dans les régions urbaines marquées par la première industrialisation, que dans celles nourries par la seconde, sans parler de la troisième, largement immatérielle. Dans une symbolique élémentaire, les représentations des villes de la houille blanche, telle Grenoble, ont toujours offert la stricte antithèse du portrait des agglomérations des *Black countries*, telle Newcastle. La réhabilitation de ces paysages urbains sinistrés, notamment par la valorisation de la notion de patrimoine industriel, ne pouvait être qu'une longue marche entamée dans les années 1970.

2.2. La mobilité au cœur de la ville industrielle : des chemins de fer aux tramways et métropolitains

Le marquage du territoire urbain par le réseau ferroviaire fut très caractéristique de la première industrialisation, avec l'aménagement de **gares** multiples à la périphérie des agglomérations, les cas les plus spectaculaires étant ceux de Tours et d'Orléans, tandis que Bordeaux disposait de pas moins de sept gares différentes à la fin du XIXe siècle. À Londres les gares de Euston, Paddington, Victoria et Charing Cross offraient ostensiblement comme preuves de la supériorité industrielle britannique leurs écrasantes architectures néo-classiques ou gothiques, en fonte rapidement noircie par les fumées et la suie. La seconde industrialisation amena ici deux évolutions sensibles : la pénétration des gares dans la ville proprement dite, jusqu'à leur cœur, et un caractère monumental de plus en plus affirmé, célébrant la puissance à la fois de la Compagnie, de la cité et d'une civilisation industrielle arrivée à maturité. Tel fut le cas des gares de Tourcoing (1898), Roubaix (1905), Saint-Charles de Marseille (1898), et surtout de la gare de Lyon (1900), la plus extravagante des gares parisiennes, avec notamment son buffet somptueux qui représentait une apothéose dans l'emphase décorative. Ses quarante-cinq peintures évoquant les grandes villes desservies par le PLM furent signées par les artistes les plus célèbres de la Belle Époque.

• **Le tramway électrique**, surnommé chemin de fer américain ou tout simplement l'américain, était l'héritier direct de l'omnibus à chevaux et du tramway hippomobile. Siemens fit fonctionner en Europe le premier tramway électrique en 1879 à Berlin, avec l'Exposition industrielle comme cadre de promotion classique de l'innovation. L'électrification offrait des avantages fort importants. En moyenne elle procurait une réduction de 30 à 40 % des coûts d'exploitation. En même temps les retombées commerciales furent immédiates : au Havre, ville industrielle pionnière où le système fut inauguré à grands renforts de publicité dès 1894, le nombre des voyageurs augmenta de 70 %, celui des recettes de 44 % malgré une réduction tarifaire. Mais elle introduisait au moins deux modifications profondes dans le spectacle de la rue et globalement dans le paysage urbain et suburbain, en renforçant son caractère industriel : d'une part l'apparition de l'entrelacs disgracieux des suspensions caténaires et d'autre part la disparition de milliers de chevaux, source non négligeable de pollution. En Grande-Bretagne le Tramway Act de 1870 posa les bases du développement ultérieur du nouveau mode de transport, mais il introduisait une contrainte majeure en prévoyant pour les municipalités la possible reprise, au bout de vingt-et-un ans, des réseaux aux compagnies concessionnaires, dans des conditions très désavantageuses pour ces dernières. Effectivement plus de trente villes étaient équipées d'un réseau en 1906 et le processus de municipalisation avait largement joué puisqu'à cette date sur 335 lignes, seulement 140 appartenaient à des compagnies privées. Le rachat ou la crainte du rachat ralentirent l'adoption de l'électrification qui nécessitait des investissements assez importants. Ainsi en 1914 les deux grandes villes universitaires d'Oxford et Cambridge n'avaient toujours pas abandonné la traction hippomobile. Toutes les formules furent en tout cas essayées pour la gestion de réseaux de plus en plus étendus. Dans la capitale l'ensemble des transports publics passa en 1933 sous la coupe du London Passengers Transport Board, qui desservait une aire métropolitaine de 52 00 km².

• **Sur le continent** les tramways connurent le développement le plus rapide en Allemagne, grâce au système de l'*Unternehmengeschäft* : par l'intermédiaire de holdings électrotechniques, les grands constructeurs électriques multipliaient les prises de participation dans les sociétés de production-distribution et de transports urbains pour s'assurer de fructueux marchés d'équipement. Ainsi alors que Siemens équipa dix villes, AEG en association avec Sprague, confirmant ainsi le lien majeur avec l'industrialisation américaine, aménagea le réseau de tramways dans pas moins de 27 cités. Le tableau suivant montre la croissance spectaculaire de ce nouveau mode de transport dans l'Allemagne wilhelminienne au tournant des deux siècles :

Tableau n° 6 - La croissance des réseaux de tramways électriques en Europe occidentale et aux États-Unis de 1893 à 1913

Pour les États-Unis le chiffre indiqué en 1893 correspond en fait à 1890.

	États-Unis	Allemagne	Grande–Bretagne	France
1893	2 080	102	71	41
1898		1 403	211	488
1900		2 868		1 486
1902	35 200	3 388	1 401	1 995
1913		5 110	4 352	2 313

Source : J. Mackay, *Tramways and Trolleys : the rise of urban mass transport in Europe.*

Comme la Grande-Bretagne jusqu'en 1902-1905, la France accusa un net retard, qui perdura, à la fois sur l'Allemagne et les États-Unis : ceux-ci montraient que les tramways électriques pouvaient être considérés comme une branche motrice de la seconde industrialisation, dans une liaison étroite avec le mouvement d'urbanisation. Alors qu'aux États-Unis en 1894 76 % de la longueur des réseaux de tramways étaient déjà électrifiés, la proportion n'était encore en France que de 2,5 %. Les réticences des autorités parisiennes au développement des tramways fournissent l'exemple le plus significatif de ce blocage du processus de décision et donc des investissements. Au nom de considérations esthétiques, elles interdirent l'emploi du fil aérien *intra muros* et après une compétition coûteuse entre des systèmes techniques différents, elles adoptèrent définitivement en 1910 le caniveau souterrain, qui ne résolvait pas pour autant tous les problèmes antérieurs de sécurité. Dès 1919 la décision fut prise de supprimer les lignes de tramways *intra muros* et en moins de 10 ans ceux-ci disparurent de la vie quotidienne des usagers parisiens. Ce déclin gagna aussitôt la province en touchant d'abord les petites villes, puis massivement après la guerre les grandes agglomérations, avec le raz de marée du « tout automobile ». Au début des années soixante le tramway avait totalement disparu du paysage urbain français, à l'exception des réseaux de Marseille et de Saint-Étienne, alors qu'il s'était beaucoup mieux maintenu dans les autres pays d'Europe occidentale, en particulier en Allemagne.

Le développement des tramways revêtit un net **caractère d'utilité sociale** pour renforcer la cohésion des communautés urbaines dans le centre comme en banlieue. Par exemple le maire de Francfort au tournant des deux siècles, Franz Adickes, voulut à tout prix que le réseau de tramways municipaux fût accessible à toutes les bourses. En Belgique la création en 1870 d'abonnements

© ARMAND COLIN. La photocopie non autorisée est un délit.

spécifiques pour les ouvriers répondait à des visions hygiénistes et moralisatrices de décongestion des centres urbains et industriels et de préservation du tissu social dans les campagnes (E. Mahaim). Ces abonnements rencontrèrent un vif succès puisque le nombre de billets atteignit 1 188 000 en 1890 et 4 787 000 en 1908. Le lien avec l'expansion des banlieues fut partout très étroit. Pourtant, malgré l'institution de tarifs de troisième classe et les efforts de nombreuses municipalités, le coût du transport était jugé prohibitif par les ouvriers. Ainsi à Berlin en 1895 une carte annuelle de transport valait 115 marks, tandis que la location annuelle d'une pièce dans le centre revenait en moyenne à 230 marks. Vu également les difficultés fréquentes de correspondances, les ouvriers n'envisagèrent souvent que comme un pis-aller leur installation en banlieue, dont les usines étaient appelées dans la région parisienne des «cayennes», renvoyant à l'enfer du bagne. Ils tentèrent donc de se maintenir le plus longtemps possible dans les centres-villes. Les tramways jouèrent également un rôle important dans la diffusion des loisirs et des sports des sociétés industrielles. Ils facilitaient les sorties dominicales vers les guinguettes implantées à la périphérie et les sorties en bord de mer, comme à Montpellier avec sa station Palavas-les-Flots, ou encore transportaient en Grande-Bretagne les amateurs de matches de football.

Complétant des réseaux de tramways urbains et suburbains plus étendus et souvent plus denses, **les métropolitains** offrirent aux grandes agglomérations, comme leur nom l'indiquait, une nouvelle ossature centrale de transport. Londres fut encore en avance puisque la première liaison du *Tube*, Whitehall-Waterloo, fut aménagée en traction vapeur en 1865-1868. En fait seule la traction électrique, avec l'ouverture en 1890 d'une première ligne menant à Southwark, permit de résoudre la question de la pollution atmosphérique et d'aboutir à une massification du trafic. Berlin s'était également équipée de chemins de fer urbains avec le *Ringbahn* (chemin de fer de ceinture) dès 1867-1877 et le *Stadtbahn* (chemin de fer urbain) en 1875-1882, mais le métropolitain proprement dit (*U-Bahn*) ne fut réalisé qu'en 1908. Paris manifesta encore une fois son retard à cause de l'opposition entre les intérêts de l'État central et ceux plus spécifiques de la ville. Le premier préférait se cantonner à un réseau reliant les gares des grandes Compagnies, tandis que la seconde réclamait un réseau urbain autonome. Seule l'approche de l'Exposition Universelle et l'association du groupe belge Empain et du français Schneider permirent l'ouverture symbolique, en 1900, de la première ligne Porte de Vincennes-Porte Maillot. Le succès fut fulgurant puisque le trafic passa de 16,7 millions de passagers la première année à 467 millions en 1913. Partout l'architecture du fer a été fondamentale ; au-delà de la maîtrise du matériau et de multiples techniques, elle a profondément modifié le décor urbain en introduisant notamment l'Art Nouveau ou modern'style, appliqué par Hector Guimard aux bouches du métro parisien (1899-1904).

Avec l'extension considérable des grandes agglomérations polarisées par les activités des villes-centres, en particulier des capitales, **le mode de vie banlieusard** se caractérisa par des migrations journalières de plus en plus importantes, à l'origine des terminologies spécifiques de *commuting* et *commuter* en anglais et de *Pendelwanderungen* en allemand. Ainsi dans l'agglomération parisienne ces mouvements migratoires quotidiens concernaient à la fin des années soixante 1 200 000 personnes et la logique spatiale du développement radioconcentrique se traduisait, pour les communes situées entre 10 et 20 km de Paris, par des densités deux à trois fois plus élevées dans celles desservies directement par le rail. La dénonciation du caractère aliénant de ce mode de vie caractéristique de la banlieue-dortoir, résumé dans la trilogie bien connue métro-boulot-dodo, fut un des éléments de contestation de la civilisation industrielle à la fin de cette décennie. Le développement des réseaux d'équipement urbain n'a donc jamais été neutre socialement et il ne s'identifiait pas, loin de là, à un cercle vertueux. Il participait pleinement à des transformations sociologiques profondes, bien rendues par des œuvres aussi différentes que *Les Choses* de G. Perec, roman même de l'aliénation datant de 1965, ou *Élise ou la Vraie Vie* de C. Etcherelli, prix Fémina 1967 porté à l'écran en 1970.

3. Les nouveaux espaces urbains industriels et les efforts de régulation de la croissance

Si la seconde industrialisation a, comme nous l'avons vu, produit peu de villes industrielles nouvelles au sens plein du terme, elle a eu néanmoins une influence très importante sur l'organisation des espaces urbains. Elle a d'une part entraîné un développement considérable des banlieues, sous forme de véritables couronnes pour les métropoles. D'autre part, en accélérant à la fois la croissance démographique et industrielle des agglomérations, elle a vu se constituer des conurbations, régions urbaines à l'organisation très complexe. Elle a enfin nécessité la mise en place de politiques sociales et municipales de plus en plus volontaristes, centrées sur la question cruciale du logement et au-delà sur l'élaboration d'une planification urbaine.

3.1. L'expansion des banlieues et les projets de villes nouvelles

Dès l'origine les représentations de la banlieue furent profondément ambivalentes, parce que cet espace ne pouvait s'envisager au singulier. La banlieue industrielle, telle Fond de Givonne à Sedan de sinistre réputation, était perçue presque uniquement comme **un espace de laissés-pour-compte**. Dans une translation majeure vers la périphérie du centre de gravité des aires industrielles urbaines, elle concentra les activités lourdes, polluantes et nécessitant de grandes surfaces, adaptées à l'entreposage des matières premières et à des cycles de production complets. Ses axes privilégiés de développement suivirent les voies de communication, comme à Paris avec les grands méandres de la Seine et de l'Oise, en particulier autour de la boucle de la Seine à Gennevilliers, qui concentrait près de 300 000 emplois industriels à la fin des années 1960. Dans une dépendance étroite avec la ville-centre, son extension, selon un modèle souvent radioconcentrique, et sa diversité socioprofessionnelle, augmentaient naturellement avec la taille de celle-ci, pour aboutir à la formation de couronnes de plus en plus complexes autour des principales métropoles, en premier lieu des capitales.

En définitive **la banlieue industrielle**, par le mitage caractéristique du paysage urbain, alternant cheminées d'usine, vastes zones de hangars, habitat ouvrier, parcelles agricoles et friches parfois importantes, se différencia de moins en moins des conurbations industrielles apparues sur les bassins dès le milieu du XIXe siècle. Deux traits majeurs distinguaient cependant ces dernières : l'absence dans l'organisation spatiale d'une ville-centre unique, concentrant toutes les fonctions du tertiaire supérieur, et la nette surreprésentation des activités extractives et sidérurgiques, voire textiles. Pour résumer, la banlieue industrielle s'identifiait à une métropole aux fonctions industrielles souvent diversifiées, la conurbation à un espace régional de production polarisé par une ou plusieurs branches. Selon des formes de plus en plus poussées de ségrégation spatiale, elle s'opposait en fait surtout à la banlieue résidentielle, que celle-ci fût vraiment réservée aux élites ou, sous une forme pavillonnaire, destinée plutôt aux classes moyennes, dans un mimétisme bien classique de comportement. Cette forme pavillonnaire connut durant l'entre-deux-guerres un développement considérable, notamment dans la région parisienne, qui bénéficia de la constitution d'un réseau ferroviaire de banlieue électrifié. Les densités de population étaient radicalement différentes : aux 30 habitants à l'hectare de la banlieue huppée de Sutton and Cheam s'opposaient, toujours dans les années 1960, les 300 habitants à l'hectare de Woolwich, banlieue ouvrière d'habitat collectif.

• **En Grande-Bretagne,** la genèse des banlieues fut associée étroitement au mouvement de lutte contre les taudis. En offrant par définition des conditions de construction à bon marché permettant de multiplier les logements ouvriers, celles-ci présentaient de multiples attraits à la fois pour les

© ARMAND COLIN. La photocopie non autorisée est un délit.

entrepreneurs paternalistes et les réformateurs sociaux. Les premiers trouvèrent un modèle accompli dans les deux « villes nouvelles » de Port Sunlight, près de Liverpool, édifiée à partir de 1888 par William Lever, propriétaire de grandes fabriques de savon, et de Bournville, près de Birmingham, aménagée par le chocolatier quaker George Cadbury à partir de 1894. Dans le sillage de ces industriels, les municipalités réalisèrent un effort continu d'aménagement de banlieues « à visage humain », en particulier à Londres, Manchester et Sheffield. Elles reçurent le soutien du National Housing Reform Council, puissante association créée en 1900 pour promouvoir la construction massive de logements ouvriers dans les « suburbs », devenue de façon significative en 1909 le National Housing and Town Planning Council. Mais dès cette époque les suburbs étaient également censés offrir aux *middle classes* un mode de vie idéal, en réalisant leur rêve de vie domestique semi-campagnarde, sinon confinée, à l'écart des nuisances des zones industrielles et portuaires.

Dans **l'agglomération londonienne** le processus classique de dépeuplement du centre avait commencé dès le début du XIXe siècle, en gagnant peu à peu la City. La population du poumon financier de la puissance industrielle britannique déclina ainsi de 128 000 personnes en 1801 à 11 000 en 1931 et 4 500 en 1969. Plus largement l'ensemble du London Council District perdit plus du quart de sa population de 1931 à 1969. Au contraire celle de son auréole périphérique de banlieues, qui s'élevait à un million au début des années 1880, atteignit 2 millions en 1901 et plus de 5 millions à la fin des années soixante. Elle était composée alors d'une vingtaine de villes de plus de 100 000 habitants, dont les deux plus importantes Croydon (250 000 habitants) et Harrow (220 000 habitants) auraient pu faire figure de capitales régionales, si elles n'étaient pas noyées dans le tissu de l'aire urbaine londonienne. En réalité dès l'entre-deux-guerres deux auréoles successives pouvaient être clairement distinguées. La première s'étendant d'Ealing à East Ham, aux densités élevées, comportait un habitat construit avant 1914. La seconde avait des densités naturellement plus faibles et laissait apparaître, à partir d'une vingtaine de km du centre, des lambeaux de campagne britannique. Mais la plupart de ces banlieues se confondaient en des alignements interminables de petites maisons identiques, prolongées par un jardinet à l'avant et à l'arrière. Aux lignes perpendiculaires d'origine furent pourtant progressivement substituées des courbes dans les lotissements postérieurs à 1950, pour rompre une profonde monotonie.

• **En Allemagne** le développement des banlieues industrielles s'appuyait dès les années 1880 sur une méthode rationnelle, que l'on peut bien qualifier de planification urbaine par la combinaison de trois leviers décisifs : un système de prêts à taux réduits pour les particuliers ou les associations voulant bâtir des logements ouvriers, une politique municipale d'achats massifs de terrains, et la mise en place de transports à bon marché pour la desserte des districts extérieurs. En outre la volonté, notamment à Berlin, de promouvoir un habitat mixte associant dans le cadre de la *Mietskaserne* des appartements confortables et de petits logements sur rue déboucha sur quelques réalisations d'envergure. Cette mixité relative, qui s'atténua progressivement au XXe siècle, différenciait l'Allemagne des autres pays d'Europe ccidentale. À l'inverse de la France par exemple, les grandes villes allemandes absorbèrent souvent officiellement leurs banlieues en définissant de nouvelles limites administratives pour tenir compte de leur croissance. Tel fut le cas en premier lieu de Berlin, qui conformément à la loi du 27 avril 1920 engloba sa première couronne de banlieues. Celle-ci réunissait alors près de 50 % de la population de l'agglomération au lieu de seulement 30,2 % en 1900, preuve de l'impressionnante expansion suburbaine au début du siècle.

• **En France** Paris concentra naturellement les banlieues industrielles les plus puissantes. L'essor de cette couronne, qui tenait beaucoup plus de la nébuleuse est bien illustré par les statistiques du trafic ferroviaire : le trafic ferroviaire banlieue de la capitale augmenta ainsi de 3 millions de voyageurs en 1869 à 40 millions en 1900 et 120 millions en 1913, tandis que le trafic grandes lignes passait seulement de 33 millions à 90 millions entre les deux dates extrêmes. Le rééquilibrage des flux ferroviaires traduit directement la nouvelle vague d'urbanisation. La banlieue concentra souvent les nouvelles implantations d'usines, non seulement parce qu'elle offrait de vastes espaces disponibles, mais aussi parce qu'un décret de 1810 interdisait les établissements insalubres ou dangereux en zone urbaine. Une couronne industrielle avec une forte densité d'établissements insalubres se développa surtout au nord de la capitale, avec Saint-Ouen, Aubervilliers et Saint-Denis (J. Bastié, M. Daumas et A. Fourcaut) mais on retrouve le même phénomène en province, à une échelle plus réduite, en particulier à Lyon avec Villeurbanne et Vénissieux, et à Nantes avec les industries chimiques de Chantenay. Ces espaces s'affirmèrent comme le domaine privilégié de la très grande entreprise dans les secteurs les plus caractéristiques de la seconde industrialisation, chimie, électricité, automobile et aéronautique. Par exemple à Saint-Denis dans l'entre-deux-guerres 70 % de la population ouvrière était concentrée dans des usines de plus de 500 salariés, avec notamment la centrale thermique géante de la Société d'Électricité de Paris. Dans le second après-guerre la croissance industrielle remarquable de l'agglomération parisienne fut entretenue essentiellement par la banlieue. En 1968 si la capitale proprement dite concentrait encore les quatre cinquièmes du textile et de l'habillement et les trois quarts des industries à caractère culturel, avec un tissu toujours dense de petits ateliers de confection, de pelleterie, de maroquinerie et d'« articles de Paris », elle ne renfermait que moins du tiers des activités métallurgiques et un peu moins de la moitié de celles de la chimie.

Au-delà du mouvement de suburbanisation, d'un point de vue chronologique et souvent spatial, se place la genèse des **villes nouvelles**, satellites des grandes métropoles aux prétentions futuristes. La Grande–Bretagne, à l'intérieur plus particulièrement de la région londonienne, offre ici les expériences les plus poussées. En plein conflit mondial le plan Abercrombie (1943-1944) insista sur la nécessité de décongestionner l'espace urbain polarisé par la capitale. Il s'agissait de préserver une ceinture verte continue et de créer à l'extérieur des *new towns* de taille limitée (40 000 à 70 000 habitants), à échelle humaine, pour obtenir un nouvel équilibre entre lieu de résidence et lieu de travail dans la banlieue s'étendant de 50 à 100 km autour de Charing Cross. Malgré la mise en chantier de 1946 à 1949 de huit villes nouvelles, ce plan ne fut réalisé qu'incomplètement. Il donna des résultats assez décevants, en termes notamment d'amélioration de la circulation et globalement de la qualité de vie. En 1965 un nouveau plan d'aménagement fut élaboré pour l'ensemble du sud-est de l'Angleterre, dont le développement était indissociablement lié à celui de la capitale. La nouvelle stratégie consistait à favoriser la croissance d'une couronne de villes situées à une centaine de kilomètres de Londres, en s'appuyant en fait sur un modèle de croissance radio-concentrique. Dans un volontarisme aux visions idylliques, entre les nouveaux centres retenus, comme Brighton ou Southampton, devaient être ménagés et aménagés de nouveaux espaces verts, réservés à l'agriculture et à des loisirs de plus en plus valorisés. Les banlieues et les villes nouvelles avaient donc poussé leurs tentacules si loin de la ville-centre que leur survie ne semblait passer que par la défense des vertus traditionnelles de la campagne anglaise.

Globalement le développement des banlieues, et dans une moindre mesure des villes nouvelles, renvoie à la question essentielle de la ségrégation sociale et de sa traduction spatiale. Il ne concentre pas pour autant ce processus car les espaces périurbains ne s'identifient pas toujours, loin de là, à la banlieue industrielle; leur diversité sociale apparaît surtout dans les métropoles les plus importantes, en particulier à Paris, Londres et Berlin. Les centres villes furent souvent marqués par leur transformation en *cities* sur le modèle londonien, amenant justement le départ des populations aisées vers la périphérie et le réinvestissement de certains quartiers centraux par les exclus de la société industrielle.

© ARMAND COLIN. La photocopie non autorisée est un délit.

3.2. Les agglomérations des bassins d'industrie lourde et la croissance des conurbations.

La civilisation industrielle de la fin du XIXe siècle a introduit un nouveau type d'agglomération humaine qui n'avait pas encore de nom, identifiée par exemple en allemand sous le terme générique de *Grossstadt,* et qui présentait tous les caractères de la cité tentaculaire de Verhaeren. Il s'agit de la **conurbation** chère aux géographes. La ville de l'âge classique pouvait voir augmenter sa population dans des proportions considérables et même passer le million d'habitants, comme Londres, sans pour cela cesser d'être une ville, c'est-à-dire un être centralisé et organisé. Au contraire les conurbations, dans une interpénétration profonde avec les fonctions industrielles, n'avaient plus de centre et leurs limites devenaient de plus en plus difficiles à identifier. Elles ne s'opposaient plus à la campagne qu'elles envahissaient, elle intégraient dans leur périmètre de nombreuses vacuoles et lançaient très loin leurs tentacules sans obéir pour autant à un plan radio-concentrique. En réalité seules les fonctions de communication et de circulation les structuraient en les dotant d'un réseau nerveux. L'histoire de leur développement recouvre un processus complexe de coalescence des agglomérations industrielles ; celui-ci, de leur genèse à leur déclin, s'est étalé sur une longue durée qui s'identifie assez bien à notre période d'étude, du début des années 1880 à la fin des années 1960.

• **Les bassins d'industries lourdes et leurs agglomérations** ont souvent atteint l'apogée de leur croissance démographique au début du XXe siècle, en combinant croît naturel, migrations interrégionales, notamment pour la Ruhr, et immigration. Celle-ci, avec en particulier les Irlandais dans les bassins britanniques et les Polonais dans le Nord-Pas-de-Calais, amena la constitution de puissantes communautés étrangères, qui se traduisit même parfois dans la toponymie des quartiers. Marquées par des infrastructures déficientes, des fonctions urbaines incomplètes et un environnement dégradé, ces agglomérations ont grandi comme d'immenses « villages industriels », selon l'expression de Lénine lui-même. Avec une densité propre à la transfiguration littéraire, Marguerite Yourcenar présente ainsi la topographie d'enfer caractéristique de l'urbanisation de tout bassin industriel, appliquée ici à la banlieue liégeoise :

« lors de mon séjour en Belgique en 1956, le souvenir de la gravure restée en ma possession me fit désirer voir Flémalle. Un taxi m'y mena de Liège par une interminable rue de faubourg ouvrier, grise et noire, sans une herbe et sans un arbre, une de ces rues que seules l'habitude et l'indifférence nous font croire habitables (par d'autres que nous) et dont j'avais, bien entendu, connu l'équivalent dans deux douzaines de pays, décor accepté du travail au XXe siècle. La belle vue sur la Meuse était bouchée : l'industrie lourde mettait entre le fleuve et l'agglomération ouvrière sa topographie d'enfer. Le ciel de novembre était un couvercle encrassé » (M. Yourcenar, *Souvenirs pieux*).

À l'origine, c'est-à-dire dès le milieu du XIXe siècle, **les pays noirs se formèrent selon deux modèles urbains** (P. Hohenberg et L.-H. Lees). Le premier, illustré par Essen, Valenciennes, Newcastle ou Merthyr Tydfil, correspondait à l'expansion industrielle d'une ville préexistante, dont les fonctions tertiaires devenaient accessoires. Le second, avec Bruay dans le Nord-Pas-de-Calais, Seraing en Wallonie ou Oberhausen dans la Ruhr, recouvrait les villes-champignons créées pratiquement *ex nihilo* par le mouvement d'industrialisation. L'habitat ouvrier se différencia très rapidement de l'habitat traditionnel, en donnant naissance en particulier aux corons qui se multiplièrent au pied des puits de mines sans aucun souci urbanistique. Progressivement l'agrégat des cités minières et des établissements industriels forma des agglomérations qui souffraient d'une faible diversification socioprofessionnelle, avec surtout une insuffisance des services. La dernière étape de cette croissance non maîtrisée voyait le remplissage des interstices entre les noyaux urbains et donc l'émergence des conurbations. Globalement la dénomination de ces espaces où l'imbrication entre l'industrialisation et l'urbanisation était la plus poussée resta toujours hésitante. Tantôt elle se contentait du terme générique de *Black country,* tantôt elle s'identifiait à une rivière, la Ruhr, ou elle correspondait à un terroir aux contours très flous, comme le Borinage. L'organisation spatiale était rendue complexe par le maintien des pouvoirs administratifs et souvent de l'ensemble du tertiaire supérieur dans les anciennes cités, comme Arras, préfecture du Pas-de-Calais alors que l'agglomération de Lens bénéficiait de la croissance la plus vive.

Carte n° 5 - La « métropole d'équilibre » Lille-Roubaix-Tourcoing à la fin des années 1960 : une conurbation industrielle.

À une échelle encore supérieure à l'ensemble Lille-Roubaix-Tourcoing, promue dans les années soixante au rang de métropole d'équilibre, la **Ruhr** offrit le modèle le plus accompli de conurbation industrielle (N.-J.-G. Pounds). Conglomérat de villes juxtaposées, dont aucune ne dominait, elle s'organisa progressivement en quatre groupes d'agglomérations. Les centres de la vallée de la Ruhr, noyau initial, cessèrent de croître dès les années 1880. Au contraire les petites villes commerçantes de l'Hellweg connurent alors une véritable explosion urbaine, due à l'implantation de puissants complexes sidérurgiques. Le troisième groupe était formé d'une double ligne le long de l'Emscher

© ARMAND COLIN. La photocopie non autorisée est un délit.

et rassemblait des agglomérations dépourvues de tout centre urbain clairement identifiable. Hamborn fournit ici l'exemple le plus significatif : village de quelques centaines d'habitants dans les années 1870, en accueillant le complexe Thyssen il devint un village industriel monstrueux de 102 000 personnes en 1910. Les villes de la Lippe constituaient le dernier ensemble, dont la croissance commença à la veille du premier conflit mondial avec le déplacement du centre de gravité de l'exploitation du bassin minier. En 1912 la conurbation de la Ruhr regroupait sur un espace de 60 km de long sur 20 km de large pas moins de 12 millions d'habitants.

Carte n° 6 - La conurbation de la région Rhénanie-Ruhr durant les années 1960.

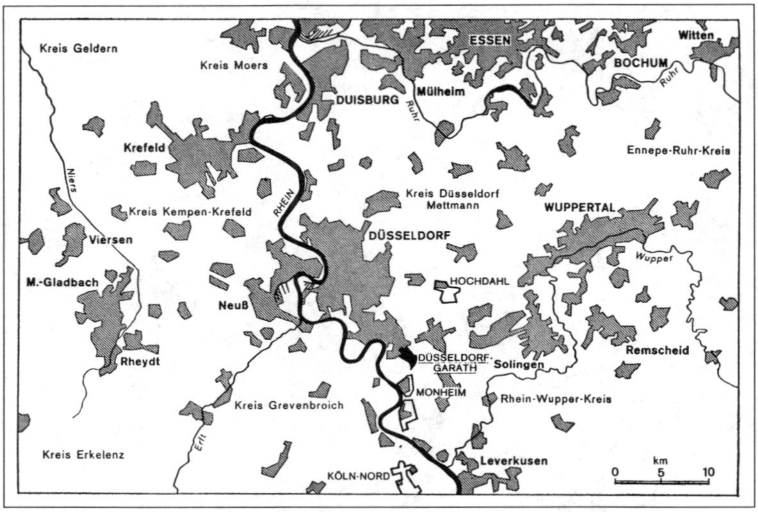

Source : H. W. Draesel, « Planung im übergeordneten Raum », *Düsseldorf-Garath. Ein neuer Stadtteil*

Globalement l'impression de **chaos urbain** fut renforcée par l'adoption dans les agglomérations champignons, comme Gelsenkirchen, de plans en damier typiques de fronts pionniers. À la différence des plans radio-concentriques classiques des villes préexistantes, ceux-ci se conformaient essentiellement aux critères géologiques des forages, qui commandaient l'extension des zones exploitables. Conformément à la définition de la conurbation par les géographes, la Ruhr ne fut jamais une métropole car elle était dépourvue d'un centre et d'un cadre administratif unifié. Les anciennes divisions administratives subsistèrent et encore aujourd'hui des décisions essentielles en matière de développement économique et social et de planification urbaine sont prises à Düsseldorf, Arnsberg ou Münster.

• **La circulation** à l'intérieur des conurbations, essentielle pour la mobilité des ouvriers sous forme de mouvements pendulaires, fut facilitée au tournant des deux siècles par la construction de réseaux interurbains, aux dénominations très variées mais qui se plaçaient à mi-chemin entre les tramways et les chemins de fer généraux. Ce fut le cas en Belgique et dans le Nord-Pas-de-Calais, mais aussi dans la Ruhr et dans la zone de Mayence-Francfort, dotée d'un véritable réseau express régional avant la lettre.

Enfin les conurbations et plus largement la plupart des agglomérations industrielles ont influé largement sur le mode de développement agricole de leurs campagnes environnantes, comme le montre bien l'exemple de l'Angleterre du North East à la fin du XIXe siècle. La réduction de la main-d'œuvre rurale s'accompagnant d'une demande accrue de produits agricoles a en effet entraîné un processus diversifié de modernisation rurale par mécanisation, extension des pâturages et croissance des cultures intensives sur les meilleures terres.

3.3. Le rôle des politiques sociales et municipales et la question du logement, reflet des sociétés industrielles

• **La réflexion sur les dysfonctionnements de la ville industrielle** fut une constante des discours liant étroitement la «révolution industrielle», la question sociale et la question urbaine dès le milieu du XIXᵉ siècle. Ainsi, illustrant les thèses socialistes qui trouvaient ici un terrain d'action privilégié, le Belge Vandervelde dénonça avec virulence les méfaits sociaux de l'industrialisation sur les populations urbaines dans une série d'articles sur «Les villes tentaculaires». Celle-ci parut en 1899 dans la revue internationale *Le Mouvement Socialiste*, en reprenant le titre du recueil d'E. Verhaeren (1895), poète des nouveaux paysages industriels et du machinisme. Au tournant des deux siècles l'action philanthropique et hygiéniste, prolongeant les enquêtes sociales publiées en Grande–Bretagne et sur le continent dès les années 1830-1840, fut particulièrement dynamique. Elle fut marquée notamment par la fondation de la Société des Habitations à Bon Marché par Jules Siegfried en 1895 et la mise en place du réseau des Universités populaires, qui œuvraient en faveur du logement social, des services d'assistance et de la lutte contre l'alcoolisme en milieu ouvrier.

Les engagements idéologiques étaient très divers mais **le socialisme municipal** constitua une composante essentielle. Son influence dépassa largement le courant broussiste et possibiliste, puisque le Parti Ouvrier Socialiste Révolutionnaire vota en juillet 1894 à son Congrès national la motion suivante : «l'acte préparatoire indispensable à la réalisation des mesures qui doivent nous conduire à la transformation sociale est incontestablement la prise de possession à bref délai, par les travailleurs organisés, du pouvoir municipal, dans toutes les communes de France». Lille a représenté alors le laboratoire du socialisme municipal par ses réalisations en matière de propreté et d'hygiène publique, de travaux communaux et de services publics industriels et administratifs. Les municipalités socialistes n'eurent pas cependant le monopole de la création de régies pour la gestion des services publics, en premier lieu de distribution de gaz et d'électricité. Par exemple la Régie Municipale de Gaz et d'Électricité de Bordeaux, une des plus importantes de France avec celle de Grenoble, fut créée en 1919 six ans avant l'arrivée au pouvoir du socialiste A. Marquet. Au total, au-delà des discours et des théories, les réalisations des politiques municipales en France furent bien inférieures à celles du Royaume-Uni, de l'Allemagne et des pays du Bénélux.

• **Au Royaume-Uni** le rôle des réformateurs sociaux fut essentiel. Ils considéraient que le cadre de vie des ouvriers et des classes moyennes et plus généralement le paysage urbain des grandes villes étaient très déficients. Outre l'influence de Charles Booth et d'Ebenezer Howard, père des cités-jardins, il faut souligner celles de Albert Shaw et de Thomas Horsfall, qui dans leurs ouvrages respectifs *Municipal Government in Continental Europe* (1895) et *The Improvement of the Dwellings and Surroundings of the People : the Example of Germany* (1904) décrivaient les méthodes allemandes de planification urbaine (A. Sutcliffe). Leurs idées inspirèrent les réalisations modèles de Birmingham, selon le programme conçu en 1906 par son conseiller municipal, l'industriel John Nettleford, et l'exemple fut rapidement suivi par les villes de Liverpool et de Manchester.

• **L'Allemagne** fut ainsi considérée comme le modèle le plus achevé de gestion urbaine. Elle bénéficia certes des retombées essentielles du paternalisme d'entreprise, conforme à la tradition chrétienne sociale germanique, et du mécénat des grandes familles, comme les Rothschild qui contribuèrent à la construction de la bibliothèque et de l'hôpital de Francfort. Mais l'essentiel fut l'action des municipalités, qui disposaient de budgets supérieurs à leurs homologues européennes, grâce à une fiscalité locale assez lourde, qui fut d'ailleurs renforcée à partir de 1949

© ARMAND COLIN. La photocopie non autorisée est un délit.

dans le cadre des nouveaux *Länder* de la RFA. Elles purent ainsi constituer d'importantes réserves foncières pour lutter contre la spéculation et préparer les extensions futures et elles n'hésitèrent pas à annexer systématiquement les faubourgs, dès qu'ils étaient suffisamment urbanisés. L'industrie resta donc en Allemagne pleinement intégrée au champ urbain et à ses représentations positives. Francfort, grâce à l'action de son maire Franz Adickes de 1891 à 1912, soutenu par une administration municipale comportant de nombreux ingénieurs, se plaça à la pointe de ce mouvement d'intervention et de régulation. Elle adopta en effet des règlements d'urbanisme adaptés à la nature des quartiers. Dans ce zonage la périphérie fut divisée rigoureusement en zones résidentielles et industrielles et, parce que la ville contrôla progressivement plus de la moitié du sol, la construction de *Mietskasernen* fut pratiquement stoppée. Dans le domaine du logement social, contrairement à d'autres secteurs de l'économie sociale, l'État bismarckien et wilhelminien abandonna donc ses responsabilités aux municipalités et à l'entreprise privée, sous le signe souvent de l'économie mixte. Cette alliance, que nous retrouvons à une échelle quand même inférieure en Grande-Bretagne, en Belgique et aux Pays-Bas, perdura largement jusqu'à nos jours.

• **Les modèles britannique et allemand de politique du logement**, en particulier pour le monde ouvrier, exercèrent donc l'un sur l'autre une séduction mutuelle. De façon très classique, chacun des deux pays s'attachait surtout à ses propres déficiences et mettait en exergue les réalisations de son voisin. En créant un nombre considérable de maisons individuelles, qui étaient la forme d'habitat souhaitée, la société industrielle britannique a certainement mieux répondu aux besoins de logements ouvriers que les autres nations d'Europe occidentale. Le surpeuplement des logements était lui-même inférieur à celui du continent, du moins pour Londres, comme l'atteste la comparaison avec Paris et Berlin :

Tableau n° 7- Répartition de la population en 1901 suivant le nombre de pièces par logement

Ville	1 pièce	2 pièces	3 pièces	4 pièces et plus
Londres	6,7 %	15,5 %	16,6 %	61,2 %
Paris	26,7 %	30,1 %	21,8 %	21,4 %
Berlin	8,0 %	37,2 %	30,6 %	24,2 %

Source : M.J. Daunton, «Housing», The Cambridge Social History of Britain.

Pourtant, l'intervention des pouvoirs publics à l'échelle nationale fut tardive, puisqu'elle ne fut inaugurée que par un *Act* de 1909, considéré par les réformateurs sociaux comme très insuffisant. Sur le modèle allemand, il permit aux municipalités de différencier les aires industrielles et les zones résidentielles, d'acquérir les terrains nécessaires pour les bâtiments publics et les espaces non constructibles et de fixer des densités maximales d'occupation du sol.

Durant l'entre-deux-guerres, l'effort de construction de logements en Europe occidentale fut poursuivi avec beaucoup de dynamisme en Allemagne, aux Pays-Bas et en Grande-Bretagne. Il y joua d'ailleurs un rôle d'entraînement de la croissance industrielle et durant la Grande Crise il eut une dimension contracyclique indéniable. À l'inverse, la France et encore plus l'Italie furent beaucoup plus timides dans ce secteur essentiel.

Tableau n° 8 - L'effort de construction immobilière en Europe durant l'entre-deux-guerres : nouveaux logements construits pour 1 000 habitants de 1920 à 1938 (moyennes annuelles).

Pays	1920-1924	1925-1929	1930-1934	1935-1938
Allemagne	1.6	4.0	3.0	3.0
France	0.9	2.1	3.8	2.1
Italie	0.4	0.7	1.3	1.6
Pays–Bas	5.7	6.3	5.9	4.2
Royaume-Uni	2.1	4.8	5.5	7.6

Source : A.S. Deaton, « The stucture of demand 1920-1970 », *The Fontana Economic history of Europe*

Si l'expression « l'année zéro » a bien une signification pour **l'Allemagne en 1945**, c'est à coup sûr dans le domaine du logement. Outre les destructions à Berlin, Cologne, Dresde… transformées en champs de décombres, il a fallu loger une dizaine de millions de réfugiés. L'effervescence de cette société en pleine reconstruction, sous le signe toujours de la civilisation industrielle et de ses excès, est bien rendue en particulier par l'œuvre cinématographique de Rainer Fassbinder. Pendant plusieurs années des populations importantes ont dû vivre dans des logements de fortune, parfois dans des caves, mais l'œuvre d'aménagement fut pratiquement terminée au milieu des années cinquante, grâce à l'action efficace des pouvoirs communaux. L'Allemagne a ainsi indéniablement bénéficié de sa forte tradition municipale et même si aucun plan d'ensemble n'a existé à l'échelle nationale, les architectes et les urbanistes ont pu travailler avec le maximum de soutiens, par exemple pour édifier la ville nouvelle de Düsseldorf-Garath. Celle-ci s'est intégrée dans un plan d'aménagement régional de la Rhénanie-Ruhr durant les années soixante.

La croissance continue des **grands ensembles**, qui conduisit aux réalisations démesurées et déshumanisées des années soixante symbolisées par La Courneuve, permit de mieux répondre à une demande toujours pressante de logements en Europe Occidentale dans les décennies d'après-guerre. En Italie, grâce à l'aide de l'État, le nombre de logements construits passa de 90 000 en 1951 à 420 000 en 1963. En Grande–Bretagne, le modèle de la maison individuelle resta prédominant et 7 millions de logements nouveaux furent construits de 1953 à 1970, tandis que la proportion de propriétaires doublait pratiquement durant cette période pour atteindre la moitié de la population. Au détriment certes de l'intégration dans l'organisme urbain et au prix d'une indéniable déshumanisation, les progrès de l'offre de logements et de leur confort furent très sensibles partout en Europe Occidentale durant la période de haute croissance, comme le montre le tableau n° 9 présenté en annexe. Ces progrès furent un des signes majeurs de l'avènement de la société de consommation, objet central de notre prochain chapitre.

La seconde industrialisation en Europe Occidentale s'est ainsi épanouie en symbiose étroite avec une civilisation urbaine à la conquête de sa maturité. Cette symbiose apparaît clairement dans un symbole tel que la Tour Eiffel, achevée en 1889 pour l'Exposition Universelle, exploitée plus tard par Citroën dans une fusion entre la ville-lumière et la publicité automobile, et réquisitionnée en 1940 par les Allemands comme signe de leur domination européenne. Roland Barthes y voyait la marque brute de la société industrielle et la mise en scène de son fonctionnalisme par sa négation même :

« face à cette forêt de symboles passéistes, clochers, dômes, arcs, la Tour surgit comme un acte de rupture, destiné à désacraliser le poids du temps antérieur, à opposer à la fascination, à l'engluement de l'histoire la liberté d'un temps neuf ; tout, dans la Tour, la désignait à ce symbole

© ARMAND COLIN. La photocopie non autorisée est un délit.

de subversion : la hardiesse de la conception, la nouveauté du matériau, l'inesthétisme de la forme, la gratuité de la fonction» (R. Barthes, *La Tour Eiffel*, p.73).

Pourtant les nouvelles valeurs promues par les mouvements socioculturels de la fin des années 1960, puis l'irruption de la grande crise économique, ont sapé durablement la mystique industrialiste et urbaine. Plus que les discours et les pratiques concernant le retour à la terre, les fondements économiques et sociaux de la troisième industrialisation ont introduit une nouvelle indifférenciation des milieux urbains et ruraux. Des mutations profondes s'amorcèrent durant les années 1970 dans la perception et le rôle industriel des espaces centraux, périurbains et du rural profond, même si la délocalisation des entreprises dans la chlorophylle ne déboucha pas toujours sur des implantations viables…

DOCUMENTS

Programme d'action municipale de la Fédération des groupes socialistes de Toulouse en juillet 1894 (extraits).

1/ Rétribution des fonctions municipales au taux maximum des salaires ouvriers à l'effet de ne pas exclure de l'administration de la commune une classe entière de citoyens, les plus nombreux, celle qui n'a que son travail pour vivre.

2/ Institution de cantines scolaires.

3/ Introduction dans le cahier des charges, pour les travaux de la ville, de clauses réduisant à huit heures la journée de travail et garantissant un minimum de salaire fixé par le Conseil.

4/ Bourse du Travail confiée à l'administration des syndicats ouvriers et groupes corporatifs.

5/ Suppression des taxes d'octroi sur les denrées alimentaires.

6/ Exemption pour les loyers inférieurs à 200 F de toute cote mobilière ou personnelle, assainissement et réparation aux frais des propriétaires des logements reconnus insalubres.

8/ Création de maternités et d'asiles pour les vieillards et les invalides du travail, asiles de nuit et distribution de vins pour les passagers à la recherche de travail, sans résidence fixe.

9/ Organisation d'un service gratuit de médecine et d'un service de pharmacie à prix de revient.

10/ Création d'un sanatorium pour l'enfance ouvrière et envoi aux frais de la Commune dans les sanatoriums déjà existants.

11/ Établissement de bains et lavoirs publics et gratuits.

12/ Service de consultation judiciaire gratuite pour les litiges intéressant les travailleurs.

14/ Transformation en services publics communaux des monopoles des compagnies (omnibus, gaz, tramways, etc.).

15/ Établissement d'industries municipales pour les ouvriers mis à pied par les patrons.

16/ Création de greniers, minoteries, boulangeries, boucheries, construction de maisons salubres, le tout par la municipalité, pour combattre les spéculateurs au profit des travailleurs.

Cité par M.C. Bouneau-Bouillare, *Hubert Lagardelle, un bourgeois révolutionnaire et son époque (1874-1958)*

© ARMAND COLIN. La photocopie non autorisée est un délit.

La ville tentaculaire vue par Emile Verhaeren

Tous les chemins vont vers la ville.

Du fond des brumes
Là-bas, avec tous ses étages
Et ses grands escaliers, et leurs voyages
Jusques au ciel, vers de plus hauts étages
Comme d'un rêve, elle s'exhume.
Là-bas,
Ce sont des ponts tressés en fer
Jetés, par bonds, à travers l'air ;
Ce sont des blocs et des colonnes
Que dominent des faces de gorgonnes ;
Ce sont des tours sur des faubourgs
Ce sont des toits et des pignons,
En vols pliés, sur les maisons ;
C'est la ville tentaculaire
Debout
Au bout des plaines et des domaines.
Des clartés rouges
Qui bougent
Sur des poteaux et des grands mâts
Même à midi, brûlent encor
Comme des yeux monstrueux d'or,
Le soleil clair ne se voit pas :
Bouche qu'il est de lumière, fermée
Par le charbon et la fumée,
Un fleuve de naphte et de poix
Bat les môles de pierre et les pontons de bois (...)

Par au-dessus, passent les cabs, filent les roues
Roulent les trains, vole l'effort
Jusqu'aux gares, dressant, telles des proues
Immobiles, de mille en mille, un fronton d'or.
Les rails ramifiés rampent sous terre
En des tunnels et des cratères
Pour reparaître en réseaux clairs d'éclairs
Dans le vacarme et la poussière.
C'est la ville tentaculaire.

Les Campagnes Hallucinées, Paris, Mercure de France, 1893.

Tableau n° 9 - L'amélioration du confort des habitations en Europe occidentale de 1936 à 1970

Pays	Nombre de personnes par pièce	Eau courante à l'intérieur	Éclairage électrique
Allemagne (RFA)			
1950	1.2	77.9	98.4
1968	0.7	99.0	99.0
Belgique			
1947	0.8	48.4	95.4
1961	0.6	76.9	99.6
France			
1946	1.3	37.0	
1968	0.8	90.8	98.8
Italie			
1936	1.3		
1961	1.1	62.3	95.9
Pays–Bas			
1939	1.3		
1956	0.8	89.6	98.1
Royaume-Uni			
1939	0.7		
1961	0.7	98.7	

Source : A.S. Deaton, « The Structure of demand 1920-1970 », *The Fontana Economic history of Europe.*

CHAPITRE XIII

LE CONSOMMATEUR AU CŒUR DES SOCIÉTÉS INDUSTRIELLES

La période 1880-1914, plus particulièrement la Belle Époque, fut marquée par l'avènement d'une nouvelle économie domestique, tournée vers la recherche du bien-être et du confort. Elle vit se dessiner un double mouvement, qui s'amplifia jusqu'à nos jours et que présente ainsi François Caron : « tandis que les consommateurs à moyens ou hauts revenus prospectaient les territoires conquis par les technologies nouvelles du gaz, de l'électricité, de la chimie ou du moteur à explosion, les consommations populaires se rapprochèrent, encore timidement certes, mais significativement, des modèles fournis par les classes supérieures. Bien des objets, qui avaient pu être considérés, lors de leur apparition, comme futiles et permettant juste à leurs utilisateurs de jouer les originaux, devaient devenir des produits de grande consommation. » (F. Caron.)

L'élévation considérable du niveau de vie et le changement profond des structures de consommation partout en Europe Occidentale des années 1880 aux années 1960 s'accompagnèrent de l'essor de nouveaux médias et de nouvelles méthodes de distribution. Cette double révolution de la communication et de la commercialisation contribua largement aux modifications multiformes du comportement du consommateur, placé au cœur des sociétés industrielles et bientôt post-industrielles. Parmi les mutations essentielles figurent certainement le développement de nouveaux produits, centrés sur la notion de bien-être, la promotion de nouvelles clientèles et l'intégration d'une nouvelle culture industrielle.

1. L'évolution des structures de consommation : vers la société d'abondance?

1.1. La lente réduction des disparités de niveau de vie, d'équipement et de comportement de la fin du XIXe siècle au second conflit mondial

En termes de **niveau de vie** et donc de pouvoir d'achat, **les inégalités nationales** étaient à l'origine considérables et elles ne se réduisirent que très lentement, avec cependant une accélération sensible durant le second après-guerre. L'Italie fournit à la base un excellent

© ARMAND COLIN. La photocopie non autorisée est un délit.

indicateur pour suivre à la fois l'évolution de ces disparités et le processus général d'amélioration des conditions d'existence. En 1890 le revenu annuel moyen d'un Italien était très inférieur à celui de ses voisins, puisqu'il s'élevait à 2 500 lires contre 3 900 pour l'Allemand, 6 500 pour le Français et 7 300 pour l'Anglais. L'ouvrier y était alors l'un des plus mal payés d'Europe et il subissait les plus longs horaires de travail. Encore en 1953 le revenu des Italiens n'était que de 35 % de celui des Belges, 40 % de celui des Français et 60 % de celui des Allemands.

• **L'amélioration de l'alimentation** fut la première donnée essentielle dans l'avènement de nouvelles structures de consommation. En Grande-Bretagne à la veille du premier conflit mondial une famille ouvrière consommait outre 130 kg de pain par personne, 34,5 kg de viande, 21 kg de sucre et 8,5 kg de beurre. En Allemagne de 1880 à 1914 la consommation de viande progressa de 32,7 kg par habitant à 44,9 kg, celle de sucre de 4,6 kg à 20 kg et celle de légumes de 52 à 63 kg. Certes, dans le budget ouvrier allemand du début du siècle, l'alimentation représentait encore 48,1 % des dépenses, contre 21,3 % pour le loyer avec le chauffage et l'éclairage, 11,2 % pour l'habillement, 3,9 % pour l'alcool et le tabac et 5,8 % pour les cotisations de protection sociale. À la veille de Grande Guerre on observait déjà une certaine homogénéisation des modes de consommation alimentaire en Europe Occidentale. La viande restait cependant un excellent indicateur du niveau de vie, puisque la nette supériorité des Britanniques sur le continent s'affirmait dans ce domaine par une consommation de plus du triple de celle des Italiens et de plus du double de celle des Français et des Belges :

Tableau n° 1 - Consommation par tête des principaux produits alimentaires en Europe occidentale en 1914 (en kg)

	Grande–Bretagne	Allemagne	France	Belgique	Italie
Céréales	95	127,7	185	135	149
Pommes de terre	97	199	176	206,5	27,8
Fruits	33	23,6	13,4		23,7
Viande	60,2	48,2	33,6	29,5	17,5
Alcool (litres)		9,5	22,4		14,1

Source : F. Caron, *Histoire économique et sociale du monde.*

Cette diversification de la nourriture, avec le développement des conditionnements nécessité par la conservation des produits et la conquête de la clientèle urbaine, favorisa d'ailleurs l'essor des industries alimentaires, avec en particulier les débuts de la conserverie en boîtes métalliques.

Outre cette amélioration à la fois quantitative et qualitative de l'alimentation, l'évolution des sociétés industrielles confirma la célèbre loi du statisticien allemand Engel, qui dans les budgets familiaux établissait une corrélation directe entre élévation du niveau de vie et baisse des dépenses d'alimentation. Cette **diminution de la part de la consommation alimentaire,** même si elle fut ralentie par la Grande crise, se poursuivit durant l'entre-deux-guerres dans l'ensemble de l'Europe occidentale, en particulier dans des pays aux niveaux de vie aussi différents que le Royaume-Uni, les Pays-Bas et l'Italie :

Tableau n° 2 - Structure comparée de la consommation du Royaume-Uni, des Pays-Bas et de l'Italie durant l'entre-deux-guerres

Royaume-Uni	Alimentation	Habillement	Logement	Biens non durables	Biens durables	Services
1921-1925	32.1	11.2	8.3	22.8	6.1	19.5
1936-1938	26.5	9.9	10.4	23.7	7.6	21.9
Pays–Bas	Alimentation et tabacs	Boissons	Habillement		Biens durables	Autres
1922-1925	32.5	9.3	14.6		9.0	34.6
1936-1939	28.9	8.7	12.9		8.1	41.4
Italie	Alimentation, boissons et tabac			Autres biens non durables	Biens durables	Services
1921-1925	65.9			16.9	1.4	15.8
1936-1940	55.6			16.9	2.3	25.2

Source : A.S. Deaton, « The Structure of demand 1920-1970 ».

Selon le processus décrit par François Caron et déjà évoqué de façon générale, l'essor de l'économie domestique en Europe Occidentale à partir de la fin du XIXe siècle prit une double dimension sociale, en associant de façon très classique distinction des nouveaux produits et des nouveaux modes de vie et leur diffusion progressive, d'abord dans les classes moyennes, puis dans les catégories populaires. Les nouveaux types de consommation engendrés par les innovations technologiques de la seconde industrialisation avaient bien à l'origine **un caractère élitiste en tant que signes de la modernité**. Tel était par excellence le cas de la consommation d'électricité et du profil social de ses premiers abonnés (A. Beltran et P.-A. Carré). Proust lui-même évoquait cette distinction de la fée électricité en l'introduisant au cœur d'une conversation entre Odette, Madame Bontemps et Madame Cottard :

« À propos de vue, vous a-t-on dit que l'hôtel particulier que vient d'acheter Mme Verdurin sera éclairé à l'électricité ? Je ne le tiens pas de ma petite police particulière, mais d'une autre source, c'est l'électricien lui-même, Mildé, qui me l'a dit. Vous voyez que je cite mes auteurs ! Jusqu'aux chambres qui auront leurs lampes électriques avec un abat-jour qui tamisera la lumière. C'est évidemment un luxe charmant. » (M. Proust, *À l'ombre des jeunes filles en fleurs*).

La **démocratisation** de l'usage de la nouvelle forme d'énergie fut d'emblée un des soucis majeurs des entreprises européennes concessionnaires. Par exemple la Compagnie Parisienne de Distribution d'Électricité réussit de 1921 à 1935 à faire baisser de 43 % ses tarifs pour applications domestiques, et elle comptait en 1932 900 000 abonnés sur une population totale de 3 millions d'habitants (A. Beltran). Partout les politiques tarifaires comportaient une approche commerciale qui faisait du confort du *home* un axe prioritaire. L'Europe Occidentale, en particulier la France plus que l'Allemagne et la Grande-Bretagne, accusait cependant toujours un important retard sur les États-Unis et la maison tout électrique de Babbitt, mise en scène par Sinclair Lewis dès 1922, comme le montrent ces statistiques d'utilisation d'appareils électriques en 1932 :

Tableau n° 3 - Utilisation comparée des appareils électroménagers aux États-Unis et en France en 1932 (pour 10 000 personnes)

Appareils	États-Unis	France
Fers à repasser	1 580	850
Percolateurs et bouilloires	490	200
Calorifères et radiateurs	280	85
Fours	180	8
Aspirateurs	740	120

Source : A. Lejay, *L'utilisation domestique de l'électricité*.

© ARMAND COLIN. La photocopie non autorisée est un délit.

Les progrès des **réseaux téléphoniques** en Europe occidentale constituent un autre indicateur de la diffusion des signes de la modernité, depuis l'installation par Siemens en 1881, cinq ans seulement après l'invention de Graham Bell, du premier réseau à Mulhouse, alors ville du Reich. L'entre-deux-guerres fut ici aussi une phase décisive d'imitation de l'*American Way of Life*. La comparaison des taux d'équipement téléphonique de 1911 et 1938 montre une réduction sensible du décalage entre les principaux pays européens et les États-Unis :

Tableau n° 4 - Équipement téléphonique comparé de l'Europe occidentale et des États-Unis en 1911 et 1938

Pays	Nombre de postes téléphoniques en 1911	Nombre de postes pour 100 habitants en 1911	Nombre de postes pour 100 habitants en 1938
Allemagne	1 069 000	1,6	5,2
Belgique	48 000	0,6	5,0
États-Unis	7 596 000	8,1	15,3
France	232 743	0,6	3,8
Grande–Bretagne	649 000	1,4	6,7
Italie	70 000	0,2	1,4
Pays–Bas	65 000	1,1	4,9

• **L'automobile** commença également durant l'entre-deux-guerres à se diffuser dans les classes moyennes supérieures en Grande-Bretagne, en Allemagne et dans une moindre mesure en France, devenant ainsi une preuve de distinction sociale. En Grande-Bretagne le prix de revient moyen d'une voiture à la sortie de l'usine diminua de 308 £ en 1913 à 130 £ en 1936. Morris et Austin qui contrôlaient 57 % du marché national en 1929 avaient pu lancer la fabrication en série de petits modèles pour une clientèle élargie. En Allemagne, qui dépassa la France durant les années trente pour devenir le second constructeur européen, les discours de propagande de 1936 promettaient à chaque famille une Volkswagen, voiture du peuple, vendue au-dessous du seuil symbolique de 1 000 Reichsmark. Mais même si la Coccinelle sortait des usines au rythme annuel de 150 000 voitures à la veille de la guerre, le prix était encore trop élevé pour toucher ne serait-ce que l'ensemble des classes moyennes. L'Allemagne restait alors nettement en retard dans ce processus de démocratisation, avec un taux d'équipement de 19 automobiles pour 1 000 habitants, contre 42 pour 1 000 en Grande–Bretagne et 41 pour 1 000 en France.

1.2. Le consommateur sacrifié par les économies de guerre et les régimes totalitaires

La marche des pays d'Europe Occidentale vers la société de consommation fut cependant loin d'être continue. Elle se heurta à **des freins conjoncturels considérables**, économiques et politiques, marqués par les répercussions des grandes crises mais surtout par les deux conflits mondiaux et les politiques mises en œuvre par les régimes totalitaires.

La grande Dépression affecta tous les consommateurs aux revenus amoindris et aux situations précaires, en particulier dans les campagnes et dans les grands bassins d'industrie lourde, mais elle n'eut pas dans ce domaine un effet aussi brutal et surtout massif que le **premier conflit mondial.** Pour les pénuries engendrées par l'effort de guerre, les situations les plus douloureuses furent vécues par les populations des deux principaux belligérants, France et Allemagne. En Allemagne, soumise à un blocus de plus en plus efficace, le rationnement organisé par plusieurs offices regroupés dans le *Kriegsernährungsamt* en mai 1916 n'empêcha pas l'augmentation de la mortalité durant l'hiver terrible 1916-1917. Durant l'été 1917 la ration quotidienne que l'on pouvait obtenir régulièrement ne dépassait pas 1 000 calories par jour alors que le besoin minimal était estimé à 2 300, le recours au marché noir était donc indispensable.

• **Les politiques d'austérité et d'autarcie mises en œuvre par les régimes totalitaires** eurent un double objectif, lutter contre la crise économique et permettre la constitution d'une économie de guerre, avant que celle-ci n'entre dans sa phase active. L'Italie offre le meilleur exemple pour étudier les répercussions de la Grande Crise sur la consommation et ses politiques de restriction furent à la fois beaucoup plus précoces et sévères qu'en Allemagne. Dès 1926, alors que la bataille de la lire faisait rage et que la déflation, sous le nom de « cote 90 », était définitivement adoptée, des contingentements conduisirent à fabriquer un type unique de pain avec un taux de froment fixé par l'État (85 % au plus). De même l'économie de cellulose amena la limitation du nombre de pages des journaux, la consommation d'informations et de produits culturels étant naturellement sacrifiée en priorité. Rapidement la frugalité antique des Romains fut érigée au rang de vertu cardinale et tous les signes de la consommation urbaine et industrielle furent mis à l'index par un régime qui exaltait l'authenticité du rural profond. Il afficha un mépris profond pour la société de consommation anglo-saxonne, surtout pour les Anglais, « le peuple des cinq repas ». Une mystique de la récession magnifia le refus du bonheur ou, comme les fascistes se plaisaient à dire, le refus de la « vie facile ». Dans son fameux « discours de l'Ascension », prononcé le 26 mai 1927, Mussolini célébra le modèle et les performances de la Basilicate, qui avait le plus fort taux de natalité d'Italie, parce qu'elle n'avait pas été contaminée par les germes de l'industrialisation. Effectivement de nombreuses régions vivaient, encore au moins partiellement, sur des données d'auto-consommation ou de consommation en circuit restreint, comme d'ailleurs en Irlande ou dans certaines vallées des massifs français.

La Grande Crise accrut considérablement les carences de la consommation. Selon les chiffres officiels eux-mêmes, les services d'assistance fournirent des rations alimentaires durant l'hiver 1933-1934 à pas moins de 1 750 000 familles. À partir de 1935 le contingentement fut instauré sur tous les produits d'importation, en sacrifiant ainsi définitivement le consommateur italien au prestige financier de la nation. Une propagande intensive déferla alors contre le gaspillage et pour la restriction volontaire de la consommation. La vente de viande fut interdite un jour par semaine et les familles, même citadines, furent invitées à élever des volailles. L'autarcie, comme négation directe de la consommation, atteignit une intensité inégalée en 1939, avant même le déclenchement du conflit mondial. À l'interdiction de boire du café et à la suppression de la vente libre de viande s'ajoutèrent notamment la fermeture des restaurants et théâtres à minuit et la limitation à 30 litres par mois des fournitures de carburant aux automobilistes. Quant à l'effort d'autosuffisance, il déboucha sur des résultats décevants, à l'exception de la mise au point de procédés de fabrication du caoutchouc synthétique par Pirelli. En particulier les ménagères boycottèrent largement le *lanital*, substitut de la laine fabriqué à partir de la caséine.

La politique de l'Allemagne hitlérienne aboutit également à une nette détérioration de la consommation intérieure, même si elle fut moins catastrophique qu'en Italie. Dans le seul domaine alimentaire entre 1927 et 1937 les consommations de pain blanc, de viande, de lait et de poisson diminuèrent respectivement de 44 %, 18 %, 14 % et 6,5 %, au profit du pain de seigle et des pommes de terre. Les consommateurs italiens, encore plus que les Allemands, furent donc progressivement soumis en pleine paix aux impératifs d'une économie de guerre. Le conflit aggrava à nouveau considérablement la situation, puisqu'en 1942 la ration en calories des Italiens s'élevait à peine à 55 % de celle des Allemands et la malnutrition touchait la grande majorité de la population.

• **Les populations des pays occupés d'Europe occidentale**, c'est-à-dire les Pays-Bas, la Belgique et la France, subirent durant la guerre des restrictions particulièrement douloureuses, même si dans certains domaines, à commencer par l'alimentation, les Italiens n'étaient pas mieux traités. L'interruption des échanges, le blocus britannique, les prélèvements massifs effectués par les vainqueurs, l'augmentation de l'auto-consommation paysanne provoquèrent le rationnement de quasiment tous les produits. Ainsi en 1943 la ration moyenne n'était-elle plus que de 1 400 calories

© ARMAND COLIN. La photocopie non autorisée est un délit.

en Belgique et 1 100 en France. Pour les citadins le rutabaga, choux-navet qui ne tient pas le ventre, fut le symbole alimentaire de ces années noires. Les estomacs souffrirent cependant de manière très inégale, puisque en y mettant le prix, des privilégiés pouvaient encore tout se procurer. Ainsi à Paris on pouvait souper comme avant-guerre pour environ en 1943 1 000 francs par personne, alors que le salaire mensuel d'un ouvrier qualifié était de 2 500 F. Le marché noir connut alors ses heures de gloire, avec les fortunes-éclairs de nombreux intermédiaires.

Les privations touchèrent tous les domaines de la vie quotidienne, des fournitures de combustibles et d'énergie, par exemple de carburant, qui amenèrent le développement des voitures à gazogène, aux matières premières nécessaires à l'habillement, la mode féminine devant s'adapter notamment aux chaussures à semelles en bois. Il s'agissait donc globalement, partout en Europe occidentale, d'une immense régression du mode de vie des sociétés industrielles. La Grande-Bretagne, où l'ensemble de la consommation privée diminua de 14 % entre 1939 et 1945, eut aussi son lot de privations, même si la ration alimentaire ne descendit pas au-dessous de 2 000 calories, malgré une augmentation sensible des revenus. Les Britanniques firent cependant preuve de beaucoup de civisme et le marché noir y fut une pratique limitée. Face à un rationnement également généralisé, ils se rallièrent progressivement au nouveau système des *Utility goods*, offrant des garanties de prix et de qualité sur des produits de consommation courante fabriqués en grande série. Ces *Utility goods* connurent le plus vif succès dans le secteur de l'habillement.

Les pénuries, et le fait marque encore les mémoires collectives, affectèrent encore durablement l'Europe Occidentale durant **la période de reconstruction**, malgré la mise en place de l'aide américaine. En France le rationnement ne fut totalement supprimé qu'en 1949 et dans un secteur très sensible, celui de la fourniture d'électricité, les coupures de courant furent maintenues pendant plusieurs hivers pour donner la priorité aux besoins industriels sur les besoins domestiques (A. Beltran et P.-A. Carré). Quant à l'Allemagne, elle accusait encore au début des années cinquante un retard sensible de ses indicateurs de consommation.

1.3. L'avènement de la société de consommation durant la haute croissance

La conjoncture de haute croissance des décennies d'après-guerre, associée à l'expression souvent critiquée des Trente Glorieuses, vit une nette accélération de l'évolution des structures de consommation. Le modèle de la société de consommation, déjà expérimenté durant les années vingt aux États–Unis, passa en moins de vingt ans du stade du rêve collectif à celui de la réalité pour une majorité de la population. Il bénéficia avant tout de l'**élévation générale du niveau de vie en Europe occidentale**. Elle fut la plus spectaculaire en Italie et en RFA, où les salaires réels progressèrent de 87 % de 1950 à 1962, tandis qu'en Grande–Bretagne, symptôme indéniable du *British Disease*, ils augmentèrent de seulement 53 % en vingt ans de 1950 à 1970.

• **Les deux vaincus allemands et italiens** bénéficièrent ainsi largement du fameux miracle économique. La course au bien-être put commencer en Allemagne dès le début des années cinquante, après avoir consenti d'énormes efforts et sacrifices durant la reconstruction. Alors que pour un ouvrier l'achat d'une Coccinelle Volkswagen représentait en 1950 pas moins de 493 journées de travail, cette durée fut ramenée en dix ans à 174 jours, soit un peu plus du tiers. En Italie le miracle, décalé chronologiquement, se traduisit bien par une augmentation spectaculaire de la consommation individuelle. En seulement cinq années de 1963 à 1968 la consommation italienne de viande par habitant passa de 31 à 39 kg, le taux d'équipement pour 1 000 habitants de 75 à 136 automobiles, de 84 à 132 téléphones et de 85 à 144 postes de télévision. Le rôle du Marché Commun pour l'uniformisation des modes de consommation en Europe de l'Ouest fut ici décisif. La séduction du modèle américain, tant de fois dénoncé par les intellectuels, était particulièrement vive en Italie. Si l'accroissement de la consommation était indéniablement un indice de promotion sociale, il se faisait en même temps au détriment des équipements collectifs (écoles, hôpitaux, transports urbains très déficitaires, chemins de fer). Par exemple la stratégie de développement accéléré de l'infrastructure autoroutière, avec un triplement dès 1963 du réseau d'autoroutes hérité du fascisme, favorisa l'expansion du marché automobile, et l'entreprise Fiat en particulier. Mais elle eut aussi pour conséquence néfaste l'abandon des investissements destinés à la modernisation de l'infrastructure ferroviaire, et donc le retard national de celle-ci sur ses voisins européens.

D'un point de vue sectoriel, la progression globale du pouvoir d'achat des salariés dans l'ensemble de l'Europe Occidentale affecta différemment **la fonction publique et le secteur privé**. La première bénéficiait d'un avantage initial considérable par ses traitements moyens, mais la réduction du décalage fut un mouvement général très sensible, particulièrement en Allemagne, en France et en Italie. C'est dans ce dernier pays que l'évolution fut encore une fois la plus significative, comme le montrent les statistiques suivantes :

Tableau n° 5 - Évolution comparée en Italie de 1880 à 1971 des traitements réels de la fonction publique et des salaires réels du secteur privé

	Traitement moyen réel de la fonction publique	Salaire moyen réel du secteur privé
1880	95	57
1898	86	73
1914	100	100
1918	58	65
1922	93	124
1938	96	101
1944	20	27
1947	76	99
1960	130	158
1971	160	287

Source : P. Sylos Labini, « Sviluppo economico e classi sociali in Italia », *Quaderni di sociologia.*

Alors que l'écart de revenu était de 4,9 au bénéfice des fonctionnaires en 1880, il n'était plus que de 2,3 en 1971, avec un mouvement de rattrapage qui se concentra en réalité dans le second après-guerre. Comme pour tous les salariés européens, les deux conflits mondiaux se traduisirent par une réduction du niveau de vie, plus sensible pour les fonctionnaires, alors que les ouvriers de certaines activités stratégiques virent leur situation mieux préservée. La période fasciste fut au contraire l'âge d'or de la bureaucratie, c'est-à-dire des couches moyennes, au service à la fois des grands organismes industriels et de l'administration, dans une collusion étroite. Les fonctionnaires italiens parvinrent ainsi à maintenir leur niveau de vie, tandis que le pouvoir d'achat des ouvriers était totalement sacrifié. À l'inverse le miracle économique italien ne fut pas uniquement, loin de là, l'œuvre des plus grandes entreprises privées, comme Fiat. Elle s'appuya aussi sur un tissu très important de PME souples et dynamiques, avec au début des années soixante-dix 630 000 entreprises de moins de 50 salariés contre seulement 535 000 en France. Ces PME furent un moyen efficace de promotion sociale des catégories modestes et contribuèrent largement à l'entrée de l'Italie dans la société de consommation, même si celle-ci, comme trait spécifique national, entretenait des rapports étroits avec l'économie informelle, voire souterraine…

Globalement, pour les six pays d'Europe occidentale, le tableau n° 6 fournit un bilan précis du mouvement combiné des décennies d'après-guerre, associant croissance soutenue du PIB par habitant et **bouleversement des structures de consommation :**

© ARMAND COLIN. La photocopie non autorisée est un délit.

Tableau n° 6 - Structure comparée de la consommation des pays d'Europe occidentale dans les années cinquante et soixante

	PIB/hab $	Alimentation	Habillement	Logement	Biens durables	Autres biens et services
Allemagne 1950-1954	945	41.6	14.4	6.4		37.6
Allemagne 1965-1967	1872	33.6	11.8	10.0		44.6
Belgique 1955-1959	1 221	28.9	9.8	13.1	9.6	38.6
Belgique 1965-1968	1 694	25.0	9.1	10.5	12.0	43.4
France 1950-1954	1 147	37.2	14.1	3.6	6.0	39.1
France 1965-1968	2 037	28.5	10.9	9.1	9.5	42.0
Italie 1951-1954	575	41.6	12.3	7.7	7.3	31.1
Italie 1965-1968	1 110	37.8	9.3	9.9	8.4	34.6
Pays–Bas 1950-1954	859	35.1	18.1	6.3	8.0	32.5
Pays–Bas 1965-1968	1 417	26.5	14.4	7.9	13.1	38.1
Royaume–Uni1950-1954	1 228	29.7	12.0	8.8	6.9	42.6
Royaume–Uni1965-1968	1 739	24.5	10.0	11.9	8.9	44.7

Source : A.S. Deaton, « The Stucture of demand 1920-1970 », *The Fontana Economic history of Europe.*

À quelques exceptions près, les évolutions furent très nettes. À la diminution des parts de l'alimentation et de l'habillement fut associée l'augmentation de celles du logement, des biens durables et des services. Les séquelles du second conflit mondial étaient encore présentes dans la structure de la consommation en 1950, avec une forte proportion du budget consacrée à la nourriture, particulièrement en Allemagne où le niveau de vie durant la reconstruction était tombé très bas. La marche vers la société d'abondance, ou *affluent society*, marqua alors profondément les deux décennies suivantes, avec l'augmentation des dépenses de confort domestique, de santé, d'éducation et de loisirs. La quête du superflu devint ainsi un indice de promotion sociale.

La France et l'Italie accusèrent cependant longtemps un important retard sur les pays nordiques dans le domaine du confort domestique, en particulier dans le secteur de l'hygiène. Ainsi en 1955, pour un indice 100 pour la France, l'équipement en salles de bains des logements atteignait respectivement les indices 142 en Belgique, 334 en Allemagne et 1 050 au Royaume-Uni (J. Fourastié). Le Royaume-Uni resta bien la patrie, avec les États-Unis, du confort du *home*, puisqu'en 1970 96 % de ses logements disposaient de WC, 88 % d'une salle de bains et 34 % du chauffage central.

Mieux que de longs discours, la progression très vive en Europe occidentale durant la haute croissance de l'après-guerre des taux d'équipement de la population en automobiles et en téléviseurs, traduit bien l'avènement de la société de consommation de masse. Ces deux biens hautement symboliques représentent en effet les deux principaux « marqueurs », voire les « fétiches », de ce modèle presque généralisé au début des années soixante-dix :

Tableau 7 - Les indicateurs de la diffusion de la société de consommation : les taux d'équipement en voitures de tourisme de 1922 à 1970

Pays	1922	1930	1938	1948	1950	1960	1970
Allemagne	1.3	7.8	21	6.3	13	81	227
Belgique	3.8	13	17	21	32	82	213
France	5.1	26	48	37		121	252
Italie	0.7	5.2	7.9	4.8	7.4	40	192
Pays–Bas	2.8	9.1	11	8.8	14	45	192
Royaume-Uni	7.4	25	42	40	46	105	209
États-Unis					264		436

Source : A.S. Deaton, « The Stucture of demand 1920-1970 », *The Fontana Economic history of Europe.*

Tableau 8 - Les indicateurs de la diffusion de la société de consommation : les taux d'équipement en téléviseurs de 1955 à 1970

Pays	1955	1960	1965	1970
Allemagne	5	83	200	272
Belgique	8	68	163	216
France	6	41	131	201
Italie	4	43	117	181
Pays–Bas	7	69	172	223
Royaume-Uni	105	211	248	293
États-Unis		309		415

Source : A.S. Deaton, « The Structure of demand 1920-1970 ».

La logique classique de démocratisation des produits de la seconde industrialisation, réservés jusque-là à une élite, a donc joué pleinement dans tous les pays, y compris en Italie qui a presque rattrapé son énorme retard dans ce domaine essentiel de la consommation. On vit clairement se développer une unification des performances et donc des comportements des consommateurs en Europe Occidentale, il faut insister ici sur cette conclusion majeure. Les écarts nationaux se resserraient considérablement : pour le taux d'équipement en automobiles, l'écart maximal passa ainsi de 10,6 en 1922 à à peine 1,2 en 1970, et pour les téléviseurs de 26,3 en 1955 à seulement 1,6 en 1970. Sur l'autel de la consommation de masse **la convergence européenne** semblait ainsi l'emporter largement sur la permanence des disparités nationales, en même temps que son retard global sur le modèle américain se réduisait très fortement.

2. Les révolutions de la communication et de la commercialisation : le développement conjoint de la publicité et de la distribution

Après l'évolution des structures sur près d'un siècle de progrès à des rythmes très différents, il nous faut examiner les leviers et les nouvelles méthodes de commercialisation qui ont permis la marche à la société de consommation, sinon d'abondance.

2.1. De la réclame à la publicité :la difficile industrialisation d'un secteur jusqu'au second conflit mondial

Parmi les moteurs de la seconde industrialisation figure le passage de la réclame traditionnelle, individuelle, vantant les mérites de tel élixir de jouvence, à des systèmes publicitaires et des méthodes de commercialisation mis en œuvre par de grandes entreprises. Comme le souligne Marc Martin, l'avènement de la publicité fut une marque de l'entrée dans l'ère de la consommation de masse : « elle est liée à l'économie, puisqu'elle a son origine chez les annonceurs, qu'elle est financée par l'entreprise. En retour, elle a des effets sur celle-ci, bien qu'ils ne soient guère mesurables. Elle irrigue la société d'images, de slogans, de noms de marque ou de produits qui sont parfois bien reçus, parfois aussitôt oubliés, parfois rejetés. Le corps social, non plus que l'organisme économique, n'est pas neutre à l'égard de la publicité ».

© ARMAND COLIN. La photocopie non autorisée est un délit.

• **Les entreprises allemandes** montrèrent justement souvent la voie dans la liaison entre innovation technologique et construction de nouveaux marchés, en sollicitant adroitement la demande des ménagères. L'industrie des soupes toutes faites, à la croisée de la chimie et de l'agro-alimentaire, était devenue une spécialité allemande dès le milieu du XIXe siècle, grâce aux recherches de Liebig et à la constitution de sa multinationale. Mais à partir des années 1880 son extrait de viande subit la concurrence efficace du bouillon de viande et de légumes, produit à la fois plus sophistiqué et meilleur marché mis au point par C.H. Knorr. Les tablettes de Knorr, constamment améliorées par des recherches sur le goût et sur la digestion se partagèrent le marché européen avec Liebig et le suisse Maggi. Les situations acquises étant facilement remises en question, les trois entreprises se livrèrent une guerre commerciale acharnée jusqu'au cœur du XXe siècle, en renouvelant constamment leurs campagnes publicitaires.

En termes de support, la publicité, qu'elle concernât ou non des produits industriels, passa d'abord essentiellement par le canal de **la presse** (M. Martin). La Grande–Bretagne, comme les États–Unis, était nettement en avance dans ce domaine en accédant rapidement à une diffusion de masse, le tirage des quotidiens nationaux du matin dépassant les deux millions d'exemplaires à la veille du premier conflit mondial. De véritables empires industriels de presse se constituèrent, avec surtout une rivalité entre les groupes de Lord Northcliffe (*Daily Mail*, *Daily Mirror*, *Times*) et de Pearsons (*Daily Express*, *Evening Standard*). En France au début du XXe les deux principaux titres de la presse populaire, *Le Petit Journal* et *Le Petit Parisien*, qui atteignait un million d'exemplaires, tiraient de la publicité respectivement seulement 23 % et 14 % de leurs recettes (F. Amaury). Les petites annonces en représentaient 56 % mais les annonces-affiches, avec 44 %, avaient l'impact commercial le plus important, grâce essentiellement à deux secteurs, l'alimentation, avec surtout les vins, apéritifs et eaux minérales, et la pharmacie, avec ses multiples remèdes miraculeux. La publicité de presse de la Belle Époque, en Europe Occidentale comme aux États–Unis, restait techniquement assez élémentaire, voire triste et monotone. Ainsi les mêmes clichés en noir et blanc servirent pendant plusieurs décennies à vanter *La Jouvence de l'abbé Soury,* qui délivrait les femmes de leurs malaises. L'agence Havas se tailla en France un véritable empire publicitaire dans la presse. En 1880 elle régissait en exclusivité la publicité d'un tiers des 863 quotidiens ou périodiques de province, sans compter un autre tiers en association. Si son quasi monopole s'effrita progressivement, elle restait néanmoins en position prédominante à la veille de la Grande Guerre, en conservant la régie de la majorité des quotidiens d'opinion de Paris.

Pourtant, selon la première évaluation en 1901 des dépenses globales de la publicité industrielle et commerciale en France, la presse ne représentait que 40 % d'un total estimé à 100 millions de francs, alors que celles du Royaume-Uni étaient six fois supérieures. La presse se heurtait en effet au développement de deux rivaux qui atteignirent leur apogée à la Belle Époque, le catalogue, vitrine ambulante des grands magasins, qui avec les prospectus détenait 20 % de ce marché, et **l'affiche**, qui en contrôlait pas moins du quart. Les 15 % restants des dépenses publicitaires recouvraient des supports aussi variés que les calendriers, les objets-cadeaux et les concours. L'affiche trouva un espace privilégié d'exposition dans le Métro parisien, mis en service à partir de 1900, parce qu'il offrait encore plus que les gares classiques une fréquentation massive et quotidienne. À l'inverse du Métro de New York, celui de Paris fut équipé dès l'origine pour être un lieu de publicité, avec des emplacements réservés et un éclairage destiné à la mettre en valeur. Les annonceurs y bénéficiaient en outre de contrats de longue durée à des tarifs avantageux.

La France accusait au début du XXe siècle un net retard sur la Grande–Bretagne et dans une moindre mesure sur l'Allemagne dans la construction d'une économie de la publicité. Globalement l'Europe Occidentale restait de toute façon **à la traîne des États–Unis** dans ce secteur essentiel pour la diffusion économique et sociale de la seconde industrialisation. En 1901, alors que l'ensemble des recettes publicitaires de la presse française pouvaient être estimées, comme nous l'avons vu, à 40 millions de francs, celles du seul *Times* atteignaient 12 millions et celles de l'ensemble des journaux de New York 60 millions. En 1914 les milieux professionnels considéraient que la presse française disposait de cinq fois moins d'investissements publicitaires que son homologue britannique et vingt fois moins que son homologue américaine. Le retard de l'Europe sur l'économie publicitaire américaine se creusa même durant l'entre-deux-guerres. Selon une estimation grossière, les dépenses publicitaires françaises auraient été multipliées par 2,9 seulement de 1901 à 1938, tandis qu'elles doublèrent aux États-Unis en seulement sept ans de 1916 à 1923. En 1939 la publicité ne procurait toujours que 16,9 % de ses ressources au *Petit Parisien*, contre pas moins de 74 % en moyenne pour les journaux américains.

Le premier Congrès international des organisations professionnelles de la publicité à se tenir en Europe, à Londres, en juillet 1924, donna une éclatante preuve de ce profond décalage. Alors que les délégués américains fournirent des rapports truffés de statistiques, le porte-parole de la délégation française, présente pour la première fois à cette manifestation internationale, ne donna dans son intervention aucune donnée chiffrée. La stratégie du secret devait en effet prévaloir dans les affaires et les premières statistiques officielles françaises ne furent publiées qu'à la fin des années cinquante. **Les obstacles étaient ici autant socioculturels qu'économiques,** l'étroitesse des marchés urbains par rapport à nos rivaux étant une explication certes importante mais insuffisante face à l'ampleur du retard. Entraient en particulier en ligne de compte les réticences des entreprises, en premier lieu de leurs ingénieurs, face à une massification de la publicité. Jusqu'aux années 1950 les entreprises françaises, à l'inverse sur le continent des allemandes, étaient très rarement dotées d'un service spécialisé et lorsqu'il existait, il était très souvent marginalisé. Ainsi chez Renault, qui devait pourtant faire face aux actives campagnes de promotion de Citroën, sur 795 employés des services commerciaux en 1932, le « service et magasin publicité » n'en comptait que 24 (P. Fridenson). Tout enseignement spécifique était même absent des programmes des écoles de commerce. Selon la revue *Vendre*, lancée en 1923 par Étienne Damour et diffusée quand même à 10 000 exemplaires, la formation dominante des dirigeants économiques français, issus en majorité des grandes écoles d'ingénieurs, était responsable de ce désintérêt spécifiquement français, sensible au sein même de l'Europe Occidentale : « c'est cet esprit ingénieur qui veut qu'on laisse de côté les questions économiques, fiscales, sociales, juridiques, comptables, bancaires (...) C'est cet esprit ingénieur qui ne veut pas s'intéresser aux questions de gros sous et de marchandages, ce qu'on englobe sous l'appellation générale et péjorative d'"esprit épicier" » (*Vendre*, septembre 1933, p.72). Les jugements portés sur la publicité renvoyaient donc directement aux valeurs prêtées à l'argent par les différentes sociétés occidentales.

Pourtant **quelques expériences pionnières marquèrent l'entre-deux-guerres**. Elle vit en effet apparaître les gros annonceurs industriels, alors que jusque-là les plus importants appartenaient au secteur de la distribution, avec les grands magasins. La publicité n'était plus seulement un facteur de vente, elle conditionnait la production, puisqu'en ouvrant les marchés elle permettait la fabrication en série, qui elle-même abaissait les prix. Le secteur automobile, avec Michelin et Citroën, fut le champ privilégié d'expérimentation de cette publicité nouvelle. Citroën, prototype de l'entrepreneur à l'américaine en Europe Occidentale, fut durant les années vingt de loin l'annonceur le plus dynamique et le plus imaginatif. S'appuyant d'abord sur les Salons, il lança en 1924 sa première campagne d'envergure avec la Croisière Noire d'Alger à Tananarive, prolongée par la Croisière Jaune en Asie en 1931-1932. D'autre part en juillet 1925, à l'occasion de l'Exposition internationale des Arts décoratifs, la Tour Eiffel fut illuminée par le nom et les deux chevrons de la marque ; les lettres géantes étaient visibles dans un rayon de cinquante kilomètres. Ce coup médiatique fut particulièrement réussi et resta dans la mémoire des Parisiens. Globalement en 1930 la firme consacrait environ 20 millions de francs à la publicité, soit le plus gros budget français ; cette stratégie ne l'empêcha pas pour autant de sombrer dans la Crise et d'être alors rachetée justement par Michelin.

© ARMAND COLIN. La photocopie non autorisée est un délit.

L'entre-deux-guerres fut également marqué en Europe Occidentale par le démarrage de la publicité cinématographique. **Le cinéma**, mis au point par Louis Lumière en 1895, joua d'emblée un rôle multiforme de diffusion des loisirs et fut rapidement considéré comme un symbole de la nouvelle civilisation urbaine et industrielle, tout en constituant d'ailleurs une industrie à part entière. Il connut un développement particulièrement important en Grande–Bretagne, où dès 1912 Londres disposait d'un parc de 400 salles, tandis qu'à la veille du second conflit mondial les 5 000 salles du pays étaient contrôlées par les grands réseaux de distribution Gaumont, British International et Odéon. En France les grands pionniers de la publicité cinématographique furent Jean Mineur et Marcel Bleustein. Ce dernier créa en 1927 Publicis, entreprenante agence multimédias, même si en 1938 elle ne drainait qu'une cinquantaine de millions de francs contre un million pour Havas.

La période vit surtout en Europe Occidentale les débuts de la publicité radiophonique. Dans l'avènement de la société de consommation de masse, l'action de la presse et du cinéma fut en effet complétée dès les années vingt par le rôle à la fois d'éducation et de distraction de **la radio**. En 1939 neuf millions de foyers britanniques possédaient déjà un poste et le succès des émissions de la BBC contribua à l'affirmation d'un anglais standard, surnommé *BBC English*, en permettant l'atténuation des différents accents, notamment du célèbre *cokney* des faubourgs londoniens. En France la publicité radiophonique, qui assura la promotion efficace des meubles Lévitan ou des Galeries Barbès, représentait en 1938, avec 90 millions de francs, 4 % du total des investissements publicitaires, soit cinq fois plus que le cinéma mais encore seulement le douzième de la presse et la moitié de l'affichage, alors en déclin (M. Martin). Elle avait pourtant subi en 1933 une législation instituant la taxe radiophonique et interdisant la publicité sur les émetteurs publics, mais le développement à partir de cette date des stations périphériques, dont la première fut Radio-Luxembourg, compensa largement ce handicap. La domination de la presse restait donc écrasante à la veille du second conflit mondial, même si le tirage des quotidiens français n'atteignait pas le total de plus de 10 millions de leurs homologues britanniques. Elle fut consolidée par la formation du groupe de Jean Prouvost, autour de l'essor fulgurant de *Paris-Soir*, qui revendiquait 1 700 000 exemplaires en 1939. Grâce en particulier à ses grands reportages et à l'utilisation massive de la photographie, *Paris-Soir* représenta une rupture majeure dans l'histoire du journalisme et de la publicité, qui mettait la France totalement à l'école anglo-saxonne. Globalement la présence pour la première fois d'un magnifique pavillon consacré à la publicité à l'Exposition Universelle de 1937 consacrait, en un lieu hautement symbolique, sa place de plus en plus importante dans les sociétés occidentales.

2.2. L'explosion après 1945 d'une économie de la publicité et d'une société de la communication : consommation et diversification des mass média

À partir du second conflit mondial, par imitation toujours du modèle américain, **la structure du marché des annonces** en Europe connut une évolution rapide. Ainsi en France, qui avait vu en 1944 la transformation d'Havas en société d'économie mixte et l'année suivante l'établissement du monopole absolu de l'État sur les ondes, des transformations sensibles par rapport à l'avant-guerre apparaissaient dès le début des années cinquante, comme le montre le tableau n° 9 :

Tableau n° 9 - Ventilation par secteur des surfaces publicitaires occupées dans la presse parisienne en 1938 et 1951

Secteur ou type d'annonceur	1938	1951
Produits pharmaceutiques	29,9 %	8,0 %
Grands magasins	17,5 %	13,3 %
Alimentation	8,9 %	16,9 %
Meubles	7,3 %	6,8 %
Hygiène, beauté	4,2 %	6,2 %
Produits d'entretien	5,4 %	5,8 %
Habillement, textiles	3,3 %	4,5 %
Apéritifs, boissons alcoolisées	4,3 %	3,7 %
Arts ménagers	0 %	2,8 %
Automobiles	5,2 %	1,9 %
Divers	14,1 %	20,2 %

Source : C. Bellanger, « La publicité dans la presse en 1938 et 1951 », *Études de presse.*

Les évolutions les plus importantes correspondaient ici à l'effondrement de la publicité pharmaceutique, par suite des dispositions restrictives adoptées par Vichy en 1941, et à la diversification de l'offre de produits. En Europe Occidentale le secteur qui connut la plus forte expansion durant les années cinquante et soixante fut, avec l'automobile et l'électroménager, celui des produits de beauté, d'hygiène et de toilette. Les entreprises y affectaient pour la publicité la proportion la plus importante de leurs chiffres d'affaires, jusqu'à un record de 60 % pour les déodorants et les dépilatoires.

La conjoncture économique de haute croissance joua un rôle décisif dans **l'expansion considérable et les mutations de l'économie européenne de la publicité**. Le poste de chef de publicité s'imposa progressivement dans les organigrammes des firmes industrielles. Les intellectuels eux-mêmes, tels Léon-Paul Fargue, le docteur Soubiran, Maurice Druon ou Jean Cocteau, furent mobilisés pour témoigner de leur attitude favorable dans les organes corporatifs. Partout en Europe Occidentale la publicité fut promue au rang d'objet sémiologique, sociologique et anthropologique, avec notamment les travaux de Roland Barthes et Jean Baudrillard dans les années cinquante et soixante. Mais surtout, au-delà des milieux de l'entreprise et des intellectuels, le grand public dans les différents pays européens était devenu beaucoup plus réceptif, en particulier en France et en Italie, jusque-là largement en retard dans ce processus d'acclimatation et d'intégration. Ainsi en 1959 une enquête menée auprès des ménagères françaises révélait qu'elles n'étaient que 5 % à lui être entièrement défavorables. En janvier 1969, malgré les attaques portées contre la société de consommation en mai 1968, dans un échantillon représentatif de la population invité à noter l'utilité de la publicité de zéro à dix, 81 % lui accordaient une note supérieure ou égale à cinq. En tout cas la généralisation des sondages, des études de marché et de motivation par les publicitaires européens correspondait à un triomphe du quantitatif, de la statistique, observé aux États-Unis dès le début de l'entre-deux-guerres.

C'est que l'américanophilie s'était transformée en américanomanie. En 1955 une agence parisienne se vantait ainsi d'être « dirigée par un ancien pionnier de la publicité américaine et d'avoir été l'une des toutes premières en Europe à utiliser les méthodes modernes d'exploration systématique des marchés (*market surveys*), d'expérimentation scientifique des idées (*copy testing*) et de sélection scientifique des supports (*media research*) ». **L'influence des États-Unis sur les entreprises et le marché européens** s'exerçait par le biais de trois canaux : les voyages d'études des publicitaires Outre-Atlantique, les ouvrages et les conférences des grands théoriciens tels que Vance Packard et Ernst Dichter, auteurs respectivement de *La persuasion clandestine* et de *La Stratégie du désir*, enfin

© ARMAND COLIN. La photocopie non autorisée est un délit.

l'action directe des agences américaines elles-mêmes. Celles-ci, qui détenaient les douze premières places mondiales et constituaient une puissante industrie à part entière, s'implantèrent en effet systématiquement sur le continent et contribuèrent durant les années soixante à l'essor remarquable d'un secteur encore en retard. Selon une logique globale de fournitures de services «clefs en mains», déjà appliquée pour le cinéma et la télévision, ces agences se rendirent indispensables en proposant aux Européens des équipes expérimentées et en introduisant de nouvelles méthodes de gestion.

• **L'omniprésence du modèle américain** fut aussi largement assurée par la diffusion massive de programmes radiophoniques et télévisés (P. Griset). *Voice of America* surpassa en audience BBC International et fut secondée par Radio Free Europe et Radio Liberty pour lutter contre la menace communiste. ABC, avec *Batman* comme produit d'appel, et NBC, avec un catalogue encore plus fourni, où l'on retrouvait *Bonanza* ou *Peyton Place*, inondèrent l'Europe Occidentale de leurs séries télévisées et beaucoup d'intellectuels y virent la formation d'une sous-culture. La diffusion du modèle socioculturel américain en Europe Occidentale s'appuya également sur le travail quotidien des agences de presse d'Outre–Atlantique, qui contrôlaient en réalité le réseau d'information international. Si Reuter et l'Agence France Presse arrivaient à rivaliser avec l'Associated Press et UPI en termes de couverture de pays, les secondes affirmaient une très nette supériorité par la quantité d'informations distribuées, avec un décalage de 1 à 8 durant les années soixante, et par le nombre de leurs correspondants permanents. Enfin le modèle américain fut essentiel dans l'irruption massive du marketing dans l'arène politique durant les années soixante. Ainsi en 1965 la première élection en France et plus largement en Europe Occidentale d'un chef de l'État au suffrage universel direct donna lieu à une véritable campagne à l'américaine. Jean Lecanuet s'entoura pour la première fois d'un publicitaire, Michel Bongrand, tandis que François Mitterrand couvrait l'Hexagone d'affiches exaltant «un Président jeune pour une France moderne». Le candidat s'y détachait d'un paysage mi-agricole, mi-industriel, avec ses cheminées d'usines, dominé par un immense pylône électrique, symbole de la modernisation, par opposition à la sénescence supposée du régime du général de Gaulle.

Globalement la **croissance des marchés publicitaires** fut spectaculaire en Europe Occidentale dans les décennies d'après-guerre. Ainsi en France les dépenses de ce secteur furent multipliées par plus de cinq en monnaie constante de 1952 à 1972 et notre pays combla effectivement une partie de son retard considérable, puisque les dépenses par habitant furent multipliées par onze contre seulement trois et demi en Grande-Bretagne. Cette explosion s'accompagna d'un reclassement sensible des médias comme supports publicitaires, qui ressort bien du tableau n° 10, dont les grandes tendances s'appliquent à l'ensemble de l'Europe Occidentale :

Tableau n° 10- L'évolution de la ventilation des investissements publicitaires entre les médias en France de 1938 à 1970

	Presse	Affiche	Cinéma	Radio	Télévision	Total grands médias	Autres médias	Total
1938	43 %	8,1 %	0,8 %	4 %		55,9 %	44,1 %	100 %
1959	43,2 %	8,6 %	5,2 %	6,1 %	0,3 %	63,4 %	36,6 %	100 %
1970	43,6 %	5,9 %	0,6 %	4,5 %	6,5 %	61,1 %	38,9 %	100 %

Source : M. Martin, *op. cit.*, p. 318.

Même si sa place globale régressa par rapport à son apogée de la Libération, **la presse** a ainsi résisté assez efficacement à ses concurrents en se diversifiant et se renouvelant. La publicité a joué comme facteur de sélection dans la presse quotidienne mais dans le secteur le plus porteur commercialement et le plus représentatif de la société, sinon de la culture, de consommation de masse, celui de la presse populaire, par opposition à la presse d'information et d'opinion dite de «qualité», le marché français accusait un net retard. En 1971 *France-Soir* tirait à seulement 1,1 million d'exemplaires contre 5,1 millions pour le *Daily*

Mirror, 4,4 millions pour le *Daily Express* et 4,3 millions pour le *Bildzeitung*. La publicité a surtout accompagné l'essor des grands magazines, qu'ils soient spécialisés à destination du public féminin et des jeunes, ou généralistes, comme *Paris-Match*, créé par l'omniprésent Jean Prouvost en 1950, qui atteignait 1,1 million d'exemplaires en 1971. En Allemagne, où de puissants empires de presse se constituèrent, avec notamment le groupe d'Axel Springer, le succès des magazines illustrés fut encore plus vif ; *Stern*, *Neue Revue* et *Bunte Illustrierte* tiraient en 1971 chacun à plus de un million d'exemplaires. À l'inverse en Grande–Bretagne leur développement fut étouffé par la prospérité traditionnelle des journaux du dimanche, dont les titres populaires *Sunday Mirror* et *The People*, publiés par les entreprises éditrices des quotidiens, tiraient alors à plus de cinq millions d'exemplaires et offraient ainsi les meilleurs supports publicitaires. Si en Allemagne *Bild am Sonntag* approchait quand même les trois millions, les journaux du dimanche étaient en France d'une faiblesse insigne puisque leur tirage atteignait seulement 32 % de celui des quotidiens, nos compatriotes négligeant la lecture du journal le week-end, alors qu'il s'agissait d'une occupation rituelle des Anglo–Saxons. L'arrivée des *news-magazine* correspondit au lancement par Jean–Jacques Servan–Schreiber en 1964 de la nouvelle formule de *L'Express*, qui constituait une nouvelle victoire du modèle américain. Avec un format inédit et une abondante illustration en couleur, il voulait être le frère du *Time* et du *Spiegel*. Dans le cadre du mouvement de libération des mœurs des années soixante, l'érotisme lui-même devint un marché publicitaire à caractère industriel avec la création par Daniel Filipacchi en 1963 du magazine *Lui*, qui compta jusqu'à 4 800 000 ecteurs de plus de quinze ans ; comme le soulignait le journal professionnel *Stratégies*, « à la question le sexe fait-il toujours vendre, il faut répondre d'emblée oui ! » (*Stratégies*, 6 octobre 1975).

• **L'affiche** continua quant à elle son lent déclin, avant de connaître un certain renouveau à la fin des années soixante avec l'aménagement de grands emplacements le long des axes principaux de circulation automobile. Signe indiscutable de l'histoire difficile de l'intégration de la publicité dans la société industrielle française, elle conserva dans notre pays une place qu'elle n'avait nulle part ailleurs, sauf en Belgique. En 1966 l'affichage, ou publicité extérieure, y recueillait quand même 12,1 des investissements grands médias, contre seulement 10,4 % en Italie, 7,3 % au Royaume-Uni, 7,1 % en RFA et surtout 2,6 % aux États-Unis.

• **Le cinéma et la radio** connurent une destinée similaire en atteignant leur apogée pour le premier à la fin des années cinquante et pour le second au milieu de la décennie suivante. L'influence du cinéma hollywoodien sur l'Europe Occidentale fut depuis l'origine une donnée permanente. En France par exemple durant le premier semestre 1947 les salles programmèrent 54 films français contre 338 américains et Louis Jouvet prit la tête d'un véritable mouvement de protestation contre cet impérialisme socioculturel (P. Griset). Dans notre perspective plus spécifique, l'âge d'or du cinéma publicitaire fut très bref et il s'acheva avant même que la télévision admette la publicité. Alors que la fréquentation des salles s'élevait en 1957 à un record de 411 millions de spectateurs, celle-ci, avec la concurrence du week-end et surtout de la télévision, ne dépassait déjà plus les 310 millions en 1962. La publicité radiophonique bénéficia quant à elle du réveil des stations périphériques, la création de Radio-Monte-Carlo en 1943 venant renforcer Radio-Luxembourg, tandis que l'apparition d'Europe n° 1 en 1955 apporta un nouvel élan. En 1966 elle représentait ainsi pas moins de 15,6 % des investissements grands médias, soit deux fois plus qu'en Italie et surtout sept fois plus qu'en Allemagne. Elle perdit en quelques années la moitié de ses remarquables positions au profit de la télévision qui bénéficia de l'autorisation tardive, en 1968, de la publicité commerciale, dont jouissaient déjà les annonceurs au Royaume-Uni, en RFA, aux Pays-Bas et en Italie. Cette autorisation signifiait qu'aucun média ne pouvait plus se passer de la publicité ; leur destin était indissolublement lié.

Pour la dernière innovation majeure de notre période dans le domaine des *mass media*, **la télévision**, la Grande-Bretagne fut la plus avancée en Europe. Dès 1936 la BBC TV avait commencé à émettre en proposant 12 heures hebdomadaires d'émissions à une audience estimée à 20 000 personnes. Au début des années cinquante les programmes atteignaient 32 heures hebdomadaires et les émetteurs

© ARMAND COLIN. La photocopie non autorisée est un délit.

couvraient 80 % du territoire. La France prit beaucoup de retard parce qu'elle donna la priorité pendant longtemps à la radio. En 1948 elle ne comptait encore que 5 000 téléspectateurs. La RTF fut créée en 1949 mais la couverture du territoire progressa très lentement, tandis que des téléclubs se formèrent pour pallier le prix trop élevé des récepteurs. Le spectacle de la télévision, avec ses présentateurs vedettes, ses dramatiques, ses variétés et ses jeux, généra ainsi au tournant des années cinquante et soixante une nouvelle sociabilité commune à tous les pays occidentaux.

Le tableau n° 11, qui intègre la référence américaine, permet de dresser à la fin de notre période un bilan de l'expansion généralisée en Europe Occidentale des nouveaux médias comme supports publicitaires, en soulignant cependant quelques spécificités nationales :

Tableau n° 11 - Ventilation des dépenses publicitaires entre les différents moyens utilisés en France, Belgique, RFA et aux États-Unis en 1970

	France	Belgique	États-Unis	RFA
Presse	42,8 %	45,2 %	31,6 %	25,6 %
Publicité extérieure	6,8 %	12,6 %	1,7 %	1,3 %
Radio	5,3 %	0,8 % (a)	5,4 %	1,0 %
Télévision	7,7 %	0,1 %	13,7 %	3,2 %
Cinéma	1,0 %	0,9 %	négligeable	0,3 %
Publicité directe		19,5 %	12,2 %	15,5 %
Promotion des ventes	21,8 %	(b)	(b)	(b)
Publicité sur les lieux de vente	10,3 %	7,4 %	4,0 %	(b)
Expositions		6,3 %	(b)	(b)
Divers	4,2 %	7,3 %	31,3 %	53,0 %

(a) uniquement postes périphériques; (b) inclus dans les divers.
D'après Publicis Conseil, Service de documentation.

En 1970 les États–Unis confirmaient ici leur rôle de pionniers par l'avance considérable de la publicité télévisuelle, tandis que l'Allemagne se singularisait par la faible place de la presse, les structures de la France et de la Belgique étant assez proches, à l'exception chez cette dernière du maintien de l'interdiction de la publicité commerciale à la télévision. Une autre différence essentielle, non quantifiable, résidait dans l'interdiction de la publicité comparative, considérée comme une forme de concurrence déloyale, au Royaume-Uni et en France, alors que, sur le modèle américain, elle était autorisée en Allemagne.

En termes non plus de structure mais d'intensité globale des investissements publicitaires, le tableau n° 12 fournit un bilan comparé de l'effort des pays occidentaux toujours en 1970 :

Tableau n° 12 - Dépenses publicitaires comparées en Europe occidentale et aux États-Unis en 1970

	Dépenses publicitaires totales (millions de $)	Dépenses publicitaires par habitant ($)	Pourcentage du PNB consacré à la publicité
Allemagne fédérale	2 693	43,67	1,56
Belgique	208	21,49	0,81
États-Unis	19 600	95,72	2,11
France	996	19,63	0,72
Grande–Bretagne	1 264	22,70	1,13
Italie	489	9,11	0,56
Pays–Bas	410	31,29	1,38

D'après International Advertising Association.

La disproportion restait donc considérable entre la taille du marché américain et celle du marché européen. Elle l'était aussi bien en valeur absolue, qui donnait un rapport de plus de un à trois avec le total des cinq pays européens, qu'en valeur relative ; celle-ci était naturellement beaucoup plus sensible en dépenses par habitant qu'en pourcentage du PNB, vu le statut de superpuissance des États–Unis. Ce dernier indicateur doit être d'ailleurs manié avec encore plus de précaution qu'il est de règle d'adopter dans l'exploitation historique des données statistiques, puisque, rapportées au revenu national, les dépenses publicitaires ont atteint en réalité leur maximum aux États-Unis en 1922 (4,3 %), en France en 1926 (1,1 %) et en Grande-Bretagne en 1935 (2,3 %). Durant la haute croissance des décennies d'après-guerre elles ont donc augmenté moins vite que le PNB dans la plupart des pays à niveau de vie élevé, à l'exception remarquable de l'Allemagne Fédérale. Ce constat relativise l'explosion de l'économie de la publicité, considérée comme une caractéristique majeure des Trente Glorieuses et de la transition entre la seconde et la troisième industrialisations, l'entre-deux-guerres pouvant même représenter un premier âge d'or. À l'intérieur de l'Europe Occidentale, la RFA et dans une moindre mesure les Pays–Bas manifestaient en 1970 une nette avance sur leurs voisins, surtout sur l'Italie qui accusait dans ce domaine un retard très important, alors qu'elle avait beaucoup mieux su le combler dans d'autres secteurs portés par son « miracle économique ». L'opposition entre les pays essentiellement protestants et les pays de tradition catholique, explication culturelle classique correspondant aux thèses weberiennes, entre ici indéniablement en ligne de compte.

En tout cas, au-delà des disparités nationales, la mise en place d'une véritable économie de la publicité n'aurait pas été possible sans la diversification et le développement considérable de ses supports techniques, les systèmes de communication.

2.3. Du grand magasin à l'hypermarché : la croissance des nouveaux systèmes de distribution

Selon le modèle des États-Unis, avec un décalage chronologique marqué sur ces derniers, l'explosion dans les pays européens de la publicité, liée étroitement à celle de la communication, devait trouver sa traduction dans l'essor de nouveaux systèmes de distribution. Dans **les révolutions de la commercialisation** l'Europe Occidentale fut beaucoup plus pionnière, en particulier pour le modèle des grands magasins et l'expansion des circuits spécifiques de l'économie sociale ; elle ne se mit définitivement à l'école américaine qu'après la Seconde Guerre mondiale. Le lien entre les deux piliers de la société de consommation de masse fut alors assuré par la diffusion rapide de la discipline et des techniques du marketing. Celui-ci analysait les marchés existants ou potentiels de biens et de services et organisait les moyens permettant de satisfaire la demande ou, le cas échéant, de la stimuler ou de la susciter.

Le développement des **grands magasins** fut la première innovation majeure dans le domaine de la commercialisation (B. Marrey, M.B. Miller et F. Farrant). À partir du second tiers du XIXᵉ siècle, plus précisément de la création du Bon Marché à Paris en 1852, les principales villes européennes se dotèrent progressivement de ces temples de la consommation. Ils devinrent aussitôt des signes importants de la civilisation industrielle avec leur audacieuse architecture métallique, dans laquelle s'illustra Gustave Eiffel lui-même. Par définition, et il est essentiel de distinguer ici les différentes structures de distribution, ils groupaient sous un même toit un ensemble de rayons où les marchandises, comprenant parfois plus de 200 000 articles exposés, présentaient un assortiment comparable à celui offert dans des magasins spécialisés. Ils commercialisaient principalement des produits non alimentaires et, pour maintenir des prix attractifs, ils établirent les premières formes de centrales d'achat, pour négocier dans les meilleures conditions possibles leurs approvisionnements auprès des industriels.

• **Émile Zola** fut certainement le témoin le plus célèbre de cette première révolution de la commercialisation. Il voulut « faire le poème de l'activité moderne » en écrivant en 1882-1883 *Au*

© ARMAND COLIN. La photocopie non autorisée est un délit.

Bonheur des Dames, qui mettait en scène les heurs et les malheurs d'une demoiselle de magasin. Selon sa méthode naturaliste il rassembla une importante documentation sur le Bon Marché et ses concurrents. Parmi elle un article voyait dans les grands magasins « les prodromes d'un immense phalanstère » et prophétisait « l'assassinat des petits marchands par les grands bazars » (*Le Figaro*, 23 mars 1881) tandis qu'un autre insistait sur les espérances de promotion professionnelle de tout « calicot », c'est-à-dire commis de magasin de nouveautés : « tel calicot, qui a commencé par vendre deux sous de fil, est devenu ensuite chef de rayon, puis intéressé, et se trouve aujourd'hui être copropriétaire dans ces maisons énormes qui ont l'importance et le budget d'un ministère » (*Gil Bas*, 23 novembre 1881). Voici bien deux des thèmes majeurs du roman ; pour le troisième, considérant les grands magasins comme un haut lieu de sociabilité féminine, l'auteur transforma son livre en « une vaste entreprise sur la femme, il faut que la femme soit reine dans le magasin, qu'elle s'y sente comme dans un temple élevé à sa gloire ». Mais dans sa transfiguration littéraire Zola exagéra la croissance commerciale déjà spectaculaire : alors que le Bon Marché était passé en vingt et un ans de 13 à 56 rayons, il fit croître le Bonheur des Dames en seulement cinq ans de 19 rayons à 50...

Concentrant pour la première fois un personnel très nombreux (4 500 employés pour le Bon Marché en 1906) et conçus pour offrir une impression de fête permanente par une exposition savamment agencée des produits, les grands magasins permirent en Europe Occidentale dès la fin du XIXe siècle **un apprentissage de la consommation de masse**, en s'adressant en priorité aux classes moyennes. Selon un processus classique de reproduction des modes de vie bourgeois, qui passait par la séduction de la clientèle féminine, ils déterminaient largement les modes non seulement par la fréquentation directe des rayons mais aussi par la diffusion de leurs catalogues. Tous les grands magasins, notamment Tietz et Wertheim en Allemagne, utilisèrent le catalogue, montrant qu'au temps de leur splendeur jusqu'au second conflit mondial ils étaient également de grandes maisons de vente par correspondance. Au début du siècle ils constituaient le seul secteur de l'économie dont le dynamisme publicitaire était comparable à celui de son homologue américain. Ainsi en France Le Printemps, La Samaritaine, Au Bon Marché et Le Louvre dépensaient pour leur promotion de 2 à 3 millions de francs par an, soit environ 2 % de leurs chiffres d'affaires et 60 % étaient consacrées à l'élaboration et la diffusion du catalogue, pourcentages équivalents à ceux des grands magasins de New York et Chicago. En Europe Occidentale comme aux États–Unis, les grands magasins contribuèrent donc indéniablement à un mouvement d'homogénéisation socioculturelle, où l'aventure de la consommation véhiculait de nombreux signes de reconnaissance sociale.

• **Les magasins populaires**, à partir de la formule du magasin à prix unique mise au point aux États-Unis dès 1879 et introduite en Grande-Bretagne en 1906, furent une seconde innovation commerciale majeure. Conformément à leur dénomination même, ils avaient pour ambition de franchir un nouveau pas vers la consommation de masse. Leur surface de vente était relativement importante, jusqu'à plus de 5 000 m^2, mais leur assortiment était moins varié (pas plus de 15 000 articles) que celui des grands magasins, car il couvrait uniquement les produits d'usage courant, et les services offerts à la clientèle n'étaient pas très développés. En revanche les magasins populaires vendaient autant des produits alimentaires que non alimentaires et ils se regroupèrent à l'intérieur de chaînes, contrôlées souvent par les grands magasins, d'où leur réunion fréquente dans la même catégorie pour les statistiques commerciales. Ils connurent leur développement le plus remarquable et leur âge d'or durant l'entre-deux-guerres, en premier lieu en Grande–Bretagne grâce au succès des réseaux de Woolworth et Marks and Spencer. Le système des magasins à prix unique fut introduit en France par Uniprix en 1928, imité en 1931 par Prisunic puis en 1932 par Monoprix, qui ouvrit pas moins de 56 magasins jusqu'en 1939. Le prix le plus élevé, sur un ensemble de prix « ronds », ne pouvait pas alors dépasser 10 F, mais cette uniformisation extrême fut abandonnée rapidement, car la clientèle ne pouvait pas comparer les prix avec ceux du commerce traditionnel et le nombre d'articles proposés s'avérait trop restreint.

Au total à la fin de notre période, en 1966, les grands magasins et les magasins populaires représentaient 7 % du chiffre d'affaires de l'ensemble du commerce de détail en France, 3 % en

Italie, 6 % aux Pays–Bas, 8 % en Belgique, 9 % en Allemagne, 10 % en Grande-Bretagne et plus de 10 % aux États-Unis. L'avance des pays Anglo–Saxons dans ce domaine « moderne » de la distribution restait donc très nette.

Parmi les nouvelles méthodes de commercialisation apparues au XIXe siècle, outre celle des prix uniques, figurait également **la vente par correspondance**, dont le succès fut assuré par la révolution ferroviaire. Destinée par définition en priorité au monde rural, elle fut employée comme nous l'avons vu dès l'origine par les grands magasins et elle fut pratiquée par des entreprises spécifiques aux États-Unis dès les années 1890. Dans le domaine justement des entreprises spécifiques, la France ne fut pas en retard grâce à la Manufacture d'armes et de cycles de Saint-Étienne, qui joua un rôle pionnier. Le premier catalogue Manufrance, destiné d'abord aux chasseurs puis élargi à l'ensemble de la clientèle rurale, fut tiré en 1889 à 300 000 exemplaires. En 1910 ses 800 000 exemplaires étaient devenus de gros volumes de 1 200 pages au contenu très diversifié, des machines à coudre à tous les articles de bazar. Support d'une véritable culture populaire, explorant tous les registres pratiques des rêves de consommation, il constitua souvent jusqu'au milieu du XXe siècle l'un des rares « livres » présents dans les fermes françaises, surtout dans le Sud (P. Petitot). L'apprivoisement du consommateur rural fut complété par *Le Chasseur français*, fondé par la Manufacture en 1885, l'année même de sa création et qui fut un autre instrument de promotion commerciale jusqu'à la faillite de l'établissement de Saint-Étienne. Il était le prototype des *house-organs*, selon un modèle venu d'Outre-Atlantique, comme le nom l'indiquait. Présentant chaque mois les fusils, bicyclettes, articles de pêche et outils de jardinage produits par la Manufacture, il tirait déjà à 160 000 exemplaires en 1912, contre seulement 120 000 pour *L'Illustration*, pour approcher les 400 000 en 1939. À l'âge de la seconde industrialisation, il était ainsi le premier magazine national largement diffusé dans la province, plus particulièrement dans ses campagnes et ses petites villes, et lui renvoyait une image idéalisée de son mode de vie. Il fut beaucoup plus qu'un support publicitaire, comme le montra le succès de ses célèbres petites annonces matrimoniales… Ce mode de commercialisation par correspondance connut globalement un développement encore plus important en Grande–Bretagne et en Allemagne et réussit surtout beaucoup mieux à résister à la concurrence des autres modes. En 1966 alors qu'il ne dépassait guère en France 1 % du chiffre d'affaires des entreprises de détail, il atteignait pas moins de 8 % en Grande-Bretagne et 10 % en Allemagne.

Sur le modèle des Pionniers de Rochdale en Angleterre en 1844, une forme nouvelle de distribution fit son apparition en Europe Occidentale au milieu du XIXe siècle comme manifestation essentielle de l'économie sociale : **les coopératives de consommation** (A. Gueslin et P. Guillaume) En France la Moissonneuse, fondée en 1874 dans le XIe arrondissement, fut la première à mobiliser une clientèle populaire importante puisqu'elle réunissait pas moins de 18 000 membres à la fin du siècle. La croissance fut très rapide puisque les coopératives de consommation, toutes tailles confondues, passèrent d'une cinquantaine en 1880 à 3 100 en 1914, regroupant 880 000 sociétaires soit, avec leurs familles, environ 9 % de la population totale. L'organisation de ce mouvement coopératif fut assez précoce et renvoie à toute une effervescence intellectuelle et idéologique, entretenue en particulier par le Musée Social et par Charles Gide, auteur d'un remarquable rapport sur l'économie sociale lors de l'Exposition Universelle de 1900. Dès 1885 se tint à Paris le premier Congrès national des coopératives de consommation, tandis que Londres accueillit le premier Congrès international en 1895, qui donna naissance à l'Alliance coopérative internationale. La structuration était achevée à la veille du premier conflit mondial avec la création en 1906 du Magasin de gros des Coopératives de France et en 1912 celle de la Fédération nationale des coopératives de consommation.

En Belgique, dans les grands bassins industriels wallons, la naissance du mouvement coopératif accompagna très étroitement l'essor du syndicalisme. Les premiers organismes, animés souvent par un cabaretier, ancien ouvrier au profil socioprofessionnel essentiel dans cette genèse, apparurent dans les années 1890 dans les bassins de Charleroi et de Liège, avec par exemple l'Alliance ouvrière de

© ARMAND COLIN. La photocopie non autorisée est un délit.

Flémalle et l'Émulation Prolétarienne de Seraing. Mais ce fut en Allemagne que les coopératives de consommation furent de loin les plus puissantes dès la fin du XIXe siècle. Les Konsumvereine y bénéficièrent directement de la législation générale pionnière sur les coopératives de 1889. Et elles s'unirent dès 1894 dans la Grosseinkaufsgesellschaft. Achetant directement aux importateurs, aux producteurs agricoles et aux fabricants, réduisant au minimum les frais généraux, elles offraient des prix très intéressants à leurs membres, qui participaient en outre par définition aux bénéfices. Aussi étaient-elles plus de 2 100 en 1912, réunissant près de 2 millions d'adhérents.

L'entre-deux-guerres vit le développement d'un véritable réseau de distribution des coopératives de consommation, notamment en France sous l'enseigne Coop, bien intégré dans la vie quotidienne de nombreux quartiers populaires. En 1939 l'Alliance coopérative internationale pouvait revendiquer dans notre pays 3 636 000 membres, toutes catégories confondues d'établissements affiliés. L'année précédente le Crédit coopératif s'était doté d'une Caisse centrale, chargée du financement des organismes de production et de consommation. Dans le second après-guerre le mouvement coopératif, dans le domaine majeur de la consommation, connut trois mutations majeures, particulièrement sensibles en France. D'une part des structures très corporatives connurent une expansion soutenue, comme la CAMIF fondée en 1947 par les sociétaires de la MAIF, pour devenir un signe sociologique de reconnaissance des instituteurs puis de l'ensemble des enseignants. D'autre part une spécialisation sectorielle s'esquissa : la création de la FNAC introduisait notamment une nouvelle forme de commerce coopératif dans un secteur des biens culturels en pleine expansion. D'autre part l'affirmation des grandes surfaces concurrença vivement le réseau coopératif, qui pour mieux résister se réorganisa en quatre enseignes complémentaires : Point Coop (magasins de proximité), Maxicoop et Supermarchés Coop (moyennes surfaces) et Rond-Point (grandes surfaces).

Globalement en Europe Occidentale le mouvement coopératif réalisait en 1966 9 % des ventes du seul secteur alimentaire. Pour le chiffre d'affaires de l'ensemble du commerce de détail, sa place diminuait en glissant du nord au sud du continent, avec 33 % en Suède, 15 % en Grande–Bretagne, 11 % aux Pays–Bas, 8 % en France et 4 % en Italie, tandis qu'aux États–Unis elle était quasiment négligeable.

Les entreprises à **succursales multiples** furent à l'inverse une innovation américaine, puisqu'elles apparurent dès 1856 avec la Great Atlantic and Pacific Tea Company. Même si se développèrent en Europe quelques succursalistes spécialisés dans les produits non alimentaires, en particulier pour l'habillement, la plupart vendaient essentiellement des produits alimentaires. Ces sociétés, qui regroupaient les achats des magasins qu'elles exploitaient, constituèrent d'emblée des centrales d'achat de fait. Jusqu'aux années 1960 et l'expansion massive des supermarchés puis des hypermarchés, marquée par la formation de nouveaux empires de la distribution, le prototype de ce système intégré de commercialisation fut le groupe Casino. Celui-ci fut créé en 1898 à partir d'une épicerie de détail, ouverte en 1860 dans la salle de l'ancien casino lyrique de Saint-Étienne. En définitive la part des entreprises succursalistes dans le chiffre d'affaires du commerce de détail, ici pour le seul secteur alimentaire, s'élevait toujours en 1966 à 9 % en France, contre 2 % seulement en Italie et aux Pays-Bas, 6 % en Belgique, 9,5 % en Allemagne et surtout plus de 20 % aux États-Unis, malgré un déclin du nombre de succursales.

Le système des **chaînes volontaires**, groupant autour de grossistes têtes de chaînes des détaillants d'importance moyenne, apparut en 1887 aux États-Unis, avec la New York Consolidated Drug Company, et en Europe au début des années 1930, en particulier aux Pays-Bas avec la chaîne Spar créée en 1932 par Van Well. Elles réalisaient en 1966 pas moins de 14 % du chiffre d'affaires du commerce de détail en Europe Occidentale. Quant aux détaillants groupés, ils effectuaient à la même date environ 8 % de ce même total européen. En fin de compte, malgré la progression considérable des nouveaux systèmes, qui s'identifiaient à la révolution de la commercialisation, les détaillants indépendants assuraient toujours 59 % du chiffre d'affaires global pour les six pays du Marché Commun et 32 % pour la Grande-Bretagne. Comme le montre le tableau n° 13, cette dernière bénéficiait d'une avance considérable dans l'expansion des systèmes de commerce intégré et, entièrement à l'école des États-Unis, elle manifestait ainsi la modernisation commerciale la plus poussée.

Tableau n° 13 - Ventilation des systèmes de commercialisation de détail en Europe occidentale en 1965

Systèmes de commercialisation	Marché Commun	Grande–Bretagne
Commerce intégré , (grands magasins, magasins populaires coopératives de consommation, succursales)	15,4 %	45,0 %
Chaînes	17,6 %	17,0 %
Indépendants groupés	8,0 %	6,0 %
Détaillants indépendants	59,0 %	32,0 %

Source : Centre national du commerce extérieur, *Les grandes organisations européennes de la distribution.*

• **La résistance du petit commerce et du monde de la boutique** contre les nouvelles structures de distribution fut donc considérable dans tous les pays d'Europe Occidentale (G. Kurgan, A. Piatier et P. Vigier). En France et en Italie, pays encore très ruraux, la boutique de village où l'on vendait de tout en toutes petites quantités représenta jusqu'à la dernière guerre une proportion considérable des lieux de vente. En 1938 55 % des détaillants français pratiquaient un second métier, qui leur procurait parfois l'essentiel de leurs revenus. Presque tous les épiciers de campagne étaient dans ce cas et ces demi-commerçants étaient alors pas moins d'un demi-million. En 1966 encore une entreprise de commerce de détail sur six déclarait un chiffre d'affaires inférieur à 25 000 francs. La quasi totalité des détaillants n'avait aucune formation professionnelle et jugeait la publicité inutile voire dangereuse. Dans un système très traditionnel ils s'approvisionnaient auprès des grossistes des villes voisines, qui entretenaient souvent avec eux des relations personnelles étroites. Globalement la population active des patrons et indépendants du commerce, très représentative de la diversité des classes moyennes (G. Crossick et H.-G. Haupt), a augmenté régulièrement en Europe Occidentale jusqu'au second conflit mondial, avant de stagner à partir de 1945 et d'entamer une décrue accélérée dans les années soixante. L'Italie fut même très en retard dans ce processus européen puisque les effectifs du commerce de détail, considéré par beaucoup comme un secteur refuge, doublèrent de 1951 à 1963. En France en 1953 pas moins de 680 000 magasins dessinaient le tissu commercial, dont 186 000 se consacraient à l'approvisionnement général, 170 000 à l'alimentation spécialisée et 89 000 au textile et à l'habillement.

Dès les années cinquante pour de nombreux observateurs ce secteur « constituait probablement, en même temps que les habitudes du consommateur français, un obstacle sérieux à ce dynamisme et à cet esprit si remarquable dans le commerce de détail américain » (S. Guillaume). Il s'agissait bien d'**un monde sur la défensive** qui a offert, avec les artisans, sa meilleure clientèle d'abord aux ligues, dans un double rejet à la fois de l'économie collectiviste et du capitalisme incarné par les grands magasins. Il obtint d'ailleurs en France quelques victoires dans ses combats d'arrière-garde, en particulier la loi du 22 mars 1936 interdisant l'ouverture de nouveaux magasins à prix unique. Dans le second après-guerre des revendications antifiscales exacerbées débordèrent souvent l'organisme officiel de représentation du petit commerce, la Confédération Générale des Petites et Moyennes Entreprises créée par Léon Gingembre en 1944. Elles permirent le succès du mouvement poujadiste dans les années cinquante, qui partit de la formation de l'Union de Défense des Commerçants et Artisans en 1953 (S. Guillaume).

© ARMAND COLIN. La photocopie non autorisée est un délit.

En définitive le coup décisif au monde de la boutique et des petits détaillants, conduisant à son déclin accéléré jusqu'à nos jours, partout en Europe Occidentale, même si les rythmes en furent différents, fut porté durant les années soixante par le développement massif des **grandes surfaces**. Ce processus, nouvelle révolution de la commercialisation, au sens plein du terme, caractéristique de la troisième industrialisation, n'atteignit d'ailleurs sa maturité que dans les deux décennies suivantes, c'est-à-dire après notre période d'étude. La formule du **libre-service** était pourtant déjà ancienne ; le premier, Piggly Niggly, fut en effet ouvert en 1916 aux États–Unis à Memphis par Clarence Saunders. En France il fallut attendre 1948 pour l'ouverture à Paris d'un libre-service alimentaire par Goulet-Turpin. L'escalade des tailles put alors commencer, sur un modèle venu intégralement d'Outre–Atlantique. La supérette d'abord, d'une surface de 120 à 400 m^2, resta à nette prédominance alimentaire. La génération des **supermarchés**, par définition de 400 à 2 500 m^2, fut inaugurée en 1930 par Michael Cullen aux États–Unis à Long Island. Elle arriva en Europe d'abord à Londres en 1948, à Manor Park, et le retard français fut à nouveau sensible, puisque les deux premiers supermarchés furent le magasin Bardou en 1957 à Paris dans le XVIIe arrondissement et l'année suivante l'Express Marché de Goulet-Turpin à Rueil-Malmaison, qui s'intégrait dans le premier centre commercial de l'Hexagone. Facilitant les achats d'impulsion, ces grandes surfaces s'établirent de plus en plus à la périphérie des agglomérations, à la fois à cause des difficultés de stationnement et de l'expansion considérable de la suburbanisation, offrant de nouvelles clientèles. Édouard Leclerc, qui avait ouvert son premier magasin à Landerneau en 1949, fut un des pionniers les plus importants et un des acteurs les plus originaux de cette croissance. Selon la formule du Groupement d'achat de ses centres, les adhérents utilisaient gratuitement son enseigne ; ils ne s'engageaient qu'à suivre la politique commerciale qu'il définissait, caractérisée notamment par des frais généraux très succincts, à susciter d'autres vocations « Leclerc » et à verser 25 % des bénéfices avant impôt au personnel. La centrale proposait ses services sans obligation d'achat mais une personne ou un couple ne pouvait diriger plus de deux grandes surfaces à la fois. Édouard Leclerc offrit en tout cas avec ses centres un nouveau concept fonctionnel de lieu de distribution, qui était en quelque sorte l'antithèse de l'espace luxueux ou clinquant des grands magasins.

Le stade suprême de la révolution de la distribution sembla être atteint avec l'aménagement des premiers **hypermarchés**. Désignant des surfaces de vente minimales de 2 500 m^2, toujours à l'origine à prédominance alimentaire, le terme fut inventé a posteriori par Jacques Pictet, fondateur en 1958 de Libre-Service Actualités. La Belgique servit ici de laboratoire européen avec l'ouverture en 1961 à Auderghem dans la banlieue bruxelloise d'un « Super Bazar » de 8 500 m^2, doté déjà de 26 caisses et d'un parking de 900 places et dont 90 % des produits étaient non alimentaires. En France la nouvelle génération fut inaugurée par Carrefour en 1963 à Sainte-Geneviève-des-Bois dans l'Essonne. Dès 1970 l'Hexagone comptait 75 hypermarchés et plus de 1 200 supermarchés. Leur essor fut accompagné à la périphérie urbaine par celui des centres commerciaux, où les grandes surfaces étaient entourées de petits détaillants. Construits aux États-Unis à partir de 1948, ces types d'agglomération commerciale se développèrent assez rapidement sur le continent européen, puisque la France en possédait 103 en 1972, dont le plus important était alors Parly 2, ouvert en 1969. Ces **centres commerciaux**, à la superficie encore modeste à la fin des années soixante, donnèrent un nouveau visage aux banlieues. Ils leur conféraient les lettres de noblesse de la société de consommation, même s'il s'agissait d'une consommation de masse.

Enfin les formules de vente à marges réduites ou **discounts**, apparues aux États-Unis au début des années cinquante, se développèrent en Allemagne durant la décennie suivante sous l'appellation spécifique de « marchés de consommateurs », mais en appliquant les mêmes principes de commercialisation : investir peu, faire tourner rapidement les stocks, vendre très bon marché.

Au total à partir des années cinquante la grande distribution, où les produits alimentaires et d'entretien tenaient une place essentielle, constitua en Europe Occidentale **un secteur de la publicité en expansion très rapide**. Mais son avènement stimula également la publicité de marque, car les grandes surfaces rouvrirent la lutte entre fabricants et distributeurs. Alors que les premiers l'avaient emporté jusque là sur les détaillants, les seconds les faisaient maintenant plier en exigeant d'eux remises et autres avantages pour offrir leurs produits. Le succès du groupement Leclerc représentait en quelque sorte la revanche du monde de l'épicerie sur celui de l'industrie et pour se défendre les fournisseurs n'avaient souvent que l'arme de leur publicité de marque. Ainsi dans le secteur spécifique de la mode, le prêt-à-porter put se diffuser dans l'ensemble des classes moyennes, par la pratique de plus en plus courante de la vente de leurs licences utilisée par les différentes marques.

Globalement les années cinquante et soixante en Europe Occidentale virent ainsi un changement profond des comportements des consommateurs, qui n'étaient plus seulement des clients mais étaient désormais sollicités par une massification de la publicité.

• **Le consumérisme**, directement importé des États-Unis, s'implanta alors en Europe Occidentale, avant même le développement de l'action de l'avocat Ralph Nader. En France le mouvement fut véritablement amorcé en 1951 avec la création de l'Union Française des Consommateurs. En 1970 les 100 000 abonnés de son magazine *Que Choisir ?* représentaient cependant un taux d'abonnement très faible par rapport à nos voisins européens : au Royaume-Uni la revue *Which* de la Consumers' Association avait alors plus de 600 000 abonnés, aux Pays-Bas *Consumentengids* plus de 300 000 et en Belgique *Test-Achats* 150 000. Pourtant la fin des années soixante fut marquée en France par la consécration officielle du consumérisme avec le lancement d'une émission télévisée au titre très évocateur, *Cinquante millions de consommateurs*, et la création en 1967 de l'Institut National de la Consommation.

Progressivement, avec une accélération très nette durant la haute croissance du second après-guerre, la vie quotidienne des Occidentaux a bien été marquée par des mythes de la consommation, diffusés par le canal de la publicité et de l'ensemble des circuits de distribution. Roland Barthes dans *Mythologies* montra dès 1957 leur profusion, voire leur omniprésence, et démonta leurs mécanismes de construction, articulés uniquement par des impératifs de séduction commerciale. Il voyait ainsi dans la publicité des détergents une exploitation de la symbolique de la profondeur. L'ouverture publique de l'intériorité du corps humain constituait alors un trait général de la publicité des produits de toilette : « la pourriture s'expulse (des dents, de la peau, du sang, de l'haleine). La France ressent une grande fringale de propreté » (R. Barthes, *Mythologies*, p.84-85) Il est vrai qu'elle accusait dans ce domaine, comme l'Italie, un important retard sur les populations nordiques… Quant à l'automobile, « grande création d'époque conçue passionnément par des artistes inconnus, consommée dans son image, sinon dans son usage, par un peuple entier qui s'approprie en elle un objet parfaitement magique », elle était considérée par R. Barthes comme l'équivalent des cathédrales gothiques, en particulier la D.S. de Citroën présentée au Salon de l'automobile de 1955, érigée phonétiquement au rang de « déesse ». La publicité, en s'appuyant sur les nouveaux modes de commercialisation, s'affirma ainsi comme un puissant vecteur d'identification socioculturelle, souvent à l'échelle nationale, mais aussi parfois à l'échelle européenne.

© ARMAND COLIN. La photocopie non autorisée est un délit.

3. Nouveaux comportements, nouvelles clientèles, nouvelles formes artistiques : les signes de la modernité industrielle

Après avoir présenté l'évolution générale des structures de consommation puis les nouveaux modes de commercialisation et de séduction des consommateurs, nous voulons dresser le tableau des principales composantes de la modernité industrielle. Le champ de l'innovation, très riche sémantiquement, passe ici de l'étude des systèmes techniques à celle des comportements individuels, des catégories de clientèle et des expressions artistiques.

Parmi les nouveaux produits industriels et les nouveaux modes de vie, une place particulière doit être faite au tourisme et aux loisirs, car c'est dans l'exercice du temps libre que le comportement, voire les mentalités, des sociétés industrielles, puis postindustrielles, sont le plus lisibles.

3.1. Les industries du tourisme et des loisirs : la consommation du superflu ou le rêve nécessaire des sociétés industrielles et postindustrielles

À première analyse le **tourisme élitiste** de la fin du XIXe siècle sembla se développer à l'écart du processus d'industrialisation et de la nouvelle société qu'il avait engendré (A. Corbin et M. Boyer). Ainsi, d'après les journaux des stations qui publiaient la liste des villégiateurs, les trois quarts étaient rentiers et propriétaires, une forte minorité déclarait un état hérité de l'Ancien Régime (*clergymen*, officiers, hommes de loi), tandis que à peine 5 % étaient négociants ou industriels. La *leisure class* (T. Veblen) cosmopolite avait besoin pour affirmer son identité de dépenses ostentatoires dans les stations mondaines de Brighton, de Biarritz, de la Riviera française et italienne ou dans les villes d'eaux belges et allemandes. Jusqu'à la Grande Guerre l'imitation socioculturelle joua peu pour la bourgeoisie industrielle proprement dite et les entrepreneurs ne prenaient d'ailleurs qu'exceptionnellement des vacances. L'importance économique de ce tourisme élitiste était cependant déjà perceptible dans la croissance urbaine remarquable des principales stations, Biarritz passant par exemple de 2 000 habitants en 1851 à 15 600 en 1911, auxquels s'ajoutaient à la même date plus de 40 000 villégiateurs.

Tourisme et thermalisme, étroitement associés dans leur acception la plus large, furent pourtant considérés à partir du début de notre siècle comme **des activités industrielles à part entière**. À preuve les remarquables *Enquêtes sur la reprise et le développement de la vie industrielle* réalisées dans certaines régions françaises durant la Grande Guerre par les Comités Consultatifs d'Action Économique : elles comportaient toutes un chapitre consacré aux industries thermales. Par exemple l'*Enquête* consacrée à la région landaise étudiait en 1917 toutes les mesures pour développer les activités thermales de Dax, en concurrençant victorieusement les plus célèbres stations austro-allemandes, telles que Carlsbad, Marienbad, Baden-Baden ou Wiesbaden. Cet effort d'organisation durant la Grande Guerre déboucha sur l'adoption d'une importante loi en 1919, classant les stations climatiques, thermales et touristiques, en essayant donc de différencier les différentes branches de cette industrie.

L'industrialisation du tourisme passait forcément par **sa démocratisation** et d'abord par **la vulgarisation des sites**. Dans ce domaine les guides de voyages ont ouvert la voie dès le milieu du XIXe siècle. Trois grandes collections se livrèrent une vive concurrence sur un marché devenu rapidement européen, l'anglaise Murray, l'allemande Baedeker et la française Joanne. Pour mieux conquérir les librairies des gares, Hachette transforma les verts Joanne qui devinrent les célèbres Guides Bleus en 1910. La diffusion de la bicyclette et de l'automobile participa également à cette démocratisation. Des clubs spécialisés et distingués furent formés sur le modèle du British Cyclist

Touring Club, avec le Touring Club de France en 1890 et l'Automobile Club en 1895. Il s'agissait pourtant à l'origine, de façon classique, d'inventions élitistes. Dans les années 1890 un cycle coûtait l'équivalent du salaire annuel de l'ouvrier qui le fabriquait à la Manufacture de Saint-Étienne. La création du Tour de France en 1903 par Desgranges, patron du journal *L'Auto*, fit beaucoup pour la diffusion sociale du cyclotourisme et du tourisme circulaire en automobile. Son exemple fut largement imité en Europe Occidentale avec le Giro ou le Tour des Flandres. Après avoir lancé ses pneus démontables de bicyclette en 1889, Michelin, pour favoriser la vente de ses pneumatiques pour automobiles mis au point en 1895, mobilisa toutes les ressources nouvelles de la publicité, en créant d'abord en 1898 le célèbre personnage de Bibendum, devenu rapidement le symbole de la marque. La firme eut une action multiforme de promotion du tourisme. Elle se fit sponsor sportif en patronnant les courses cyclistes et surtout de plus en plus les courses automobiles, comme Paris-Berlin en 1901 et Paris-Vienne en 1902. Pour s'assurer la faveur des automobilistes, Michelin contribua au développement du bornage et de la signalisation routière ; elle mit ainsi en place en 1900 un service spécifique, le Bureau des itinéraires, qui répondait encore à de nombreuses demandes d'établissement de parcours en 1939. Complément essentiel de cette politique commerciale pionnière, elle sortit en 1900 son premier Guide Rouge, puis ses premières cartes routières en 1908, sans compter ses Guides Verts. Mais il fallut souvent attendre le second après-guerre pour que les routes soient à la fois goudronnées, signalisées, équipées de postes d'essence et de réparateurs.

La naissance et la diffusion des **sports d'hiver** appartiennent pleinement au processus de développement et de diversification des sociétés industrielles, grâce à la fois à l'élargissement des loisirs, au mimétisme classique par rapport aux pratiques des élites et à la célébration des valeurs de nature et d'altitude. Megève fut une des premières stations intégrées européennes, créée de toutes pièces par la baronne de Rothschild à l'issue du premier conflit mondial, sur un modèle norvégien. Les Rothschild, actionnaires notamment du PLM, dont la gare terminus de Saint-Gervais était située à côté de Megève, y acquirent les terrains, construisirent les hôtels et le premier téléphérique (1927-1933). Après l'organisation des 1ers Jeux Olympiques d'hiver à Chamonix, les premiers équipements de remontées mécaniques dans les Alpes ouvrirent dans les années trente l'ère de l'exploitation industrielle des domaines skiables. La massification de la pratique s'appuya en particulier à partir de 1960 sur l'aménagement *ex nihilo* de stations intégrées de très haute altitude, dont les réalisations les plus spectaculaires furent La Plagne, Tignes et Val-Thorens.

Dans la mémoire du monde ouvrier français **la conquête des loisirs et des congés payés** de 1936, avec la création d'un Sous-Secrétariat d'État aux Sports et Loisirs confié à Léo Lagrange, revêt une haute valeur symbolique. Il ne s'agissait plus seulement du repos dominical obtenu officiellement en 1906 ou de la récupération de la force de travail par le vote de la loi des 8 heures en 1919. En réalité des catégories importantes disposaient déjà de congés payés en France, en particulier les fonctionnaires, les cheminots et les mineurs. D'autre part la France était jusque là en retard sur ses voisins, en particulier sur la Grande-Bretagne. Outre le modèle du week-end, celle-ci adopta dès 1871 le Bank Holiday Act, dont les dispositions furent progressivement étendues à de nombreux secteurs. Dans l'entre-deux-guerres des vacanciers appartenant à des catégories de plus en plus populaires, transformés en *happy campers,* affluèrent vers les plages de Brighton, Blackpool, Bournemouth, Hastings ou Eastbourne, et les estivants privilégiés initiaux ne manquèrent pas de dénoncer le risque de « l'asphyxie » des stations. Il est vrai qu'en 1931 pas moins de dix villes balnéaires dépassaient les 100 000 habitants. Le pionnier Billy Butlin y construisit les premiers villages de bungalows au confort moderne et aux prix assez modestes, dont le succès fut renforcé par l'installation d'un véritable parc de machines à sous.

La législation du 20 juin 1936 représenta cependant bien une rupture symbolique en Europe Occidentale. Par son caractère universel conforme à l'esprit égalitariste de la IIIe République elle

© ARMAND COLIN. La photocopie non autorisée est un délit.

redonnait l'avantage à la France, car à la veille du second conflit mondial ni la Grande–Bretagne, ni l'Allemagne, où cependant plus de 80 % des travailleurs bénéficiaient de congés, ni l'Italie où la proportion était inférieure à 50 %, n'avaient adopté un texte général. Surtout l'été 1936 amorça **une transformation profonde du mode de consommation des congés,** occupés largement jusque là au bricolage, au jardinage et à la pêche, avec au mieux quelques excursions, en vacances, qui se voulaient désormais une rupture avec le monde industriel et urbain. En 1936 les célèbres billets ferroviaires de congés payés n'étaient encore que 600 000 mais ils s'élevèrent à 1 800 000 l'année suivante, grâce au succès de l'Exposition Universelle qui s'ajouta à l'attrait des plages. Mais comme l'observait sur le moment la philosophe Simone Weil, alors ouvrière chez Renault, « une loi ne suffit pas à changer les comportements ».

Le phénomène de **départ en vacances** et de **migration estivale** massive ne devint une caractéristique majeure des sociétés industrielles ou postindustrielles d'Europe Occidentale que durant les Trente Glorieuses, grâce à la fois à l'allongement des congés payés et à l'élévation générale du niveau de vie. L'Allemagne se plaça d'emblée à la pointe de cette évolution socio-économique puisque dès 1950 un adulte sur deux avait déjà effectué un séjour de vacances à l'étranger, principalement en Italie. L'uniformisation européenne des modes de vie et de consommation bénéficia indéniablement de la progression des voyages à l'étranger avant même l'expansion des *Tour operators*, porteurs d'un nouvel âge industriel du tourisme : au début des années soixante pas moins 6,3 millions de Britanniques partaient en vacances sur le continent.

L'essor du tourisme fut globalement favorisé par **un fort militantisme philanthropique et social** en faveur des vacances. Dans ce cadre les œuvres de colonies de vacances s'adressaient en priorité aux enfants des milieux ouvriers, que l'on voulait faire évader du monde malsain des villes et quartiers industriels, et Saint-Étienne, sur le modèle suisse du pasteur Bion, fit partie des villes pionnières en Europe Occidentale. Avec un spectre social beaucoup plus large, mais toujours en réaction contre l'atmosphère délétère des villes tentaculaires, le scoutisme, créé par lord Baden–Powell, se développa notamment en liaison avec l'expansion du camping, avec un souci commun de retour aux valeurs de la nature. Dès 1901 la Grande–Bretagne, encore une fois initiatrice dans ce domaine, se dota de son Camping Club mais la France montra la voie pour les Auberges de jeunesse, dont la première fut ouverte en 1925 à Bierville par Marc Sangnier, le fondateur du Sillon. La Youth Hostels Association, formée en 1930, connut rapidement le plus vif succès Outre–Manche. Quant au naturisme, qui établit également une communauté de loisir fondée sur la régénération et la purification dans un milieu préservé, il naquit dans le monde germanique avant 1914 et se développa surtout sur les plages de la Baltique, même si l'île du Levant devint à partir des années trente une destination privilégiée, avec la création de la station d'Héliopolis.

Le militantisme dans l'organisation du tourisme et globalement des loisirs relevait également du **champ d'action des régimes totalitaires**, à des fins naturellement d'encadrement idéologique. En Italie l'Œuvre nationale des loisirs ouvriers (Dopolavoro) mobilisa à partir de 1925 groupes folkloriques et chorales et monta massivement des voyages et des séjours éducatifs, réunis souvent sous forme de cycles vantant la grandeur romaine et italienne. Elle contribua au développement du tourisme balnéaire sur la côte adriatique, qui accueillit en outre de nombreux Allemands dès les années trente. L'Allemagne nazie pratiqua la même politique en créant en 1933 l'organisation Kraft durch Freude (la Force par la Joie).

• **Le tourisme social** proprement dit bénéficia dès le début du XXe siècle en Europe Occidentale de l'aménagement des premiers centres de vacances par les syndicats de travailleurs ou les coopératives de consommateurs. Par exemple dans l'entre-deux-guerres les trade unions britanniques multiplièrent les Countryside Mansions House Centers, en rachetant châteaux et parcs dans une revanche, en quelque sorte, de la société industrielle sur la société aristocratique. Pour le mouvement coopératif, l'Allemagne et encore plus la Belgique et les Pays-Bas eurent à leur actif les réalisations les plus importantes. Ainsi la Belgique se dota à partir des années vingt de nombreux centres de tourisme populaire aussi bien sur le littoral que dans les Ardennes et son expérience lui valut de créer en 1956 et d'accueillir à Bruxelles le Bureau international du tourisme social. Celui-ci, qu'il relève du militantisme laïque ou de gauche ou qu'il soit d'inspiration chrétienne sociale, se développa considérablement après 1945, dans le cadre en particulier en France des Maisons familiales de vacances (1954) et des Villages-Vacances-Familles (1958). Durant les années 1960 la Caisse des Dépôts aménagea jusqu'à dix villages par an, gérés par VVF avec un souci maximum d'économie. D'inspiration commerciale toute différente, les villages-clubs du Club européen du tourisme et du Club Méditerranée de Gérard Blitz et Gilbert Trigano, fondés durant les années cinquante, correspondaient à l'avènement d'une nouvelle sociabilité caractéristique des sociétés postindustrielles. Elle reposait en particulier sur le triomphe de la trilogie *Sea, Sand and Sun*, avant même que ne s'ajoute le quatrième S (*sex*) de la *permissive society*.

L'importance économique, sociale et spatiale du tourisme fut donc progressivement reconnue en Europe occidentale. En France elle fut consacrée par la mise en place en 1962 d'un Commissariat au Tourisme, sous l'autorité du Premier ministre avant d'être rattaché en 1968 au Ministère de l'Équipement.

L'histoire du tourisme, et plus largement des loisirs, fournit ainsi un excellent révélateur des mutations des sociétés industrielles, en premier lieu pour leurs modes de consommation. Elle a d'ailleurs intégré pleinement la promotion de deux nouvelles catégories de consommateurs, jusque là marginalisées, la femme, volontairement célébrée sinon statufiée au singulier, et les jeunes, identifiés à l'hédonisme. Ces deux catégories ont représenté beaucoup plus que des marchés segmentés, elles ont offert des signes de valorisation à l'ensemble des sociétés d'Europe Occidentale, par le biais de la modernité déclinée sur tous les modes.

3.2. La célébration de la nouvelle ménagère et la conquête des jeunes consommateurs

L'émancipation de la femme des tâches les plus harassantes du foyer devint dès le début du XXe siècle le leitmotiv des entreprises de la seconde industrialisation centrées sur l'exploitation de la fée électricité, assurant **la promotion de l'électro-domestique**. La femme, ménagère et consommatrice, « libérée » par l'électricité fut ainsi rapidement placée au centre des stratégies commerciales et des politiques publicitaires. La séduction d'un confort propre, sans odeur et sans bruit, presque aseptisé, renvoyait à la femme américaine idéale. L'action la plus spectaculaire fut celle de Paulette Bernège, convertie aux méthodes du taylorisme domestique mises au point par Christine Frederick aux États–Unis. Elle fonda à la fois la revue *Mon chez Moi* en 1923 et la Ligue d'Organisation Ménagère en 1925. Pour ces deux organes, dans une véritable croisade pour une révolution culturelle domestique, le plein épanouissement de la femme passait par l'organisation rationnelle du foyer sur le modèle américain : « nous supposons que toutes les femmes pourraient devenir des bourgeoises ; ce serait une révolution opérée sans feu ni flamme, à l'électricité ». Les résultats ne pouvaient être que limités en Europe durant l'entre-deux-guerres, car comme l'expliquait Christine Frederick à Paulette Bernège en 1927 : « je ne veux point me faire l'avocate d'un machinisme qui ne correspondrait pas à vos besoins réels. Ici en France vous êtes encore à l'âge du travail manuel et de l'artisanat ; vous faites toutes choses avec patience, adresse et élégance. Ce serait folie de vouloir changer des femmes qui sont toute habileté en mécaniciennes… » (P.-A. Carré, « Les ruses de la "fée électicité" », p. 79).

Au-delà même des usages déjà très nombreux de l'électricité, les nouveaux modes de consommation, et donc de vie, bénéficièrent d'une efficace vitrine publicitaire avec la création en

© ARMAND COLIN. La photocopie non autorisée est un délit.

1923 du Salon des Arts Ménagers. La «propagande» électrique fournit pour les entreprises de la seconde industrialisation le meilleur exemple de diversification et d'approfondissement des méthodes d'expansion commerciale. Ainsi dans la banlieue parisienne les sociétés de distribution organisèrent à partir de 1924 des démonstrations dans les écoles. Elles insistaient sur la nécessité d'un apprentissage précoce, même si l'électricité était présentée justement comme un jeu d'enfant. Pour récompenser les fillettes les plus appliquées, quelques ustensiles électroménagers de base, fers à repasser et bouilloires, leur étaient offerts. Des «visiteuses» spécialement formées se rendaient alors au domicile des parents d'élèves, en espérant que leurs progénitures les avaient convaincus des bienfaits de l'électricité, et elles proposaient alors aux ménagères des locations d'appareils à bas prix.

Les stratégies de conquête de la ménagère se développèrent de façon encore plus systématique dans **les décennies du second après-guerre**. Le machinisme domestique se diversifia en confirmant la vocation d'émancipation féminine de l'électroménager. Boris Vian lui-même dans *La complainte du progrès* en 1956 railla avec tendresse la mécanisation du foyer et ses répercussions sur les relations affectives. L'automation de la machine à laver grâce à l'électricité, assez tardive en France, fournit un bon exemple des avantages recherchés par la ménagère dans un équipement moderne et rationnel de son intérieur :

Tableau n° 14 - Les justifications de l'achat d'une machine à laver en France en 1961

Qualités prêtées à la machine à laver	Sur 100 acheteurs
Moindre fatigue	71 %
Gain de temps	52 %
Suppression de personnel	18 %
Agréable, pratique	11 %
Amélioration du lavage	11 %
Augmentation de la fréquence de lavage	3 %
Autres raisons	5 %
Sans réponse	4 %

Source : « Le marché de la machine à laver domestique », *Enquête de la chambre syndicale nationale de la construction électrothermique.*
Le total est supérieur à 100 % car certains acheteurs ont avancé plusieurs raisons.

Plus largement, au-delà de la seule électro-domestique, **la presse féminine** joua un rôle majeur dans la conquête commerciale de la ménagère et son «éducation». Comme le soulignait dans l'entre-deux-guerres le magazine *Nos loisirs*, «revue de la femme au foyer», «il n'y a pas de plus grande acheteuse que la femme». Elle détenait en effet la responsabilité du budget domestique dans de nombreuses catégories sociales et la presse spécialisée était suffisamment diversifiée pour toucher tous les milieux. *Vogue*, édition française d'une publication américaine, était destinée à un public assez huppé. Elle jouait en particulier sur le personnage de la «Parisienne», sylphide élancée, déjà immortalisée à la fin du XIXe siècle par Jules Chéret dans ses affiches, qui offrit une des premières incarnations de la femme-objet dans la publicité, alors vénérée et court-vêtue. À l'inverse, *Le Petit Écho de la Mode* touchait un lectorat très large socialement, puisqu'il dépassa constamment le million durant les années trente. Celui-ci contribua au succès en particulier des chocolats Tobler, de la moutarde Grey-Poupon et de l'Ovomaltine.

Dans le second après-guerre **une nouvelle génération de magazines «modernes»** s'inspira de l'exemple de *Marie-Claire* créé par Jean Prouvost en 1937. Ainsi Hélène Gordon-Lazareff, armée de son expérience durant la guerre aux États-Unis, lança *Elle* en 1945. Grâce à une présentation flatteuse sur papier glacé, avec profusion de photos, mettant en valeur le visage et le corps de la femme et explorant toutes les facettes de sa vie quotidienne, *Elle*, qui dépassa 300 000 exemplaires dès 1949, devint rapidement un excellent support de la publicité des appareils ménagers. Un développement similaire des magazines féminins destinés à une large classe moyenne fut observé dans tous les pays d'Europe occidentale, en particulier en Grande–Bretagne avec *Woman* et en Allemagne avec *Freundin*.

L'influence du modèle américain dans l'avènement d'**une nouvelle sociabilité féminine**, engendrée par la seconde industrialisation et l'essor de la société de consommation, fut également illustrée par la diffusion du système de vente à domicile de la société Tupperware. Introduit en France en 1961, un véritable « esprit » Tupperware se développa dans des réunions de vente directe, centrées sur la promotion de boîtes plastiques hermétiques pour la conservation des aliments et d'ustensiles divers de cuisine. Le réseau humain et commercial était très hiérarchisé puisque des concessionnaires encadraient des monitrices, payées à plein temps et chargées de faire fonctionner une nébuleuse de plusieurs centaines de présentatrices.

Surtout l'essor de nouvelles structures de distribution, de plus en plus grandes, des premiers libres-services apparus dans l'entre-deux-guerres aux premiers hypermarchés et centres commerciaux intégrés de la fin des années soixante, contribua largement au développement d'**une nouvelle culture de la consommation chez les ménagères**. Ces modifications correspondaient à de profondes mutations sociologiques de comportement. Elles affectèrent même les petites villes et le milieu rural, mais beaucoup plus rapidement dans l'Europe du Nord-Ouest qu'en France et en Italie, comme en témoigne ce tableau des transformations de la bourgade de Saint-Mary Mead juste après le second conflit mondial mis en scène par Agatha Christie :

« Saint-Mary Mead n'avait pas bougé (...) Seules les boutiques de la grand-rue étaient différentes, beaucoup plus modernes. La poissonnerie était méconnaissable avec ses grandes baies vitrées. Barnes, l'épicier, était resté tel que le connaissaient miss Hartnell et miss Marple, mais, à l'emplacement de l'échoppe de Toms, un supermarché rutilant s'était installé.

- Un magasin où vous êtes obligée de vous servir toute seule ! s'exclamait miss Hartnell. On perd un quart d'heure à chercher ce dont on a besoin et ensuite on fait la queue pour payer. C'est beaucoup trop fatigant. Passe encore pour les gens du Quartier Neuf. »

Enfin, dans une effervescence idéologique aux antipodes de ce microcosme d'Agatha Christie, **le mouvement féministe européen,** en pleine expansion à la fin des années soixante et largement inspiré lui aussi par son homologue américain, ne pouvait qu'avoir une attitude ambiguë à l'égard du développement de la société de consommation. S'il en contestait les fondements machistes, par sa revendication de l'égalité des sexes et d'une promotion de la femme dans les activités professionnelles, il ne pouvait renoncer aux progrès de l'économie domestique, même s'il critiquait vivement l'image publicitaire de la femme libérée par l'électroménager.

Plus tardivement que la séduction de la clientèle féminine, consubstantielle à la culture de consommation, **celle des adolescents et des jeunes adultes** fit l'objet d'une stratégie spécifique des entreprises et de leurs publicitaires surtout à partir des années cinquante. Les *teenagers* offraient désormais à la fois un pouvoir d'achat spécifique et une image valorisante, celle du jeunisme, à diffuser dans les catégories d'âges plus élevées, à la recherche de l'éternel bain de jouvence. Durant les années soixante ils assuraient à eux seuls en Grande-Bretagne 38 % des achats de motos et de mobylettes, 30 % de la fréquentation des cinémas et 15 % de la consommation de cigarettes.

Dans cette affirmation d'une **culture jeune**, qui passait par l'élaboration et la sacralisation de produits ciblés, la Grande–Bretagne joua d'ailleurs souvent le rôle de relais (B. Lemonnier). La *youth culture* prit la forme d'une *pop culture*, largement interclassiste, dont les signes de ralliement associaient comme produits basiques jeans, T-shirts, coca-cola, chewing-gum et disques, tous produits dont la légende commerciale avait été construite outre-Atlantique. Cette *pop culture*, illustrée en particulier par l'œuvre multiforme de Richard Hamilton, à la fois peintre, photographe et designer, entretenait des liens très étroits avec l'industrialisation car, au-delà des

© ARMAND COLIN. La photocopie non autorisée est un délit.

idéaux affichés de retour à l'authenticité des valeurs de nature, elle alimentait la société de consommation de masse par la fabrication en série de véritables gammes de produits labellisés jeunes. Beaucoup plus que celle du zazou, la vogue du *beatnik,* en révolte justement contre le conformisme bourgeois et la société de consommation, permit l'éclosion d'une mode assortie de multiples gadgets et la promotion de nombreux hits musicaux.

En France la nébuleuse *Salut les copains,* magazine lancé en 1959 par Daniel Philipacchi, avec la starisation très fructueuse financièrement des vedettes yéyés, poussa jusqu'au bout la logique classique d'assagissement, voire d'affadissement social et de récupération commerciale. Malgré la prolifération des imitations, *SLC* comptait en 1967 3 400 000 lecteurs de plus de quinze ans et sans doute 1 500 000 de moins de quinze ans. Même si à l'origine les annonceurs considéraient les adolescents comme le moyen d'influencer le marché général plutôt que comme un marché particulier, jouant d'abord la carte de la jeunesse avant de jouer celle des jeunes, le journal devint un support publicitaire si recherché que sa page valait 50 % de plus que celle de l'*Express.* Tous les media participèrent à cette grande célébration mêlant jeunisme et américanisme. Pourtant cette massification de la culture jeune, critiquée par de nombreux intellectuels, n'était que la dernière traduction, sinon le dernier avatar, d'une culture industrielle générée par les deux vagues d'industrialisation, où l'expression artistique débordait largement ses différentes tours d'ivoire.

3.3. L'essor d'une culture industrielle : la recherche d'une synthèse entre l'industrie et l'expression artistique

Au tournant des deux siècles, donc bien avant la consécration du design, le courant des **Arts appliqués** contribua directement au rapprochement de l'art et de l'industrie par la fabrication esthétiquement pensée et soignée de produits finis destinés à une large clientèle. En Allemagne la formation du Werkbund en 1907, qui comprenait 2 000 membres en 1913, consacra cette alliance sous le signe du design. Peter Behrens (1868-1940), membre fondateur du Werkbund, confirma par son œuvre l'importance de la « révolution électrique » dans le domaine socioculturel. En tant que conseiller artistique du groupe AEG de Rathenau, il concilia souci de rationalisation et esthétique industrielle dans l'édification des bâtiments destinés à la production, en particulier la célèbre usine de turbines de Berlin en 1909, et dessina de très nombreux appareils électriques. Esthétiquement l'**Art Nouveau** s'opposa aux Arts Appliqués par l'exubérance du décor plaqué sur les objets et les bâtiments, privilégiant l'ornementation florale et végétale, mais il le rejoignait par la valorisation des recherches de l'ingénieur et la combinaison de tous les matériaux industriels possibles (fer, acier, béton armé, verre, céramique). Ce mouvement se diffusa dans l'ensemble de l'Europe Occidentale durant la première décennie du siècle et il prospéra notamment à Bruxelles, Münich, Düsseldorf, Glasgow, Nancy et Turin. Son lien avec l'essor de la publicité apparaît clairement dans son utilisation par les grands magasins, par exemple les magasins Tietz à Düsseldorf, dans des objets produits massivement comme les vases de verre gravés à l'acide, ou par les plus célèbres affichistes, comme Alfons Mucha.

• **L'affiche** placardée en particulier dans les gares ou les stations de métro resta longtemps un support majeur de diffusion commerciale et son art se plaçait à la croisée de la culture des élites et de la culture populaire, en s'appliquant aussi bien à la promotion de produits devenus de consommation relativement courante, comme le chocolat, qu'à celle du rêve de distinction mondaine des stations balnéaires. Elle bénéficia à la fin du XIXe siècle d'une innovation technologique majeure, celle de la diffusion de la lithographie en couleurs. En 1878 apparurent les premières machines lithographiques permettant d'imprimer des affiches de grande taille. Dans cette industrialisation de l'art publicitaire de la rue par excellence, Jules Chéret joua un rôle essentiel. En 1900 lorsqu'il décida de se consacrer entièrement à la peinture, il avait déjà réalisé plus d'un millier d'affiches, notamment pour les grandes salles de spectacles, tout en dirigeant depuis 1866 l'une des plus importantes imprimeries spécialisées de Paris. L'affiche ferroviaire en particulier atteignit son apogée durant la Belle Époque, avec des grands maîtres comme Hugo d'Alesi.

Cette symbiose du monde industriel et de l'expression artistique fut perpétuée durant l'entre-deux-guerres par l'influence du **Bauhaus**, créé en 1919 à Weimar par Walter Gropius (1883-1969), qui s'était déjà illustré en réalisant l'usine modèle de l'exposition Werkbund à Cologne en 1916. Préconisant la création collective, le Bauhaus cherchait à remettre en cause la fonction de l'art par rapport à l'ordre social et à l'intégrer pleinement à la civilisation industrielle. Il s'attacha en particulier à la création de nombreux prototypes d'objets usuels destinés à la standardisation et de bâtiments fonctionnels où une large place était faite à la préfabrication, comme à Berlin Siemensstadt en 1928, où apparut un type d'habitation lamelliforme implanté perpendiculairement à la rue. Au-delà du seul Bauhaus, Gropius s'affirma comme un des grands créateurs du style international qu'il contribua à diffuser.

Dans la défense de la standardisation et de la préfabrication, l'œuvre de son contemporain **Le Corbusier** (1887-1965) fut également essentielle. À l'Exposition des Arts décoratifs de Paris en 1925, en réalisant le pavillon de l'Esprit Nouveau, il s'imposa justement comme l'un des fondateurs de ce style international, adoptant des principes strictement fonctionnels et des formes géométriques. Dans les maisons particulières qu'il réalisa dans la région parisienne durant l'entre-deux-guerres, il voulut appliquer les principes de la « machine à habiter » mais il porta rapidement sa réflexion sur les questions d'urbanisme et d'habitat collectif (*La Ville radieuse* en 1935) et il inspira largement la célèbre Charte d'Athènes (1943), en proposant la séparation des fonctions dans les grandes métropoles, avec des « immeubles-villas » et des « super-gratte-ciel ». Il montra ainsi la voie dans l'aménagement des grands ensembles de banlieue, exaltés durant les années cinquante et soixante comme vecteurs de la modernité et de la société de consommation de masse, puis rapidement décriés comme cadres de l'aliénation produite par la civilisation industrielle.

• **Le design** représente par définition l'esthétique industrielle appliquée à la recherche de formes nouvelles et adaptées à leur fonction pour les objets utilitaires, les meubles et l'habitat en général. Ses liens avec l'industrialisation furent donc consubstantiels et l'Allemagne constitua à partir du début du siècle un foyer particulièrement dynamique. Le géant de la chimie Bayer patronna par exemple à la fin des années soixante des salons internationaux de l'habitat, animés par des designers d'avant-garde comme l'Italien Joe Colombo, les Allemands Verner Panton et Ingo Maurer ou le Français Olivier Mourgue (P. Chassaigne). Ils y déclinaient toutes les formes et tous les usages des matières plastiques fabriquées par la firme, montraient l'influence majeure du high-tech et de la science-fiction. La consécration officielle de la notion de design, terme introduit dans la langue française durant les années soixante, renvoyait donc bien au regard du consommateur sur les valeurs et les formes de la seconde industrialisation, en célébrant la modernité et le fonctionnalisme.

La société de consommation et le modèle de l'*American way of life* eurent dès les années 1920 leurs détracteurs en Europe Occidentale. L'influence ambivalente des États–Unis sur les sociétés industrielles s'exerçait bien par la diffusion sur le vieux continent des mouvements dits alternatifs et de contre-culture. Ainsi à l'exportation des signes du confort domestique, notion revisitée par les Britanniques et les Allemands, répondaient dès l'entre-deux-guerres la satire d'un matérialisme excessif par Sinclair Lewis et les comportements anticonformistes des intellectuels Anglo–Saxons établis à Paris et sur la Riviera. Contre le conformisme des classes moyennes élargies (P. Guillaume), dont les valeurs s'internationalisaient, s'élevèrent vigoureusement la contre-culture pop et le mouvement hippie. L'œuvre du philosophe Herbert Marcuse servit souvent de caution théorique par son analyse du développement économique et technique des sociétés industrielles, en particulier dans *L'homme unidimensionnel* (1964). Il dénonçait en effet l'aliénation de l'individu par la société d'abondance, société close tournée uniquement vers la

© ARMAND COLIN. La photocopie non autorisée est un délit.

recherche de l'efficacité et du confort. La publicité fut en particulier l'objet d'une critique intellectuelle massive, inspirée des philosophes de l'école de Francfort, dans un procès largement alimenté par le discours marxiste. En même temps que les marchandises devenaient des fétiches et des substituts des rapports sociaux, les médias diffuseraient une culture de masse qui stériliserait les consciences. La publicité, à la rencontre de cette réification de la marchandise et de la culture de masse, serait ainsi devenue un instrument d'aliénation de ceux qu'opprimait le système capitaliste de production.

L'ensemble de ces thèses alimenta les mouvements de contestation de la fin des années soixante qui touchèrent tous les pays d'Europe Occidentale, l'action de Daniel Cohn-Bendit étant par exemple précédée en Allemagne par celle de Ruddi Dutschke. Ils manifestèrent fortement leur volonté de saper les fondements matérialistes de la société de consommation ; les revendications des ouvriers, portant plus sur des améliorations qualitatives que sur des augmentations salariales, semblaient participer à cette remise en cause. Pourtant les valeurs des classes moyennes reprirent rapidement le dessus, comme le montrèrent les embouteillages massifs du week-end de la Pentecôte dans la région parisienne quelques jours après la fièvre de mai 68. De même la France pompidolienne à partir de 1969 vit l'apogée du discours industrialiste, même si le projet de «nouvelle société» de Jacques Chaban-Delmas tentait de répondre partiellement aux aspirations exprimées par les mouvements contestataires. Quant au rapport publié en 1972 par le Club de Rome sur les limites de la croissance, *Limits to Growth*, qui préconisait une croissance zéro pour préserver en particulier l'environnement du monde industriel, il ne trouva sa véritable résonance qu'avec le déclenchement de la grande crise économique. Que pesèrent en fin de compte la dénonciation du modèle de l'*American way of life* et les discours sur l'aliénation de la société de consommation, face à la diffusion de plus en plus massive en Europe Occidentale des productions du cinéma américain, de la musique anglo-saxonne et à l'omniprésence internationale des agences de presse américaines? (P. Griset) La marche à la société postindustrielle fut largement entretenue par les révolutions de la communication, dans lesquelles les États–Unis jouèrent un rôle prépondérant.

DOCUMENTS

La Complainte du progrès de Boris Vian (1956)

Autrefois pour faire sa cour

On parlait d'amour

Pour mieux prouver son ardeur

On offrait son cœur

Aujourd'hui c'est plus pareil

Ça change ça change

Pour séduire le cher ange

On lui glisse à l'oreille

Ah...Gudule...Viens m'embrasser...

Et je te donnerai

Un frigidaire

Un atomizer

Une cuisinière

Avec un four en verre

Des tas de couverts

Et des pell' à gâteaux

Une tourniquette

Pour fair' la vinaigrette

Un bel aérateur

Pour bouffer les odeurs...

© ARMAND COLIN. La photocopie non autorisée est un délit.

La nouvelle Citroën

Il se peut que la Déesse marque un changement dans la mythologie automobile. Jusqu'à présent la voiture superlative tenait plutôt du bestiaire de la puissance ; elle devient ici à la fois plus spirituelle et plus objective, et malgré certaines complaisances néomaniaques (comme le volant vide), la voici plus ménagère, mieux accordée à cette sublimation de l'ustensilité que l'on retrouve dans nos arts ménagers contemporains. Le tableau de bord ressemble davantage à l'établi d'une cuisine moderne qu'à la centrale d'une usine : les minces volets de tôle mate, ondulée, les petits leviers à boule blanche, les voyants très simples, la discrétion même de la nickelerie, tout cela signifie une sorte de contrôle exercé sur le mouvement, conçu désormais comme confort plus que comme performance. On passe visiblement d'une alchimie de la vitesse à une gourmandise de la conduite (...)

Dans les halls d'exposition, la voiture témoin est visitée avec une application intense, amoureuse : c'est la grand phase tactile de la découverte, le moment où le merveilleux visuel va subir l'assaut raisonnant du toucher (car le toucher est le plus démystificateur de tous les sens, au contraire de la vue, qui est le plus magique) : les tôles, les joints sont touchés, les rembourrages palpés, les sièges essayés, les portes caressées, les coussins pelotés ; devant le volant on mime la conduite avec tout le corps. L'objet est ici totalement prostitué, approprié : partie du ciel de Metropolis, la Déesse est en un quart d'heure médiatisée, accomplissant dans cet exorcisme, le mouvement même de la promotion petite-bourgeoise.

Roland BARTHES, *Mythologies.*

Conclusion

De cette triple étude des espaces territoriaux, urbains et domestiques de l'industrialisation ressort une donnée essentielle. En utilisant comme vecteurs principaux les réseaux, matériels voire immatériels, la seconde industrialisation a mis en relation des espaces qui s'ignoraient. Elle a donc conduit à un double processus. D'une part, selon la logique toujours mouvante des avantages comparatifs, les disparités régionales se sont maintenues et se sont même parfois aggravées, malgré les timides efforts d'aménagement du territoire. Ces disparités transcendent les frontières nationales et atténuent parfois les clivages sociaux internes, expliquant que le thème de l'Europe des régions soit devenu rapidement un grand objet de débats. À l'inverse les réseaux, entre espace public et espace privé, et le modèle de la société de consommation de masse ont conduit à une convergence voire une unification des performances et des comportements des différents pays. Le « miracle » italien ne fut pas uniquement économique mais bien aussi socio-culturel. La contribution des réseaux, illustrée en particulier par la notion d'équipement urbain et de confort domestique, fut essentielle dans ce mouvement d'unification et d'intégration européenne. Pensons ici à la vaste toile d'araignée du réseau électrique qui à partir de 1951 a fait jouer tous les mécanismes compensatoires de l'interconnexion à l'échelle de l'Europe occidentale.

Michel Butor dans *La Modification*, au titre hautement symbolique paru en 1957, nous offre une interprétation littéraire originale de l'omniprésence des réseaux. Ainsi outre l'entrelacement des temps, un entrelacement des lieux s'opère dans le compartiment de chemin de fer de troisième classe qui fait route de Paris à Rome. Celui-ci offre un excellent dispositif scénique des mutations qui affectèrent l'espace de l'Europe Occidentale à l'âge de la seconde industrialisation, espace à la fois matériel et mental, fixe et mobile, collectif et individuel. La modification des sociétés industrielles fut elle-même portée par un entrelacs de réseaux, techniques ou immatériels. A l'issue de son parcours décisif entre les deux capitales européennes, l'anti-héros s'interrogeait :

« Ne vaudrait-il pas mieux conserver entre ces deux villes (Paris et Rome) leur distance, toutes ces gares, tous ces paysages qui les séparent ? Mais en plus des communications normales par lesquelles chacun pourrait se rendre de l'une à l'autre quand il voudrait, il y aurait un certain nombre de points de contact, de passages instantanés qui s'ouvriraient à certains moments déterminés par des lois que l'on ne parviendrait à connaître que peu à peu » (1).

Il mettait ainsi en particulier en exergue le « Génie du lieu » – titre d'un autre essai de Michel Butor (2) – qui a affecté bien différemment les grandes capitales et les black countries à l'âge de la seconde industrialisation.

1. M. BUTOR, *La Modification*, p. 280. Voir la postface de M. LEIRIS, « Le réalisme mythologique de Michel Butor », p. 287-312.

2. M. BUTOR, *Le Génie du lieu*, Paris, Grasset, 1958, 210 p.

© ARMAND COLIN. La photocopie non autorisée est un délit.

Conclusion

CONCLUSION GÉNÉRALE

Tissés au XVIIIe siècle dans l'Angleterre de la révolution industrielle, les liens entre innovation et industrialisation se sont renforcés dans l'Europe occidentale dynamique et créative des années 1880-1910.

Si le dynamisme britannique s'était estompé, il n'en restait pas moins capable de maintenir une industrie diversifiée en tête dans la plupart des secteurs clefs. Simultanément, l'émergence d'un modèle allemand de recherche appliquée, ou bien de recherche-développement associé aux initiatives créatives d'une industrie française plus orientée vers l'innovation de produit, fit du triangle Londres-Paris-Berlin l'épine dorsale d'un tissu industriel ancré dans la force de ses bassins miniers et dynamisé par les initiatives multiformes de ses villes modernes.

En quelques décennies, la logique entrepreneuriale avait supplanté dans une large mesure l'action de l'inventeur isolé. Les grandes entreprises allemandes s'affirmaient comme des ensembles organisés de production de technologies nouvelles. Leurs investissements massifs dans des laboratoires dotés de moyens importants et soutenus dans la longue durée offrait un nouveau cadre à la créativité des ingénieurs. La richesse de cet espace résidait cependant tout autant dans les entreprises plus modestes du Bassin parisien qui posaient les bases de la civilisation automobile. Certes, ce passage d'un système de valeur où production de fer et de charbon constituaient l'étalon de la puissance, à un environnement contemporain associant mobilité, recherche et créativité, ne s'opérait pas sans tensions. Il ne s'inscrivait pas moins dans une économie atlantique équilibrée.

Les choix effectués par les entrepreneurs, les options technologiques embrassées dans la chimie ou la sidérurgie, tout comme les anticipations refusées ou assumées dans les domaines liés au second système technique déterminèrent les hiérarchies nouvelles au sein du continent. L'observateur contraint de localiser un centre de gravité de l'innovation en Europe le situerait sans doute un peu plus à l'est en 1910 qu'il ne l'était en 1860. Ces données ne doivent pas pour autant faire négliger l'extraordinaire métamorphose qui s'était accomplie en un quart de siècle. Colorants artificiels, acier bon marché, cinéma, téléphone, automobile, radio, médicaments, avion, cet inventaire livré pêle-mêle souligne la richesse de cet ensemble technico-culturel, base de l'industrialisation du XXe siècle.

La rupture de la Première Guerre mondiale n'en apparaît que plus brutale. Les stratégies nationalistes, puis les ambitions entrepreneuriales qui s'y associèrent à partir des premières années du XXe siècle, portèrent un coup fatal à cette dynamique européenne. De la complémentarité dans la concurrence, les industries nationales évoluèrent vers la rivalité agressive, puis vers l'affrontement armé. Paradoxalement, la guerre, qui fut à bien des égards le fossoyeur des espoirs

© ARMAND COLIN. La photocopie non autorisée est un délit.

générés par l'industrialisation, en fut aussi le plus éclatant témoignage de réussite. Ce conflit fut sans nul doute le premier conflit industriel de l'histoire. Les moyens mis en œuvre, la durée de la guerre et la mise en action tout au long du conflit d'armements nouveaux, donnèrent à l'industrie un rôle crucial. La capacité des industries nationales à innover en matières d'armes fut décisive à plusieurs moments du conflit. Dans les airs, comme sur terre avec l'apparition du char d'assaut, les dispositifs nouveaux, appliqués à grande échelle, pesèrent sur les combats. Ce constat n'incite cependant pas à conclure à une accélération du « progrès » technique pendant la guerre. Globalement, l'effet fut négatif, les réussites militaires se firent au détriment des domaines civils en détournant les capacités créatives vers des objectifs étroits et mal financés.

L'Europe de l'entre-deux-guerres n'en est pas pour autant un continent coupé de toute ambition technologique, incapable d'investir dans des domaines nouveaux. Les années 1920 sont riches d'initiatives audacieuses. Beaucoup cependant se diluent dans une société vieillie, privée de ses jeunes élites. Alors que l'innovation devient multiforme et nécessite plus que jamais créativité et écoute attentive du marché, les cadres manquent et l'attentisme prévaut dans les stratégies entrepreneuriales.

La crise, puis la Dépression, confortent ces démarches et annihilent le regain d'innovation de la décennie précédente. Les stratégies de groupe privilégient, même pour les plus audacieux, des options prudentes. Alors que l'instabilité politique ou l'instauration de régimes totalitaires aggravent encore le climat, l'Europe occidentale entre dans la spirale du « toujours plus d'État ». Cette tendance amorcée brièvement durant la Première Guerre, partiellement écartée au cours des années 1920, se retrouve avec force dans les années trente pour s'affirmer dramatiquement à partir de 1940. Elle s'auto-entretient, l'intervention appelant l'intervention et confortant les acteurs dans une logique attentiste. La Seconde Guerre mondiale pousse à l'extrême la logique du déclin européen. Celui-ci est tout autant moral que matériel. Si les responsabilités ne semblent pas également partagées entre les différents États, il n'en reste pas moins que c'est l'ensemble des nations et des peuples qui payent les conséquences de la déflagration.

L'Europe est, en 1945, un paysage politico-économique ruiné. Lorsque l'armée américaine aborda les rivages de la France en 1917, elle s'équipa massivement d'avions, de matériel radio et de chars français. En 1945, l'Amérique témoigne d'une supériorité absolue dans tous les domaines. L'écart creusé depuis les années 1920 dans les domaines les plus neufs de la technologie est devenu rupture. Comme il existe un dollar-gap, existe un « technological-gap » qui rend l'Europe dépendante pour sa défense et sa reconstruction.

C'est peut-être cette impression d'avoir été au bout d'une logique de déclin qui explique la vigoureuse réaction des années d'après-guerre. Si l'intervention de l'État se confirme, elle s'inscrit dorénavant dans une logique plus positive, favorisant la recherche, inscrivant ses interventions dans l'optique du long terme. Certes, les résultats ne sont pas toujours à la hauteur des ambitions, il n'en reste pas moins que l'économie européenne retrouve les bases d'un développement soutenu et s'engage dans une longue période de croissance. Les bases d'une reconquête technologique sont également posées dès cette époque alors que le « baby boom » démontre le regain de vitalité du Vieux continent.

En l'espace de deux décennies, les pays d'Europe occidentale exploitent enfin les potentialités du système technique né des années 1880-1910. L'électricité touche l'ensemble des ménages et des activités avec disponibilité et abondance. L'automobile est le symbole de cette mutation qui trouve ses prolongement dans les modes de consommation et les pratiques culturelles. Grande distribution, publicité, standardisation des produits, avec ses bienfaits et ses excès, la société de consommation devient l'aiguillon majeur de l'industrialisation.

Curieusement, la Grande-Bretagne, qui semblait la moins touchée par la guerre et qui pouvait dans bien des domaines affirmer une compétence technologique proche de celle des Américains, fut la moins apte à s'inscrire dans cette logique de croissance industrielle. Certes, ses résultats furent significatifs, mais en deçà de ceux des pays du continent. En s'épuisant dans des programmes de recherche nombreux et mal adaptés, en refusant d'inscrire son avenir politique et économique dans la construction européenne, la Grande-Bretagne avait sans doute fait les mauvais choix.

Aux certitudes des années 1950 succèdent cependant les doutes des années 1960. Si la crise de 1968 semble plus relever, au-delà des apparences, d'un processus d'adaptation des mœurs à la société de consommation que d'une remise en cause réelle de celle-ci, l'ouverture des économies et les nouvelles ruptures technologiques d'après-guerre suscitent, en revanche, de manière très concrète, de nouvelles interrogations sur le devenir de l'industrialisation de l'Europe.

Transistor, laser, énergie nucléaire, informatique, satellites, les points forts d'un nouveau système technique, nés outre-Atlantique commencent à s'inscrire dans les réalités de l'activité à partir des années 1960. Ils déterminent de nouveaux critères de compétitivité, mais impliquent également des choix cruciaux en matière de défense. La France est sans doute le pays le plus sensible à ces nouveaux enjeux. L'engagement de l'État dans les projets technico-industriels, dès les années 1960, dans les secteurs identifiés comme cruciaux pour l'indépendance nationale posa les bases d'une adaptation plus rapide de l'industrie européenne dans des domaines clefs du nouveau système technique comme l'aéronautique et le nucléaire. Si la réussite ne fut pas toujours au rendez-vous, on pense notamment à l'informatique, ce « modèle français » (F. Caron) relayé par les projets européens des années 1970-1980, élaborait les fondements d'une nouvelle ambition industrielle.

L'Europe qui applaudissait à l'alunissage d'Amstrong n'était donc plus celle qui avait accueilli Lindberg. Sans avoir encore retrouvé la vitalité créative du XIXe siècle elle avait pleinement pris conscience du caractère déterminant des technologies pour son industrialisation et son indépendance.

Si la mobilisation des efforts en vue d'affirmer l'indépendance économique et technologique de l'Europe de l'Ouest ne se traduisit en actes politiques qu'à partir de 1950, les premiers accomplissements de celle-ci et ses développements ultérieurs ne furent possibles que du fait d'une convergence des structures d'organisation de la société et de l'espace dont le facteur déterminant, comme l'a montré H. Kaelble, fut l'industrialisation elle-même.

Le cadre national d'étude des phénomènes d'industrialisation du continent n'est jamais véritablement satisfaisant, quelle que soit la phase du processus à laquelle on s'intéresse. Comme bien des historiens l'ont souligné, la première industrialisation est un phénomène spatialement polarisé dont les agrégats économiques nationaux rendent très mal compte. Presque tous les pays d' Europe occidentale connurent des phénomènes de dualisme régional, et il ne fait aucun doute que la France du Nord des dernières décennies du siècle dernier s'apparente, dans ses structures économiques et sociales, plus aux pays noirs britanniques ou à la Wallonie industrielle qu'à bien des régions de la France du Midi. Bien plus, ce fut toute une série d'interdépendances à base technologique et territoriale qui fut à l'origine des premiers rapprochements entre industriels de l'espace Ruhr-Rhénanie-Luxembourg-Lorraine-Sarre, qui débouchèrent sur la création de la CECA en 1951. Si la volonté politique et l'angoisse collective du déclin face aux nouveaux concurrents jouèrent un rôle plus important dans les formes de coopération industrielle ou d'intégration par le marché qui furent mises sur pieds par la suite, il n'en reste pas moins vrai que ces initiatives ne furent rendues possibles que par l'existence de réseaux moins physiquement liés à des territoires, mais tout aussi denses en termes de relations. Elles privilégièrent surtout les grandes métropoles à travers des réseaux créatifs à l'échelle internationale dont les régions de Londres, Paris, Milan, Munich ou Toulouse constituent des relais majeurs.

La mise en œuvre d'un projet européen à base industrielle ne fut également rendue possible que par la convergence progressive des structures des entreprises. Longtemps, les disparités de taille et de spécialisation opposèrent un modèle britannique, caractérisé par la forte capitalisation des entreprises et la plus grande diversité de leurs champs d'activités, où dominaient les services et le secteur de la consommation, à un modèle continental dominé par l'Allemagne où le secteur des

© ARMAND COLIN. La photocopie non autorisée est un délit.

industries de base l'emportait. Le mouvement de concentration des années 1920 et des années 1960, ainsi que l'élargissement de la gamme des activités couvertes par les grandes entreprises du continent, réduisirent les spécificités nationales, même si la convergence des modèles ne fut pas totale. L'apparition de structures d'organisation hiérarchisées, la diversification des métiers de l'encadrement et l'avènement de managers-salariés de haut niveau à la tête des entreprises en remplacement des patrons-propriétaires devinrent la règle dans toute l'Europe des années 1960, même si les particularités nationales en termes d'organisation du pouvoir dans l'entreprise et de mode de recrutement des managers se maintinrent longtemps. Une telle évolution facilita cependant sans aucun doute le dialogue entre entreprises et organisations professionnelles européennes à partir des années 1960.

L'industrialisation fut enfin facteur de convergence des modèles sociaux. Le développement des grands établissements nés de la seconde industrialisation aboutit à une recomposition des structures de la main d'œuvre. L'évolution des technologies et la diffusion des méthodes de rationalisation, aboutirent à l'émergence de nouveaux métiers nés des besoins de l'entreprise, qu'il s'agisse des nouveaux métiers de l'industrie ou de nouveaux services eux-mêmes nés des besoins des entreprises industrielles. Les exigences en matières de nouvelles compétences aboutirent par le jeu des revenus à la création d'une importante classe moyenne. Son rôle s'accrut vigoureusement après le deuxième conflit mondial grâce à la stabilisation de la société industrielle, jouant comme un sas, absorbant, par le haut, les effectifs déclassés des anciennes bourgeoisies d'indépendants, et surtout, par le bas, les bénéficiaires de la promotion professionnelle. De ce point de vue, l'industrialisation a permis une mobilité sociale sans commune mesure avec les époques antérieures.

Cette évolution ne se fit pourtant pas sans conflits, dont la vigueur ne cessa de croître jusqu'au premier après-guerre. L'essor du syndicalisme et l'action souvent décisive du rôle de l'État dans la gestion des conflits du travail imposa progressivement la contractualisation des rapports sociaux, l'intervention des États en matière de législation sociale et la mise en œuvre de l'État-providence et de la société de consommation de masse. Celle-ci devint le support de l'avènement d'un marché progressivement plus homogène en Europe occidentale par delà les grandes options institutionnelles prises lors de la signature des traités de Rome en 1957, ou de l'entrée de la Grande-Bretagne dans le Marché commun en 1975.

BIBLIOGRAPHIE

Les collections de référence

BRAUDEL (F.) et LABROUSSE (E.) (sous la direction de), *Histoire économique et sociale de la France*, Paris, PUF.

DAUMAS (M. et A.), *Histoire générale des techniques*, tome III, *L'expansion du machinisme*, Paris, PUF, 1968.
Id. tome IV: *Les techniques de la civilisation industrielle: énergie et matériaux*, Paris, PUF, 1978.
Id. tome V: *Transformation - Communication - Facteur humain*, Paris, PUF, 1979.

LÉON (P.) (sous la dir. de), *Histoire économique et sociale du monde*, Paris, Armand Colin:
– Tome IV. *La domination du capitalisme, 1840-1914.*
– Tome V. *Guerres et crises 1914-1947.*

Cambridge Economic History of Europe, CUP, 1969-1985 ; vol. VI *The industrial revolution and after*; vol. VII *The industrial economies: capital, labour and enterprise*, vol. VIII *The development of economic and social policies.*

The Fontana Economic History of Europe, Cipolla, Fontana, 1973-1977, vol. III *The industrial revolution*, vol. IV *The emergence of industrial society.*

Articles et ouvrages

ABE (E.), SUZUKI (Y.) (Ed.), *Changing patterns of international rivalry*, Tokyo, University of Tokyo Press, 1991.

AFTALION (F), *Histoire de la chimie*, Paris, Masson, 1988.

AGULHON (M.) (éd.), «La ville de l'âge industriel», tome IV d'*Histoire de la France urbaine* (dir. Georges DUBY), Paris, Seuil, 1983.

ALDCROFT (D.-H.) (ed), *The development of British industry and foreign competition, 1875-1914*, Glasgow, 1968.

ALDCROFT (D.-H.) et BUXTON (N.-K.) (ed), *British industry between the wars. Instability and industrial development 1919-1939*, Londres, 1979.

ALFORD (B.-W.-E.), *British Economic Performance, 1945-1975*, Londres, Macmillan, 1988.

ALLEN (G.-C.), *British industries and their organization*, Londres, 1959.

© ARMAND COLIN. La photocopie non autorisée est un délit.

AMAURY (F.), *Le Petit Parisien (1876-1914)*, Paris, P.U.F., 1972.

ANDRÉ (C.) et DELORME (R.), *L'État et l'économie. Un essai d'explication de l'évolution des dépenses publiques en France*, Paris, Seuil, 1983.

ARMSTRONG (J.) et Kunz (A.), *Inland navigation and economic development in nineteenth-century Europe,* Mainz, Verlag Philipp von Zabern, 1995

ASSELAIN (J.-C.) et FERNANDEZ (A.), *Industrialisation et sociétés en Europe occidentale 1880-1960, France et Italie*, Paris, Messène, 1997, T II.

— ASSELAIN (J.-C.), *Histoire économique de la France du XVIIIe siècle à nos jours*, Coll. Points-Histoire, Le Seuil, Paris, 1984.

ASSOCIATION GEORGES POMPIDOU, *Georges Pompidou et l'Europe, colloque, 25 et 26 novembre 1993*, Bruxelles, Éditions Complexe, 1995.

AVENEL (G. d'), «Les mécanismes de la vie moderne, la publicité», *Revue des Deux Mondes*, 1901.

AVRIL (P.), *Théorie sommaire de la distibution des biens de consommation*, Paris, 1964.

BAIROCH (P.), *Commerce extérieur et développement économique de l'Europe au XIXe siècle*, Paris, EHESS, 1976.

— BAIROCH (P.), *Victoires et déboires. Histoire économique et sociale du monde du XVIe siècle à nos jours*, Paris, Gallimard, 1997, tomes II et III.

— BARDOU (J.-P.), CHANARON (J.J.), FRIEDENSON (P.), LAUX (J.), *La révolution automobile*, Paris, 1977.

BARJOT (D.) (Ed.), *Vues nouvelles sur les cartels internationaux (1880-1980),* Caen, Editions-diffusions du Lys, 1994.

BARJOT (D.), ROUSSO (H.), "Stratégie industrielle sous l'Occupation", *Histoire, Économie et Société*, n° 2, 1992.

BARJOT (D.), *Histoire économique de la France au XIXe siècle*, Paris, Nathan, 1995.

BARKIN (K.), *The controversy over German industrialization 1890-1902*, Chicago, 1970.

BARTHES (R.), *Mythologies*, Paris, Seuil, 1957.

BASTIE (J.), *La croissance de la banlieue parisienne*, Paris, PUF, 1964.

BAUDANT (A.), *Pont à Mousson (1918-1939). Stratégies industrielles d'une dynastie lorraine*, Paris, Publications de la Sorbonne, 1980.

BAUDHUIN (F.), *Belgique 1900-1960, Explication économique de notre temps*, Louvain, 1961.

BAUDHUIN (F.), *Histoire économique de la Belgique, 1914-1939*, 2 vol., Bruxelles, 1944.

BAUDHUIN (F.), *Histoire économique de la Belgique, 1946-1956*, Bruxelles, 1958.

BAUDHUIN (F.), *Histoire économique de la Belgique, 1957j1968*, Bruxelles, 1970.

BAUDHUIN (F.), *L'économie belge sous l'Occupation, 1940-1944*, Bruxelles, 1945.

BAUDRILLARD (J.), *Pour une critique de l'économie politique du signe*, Paris, 1972.

BÉDARIDA (F)., GIUILY (E.), RAMEIX (G.), *Syndicats et patrons en Grande–Bretagne*, Paris, Éditions ouvrières, 1980.

BELLANGER (C.), «La publicité dans la presse en 1938 et 1951», *Études de presse*, n°6, 1953.

BELTRAN (A.), «Du luxe au cœur du système. Électricité et société dans la région parisienne (1880-1939)», *Annales ESC*, sept.-oct. 1989.

BELTRAN (A.) et CARRÉ (P.-A.), *La fée et la servante. La société française face à l'électricité. XIXe-XXe siècle*, Paris, Belin, 1991.

BELTRAN (A.) et GRISET (P.), *La croissance économique de la France 1815-1914*, Paris, Armand Colin.

BELTRAN (A.) et GRISET (P.), *L'économie française 1914-1945*, Paris, Armand Colin.

— BELTRAN (A.) et GRISET (P.), *Histoire des techniques aux XIXe-XXe siècles*, Paris, Armand Colin, 1990.

BENENATI (A.), *Le développement inégal en Italie*, Paris, Economica, 1982.

BENEVOLO (L.), *Aux sources de l'urbanisme moderne, horizons*, 1972.

BENOÎT (S.), «De l'hydromécanique à l'hydro-électricité. Le rôle des sites hydrauliques anciens dans l'électification de la France», *La France des électriciens 1880-1980*, Paris, P.U.F., 1986.

BERGERON (L.), *Les Capitalistes en France (1780-1914)*, coll. Archives, Paris, Julliard - Gallimard, 1978.

BETZ (M.), *Portrait de l'Allemagne*, Paris, Émile-Paul Frères, 1939.

BISMANS (F.), *Croissance et régulation. La Belgique 1944-1974*, Bruxelles, Académie Royale de Belgique, 1992.

BLETON (P.), *Les hommes des temps qui viennent*, Éditions Ouvrières, 1956.

BÖHME (H.), *An Introduction to the Social and Economic History of Germany*. Londres, Blackwell, 1976.

BOLL (F.), *Arbeitskämpfe und Gewerkschaften in Deutschland, England und Frankreich: ihre Entwicklung vom 19 zum 20 Jahrhundert*, Bonn, Dietz, 1992.

— BOLTANSKI (L). *Les cadres, la formation d'un groupe social*, Paris, Éditions de Minuit, 1982.

BONIN (H.), *Histoire économique de la France depuis 1880*, Coll. Un siècle d'histoire, Paris, Masson, 1988.

BONIN (H.), *L'Argent en France depuis 1880*, Paris, Masson, 1989.

BONNAUD (L.), *Le tunnel sous la Manche; deux siècles de passions*, Paris, Hachette, 1994.

BONNELI (F.) (ed), *Acciaio per l'industrializziazione*, Torino, 1982.

BOUNEAU (C.), «L'électrification ferroviaire en France de 1919 à 1946» et «Le transport d'énergie et l'interconnexion en France de 1919 à 1946», *Histoire générale de l'électricité en France*, t. II, dir. par M. Levy-Leboyer et H. Morsel, Paris, Fayard, 1994.

BOUNEAU (C.), *Modernisation et territoire. L'électrification du grand Sud-Ouest de la fin du XIXe siècle à 1946*, Bordeaux, Fédération historique du Sud-Ouest, 1997.

BOUNEAU (C.), *L'électrification du grand Sud-Ouest de la fin du XIXe siècle à 1946: genèse et croissance d'un complexe énergétique*, thèse de l'Université Paris IV-Sorbonne, 1995.

BOUNEAU (C.), MACHEFERT-TASSIN (Y.) et RAMUNNI (G.), *Électricité et chemins de fer*, Paris, P.U.F., 1997.

BOUNEAU-BOUILLARD (M.-C.), *Hubert Lagardelle, un bourgeois révolutionnaire et son époque (1874-1958)*, thèse de l'Université de Bordeaux III, 1996.

BOURDELIN (D.), LABORI (M.), *L'Europe des douze, une puissance mondiale en devenir ?*, Paris, Ellipses, 1986.

BOUVIER (J.), *L'Historien sur son métier. Études économiques XIXe-XXe siècles*, éd. des Archives Contemporaines, Paris, 1988.

BOWDEN (W.), KARPOVITCH (M.), USHER (A.-P.), *An economic history of Europe since 1750*, American Book Company, 1937.

BOYER (J.-C.), *L'évolution de l'organisation urbaine des Pays–Bas*, Atelier des thèses de Lille, 1986.

BOYER (J.-C.), *Pays-Bas, Belgique, Luxembourg*, Paris, Masson, 1994.

BOYER (M.), *L'invention du tourisme*, Paris, Gallimard, 1996.

BUFFET (C.), *Histoire de Berlin*, Paris, Fayard, 1993.

Bulletins Statistiques du Fonds Monétaire International

© ARMAND COLIN. La photocopie non autorisée est un délit.

Burdy (J.-P.), *Le soleil noir, un quartier de Saint-Etienne, 1840-1940*, PU Lyon, 1989.

Bussière (E.), «Entre la banque mixte et la banque d'affaires : la Banque de Paris et des Pays–Bas et sa stratégie industrielle 1900-1930», *Entreprise et histoire*, n° 2, 1992.

Bussière (E.), *Horace Finaly, banquier. 1871-1945*, Paris, Fayard, 1996.

Bussière (E.), *Paribas, l'Europe et le monde, 1875-1992*, Anvers, Fonds Mercator, 1993.

Butler (R.), Noisette (P.), *De la cité ouvrière au grand ensemble: la politique capitaliste du logement social 1815-1975*, Maspero, 1977.

Caron (F.), *Histoire de l'exploitation d'un grand réseau. La Compagnie du chemin de fer du Nord, 1846-1937*, Paris, Mouton, 1973.

Caron (F.), *Le résistible déclin des sociétés industrielles*, Paris, Perrin, 1985.

Caron (F.) (dir.), *Paris et ses réseaux: naissance d'un mode de vie urbain, XIXe-XXe siècles*, Paris, BHVP, 1990.

Caron (F.), *Histoire des chemins de fer en France, 1740-1883*, tome 1, Paris, Fayard, 1997.

Caron (F.), *Les deux révolutions industrielles du XXe siècle*, Paris, Albin Michel,1997.

Carré (J.), Curcuru (M.) (dir.), *Urbanisme et société en Grande-Bretagne (XIXe- XXe)*, Clermont-Ferrand, Adosa, 1987.

Carré (J.-J.), Dubois (P.), Malinvaud (E), *La croissance française*, Paris, Seuil, 1972.

Carrol (B.-A.), *Design for total war, arms and economics in teh third reich*, Paris, Mouton, 1968.

Cassier (I.), *Croissance, crise et régulation en économie ouverte. La Belgique entre les deux guerres*, Bruxelles, De Boeck-Wesmael, 1989.

Cassis (Y.), Crouzet (F.), Gourvish (T.) (Ed.), *Management and business in Britain and France*. Oxford, Clarendon Press, 1995.

Cassis (Y.), «Banque et industrie en Grande–Bretagne et en Allemagne 1870-1939». *Entreprise et histoire,* n° 2, 1992.

Cassis (Y.), *Big Business.The european experience in the twentieth century*, Oxford University press, 1997.

Cassis (Y.), *La City de Londres 1870-1914*, Paris, Belin 1989.

Cayez (P.), *Rhône-Poulenc 1895-1975*, Paris, Colin, 1988.

Chadeau (E.), *L'industrie aéronautique en France 1900-1950. De Blériot à Dassault*, Paris, Fayard, 1987.

Chandler (A.-D. Jr.), *Stratégies et structures de l'entreprise*, Paris, 1989.

Chandler (A.-D. Jr.), *Scale and Scope. The dynamics of industrial capitalism*, Cambridge, Massachusetts, Harvard University Press, 1990.

Chandler (A.), *Organisation et performances des entreprises*, tome III: *L'Allemagne de 1880 à 1939*, Paris, Les Éditions d'Organisation, 1992.

Chardonnet (J.), *Les grandes puissances. Étude économique*, tome 1, *L'Europe*, chap. IX, «Les pays du Benelux», Paris, Dalloz, 1960.

Charle (C.), *Histoire sociale de la France au XIXe siècle*, Paris, Seuil, 1991.

Charlot (M.), *L'Angleterre, 1945-1980*, Paris, 1981.

Charlot (M.), *Le syndicalisme en Grande–Bretagne*, Paris, Armand Colin, 1970.

Charlot (B.), Figeat (M.), *Histoire de la formation des ouvriers, 1789-1984*, Paris, 1985.

Charmasson (T.), Lelorrain (A.-M.), Ripa (Y.), *L'enseignement technique de la Révolution à nos jours*, Paris, INRP, Economica, 2 tomes, 1987.

CHASSAIGNE (P)., *Industrialisation et sociétés au Royaume-Uni et en Allemagne-R.F.A. (1880-1960)*, Paris, Editions Messène, 1997.

CHOMBARD-GAUDIN (C.), «Berlin vu par les voyageurs français (1900-1939)», *Vingtième siècle*, n°27, juill.-sept. 1990.

COHEN (Y.), «L'espace de l'organisateur: Ernest Mattern, 1906-1939», *Le Mouvement Social*, octobre-décembre, n° 125, 1983.

COLLIARD (C.A.) et JEANNENEY (J.-M.), *Économie et droit de l'électricité*, Paris, Donnat-Montchrestien, 1950.

COLLINS (B.) et ROBBINS (K.), *British culture and economic decline*, Weidenfeldand Nicolson. Londres. 1990.

CORBIN (A.), *L'avènement des loisirs. 1850-1960,* Paris, Aubier, 1995.

CREW (D.), *A town in the Ruhr. A social history of Bochum*, New York, 1979.

CROSSICK (G.) (éd.), *The Lower Middle Class in Britain, 1870-1914*, Londres, Croom Helm, 1977.

CROSSICK (G.) et HAUPT (H.-G.), *Shopkeepers and master artisans in nineteenth century Europe*, Paris, Methuen, 1984.

CROUZET (F.), *De la supériorité de l'Angleterre sur la France. L'économique et l'imaginaire(XVIIe-XXe siècles),* coll. Pour l'histoire, Librairie académique Perrin, Paris, 1985.

CROUZET (F.), *L'économie de la Grande-Bretagne victorienne*, Paris, Sedes, 1978.

DAEMS (H.) et VAN DER WEE (H.) (Dir.) *The Rise of Managerial Capitalisme*, La Haye, 1974.

DALMASSO (E.), *Milan, capitale économique de l'Italie,* Paris, Ophrys, 1971.

DAUMARD (A.), *Les fortunes française au XIXe siècle*, Paris, Mouton, 1973.

DAUMAS (M.) (dir.), *L'évolution de la géographie industrielle de Paris et sa proche banlieue au XIXe siècle*, Paris, C.D.H.T., 1976.

DAUNTON (M.-J.), «Housing»,*The Cambridge Social History of Britain.*

DAVIES (A.-J.), *To build a new Jerusalem: the British Labour movement from the 1880's to the 1990's*, Londres, Joseph, 1992.

DAVIET (J.-P.), *Un destin international. La compagnie de Saint-Gobain de 1830 à 1939*, Paris, Éditions des archives contemporaines, 1988.

DAVIET (J.-P.), *La société industrielle en France, 1814-1914*, Paris, Seuil, 1997.

DE VRIES (J.), *The Netherlands Economy in the Twentieth Century. An Examination of the most Characteristic Features in the Period 1900-1975*, Assen, 1978.

DEWERPE (A.), *Le monde du travail en France, 1800-1950*, Cursus, Paris, Colin, 1996.

DINTENFASS (M.), *The Decline of Industrial Britain, 1870-1980*, Londres, Routledge, 1992.

DITCHER (E.), *La stratégie du désir*, Paris, Fayard, 1962.

DUCHÊNE (F.), SAUNDERS (C.), SHEPERD (G.), *Europe's industries: public and private strategies for change*, Frances Pinter Publishers, Londres, 1983.

DUMAS (J.), *Les activités industrielles dans la Communauté urbaine de Bordeaux*, Bordeaux, Imprimerie centrale, 1980.

DUMOULIN (M.), *Petrofina, un groupe pétrolier international et la gestion de l'incertitude, 1920-1979*. Louvain, Peters, 1997.

DUPEUX (G.), *Atlas historique de l'urbanisation française*, Paris, C.N.R.S., 1981.

DUPEUX (G.), *La société française 1789-1970*, Paris, Colin, 1972.

© ARMAND COLIN. La photocopie non autorisée est un délit.

DYSON (K.), «The State, Bank and Industry: The West-German Case», *in* COX (A.) (éd.), *State, Finance and Industry*, New York, St Martin's Press, 1986.

ENTREPRISES ET HISTOIRE, «Le commerce: révolutions, rénovations, n°4, 1993.

ENTREPRISE ET HISTOIRE, n° 9 (1995) et n°12 (1996), «Dynasties d'entrepreneurs» I et II.

EVANS (R.-J.), *Proletarians and politics: socialism, protest and the working class in Germany before the first world war*, Londres, Harvester, 1990.

EVANS (R.-J.), *The german working class 1888-1933: the politics of everyday life*, Londres, Croom Helm, NJ, Barnes & Noble, 1982.

FARRAUT (F.), *Histoire de la Belle Jardinière*, Paris, Belin, 1987.

FAURE (A.), *Les premiers banlieusards. Aux origines de la banlieue de Paris, 1860-1940*, Paris, Créaphis, 1991.

— FEDERICO (G.) (éd.), *The Economic Development of Italy since 1870*, Edward Elgar, Aldeshot, 1994.

FEINSTEIN (C.) (éd.), *The Managed Economy. Essays in British Economic Policy and Performance since 1929*, Oxford, Oxf. U.P., 1989.

FELDENKIRCHEN (W.), *Big business in interwar Germany: organizational innovation at Vereinigte Stahlwerke, I.G. Farben and Siemens*, Business history Review, n°425, automne 1987.

FELDMAN (G.-D.), *Iron and Steell and the German inflation*, Princeton University Press, 1977.

FERRIÈRE (M. de), *Christofle, deux siècles d'aventure industrielle*, Paris, Le Monde Éditions, 1995.

FISCHER (A.), *L'industrialisation contemporaine des Pays–Bas*, Paris, Publications de la Sorbonne, 1980.

FISCHER (W.), MC INNIS (R.-M.), SCHNEIDER (J.), *The Emergence of a World Economy 1500-1914, Part II 1850-1914*, Franz Steiner Verlag Wiesbaden Gmb H, Wiesbaden, 1986.

— FISCHER (W.) (éd.), *The Economic Development of Germany since 1870*, 2 vol., Edward Elgar, 1997.

FLINN (M.-W.), *The history of the British coal industry, volume 2, 1700-1830, The Industrial Revolution*, Oxford, 1984.

FORAY (D.), FREEMAN (C.) (ed), *Technologie et richesse des nations*, Paris, Economica, 1992.

FOURASTIE (J.), *Machinisme et bien-être*,Paris, 1980.

FOURCAUT (A.), *Un siècle de banlieue parisienne 1859-1964*, Paris, l'Harmattan, 1988.

FOX (R.), GUAGNINI (A.), *Education, technology and industrial performance in Europe, 1850-1939*, Cambridge University Press, 1993.

FOX (R.), WEISZ (G.), *The Oganisation of science and technology in France, 1808-1914*, Cambridge, 1980.

FREEMAN (C.), «Technical Innovation and British Trade Performance», BLACKABY (F.-T.) (ed), *De-Industrialisation*, Londres, 1978.

FREY (J.-P.), *La ville industrielle et ses urbanités, la distinction ouvriers-employés: le Creusot, 1870-1930*, Liège, Mardaga, 1986.

FRIDENSON (P.), *Histoire des usines Renault, Naissance de la grande entreprise, 1898-1939,* t I, Paris, Seuil, 1972.

FRIDENSON (P.), «Diffusion de la révolution», *La révolution automobile*, Paris, 1977.

FRIDENSON (P.), STRAUS (A.) (sous la dir. de), *Le Capitalisme français* XIXe*-*XXe *siècles. Blocages et dynamisme d'une croissance,* Paris, Fayard, 1987.

— FRIDENSON (P.), "Un tournant taylorien de la société française (1904-1918)", *Annales ESC*, septembre-octobre 1987, n° 5.

FUJIMURA (D.), *Scheider et Cie et son plan d'organisation administrative de 1913: analyse et interprétation*, HES 1991 n° 2

GARDEY (D.), *Un monde en mutation, les employés de bureau en France 1890-1930*, Paris VII, 1995.

GERARD (E.), WYNANTS (P.), *Histoire du mouvement ouvrier chrétien en Belgique*, Leuwen UP, 1994, 2 vol.

GIBAUDI (M.), *Itinéraires ouvriers, espaces et groupes sociaux à Turin au début du XXe siècle*, Paris, EHESS, 1987.

GILLE (B.), *Histoire des techniques*, Gallimard, Paris, La Pléiade, 1978.

GILLINGHAM (J.), *Coal, Steel and the Rebirth of Europe, 1945-1955*, Cambridge, Cambridge University Press, 1991.

GIRAULT (R.), LÉVY-LEBOYER (M.) (eds), *Le plan Marshall et le relèvement économique de l'Europe*, Paris, Comité pour l'Histoire économique et financière de la France, 1993.

GOUBERT (J.-P.), *La conquête de l'eau*, Paris, Hachette, 1987.

GOUBERT (J.-P.) (dir), *Du luxe au confort*, Paris, Belin,1988.

GRIFFITHS (R.) (éd.), *The Economy and Politics of the Netherlands since 1945*, La Haye, 1980.

GRISET (P.), *Entreprise, technologie et souveraineté: les télécommunications transatlantiques de la France XIXe-XXe siècles*, Paris, Rive droite, 1996.

GRISET (P.), *Les révolutions de la communication, XIXe-XXe siècles*, Paris, Hachette,1991.

GROUX (G.), LEVY (C.), *La possession ouvrière. Du taudis à la propriété (XIXe-XXe siècles)*, Ed de l'atelier, 1993.

GUESLIN (A.), *L'invention de l'économie sociale*, Paris, Economica, 1987.

GUESLIN (A.), *Michelin, les hommes du pneu. Les ouvriers Michelin à Clermont-Ferrand de 1889 à 1940*, Paris, Éditions de l'Atelier, 1993.

GUILLAUME (P.), *Histoire sociale de la France au XXe siècle*, Paris, Masson, 1992.

GUILLAUME (P)., *Regards sur les classes moyennes, XIXe-XXe siècles*, Bordeaux, M.S.H.A., 1995.

GUILLAUME (P.), *La professionnalisation des classes moyennes*, Bordeaux, M.S.H.A., 1996.

GUILLAUME (P.) (dir.), *Histoire et historiographie des classes moyennes dans les pays développées,* Bordeaux, Editions de la Maison des Sciences de l'Homme d'Aquitaine, à paraître.

GUILLAUME (S.), *La Confédération Générale de la Petite et Moyenne Entreprise*, Bordeaux, P.U.B., 1987.

GUILLAUME (S.), *Les classes moyennes au cœur du politique sous la IVe République*, Bordeaux, M.S.H.A., 1997.

HABER (L.-F.), *The Chemical Industry, 1900-1930*, Londres, U.O.P., 1971.

HARDACH (L.-K.), «Germany», *The Fontana Economic History of Europe*

HANNAH (L.), *Electricity before Nationalisation*, Baltimore, John Hopkins University Press, 1979.

HAU (M.), *Histoire économique de l'Allemagne, XIXe-XXe siècles*, Paris, Economica, 1994.

HAU (M.), *La désindustrialisation en Europe, XIXe-XXe siècles*, (Colloque, juin 1997, Stasbourg), Actes à paraître.

HAUPT (H.-G.), *Histoire sociale de la France depuis 1789*, Paris, Éditions da la M.S.H., 1993.

HAYES (P.), *Industry and Ideology. IG Farben in the Nazi Era*, Cambridge, Cambridge University Press, 1987.

© ARMAND COLIN. La photocopie non autorisée est un délit.

HEEDERING (A.), *The history of N.V. Philips' gloeilampenfabrieken, vol. II, A company of many parts*, Cambridge University Press, 1988.

HENRY (M.), *Trois villes, Vienne, Münich, Berlin*, Paris, Payot, 1917

HENTSCHEL (V.), *Wirtschaft und Wirtschaftspolitik in wilhelminischen Deutschland*, Stuttgart, Klett-Cotta, 1978.

HOBSBAWM (E.), «Considérations sur le nouveau syndicalisme en Angleterre 1889-1926», *Mouvement social*, n°65, 1968.

Histoire générale de l'électricité en France, Paris, Fayard, tomeI, *Espoirs et conquêtes 1881-1918*, 1991 et tomeII, *L'interconnexion et le marché 1919-1946*, 1994.

Histoire et performances des entreprises française de la grande distribution, actes du colloque organisé par l'Université Paris I en mai 1995, A.D.H.E., 1997.

HODERN (F.), *Pouvoir patronal, contrôle ouvrier et délégation du personnel, 1880-1938*, Aix en Provence, Institut régional du travail, 1979.

HOGG (L.-H.), *Structural rigidities and policy inertia in interwar Belgium*, Bruxelles, Palais des Académmies, 1986.

HOGG (R.-L.), *Structural rigidities and policy inertia in interwar Belgium.*, Bruxelles, Palais des académies, classe des lettres. 1986.

HOHENBERG (P.), *Chemicals in Western Europe: 1850-1914. An economic study of technical change*, Chicago, 1967.

HOHENBERG (P.) et LEES (L.-H.), *The making of urban Europe*, Cambridge Massachusetts.

HOSBAWM (E.-J.), *Histoire économique et sociale de la Grande–Bretagne, de la révolution industrielle à nos jours*, tome II, Paris, Seuil, 1977.

HOSBAWM (E.), «La middleclass anglaise» *in* J. KOCKA, *Les bourgeoisies européennes au XIXe siècle*, Paris, Belin, 1996.

HUARD (C.), *Berlin comme je l'ai vu*, Paris, Émile-Paul Rey, 1907.

HUGHES (T.), *Networks of power: electrification in western society, (1830-1930)*, John Hopkins U.P., 1983.

HUMBLET (J.), *Les cadres d'entreprises, France, Belgique, Royaume-Uni*, Paris, Ed universitaires, 1966.

Interférences, deux siècles de communication à distance,Conservatoire National des Arts et Métiers, Musée National des Techniques, Association Internationale d'Histoire des Télécommunications et de l'Informatique.

IRWIN (S.-M.), *Technology policy and america's future*,NewYork, St. Martin's Press, 1993.

JAMES (H.),LINDGREN (H.), TEICHOVA (A.), *The role of banks in the interwar economy.*, Cambridge University Press, 1990.

JAUMAIN (S.), *Les petits commerçants belges face à la modernité (1880-1914)*, Bruxelles, 1995.

JAUMAIN (S.), *L'industrialisation au Bénélux*, Paris, Ellipses, 1997.

JEANNENEY (J.-N.), *Histoire des médias des origines à nos jours*, Paris, Seuil, 1996.

JOLY (O.-H.), *Patrons d'Allemagne. Sociologie d'une élite industrielle.*, Paris, Presses de Sciences Po. 1996.

JONES (G.),SCHRÖTER (H.-G.), *The rise of multinationals in Continental Europe. Aldershot*, Elgar, 1993.

KAELBE (H.), *Vers une société européenne, 1880-1980*, Paris, Belin, 1987.

KENNEDY (W.-P.), *Industrial Structure, Capital Markets and the Origins of the British Economic Decline*, Cambridge, Cambridge U.P, 1987.

KIEFFER (M.), «La ville industrielle», *La ville de Luxembourg. Du château des comtes à la métropole européenne*, Anvers, Fonds Mercator Paribas, 1994.

KIRBY (M.-W) et ROSE (M.-B.), *Business enterprise in modern Britain*, Londres, Routledge,1994.

KOCKA (J.), *Les employés en Allemagne 1850-1980, Histoire d'un groupe social*, Paris, EHESS, 1989.

KOCKA (J.), *Les bourgeoisies européennes au XIXe siècle*, Paris, Belin, 1996.

KOCKA (J.), *The study of social mobility and the formation of the Working class in the XIXth century*, Mouvement social, n°111, avril juin 1980.

KÖLLMANN (W.), «Die Bevölkerung Rheinland-Westfalens in der Hochindustrialisierungsperiode», *Vierteljahrschrift für Sozial-und Wirtschaftgeschichte*, vol.58, 1971.

KUDO (A.), HARA (T.) (Ed.), *International cartels in business history*, Tokyo,University of Tokyo Press, 1992.

KOTT (S.), *L'État social allemand*, Paris, Belin, 1995.

KUISEL (K.F.), *Capitalism and the State in modern France, Renovation and economic management in the XXth century*, Cambridge U.P., Cambridge, 1981.

KURGAN VAN HENTENRYK (G.), JAUMAIN (S), MONTENS (V.) (Ed.), *Dictionnaire des patrons en Belgique*, Bruxelles,. De Boeck Université, 1996.

KURGAN VAN HENTENRYK (G.), *Gouverner la Générale de Belgique. Essai de biographie collective*, Bruxelles, De Boeck Université, 1996.

KURGAN VAN HENTENRYK (G.), PLATIER (A.) et VIGIER (P.) (dirs), *Petite entreprise et croissance industrielle dans le monde aux XIXe et XXe siècles*, Paris, CNRS, 1981.

LANDES (D.S.), *L'Europe technicienne, Révolution technique et libre essor industriel en Europe Occidentale de 1750 à nos jours*, Paris, Gallimard, 1975.

LARROQUE (D.), «Industrialisation et équipements urbains à Paris 1830-1914», *Annales de la recherche urbaine*, 1978.

LAUBIER (P. de), *Histoire et sociologie du syndicalisme, XIXe-XXe*, Paris, Colin, 1985.

LAUNAY (M.), *Le syndicalisme en Europe*, collection Notre siècle, Paris, Imprimerie Nationale, 1990.

LAUX (J.), *In first gear, the French automobile industry to 1914*, 1976.

League of Nations, Industrialization and World Trade, 1945.

Le Mouvement Social, n° 136, «La bourgeoisie allemande, un siècle d'histoire, 1830-1933».

LEBOUTTE (R.), «L'archéologie industrielle et l'assainissement des sites charbonniers», *Le patrimoine industriel et sa reconversion ; Wallonie-Bruxelles, Liège*, 1987.

LEBOUTTE (R.), «Mortalité par accident dans les mines de charbon en Belgique aux XIXe-X^{X}e siècles», in *Revue du Nord*, n° 293, oct.-déc. 1991.

LEBOUTTE (R.), *Vie et mort des bassins industriels en Europe 1750-2000*, Paris, L'Harmattan, 1997.

LEE (W.R)., ROSENHAFT (E.) (Eds.), *State, Social Policy an Social Change in Germany, 1880-1994*, Oxford, 1997.

LEFRANC (G.), *Histoire du travail et des travailleurs*, Paris, Flammarion, 1975.

LEFRANC (G.), *Le mouvement syndical sous la IIIe république*, Paris, Payot, 1967.

© ARMAND COLIN. La photocopie non autorisée est un délit.

Lejay(A.), *L'utilisation domestique de l'électricité*, Paris, 1933.

Lemonnier (B.), *L'Angleterre des Beatles. Une histoire culturelle des années 1960*, Paris, 1995.

Léonard (J.), *La médecine entre les pouvoirs et les savoirs*, Paris, 1981.

Lequin (Y.) (dir), *Histoire des Français, XIXe-XXe siècles*, Paris, Colin, 1983, 3 tomes.

Lequin (Y.) (dir.), *Rhône-Alpes. 500 années lumière. Mémoire industrielle*, Paris, Plon, 1991.

Lequin (Y)., *La mosaïque France. Histoire des étrangers et de l'immigration en France*, Paris, Larousse, 1988.

Lequin (Y.), *Les ouvriers de la région lyonnaise (1848-1914)*, Presses Universitaires de Lyon, 1977.

Lequin (Y.) et Vandecasteele (S.), *L'usine et le bureau, itinéraires sociaux et professionnels dans l'entreprise aux XIXe et XXe*, Lyon, P.U. Lyon, 1990.

Les banques en Europe de l'ouest de 1920 à nos jours, CHEFF, Paris, Imprimerie nationale, 1995.

Lescure (M.), «Les banques et le financement des PME en france pendant les années 1920.» *In Entreprise et histoire*, n° 2, 1992.

Lescure (M.), *PME et croissance économique: l'expérience française des années 1920*, Paris, Economica, 1996.

Létourneau (P.), *Walther Rathenau 1867-1922*, Strasbourg, Presses Universitaires de Strasbourg, 1995.

Levine (A.-L.), *Industrial retardation in Britain, 1880-1914*, 1967.

Lévy-Leboyer, «The large corporation in modern France», *in* Chandler (A.D. Jr.) et Daems (H.) (ed.), *Managerial hierarchies. Comparative perspectives on the rise of the modern industrial enterprise*, Harvard University Press, 1980.

Lévy-Leboyer (M.) (sous la dir. de), «Le Patronat de la seconde industrialisation», *Cahiers du Mouvement social*, n° 4, Les Éditions ouvrières, Paris, 1979.

Lévy-Leboyer (M.), «Les processus d'industrialisation: le cas de l'Angleterre et de la France», *RH*, 1968.

Lévy-Leboyer (M.), Bourguignon (F.), *L'Économie française du XIXe siècle, Analyse macroéconomique*, Economica, Paris, 1985.

Lévy-Leboyer(M.) (éd.), *Histoire de la France industrielle*, Paris, Larousse, 1996.

Lévy-Leboyer (M.), Casanova (J.-C.), *Entre l'État et le marché*, Paris, Gallimard, 1991.

Loubet (J.-L.), *Citroën, Peugeot, Renault et les autres: soixante ans de stratégies*, Paris, Le Monde Éditions, 1995.

« L'usine et la ville,1836-1956, 150 ans d'urbanisme», numéro hors série de *Culture Technique*, 1986.

Mackay (J.), *Tramways and Trolleys: the Rise of Urban Mass Transport in Europe*, Princeton University Press, 1976.

Maier (C.), «Between Taylorism and Technocracy: European ideologies and the vision of industrial productivity in the 1920's», *Journal of Contemporary history*, n°5, 1970.

Mahaim (E.), *Les abonnements d'ouvriers sur les lignes de chemin de fer belge et leurs effets sociaux*, Bruxelles, 1910.

Malatesta (M.) (éd.), *Society and the Professions in Italy, 1860-1914*, Cambridge, Cambridge Uty Press, 1995.

Mallet (S.), *La nouvelle classe ouvrière*, Paris, Seuil, 1969.

MANSFIELD (M.), SALAIS (R.), WHITESIDE (N.), *Aux sources du chômage 1880-1914*, Paris, Belin, 1994 (France et Grande–Bretagne).

MARCONI (R.), *Midi-Pyrénées XIX*[e]*-XX*[e] *siècles. Transports-Espace-Société*, Toulouse, Milan, 1985.

MARGAIRAZ (M.), *L'État, les finances et l'économie, Histoire d'une conversion 1932-1952*, Paris, Imprimerie Nationale, 1991.

MARREY (B.), *Les grands magasins, des origines à 1939*, Paris, 1979.

MARTIN (M.), *Trois siècles de publicité en France*, Paris, Odile Jacob, 1992.

MARTIN (M.), «Publicité et programmes radiophonique dans la France d'avant-guerre», *Histoire de programmes et des jeux à la radio et à la télévision*, Paris, Gehra, 1986.

MAURICE, SELLIER, SILVESTRE, *Politiques d'éducation et organisation industrielle en France et en Allemagne. Essai d'analyse sociétale*, Paris, Presses Universitaires de France, 1982.

MENSCH (G.), *Stalemate in technology: innovations overcome the Depression*, New York, 1979.

MENSCH (G.), «La technique en crise», *Culture technique*, C.R.C.T., n°18, mars 1988.

MERGER (M.), *La politique de la III*[e] *République en matière de navigation intérieure,* thèse de 3e cycle, Université de Paris IV, 1979.

MERGER (M.), CARRERAS (A.), et GIUNTINI (A.), *Les réseaux européens transnationaux, XIX*[e]*-XX*[e] *siècles: quels enjeux?*, Ouest Editions, 1995.

MILLER (M.-B.), *Au Bon Marché (1869-1920), le consommateur apprivoisé,* Paris, Armand Colin, 1987.

MILWARD (A.-S.) et SAUL (S.-B.), *The development of the economies of continental Europe, 1850-1914*, London, 1977.

MITCHELL (B.-R.), *International Historical Statistics. Europe. 1750-1988*, Londres, Stockton Press, 3e édition, 1992.

MOINE (J.-M.), *Les barons du fer. Les maîtres de forge en lorraine*, Presses Universitaires de Nancy, 1989.

MOMMEN (A.), *The Belgian Economy in the Twentieth Century*, Londres, Routledge, 1994.

MOUSSET (J.L.), *L'industrialisation du Luxembourg de 1800 à 1914*, Luxembourg, 1988.

MONTMOLLIN (M.), PASTRE (O.) (dir), *Le taylorisme*, Paris, La Découverte, 1984.

MORI (G.), «The Process of Industrialization in General and the Process of Industrialization in Italy. Some Suggestions, Problems and Questions», *in The Journal of European Economic History*, n° 1, 1979.

MORSEL (H.) et PARENT (J.-F.), *Les industries de la région grenobloise. Itinéraire historique et géographique*, Grenoble, P.U.G., 1991.

MOUGEL (F.-C.), *Élites et système de pouvoir en Grande–Bretagne, 1945-1987*, Bordeaux, PUB, 1990.

MOUTET (A.), *Les logiques de l'entreprise: la rationalisation dans l'industrie française de l'entre deux guerres*, Paris, EHESS, 1997.

Mouvement social, n°124, «L'usure au travail», 1983.

MUSSON (A.-E.), *The growth of British Industry*, Bastford Academic and Educational Ltd, 1978.

NEUVILLE (J.), *La lutte ouvrière pour la maîtrise du temps*, Bruxelles, 1981, 2 vol.

NOIRIEL (G.), *Le creuset français, histoire de l'immigration XIX*[e]*-XX*[e] *siècle*, Paris, Seuil, 1992.

NOIRIEL (G.), *Longwy, immigrés et prolétaires, 1880-1980*, Paris, 1984.

NOIRIEL (G.), *Les ouvriers dans la société française, XIX*[e]*-XX*[e], Points, Paris, Seuil, 1984.

© ARMAND COLIN. La photocopie non autorisée est un délit.

NORTH (D.-C.), «Location Theory and Regional Economic Growth», *Journal of Political Economy*, n°63, 1955.

O'BRIEN (P.) (ed.), *Railway and the Economic Development of Western Europe 1830-1914*, Oxford, 1983.

OKOCHI (A.), YASUOKA (S.) (Ed.), *Family business in the era of industrial growth*, Tokyo.University of Tokyo Press. 1984.

OMNES (C.), *De l'atelier au groupe industriel: Vallourec 1888-1972*, Paris, EHESS, 1980.

OMNES (C.), *Ouvrières parisiennes. Marchés du travail et trajectoires professionnelles au XXe siècle*, Paris, EHESS, 1997.

OVERY (R.), *War and Economy in the Third Reich*, Oxford, 1994.

PERROT (M.), *Le mode de vie des familles bourgeoises*, Paris, Colin, 1961.

PERROT (P.), *Le luxe. Une richesse entre faste et confort XVIIIe-XIXe siècles*, Paris, Seuil, 1995.

PERROT (M.), *Jeunesse de la grève: France 1871-1890*, Paris, Seuil, 1984.

PERROUX (F), *L'économie du XXe siècle*, Paris, P.U.F., 1961.

PETITOT (P.), *Le catalogue Manufrance, analyse sémiologique*, Université de Nice, 1977

PIÉTRI (N.), *Évolution économique de l'Allemagne du milieu du XIXe siècle à 1914*, Paris, CDU-SEDES, 1982.

PIÉTRI (N.), BERNARD (M.) et BUFFET (C.), *Villes et sociétés urbaines dans les pays germaniques, 1815-1914*, Paris, 1992.

PIGOU (A.-C.), *Aspects of British economy history, 1918-1925*, 1947

PINOL (J.-L.), *Le monde des villes au XIXe siècle*, Paris, Hachette, 1991.

— PLESSIS (A.), «Le financement des entreprises» *in* LEVY-LEBOYER (Ed.),*Histoire de la France Industrielle*,.Larousse, 1996.

POHL (M.), «La création de sociétés anonymes et la création d'actions: deux modes de financement de l'industrie par les banques en Allemagne de 1885 à 1914», *in Etudes et documents VI*, CHEFF, Imprimerie Nationale, 1994.

POIDEVIN (R.) (éd.), «Les relations économiques franco-allemandes au XXe siècle», *Revue d'Allemagne*, oct.-déc. 1993.

POLLARD (S.), *Peaceful conquest: the industrialization of Europe, 1760-1970*, Oxford university press, 1981.

POLLARD (S.), *The Development of the British Economy, 1914-1990*, Londres, Arnold, nouvelle édition, 1992.

POUNDS (N.-J.-G.), *The Ruhr. A study in historical and economic geography*, Londres, 1952.

POUSSOU (J.-P.), *La croissance des villes au XIXe siècle*, Paris, SEDES, 1992.

RAPAILLE (M.), *Solvay, un géant*, Bruxelles, Hatier, 1989.

RAUCH (A.), *Les vacances en France de 1830 à nos jours,* Paris, Hachette, 1996.

READER (W.-K.), *Imperial Chemical Industries: A History*, 3 volumes, Londres, Oxford U.P., 1970-1975.

REYNAUD (J.-J.), *Les syndicats en France*, Paris, Seuil.

RICOSSA (S.), «Italy 1920-190», *Fontana Economic history of Europe.*

ROBERT (J.-L.), *Les ouvriers, la patrie et la révolution: Paris 1914-1919*, Annales littéraires de l'Université de Besançon, Paris, Belles lettres, 1995.

ROME (R.), *Breve storia della grande industria in Italia.*

ROSENBERG (N.), *Inside the black box. Technology and economics,* C.U.P, 1982.

RUBINSTEIN (W.D.), *Capitalism culture and decline in Britain*, Londres,Routledge, 1993.

SALAIS (R.), BAVEREZ (N.), REYNAUD (B.), *L'invention du chômage. Histoire et transformation d'une catégorie en France des années 1890 aux années 1980*, Paris, 1986.

SAUL (S.-B.), «The engineering industry» *in* ALDCROFT (D.H.) (ed.) *The development of British industry and foreign competition, 1875-1914*, Glasgow, 1968.

SAUL (S.-B.), «The motor Industry in Britain to 1914», *Business History, V.*

—SAUVY (A.), *Histoire économique de la France entre les deux guerres*, Paris, Economica, 1984.

SAVAGE (M.), *Property, bureaucracy and culture: middle-class formation in contemporary Britain*, Londres, Routledge, 1992.

SCHNEILIN (G.), SCHUMACHER (H.), *Économie de l'Allemagne depuis 1945. Histoire et structures*, Paris, Armand Colin, 1992.

SCHOR (R.), *Histoire de l'immigration en France de la fin du XIXe siècle à nos jours*, Paris, Colin, 1996.

SCHUMPETER (J.), *Business cycles*, Mac Graw Hill, 1939.

SCHWEITZER (S.), *André Citroën*, Paris, Fayard, 1992.

SCHWEITZER (S.), *Des engrenages à la chaîne: les usines Citröen 1915-1935*, Lyon, P.U. Lyon, 1982.

SORESINA (M.), *Mezzemaniche e signorine: li impiegati privati a Milano*, 1880 1939, Milan, Angeli, 1992.

SOUTOU (G.H.), *L'or et le sang*, Paris, Fayard, 1989.

STRAUSS (A.), «Le financement de l'industrie française». *In* LÉVY-LEBOYER (M.) (Ed.) *Histoire de la France Industrielle*, Larousse, 1996.

SUTCLIFFE (A.), *Towards the Planned City: Germany, Britain, the United States and France 1780-1914,* Oxford, 1981.

TARAGNUI (S.), *Il volo in italia alla «Belle Époque»*, L'Arcière, 1984.

TAYLOR (A.-J.), «The coal industry» *in* ALDCROFT (D.-H.) (ed.) T*he development of British industry and foreign competition, 1875-1914*, Glasgow, 1968.

TENEUL (G.-F.), *Le financement des entreprises en France depuis la fin du XIXe siècle à nos jours*, Paris, Librairie générale de droit et de jurisprudence, 1961.

TERRAIL (J.-P.), *Destins ouvriers. La fin d'une classe?*, Paris, PUF, 1990.

THÉPOT (A.), *L'ingénieur dans la société française*, Paris, Ed. Ouvrières, 1985.

THOMPSON (E.-P.), *La formation de la classe ouvrière anglaise*, Paris, 1988.

THOMSON (F.-M.-L.) (éd.), *The Cambridge Social History of Britain, 1750-1950*, Cambridge, CUP, nouvelle édition, 1990.

TONIOLO (G.), *An Economic History of Liberal Italy*, Oxford, Oxford Uty Press, 1990.

TOPALOV (C.), *Naissance du chômeur, 1880-1910*, Paris, Albin Michel, 1994.

TOPALOV (C.), *Villes ouvrières: 1900-1950*, Paris, L'Harmattan, 1989.

TOURAINE (A.), «La civilisation industrielle», tome IV de l'*Histoire générale du travail*, Nouvelle Librairie de France, 1961.

TREMPÉ (R.), *Les mineurs de Carmaux 1948-1914*, Les Éditions ouvrières, Paris, 1971.

Unité pédagogique d'architecture, n°6, «L'usine et son espace» (séminaire 1979), Paris, Éditions de La Villette, 1981.

© ARMAND COLIN. La photocopie non autorisée est un délit.

Van der Wee (H.), Bogaert (R.), Kurgan van Hentenry (G.), *La banque en Occident*, Anvers, Fonds Mercator 1991.

Van der Wee (H.), Blomme (J.) (eds.), *The Economic Development of Belgium since 1870*, Edward Elgar, 1997.

Veblen (T.), *Théorie de la classe de loisir*, Paris, Gallimard, 1970 (traduction de *The Theory of the leisure Class*, 1899)

Verley (P.), *Entreprises et entrepreneurs du* XVIIIe *siècle au début du* XXe *siècle*. Paris, Hachette,1994.

Verley (P.), *La Révolution industrielle*, Paris, Gallimard, 1997.

Verret (M.), *L'ouvrier français*, tome I «L'espace ouvrier», tome II «Le travail ouvrier», Colin, 1979 et 1982.

Ward (B.), «National economic planning and policies», *Fontana Economic History of Europe*.

Waline (P.), *Cinquante ans de rapports entre patrons et ouvriers en Allemagne, 1918-1968*, Paris, Armand Colin, 1970, 2 vol.

Weiss (J.-H.), *The making of technological man: the social origins of french engineers*, Cambridge, London, MIT Press, 1982.

Willard (C.), *La France ouvrière*, 2 tomes, Paris, Editions sociales, 1993.

Williot (J.-P.), *L'industrie du gaz à Paris au* XIXe *siècle*, thèse de doctorat, Université de ParisIV-Sorbonne, 1995.

Wilson (C.-H.), *The History of Unilever*, 2 vol., Londres, Cassel, 1954.

Wissenschaftsörderung der Sparkassenorganisation e. V. (Ed.), *History of European Savings Banks*, Deutsche Sparkassenverlag GmbH, 1996.

Wooronoff (D.), *Histoire de l'industrie en France du* XVIe *siècle à nos jours*, Paris, Seuil, 1994.

Zamagni (V.), *The Economic History of Italy, 1860-1990*, Oxford, Clarendon Press, 1993.

Zamagni (V), *Dalla periferia al centro. La seconda rinascita economica dell'Italia (1861-1990)*, Bologna, 1993.

Zylberberg (M.), Hocquard (H.), *Femmes et féminisme dans le mouvement ouvrier français*, Ed Ouvrières, 1981.

– Tome III, *L'avènement de l'ère industrielle (1789 années 1880),* 1976, 2 vol.

– Tome IV, *L'Ère industrielle et la société d'aujourd'hui (siècle 1880-1980)*, 3 vol., 1979, 1980 et 1982.

INDEX DES ENTREPRISES ET DES INSTITUTIONS

© ARMAND COLIN. La photocopie non autorisée est un délit.

© ARMAND COLIN. La photocopie non autorisée est un délit.

T

U

© ARMAND COLIN. La photocopie non autorisée est un délit.

INDEX DES NOMS DE PERSONNES

© ARMAND COLIN. La photocopie non autorisée est un délit.

© ARMAND COLIN. La photocopie non autorisée est un délit.

Table des matières

© ARMAND COLIN. La photocopie non autorisée est un délit.

© ARMAND COLIN. La photocopie non autorisée est un délit.

© ARMAND COLIN. La photocopie non autorisée est un délit.

Masson & Armand Colin Éditeurs
34 bis, rue de l'Université
75007 Paris
N° 1574/02
Dépôt légal : février 1998

Achevé d'imprimer sur les presses de la
SNEL S.A.
Rue Saint-Vincent 12 – B-4020 Liège
tél. 32(0)4 343 76 91 - fax 32(0)4 343 77 50
février 1998 - 8798